Oscar W. Gabriel / Beate Neuss / Günther Rüther (Hrsg.)

# Konjunktur der Köpfe?

Oscar W. Gabriel/Beate Neuss/Günther Rüther (Hrsg.)

# Konjunktur der Köpfe?

# Eliten in der modernen Wissensgesellschaft

Herausgegeben im Auftrag der Konrad-Adenauer-Stiftung e.V.

Droste Verlag

**Bibliografische Information Der Deutschen Bibliothek**
Die Deutsche Bibliothek verzeichnet diese Publikation in der Deutschen Nationalbibliografie; detaillierte bibliografische Daten sind im Internet über http://dnb.ddb.de abrufbar.


Schutzumschlag: Manfred Hansen
Satz: Fanslau Communication/EDV, Düsseldorf
Druck und Bindung: Clausen + Bosse, Leck
ISBN-3-7700-1189-9

www.drosteverlag.de

# Inhalt

# Einführung

Die Gesellschaften des 21. Jahrhunderts sind einem rasanten Wandel unterworfen. Die sog. Produktionsfaktoren „Information“ und „Wissen“ werden für sie immer bedeutsamer. Dabei geht es um zweierlei: um ihre Aneignung und Anwendung, aber auch in immer stärkerem Maße darum, wer überhaupt in der Lage ist, am Prozess der Erschließung und Verwertung dieser für uns alle immer wichtiger werdenden Ressourcen teilzuhaben. Der Kreis derjenigen, die dazu fähig sind, ist begrenzt. Dies gilt insbesondere deshalb, weil die zu lösenden auftretenden Probleme wegen der zunehmenden Differenzierung und der gleichzeitigen Vernetzung moderner Gesellschaften immer komplexer werden.

Haben deshalb Köpfe Konjunktur? Wer dies bejaht, sieht sich vor die Frage gestellt, welche Funktionen Eliten im Gemeinwesen übernehmen. Was tragen sie bei zur gesellschaftlichen und wirtschaftlichen Entwicklung Deutschlands und Europas im 21. Jahrhundert? Wird die Elite – als Funktionselite eines demokratischen Staates – ihrer Verantwortung gerecht? Handelt sie verantwortlich und gemeinwohlverpflichtet? Inwieweit handelt die politische Elite wertgebunden und gibt es unter ihren Mitgliedern einen „esprit d'Europe“? Verstehen Gesellschaft und politisch Handelnde, welchen Wert Eliten für die Entwicklung des Gemeinwohls haben und gestehen beide ihnen die notwendigen Rahmenbedingungen und Förderungen zu? Es stellt sich schließlich die Frage, was mit den Menschen geschieht, die aus den verschiedensten Gründen heraus an diesem weltweit stattfindenden Wettbewerb der Eliten nicht teilnehmen können. Werden sie zu den sozialen Verlierern der modernen Wissensgesellschaft? Das durch die Globalisierung und den Wettbewerb beschleunigte Tempo der Informationsaneignung, des Informationsaustausches und der Informationsverwertung darf nicht zu irreparablen sozialen Verwerfungen führen, weder in den modernen Industrieländern noch in der „Dritten Welt“.

Deshalb gehört es gerade in der offenen, freiheitlichen Demokratie zu den zentralen Aufgaben der Eliten ihrer sozialen Verantwortung, man könnte auch mit Blick auf den Staat sagen ihrer Gemeinwohlverpflichtung, gerecht zu werden. Wie Ernst Fraenkel in seiner Kritik an der Vorstellung von einem Gemeinwohl a priori feststellte, haben die gesellschaftlichen Eliten keine bessere Einsicht in das Gemeinwohl als die Bevölkerung oder einzelne gesellschaftliche Gruppen. In Demokratien stehen sie aber unter der Erwartung, bei ihren Entscheidungen die gesellschaftlichen Konsequenzen ihres Handelns zu berücksichtigen, also nach dem Prinzip der Verantwortungsethik zu handeln.

Drei sehr unterschiedliche, sperrige Begriffe bedürfen der Erläuterung: Verantwortung, Elite und Wissensgesellschaft. Während die Wissensgesellschaft heute in aller Munde ist, weil sie in vielen fachwissenschaftlichen Publikationen und großen Einzelbeiträgen überregionaler Zeitungen Erwähnung findet, ist der Begriff der Verantwortung nahezu aus dem öffentlichen Diskurs verschwunden. Immer seltener werden damit jedenfalls Werte wie Gerechtigkeit, Ehrlichkeit, Mut, Überzeugung, Offenheit, Wahrheits- und Nächstenliebe verbunden, weil sie aus einer bildungsbürgerlichen Tradition stammen, die heute zu wenig Beachtung finden. Doch gerade für die Eliten sind sie aufgrund ihrer Vorbildfunktion und Gemeinwohlverpflichtung von elementarer Bedeutung. Der in Deutschland nun begonnene öffentliche Diskurs über die Eliten und die Zukunft unseres Landes bietet nach dem Zweiten Weltkrieg erstmals wieder die Chance, sich vorurteilsfrei mit der Stellung, den Aufgaben, den Verpflichtungen, aber auch der Förderung von Eliten zu beschäftigen.

Angestoßen durch die Ergebnisse der Pisa-Studie und die Debatte um Eliteuniversitäten und „Studiengänge der Exzellenz" in Deutschland kehrt zunehmend der Begriff Elite in das öffentliche Bewusstsein zurück, der lange Zeit tabuisiert oder negativ konotiert worden ist. Zwar ist weder die häufige Nennung eines Wortes noch sein Verschweigen im öffentlichen Diskurs ein Indiz dafür, dass wir es hier mit einem wichtigen Phänomen, einem zentralen Problem oder Anliegen unserer Gesellschaft zutun haben. Im konkreten Fall aber signalisiert der Diskurs über die Elite offensichtlich einen gesellschaftlichen Bewusstseinswandel und einen politischen Paradigmenwechsel.

Die Elitediskussion tritt aus dem Schatten eines Gleichheitsbegriffs heraus, der den Anspruch aller Bevölkerungsgruppen auf eine gleiche Teilhabe an kollektiven Gütern betonte und in deren Mittelpunkt folgerichtig die Förderung der Schwachen und nicht der Besten stand. Chancengleichheit verstand man lange einseitig als Gleichheit des Ergebnisses, nicht aber als Gleichheit der Ausgangschancen im Bildungsprozess. Die Rolle herausragender Begabungen und Talente für die gesamte Gesellschaft wurde unterschätzt. „An aristocracy of achievement out of democracy of opportunity" formulierte der US-amerikanische Vater der Verfassung Thomas Jefferson und verband damit den Gedanken der Chancengleichheit mit dem der Leistungsgerechtigkeit. Beides gehört in einer modernen Gesellschaft zusammen. Chancengleichheit und Leistungsgerechtigkeit sind aufeinander angewiesen.

Auch die offene, pluralistische Gesellschaft und der demokratisch verfasste Staat kommen nicht ohne Hierarchien, Über- und Unterordnung, Herrschaft und Macht aus. Sie brauchen genauso wie andere Gesellschaftsordnungen Eliten, nicht nur in Politik und Staat, sondern auch in allen anderen Feldern des beruflichen Lebens. Mit dem Zusammenwachsen und der zunehmenden Verflechtung der Staaten, der Wirtschaft, der Internationalisierung des Rechts, der Überwindung großer Entfernungen in immer kürzerer Zeit und dem Austausch von Wissen auf elektronischem Weg stellen sich den Eliten heute ganz neue Herausforderungen. Die Globalisierung und der sich verschärfende internationale Wettbewerb erfordern mehr Bildung, bessere Ausbildung, höhere Leistungsbereitschaft und stärkere Persönlichkeiten. Der sich aus diesem Anspruch ergebende Wettbewerb verändert auch unsere Gesellschaft.

Begabung und Leistungsbereitschaft gehören gerade in Deutschland, das nicht von seinen Rohstoffen sondern von seinen menschlichen Fähigkeiten lebt, zu den zentralen

Voraussetzungen, um den Wohlstand in unserem Lande zu sichern. Aber Leistung muss sich lohnen. Auch wenn sie in erster Linie egoistisch motiviert ist, profitiert die ganze Gesellschaft davon, weil die Erträge letzten Endes allen zugute kommen.

Dies setzt jedoch voraus, dass die Leistungsträger nicht nur ihren Vorteil suchen, sondern auch ihrer Gemeinwohlverpflichtung gerecht werden. Geschieht dies nicht, gefährden sie das Allgemeinwohl. Wird Leistung nicht belohnt, gibt es keinen Fortschritt. Ohne Fortschritt aber versinkt eine Gesellschaft in der Mittelmäßigkeit; sie verarmt und scheitert. Wichtig ist, dass potentiell alle Mitglieder der Gesellschaft die Chance erhalten, zur Elite vorzustoßen und nicht an sozialen Barrieren scheitern. Deshalb gehört zur Leistungsgerechtigkeit auch die Chancengleichheit.

Eine Elite, wie die Herkunfts- oder Adelselite im 19. Jahrhundert, ist mit einer offenen, freiheitlichen Gesellschaft und ihren demokratischen Grundsätzen unvereinbar. Dies ergibt sich zum einen daraus, dass sie sich in erster Linie nicht am Leistungsprinzip orientiert, sondern an der Herkunft. So wurden die einflussreichsten Positionen wie z. B. im Militär, im diplomatischen Dienst und der Politik unter dem Adel aufgeteilt, der so einen dominanten Einfluss in Staat und Gesellschaft ausüben konnte.

Die moderne Elite unterscheidet sich grundlegend von der im wilhelminischen Obrigkeitsstaat. Dies betrifft ihre Herkunft, ihre soziale Stellung und ihre Macht. Sie kennzeichnet diverse Teileliten, die oft in einem harten Wettbewerb zueinander stehen und doch in letzter Konsequenz auf eine Zusammenarbeit angewiesen sind. Gelingt es den Teileliten trotz ihrer unterschiedlichen Interessenlagen nicht zu kooperieren, dann blockieren sie die notwendige gesellschaftliche Entwicklung. An Beispielen dafür fehlte es gerade in der jüngsten deutschen Vergangenheit nicht.

Die Ausformung der Teileliten vollzog sich mit der zunehmenden Spezialisierung unserer Arbeitswelt. Sie war eine unmittelbare Folge der Industrialisierung im 19. Jahrhundert. Die wachsenden Qualifikationsanforderungen machten es der Adelselite in zunehmendem Maße unmöglich, die einflussreichen Positionen im öffentlichen Leben allein zu besetzen. Die Herausbildung von Leistungseliten wurde durch die Philosophie der Aufklärung und die Demokratisierung des politischen Lebens unterstützt und beschleunigt. Beide Entwicklungen legitimierten die Forderungen nach der prinzipiellen Gleichberechtigung aller divergierenden Interessen und Werte sowie nach der Anerkennung des Prinzips der Meritokratie als Basis des Zugangs zu Elitepositionen. In Folge dieser Veränderungen wuchs die Durchlässigkeit zwischen den verschiedenen gesellschaftlichen Schichten, die bald auch jenen einen sozialen Aufstieg eröffnete, die bis dahin auf Grund ihrer Herkunft ausgeschlossen geblieben waren. Für den Adel bedeutete dies einen Verlust an Privilegien, häufig auch sozialen Abstieg und Verarmung.

Mit der Industrialisierung und Demokratisierung einer durch feudale Strukturen geprägten Gesellschaft kam es nun immer weniger auf die Herkunft sondern immer mehr auf die Leistung des Einzelnen an. Denn mit der Spezialisierung wuchsen die Anforderungen in der Berufs- und Arbeitswelt. Deshalb sprechen wir heute auch von Leistungseliten in Wirtschaft, Wissenschaft, Justiz und Verwaltung, Medien und Politik. Alle genannten Bereiche stellen jeweils sehr unterschiedliche Anforderungsprofile an ihre

Führungskräfte. So unterschiedlich diese Anforderungsprofile im einzelnen auch sein mögen, vorausgesetzt wird immer der Nachweis besonderer fachlicher Qualifikation, überdurchschnittlicher Leistungen, Persönlichkeit und Urteilskraft, soziale Kompetenz, gute Allgemeinbildung und das Wissen darüber, wie man sich in der modernen Informationsgesellschaft auf dem schnellsten Wege neues Wissen aneignen kann. Während zu Beginn der achtziger Jahre Führungskräfte zum überwiegenden Teil ihr Wissen aus dem bezogen, was sie einmal gelernt, also im Kopf gespeichert hatten, so reicht dies heute bei weitem nicht mehr aus. Immer mehr sind sie darauf angewiesen, die Kompetenz ihrer Mitarbeiter abzufragen und das verfügbare Wissen in Bibliotheken, Computern und Datenbanken heranzuziehen. Der „Chef" verfügt immer weniger über „Herrschaftswissen"; er ist mehr denn je darauf angewiesen zu kooperieren, in seinem Team, in seiner Firma, mit Geschäftspartnern, mit der Politik und natürlich auch mit den Medien.

Der Begriff der „Wissensgesellschaft" erweist sich als missverständlich, wenn er suggeriert, dass wir alle immer mehr wüssten. Dies ist jedoch im Vergleich zu früheren Generationen äußert fraglich. Verändert hat sich vor allem, was wir wissen und wie wir lernen. Die Generation unserer Großeltern lernte noch sehr viel auswendig. Noch heute rezitieren sie gerne Gedichte oder ganze Passagen aus der klassischen Literatur. Diese Kompetenz findet sich heute bei Berufstätigen ebenso wenig wie bei Schülern und Studierenden. Sie sind deshalb aber nicht dümmer oder gescheiter als ihre Vorfahren. Stattdessen wissen sie neben dem erlernten Wissen wie sie sich aus der unglaublichen Fülle potenziell verfügbaren Wissens, das an Informationen herausfiltern, was für sie hilfreich und notwendig ist, um eine Entscheidung vorzubereiten und urteilsfähig zu werden. Dies setzt eine Orientierungsleistung voraus, wie sie frühere Generationen nicht erbringen mussten, weil sie leichter erkennen konnten, was gilt. Wir wissen heute also mehr denn je, dass wir sehr vieles nicht wissen. Wir müssen zudem erkennen, dass wir selbst dort, wo wir Fachleute sind, ständig Neues dazulernen müssen, weil das Erlernte nicht mehr ausreicht oder durch neue Erkenntnisse überholt wird.

So werden wir immer mehr zu Spezialisten. Wir wissen über Weniges immer mehr und über Vieles immer weniger. Diese Entwicklung kann insbesondere für Führungskräfte zu einem großen Problem werden. Im Innenverhältnis, weil sie sich immer stärker auf das Spezialwissen ihrer Mitarbeiter verlassen müssen. Im Außenverhältnis, weil sie den Teilinteressen Vorrang vor der gesellschaftlichen Verantwortung einräumen. Denken wir nur daran, dass von Führungsentscheidungen in Unternehmen häufig die Sicherheit von Arbeitsplätzen abhängt und ziehen wir in Betracht, welcher Einfluss von Politik, Medien und Forschung auf gesamtgesellschaftliche Entwicklungen ausgehen kann.

Hat mit der Vernetzung des Wissens und des Handelns die Verantwortung der Eliten gegenüber der Gesellschaft an Bedeutung verloren?

Mit der Herausbildung diverser Teileliten und der damit verbundenen Spezialisierung besteht die Gefahr, dass die Bereitschaft der Eliten sinkt, Verantwortung zu übernehmen, weil an der Entscheidungsvorbereitung und Entscheidungsfindung viele, z. T. auch andere Teileliten mitwirken. Ferner besteht ein Problem darin, dass mit der wachsenden Spezialisierung den Teileliten der Blick für die gesamtgesellschaftliche Verantwortung verloren geht. Wenn dies geschähe, stünde es um unsere Zukunft schlecht. Denn trotz wachsender Spezialisierung, Differenzierung der Interessen und Meinungen, sowie auch der Pluralisierung unserer Lebensentwürfe dürfen das Gemeinwohl und damit der Zusammenhalt der Gesellschaft keinen Schaden nehmen.

Gerade in diesem Zielkonflikt wird die besondere soziale Verantwortung der Eliten in der modernen Wissensgesellschaft deutlich.

Während in der vom Adel geprägten Gesellschaft des 19. Jahrhunderts der Konsens innerhalb der Elite vor allem aus der Herkunft erwuchs und daraus ein Zusammengehörigkeitsgefühl und Schutzraum entstand, muss in der auf Interessenvielfalt und Konflikt beruhenden modernen Wissensgesellschaft um den Konsens in besonderer Weise gerungen werden. Auf Grund der Entfaltung diverser Teileliten, ihrer sozialen Rekrutierung, der damit verbundenen unterschiedlichen Lebensführungen und Lebensentwürfe, dem notwendigen Abstimmungsverhalten im Zuge der Entscheidungsfindung und der häufig fehlenden Eindeutigkeit darüber, was nun richtig und falsch ist, fällt es der Elite heute schwerer als früher zu Entscheidungen zu gelangen, sie durchzusetzen und zu legitimieren. Dies gilt gleichermaßen für das Innen- wie für das Außenverhältnis.

Zu denken ist in beiden Fällen auch an den öffentlichen Legitimationszwang. Am Beispiel der politischen Elite wird der hier geschilderte Rechtfertigungsdruck und das Ausmaß der Verantwortung besonders evident. Die jüngsten Diskussionen um die Überwindung des Reformstaus in Deutschland haben offenkundig werden lassen, wie schwierig es in einer offenen, freiheitlichen Gesellschaft ist, Entscheidungen zu treffen und durchzusetzen. Letztendlich müssen einzelne Personen dafür öffentlich die Verantwortung übernehmen. Dies birgt die Gefahr in sich, dass die Eliten durch die Form ihres Erkenntnisgewinns in einer von Zweckrationalismus, ökonomischen Interessen und den Medien geprägten Entscheidungskultur distanziert, überheblich und herzlos werden, um sich gegenüber der öffentlichen Kritik zu immunisieren. Deshalb kommt der Persönlichkeitsbildung und Wertorientierung der Eliten ebenso große Bedeutung zu wie ihrer fachlichen Ausbildung.

Ob die heute Verantwortung tragenden Eliten in hinreichendem Maße darauf vorbereitet sind, diesen Herausforderungen gerecht zu werden, bleibt eine offene Frage. Fest steht jedoch, dass die Zukunft unseres Landes von dem Können, Leistungswillen und der sittlichen Integrität der Eliten abhängt. Sie entscheiden über unsere Freiheit, unseren Wohlstand und den sozialen Frieden.

Die Entwicklung zur modernen Wissensgesellschaft und ihre Ursache, die Verwissenschaftlichung der Berufswelt von der Politik über die Wirtschaft bis hin zu den Medien hat jedoch bisher nur in Ansätzen dazu geführt, dass die Universitäten ihren Auftrag wieder stärker am Grundsatz der Ausbildung künftiger Eliten statt am Ziel der Massenproduktion von Hochschulabsolventen orientieren. Dies schließt neben der Vermittlung kognitiver Fertigkeiten die Persönlichkeitsbildung als eine wichtige Aufgabe ein. Eine solche Neuausrichtung wäre nicht nur vor dem Hintergrund der wachsenden fachlichen Anforderungen sinnvoll, sondern auch, um die besondere ethische Verantwortung der Elite für das Gemeinwohl stärker zu entwickeln. Der immer weiter wachsende Trend in unserer Gesellschaft zur Bindungslosigkeit gegenüber Institutionen und Verbänden und die dazu parallel laufende Individualisierung, welche die Erzielung eines Konsenses immer mehr erschwert, darf der Elite nicht als Rechtfertigung dazu dienen, sich abzuschotten und ihre privilegierte Stellung zur Maximierung ihrer Interessen losgelöst vom Allgemeinwohl zu missbrauchen. Vielmehr fällt ihr die Aufgabe zu, durch eigenes Vorbild den Zusammenhalt der Gesellschaft zu stärken.

Der vorliegende Sammelband fragt nach der Verantwortung, der Stellung und den Aufgaben der Eliten in der freiheitlichen Demokratie. Die darin enthaltenen Aufsätze analysieren Einstellungen, Versuchungen und Blockaden anhand von ausgewählten Beispielen vom Kaiserreich, über das Ende der Weimarer Republik, die Teilung Deutschlands nach der nationalsozialistischen Diktatur, das Scheitern des SED-Regimes in der DDR bis in die Gegenwart hinein. Auch dem Problem inwieweit die modernen Teileliten notwendige politische Entscheidungen blockieren, wird nachgegangen. Ein weiteres Kapitel setzt sich mit den Funktionseliten in der modernen Wissensgesellschaft auseinander. Hier geht es um Entscheidungsprozesse, um die Verantwortung der Unternehmer und Vorstände von Aktiengesellschaften, den Einfluss der Politik, der Medien und Verbände. Auch die grundsätzliche Frage: Intuition oder Verstand – Wie entscheiden Führungseliten? wird aufgeworfen. Das abschließende Kapitel beschäftigt sich zudem mit dem Bildungs- und Forschungsstandort Deutschland. Im Rahmen dessen wird auf die aktuelle Diskussion um die Zukunft der Universitäten in Deutschland eingegangen und erörtert, ob wir Eliteuniversitäten nach internationalen Vorbildern aufbauen müssen oder ob es gelingen kann, innerhalb der vorhandenen Universitätsstrukturen stärker als bisher Eliten auszubilden.

Der besondere Dank der Herausgeber gilt allen Autoren und Autorinnen, die an diesem Sammelband mitgewirkt haben, insbesondere aber dem ehemaligen Promotionsstipendiaten der Konrad-Adenauer-Stiftung Markus Henkel, der die redaktionelle Bearbeitung des Sammelbandes übernommen hat.

*Oscar W. Gabriel / Beate Neuss / Günther Rüther*

# I. Eliten in der Demokratie

# Was sind Eliten?

*Victoria Kaina*

## Eine Antwortsuche als Geschichte von Aufenthalten

Jede Betrachtung über Eliten konfrontiert unweigerlich mit der Frage, wer sich eigentlich hinter dieser Personenbezeichnung verbirgt. Doch scheinen Antworten häufig um so schwieriger, je selbstverständlicher gefragt wird. Und auch in diesem Falle sieht man sich auf eine abenteuerliche, zuweilen unbefriedigende Antwortsuche geschickt, die immer auch ein wenig Wagemut verlangt, wenn Entscheidungen getroffen, Positionen festgelegt und verteidigt werden müssen. Denn bis heute erzählen die Debatten um den Elitenbegriff eine fortlaufende Geschichte nicht enden wollender Auseinandersetzung und anhaltender Irritationen. Dabei scheint der etymologische Ursprungsgehalt des Begriffs, der sich von *eligere* ableitet und so viel wie auslesen bedeutet, der einzige Ankerpunkt einer Vielzahl von Definitionen und Bindestrich-Termini.[1] Gleichzeitig bildet die damit verbundene Implikation der Auswahl, die immer anhand bestimmter Kriterien erfolgen muss, den Hintergrund für variierende Elitevorstellungen, aber auch für ein verbreitetes Unbehagen bei der Begriffsverwendung. Einer unbefangenen Selbstverständlichkeit im Reden und Nachdenken über Eliten stand im deutschsprachigen Raum zudem der totalitäre Missbrauch des Begriffs in den dunkelsten Kapiteln deutscher Geschichte lange im Wege.[2] In der fachwissenschaftlichen Diskussion werden aber auch eine Reihe theoretischer Argumente bemüht, um den Elitenbegriff ganz zu vermeiden.[3] Darüber hinaus beansprucht eine breite Palette von Konkurrenzbegriffen Aufmerksamkeit, die häufig jedoch zu schlicht oder auch zu phantasievoll kreiert wurden, um analytischen Ansprüchen genügen zu können.[4]

---

1 Siehe z. B. Schluchter, Wolfgang: Der Elitebegriff als soziologische Kategorie, in: Kölner Zeitschrift für Soziologie und Sozialpsychologie 15 (1963), S. 233-256; Endruweit, Günter: Elitebegriffe in den Sozialwissenschaften, in: Zeitschrift für Politik 26 (1979), S. 30-46; Noack, Paul: Elite und Massendemokratie: Der Befund und die deutsche Wirklichkeit, in: Hatschikjan, Magarditsch A./Altmann, Franz-Lothar (Hrsg.), Eliten im Wandel. Politische Führung, wirtschaftliche Macht und Meinungsbildung im neuen Osteuropa, Paderborn u. a. 1998, S. 15-32; Imbusch, Peter: Konjunkturen, Probleme und Desiderata sozialwissenschaftlicher Elitenforschung, in: Hradil, Stefan/Ders. (Hrsg.): Oberschichten – Eliten – Herrschende Klassen, Opladen 2003, S. 11-32.

2 Vgl. Dahrendorf, Ralf: Gesellschaft und Demokratie in Deutschland, München 1965; Zapf, Wolfgang: Wandlungen der deutschen Elite, München 1965.

3 Vgl. z. B. aus soziologischer Sicht Krais, Beate: Die Spitzen der Gesellschaft. Theoretische Überlegungen, in: Dies. (Hrsg.): An der Spitze. Von Eliten und herrschenden Klassen, Konstanz 2001, S. 7-62; Krais, Beate: Begriffliche und theoretische Zugänge zu den 'oberen' Rängen der Gesellschaft, in: Hradil/Imbusch, Oberschichten (wie Anm. 1), S. 35-54. Zur politikwissenschaftlichen Diskussion siehe Herzog, Dietrich: Brauchen wir eine politische Klasse?, in: Aus Politik und Zeitgeschichte. Beilage zur Wochenzeitung Das Parlament 1991, Heft B 50, S. 3-13; Beyme, Klaus von: Die politische Klasse im Parteienstaat, Frankfurt am Main 1993; Rebenstorf, Hilke: Die politische Klasse. Zur Entwicklung und Reproduktion einer Funktionselite, Frankfurt am Main/New York 1995; Golsch, Lutz: Die politische Klasse im Parlament. Politische Professionalisierung von Hinterbänklern im Deutschen Bundestag, Baden-Baden 1998; Borchert, Jens (Hrsg.): Politik als Beruf. Die politische Klasse in westlichen Demokratien, Opladen 1999.

4 Imbusch, Konjunkturen (wie Anm. 1), S. 20 f.

Die allgemeinste Vorstellung von Eliten zielt auf Personenminderheiten, die sich in einem Prozess der Auslese und Konkurrenz herausgebildet haben, der ihre herausgehobene Stellung in der Gesellschaft zugleich rechtfertigt und begründet.[5] Damit bleibt jedoch offen, welche Merkmale diesen Selektionsvorgang prägen und wie er sich unter spezifischen historischen Konstellationen und gesellschaftlichen Rahmenbedingungen vollzieht. Obwohl die frühesten Zeugnisse eines derart einfachen Elitenbegriffs anhand biblischer Zitatspuren auf eine Zeit datiert werden, die 3000 Jahre in die Vergangenheit reicht,[6] ist deshalb bis heute auch kein Konsens darüber gefunden, *wer* zu den Eliten einer Gesellschaft gehört und *warum* jemand zum Mitglied dieses Kreises wird. Genauso wenig Einigkeit besteht in der Frage, wie das soziale Phänomen zu kennzeichnen ist, das Eliten darstellen, ob sie nun als Gruppe, Schicht oder Klasse zu charakterisieren sind.[7] Mit dem fortschreitenden Bedeutungszuwachs der Massenmedien, insbesondere des Fernsehens werden neuerdings sogar die Zukunftschancen für die Existenz von Eliten überhaupt bezweifelt, wenn ihre allmähliche Ablösung und Verdrängung durch Prominente sowie der drohende Aufstieg einer Pseudo-Elite prognostiziert werden.[8]

Vor dem Hintergrund all dieser Ambivalenzen sind abschließende oder eindeutige Antworten auf die Frage, was Eliten sind, nicht zu erwarten, vielleicht nicht einmal möglich. Eine theoretisch überzeugende Versöhnung des Elitengedankens mit dem voraussetzungsreichen, auf das Einverständnis der Bevölkerungsmehrheit gründenden demokratischen Herrschaftssystem ist zwar gelungen und trug sicherlich dazu bei, dass heute auch in Deutschland mit neuer Selbstverständlichkeit über Eliten gesprochen, geschrieben, gerätselt und gestritten wird.[9] Zugleich veranlasst die anspruchsvolle Ordnungsform demokratischer Systeme zu einer Reihe von Auffassungen über das Anforderungsprofil ihrer Eliten.[10] In dem Maße jedoch, in dem diese Überlegungen von verschiedenen Demokratievorstellungen beeinflusst sind, werden auch unterschiedliche Maßstäbe formuliert, an denen sich Eliten in Demokratien messen lassen sollen. Entgegnungen auf die Frage, was Eliten sind, zielen in diesem Falle über den Horizont deskriptiver Feststellungen hinaus, indem sie normative Akzente setzen und die Rolle von Eliten für die Erfolgstüchtigkeit und Bestandsfähigkeit demokratischer Systeme thematisieren.

5 Bude, Heinz: Auf der Suche nach Elite, in: Kursbuch (2000), Heft 139, S. 9-16, hier S. 10; Endruweit, Elitebegriffe (wie Anm. 1), S. 34.

6 Endruweit, Elitebegriffe (wie Anm. 1), S. 32.

7 Endruweit, Elitebegriffe (wie Anm. 1), S. 33 ff.

8 Macho, Thomas: Von der Elite zur Prominenz. Zum Strukturwandel politischer Herrschaft, in: Merkur 47 (1993), S. 762-769; Walden, George: The new elites. Making a career in the masses, London u. a. 2000; Paris, Rainer: Autorität – Führung – Elite. Eine Abgrenzung, in: Hradil/Imbusch, Oberschichten (wie Anm. 1), S. 55-72.

9 Vgl. Bachrach, Peter: Die Theorie demokratischer Elitenherrschaft. Eine kritische Analyse, Frankfurt am Main 1970.

10 Vgl. z. B. Glotz, Peter/Süssmuth, Rita/Seitz, Konrad: Die planlosen Eliten. Versäumen wir Deutschen die Zukunft?, München 1992; Schäfers, Bernhard: Eliten im gesellschaftlichen Umbruch. Müssen Funktionseliten auch Werteliten sein?, in: Gegenwartskunde 45 (1996), S. 473-484; Bluhm, Harald: Eliten – ideengeschichtliche Betrachtungen zu einem rhetorisch-politischen Begriff, in: Berliner Debatte INITIAL 11 (2000), S. 66-80; Münkler, Herfried: Werte, Status, Leistung. Über die Probleme der Sozialwissenschaften mit der Definition von Eliten, in: Kursbuch (wie Anm. 5), S. 76-88.

Trotz einer in jüngerer Zeit wieder zunehmenden akademischen Neugier an Eliten und eines wachsenden öffentlichen Bewusstseins für ihre Existenz und Notwendigkeit in modernen Flächendemokratien scheint ein Konsens über Elitenbegriff und -verständnis nach wie vor in weiter Ferne. Die bis heute unterbreiteten Vorschläge berichten daher vor allem von Aufenthalten während einer lang andauernden, keineswegs abgeschlossenen Suche. Dieser Umstand ist jedoch teilweise dem Erkenntnisobjekt selbst geschuldet, wenn Eliten als das Ergebnis eines Ausleseprozesses begriffen werden, der sich an mindestens einem Kriterium orientieren muss.

## Die Schwierigkeiten der Auswahl

Bis in die Gegenwart ist höchst umstritten, was eine Person zum Elitemitglied qualifiziert. Die Kriterien dafür, seien sie nun qualitativer oder formaler Natur, müssen definiert werden und stehen selbst zur Disposition, wenn sie an historische Entwicklungsstadien und soziale Wandlungsprozesse, eine spezifische politische Institutionenordnung oder bestimmte, an der jeweiligen Fachdisziplin orientierte Erkenntnisinteressen geknüpft sind.[11] Dementsprechend unterscheiden sich auch die Vorstellungen darüber, welches entscheidende Kriterium dem Auswahlprozess zu Grunde liegt, aus dem die Eliten einer Gesellschaft hervorgehen. Sind Leistung oder Erfolg maßgeblich, Reputation oder Selbstzuschreibung, Bildung oder Expertenwissen? Bestimmen Eigentum und Besitz, Herkunft und Stand darüber, wer zu den Eliten gehört? Möglicherweise ist auch ein bestimmtes Wertebewusstsein das zentrale Merkmal, auf dem der Elitestatus beruht. Oder sind es die Mächtigen einer Gesellschaft, die jenen Personenkreis definieren, der als Elite bezeichnet wird? Ergebnis dieser Unklarheit sind unterschiedliche Elitedefinitionen, vor allem jedoch die Tatsache, dass sich die Elite eines Landes aus jeweils anderen Mitgliedern zusammensetzt, je nachdem, welchem Begriff der Vorzug gegeben wird.[12]

In jenem dichten Geflecht von Mehrdeutigkeiten haben sich dennoch drei zentrale Angebote herauskristallisiert, die das Elitenphänomen zu bestimmen versuchen. Als Wert-, Funktions- und Machteliten etikettiert, haben diese Angebote Eingang in den Elitendiskurs gefunden, wo sie um Anerkennung konkurrieren und sich bisher mehr oder weniger stark gegen alternative Bezeichnungen behaupten konnten.[13] Danach werden Eliten zum ersten als diejenigen Minderheiten beschrieben, deren Angehörige die in der Gesellschaft gültigen Grundwerte besonders glaubwürdig vertreten und somit Vorbildcharakter gewinnen. Zum zweiten werden jene Personen als Eliten betrachtet, die bestimmte Aufgaben für die Funktionsfähigkeit der Gesellschaft erfüllen, indem sie aufgrund heraus-

11 Zum historischen Elitenbegriff vgl. Dreitzel, Hans P.: Elitebegriff und Sozialstruktur. Eine soziologische Begriffsanalyse. Göttinger Abhandlungen zur Soziologie, Bd. 6, Stuttgart 1962; allgemein zum Problem statusrelevanter Definitionskriterien für Eliten vgl. u. a. Stammer, Otto: Das Eliteproblem in der Demokratie, in: Schmollers Jahrbuch für Gesetzgebung 71 (1951), S. 513-540; Schluchter, Der Elitebegriff (wie Anm. 1), S. 236ff; Zapf, Wolfgang: Führungsgruppen in West- und Ostdeutschland, in: Ders. (Hrsg.), Beiträge zur Analyse der deutschen Oberschicht, 2., erw. Aufl., München 1965, S. 9-29; Endruweit, Elitebegriffe (wie Anm. 1), S. 33.

12 Vgl. Endruweit, Elitebegriffe (wie Anm. 1), S. 45.

13 Vgl. Bude, Auf der Suche (wie Anm. 5), S. 10ff.

ragender Leistungen auf ihrem Gebiet zum Gemeinwohl beitragen. Drittens wird der verhältnismäßig kleine Personenkreis als Elite bezeichnet, dessen Mitglieder Macht ausüben, weil sie allgemeinverbindliche Entscheidungen treffen oder beeinflussen.

Das Kriterium der Macht ist in erster Linie für politikwissenschaftliche Fragestellungen zentral, die um das Elitenproblem im Kontext von Herrschaft, Konflikt und Konsens zirkulieren und an der Rolle von Eliten in politischen Willensbildungsprozessen interessiert sind.[14] Charles Wright Mills bezeichnete in seiner viel zitierten Definition der „power elite" diejenigen Personen als Angehörige der Machtelite, die gesellschaftliche Positionen einnehmen, von wo aus sie Entscheidungen mit weitreichenden Konsequenzen treffen können.[15] Als maßgeblich wird dabei weniger reale Machtausübung angesehen als vielmehr der Besitz einer bestimmten Position, die entsprechende Chancen eröffnet.[16] Diese Antwort auf die Frage, was Eliten sind, ist eng mit dem Begriff der Positionselite verknüpft, der zwar für viele, vor allem soziologische Fragestellungen zu eng gefasst sein mag und aufgrund gewisser methodischer Rigorismen auch nicht unproblematisch ist.[17] Dennoch hat sich die Festlegung auf ein formales, quantifizierend-deskriptives Merkmal zur Charakterisierung gesellschaftlicher Eliten, das von kulturellen und normativen Bezügen abstrahiert, in der empirisch ausgerichteten Elitenforschung als wegweisend erwiesen.[18]

## Das Problem der Macht und das Paradigma vom Elitenpluralismus

Ausgangspunkt der klassischen und modernen Elitenforschung ist die Tatsache, dass es in allen Gesellschaften zu allen Zeiten Menschen gab, die entweder das Recht haben, allgemeinverbindliche Entscheidungen zu treffen, oder denen es aufgrund bestimmter Ressourcen nachhaltiger als anderen gelingt, die politische Entscheidungsfindung zu beeinflussen.[19] Der Begriff Elite zur Charakterisierung von Personen dieser Eigenschaften geht auf Vilfredo Pareto zurück, der wie Gaetano Mosca, ein anderer Klassiker der Elitentheorie, davon ausging, dass es sich bei der Elite um eine *herrschende* Minderheit handelt.[20]

14 Vgl. u. a. Stammer, Das Eliteproblem (wie Anm. 11), S. 8 f; Keller, Suzanne: Beyond the Ruling Class. Strategic Elites in Modern Society, New York 1963; Field, Lowell G./Higley, John: Eliten und Liberalismus. Ein neues Modell zur geschichtlichen Entwicklung der Abhängigkeit von Eliten und Nicht-Eliten: Zusammenhänge, Möglichkeiten, Verpflichtungen, Opladen 1983; Hoffmann-Lange, Ursula: Eliten, Macht und Konflikt in der Bundesrepublik, Opladen 1992; Higley, John/Gunther, Richard (Hrsg.): Elites and Democratic Consolidation in Latin America and Southern Europe, New York 1992; Bürklin, Wilhelm/Rebenstorf, Hilke u. a.: Eliten in Deutschland. Rekrutierung und Integration, Opladen 1997; Higley, John/Pakulski, Jan/Wesolowski, Wlodzimierz (Hrsg.): Postcommunist Elites and Democracy in Eastern Europe, New York 1998; Higley, John/Lengyel, György (Hrsg.): Elites after State Socialism. Theories and Analysis, Oxford/New York u. a. 2000.

15 Vgl. Mills, Charles Wright: The Power Elite, New York 1956, S. 3 f.

16 Vgl. Endruweit, Elitebegriffe (wie Anm. 1), S. 31.

17 Vgl. Schäfers, Eliten (wie Anm. 10), S. 481; Imbusch, Konjunkturen (wie Anm. 1), S. 18; Hoffmann-Lange, Ursula: Das pluralistische Paradigma der Elitenforschung, in: Hradil/Imbusch, Oberschichten (wie Anm. 1), S. 111-118.

18 Vgl. u. a. Zapf, Führungsgruppen (wie Anm. 11), S. 9; Hoffmann-Lange, Eliten (wie Anm. 14), S. 39 ff.

19 Hoffmann-Lange, Eliten (wie Anm. 14), S. 19.

20 Pareto, Vilfredo: Allgemeine Soziologie, Tübingen 1955; Mosca, Gaetano: Die herrschende Klasse. Grundlagen der politischen Wissenschaft, München 1950.

Der moderne sozialwissenschaftliche Elitenbegriff hingegen begreift alle Personen als Eliten, die über gesellschaftliche Macht verfügen bzw. maßgeblichen Einfluss auf gesellschaftlich bedeutsame Entscheidungen ausüben.[21] Diese Elitenvorstellung bezieht sich damit nicht nur auf die politischen Eliten im engeren Sinne, die über ihr Recht zur verbindlichen politischen Entscheidungsfindung politische Macht ausüben, die jedem politischen Herrschaftsverhältnis konstitutiv zu Grunde liegt, sondern auch auf Personen, die regelmäßigen und direkten Einfluss auf das Handeln politischer Eliten ausüben und so über die Bedingungen gesellschaftlicher Entwicklung maßgeblich mitbestimmen. Rechtfertigung findet diese Ausweitung des auf die Mächtigen einer Gesellschaft bezogenen Elitenbegriffs in gesellschaftlichen Modernisierungsprozessen, deren Analyse die Theorie des Elitenpluralismus wesentlich inspirierte.[22]

Dabei kann zunächst davon ausgegangen werden, dass politische Eliten qua Legitimation politische Macht ausüben, indem sie für die Allgemeinheit verbindliche Entscheidungen treffen und dafür Folgebereitschaft erwarten können. In ihrem Entscheidungsprozess sind sie jedoch mit den Interessen einer Vielzahl von Akteuren konfrontiert, die in Konkurrenz zueinander und mittels eigener Machtressourcen wie zum Beispiel Finanz- und Organisationskraft, Expertenwissen und Information versuchen, das Handeln politischer Eliten zu beeinflussen und damit gesellschaftliche Macht erzeugen. Folgerichtig werden auch jene Personen zu den Eliten gerechnet, die mit Hilfe spezieller Ressourcen auf politische Entscheidungen einwirken. Denn nur wer aufgrund seines Machtmittelreservoirs die Chance hat, dass seine Interessen auch gegen Widerstand anderer im Prozessresultat Berücksichtigung finden, kann politische Entscheidungsfindung tatsächlich beeinflussen. Dieser Hinweis ist um so bedeutsamer, als sich die gesellschaftliche Verteilung dieser Chancen in Abhängigkeit sozialer, ökonomischer und politisch-kultureller Wandlungsprozesse verändern kann und somit auch die Elitenkomposition einer Gesellschaft mittel- und langfristig variiert. Der entscheidende Unterschied bleibt allerdings darin bestehen, dass sich politische Macht auf die Möglichkeit verbindlichen *Entscheidens* gegen Widerstreben bezieht, gesellschaftliche Macht hingegen auf die Chance, im politischen Prozess *Interessen* gegen Widerstand durchzusetzen.

In unmittelbarem Zusammenhang mit diesen Überlegungen stehen unterschiedliche Möglichkeiten, um die als gesellschaftlich Mächtigen verstandenen Eliten zum Zwecke empirischer Untersuchungen zu erfassen. Zu den gebräuchlichsten Identifizierungsmethoden zählen Reputations-, Entscheidungs- und Positionsansatz.[23] Während unter Anwendung der Reputationsmethode Experten ihrer Kenntnis nach einflussreiche Personen benennen (Reputationseliten), macht der Entscheidungsansatz umfangreiche Vorstudien nötig, mit deren Hilfe die Teilnehmer an politischen Entscheidungsprozessen beispielsweise über Beobachtung oder Protokollanalysen ermittelt werden (Entschei-

21 Hoffmann-Lange, Ursula/Bürklin, Wilhelm: Eliten, Führungsgruppen, in: Schäfers, Bernhard/Zapf, Wolfgang (Hrsg.), Handwörterbuch zur Gesellschaft Deutschlands, Opladen 1998, S. 167-178, hier S. 167.

22 Hoffmann-Lange, Das pluralistische Paradigma (wie Anm. 17), S. 111 ff.

23 Vgl. Hoffmann-Lange, Ursula: Eliteforschung in der Bundesrepublik Deutschland, in: Aus Politik und Zeitgeschichte. Beilage zur Wochenzeitung Das Parlament 1983, Heft B 47, S. 11-25.

dungseliten). Der Positionsansatz, wie er auch in der „Mannheimer Elitestudie" von 1981 und der „Potsdamer Elitestudie" von 1995 zur Anwendung kam, folgt der Annahme, dass Macht in pluralistisch verfassten Demokratien in der Regel an eine Führungsposition geknüpft ist und sieht von personalen Bestimmungsgründen ab.[24] Mit anderen Worten, in entwickelten politischen Systemen werden Entscheidungsbefugnisse nicht Personen als Personen, sondern Ämtern und Inhabern von Ämtern zugeschrieben.[25] Auf Basis der Positionsmethode werden aktuelle Eliten entsprechend über zuvor bestimmte, zentrale Führungspositionen in allen gesellschaftlichen Bereichen ermittelt. Häufig ist daher auch von Positionseliten oder Positionsinhabern die Rede, wie sie Mills im Blick hatte.

Allerdings blieb Mills mit seiner Analyse der amerikanischen Machtelite als einer Art Elitenkartell aus Politik, Wirtschaft und Militär in gewisser Weise der klassischen Annahme einer dichotomischen Gesellschaftsstruktur mit Eliten auf der einen und der Masse oder den Nicht-Eliten auf der anderen Seite verhaftet. Demgegenüber betonen modernisierungstheoretische Erkenntnisse die Bedeutung gesellschaftlicher Differenzierungsprozesse, die in zunehmende gesellschaftliche Komplexität und als Reaktion darauf in wachsende Arbeitsteilung resultieren.[26] Damit ist die Herausbildung funktionell spezialisierter gesellschaftlicher Sub- oder Teilsysteme verbunden, die einerseits über relative Autonomie verfügen und andererseits in wechselseitiger Abhängigkeit stehen. In Folge der internen Ausdifferenzierung jener gesellschaftlichen Teilbereiche entwickeln sich im weiteren Institutionen und arbeitsteilige Professionen, die aufgrund der Verfügungsgewalt über gesellschaftlich bedeutsame Ressourcen mit eigenverantwortlichen Handlungsspielräumen ausgestattet sind und die Annahme einer pluralistischen Elitenstruktur in modernen Gesellschaften begründen[27].

Zusätzliche Unterstützung findet diese Vorstellung in der Beobachtung, dass im Ergebnis anhaltender Modernisierungsprozesse politische Entscheidungen heute tief in die Verteilung gesellschaftlicher Güter eingreifen, die in Sektoren außerhalb des Politikbereichs produziert und für die Leistungserfüllung des politischen Systems zur Verfügung gestellt werden.[28] Es wächst unter jenen Güterproduzenten demnach das Bedürfnis, auf politische Entscheidungen Einfluss zu nehmen. Über institutionalisierte und informelle Kontakte zu den politischen Entscheidungsträgern soll diesem Bedürfnis Rechnung getragen werden. Um die Effektivität dieser Kontakte sicherzustellen, ist es

24 Vgl. Hoffmann-Lange, Eliten (wie Anm. 14), S. 86 ff.

25 Vgl. Zapf, Führungsgruppen (wie Anm. 11), S. 10; Kielmansegg, Peter Graf: Legitimität als analytische Kategorie, in: Seibel, Wolfgang/Medick-Krakau, Monika/Münkler, Herfried/Greven, Michael Th. (Hrsg.), Demokratische Politik – Analyse und Theorie. Politikwissenschaft in der Bundesrepublik Deutschland, Opladen/Wiesbaden 1997, S. 62-96, hier S. 67.

26 Vgl. z. B. Parsons, Talcott: The Social System, New York 1951; Durkheim, Emile: Über soziale Arbeitsteilung. Studie über die Organisation höherer Gesellschaften, Frankfurt am Main 1977; Luhmann, Niklas: Soziologische Aufklärung 4. Beiträge zur funktionalen Differenzierung der Gesellschaft, 2. Aufl., Opladen 1994.

27 Vgl. beispielhaft Stammer, Das Eliteproblem (wie Anm. 11), S. 9; Etzioni-Halevy, Eva: The Elite Connection. Problems and Potential of Western Democracy, Cambridge/Blackwell 1993; Mayntz, Renate: Funktionelle Differenzierung in der Theorie sozialer Differenzierung, in: Dies., Soziale Dynamik und politische Steuerung. Theoretische und methodologische Überlegungen, Frankfurt am Main/New York 1997, S. 38-69; Hoffmann-Lange, Das pluralistische Paradigma (wie Anm. 17), S. 111.

28 Vgl. Hoffmann-Lange/Bürklin, Eliten (wie Anm. 14), S. 167.

notwendig, Personen mit relativ dauerhafter Handlungsbefugnis auszustatten. Sie repräsentieren spezialisierte Organisationen gesellschaftlicher Teilsysteme und sind berechtigt, auf spezifische Ressourcen zurückzugreifen und mehr oder weniger verbindlich zu handeln. Zu einem Kriterium für die Zugehörigkeit zur Elite einer Gesellschaft wird demnach die Einflussmöglichkeit aufgrund organisatorischer Funktionen.

Bereits Otto Stammer unterstrich, dass es sich bei den Eliten demokratischer Gesellschaften um soziale und politische Einflussgruppen handelt, die in der Organisation des Sozialsystems eine bestimmte Funktion zu übernehmen haben.[29] Stammer umriss diese Funktion, indem er den Eliten die Aufgabe zuwies, als „Konzeptoren des politischen Willens“ und „Medien des Herrschaftssystems“ zu agieren.[30] Die generelle Einsicht, dass jede Herrschaftsform der Führung bedarf und funktionierende Demokratien ohne leistungsfähige Führungsgruppen nicht denkbar sind, bahnte dieser frühen Definition einer Funktionselite ihren Weg in die moderne Elitentheorie.[31] Vor allem die Zuweisung professioneller Steuerungsleistungen an Minderheiten mit Verfügungsgewalt über unterschiedliche, gesellschaftlich relevante Handlungsressourcen stellt den Elitenbegriff in den Kontext politischer Führung. Die Eliten einer modernen demokratischen Gesellschaft werden daher auch als Führungspersonen, Führungsgruppen oder Funktionsträger etikettiert, denen die Aufgabe der Kompromissfindung, Konfliktregulierung und problemlösungsorientierten Handlungskoordination zukommt.[32]

Aus politikwissenschaftlicher Perspektive lässt sich also davon ausgehen, dass zu den Eliten moderner Gesellschaften nicht nur die Entscheidungsträger im engeren Sinne zählen und dass diese Gruppen in sich Differenzierungen aufweisen. Der gesellschaftlichen Subsystembildung beispielsweise in Politik, öffentlicher Verwaltung, Wirtschaft oder Massenmedien entspricht daher im Bereich der Eliten die Ausdifferenzierung in funktionale Sektoreliten. Dieses Begriffsverständnis lässt sich anhand der folgenden Charakteristika präzisieren:[33] Es handelt sich bei Eliten demnach um eine Minderheit (quantitative Komponente), die an der Spitze der Gesellschaft angesiedelt ist (vertikale Komponente). Dieser Minderheit gehören Personen an, die über politische Macht verfügen, indem sie allgemeinverbindlich entscheiden (Herrschaftskomponente), und darüber hinaus Personen, die aufgrund spezifischer gesellschaftlicher Machtressourcen Einfluss auf politische Entscheidungen ausüben (Machtkomponente). Die Teilnahme an Entscheidungsprozessen erfolgt regelmäßig und relativ dauerhaft (temporale Komponente) und ist an die Verfügungsgewalt über Handlungsressourcen in Führungspositionen gebunden (institutionelle Komponente). Diese Führungspositionen existieren in allen

29 Stammer, Das Eliteproblem (wie Anm. 11), S. 1.

30 Ders., Das Eliteproblem (wie Anm. 11), S. 15.

31 Vgl. u. a. Herzog, Dietrich: Politische Führungsgruppen. Probleme und Ergebnisse der modernen Elitenforschung, Darmstadt 1982; Burton, Michael/Gunther, Richard/Higley, John: Introduction: Elite Transformations and Democratic Regimes, in: Higley/Gunther, Elites (wie Anm. 14), S. 1-37.

32 Vgl. Klingemann, Hans-Dieter/Stöss, Richard/Weßels, Bernhard: Politische Klasse und politische Institutionen, in: Dies. (Hrsg.), Politische Klasse und politische Institutionen. Probleme und Perspektiven der Elitenforschung. Dietrich Herzog zum 60. Geburtstag, Opladen 1991, S. 9-36, hier S. 24.

33 Vgl. Kaina, Viktoria: Elitenvertrauen und Demokratie. Zur Akzeptanz gesellschaftlicher Führungskräfte im vereinten Deutschland, Wiesbaden 2002, S. 31 f.

gesellschaftlichen Bereichen, sind in funktionell arbeitsteiligen Organisationen angesiedelt und durch eine je spezifische Funktionszuweisung charakterisiert (funktionale Komponente). Doch ist damit die Frage, was Eliten sind, tatsächlich zufriedenstellend beantwortet?

## Einstweiliges Fazit und offene Fragen

Der gemeinsame Nenner in der Beschreibung von Eliten als eine durch Selektions- und Auswahlprozesse entstandene Personenminderheit, die sich gerade dadurch vom Rest der Gesellschaftsmitglieder unterscheidet, ist nicht nur schmal, sondern auch inhaltlich leer. Bemühungen, diesen Rahmen mit Vorstellungen zu füllen, führten zu verschiedenen Verwendungsweisen des Elitenbegriffs. Doch trotz seiner Ambivalenzen hat sich der Terminus „Elite" als rhetorisch-politische Kategorie öffentlicher Diskurse etabliert.[34] In der Regel bleibt allerdings offen, wer denn nun gemeint ist, wenn der Ruf nach Eliten ertönt,[35] Forderungen zur gezielten Elitenförderung erhoben werden oder eine Sehnsucht nach Eliten artikuliert, manchmal auch nur im Unterton der Denunziation behauptet wird. Die wissenschaftliche, das heißt die systematische und methodisch kontrollierte Auseinandersetzung mit dem Elitenphänomen verlangt daher nach einer begründeten Operationalisierung des Elitenbegriffs, wobei offensichtlich in Kauf genommen werden muss, dass damit verbundene Festlegungen vom jeweiligen Erkenntnisinteresse der beteiligten Fachdisziplin beeinflusst sind.

Immerhin hat die sozialwissenschaftliche, empirisch orientierte Elitenforschung viel dazu beigetragen, den Elitenbegriff zu präzisieren. Letzten Endes bleibt aber auch die an das Kriterium politischer und gesellschaftlicher Machtpositionen geknüpfte Elitendefinition ein Angebot unter vielen. Es besteht zudem berechtigte Skepsis, ob es sich gegen alternative Auffassungen durchsetzen kann. Zwar mag die Ausrichtung an einem formalen Selektions-Kriterium einen geeigneten Versuch darstellen, den Elitenbegriff von ideologischen Konnotationen und normativem Ballast zu befreien. Dennoch bleiben zentrale Schwächen bestehen, weil positional bestimmte Elitemitglieder Vorfestlegungen verlangen, die Forschungsergebnisse präformieren und weil strukturell unsichtbare, informale oder illegale Macht ausgeblendet wird.[36] Bestimmten Erkenntnisperspektiven, zum Beispiel zentralen soziologischen Fragestellungen wie nach den Reproduktionsmechanismen sozialer Ungleichheit, steht die eher statische Vorstellung von Eliten als Positionsinhaber und Funktionsträger sogar mehr oder weniger im Wege.[37]

Selbst dann, wenn unter Eliten die Mitglieder einer Führungsschicht verstanden werden sollen, die hohe Führungspositionen in allen gesellschaftlich relevanten Bereichen

34 Vgl. Bluhm, Eliten (wie Anm. 10), S. 66.

35 Vgl. Kodalle, Klaus M. (Hrsg.): Der Ruf nach Eliten, Würzburg 2000.

36 Vgl. Imbusch, Konjunkturen (wie Anm. 1), S. 18; Hoffmann-Lange, Das pluralistische Paradigma (wie Anm. 17), S. 117.

37 Vgl. z. B. Krais, Die Spitzen (wie Anm. 3), S. 48-57; Geißler, Rainer: Der Ungleichheitsansatz in der Elitenforschung, in: Hradil/Imbusch, Oberschichten (wie Anm. 1), S. 119-122.

bekleiden, lässt sich darüber hinaus bezweifeln, ob damit jeder normative Bezug vermieden werden kann. Denn Führungsfähigkeit setzt die Notwendigkeit bestimmter Qualifikationen voraus, die je nach Gesellschaftssystem, politischer Ordnung und Elitesektor an recht unterschiedliche Erwartungen geknüpft sein können.[38] Damit ist neuer Streit so gut wie sicher, weil sowohl Art und Umfang der Führungsaufgaben als auch die jeweils angemessenen Qualifizierungsmaßstäbe festgelegt werden müssen.

Sollten Eliten zum Beispiel selbst über umfassendes Expertenwissen verfügen oder ist es wichtiger, damit sicher umzugehen und darauf gestützte Entscheidungen durchzusetzen und zu verantworten?[39] Ist nicht ebenso die Kooperationsfähigkeit der Eliten nötig, ihr Wille zu einem planvollen und zukunftsorientierten Handeln, aber auch ihre Bereitschaft, die Grenzen der eigenen Kompetenzen klar zu artikulieren?[40] Wird Prominenz im Zeitalter der Massenkommunikation, in dem sich das Fernsehen zum wichtigsten Medium der Informationsvermittlung und Realitätskonstruktion entwickelt hat, nicht nur ein unverzichtbares Element für den Aufstieg in die Elite, sondern auch zu einer strategischen Handlungsressource für die Durchsetzungskraft in umkämpften Handlungsspielräumen?[41] Müssen Eliten ihre herausgehobene Stellung gegenüber der Gesellschaft in der so genannten Wissensgesellschaft nicht vor allem dadurch legitimieren, dass sie ihre Kreativität und Innovativität unter Beweis stellen?[42] Soll von Eliten erwartet werden, dass sie auch und gerade in pluralisierten, individualisierten Gesellschaften Vorbilder sind, Werte vermitteln und Sinn stiften, um erfolgreich führen zu können?[43] Und erfordert nicht das Selbstverständnis freiheitlicher Ordnungssysteme, dass Eliten gemeinwohlorientiert, ehrlich und integer denken und handeln, um ihren privilegierten Zugang zu politischen Entscheidungsprozessen gegenüber der Mehrheit der Bevölkerung zu rechtfertigen?

Welche Auskünfte diesbezüglich auch gegeben werden mögen – sie dürften Teil der Bemühungen sein, die Mitglieder jenes Kreises zu benennen, der Elite genannt wird, und gleichzeitig Hinweise darauf liefern, welchen Herausforderungen sich die Eliten in modernen Gesellschaften gegenübersehen und ob sie den Anforderungen von Gegenwart und Zukunft gewachsen sind. Auch in diesem Sinne müssen Antworten auf die Frage, was Eliten sind, wohl weiterhin vorläufig bleiben.

38 Vgl. Noack, Elite (wie Anm. 1), S. 16.
39 Vgl. Schäfers, Eliten (wie Anm. 10), S. 482.
40 Vgl. Glotz/Süssmuth/Seitz, Die planlosen Eliten (wie Anm. 10), S. 13-18 und 191 f.
41 Vgl. Leggewie, Claus: „You Just Do It". Der unglaubliche Donald Trump oder: Unternehmer als Politiker als Fernsehhelden, in: Berliner Debatte INITIAL 11 (2000), S. 9-18.
42 Vgl. Bluhm, Eliten (wie Anm. 10), S. 68.
43 Vgl. Münkler, Werte (wie Anm. 10), S. 82.

# Die Elitenstruktur moderner demokratischer Gesellschaften

*Ursula Hoffmann-Lange*

## Elitenstruktur und Demokratie

In den Sozialwissenschaften werden Eliten – anders als im Alltagsleben – primär über ihren Einfluss auf gesamtgesellschaftlich bedeutsame Entscheidungen definiert. Wenn Sozialwissenschaftler von „Eliten" sprechen, haben sie daher die *Gruppe der gesellschaftlich Mächtigen* im Auge, wobei zunächst unerheblich ist, worauf diese Macht im Einzelnen beruht. Diese knappe Definition sei hier zum Verständnis der folgenden Analyse vorangestellt. Dabei werden andere Elitebegriffe von vornherein ausgeklammert, die sich etwa auf intellektuelle Leistungen, moralische Führungsqualitäten oder ähnliches beziehen, wie sie in der aktuellen Diskussion über *Elitebildung* eine Rolle spielen. Dies impliziert keinesfalls die Behauptung, Geist und Macht schlössen sich aus, jedoch ist deren tatsächliche Beziehung als eine empirische Frage zu betrachten.

Der Modernisierungsprozess hat neben tiefgreifenden Änderungen in der Sozialstruktur auch Auswirkungen auf die Elitenstruktur moderner Gesellschaften mit sich gebracht. Im Zuge dieses Prozesses wurde eine kleine, homogene, durch Zugehörigkeit zur Erbaristokratie legitimierte herrschende Klasse abgelöst durch einen Elitenpluralismus, der sich aus der organisatorischen Ausdifferenzierung eines freien Unternehmenssektors, moderner Massenmedien sowie unabhängiger politischer Parteien und Verbände ergab. Die Tragweite dieser Entwicklung wurde allerdings weder von Marx und seinen Adepten noch von den klassischen Elitetheoretikern erkannt. Während Marx davon ausging, der Modernisierungsprozess werde zu einer umfassenden Demokratisierung führen und Eliten überflüssig machen, betonten zu Beginn des 20. Jahrhunderts Vilfredo Pareto und Gaetano Mosca die Universalität sozialer und politischer Ungleichheit und der Existenz von Eliten. Sie verfolgten damit die Absicht, die Idee der Demokratie zu diskreditieren und ins Reich der Utopie zu verweisen.[1] Diese „Klassiker" der Elitentheorie unterstellten ferner, dass Eliten zwangsläufig auf eine kleine Zahl von Personen mit einem hohen Maß an innerer sozialer Kohäsion beschränkt sind. Mosca hielt die Interessenhomogenität der herrschenden Klasse für eine notwendige Folge ihres Minderheitenstatus. Pareto schloss mit seiner Unterscheidung zwischen regierender Elite, nicht regierender Elite und Gegenelite Konflikte zwischen rivalisierenden Elitegruppen zwar nicht aus, sondern hielt diese sogar für eine wesentliche Bedingung gesellschaftlichen Wandels. Solche Differenzierungen innerhalb der Elite sind nach seinem Dafürhalten aber auf Machtkonflikte innerhalb der Elite beschränkt, die grundsätzlich erst im Zuge der Degeneration einer Elite auftreten.

1 Bottomore, Tom: Elites and Society, 2. Aufl., London 1993 (1. Aufl. 1964).

Neuere Elitentheoretiker ziehen demgegenüber die grundsätzliche Vereinbarkeit von Demokratie und Elitenherrschaft nicht mehr in Zweifel. Sie betonen jedoch, dass moderne demokratische Eliten sich in ihrer Struktur und ihrem Handeln grundsätzlich von vormodernen, nicht-demokratischen unterscheiden. Die Garantie von Freiheitsrechten und demokratischen Mitwirkungsrechten verhindert ihres Erachtens die Zusammenballung gesellschaftlicher Macht bei einer kleinen, sozial und interessenmäßig homogenen Elite und bedingt stattdessen einen Pluralismus autonomer Eliten, die in vielerlei Hinsicht gegenläufige oder zumindest nicht übereinstimmende Interessen vertreten. Hierauf haben bereits Raymond Aron[2] und Otto Stammer[3] hingewiesen, ebenso wie neuere Vertreter der *Theorie der demokratischen Elitenherrschaft*, u. a. Robert Dahl,[4] Suzanne Keller[5] und Giovanni Sartori.[6] Eine pluralistisch-demokratische Elitenstruktur schließt zwar nicht aus, dass große Unterschiede in den Durchsetzungschancen verschiedener Interessen existieren, aber gesamtgesellschaftlich bedeutsame Entscheidungen sind bei einer solchen Struktur das Resultat komplexer Willensbildungsprozesse, an denen eine Vielzahl von Akteuren beteiligt ist und deren Ausgang grundsätzlich offener ist als in nicht-demokratischen Gesellschaften.

Um die theoretische Relevanz einer demokratisch-pluralistischen Elitenstruktur zu verdeutlichen, seien hier wenigstens kurz die Grundüberlegungen der Theoretiker des Elitenpluralismus skizziert. Suzanne Keller hatte als Soziologin in erster Linie dessen gesellschaftliche Voraussetzungen im Auge und griff dazu auf modernisierungstheoretische Überlegungen zurück. Sie betrachtete die Herausbildung einer pluralistischen Elitenstruktur als notwendige Folge der mit dem Modernisierungsprozess verknüpften gesellschaftlichen Differenzierung. Die Entwicklung von einer homogenen Elite zu einem Pluralismus *strategischer Eliten* wurde von ihr hauptsächlich auf vier soziale Differenzierungsprozesse zurückgeführt: Bevölkerungswachstum, gesellschaftliche Arbeitsteilung, die Herausbildung formaler Organisationen sowie eine Pluralisierung der Werte („growth of moral diversity").

Aron und Dahl waren demgegenüber weniger an modernisierungstheoretischen Fragen interessiert, sondern ihre Analyse beschränkte sich von vornherein auf moderne Gesellschaften. Anders als Keller, die bei ihrer Theorie primär moderne westliche Gesellschaften im Auge hatte, entwickelten diese beiden Autoren ihre Theorien aus der Gegenüberstellung demokratisch und nicht-demokratisch verfasster Gesellschaften. Sie hielten Modernisierung lediglich für eine notwendige, nicht aber für eine hinreichende Bedingung von Demokratie und Elitenpluralismus, d. h. sie betonten, dass Elitenpluralismus darüber hinaus auch noch bestimmte politische Voraussetzungen hat, die vor

2 Aron, Raymond:: Social Structure and the Ruling Class, in: British Journal of Sociology 1 (1950), S. 1-17 und 126-144. Wieder abgedruckt in: Lewis A. Coser (Hrsg,): Political Sociology. New York 1966, S. 49-100.

3 Stammer, Otto: Das Elitenproblem in der Demokratie, in: Schmollers Jahrbuch für Gesetzgebung, Verwaltung und Volkswirtschaft 71 (1951), S. 1-28.

4 Dahl, Robert A.: Who Governs?, New Haven 1961; Ders.: Polyarchy. Participation and Opposition, New Haven 1971.

5 Keller, Suzanne: Beyond the Ruling Class. Strategic Elites in Modern Society, New Brunswick 1991.

6 Sartori, Giovanni: The Theory of Democracy Revisited. Vol. 1: The Contemporary Debate. Chatham 1987.

allem in der Institutionalisierung der Prinzipien von Meinungs- und Organisationsfreiheit bestehen.[7]

Das Konzept des Elitenpluralismus weist daher auch eine enge Verwandtschaft mit Schumpeters Theorie der Demokratie als Wettbewerb um politische Herrschaftspositionen auf,[8] die wiederum eine Weiterentwicklung der klassischen Theorie von der freiheitssichernden Rolle der Gewaltenteilung darstellt. Nichtdemokratische Gesellschaften, in denen die Bürgerrechte mehr oder weniger stark eingeschränkt sind, weisen demnach eine bestenfalls rudimentär pluralistische oder (in totalitären Systemen) sogar eine monistische Elitenstruktur auf.

## Elitenstruktur und gesellschaftliche Integrationsprobleme

Die Analyse von Eliten erfordert immer eine Berücksichtigung der Legitimationsproblematik von Herrschaft. Denn Herrschaft impliziert einen zumindest potenziellen Interessenkonflikt zwischen Herrschaftsträgern und Herrschaftsunterworfenen, d. h. zwischen „Oben" und „Unten". Da Eliten Entscheidungen treffen, die Auswirkungen für die gesamte Gesellschaft und im Falle politischer Entscheidungen sogar allgemeinverbindlichen Charakter haben, ist ihre Legitimationsbasis eine wesentliche Voraussetzung für ihre gesellschaftliche Akzeptanz. In modernen Gesellschaften sind in erster Linie meritokratische Kriterien für die Elitenrekrutierung bedeutsam, d. h. Herrschaft legitimiert sich hier durch Leistung. Hierauf deutet nicht zuletzt der von Otto Stammer geprägte Begriff der *Funktionselite* hin. Worin diese Leistung im einzelnen besteht, variiert aber beträchtlich zwischen den verschiedenen Elitegruppen, da die Leistungskriterien sich am Organisationsziel orientieren und dementsprechend von der jeweiligen Organisation autonom gesetzt werden. Bei *Delegationseliten*, die durch Wahl legitimiert werden, sehen sie beispielsweise anders aus als bei den Karriereeliten in der Verwaltung, bei denen vor allem Sachkompetenz und Verwaltungserfahrung bedeutsam sind. Bei den Medieneliten oder den Wirtschaftseliten wiederum ist unternehmerischer Erfolg wichtig, der häufig über messbare Außenkriterien (Auflagenhöhe, Einschaltquoten, Umsatz, Börsenwert) ermittelt wird.

Während die klassischen Elitetheorien vor allem die Frage des Machtgefälles zwischen Eliten und Nicht-Eliten und damit das Problem der Legitimation der Elite, d. h. die Frage der *vertikalen Integration* von Gesellschaften thematisierten, lenkt die Theorie des Elitenpluralismus den Blick darüber hinaus auf das Problem der *horizontalen Integration*, d. h. der Kooperationsfähigkeit der Elitegruppen. Da man andererseits jedoch davon ausgehen kann, dass ein hohes Maß an Elitenkonsens über Organisationsgrenzen

---

7 Beide Autoren gehen also von der Annahme einer gewissen Indifferenz von Systemelementen aus, d. h. einer nur losen Verkoppelung von Sozialstruktur und politischer Ordnung. Vgl. hierzu Scheuch, Erwin K.: Continuity and Change in German Social Structure, in: Historical Social Research, 13 (1988), S. 31-121. Siehe auch Lepsius, M. Rainer: Demokratie in Deutschland als historisch-soziologisches Problem, in: Theodor W. Adorno (Hrsg.), Spätkapitalismus oder Industriegesellschaft? Stuttgart 1969, S. 197-213.

8 Schumpeter, Joseph A.: Kapitalismus, Sozialismus und Demokratie, 7. Aufl., Tübingen 1993.

hinweg die Rückbindung der Eliten an die eigenen Organisationsziele beeinträchtigt, ergibt sich beim Elitenpluralismus ein grundsätzliches Dilemma zwischen der Kooperationsfähigkeit der Eliten einerseits und ihrer Kontrolle durch die Nicht-Eliten andererseits. Auf diese historisch neue Problematik hat schon Suzanne Keller hingewiesen, wie das folgende Zitat zeigt: „To the various social ills that have periodically afflicted the social order a new one has been added: the problem of social cohesion among strategic elites no longer united by ties of blood, social status, and wealth, but by functional interdependence. How to preserve and maintain their unity without stifling their diversity is a serious, and as yet, unsolved, problem.“[9]

Eine pluralistische Elitenstruktur impliziert also einerseits die Anerkennung von Interessendivergenzen, andererseits erfordert sie jedoch, dass die Austragung von Konflikten im Rahmen allgemein akzeptierter Regeln erfolgt, wozu auch ein beträchtliches Maß an Kooperationsbereitschaft gehört. Von daher stehen bei den Vertretern des pluralistischen Paradigmas der Elitenforschung Fragen nach dem Verhältnis von Konsens und Konflikt zwischen den Elitegruppen im Zentrum der Analyse. Dabei ist natürlich unbekannt, wo die optimale Balance von Elitenkooperation und der Repräsentation der Interessen der eigenen Organisationsbasis im einzelnen liegt. Eine einfache Vierfeldertafel macht deutlich, dass sich über eine Kombination dieser beiden Dimensionen verschiedene Elitentypen charakterisieren lassen:

| | **Elitenintegration** | |
|---|---|---|
| **Repräsentation** | *hoch* | *niedrig* |
| *hoch* | etabliert-demokratische Elite | zentrifugaler Elitenpluralismus |
| *niedrig* | Machteilite | desintegrierte Elite |

Diese Typologie ist zweifellos sehr schematisch und wird der Komplexität der Realität kaum gerecht. Dennoch macht sie deutlich, dass eine *etabliert-demokratische Elite* nicht nur in der Lage sein muss, das gesamte Spektrum gesellschaftlicher Interessen widerzuspiegeln, sondern sich darüber hinaus auch noch durch ein hohes Maß an Elitenintegration auszeichnet. Ein *zentrifugaler Elitenpluralismus* ohne einigendes Band wird dagegen bestenfalls zu der von Suzanne Keller beschriebenen Elitenfragmentierung führen. Eine solche Elitenfragmentierung kann wiederum unterschiedliche Konsequenzen haben. Sofern die Eliten eher defensiv orientiert sind und dazu neigen, Konflikten aus dem Weg zu gehen, führt sie zu dem von Dahrendorf als Strukturmerkmal der frühen westdeutschen Eliten beschriebenen *Kartell der Angst*, das sich durch ein Festhalten am Status quo und Reformscheu auszeichnet.[10] Sofern die Eliten ihre Interessenkonflikte dagegen offensiv austragen, geht eine solche Elitenstruktur mit intensiven Konflikten einher, wie dies in der Weimarer Republik der Fall war. In beiden Fällen fehlt eine Kultur der rationalen Regelung von Interessenkonflikten durch Kompromissbildung.

9 Keller, Beyond the Ruling Class (wie Anm. 5), S. 149.
10 Dahrendorf, Ralf: Gesellschaft und Demokratie in Deutschland, München 1965, S. 297 ff.

Umgekehrt entspricht der Typus der *Machtelite* mit seiner Betonung der Elitenkohäsion und seiner geringen Responsivität gegenüber den Wünschen der Bevölkerung am ehesten dem Elitenmodell der frühen Elitetheoretiker, die eine demokratische Kontrolle der Eliten durch die Nicht-Eliten für überflüssig (Pareto) oder für nicht realisierbar hielten.[11] Im Gefolge von C. Wright Mills' Buch über die „Power Elite" hat sich eine lang anhaltende wissenschaftliche Kontroverse über die Struktur der Elite in den USA entsponnen, in der neben Mills insbesondere G. William Domhoff die Auffassung vertreten hat, in den USA herrsche eine kleine, kohäsive Machtelite bzw. eine herrschende Klasse.[12] Die Annahme, auch in Demokratien sei Macht letztlich in den Händen einer kleinen Machtelite konzentriert, ist auch in Bezug auf andere moderne Gesellschaften verschiedentlich vertreten worden.[13] Diese Autoren verweisen auf die auch in demokratischen Gesellschaften nicht aufgehobene Privilegienstruktur und schließen daraus, die wirtschaftlichen Interessen einer kleinen Gruppe von Kapitalbesitzern dominierten letztlich alle wichtigen gesellschaftlichen und politischen Entscheidungen. Allerdings können sie nicht überzeugend darlegen, dass dieser Schluß tatsächlich gerechtfertigt ist.

Der Typus der *desintegrierten Elite* schließlich dürfte empirisch eher selten sein. Ein solcher Elitetyp ist allenfalls in Zeiten eines fundamentalen gesellschaftlichen Umbruchs zu erwarten, in denen die traditionellen Mechanismen sowohl der Interessenartikulation als auch der Elitenkooperation zusammengebrochen sind. Beispiele sind von aktiven Minderheiten getragene „Runde Tische", deren Teilnehmer im Grunde ohne Legitimation durch eine klar definierte organisatorische Massenbasis agieren, selbst ernannte Führer neu gegründeter Parteien sowie neureiche Oligarchen, die sich in undurchsichtiger Weise große Vermögen angeeignet haben und wichtige Wirtschaftszweige kontrollieren.

## Empirische Annäherungen an die Vielfalt: Die Positionsmethode der Eliten-Identifikation

Die bei nationalen Elitestudien in modernen Demokratien zur Elitenidentifikation üblicherweise eingesetzte *Positionsmethode* geht von der Annahme aus, dass Einfluss auf gesamtgesellschaftlich bedeutsame Entscheidungen in modernen Gesellschaften an die Verfügungsmacht über wichtige Organisationsressourcen gebunden ist. Ein solcher Einfluss kann beispielsweise in politischer Entscheidungskompetenz, in der Fähigkeit zur Mobilisierung finanzieller Ressourcen, der Verfügung über entscheidungsrelevante Informationen, aber auch in der Fähigkeit zur Mobilisierung von Widerstand bestehen.

11 Michels, Robert: Zur Soziologie des Parteiwesens in der modernen Demokratie, Neudruck der 2. Aufl., Stuttgart 1970 (Erstauflage 1911).

12 Mills, C. Wright: The Power Elite, New York 1956; Domhoff, G. William: Who Rules America?, 3. Aufl., Mountain View 1998.

13 Krais, Beate: Die Spitzen der Gesellschaft, in: Dies. (Hrsg.): An der Spitze. Von Eliten und herrschenden Klassen, Konstanz 2001, S. 7-62.

In der Regel werden dabei auf Grund der unterschiedlichen Machtressourcen, auf die sich ihr Einfluss gründet, die folgenden Sektoren unterschieden:

- Politik: Gesetzgebungskompetenz und Kontrolle über den staatlichen Repressionsapparat
- Verwaltung, Justiz: Vorbereitung und Implementation politischer Entscheidungen
- Wirtschaft: Kontrolle über Kapital
- Verbände, soziale Bewegungen: Repräsentation gesellschaftlicher Interessen im politischen Willensbildungsprozess
- Medien: Informationsfunktion
- Wissenschaft: Expertenwissen
- Kultureliten: „expressive" Funktion[14]
- Militäreliten: Beitrag zur Sicherung der Autonomie der Gesellschaft nach außen.

Die konkrete Auswahl der Sektoren orientiert sich dabei in erster Linie an deren Einfluss auf politische Willensbildungsprozesse. Dies lässt sich damit begründen, dass die formale Kompetenz, gesamtgesellschaftlich verbindliche (politische) Entscheidungen zu treffen, im Sektor Politik angesiedelt ist, und dass auf Grund der großen Aufgabenbreite des modernen Regelungs- und Vorsorgestaates alle gesamtgesellschaftlich bedeutsamen Entscheidungen entweder unmittelbar politische Entscheidungen sind oder zumindest politische Auswirkungen haben. Dies verleiht dem Sektor Politik und seinen Akteuren, den im engeren Sinne *politischen Eliten*, eine zentrale Rolle. Demgegenüber gründet sich der (politische) Einfluss der übrigen, *nichtpolitischen Eliten* auf andere wichtige Ressourcen.

Die große Bandbreite gesellschaftlich bedeutsamer Institutionen und Organisationen lässt sich am Beispiel der „Potsdamer Elitestudie" von 1995 illustrieren (vgl. Tabelle 1), der vierten in einer Reihe seit 1968 durchgeführter deutscher Elitebefragungen.[15] Man kann daran ablesen, dass die Elitenstruktur moderner Demokratien schon alleine auf Grund der Ausdifferenzierung gesamtgesellschaftlich bedeutsamer Ressourcen pluralistischer Natur und damit mit der Vorstellung einer kleinen, kohäsiven Machtelite unvereinbar ist. Typischerweise involvieren (politische) Entscheidungen eine Vielzahl öffentlicher Institutionen und privater Organisationen. Sie werden in verschiedenen Elitezirkeln mehr oder weniger kontrovers diskutiert, ehe sie von den jeweils zuständigen Gremien verabschiedet werden. Zu diesen Akteuren gehören neben den politischen Organen (Regierungen, Parlamente, Parlamentsausschüsse, Ministerialbürokratien) vor allem politische Parteien, Unternehmen und Verbände, die dazu jeweils auch Experten (Wissenschaftler, Anwälte usw.) hinzuziehen. Über den gesamten Zeitraum des politischen Willens-

14 Dieser Begriff stammt von Suzanne Keller, die Künstler und Literaten als „expressive elites" bezeichnet hat. Vgl. Keller, Beyond the Rulung Class (wie Anm. 5), S. xxi.

15 Bürklin, Wilhelm, Hilke Rebenstorf et al.: Eliten in Deutschland. Rekrutierung und Integration, Opladen 1997. Mit diesen vier Studien ist Deutschland im internationalen Vergleich führend bei der empirischen Erforschung nationaler Eliten. Die ersten drei Befragungen waren 1968, 1972 und 1981 durchgeführt worden. Vgl. Hoffmann-Lange, Ursula: Eliten, Macht und Konflikt in der Bundesrepublik, Opladen 1992.

bildungsprozesses werden sie von einer – wenn auch häufig auf kleine „issue publics“ beschränkte – öffentlichen Diskussion begleitet, auf die wiederum die Medien, die Wissenschaft, unabhängige Intellektuelle, aber auch kleinere Verbände Einfluss zu nehmen versuchen. Die zuletzt genannten Gruppen sind selbst nicht aktiv in den Entscheidungsprozess eingebunden, sei es, weil ihnen ihre Rolle Distanz auferlegt (Medien, Wissenschaft), oder aber weil sie auf Grund ihrer geringen Ressourcen über keinen direkten Zugang zu den eigentlichen Entscheidungsarenen verfügen. Schließlich werden die getroffenen Entscheidungen von Behörden und Gerichten auf konkrete Fälle angewandt, die hierfür teilweise über erhebliche Entscheidungsspielräume verfügen. In der Implementationsphase ist es auch nicht ausgeschlossen, dass Akteure, die ihre Positionen im politischen Willensbildungsprozess nicht hinreichend durchsetzen konnten, die getroffenen Entscheidungen ignorieren oder sich nur teilweise nach ihnen richten.

*Tabelle 1: Fallzahlen und Sektorkomposition der „Potsdamer Elitestudie“ 1995 (Spaltenprozent)*

| | Positionsinhaber | | Interviews | |
|---|---|---|---|---|
| | n | % | n | % |
| *Politik* | 941 | 23,9 | 526 | 22,5 |
| *Verwaltung* | 654 | 16,6 | 479 | 20,5 |
| *Wirtschaft* | 651 | 16,5 | 249 | 10,6 |
| *Wirtschaftsverbände* | 326 | 8,3 | 180 | 7,7 |
| *Gewerkschaften* | 164 | 4,2 | 97 | 4,1 |
| *Medien* | 454 | 11,5 | 281 | 12 |
| *Wissenschaft* | 202 | 5,1 | 164 | 7 |
| *Kultur* | 192 | 4,9 | 107 | 4,6 |
| *Militär* | 157 | 4 | 135 | 5,7 |
| *Andere Eliten*[1] | 200 | 5,1 | 123 | 5,2 |
| *Insgesamt* | 3941 | 100,1 | 2341 | 99,9 |

1 Berufsverbände, Justiz, Kirchen, Neue Soziale Bewegungen

Alle genannten Gruppen üben teils gemeinsam, teils unabhängig voneinander politischen Einfluss aus, und ihre wichtigsten Repräsentanten zählen zu den Eliten. Es liegt auf der Hand, dass zwischen dieser großen Zahl von Akteuren keine eindeutigen Über- und Unterordnungsbeziehungen existieren, wie dies die Vorstellung von einer kleinen, homogenen Machtelite implizieren würde. Aus diesem Grunde ist auch der Ausgang solch komplexer Willensbildungsprozesse grundsätzlich offen. Aber der Kreis der beteiligten Eliten kann natürlich weiter oder enger sein, je nachdem, wie stark „Macht“ an der Spitze der Gesellschaft konzentriert ist. Das Ausmaß der Machtkonzentration hängt dabei zumindest teilweise von der Struktur des politischen Systems und des Verbandssystems ab. In föderalistischen Ländern ist Macht stärker dezentralisiert als in unitarisch regierten, in solchen mit einem pluralistischen Verbandssystem stärker als in einem korporatistischen mit einer begrenzten Zahl von Spitzenverbänden.

## Elitenrekrutierung als Basis für Heterogenität

Wie bereits erwähnt, bedingt ein hohes Maß an Autonomie bei der Rekrutierung des eigenen Führungspersonals, dass unterschiedliche Kriterien für den Aufstieg in Führungspositionen bedeutsam sind. Diese Kriterien ergeben sich aus der Zielsetzung der jeweiligen Organisation. Analytisch lassen sich drei verschiedene Auswahlmechanismen unterscheiden, nämlich Wahl, Ernennung/Berufung und Kooptation. Wahl bedeutet dabei nicht notwendigerweise eine „allgemeine Wahl", sondern typischerweise die Wahl durch ein Vertretungsorgan wie beispielsweise einen Parteitag, einen Gewerkschaftstag, ein Parlament o. ä.[16] Zapf hat Eliten, die durch Wahl ins Amt kommen, als „Delegationseliten" bezeichnet. Für die Rekrutierung von Delegationseliten ist vor allem wichtig, dass die Kandidaten als effektive Repräsentanten der Interessen ihrer jeweiligen Basis betrachtet werden. Dementsprechend müssen sie in der Regel langjährige Erfahrung in der Organisation (Partei, Verband) aufweisen und mit deren Zielen übereinstimmen. Zweifellos ist fachliche Kompetenz für die anstehende Führungsaufgabe aber eine wichtige zusätzliche Voraussetzung.

Ernennungen sind das wohl am weitesten verbreitete Auswahlverfahren. Eliten, die durch Ernennung ins Amt kommen, lassen sich als „Karriereeliten" bezeichnen.[17] Bei den Karriereeliten zählen vor allem einschlägige Fachkenntnisse, die durch Erfahrungen in einer ähnlichen, wenn auch meist niedrigeren Funktion nachgewiesen sein müssen. Ein typisches Beispiel für Eliten, die durch Ernennung in ihre Position kommen, sind die Verwaltungseliten, aber ähnliche Muster gibt es auch in anderen Großorganisationen wie Wirtschaftsunternehmen, Justiz, Militär, der Wissenschaft und den Medien. Aber auch in politischen Parteien und Verbänden finden sich neben Delegationseliten, die typischerweise auf Zeit gewählt sind, fest angestellte Karriereliten, die die Alltagsarbeit erledigen (Leiter von Fachabteilungen, Public Relations-Spezialisten, Geschäftsführer).

Kooptation schließlich impliziert die Selbstergänzung eines (Führungs-)Gremiums durch Nachwahl neuer Mitglieder. Herausragende Beispiele für eine Kooptation sind die Mitglieder künstlerischer und wissenschaftlicher Akademien, aber auch die Berufung von Hochschullehrern, die zwar in Deutschland vom zuständigen Minister ernannt, aber faktisch durch Fachkollegen in Berufungskommissionen ausgewählt werden. Auch bei Kooptationsprozessen spielen Fachkenntnisse eine wichtige Rolle. Hinzu muss jedoch – ähnlich wie bei Delegationseliten – kommen, dass die Kandidaten als „Insider" wahrgenommen werden und auch in anderer Hinsicht zum Kreis der Auswählenden passen, z. B. auf Grund ihrer sozialen Herkunft, ihres Lebensstils sowie ihrer Wertorientierungen bzw. ihrer (politischen oder weltanschaulichen) Auffassungen.

---

16 Selbst im politischen Bereich geht den allgemeinen Wahlen normalerweise ein Nominierungsprozess voraus. Eine direkte Wahl durch die Bevölkerung ohne Vorschaltung eines Nominierungsprozesses durch ein Parteigremium ist in der Praxis eher selten. Die amerikanischen Vorwahlen (primaries) sind hierfür ein Beispiel, ebenso wie die in Deutschland mögliche Kandidatur als Wahlkreiskandidat (bei Bundestagswahlen) oder als Kandidat für ein Bürgermeisteramt in den Bundesländern, in denen eine Direktwahl des Bürgermeisters erfolgt.

17 Zapf, Wolfgang: Wandlungen der deutschen Elite, München 1965, S. 66.

Der Charakter und die Zusammensetzung der Auswahlinstanz bzw. des Auswahlgremiums („selectorate“) sind aus zwei Gründen von fundamentaler Bedeutung.[18] Wie bereits erwähnt, definieren die Auswahlgremien einmal die Standards, denen die Eliten gerecht werden müssen. Dabei lassen sich „askriptive Kriterien“ und „Leistungskriterien“ unterscheiden. Askriptive Kriterien sind durch Geburt erworbene Merkmale wie Geschlecht, die Zugehörigkeit zu einer ethnischen Gruppe oder die Klassenzugehörigkeit. Solche Merkmale sind vor allem für die Rekrutierung von Delegations- und Kooptationseliten wichtig, bei denen die Zugehörigkeit zur entsprechenden Gruppe meist einen hohen symbolischen Wert besitzt. Sie schließen jedoch – wie bereits erwähnt – die gleichzeitige Anwendung von Leistungskriterien keinesfalls aus. Bei reinen Karriereliten sollten dagegen – zumindest der Intention nach – ausschließlich Leistungskriterien ausschlaggebend sein. Allerdings zeigt sich in der Regel auch bei reinen Karriereeliten ein hohes Maß an sozialer Selektivität, die sich einerseits aus unterschiedlichen Zugangschancen zu den entsprechenden Bildungsinstitutionen, andererseits aus der Bedeutung zusätzlicher Informationen ergibt, die nicht allen potenziellen Bewerbern bekannt sind. Hier sind nicht nur der trotz Bildungsexpansion nach wie vor enge Zusammenhang zwischen Elternhaus und Bildungschancen zu nennen, sondern auch das Wissen um erwünschte Zusatzqualifikationen wie Auslandsaufenthalte, Sprachkenntnisse, Praktika usw.

Die Auswahlinstanz ist nicht nur für die Übernahme einer Führungsposition relevant, sondern auch für den Verbleib in dieser Führungsposition. Nur für die wenigsten Führungspositionen sind Berufungen auf Lebenszeit üblich, um eine Unabhängigkeit der Amtsinhaber von äußeren Einflüssen zu gewährleisten, z. B. bei Richtern und Wissenschaftlern. Die meisten Elitepositionen werden dagegen auf Zeit übertragen. Von daher ist es naheliegend, dass sich deren Inhaber in ihrem Verhalten vor allem an den Erwartungen derjenigen Personen bzw. Gremien orientieren, von denen der Verbleib in ihrer Position abhängt. Dies ist ein Mechanismus, der einerseits zur Kohäsion von Organisationen beiträgt, andererseits aber auch zu organisatorischer Erstarrung und mangelnder Anpassungsfähigkeit an sich wandelnde äußere Bedingungen führen kann. Solche Verkrustungen sind bei Kooptationsprozessen am größten, bei allgemeinen Wahlen dagegen am geringsten. Von daher bezeichnet Putam Eliten, die sich durch Kooptation erneuern, als „self-perpetuating oligarchy“ und nennt als Beispiel die Führungszirkel in den ehemals kommunistischen Ländern.[19]

Die Aufstiegsbedingungen in Führungspositionen lassen sich durch Befragung der Betroffenen bestenfalls ansatzweise untersuchen, da die Positionsinhaber selbst darüber nur Vermutungen äußern können. Insofern gibt es hierzu kaum systematische Erkenntnisse. Auf der Basis der deutschen Elitebefragungen lässt sich lediglich feststellen, dass die deutschen Eliten ein sehr hohes formales Bildungsniveau und mehrheitlich ein abgeschlossenes Hochschulstudium aufweisen (vgl. Schaubild 1).

18 Vgl. hierzu Putnam, Robert D.: The Comparative Study of Political Elites, Englewood Cliffs (N.J.) 1976. Dort insbesondere Kapitel 3.

19 Putnam, The Comparative Study, (wie Anm. 18), S. 56.

*Schaubild 1: Abgeschlossenes Hochschulstudium bei Eliten und Bevölkerung in Deutschland*

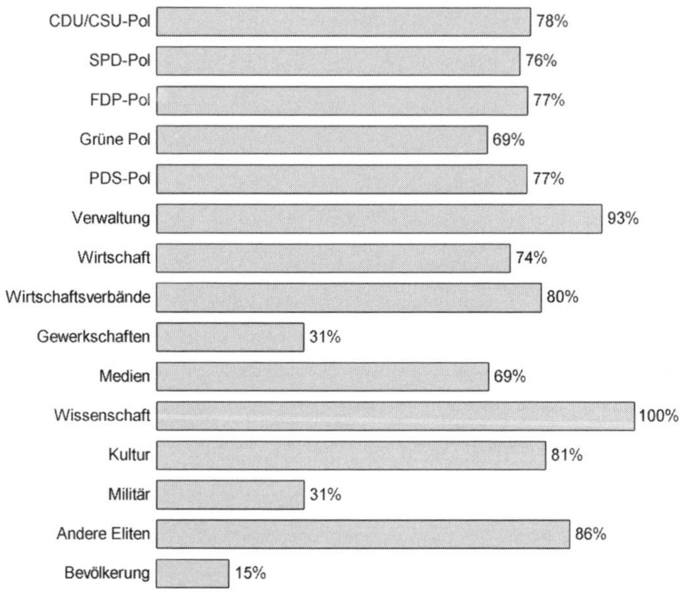


Quelle: „Potsdamer Elitestudie“ 1995 und ALLBUS 1996

Der Akademisierungsgrad hat sich in den letzten Jahrzehnten sogar noch deutlich erhöht. Seit der ersten „Mannheimer Elitestudie“ von 1968 hat er sich vor allem bei den SPD-Politikern dem Niveau in den übrigen Elitegruppen angeglichen. Die bislang noch deutlich niedrigeren Werte bei der Medien- und Militärelite sind darauf zurückzuführen, dass in diesen beiden Sektoren traditionell eine Praxisausbildung nach dem Abitur das Hochschulstudium ersetzt hat. Inzwischen ist aber auch für den Journalisten- und Offiziersberuf ein abgeschlossenes Studium erforderlich, und selbst in den Gewerkschaftseliten, in denen der Akademikeranteil bis heute noch sehr niedrig liegt, werden die Praktiker immer mehr durch Akademiker abgelöst.

Das Spektrum der fachlichen Abschlüsse ist breit und richtet sich nach dem Arbeitsfeld, in dem die Karriere begonnen wird. Auf höheren Karrierestufen verliert das Studienfach dann aber zunehmend zu Gunsten allgemeiner Managementerfahrung an Bedeutung. Bedingt durch die organisatorische Ausdifferenzierung moderner Demokratien ist das Gesamtspektrum der Elitekarrieren vielfältig, jedoch verlaufen die Berufskarrieren zumindest in Deutschland meist sektorspezifisch. Sektorwechsel auf höheren Karrierestufen sind eher selten, vom Wechsel in und aus der Politik abgesehen. Die Politiker sind eindeutig die mobilste Elitegruppe, was ganz im Gegensatz zu der Behauptung steht, heutige Politiker wiesen auf Grund der hohen Professionalisierung von Politik kaum mehr Beziehungen zum normalen Berufsleben auf.

## Politische Konfliktlinien in den Eliten

Die Wertorientierungen und die Einstellungen der Eliten zu gesellschaftlichen und politischen Streitfragen geben Auskunft darüber, welches Ausmaß an Unterstützung die demokratischen Spielregeln in den Eliten genießen und welche bedeutsamen Konfliktlinien sich zwischen verschiedenen Eliten, aber auch zwischen den Eliten und ihrer jeweiligen Basis feststellen lassen. Die Frage des Verhältnisses von *Konsens und Konflikt* in demokratischen Gesellschaften ist daher ein wichtiges Thema der Eliteforschung.

Die meisten sozialwissenschaftlichen Analysen stimmen dahingehend überein, dass die Eliten konsolidierter Demokratien sich durch einen weitgehenden Konsens über die Grundzüge der politischen Ordnung und die Verfassungsinstitutionen auszeichnen. Da die Republik von Weimar nicht zuletzt daran scheiterte, dass ein entsprechender Verfassungskonsens fehlte, wurden daher noch bis in die sechziger Jahre des 20. Jahrhunderts gelegentlich Zweifel an der demokratischen Zuverlässigkeit nicht nur der Bürger, sondern auch der (west-)deutschen Eliten geäußert.[20] Inzwischen sind solche Bedenken im Hinblick auf die alten Bundesländer praktisch verschwunden, aber es bestehen teilweise Zweifel an der Unterstützung liberal-demokratischer Normen durch die Politiker und Anhänger der PDS.

Die Ergebnisse der „Potsdamer Elitestudie" von 1995 zeigen, dass die große Mehrheit der Anhänger der Unionsparteien, der SPD und der FDP in den deutschen Eliten die Funktionstüchtigkeit der Demokratie in Deutschland positiv beurteilt, und zwar unabhängig davon, ob die Befragten aus den neuen oder den alten Bundesländern stammen (vgl. Schaubild 2). Bei den Mitgliedern und Anhängern von Bündnis 90/Die Grünen liegt der entsprechende Anteilswert etwas niedriger, und auch die Unterschiede zwischen den im Westen und den in der DDR Aufgewachsenen sind etwas größer.

Mehrheitlich negativ wird die deutsche Demokratie aber lediglich von den Politikern und Anhängern der PDS beurteilt, deren Zahl jedoch bei den aus den alten Bundesländern stammenden Befragten so niedrig war, dass diese Gruppe nicht gesondert ausgewiesen werden konnte. Diese skeptische Haltung der PDS ist zwar nicht umstandslos mit einer antidemokratischen Grundhaltung gleichzusetzen, sie sprengt jedoch den Elitenkonsens, der sich nach 1945 in den alten Bundesländern entwickelt hatte und von den aus den neuen Bundesländern stammenden Eliten überwiegend übernommen worden ist. Gleichzeitig bestätigen die Ergebnisse, dass die deutschen Eliten, ebenso wie die Eliten anderer demokratischer Gesellschaften, liberal-demokratische Werte stärker befürworten und das demokratische System erheblich positiver beurteilen als die Bürger des jeweiligen Landes. Aus diesem Grunde werden die Eliten vielfach auch als *Hüter der Demokratie* betrachtet.[21]

20 Hier ist beispielsweise auf das einflussreiche Werk Ralf Dahrendorfs, Gesellschaft und Demokratie in Deutschland (1965), zu verweisen, in dem den (West-)Deutschen mangelnde Unterstützung für das Prinzip der liberalen Demokratie und die Sehnsucht nach einer konfliktfreien Gesellschaft, verbunden mit der Ablehnung von Kompromissen, unterstellt wurde.

21 Hoffmann-Lange, Eliten, Macht und Konflikt (wie Anm. 15), S. 305-313.

*Schaubild 2: Beurteilung der Funktionstüchtigkeit des politischen Systems als zufriedenstellend*

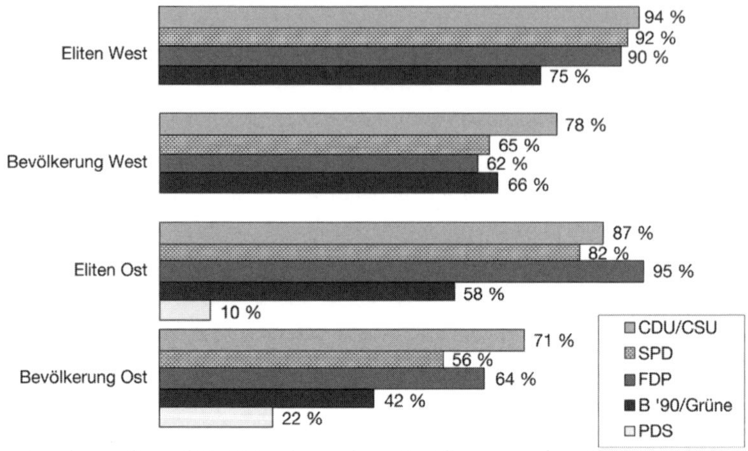


„Potsdamer Elitestudie" 1995 und „Potsdamer Bevölkerungsumfrage" 1995

Ein im internationalen Vergleich besonderes Merkmal Deutschlands ist das hohe Ausmaß an Parteienstaatlichkeit. Zwar sind parlamentarische Demokratien immer auch sog. Parteiendemokratien in dem Sinne, dass Regierungsbildung und -stabilität von den parteipolitischen Mehrheitsverhältnissen im Parlament abhängen und der Konflikt zwischen Regierung und Opposition das politische Leben prägt. In Deutschland kommt jedoch noch eine in der Verfassung verankerte Privilegierung der politischen Parteien hinzu, die sich beispielsweise in einer großzügigen öffentlichen Parteienfinanzierung und weitgehenden Möglichkeiten zu parteipolitischer Patronage in der Verwaltung und den öffentlich-rechtlichen Körperschaften niederschlägt. Wegen der verhängnisvollen Auswirkungen der stark ausgeprägten Parteienaversion rechtsextremer und kommunistischer, aber auch konservativer Kräfte in der frühen Weimarer Republik, war zudem öffentliche Kritik an den politischen Parteien in den ersten Jahrzehnten der Bundesrepublik weitgehend als „demokratiefeindlich" tabuisiert. Dies hat es den politischen Parteien erlaubt, im öffentlichen Leben eine zunehmend bedeutsamere Rolle zu spielen. In den Eliten schlägt sich dies einmal in einem hohen Anteil von Parteimitgliedern nieder, besonders in der Ministerialbürokratie, aber auch in den öffentlich-rechtlichen Rundfunkanstalten (vgl. Tabelle 2). Ferner wird der öffentliche Diskurs stark durch die Positionen der Parteien zu den aktuellen politischen Streitfragen geprägt. Damit ist die Parteineigung der Eliten eine zentrale Determinante ihrer politischen Einstellungen und meist wichtiger als die Sektor- oder Organisationszugehörigkeit. Hinzu kommt, wie auch in den meisten anderen Demokratien, eine relativ enge Affinität der Wirtschaftseliten zu den bürgerlichen Parteien (Union und FDP) einerseits, und der Gewerkschaftseliten zur SPD andererseits. Diese parteipolitischen Koalitionen mit den großen wirtschaftspolitischen Interessengruppen sind sehr stabil über die Zeit und haben sich über die letzten Jahrzehnte kaum verändert.[22]

*Tabelle 2: Parteipräferenzen[1] und Parteimitgliedschaften der deutschen Eliten 1995 (Zeilenprozent)*

| Sektor | CDU/CSU | SPD | FDP | Grüne | PDS | Parteimitglieder in % |
|---|---|---|---|---|---|---|
| Verwaltung | 47,9 | 34 | 11,9 | 5,7 | 0,4 | 71,5 |
| Wirtschaft | 59,2 | 18,3 | 18,8 | 3,3 | 0,4 | 27,7 |
| Wirtschaftsverbände | 69,8 | 7,7 | 20,1 | 2,4 | 0 | 39,9 |
| Gewerkschaften | 7,4 | 73,4 | 1,1 | 18,1 | 0 | 86,6 |
| Medien | 32,6 | 30 | 11,9 | 24,4 | 1,1 | 25,4 |
| Wissenschaft | 44,5 | 24,5 | 16,1 | 14,2 | 0,6 | 20,1 |
| Kultur | 44,5 | 24,5 | 16,1 | 14,2 | 2 | 11 |
| Militär | 78,4 | 13,6 | 6,4 | 1,6 | 0 | 12,7 |
| Andere Sektoren[2] | 37,1 | 37,1 | 12,1 | 13,6 | 0 | 41 |
| Gesamt | 46,2 | 28,4 | 13 | 11,9 | 0,5 | 54,1 |

Quelle: „Potsdamer Elitestudie" 1995

[1] Höchster Wert auf dem Parteienskalometer (Sympathiewerte auf einer Skala von +5 bis -5)

[2] Berufsverbände, Justiz, Kirche, Neue Soziale Bewegungen

Die Einstellungsdifferenzen im Hinblick auf zentrale politische Konfliktmaterien sind in den Eliten relativ ausgeprägt. Am stärksten polarisierend wirkt dabei in fast allen Bereichen die sozioökonomische Konfliktlinie. Dies ist nicht zuletzt dadurch bedingt, dass in den letzten Jahren, bedingt durch die Globalisierung und die steigende Lebenserwartung, die Verteilungskonflikte in den entwickelten Gesellschaften erneut an Schärfe zugenommen haben.

In Deutschland werden diese Konflikte durch den wirtschaftlichen Nachholbedarf der Neuen Bundesländer sogar noch zusätzlich akzentuiert. Man kann dies nicht zuletzt an den Einstellungen zum Abbau staatlicher Aufgaben ablesen (vgl. Schaubild 3). Während die Politiker und Anhänger von Union und FDP einen solchen Abbau mehrheitlich befürworten, wird er von den Politikern von SPD und Bündnis 90/Die Grünen und den Gewerkschaftseliten vehement abgelehnt. Am Ende des Spektrums befinden sich die PDS-Politiker, die fast geschlossen dagegen sind.

Schaubild 3 unterstreicht darüber hinaus auch die starke Prägung des öffentlichen Diskurses durch die Positionen der politischen Parteien, denn die Positionen der Parteianhänger in den nicht-politischen Elitesektoren unterscheiden sich kaum von denjenigen der jeweiligen Parteipolitiker. Die Daten bestätigen auch nochmals die Außenseiterposition der PDS sowie die jeweils großen Übereinstimmungen zwischen Union und FDP einerseits sowie SPD und Bündnis 90/Die Grünen andererseits.

Die Ergebnisse vergleichbarer Elitestudien in den USA und Australien deuten darauf hin, dass die Parteieliten in parlamentarischen Demokratien, und damit auch in Deutsch-

22 Hoffmann-Lange, Eliten, Macht und Konflikt (wie Anm. 15), S. 165-178.

*Schaubild 3: Befürwortung der Abgabe von Staatsaufgaben durch Parteipolitiker und Parteianhänger in den Eliten*

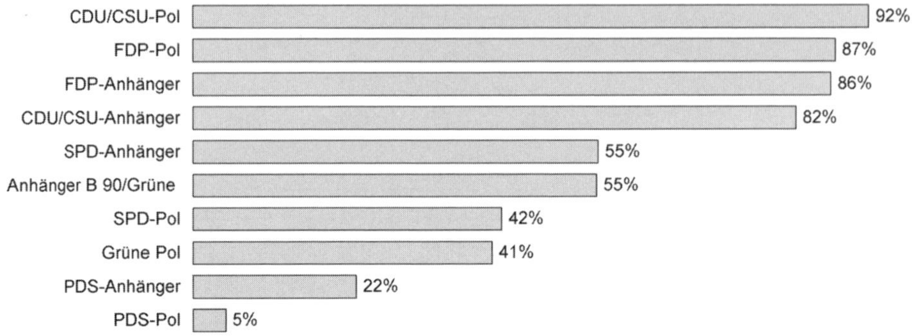


Quelle: „Potsdamer Elitestudie" 1995

land, eine sehr viel zentralere Rolle für die Definition der politischen Agenda und für die Formulierung alternativer politischer Positionen einnehmen. Insofern hat also die Struktur des Regierungssystems einen bedeutsamen Einfluss auf die Form der Interessenaggregation bei politischen Konfliktmaterien. Im präsidentiellen System der USA nehmen die Parteien dagegen keine so zentrale Rolle ein. Stattdessen entwickeln die Eliten der verschiedenen Interessenorganisationen ihre eigenen politischen Positionen und Lösungsvorschläge zunächst in weitgehender Unabhängigkeit von den Parteien, die sich erst in der Phase der Entscheidungsfindung im Kongress – und selbst dann nicht immer – um eine einheitliche Position bemühen.

## Resümee: Elitenintegration und Elitenkontrolle

Bedingt durch die pluralistische Natur moderner Gesellschaften müssen demokratische Eliten stets eine Balance zwischen der Kooperationsfähigkeit der Eliten über Organisations- und Sektorgrenzen hinweg, und der Responsivität gegenüber den Interessen ihrer gesellschaftlichen Basis finden. Dabei sind die Abberufbarkeit der Eliten und ihre begrenzte Verweildauer in Führungspositionen eine wesentliche Voraussetzung für eine effektive gesellschaftliche Kontrolle der Eliten. Der Aufstieg in Spitzenpositionen nimmt in demokratischen Gesellschaften in der Regel längere Zeit in Anspruch. Meist werden Elitepositionen erst im fünften oder sogar sechsten Lebensjahrzehnt erreicht. Das Durchschnittsalter der deutschen Eliten liegt seit den sechziger Jahren konstant bei etwa 55 Jahren. Von daher bleiben die meisten Eliten schon alleine aus Altersgründen nur eine begrenzte Zeit im Amt. Natürlich gibt es auch einzelne Ausnahmen, vor allem in der Politik, die begabten und machtbewussten Nachwuchskräften relativ schnelle Aufstiegschancen bieten. Man braucht hier nur an Personen wie Helmut Kohl, Edmund Stoiber oder Gerhard Schröder zu erinnern, die jahrzehntelang herausgehobene Parteifunktionen und wichtige politische Wahlämter eingenommen haben. Und umgekehrt gibt es in der Politik keine Ruhestandsregelungen, die einen Ausstieg spätestens mit 65 Jahren erzwingen.

In anderen Sektoren sind solche langen Verweildauern in Elitepositionen aber eher die Ausnahme als die Regel. In der Ministerialbürokratie nehmen Karrieren fast durchweg längere Zeiträume in Anspruch, und die höchsten Beamtenpositionen („politische Beamte") stehen zudem bei einem Regierungswechsel immer zur Disposition. Auch die Karrieren in den großen Wirtschaftsunternehmen, in denen sich die Inhaber von Spitzenpositionen bis in die achtziger Jahre des 20. Jahrhunderts hinein außerordentlich hoher Amtsdauern erfreuen konnten, sind heute durch starke Verwerfungen gekennzeichnet. Sie eröffnen teilweise jungen Nachwuchskräften einen Blitzaufstieg in die Eliten, dem aber ein ebenso schneller Positionsverlust folgen kann.[23]

Grundsätzlich lässt sich feststellen, dass die Verweildauer in Elitepositionen paradoxerweise bei Delegationseliten höher ist als bei Karriereeliten. Die Gründe dafür hat Robert Michels bereits zu Beginn des 20. Jahrhunderts analysiert. Sie haben mit der Arbeitsteilung zwischen den Mitgliedern bzw. Wählern einerseits und den hauptamtlichen Inhabern von Wahlämtern andererseits zu tun, die einen enormen Informationsvorsprung der Partei- und Verbandsführungen mit sich bringt.[24] Schließlich gibt es nur sehr wenige Elitepositionen, die vom Grundsatz her unbefristet vergeben werden, beispielsweise bei Professoren, Bischöfen oder den Richtern des U.S. Supreme Court. Dies deutet darauf hin, dass Organisationen in der Regel Wert darauf legen, ihr Führungspersonal bei Bedarf auswechseln zu können.

Während die Abhängigkeit der Eliten von ihrer Basis ihre Kontrolle ermöglicht, steht andererseits eine zu starke Rückbindung der Eliten im Widerspruch zu der Notwendigkeit der Elitenkooperation über Organisationsgrenzen hinweg. Diese Elitenkooperation bedingt wiederum die Herausbildung einer eigenständigen Elitenkultur, an der die eigene Basis (Mitglieder, Wähler) kaum teilhat. Zwar ist jeder Organisation naheliegenderweise an einer möglichst effektiven Außenvertretung ihrer Interessen gelegen, aber die Komplexität von (politischen) Entscheidungsprozessen und die Tatsache, dass die Notwendigkeit der von der Führung einer Organisation mit den Repräsentanten anderer Organisationen ausgehandelten Kompromisse für die nicht an diesen Verhandlungsprozessen Beteiligten nicht im Detail nachprüfbar ist, gibt den Eliten Spielräume zur Verselbstständigung

Eine wesentliche Voraussetzung für Elitenkooperation sind die Anerkennung verbindlicher prozeduraler Regeln der Entscheidungsfindung sowie die Bereitschaft, Konflikte nicht auf die Spitze zu treiben, da dies die für die kollektive Entscheidungsfindung erforderlichen Verhandlungsprozesse lähmen würde. Diese *Anerkennung demokrati-*

23 Inzwischen werden häufig ganze Vorstände innerhalb kürzester Zeit ausgewechselt, und die größer gewordene Abhängigkeit ihrer Amtsdauer vom Börsenkurs ist unübersehbar. Das bedeutet natürlich nicht, dass die entlassenen Vorstände persönlich Not leiden, denn meist kommen sie schnell in anderen gut dotierten Stellungen unter. Aber dennoch büßen sie beim Wechsel in ein kleineres Unternehmen nicht nur an öffentlicher Sichtbarkeit, sondern auch an politischem Einfluss ein, der in den seltensten Fällen an die Person, sondern in der Regel an die Funktion gebunden ist. Der Vorstandsvorsitzende eines mittelständischen Unternehmens geht eben nicht so selbstverständlich beim zuständigen Minister oder gar beim Bundeskanzler ein und aus wie der Vorstandsvorsitzende eines Großunternehmens, von dessen Entscheidungen Zigtausende von Arbeitsplätzen oder das Prestige der deutschen Wirtschaft im Ausland abhängen. Ausnahmen wie Bernd Pischetsrieder, der bei BMW entlassen und kurz darauf Vorstandsvorsitzender von VW wurde, sind eher selten.

24 Vgl. dazu Michels, Soziologie (wie Anm. 11).

*scher Spielregeln* unterscheidet konsolidierte Demokratien von anderen Gesellschaften, in denen solche Spielregeln entweder nicht existieren oder keine allgemeine Unterstützung genießen. Diese Spielregeln bestehen sowohl aus prozeduralen Normen (Verfassungen, Gesetze) als auch aus informellen Regeln des Umgangs miteinander. Das große Problem bei Demokratisierungsprozessen, denen in der Regel tiefgreifende Konflikte zwischen verschiedenen Elitegruppen vorausgehen, besteht vielfach weniger in einer Einigung auf institutionelle Strukturen und auf prozedurale Verfassungsnormen, sondern in der sich daran anschließenden Phase der Herausbildung informeller Verfahrensregeln in der Verfassungspraxis, also dem Prozess der demokratischen Konsolidierung, der extrem konfliktträchtig sein kann. Denn Verfassungsnormen sind zwangsläufig in sich widersprüchlich,[25] wobei sich solche Widersprüche häufig erst im Prozess ihrer Anwendung erweisen. Da die Teilnehmer an politischen Willlensbildungsprozessen naheliegenderweise alle ihnen zu Gebote stehenden Machtmittel ausschöpfen, können unklare oder widersprüchliche Kompetenzen (z. B. Oppositionsrechte, Befugnisse des Staatsoberhauptes zu Eingriffen in die Regierungsgeschäfte) zu Machtkonflikten führen, in deren Verlauf die Gefahr besteht, dass die im vorangegangenen Demokratisierungsprozess ausgehandelten Verfassungsregeln von einzelnen Elitegruppen (Parteien, Verbände, Medien, Unternehmen) wieder in Frage gestellt werden. Daraus ergibt sich, dass gerade die für moderne demokratische Gesellschaften charakteristische Heterogenität der Eliten ohne informelle Kooperationsregeln und Kompromissbereitschaft nicht auskommen kann, die auch von den Angehörigen der unteren Hierarchieebenen geteilt werden müssen.

Es liegt auf der Hand, dass die Existenz eines hohen Ausmaßes an Elitenkooperation zwar einerseits die Entscheidungsfindung erleichtert, aber andererseits auch die Gefahr einer *Elitenkollusion* mit sich bringt und den Verdacht nährt, die Eliten nutzten ihre Handlungsspielräume zur Verfolgung eigener Interessen und zum Nachteil der eigenen Basis. Schon aus diesem Grunde ist die Herstellung einer vernünftigen Balance zwischen Elitenresponsivität und Elitenintegration nicht nur eine fortwährende Aufgabe der Eliten, sondern aller gesellschaftlichen Kräfte, denn einer solchen Elitenkollusion kann nur eine effektive Kontrolle von unten entgegenwirken.

25 Es sei hier nur an das Spannungsverhältnis zwischen Freiheits- und Gleichheitsrechten erinnert.

# Einstellungen der Elite zur Elite

*Tilman Mayer*

## Grundüberlegungen zum Eliteproblem

Was wissen wir von der deutschen Elite? Haben wir umfassende Kenntnis von ihr, wer sie ist, was sie tut, wie sie sich vererbt, wie sie denkt, wo wir sie in unserer Gesellschaft finden? Schließlich gibt es eine breite sozialwissenschaftliche Forschung. Eliteforschung ist kein Desiderat der Forschung – und das hier vorliegende Buch schafft weitere Abhilfe.[1] Im Vergleich jedenfalls zur Kenntnis der öffentlichen Meinung über die Bevölkerung allgemein ist das Wissen über die Elite eher spärlich vorhanden. Jedes Land lebt aber von seinen Führungskräften, ja auf sie kommt es doch wohl zentral an. Auch eine partizipative Demokratie muss wissen, was „oben" gedacht wird, welche Sozialisationen stattfinden, wie man dort sein Leben führt. Deshalb sind Elitebefragungen so enorm wichtig. Deshalb ist es ein großes Verdienst des Instituts für Demoskopie in Allensbach, dass es für die Zeitschrift „Capital" seit 1987 regelmäßig eine Befragung durchführt. Auch diese Zeitschrift ist besonders zu loben, weil sie in diese Befragungen viel investiert und weil sie das Projekt ständig fortsetzt.

An dieser Stelle wird nun nicht auf die mehr oder weniger tagesaktuellen Fragen und Antworten eingegangen, die seit 1987 in umfangreicher Zahl gestellt und angefallen sind.[2] Diese Fragen verdienten allerdings eine eigenständige Aufbereitung und Dokumentation, womit beide Institutionen sich ein Denkmal setzten. Vielmehr soll, wie es der Titel verspricht, die Meinung der Elite über sich selbst abgerufen werden, wie sie sich aus dem großen Fundus an Befragungsergebnissen in einer Sekundäranalyse aufzeigen lässt. Damit wird ein wichtiger Teil der Eliteforschung, der sich mit den Kontakt- und Kommunikationsmustern befasst, hier neu aufbereitet.

## Der positionale Ansatz

Zuvor jedoch ist, wie öfter in diesem Band, die Frage zu klären, was denn hier unter „Elite" verstanden wird. Der von „Allensbach" favorisierte Ansatz ist der der positionalen Elite. Also nicht Prominenz in Kultur, Medien, Politik, Wirtschaft wird journalistisch befragt, sondern diejenigen „Topleute" aus Wirtschaft, Politik und Verwaltung werden

1 Zapf, Wolfgang: Wandlungen der deutschen Elite. Ein Zirkulationsmodell deutscher Führungsgruppen 1919-1961, München 1965; Oberndörfer, Dieter/Jäger, Wolfgang (Hrsg.): Die neue Elite. Eine Kritik der kritischen Demokratietheorie, Freiburg 1975; Leif, Thomas/Legrand, Hans-Josef/Klein, Ansgar (Hrsg.): Die politische Klasse in Deutschland. Eliten auf dem Prüfstand, Bonn 1992; Hoffmann-Lange, Ursula: Eliten, Macht und Konflikt in der Bundesrepublik, Opladen 1992; Bürklin, Wilhelm/Rebenstorf, Hilke u. a. (Hrsg.): Eliten in Deutschland, Rekrutierung und Integration, Opladen 1997; Hartmann, Michael: Der Mythos von den Leistungseliten, Frankfurt am Main 2002; einschlägige Arbeiten von Noelle-Neumann, Elisabeth und Köcher, Renate seien besonders erwähnt.

2 Hier könnten die politischen Meinungen und Einstellungen Geltung finden, die eine Demokratie stabilisieren. Dieses wichtige Kapitel der Eliteforschung kann an dieser Stelle nicht entwickelt werden.

über demoskopische Fragestellungen interviewt, die in Wirtschaft, Politik und Verwaltung entsprechende Positionen aktuell einnehmen. In diesem „Panel" befinden sich zuletzt, im Sommer 2003, ca. 700 Personen, von denen 500 per Telefon befragt werden. Im Bereich Wirtschaft sind dies Vorstände oder Geschäftsführer von Großunternehmen, darunter auch 93 Chefs von Firmen mit 1.000 bis 4.999 Beschäftigten und 87 Chefs von Firmen mit über 5.000 Beschäftigten. So der Stand im Juli 2003, wobei diese Struktur sich ungefähr seit 1987 erhalten hat.

Ähnliches gilt vom Politiksektor. Hier werden neben Ministern (Bund und Länder), Ministerpräsidenten, Staatssekretären und Parlamentspräsidenten auch die Fraktions- und Parteispitzen sowie die Vorsitzenden von Parlamentsausschüssen befragt. Desgleichen werden Leiter von Bundes- und Landesbehörden sowie Abteilungsleiter von Bundes- und Landesministerien interviewt. Natürlich handelt es sich dabei nicht um eine Vollerhebung, sondern um eine repräsentative Auswahl. Die Befragung erfolgt dreimal jährlich. Die Größenrelation bzw. die Proportionen der Elite-Gruppen untereinander sind entsprechend dem Auftraggeber „Capital" so angelegt, dass zwischen Wirtschaft einerseits und Politik und Verwaltung andererseits ein Verhältnis von ungefähr 6:4 besteht. Damit ist z. B. die Gruppe der Spitzenleute aus der Politik stärker auf die Topfiguren der Politik fokussiert. Jedenfalls ist hier eindeutig die *Machtelite*[3] erfasst – und zwar unübertroffen von anderen Studien. Wenn hier nun Ergebnisse zusammengestellt werden, wird nicht besonders auf den zeitlichen Ort der Befragung (z. B. 1991) Rücksicht genommen, sondern die Beantwortung als solche wird in den Raum gestellt, selbstverständlich unter Benennung der Zeitangabe.

Ein wichtiges *erstes Ergebnis* sei schon vorweg angesprochen: es wäre in jeder Hinsicht überaus wünschenswert, dass der Mosaikcharakter des hier zusammengestellten Bildes einmal durch eine erneute Befragung zu einem Trend entwickelt werden könnte. Dann wären Entwicklungen feststellbar, die sich jetzt noch nicht abbilden, sondern nur erahnen lassen.

Ein *zweites Ergebnis* der Betrachtung liegt in der Chance, einmal eine Vergleichsgruppe zu den Befragten heranzuziehen, die das Spektrum der Elite, wenn auch nur für eine Befragungssituation, erweitern würde.

Das Thema „Elite über die Elite" wäre verschenkt, würde man Hemmungen haben oder dünkelhaft sein, nicht auch ganz simple Resultate mitzuteilen, wobei die jeweilige Einordnung in größere Fachzusammenhänge an dieser Stelle natürlich nicht erfolgen kann. So kann man z. B. nur mitteilen – wenn man dies möchte – dass die von der Elite besonders gern gesehene Farbe blau bzw. violett ist, jeder zweite gibt das an, während grün nur von jedem fünften, rot als dritte favorisierte Farbe (ca. 14 Prozent) angegeben wird.[4]

---

3 Vgl. etwa Mills, Charles W.: Power Elite, New York 1956; Christopher, Robert C.: Crashing the gates: the De-WASPing of America's power elite, New York 1989.

4 Im Befragungszeitraum Juni 1990.

## Angelegenheiten der Eliten

Elitefeindlich seien die Deutschen! Dieser erwartbaren Ansicht, zentral wichtig für den vorliegenden Sammelband, sind zwei von drei „Betroffenen", also von den hier befragten Top-Vertretern der Wirtschafts-, Verwaltungs- und Politikelite. Ein schlimmer Befund,[5] denn Elitevertrauen hat etwas mit Politikvertrauen zu tun. Fehlt das Vertrauen, leidet die Politische Kultur.

Ebenfalls zwei Drittel der Befragten meinten jedoch vier Jahre früher, dass man auch heute noch (1996) von „Elite" sprechen dürfe. Selbstkritisch stimmt aber auch eine Mehrheit der Bevölkerung (immerhin 57 Prozent) der Meinung von Christopher Lasch[6] zu, dass sich die Elite aus Politik und Wirtschaft von der Bevölkerung absondere. Auch die Elite „in Kunst und Wissenschaft und Journalismus" sondere sich ab, sagt eine fast gleich große Gruppe. Die Vertreter der Wirtschaftselite, hier im Panel direkt gefragt, ob sie persönlich Kontakt zur Politik hält, antwortet nur zu einem Drittel mit „viel", 42 Prozent von ihr sagen: „nur vereinzelt", 24 Prozent meinen sogar: „nein". Umgekehrt verhält es sich aber ganz anders. 60 Prozent der befragten Verwaltungs- und Politikspitzen sagen, sie hielten viel Kontakt zur Wirtschaft. Zur „Elite der Kunst" halten am meisten (43 Prozent) Politiker Kontakt und genauso zur „Elite der Wissenschaft", während die Vertreter der Wirtschaft deutlich zurückhaltender sind. Ganz ähnlich sieht das Verhältnis zur Journalistenelite aus.

Nervös, ja geradezu enerviert beantwortet man die Frage, ob die Elite aus Kunst und Literatur Fehlurteile über die Politik absondert, zu deutlich über zwei Drittel mit „ja". Noch verheerender urteilen die Wirtschaftsvertreter, die sich von Seiten der Kunst- und Literaturelite vollkommen falsch beurteilt finden. Erstaunlich dagegen die Ansicht der Funktionseliten über das Beurteilungsvermögen der Journalistenelite. Von den betroffenen Politikern behauptet jeder zweite, Journalisten sonderten „viele Fehlurteile" ab. Relativ ähnlich fällt das Urteil bezüglich der journalistischen Ansicht über Wirtschaftsfragen aus.[7] Hier zeigt sich ganz deutlich ein typisch deutsches Problem: die Kommunikation der Eliten untereinander kann sehr vorurteilsbehaftet sein. Die Kontaktfreudigkeit gegenüber dem Ausland ist dagegen eindeutig hoch, vor allem und erwartbar bei den Wirtschaftsleuten.

Ursache gewisser Kontaktprobleme oder von Kommunikationsschranken ist das Eindringen in die Intimsphäre, das von Journalisten betrieben würde. Im Juni 1993 hatten mehr als ein Drittel der Politiker, aber nur halb so viele Vertreter aus Wirtschaft und Verwaltung diese Erfahrungen gemacht. Gefragt, wie man mit derartigen Attacken umgehen solle, empfehlen mindestens die Hälfte der Befragten, die Sache auf sich be-

5 Der Befund stammt aus Erhebungszeitraum April 2000.

6 Vgl. sein Werk: Die blinde Elite. Macht ohne Verantwortung, Hamburg 1995. Vgl. auch den Hinweis von Gaetano Mosca (Die herrschende Klasse. Grundlagen der politischen Wissenschaft, München 1950, hier S. 277): „Bei Anwendung der neuen Lehre von der herrschenden Klasse zeigt sich, dass weder die Spitze noch die Basis der sozialen Pyramide bei all ihrer unleugbaren Bedeutung irgend etwas Bedeutendes und Dauerndes ohne das Werk der dazwischen liegenden Schichten hätte hervorbringen können. Denn von der Zusammensetzung und der Funktion dieser mittleren Schicht hängt die politische Struktur einer Gesellschaft und ihre Stärke ab."

7 Die Befragung erfolgte im Juni 1996.

ruhen zu lassen. Immerhin ein Viertel der Politikerelite empfiehlt: „sich zur Wehr setzen".[8]

Alle Kontaktpersonen werden zunächst einmal „auf den ersten Blick bereits" beurteilt. Anscheinend wird jedoch zuerst auf die sprachliche Ausdrucks- und Formulierungsfähigkeit geachtet, gefolgt von Gesichtsausdruck und Mimik. Eng damit verbunden beobachtet man, dass das äußere Erscheinungsbild und das Aussehen eine Rolle spielen (deutlich weniger urteilen die Politikvertreter derart visuell). Schließlich zählen auch Körperhaltung und -sprache, gefolgt von über zehn weiteren Beobachtungsmomenten zu den Beurteilungskriterien.[9]

## Bildungsaspekte der Eliten

Kann von der Elite erwartet werden, dass sie ein Studium absolviert hat? Man kann. In der Leitung von Wirtschaftsunternehmen gibt es noch 15 Prozent Nicht-Studierte, bei den Politikern im Westen 17 Prozent, im Osten 3 Prozent. In der Verwaltungselite hat nur einer von Hundert nicht studiert. In der Politikerelite hat jeder Dritte Rechtswissenschaft[10] studiert, gefolgt von der Politikwissenschaft (18 Prozent), Wirtschaftswissenschaften (17 Prozent), Psychologie/Philosophie (15 Prozent). In der Verwaltungselite ist erwartungsgemäß jeder Zweite Jurist, 19 Prozent sind Ökonom (20 Prozent). Betrachtet man im gesamten Elitespektrum die Ausbildung der Befragten, so nehmen die Einkommen vom Tätigkeitsbereich der Wirtschaftswissenschaft (77 Prozent) über den Bereich der Technik/Naturwissenschaft/Mathematik (73 Prozent) und Jurisprudenz (62 Prozent) bis hin zu den Geistes-/Sozialwissenschaften (52 Prozent) ab.

*Leseerfahrung?*

Doch wer von diesen Absolventen nimmt täglich ein Buch zur Hand? Nur ganz wenige Wirtschaftsführer, immerhin jeder Vierte der Verwaltungselite und ein Drittel der Politiker (Oktober 1996) bekennen sich, Leser zu sein. Krimis werden von ungefähr der Hälfte der Elite-Mitglieder frequentiert. Schöngeistige Lektüre ist noch deutlich mehr verbreitet. Und überaus gerne würde man mehr lesen.

Konkret nach einem Philosophen gefragt, der als besonders anregend, besonders wichtig angesehen wird, fällt das Urteil schwer. Die Hälfte der Wirtschaftsführer können keinen einzigen nennen. Der Name Kant wird offenbar am meisten erinnert (18 Prozent). Westdeutsche Politiker antworten zumeist in folgender Reihenfolge: Kant (24 Prozent), Popper (14 Prozent), Jaspers (7 Prozent), Hegel, Hans Jonas, Platon (4 Prozent), Ernst

8 Hiermit wird ein deutliches Spannungsverhältnis aufgedeckt, was zeigt, dass entsprechend des Nachrichtenwertes „good news are bad news" Politiker eine besondere Aufmerksamkeit inne haben. Umgekehrt wäre eine höhere Aufmerksamkeit gegenüber journalistischer Macht, besonders im Fernsehen, angemessen zu entwickeln.

9 Im Januar 1988 erhoben.

10 Jurisprudenz und Elite bilden ein vielfach untersuchtes Beziehungsfeld in der Forschung, vgl. etwa Dahrendorf, Ralf: Gesellschaft und Demokratie in Deutschland, München 1968, S. 277-292. Auch Max Weber ist hierfür einschlägig.

Bloch, Aristoteles (4 Prozent), Nietzsche (3 Prozent). Ob man dagegen auch Managementbücher liest? Regelmäßig widmen sich dieser Arbeit 21 Prozent der Wirtschaftsführer, jedoch nur 5 Prozent der Politiker und 8 Prozent der Verwaltungsspitzen.

Eine Bibliothek zu Hause zu besitzen, bestätigen mindestens zwei Drittel der Befragten (Politiker: 86 Prozent). Je mehr man in Kontakt mit Journalisten kommt („häufig'“), desto eher ist eine Bibliothek vorhanden, erst recht, wenn man selbst auch mal für eine Zeitung schreibt. „Häufiger“ für eine Zeitung zu schreiben können eigentlich nur die Politiker von sich behaupten. Im September 1987 sagen das 32 Prozent von ihnen, aber nur 10 Prozent der Wirtschaftsführer.

*Schulische Laufbahn?*

Mit den Bildungserfahrungen hängen vielleicht auch die Schuleindrücke zusammen. Überaus vielversprechend war für die spätere Elite, als Schüler einmal Klassensprecher gewesen zu sein oder an einer Schülerzeitung mitgewirkt zu haben: 63 Prozent der Politiker und 70 Prozent der Verwaltungspersönlichkeiten (57 Prozent der Wirtschaftsvertreter) können darauf zurücksehen (Juni 1997). Frühe Verantwortungserfahrung während der Jugendjahre stellt damit einen gewissen Prognose-Indikator dar.

Angesichts der Diskussion, die Frauenerwerbstätigkeit anzuheben, stellt sich das Thema „Schulische Laufbahn der Kinder“. Nur von einer Minderheit wird der Besuch von Internaten als für die Entwicklung der Kinder förderlich angesehen; jeder zweite Befragte optiert nur dann für sie, wenn sich Eltern nicht selbst um Kinder kümmern können. In Ostdeutschland war die Meinung hierzu – im November 1991 – etwas gespaltener. Die Politikerelite dort war zu 43 Prozent in einem Internat gewesen. Dass die heutigen – hier im Januar 1991 befragten – Angehörigen der Elite in Schul- und Studienzeiten durchaus das Gefühl einer Prüfungsangst kannten, zeigt die Normalität der Elite auf.

Die *besten* Schulfächer für spätere Elite-Menschen? Die Spitzen der Wirtschaft scheinen mit Mathematik (42 Prozent) sehr zufrieden gewesen zu sein, weniger vorteilhaft fällt demgegenüber die Wertschätzung von Deutsch (17 Prozent) aus. Dagegen favorisierten spätere Politiker Deutsch (34 Prozent), gefolgt von Geschichte (und Politik, die kurioserweise nicht eigens abgefragt wurde), aber auch Mathematik (29 Prozent) spielte eine erhebliche Rolle. Bei der Verwaltungselite ist nur Deutsch geringer angesehen worden: zugunsten von Latein![11]

Und das Lieblingsfach? Mit Abstand am stärksten favorisiert wurde von „Politikern“ die Kombination Geschichte/Politik mit 52 Prozent. Auch die „Administratoren“ hatten dieses Faible (37 Prozent) und selbst auch noch bei den „Ökonomen“ kommt das Fach auf einen sehr guten zweiten Platz, knapp nach Mathematik (20 Prozent). Die Streberfrage – aus der Sicht der heutigen Schüler –, ob man „eigentlich gern“ zur Schule gegangen sei, beantwortet mindestens jeder zweite Elite-Angehörige mit „ja“.[12]

11 Erhebung vom September 1988.
12 Daten vom September 1988.

*Aufgeschlossenheit für Technik?*

1994 verfügten zwar die meisten über einen PC am Arbeitsplatz, nicht aber so zu Hause, jedenfalls die Politiker mehrheitlich nicht – wobei ein Blick auf ihre Wochenarbeitszeit weiterhilft. Das sogenannte Handy war zwei Jahre später[13] aber schon enorm verbreitet: Entsprechend geringer, zum damaligen Zeitpunkt nicht anders zu erwarten, hatte erst jeder vierte Wirtschaftsmann eine eigene E-Mail-Adresse.

*Sportlich aktiv? – Über die Bedeutung von Urlaub und freier Zeit*

Bis zum März 2003 hatten fast drei von vier Elitevertretern die Billigangebote diverser Fluglinien – ein sportliches Vergnügen? – noch nie frequentiert, allerdings die vielfliegenden Politiker doch zu immerhin 41 Prozent. Apropos Fliegen. Sich das Abenteuer zu gönnen, sich als Tourist ins All befördern zu lassen: diesem Vergnügen gewinnen nur recht wenige der deutschen Elite etwas ab. Fast jeder Politiker winkt dankend ab: „lieber nicht". So jedenfalls der Stand im Juli 2001 als der Amerikaner Dennis Tito ein Beispiel für derartige Ablenkungen bot.

„Irdischere" Sportlichkeiten, etwa die Fußballweltmeisterschaft, stoßen dagegen auf großes Interesse. Im Juni 1998 befragt, meinte jeder Zweite, er würde sich die Spiele ansehen. Auch hier fallen die Politiker besonders auf. Sogar zwei von drei interessierten sich und nochmals ein Viertel von ihnen sagte „nur mäßig". Deutlich geringer lag die Begeisterung für Fußball bei Wirtschaftskapitänen und Vertretern der Verwaltungsspitze. Sich dem sportlichen Vergnügen im heimischen Swimming-Pool widmen, konnte sich – September 1988 gefragt – zwar fast jeder dritte Wirtschaftsführer, aber kaum einer der Politiker oder gar der Verwalter.

Nicht viel anders sieht es aus, was den angeblichen Elite-Sport Golf angeht, jedenfalls 13 Jahre später, Juli 2001, gefragt. Golf spielen die Wirtschafts-Elitären, aber auch bei ihnen nur jeder Vierte. Politiker haben für so etwas keine Zeit oder Geduld: nur sechs Prozent (Verwalter: 8 Prozent) spielen Golf. Dass die Behauptung richtig sei, Golf zu spielen sei für das Geschäft wichtig, bestätigen 41 Prozent der gesamten, also nicht aktiv spielenden Elite der Wirtschaft, während 47 Prozent diese Frage glatt verneinen. Damit ist diese Legende im Zweifel eher widerlegt.

Regelmäßig (gut 50 Prozent) oder ab und zu (ungefähr nochmals 35 Prozent) Sport treiben dann offensichtlich alle Elitevertreter. Nur eine hartnäckige Minderheit von 19 Prozent der Politiker-Gruppe hält es mit Churchill: „no sports". Im Juni 1988 war der betriebene Sport folgendermaßen aufgeteilt. An der Spitze lag Tennis, gefolgt – denn doch, wenn auch nicht zu Hause – von Schwimmen. Laufen und Fitness begeisterte ebenso wie Skilaufen, aber dazu haben eher Wirtschaftsleute als Politiker Zeit und Gelegenheit. Natürlich spielt auch das unterschiedliche Alter bei den jeweils gewählten Sportarten eine Rolle und vermutlich die soziale Herkunft. Michael Hartmann ist der Ansicht, dass ein eher kleinbürgerlicher Zuschnitt der Politiker sie ihrer eben auch überwiegend kleinbürgerlichen Klientel nahe sein lässt. Überhaupt würde bei der Elite-

13 Erhebung vom Oktober 1996.

Rekrutierung der „klassenspezifische Habitus“ viel höher als meistens vermutet angesetzt werden müssen. Der milieuferne soziale Aufsteiger, der schon auffällig ist, weil er an der intimen Kenntnis der Dress- und Benimmcodes scheitert und persönliche Souveränität in Auftreten und Verhalten missen lässt, hat hier weniger Chancen.[14]

Das Urlaubsverhalten interessierte die Auftraggeber ganz am Anfang des Panels im September. Dass der Urlaub in zwei oder in mehrere Abschnitte aufgeteilt würde, war damals zu erfahren. Für ihren Urlaub favorisierten nur sehr wenige eine luxuriöse Umgebung. Allerdings konnte sich eine weitere Befragtengruppe vorstellen, etwas von beidem bzw. „mal so, mal so“ Urlaub zu machen. Etwa die Hälfte der Befragten bevorzugte jedoch „einfache Lebensumstände“. Jeder zweite Befragte, gar 64 Prozent der Politiker, wollten im Urlaub niemanden treffen. Aber wenn denn doch, dann favorisieren Wirtschaftsvertreter exklusiv Künstler oder Unternehmer oder Sportler. Ähnlich fiel die Befragung der Verwaltungsspitzen aus. Anders die Politiker; ihnen ist die vorgelegte Liste ziemlich einerlei oder gleichgültig. Aber mit Abstand am wenigsten wollen Politiker im Urlaub andere Politiker treffen. Auch Abenteuerurlaube locken die Elite nicht, die offensichtlich schon dienstlich genügend umgetrieben wird, um nicht auch noch im Alltag diesen Kitzel zu benötigen. Zwei von drei, bei Politikern drei von vier, lehnen Derartiges ab. Vielleicht ist das nur etwas für die kleinbürgerliche Wählerschaft?

## Ernährungsgewohnheiten

Für die Prominenz aus Politik, Wissenschaft und Verwaltung wird das „Hungerstillen“ dann zum Abenteuer, wenn nach Vorträgen allen Versammelten gemeinsam ein Essen gereicht wird. Zu kurz kommt die Prominenz, weil jeder unbedingt noch etwas Wichtiges an den Mann oder die Frau bringen möchte. Kein Wunder deshalb, dass die Selbstbedienung am Buffet stark abgelehnt wird zugunsten eines servierten Essens.[15] Der gute Stil, einen interessanten Kreis nach einer Begegnung oder nach einer Veranstaltung zum Essen einzuladen, scheint noch immer vielen Veranstaltern unbekannt zu sein. „Gerüchte“, dass bei privaten Einladungen der Leistungselite der Chef oder die Chefin gerne selbst kochen würden, sind eher wohl meinende Legenden. Allenfalls jeder fünfte Befragte kocht mal für Gäste. Für sich selbst kocht immerhin jeder / jede Vierte,[16] jedoch nicht regelmäßig.

Gentechnisch veränderte Lebensmittel zu sich zu nehmen scheuen sich die Hälfte der im Juni 1999 befragten Gruppe nicht. Die Essgewohnheiten haben sich wegen der Rinderseuche BSE doch etwas verändert, jedenfalls äußerte man sich im März 2001 so. Nur eine kleine Minderheit wollte gar kein Rindfleisch mehr essen. Allerdings bleibt – elitär? – eine beachtliche Gruppe von etwa 44 Prozent unbeeindruckt von aller Aufregung und erklärt, für sie hätten sich die Essgewohnheiten nicht geändert.

14 Vgl. Hartmann, Michael: Eliten in Deutschland. Rekrutierungswege und Karrierepfade, in: APuZ v. 01.03.2004, S. 21, s. o. Anm. 1; schon bei Gaetano Mosca werden derartige Klassenspezifika erwähnt. Er geht sogar auf die kulturelle Vererbung einmal eingenommener Führungspositionen ein (z. B. S. 343).

15 Im Januar 1989 gefragt.

16 Erhebung vom Januar 1988.

Ernster scheint man das Verhältnis zu Rauchwaren zu nehmen. Knapp die Hälfte der Elite hat früher einmal geraucht, 30 Prozent wähnen, sie hätten überhaupt nie geraucht, d. h. die Gruppe der Raucher begrenzt sich aktuell auf ein Viertel. Aber die Politiker sind auch hier anders zu beurteilen, ihr Alltag scheint ohne diesen Griff zur Zigarette, obwohl verpönt, für ein Drittel nicht möglich zu sein. Auch dieser Befund spricht für einen Stress-Alltag.

Tapfer antworten die befragten Politiker im Oktober 1996 weiter, dass sie es gut finden, dass Rauchen so geächtet sei. Das Leben der Verwaltungs- und Wirtschaftselite scheint dagegen anders auszusehen, was man aber gerne genauer wissen wollte. Jedenfalls geht sie zu beinahe zwei Dritteln konform mit der unterstellten Meinung der Öffentlichkeit, dass Rauchen geächtet werden solle.

Politiker sind, entsprechend ihrem kommunikativen Geschäft, etwas toleranter in Situationen, wenn in ihrer Anwesenheit geraucht wird. Ein Drittel von ihnen raucht selbst, hier gibt es ohnehin kein Problem, man raucht eben gemeinsam. 57 Prozent sagen aber zusätzlich: „stört mich nicht". In Wirtschaftskreisen liegt die Toleranzschwelle bei etwa 47 Prozent, die sich angeblich nicht gestört sehen: genauso hoch aber liegt die Ablehnungsschwelle in dieser Gruppe. Von den Politikern fühlt sich nur jeder Dritte gestört.[17]

## Wertschätzung der Familie

Was kennzeichnet die Elite? Alle Merkmale interessieren uns, wobei es, im Vergleich zur übrigen Bevölkerung, auch auf die Verteilungshäufigkeit eines Merkmals ankommt. So steht es auch mit dem Kinderhaben. Über 90 Prozent der Elite-Vertreter haben Kinder![18] Die öffentliche Verantwortung, welche die Elite innehat, wird also um eine private ergänzt und bereichert: eine private Erfahrung, die eventuell auch für öffentliche Angelegenheiten bereichernd wirkt. Allerdings ist das Kinderhaben, was den Alltag angeht, nur arbeitsteilig organisierbar, d. h. sich gar um Hausaufgaben der eigenen Kleinen zu kümmern, das gelingt nur einer kleinen Minderheit.

Und wie steht es mit Hund und Katze? Mindestens 60 Prozent der Befragten können damit nicht dienen, allerdings ist ein Hund vor allem bei der Wirtschaftselite zu finden, weniger häufig bei den Politikern.

Welchen beruflichen Rat geben Elite-Väter und -Mütter ihrem Nachwuchs? Empfehlen sie den eigenen Berufsweg? Wir wissen dazu zu wenig, aber wir wissen, welchen Beruf sie „unter keinen Umständen empfehlen". Alle stehen dem Berufsziel „Beamter" – November 1997 – skeptisch gegenüber. Nur 14 Prozent der Politiker empfehlen ihren Kindern, unter gar keinen Umständen Politiker zu werden. Auch hier also der Hinweis auf die „Vererbung" von politischen Aufgaben; dennoch steht Deutschland erst ganz am Anfang, wenn es um die Herausbildung von Politiker-Dynastien geht.[19]

17 Im Oktober 1996.
18 Im November 1991.
19 Vgl. Politik&Kommunikation, Ausgabe 11/November 2003: „Familiendynastien in Deutschland?"

## Die Grundwerte der Eliten

Hier liefert der Fragecorpus nicht viele Möglichkeiten, wirklich tiefschürfend das normative Gefüge der deutschen Elite freizulegen, das für die politische Kultur des Landes von erheblicher Bedeutung ist.

Die konfessionelle Struktur an sich – ein wichtiges Thema der Elitenforschung seit Max Weber – mag da schon einen ersten Hinweis geben.[20] Im November 2002 waren ungefähr 44 Protestanten im Panel registriert, West wie Ost übrigens, deutlich mehr (52 Prozent) in der Verwaltungselite. Katholiken dagegen, 28 Prozent nur, waren in der Wirtschaftselite sogar nur die drittstärkste Gruppe. Der Anteil derjenigen ohne persönliches konfessionelles Bekenntnis war bei den Wirtschaftsvertretern am höchsten, 30 Prozent, wobei hier Ost-Deutschland eine besondere Rolle spielt.

Der Anteil der Kirchgänger ist bei den Politikern am höchsten. „Selten, nie“ gehen in die Kirche fast zwei von drei Wirtschaftsvertretern. Etwas kleiner ist diese Gruppe bei den Verwaltungsvertretern. Von den Politikern sind mindestens vier von zehn selten oder nie in der Kirche. Erkennen lässt sich in diesen Werten eine von ihrer Struktur her säkulare Gesellschaft, wobei über die eigentliche religiöse Motivation der Betreffenden nur wenig ausgesagt werden kann. Andere Fakten, dass die Zahl der Konfessionslosen bei Unions-Anhängern mit 19 Prozent – immerhin – am niedrigsten und bei SPD-Anhängern knapp mit unter 45 Prozent am höchsten ist (FDP: 31 Prozent), lässt sich noch mitteilen. Auch die Unionsanhänger gehen (über 50 Prozent) selten oder nie in eine der beiden Kirchen. Die Gesellschaft unterliegt eben einem Wandel.

Ob aber derjenige Wandel der Werte, der seit Ende der 60er Jahre eingetreten ist, ein Werteverfall sei oder eben eher ein Wandel in Richtung Toleranz, Sensibilität usw., wurde im November 1997, in der Ära Kohl, die Positionselite gefragt. 58 Prozent wollten damals direkt einen Werteverfall feststellen, nur 22 Prozent eine Stärkung der Werte. Immerhin ein Fünftel war unentschieden, was in dieser Elitenbefragung sehr selten vorkommt, denn die Elite hat an sich dezidierte Ansichten.

Ob man vor einem großen Publikum, so wurde die prominente Elite im November 1997 gefragt, den Begriff „Vaterland“ selbst verwenden würde oder nicht? Die dezidierte Antwort lautet: (56 Prozent) „durchaus“, „eher nicht“ meinen aber 42 Prozent. Die Politikergruppe ist in patriotischer Hinsicht damals zuverlässiger gewesen (65 Prozent) als die Wirtschaftselite (52 Prozent). Hinter der Frage steckt jedoch auch ein Parteibefund. Am zurückhaltendsten gaben sich jedenfalls mit 39 Prozent aller befragten Elite-Mitglieder die SPD-Anhänger.

Variiert man die Frage etwas, um von der eigenen Haltung wegzukommen und diejenige Antwort zu erfahren, die das allgemeine Meinungsklima in dieser Frage erfasst, lautete dann der Fragetext so: „Halten Sie es für zeitgemäß, in einer Rede vor großem Publikum den Begriff ‚Vaterland‘ zu benutzen, oder ist das nicht mehr zeitgemäß?“ Jetzt erhöht sich

20 Zur Sozialstruktur der Eliten ist noch immer die Zusammenfassung bei Rainer Geißler: Die Sozialstruktur Deutschlands, Bonn 1992, S. 81 ff zu empfehlen.

die bejahende Antwort, „ist zeitgemäß“, bei der Wirtschafts- und Politikelite (nicht so bei der Verwaltung). Als „nicht mehr zeitgemäß“ beurteilen dieses Stichwort, diesen Wert „Vaterland“ 39 Prozent der Wirtschaftsleute, aber nur 21 Prozent der Politikvertreter.[21] Auch hinter dieser Antwort stecken klare Parteipositionen. „Nicht mehr zeitgemäß“, sozusagen – ein noch weiterer Schritt – fast schon als politisch inkorrekt, beurteilen das Stichwort „Vaterland“ 28 Prozent der Unionsanhänger im gesamten Panel, 48 Prozent der FDP- und 53 Prozent der SPD-Anhänger. Wer wohl gibt öffentlich den Ton an und vor?[22]

Ebenso wie wir die bemerkenswerte konfessionelle Streuung der Elitemitglieder entdeckt haben, kann auch die Herkunft eine Entdeckung sein. Wir bauen deshalb auch noch Fragen der Geschichte in das nächste Kapitel mit ein.

## Herkunft und Identität

Das politisch-kulturelle Problem der Deutschen seit dem Zweiten Weltkrieg ist, bezogen auf ihre Identität, dass sie sie anzweifeln. Ein weites Feld. Verfügt wenigstens die Führungsschicht über ein klares Selbstbild? ›Fühlen Sie sich eher als Deutscher oder eher als Europäer?' Um nicht kulturkritisch nach Neurosen fragen zu müssen, sei, bezogen auf die Antwort, folgende Interpretation gegeben: rund 27 Prozent der befragten Elite definiert sich gefühlsmäßig als Europäer, ist also der Zeit voraus, während 57 Prozent der Landsleute sich noch eher traditionell nur als Deutsche deklarieren. In der Wirtschaftselite (West) mit entsprechenden internationalen Kontakten lautet das europäisch-deutsche Verhältnis 32 zu 55 Prozent, während die westdeutsche Politikerelite, im September 1993 befragt, sich nur zu 17 Prozent modern-proeuropäisch definierte und 57 Prozent die traditionelle Identität fortsetzte, 26 Prozent dieser Gruppe waren aber zusätzlich unentschieden in der Identitätsfrage! Ihre ostdeutschen Kollegen dagegen changierten weniger: 78 Prozent erkannten sich klar als Deutsche, 19 Prozent deklarierten sich als Europäer, 4 Prozent waren unentschieden.

Im März 1995 war gefragt worden, ob man sich der sogenannten 68er-Generation zurechne. Tatsächlich bekannten sich ein Viertel der befragten Politiker (20 Prozent der Wirtschaftskapitäne) zu dieser Gruppe. Betrachtete man bei dieser Antwort die Ausbildungsgänge der Befragten, so offenbarten sich bei der sehr kleinen Gruppe der Geistes- und Sozialwissenschaftler 44 Prozent als den 68ern zugehörig. Von denjenigen, die sich dieser Generation als zugehörig erklärt hatten, stand nur jeder Vierte den 68ern ablehnend gegenüber, der Rest sympathisierte mit ihnen oder war Teil der Bewegung: insgesamt natürlich ein kleiner Teil, aber immerhin ein wandlungsfähiger, denn selbst unter den Unionsanhängern vor 1993 finden sich Ehemalige.

Treiben wir weiter Generationen- und Herkunftsforschung. Jeder fünfte Befragte aus dem Allensbacher Elite-Panel gehört selbst – oder seine Eltern gehörten – den Flücht-

21 Vgl. auch die Habilitationsschrift von Volker Kronenberg „Patriotismus in Deutschland“ (i.E. 2004/05).
22 Mayer, Tilman: Die kulturelle Hegemonie in der Berliner Republik, in ders./Meier-Walser, Reinhard C. (Hrsg.): Der Kampf um die politische Mitte, München 2002, S. 11 ff.

lingen oder Vertriebenen[23] an, die sich unter Anhängern aller Parteien finden. Von den ca. 500 Personen des Panels, die vor dem 8. Mai 1945 geboren wurden, waren bei Kriegsende ca. 20 Prozent evakuiert, 11 Prozent auf der Flucht; nur etwa 50 Prozent befanden sich zu Hause. Da viele Befragte zum genannten Zeitpunkt zu jung waren, um sich zu erinnern – rund 57 Prozent – können sie die Frage nach einem Gefühl der Befreiung oder einem Gefühl der Niederlage nicht äußern. Aber die restlichen 15 Prozent der Befragten bekennen, das Kriegsende als „Niederlage" wahrgenommen zu haben, weitere 28 Prozent antworten, der Tag der Kapitulation bedeutete für sie eine „Befreiung". Alle Befragten gemeinsam konnten wieder auf die Frage antworten, welche Ereignisse der letzten 50 Jahre als tiefe Einschnitte empfunden wurden (offene Frage). Gleichrangig wurde der Zusammenbruch des Ostblocks und der Aufbau des europäischen Integrationsprozesses genannt.

## Die Einstellung zur Leistung

Eliteerfahrung hin oder her, gewisse menschliche Reaktionen lassen sich anscheinend nicht „wegtrainieren". Jedenfalls befällt vor besonderen Auftritten noch immer 63 Prozent der Politiker und die Hälfte der übrigen Elitegruppen „Lampenfieber".[24] Ähnlich verhält es sich mit dem Schlafbedürfnis. Die Natur fordert Tribut. Wer behauptet, weniger als fünf Stunden Schlaf zu brauchen, betrügt – vielleicht auch sich selbst. Gute sechs Stunden sind anscheinend normal, Politiker benötigen etwas weniger als die Befragten der beiden anderen Gruppen. Umgekehrt sind dann auch die Arbeitszeiten pro Woche unterschiedlich lang, im Durchschnitt über 60 Stunden, untersucht im Zeitraum 1987 bis 1999.[25] „Meistens" wird am Samstag gearbeitet, sagen 31 Prozent aller Führungskräfte, 33 Prozent äußern „manchmal"(1999). Nur 45 Prozent sagen klipp und klar, am Samstag würden sie „nie" arbeiten, wiederum 30 Prozent votieren für „manchmal".

Natürlich spielt bei diesen Antworten das berufliche Umfeld eine nicht unwesentliche Rolle, desgleichen der Arbeitsbegriff.[26] Die höhere Arbeitszeit der Politiker hängt z.B. damit zusammen, dass sie samstags wie sonntags Verpflichtungen in der Öffentlichkeit haben. Mit Menschen zusammenkommen, die man als Führungskraft wichtig findet, gilt als Arbeit und nicht als „Freizeit".[27] Das Immer-im-Einsatz-Sein kommt hier besonders zum Ausdruck. Entsprechend wird auch die Teilnahme an Empfängen oder Essen – sozusagen als dienstliche oder öffentliche Verpflichtung – ebenfalls als Arbeit angesehen.[28]

Wie man in einem derart ausgelasteten Leben kreativ sein kann? Die Allensbacher Fragestellung lautete: „Gute Einfälle lassen sich nicht erzwingen. Wann und wo haben

---

23 Vgl. auch Schulz, Günther (Hrsg.): Vertriebene Eliten. Vertreibung und Verfolgung von Führungsschichten im 20. Jahrhundert, München 2001.
24 Im Januar 1990 gefragt.
25 Zuletzt im Juni 1999 abgefragt.
26 Da im Unterschied zum Arbeits- der Leistungsbegriff hier nicht entfaltet wird, sei u. a. auf den Band „Lust an der Leistung. Die Naturgesetze der Führung" verwiesen, die Felix von Cube 2002 erneut veröffentlicht hat.
27 Daten vom Februar 1993.
28 Ebenfalls Februar 1993.

Sie die besten Einfälle?“ Aus einem sehr spannenden Antwortspektrum seien nur folgende Hinweise in der Reihenfolge der Bedeutung gegeben: wohl kaum am Schreibtisch, vor allem unterwegs (Reisen, Wandern), am Wochenende in Mußestunden, bei Gesprächen, nachts beim Wachliegen und bei der Körperpflege (Rasur, Dusche, Sauna usw.).[29]

Zum „Energiepotential“ der Führungskräfte könnte folgende Frage bzw. Antwort weiterführen: „Wenn Sie noch einmal jung wären: würden Sie denn im Osten etwas Neues aufbauen oder eher im Westen?“ Die Antwort lautete, im Juni 1998, ganz überwiegend „im Osten“. Insgesamt entsteht im „Capital-Elite-Panel“ ein Politiker-Porträt, das durchaus dieser Elitegruppe Respekt verschafft. Die Selbstverpflichtung der Politiker – durchaus eine Elite-Eigenschaft und eine besondere Leistung – spricht für sie und steht einem Ansehensdefizit des Politikerberufs in der Öffentlichkeit gegenüber. Auch hier gilt, dass Vertrauen in die herrschende Klasse ein Konstituens der Politischen Kultur darstellt. Die hier entdeckte Differenz ist deshalb künftig untersuchungswürdig.

Damit die Welt der Elite als nicht zu idyllisch in Erinnerung bleibt, damit man weiß, warum es die „Kunst gibt, ein Egoist zu sein“, warum es den „Machiavelli für Manager“ gibt: „Was meinen Sie, muss man in gewissem Maß intrigieren, um an die Spitze zu kommen, oder würden Sie das nicht sagen?“ Auch aus diesem höchst aufregenden Antwortspektrum nur folgende Hinweise. Die im Oktober 1996 befragten Führungskräfte im „rauen“ Osten bejahten diese Frage deutlich (72 Prozent), die im Westen verneinten vornehm (57 Prozent), 41 Prozent bejahten dann doch.[30]

Empirische Eliteforschung birgt ein aufschlussreiches Entdeckungspotential. Wenn man dabei bedenkt, dass es nur in manchen Wahlkampfzeiten auf den Kanzler ankam, in Normalzeiten aber immer auf die Leistung der Führenden, dann sollte auch die Elite selbst, gerade aber ihr Selbstbild und eben nicht nur das bisher bekannte Fremdbild von Seiten der Gesellschaft, in der Öffentlichkeit stärker reflektiert werden. Haben wir denn die „richtige“ Elite? Ist sie auf der Höhe der Zeit? Erst das Wissen über sie kann eine fundierte Kritik möglich machen.

Wie die Elite – so sie denn hier vorgestellt wurde – die jeweils aktuellen Fragen der Politik, Gesellschaft und Wirtschaft in einem Zeitraum von 1987 – 2004 beurteilt hat? Dies zu untersuchen ist für die Politische Kultur der Bundesrepublik Deutschland von Belang. Hat die Elite prognostische Fähigkeiten? Hat sie Gefahren kommen sehen? Ist sie unabhängig vom Zeitgeist aufgestellt? All dies sind Fragen, auf die es durchaus Antworten gibt. Schlimm erscheint in diesem Zusammenhang nur, daran sei nochmals erinnert, dass die Führungskräfte mit deutlicher Mehrheit (6:3) von der Elitenfeindlichkeit der Deutschen überzeugt sind (im April 2000 gefragt). Zählen deshalb die Antworten der Elite nicht? Diese Haltung kann man sich in Deutschland nicht leisten.

29 Daten vom Oktober 1992.

30 „Ohne Zweifel sind bestimmte Eigenschaften immer und überall nötig, um von unten hinaufzukommen. Zu diesen gehört die Arbeitsfähigkeit und der dauernde Wille, aufzusteigen und oben zu bleiben“. Doch Gaetano Mosca meint hier nicht den Parvenu oder den bloßen Intriganten. Vielmehr bedarf es aristokratischer Begabungen. Und zu ihrer Erkennbarkeit schreibt er weiter (S. 351): Um den „Wert eines geistigen oder moralischen Vorzugs bei unseren Menschen zu erkennen, müssen wir etwas davon selbst besitzen“.

# Krieg, Völkermord, Hunger – Versagt die internationale politische Elite ?

*Manfred Eisele*

## Moderne Herausforderungen der Völkergemeinschaft

„We, the Peoples of the United Nations, determined to save succeeding generations from the scourge of war [...].“[1] So formulierte der große Staatsmann Südafrikas, General Jan Smuts am Vorabend der Unterzeichnung der Charta den Beginn der eindrucksvollen Präambel der UN Charta. Er orientierte sich dabei sicherlich an den ersten Worten der Verfassung der Vereinigten Staaten: „We, the People of the United States [...].“ Mit der Annahme des Textes der Präambel am 26. Juni 1945 verbanden einige der Unterzeichner wahrscheinlich die Hoffnung, daß die Charta als Grundgesetz einer Weltordnung des Friedens sich auf die Zustimmung aller Menschen in den Mitgliedsstaaten stützen könne. Es ist bedauerlich, daß die Wirklichkeit der Vereinten Nationen das bisher verhindert hat, denn die Weltorganisation hat sich ausschließlich als eine Zweckorganisation der Regierungen ihrer mittlerweile 191 Mitgliedsstaaten entwickelt. Die politische Ordnung in diesen Staaten und damit die Legitimationsbasis der Regierungen kann sich leider nur in einer relativ kleinen Staatengruppe auf uneingeschränkt demokratische und rechtsstaatliche Grundsätze berufen. Der jüngste Bericht des UN-Entwicklungsprogramms stellt zwar fest, daß die Zahl der Demokratien sich seit 1985 von 44 auf 82 erhöht habe, nimmt aber wohl die Durchführung von Wahlen bereits als ausreichenden Beweis für demokratische Verhältnisse. Erfreulich bleibt dennoch, daß sich die Zahl der autokratisch regierten Staaten von 67 auf 26 verringert hat. Danach wird nur noch etwa ein Drittel der Menschheit bestenfalls autokratisch, schlimmstenfalls totalitär regiert.[2]

Diese Bemerkungen machen deutlich, daß politische Entscheidungen über die Grundfragen menschlichen Zusammenlebens vielfach nicht durch Gremien getroffen werden, die sich dafür vor ihren eigenen Mitbürgern verantworten müssen. Heinrich von Treitschke konnte 1879 noch konstatieren, „Männer machen die Geschichte.“[3] Wenn man heute auch politisch korrekt sagen müßte, Frauen und Männer, also Menschen machen Geschichte, so bleibt doch richtig, daß die Entscheidungen über Wohl und Wehe ihrer Staaten oder Völker letztendlich von einzelnen Personen getroffen werden. Kann man diese Entscheidungsträger tatsächlich als „internationale politische Elite“ bezeichnen? War die eindrucksvolle Versammlung nahezu aller Staatsoberhäupter oder Regierungschefs der Welt aus Anlaß des 50jährigen Bestehens der Vereinten Nationen 1995 in

1 Charter of the United Nations; (UN Charter); Department of Public Information, United Nations, New York, (Deutsch: Bundesgesetzblatt 1973 IIS. 431 ff.) Preamble.
2 UNDP 2002, Human Development Report 2002. Deepening Democracy in a Fragmented World, New York, S. 15.
3 Treitschke, Heinrich: Deutsche Geschichte im 19. Jahrhundert; Band 1; 1879 (zit. n. Büchmann: Geflügelte Worte, München/Zürich, 1959, S. 217)

New York ein Aufmarsch der internationalen politischen Elite?[4] Letztendlich werden die großen politischen Entscheidungen in der Mehrzahl aller Staaten von Einzelnen getroffen, mögen sie auch das Ergebnis umfangreicher Beratungen durch Experten oder Abstimmungen in dazu befugten Gremien sein. Sicherlich rechnen alle Angehörigen solcher Gruppierungen zum Bereich der internationalen politischen Eliten, aber für den Zweck dieser Betrachtung soll die Fokussierung der jeweiligen nationalen Entscheidungsprozesse auf den obersten, oft auch singulären Entscheidungsträger ausreichen. Das Feld wesentlicher politischer Entscheidungen wird dabei durch die apokalyptischen Reiter des beginnenden 21. Jahrhunderts abgesteckt, durch Krieg, Völkermord und Hunger.

Krieg war für die Unterzeichner der UN Charta 1945 noch eine „Geißel der Menschheit".[5] Außenminister Joschka Fischer erklärte angesichts des beginnenden Irak-Krieges „Krieg ist furchtbar. Er ist immer eine Niederlage."[6] Obwohl die meisten Menschen den Frieden wollen und obwohl die Opfer aller kriegerischen Auseinandersetzungen beklagenswert sind, darf man die politischen Realitäten nicht aus dem Blick verlieren. Kant stellte in seinem einflußreichen philosophischen Entwurf noch fest: „Der Friedenszustand unter Menschen, die nebeneinander wohnen, ist kein Naturzustand (status naturalis), der vielmehr ein Zustand des Krieges ist."[7] Dem steht nach der weitgehend von Kriegen geprägten ersten Hälfte des 20. Jahrhunderts die idealistische Zielsetzung der Vereinten Nationen entgegen, denen es 1945 vorrangig um die Wahrung des Weltfriedens und die Aufrechterhaltung der internationalen Sicherheit ging,[8] nicht um Konditionen zur Autorisierung von Kriegen. Trotz des durch ihren Beitritt zur Weltorganisation bekundeten freiwilligen Gewaltverzichts aller Mitgliedsstaaten der Vereinten Nationen[9] – von Völkerrechtsexperten zumeist als „Gewaltverbot" interpretiert – hat es seit deren Gründung mehr als 200 Kriege mit Millionen von Opfern gegeben.

Entgegen einer oft kolportierten Aussage über den Beginn des I. Weltkrieges „schlittern" die Regierungen aber nicht in den Krieg, steht doch am Anfang einer derartigen bewaffneten Auseinandersetzung zwischen Staaten oder bewaffneten Gruppierungen immer der Entschluß wenigstens einer der Parteien zum Krieg. Wenn man auch von einem Zustand des Krieges reden mag, in dem sich die Parteien befinden, so bleibt doch die Definition von Clausewitz richtig, daß „Der Krieg [...] ein Akt der Gewalt (ist), um den Gegner zur Erfüllung unseres Willens zu zwingen."[10] Der Krieg ist also eine Handlung, oder eine Aneinanderreihung von Handlungen, deren erste stets einen Entschluß voraussetzt. Wegen seiner überaus mannigfaltigen Erscheinungsformen nennt Clausewitz den Krieg auch „ein wahres Chamäleon"[11] Zugleich ist der Krieg für ihn zwar „ein

4 Nur 3 UN Mitgliedsstaaten der UN waren nicht auf dieser Ebene vertreten: Deutschland, Irak und Libyen.
5 Siehe Fußnote 1
6 Fischer, Joschka: Rede vor der 59. UN-Menschenrechtskommission am 25. 03. 2003; zitiert nach Internationale Politik, Nr. 8, August 2003, S. 84.
7 Kant, Immanuel: Zum ewigen Frieden, Königsberg, 1795. (Stuttgart, 1983), S. 23.
8 UN Charter, Art. 1.1.
9 UN Charter, Art. 2.4.
10 Clausewitz, Carl v.: Vom Kriege; 17. Aufl. Bonn 1966, S. 89 f.
11 Ebd. S. 110.

politischer Akt", „ein politisches Instrument"[12]aber dennoch im Prinzip „nichts weiter als ein erweiterter Zweikampf".[13] Ist das vielleicht der Grund, warum so viele politische Auseinandersetzungen der jüngeren Vergangenheit sich einer stilisierten Zweikampf-Rhetorik bedienen? Werden deshalb die Regime von „Schurkenstaaten" in ihren jeweiligen Staatsoberhäuptern zunächst personalisiert und anschließend dämonisiert? Darf man diese häufig diktatorischen Machthaber trotz ihrer fehlenden demokratischen Legitimation der „internationalen politischen Elite" zurechnen?

## Elitenpluralismus und Common Sense auf Völkerebene

Bei dieser Frage werden unterschiedliche Ansätze bei den Regierungen erkennbar, die sich zwar gerne ihres demokratischen Wertekanons rühmen, aber nur geringe Bedenken zeigen, wenn es um der Durchsetzung nationaler Interessen willen geboten erscheint, auch mit Diktatoren zusammenzuarbeiten. So konnten sich sogar äußerst korrupte, oft gar verbrecherische Regime der aktiven Unterstützung solcher Staaten erfreuen, die sich im übrigen stolz auf ihre abendländisch-christlichen Traditionen berufen. Ohne irgendeinen Anspruch auf Vollzähligkeit seien in diesem Zusammenhang, zugleich stellvertretend für drei Kontinente, beispielhaft genannt: Saddam Hussein – er hat sowohl den Krieg gegen den Iran 1980-1988, der Hekatomben von Opfern auf beiden Seiten kostete, als auch die Eroberung Kuweits 1990-1991 auf dem Gewissen, von den massiven Verletzungen der Menschenrechte seiner eigenen Landsleute über Jahrzehnte hinweg ganz zu schweigen. Slobodan Milosevic – ihm legt die Anklage vor dem Internationalen Strafgerichtshof für das ehemalige Jugoslawien die Hauptverantwortung für die Kriege gegen Slowenien, Kroatien, Bosnien-Herzegovina zur Last, die nicht nur von großer Brutalität, sondern auch von massiven „ethnischen Säuberungen" geprägt waren, sowie die massive Verletzung der Menschenrechte seiner eigenen kosovo-albanischen Landsleute. Charles Taylor – seine Verantwortung für den Bürgerkrieg im benachbarten Sierra Leone und die dort massenhaft begangenen brutalen Menschenrechtsverletzungen hat zur Anklage vor dem Kriegsverbrechertribunal in Freetown geführt. Für die Verbrechen, die ihn zum Sieger im liberianischen Bürgerkrieg gemacht hatten, fehlt bisher jede juristische Aufarbeitung. Es scheint so, als ob die Weltöffentlichkeit sein Erringen der Mehrheit der abgegebenen Stimmen im Wahlkampf von 1997 wie eine Generalabsolution betrachtet hat.

Die Gründe für eine sogenannte Zusammenarbeit vieler Regierungen mit solchen Verbrechern mögen vielfältig sein, werden aber oft damit entschuldigt, man hätte den Teufel mit dem Beelzebub austreiben wollen. So erschien etwa Saddam Hussein 1980 gegenüber dem Khomeini-Regime in Teheran als das „kleinere Übel", weshalb man sogar bereit war, seinen kriminellen Einsatz von chemischen Massenvernichtungswaffen gegen den Kriegsgegner zu übersehen. Da er zugleich ein zahlungskräftiger Kunde der

12 Ebd.
13 Ebd. S. 89.

jeweils eigenen Rüstungsindustrie war, überwogen die angenommenen Vorteile der Unterstützung eines solchen „Kriegsherren" die zumeist nur in Kategorien von Moral und Ethik zu definierenden Nachteile.

In dem Bemühen der Staatengemeinschaft, Verantwortung zuzumessen und damit die rechtlichen Konsequenzen schwerer verbrecherischer Aktionen zu ziehen, wurden wenigstens gegen Milosevic und Taylor Klagen vor internationalen Tribunalen der Vereinten Nationen erhoben. Daß im Falle Saddams nicht schon in der Folge der Befreiung Kuweits 1991 Vergleichbares geschah, bleibt ein schwerwiegendes Versäumnis, dessen Folge der jüngste Krieg gegen den Irak war. Der 1991 unternommene Versuch, Verhaltensänderungen Saddam Husseins zu erreichen, indem ein rigides Sanktionsregime gegen den von ihm beherrschten Staat errichtet wurde, mußte ebenso scheitern, wie ähnliche frühere Versuche gegenüber Gaddafi, weil die Sanktionen gegen den jeweiligen Staat gerichtet waren und nicht gegen den Verbrecher an seiner Spitze. Auswirkungen solcher Sanktionen werden stets von der unterdrückten Bevölkerung erlitten, während die Diktatoren ihre Machtposition oft sogar mit großem Profit ausbauen können. Dagegen hatte das im Jahr 2000 vom Sicherheitsrat verhängte weltweite Reiseembargo gegen den liberianischen Diktator Taylor persönlich und seine Entourage den Anstoß zu jener Entwicklung gegeben, die schließlich zu seiner Ablösung von der Macht im August 2003 führte.

Es erscheint daher überlegenswert, ob der Sicherheitsrat als Konsequenz aus seinen bisher zumeist negativen Sanktionserfahrungen nicht den Gedanken aufgreifen sollte, internationale Haftbefehle gegen verbrecherische Staats- und Regierungschefs zu erwirken und entsprechende Klage vor dem nunmehr funktionsfähigen Internationalen Strafgerichtshof zu erheben. Die Reihen derer sind lang, die ähnlich wie die beispielhaft Genannten als Anstifter oder Auslöser von Kriegen und Bürgerkriegen agieren und dabei zumeist in ähnlicher Weise von außen unterstützt werden. Man muß also nicht zu Hitler und Stalin zurückgehen. In jüngerer Vergangenheit rechnen dazu: Idi Amin und Yoweri Museveni in Uganda, Siad Barre und Mohammed Aideed in Somalia, Mobutu Sese Seko in der Demokratischen Republik Kongo, Denis Sassou-Nguesso in der Republik Kongo, Jonas Savimbi in Angola, Daniel Arap Moi in Kenia, Muammar al Gaddafi in Libyen, Manuel Noriega in Panama, Kim Il Jong in Nordkorea, Alberto Fujimori in Peru, Dr. Robert Mugabe in Zimbabwe.

Viele solcher bestenfalls autokratischen Machthaber zeichnen sich gegenüber ihren Landsleuten durch überdurchschnittliche, oft an westlichen Universitäten erhaltene Bildung aus – so war Savimbi Arzt, Mugabe Jurist, Moi Schulleiter, Museveni hat Wirtschafts-, Rechts- und Politikwissenschaften studiert, Kim Il Jong hat einen Abschluß in Wirtschaftswissenschaft, andere sind aus den Streitkräften ihrer Länder hervorgegangen, die oft eine der wenigen Möglichkeiten zu strukturierter Ausbildung und sozialem Aufstieg bieten. Da die Aktionen der solchermaßen skizzierten Träger der intranationalen politischen Entscheidungen in ihren Staatswesen vielfach grenzüberschreitende Auswirkungen, ja im Falle von Kriegen auch derartige Ziele haben, könnte man sie quasi als die dunkle Seite der internationalen politischen Elite bezeichnen.

## Hoffnungsträger der internationalen Elite

Ihnen steht eine Gruppe von Individuen gegenüber, die sich nach Bewährung im nationalen Handlungsrahmen als Mitglieder der jeweiligen nationalen Eliten in internationalen Spitzenpositionen engagiert und ausgezeichnet haben. Beispielhaft zählen dazu trotz ihrer unterschiedlichen Herkunft alle bisherigen Generalsekretäre der Vereinten Nationen. So war: Trygve Lie Außenminister Norwegens, Dag Hammarskjöld u. a. Staatsminister im schwedischen Außenministerium, Sithu U Thant Botschafter Burmas bei den UN, Kurt Waldheim Außenminister Österreichs und Botschafter bei den UN, Perez de Cuellar zunächst Perus UN Botschafter und danach Untergeneralsekretär der UN, Boutros Boutros-Ghali Ägyptens stellvertretender Ministerpräsident und schließlich Kofi Annan nach einer hochrangigen Karriere bei den UN Untergeneralsekretär für friedenserhaltende Maßnahmen. Gestützt auf ihre jeweilige akademische Qualifikation waren sie alle unbestreitbar Angehörige ihrer nationalen Eliten ehe sie als Ergebnis eines multinationalen Interessenausgleiches in die Spitzenposition der Weltorganisation gewählt wurden. Diese herausragende Stellung wird in ihren Handlungsmöglichkeiten meistens überschätzt.

Wenn mit Dag Hammarskjöld und Kofi Annan auch zwei Generalsekretäre in Anerkennung ihrer persönlichen Verdienste um den Frieden den Friedens-Nobelpreis erhalten haben, so ist der Generalsekretär doch nur der oberste Verwaltungsbeamte der Weltorganisation.[14] Ihm stehen weder polizeiliche noch militärische Machtmittel zur Verfügung und hinsichtlich seiner finanziellen Ausstattung ist er vollkommen abhängig vom Wohlwollen der Generalversammlung.[15] So kann er sich im wesentlichen nur auf seine persönliche Reputation stützen, die es ihm ermöglicht, in Krisensituationen mehr oder weniger Staaten für die Durchsetzung der Ziele ihrer eigenen Organisation zu motivieren. Dabei sieht sich der Generalsekretär trotz eines Mandats des Sicherheitsrates für Maßnahmen zur Krisenbewältigung oft allein gelassen, weil es den Mitgliedsstaaten entweder an den Mitteln gebricht, die Entscheidungen des Rates in die Tat umzusetzen, oder – häufiger – am politischen Willen. Der Generalsekretär greift nur in seltenen Ausnahmefällen auf seine Befugnis zurück, dem Sicherheitsrat jeglichen Sachverhalt zur Kenntnis zu bringen, der Auswirkungen auf die Wahrung des Friedens und die Aufrechterhaltung der internationalen Sicherheit haben könnte.[16]

Da er sich regelmäßig mit der „dunklen Seite“ der internationalen politischen Elite wegen deren krisenbefördernder Aktivitäten konfrontiert sieht, haben sich die Generalsekretäre bemüht, diesen quasi eine „helle Seite“ internationaler Akteure entgegenzustellen. Hierzu darf man etliche hochqualifizierte Individuen rechnen, die sich zuvor zumeist schon im Dienst ihrer eigenen Nationen bewährt hatten. Beispielhaft stehen dafür in der Geschichte der Vereinten Nationen Lester Pearson, Kanadas ehemaliger Premierminister, die ehemaligen US-Außenminister James Baker und Cyrus Vance, Bro

14 UN Charter, Art. 97.
15 UN Charter, Art. 17.
16 UN Charter, Art. 99.

Harlem Brundtland, die zuvor Norwegens Ministerpräsidentin war, Mary Robinson, Irlands ehemalige Staatspräsidentin, Lakhdar Brahimi, Algeriens ehemaliger Außenminister, Elisabeth Rehn, die zuvor Finnlands Verteidigungsministerin war, Carl Bildt, der ehemalige schwedische Ministerpräsident, und – last, not least – in dieser Reihe Klaus Töpfer, der ehemalige deutsche Umweltminister. Entweder traten diese Persönlichkeiten zeitweise in die Dienste der Vereinten Nationen, wie etwa Frau Robinson als Hochkommissarin für Menschenrechte oder Lakhdar Brahimi als Sonderbeauftragter des Generalsekretärs zunächst für Haiti, später u. a. für Afghanistan, oder sie halfen als engagierte Vermittler, Krisen zu entspannen oder Verhandlungen in Gang zu bringen, wie James Baker in der West-Sahara oder Cyrus Vance im ehemaligen Jugoslawien.

## Entscheidungsspielräume im Spannungsfeld des Krieges

Bei allem Respekt für diese erfreulichen Aktivitäten engagierter Angehöriger der internationalen politischen Elite bleibt doch festzustellen, daß sie auf die Entscheidungen über Krieg und Frieden nur marginalen Einfluß nehmen können. Abgesehen von den zuvor skizzierten Vertretern der dunklen Seite der internationalen Elite, die ihre autokratische Position dazu mißbraucht haben und möglicherweise weiter mißbrauchen können, kriegerische Auseinandersetzungen quasi aus heiterem Himmel zu beginnen, sind die Regierungschefs der fünf ständigen Mitglieder des Sicherheitsrates dank der privilegierten Stellung ihrer Länder im „Direktorium" der Weltorganisation und des damit verbundenen Vetorechts in der Lage, den Kriegsherren entweder gemeinsam entschlossen in den Arm zu fallen, oder aber den auf die Erhaltung des Friedens gerichteten Willen der übergroßen Mehrheit aller Mitgliedsstaaten der Vereinten Nationen durch ihr Veto, oder dessen Androhung zu blockieren.

Aus der Geschichte der Vereinten Nationen ließen sich etliche Beweise für derartiges Verhalten der sogenannten „Permanent 5" in unterschiedlichen Krisenszenarien aufführen. Als Beispiel mag die Situation im ehemaligen Jugoslawien genügen, wo der damalige Machthaber Milosevic 1998/99 seine kosovo-albanischen Landsleute mit gewaltsamer ethnischer Säuberung, begleitet von massenhaften schwersten Verbrechen so drangsalierte, daß Hunderttausende von ihnen in die Nachbarländer flüchteten. In der Diskussion dieser Lage stellte der Sicherheitsrat zwar zutreffend fest, daß die Lage im Kosovo eine „Bedrohung des Friedens und der Sicherheit in der Region"[17] sei, aber der Vertreter Chinas enthielt sich bei der Resolution 1.199 der Stimme, bei der Resolution 1.203 zusätzlich auch der russische Vertreter. Beide hatten 1.991 nur widerstrebend der „Resolution 688"[18] zugestimmt, mit der erstmals eine humanitäre Intervention zum Schutze der von ihrem eigenen Staatsoberhaupt Saddam Hussein mit Massenvernichtungswaffen bekämpften Kurden autorisiert worden war. Nunmehr befürchteten sie wegen ihrer eigenen Menschenrechtspro-

17 Security Council Resolution 1199 (1998), 23 September 1998; Security Council Resolution 1203 (1998), 24 October 1998; Text (deutsch) in: Vereinte Nationen 46 (1998), Heft 5, S. 184 ff.
18 Security Council Resolution 688 (1991), Text (deutsch), in: Vereinte Nationen 39 (1991), Heft 2, S. 77.

bleme mit Uiguren und Tschetschenen offensichtlich, daß der Sicherheitsrat den damaligen Präzedenzfall einer humanitären Intervention zum Völkergewohnheitsrecht ausweiten wollte. Der russische Vertreter hatte bereits im Verlauf der Diskussion angedroht, man werde gegen jegliche Resolution, die Maßnahmen der Weltorganisation gegen das Regime in Belgrad zur Folge haben würden, sein Veto einlegen. Diese russische Haltung wurde in Belgrad als Ermunterung aufgefaßt, auf dem Weg verbrecherischen Handelns fortzufahren, weil ja keinesfalls mit einem internationalen Eingreifen gerechnet werden müsse. Da die Botschafter ihrer Länder bei den Vereinten Nationen trotz ihrer hohen professionellen Qualifikation und zumeist hervorragenden intellektuellen Fähigkeiten streng weisungsgebunden agieren, fällt die Verantwortung für das destruktive Verhalten dieser Staaten im Sicherheitsrat den jeweiligen Inhabern der höchsten politischen Macht in den Hauptstädten zu. Im Falle der sich über Wochen und Monate dramatisch zuspitzenden Lage im Kosovo kann man das Versagen der Weltorganisation also tatsächlich an den beiden obersten Entscheidungsträgern in Moskau und Beijing festmachen.

### Internationale Eliten im Spannungsfeld des Völkermordes

Bisher befaßte sich diese Betrachtung mit der Herausforderung durch kriegerische Entwicklungen. Bevor ein abschließender Blick auf die eben dargestellte Situation im Kosovo geworfen werden kann, soll nach dem Krieg, dem zweiten der apokalyptischen Reiter, dem Völkermord, die notwendige Aufmerksamkeit gelten. Während der Krieg, das „Chamäleon" ob seiner heterogenen Mannigfaltigkeit – schließlich nennt man ja sogar den Kampf gegen den internationalen Terrorismus „Krieg" – als Begriff in der Charta der Vereinten Nationen eigentlich nur durch sein anzustrebendes Gegenteil, den Frieden vorkommt, hat man sich schon am 11. Dezember 1946 (!) in der Vollversammlung darauf verständigt, daß der Völkermord ein Verbrechen nach den Regeln des Internationalen Rechts sei, das von der zivilisierten Welt verdammt wird. Aus dieser grundlegenden Einigung wurde schließlich am Vortag der Beschlußfassung der Vollversammlung über die „Allgemeine Erklärung der Menschenrechte"[19] die „Völkermord-Konvention".[20]

Sicher trugen zu dieser völkerrechtlichen Verankerung auch Erkenntnisse bei, welche die Militär-Tribunale in Nürnberg und Tokio von den Massenmorden der totalitären Regime in den „Feindstaaten" gewonnen hatten. Es stimmt nachdenklich, daß bis Ende 2001 nur 133 Staaten dieser Konvention beigetreten waren. Wenn es den Tatbestand des Völkermordes seit Beginn des 20. Jahrhunderts auch mehrmals gegeben hat, mag für diese Abhandlung der Genozid in Ruanda von 1994 als Bezug ausreichen. Während in früheren Fällen die Nachrichtenlage über das Geschehen, etwa in Armenien und Kambodscha, dürftig, oder politische Rücksichtnahmen auf das gleichzeitige kriegerische Geschehen, etwa im II. Weltkrieg, vorrangig gewesen sein mögen, gab es im Fall des

19 General Assembly, Resolution 217 (III); 10 December 1948. Dafür 48 Stimmen, bei 8 Enthaltungen. Während 7 der Enthaltungen durch fundamentale Systemwechsel inzwischen überholt sind, ist bedenkenswert, daß Saudi Arabien der Erklärung nicht zugestimmt hat.

20 General Assembly Resolution 260 A (III); 9 December 1948.

Völkermordes in Ruanda sogar rechtzeitige Warnungen. Es kann hier nicht darum gehen, die Chronologie des Genozids von 1994 nachzuzeichnen; das hat für den Bereich der Vereinten Nationen deren Generalsekretär mit dem von ihm in Auftrag gegebenen Bericht mitleidlos getan.[21] Hinsichtlich des Verhaltens der internationalen politischen Elite bleibt aber die Frage, warum beispielsweise der US-Außenminister seine Botschafterin bei den Vereinten Nationen anwies, dafür zu sorgen, daß man bei den Diskussionen im Sicherheitsrat den Gebrauch des Begriffs „Genozid“ unter allen Umständen vermeide. Statt dessen finden sich in den Protokollen die Ersatz-Begriffe „humanitäre Katastrophe“ oder „humanitäre Grausamkeiten“.

In der 1946 im allgemeinen Völkerrecht verankerten Konvention hatten die Staaten zunächst festgestellt, daß Völkermord sowohl im Kriege als auch im Frieden begangen werden kann. Dann aber verpflichten sie sich, dem Verbrechen vorzubeugen und es zu bestrafen. Schuldig dieses besonders schweren Verbrechens sind gemäß der Konvention nicht nur die Mörder selber, sondern auch die Anstifter, Komplizen und die verantwortlichen Regierenden. Es ist billig, Mitarbeitern der Vereinten Nationen vorzuwerfen, sie hätten rechtzeitige Warnungen nicht richtig ausgewertet. Tatsächlich waren den Regierungsverantwortlichen in einer Reihe von Staaten, die 1994 Mitglieder des Sicherheitsrates waren, die Entwicklungen in Ruanda früher und genauer bekannt, als den Vereinten Nationen. Nachträglich erscheint es übrigens wie ein Hohn, daß die Regierung Ruandas seit Januar 1994 selber als nichtständiges Mitglied dem höchsten Gremium der Vereinten Nationen angehörte. Bei den Diskussionen des Rates ordneten sich dessen Mitgliedsstaaten offensichtlich weitestgehend der Führungsrolle der USA unter. Statt die schwachen Kräfte der United Nations Assistance Mission in Ruanda (UNAMIR)[22] so rasch wie nur möglich sichtbar und wirkungsvoll zu verstärken und durch eine derartige Dokumentation des Willens der Weltgemeinschaft zur Krisenbewältigung den zur Tat entschlossenen Kräften noch in den Arm zu fallen, entschied der Rat nach Beginn des blutigen Mordens am 21. April 1994, UNAMIR auf nur noch 270 Soldaten zu reduzieren![23] Der unter dem Druck der Verhältnisse erfolgende teilweise überstürzte Abzug der Blauhelme versetzte die Opfer des mörderischen Geschehens in tiefe Verzweiflung. Die Mörder fühlten sich dagegen angestachelt, mit ihrem Gemetzel weiterzumachen.

Es muß einigen Verantwortlichen gedämmert haben, daß ihre Entschließungen im Sicherheitsrat den Völkermördern in die Hände spielten. Das führte wohl zu der Entscheidung vom 17. Mai, UNAMIR nunmehr auf 5.500 Mann zu verstärken.[24] Frankreich erklärte am 11. Juni seine Bereitschaft zu einer humanitären Intervention, die am 22. Juni vom Sicherheitsrat autorisiert wurde.[25] Es klingt schon zynisch, daß der Rat am 1. Juli

21 Report of the Independent Inquiry into the Actions of the United Nations During the 1994 Genocide in Rwanda, UN Doc. S/1999/1257, 15 December 1999.

22 Mit der Resolution des Sicherheitsrates 872 (1993), 5 October 1993, waren für UNAMIR 2.500 Soldaten und Militärbeobachter autorisiert worden, deren Mandat am 5. April 1994 mit Resolution 909 (1994) bis zum 29. Juli 1994 verlängert worden war.

23 Security Council Resolution 912 (1994), 21 April 1994.

24 Security Council Resolution 918 (1994), 17 May 1994.

25 Security Council Resolution 929 (1994), 22 June 1994.

forderte, ein unparteiisches Experten-Komitee einzurichten, das Hinweise auf „mögliche Akte von Völkermord" untersuchen solle. Als die letzten französischen Soldaten der „Opération Turquoise" am 21. August 1994 Ruanda verließen, hatten sie eindrucksvoll demonstriert, wozu die internationale Staatengemeinschaft fähig gewesen wäre, wenn sie den Willen gehabt hätte, den Völkermord zu verhindern oder wenigstens seine Auswirkungen erheblich zu verringern. Diesen Eindruck unterstrichen auch die amerikanischen Soldaten, die am 26. Juli mit ihrer humanitären „Operation Hope" begonnen hatten. Diesen Völkermord hätten verantwortliche Politiker in ganz wenigen Staaten verhindern können. Dazu zählte an herausragender Stelle auch der amerikanische Präsident Bill J. Clinton. Auf persönliche Veranlassung seiner zur Außenministerin aufgestiegenen ehemaligen Vertreterin im Sicherheitsrat, Madleine K. Albright hat Präsident Clinton sich im April 1998 vor dem Parlament in Kigali für das Versagen seiner Administration 1994 entschuldigt und erklärt, „Never again must we be shy in the face the evidence of genocide."[26] Vor der Generalversammlung der Vereinten Nationen hat er diese öffentliche Entschuldigung wörtlich wiederholt und – angesichts der ethnischen Säuberungen, die gleichzeitig im Kosovo stattfanden – hinzugefügt: „we have to stop genocide and ethnic cleansing".[27] Generalsekretär Kofi Annan hat bei der Vorlage des angesprochenen Berichtes über die Aktionen der Vereinten Nationen im Umfeld des Völkermordes seine persönlichen Fehler eingeräumt und die Defizite der Organisation als Aufforderung zu tiefgreifenden Reformen angepackt. Darüber hinaus ist nicht bekannt, daß die Regierenden der damaligen Mitgliedsstaaten des Sicherheitsrates sich zu ihrer Mitverantwortung bekannt hätten.[28]

Hier ist ein kurzer Rückblick auf die massiven Menschenrechtsverletzungen im Kosovo erforderlich, von denen im Zusammenhang mit der Blockade des Sicherheitsrates die Rede war. Tief beeindruckt von dem damals schon vier Jahre zurückliegenden Genozid in Ruanda und von seinem Besuch in dessen Hauptstadt fühlte Präsident Clinton sich im September 1998 offensichtlich aufgerufen, statt abermals durch humanitäre Konfliktnachsorge seiner eigenen politischen Passivität ein moralisches Feigenblatt vorzubinden, mit der gebotenen politischen Entschlossenheit im Krisengebiet zu intervenieren. Das Ergebnis solcher Überlegungen war die von allen damaligen Mitgliedsstaaten der NATO gemeinsam beschlossene „Operation Allied Force", bisweilen auch in der Öffentlichkeit als „Kosovo-Krieg" bezeichnet. Wegen der erwähnten Blockade des Sicherheitsrates gab es kein Mandat, das die Anwendung von Gewalt durch den Einsatz militärischer Mittel autorisiert hätte, wie die Charta das unmißverständlich fordert.[29] Dennoch konnte die NATO für sich in Anspruch nehmen, einem sich entwickelnden „Weltgewissen" gefolgt zu sein, das den Schutz der Menschen auf dem Territorium eines Staates höher schätzt als die Integrität dieses Staatsgebietes. Die große Mehrheit der UN

26 Zit. n. Gourevitch, Philip: We wish to inform you that we will be killed tomorrow with our families; 1. Aufl.; New York, 1998; S. 351.

27 Zit. n. „The Annan doctrine". „The Washington Times"; 23. September 1999, S. A 20.

28 1994 gehörten dem UN Sicherheitsrat an: China, Frankreich, Großbritannien, Russische Föderation, USA, und als nichtständige Mitglieder: Argentinien, Brasilien, Djibouti, Neuseeland, Nigeria, Oman, Pakistan, Ruanda, Spanien, Tschechien.

29 UN Charter, Art. 53.

Mitgliedsstaaten besteht dagegen nachdrücklich auf dem von ihnen als absolut angesehenen Interventionsverbot[30] als conditio sine qua non ihrer Souveränität. Wenn auch die völkerrechtliche Diskussion hierzu weiterhin kontrovers ist, so wurde der Kosovo-Einsatz der NATO dennoch als „legitimer Akt humanitärer Nothilfe“[31] akzeptiert. Mit seiner Resolution 1244 hat sogar der Sicherheitsrat diese Auffassung der NATO im Nachhinein, wenn auch nicht de jure, so doch de facto gebilligt.[32]

Die nachträgliche Billigung dieser Vorgehensweise wird u. a. dadurch deutlich, daß die NATO damit beauftragt wurde, die militärische Sicherheitspräsenz für die United Nations Mission in Kosovo, UNMIK, zu stellen. Die seither nebeneinander bestehenden und miteinander arbeitenden Angehörigen der UNMIK und der von der NATO geführten Kosovo Force, KFOR, sind der lebendige Beweis für die darin erkennbar werdende Weiterentwicklung des internationalen Rechts. Auch wenn die Interpretation des Menschenrechtskataloges weiterhin strittig ist, können massive Menschenrechtsverletzungen unter Umständen als Friedensbedrohung gewertet werden und damit Interventionen der Staatengemeinschaft legitimieren.[33] Hierzu wird aber stets die individuelle Entscheidung der Träger höchster staatlicher Verantwortung gefordert sein.

So gewaltsam, blutig und opferreich auch die Wirkung der beiden bisher behandelten apokalyptischen Reiter sein mögen, sie werden vom dritten dieser Unheilsboten in den Schatten gestellt, dem Hunger. 815 Millionen Menschen litten 1997/1999 unter Hunger, davon 777 Millionen in Entwicklungsländern. Das waren zwar trotz der Zunahme der Erdbevölkerung deutlich weniger als 1969/1971 mit 956 Millionen, läßt aber dennoch zweifeln, ob die Zielsetzung des Welternährungsgipfels in Kairo 1996, die Zahl der Hungernden bis 2015 auf 400 Millionen zu reduzieren, realistisch ist.

Solche Zweifel werden genährt durch die bei 2,75 t stagnierenden Hektarerträge der Weltgetreideproduktion und die befürchteten Bevölkerungszuwächse von 6,1 Milliarden Menschen 2001 auf über 9 Milliarden 2050. Das Rote Kreuz hat in seinem „World Disasters Report 2000“[34] eine zunehmende Zahl von Hungersnöten registriert – 1960-1969: 2; 1970-1979: 6; 1980-1989: 15; 1990-1999: 47. Darin spiegelt sich auch die Gefährdung der Ernährungssicherheit durch einen wachsenden pro Kopfbedarf an Ackerfläche bei gleichzeitiger Wüstenbildung wider. Daneben trägt aber auch Wasserknappheit erheblich zu weltweitem Hunger bei. So haben 1,1 Milliarden Menschen keinen Zugang zu sauberem Trinkwasser, davon 63 % in Asien und 28 % in Afrika. Auch hier kommen angesichts der Bevölkerungsentwicklung Zweifel auf, ob das Ziel der Generalversammlung der Vereinten Nationen bei ihrem Milleniumsgipfel in New York vom 6.-8. September 2000, diese Zahl schon bis 2015 zu halbieren und bis 2025 gar jedem Menschen Zugang zu sauberem Trinkwasser zu sichern, realistisch ist.

30 UN Charter, Art. 2.7.
31 So z. B. Höffe, Otfried: Nicht nur eine innere Angelegenheit. In: Die Zeit, 6. April 2000, Nr. 15, S. 42.
32 UN Security Council Resolution 1244 (1999),10 June 1999.
33 UN Charter Art. 39.
34 International Federation of Red Cross and Red Crescent Societies (IFRC): World Disasters Report 2000: Focus on Public Health, Genf; S. 162.

Diese wenigen Statistikdaten lassen erkennen, daß es sich beim Hunger nicht um ein Problem handelt, bei dem Individuen als Verursacher identifiziert werden können. Ebensowenig sind Individuen in der Lage, mit ihren Entscheidungen spürbare Abhilfe im Weltmaßstab zu Wege zu bringen. Deshalb bleiben alle Menschen guten Willens, nicht nur die wenigen Angehörigen internationaler politischer Eliten, aufgefordert, sich nach ihren Möglichkeiten dafür zu engagieren, daß der weltweite Kampf gegen den Hunger wirkungsvoll unterstützt wird. Entschlossene Maßnahmen gegen die Menschheitsgeißeln von Krieg und Völkermord können dazu wichtige Beiträge sein.

Erfreulicherweise ist die Staatengemeinschaft hier eindeutig auf dem richtigen Kurs. Die Verantwortung für schwere Untaten aus den Kategorien Kriegsverbrechen und Völkermord wird den Trägern solcher Verantwortung persönlich zugerechnet, wie es das Statut des Internationalen Strafgerichtshofes[35] in seinem Artikel 25 „Individual criminal responsibility" ausdrücklich vorschreibt. Folglich wird der von solchen Hauptverantwortlichen häufig erhobene Anspruch auf Immunität wegen ihrer herausgehobenen Stellung, beispielsweise als Staatsoberhaupt, Regierungschef, Regierungs- oder Parlamentsmitglied, mit Artikel 27 „Irrelevance of official capacity" zurückgewiesen. Zugleich wird in Artikel 28 die persönliche „Verantwortung von Kommandeuren und anderen Vorgesetzten" unmißverständlich festgestellt.

Das Statut des Internationalen Strafgerichtshofes ist ohne Zweifel die Schlußetappe eines mühseligen Weges, der in Nürnberg und Tokio begann und über die Einrichtung von Kriegsverbrechertribunalen in Den Haag, Arusha und Freetown geführt hat. Alle diese Zwischenstationen haben mit ihren Aktivitäten unverzichtbare Beiträge zur Wiederherstellung von Rechtssicherheit und Grundvertrauen in legitime staatliche Gewalt geleistet.

Mit dem Haager Strafgerichtshof unternimmt die große Mehrzahl der Mitgliedsstaaten der Vereinten Nationen den vielversprechenden Versuch, nicht nur die Macht staatlicher Gewaltanwendung in die zunehmende Verrechtlichung der internationalen Beziehungen einzubinden, sondern auch zwei der apokalyptischen Reiter, nämlich Krieg und Völkermord, zuverlässig zu zügeln. Daß es bisher nicht gelang, den Sachverhalt der Aggression in den Handlungskatalog des Tribunals aufzunehmen ist wenigstens so bedauerlich, wie die destruktiven Aktivitäten solcher Staaten, die sich diesem dramatischen Fortschritt des internationalen Rechts verweigern, oder sich ihm sogar in den Weg stellen. Die Vereinten Nationen haben auf das bei Konflikten in der Vergangenheit vielfach zu beklagende Versagen von Angehörigen der internationalen politischen Elite mit der Einrichtung des Internationalen Strafgerichtshofes eine angemessene Antwort gegeben. Diese gesamte Elite, nicht nur deren hier beispielhaft skizzierten höchsten Repräsentanten staatlicher Macht, bleibt aufgefordert, sich dafür einzusetzen, daß der gemeinsame Wunsch der meisten Menschen nach Frieden dadurch gefördert wird, daß man kriminellen Friedensbrechern und Völkermördern entgegentritt und sie vor den zuständigen Gerichten zur Verantwortung zieht.

35 Rome Statute of the International Criminal Court, UN Doc. A/Conf. 183/9*; 8 December 1999; (www.un.org/law/icc/statute.htm).

# Paradigmenwechsel in der außenpolitischen Elite?

*Beate Neuss*

„Bonner Republik" oder „Berliner Republik"? Kontinuität oder Wandel in der Außenpolitik seit der deutschen Einheit im Jahr 1990? Der dramatische globale Wandel unter dessen Eindruck deutsche Außenpolitik seit 1990 steht, schließt aus, dass die Außenpolitik des vereinten Landes identisch sein könnte mit der der Bundesrepublik vor 1990. Der Kontext deutscher Außenpolitik hat sich verändert: Deutschland ist souverän, die durch die Teilung eingeengten Handlungsspielräume haben ihre Begrenzung verloren. Gefahren von benachbarten Staaten drohen nicht länger. Die alten Bedrohungen sind jedoch durch bis dahin unbekannte diffuse Gefährdungen ersetzt worden, auf die mit neuen Instrumenten geantwortet werden muss.

Die globalen Herausforderungen an deutsche Außenpolitik haben neue Dimensionen erreicht, zugleich stellen auch die Partner andere Ansprüche. Sie „verlassen sich auf uns und erwarten, dass wir – ein halbes Jahrhundert nach dem Zweiten Weltkrieg – endlich anfangen, uns normal zu verhalten, bereit, auf internationaler Ebene Verantwortung zu übernehmen ...".[1] Zugleich vergeht die Vergangenheit nicht: Auch sie prägt die Erwartungen an deutsches Verhalten, d. h. sowohl „Schaukelpolitik" wie sich selbst überschätzendes Großmachtgehabe werden deutschen Regierungen weniger nachgesehen als denen anderer Nationen. Normalität dieser Art kann nur kontraproduktiv wirken.

Wenn Handlungsspielräume gewonnen wurden und Herausforderungen neu sind – heißt das, dass auch die Koordinaten der Außenpolitik anders gestellt sein, dass die Paradigmen gewechselt werden müssen, weil die bisherigen sich nun als falsch erweisen? Oder gelten nicht doch bestimmte Grundannahmen weiter, da sie den wohlverstandenen Interessen Deutschlands entsprechen, so dass graduelle Veränderungen, aber nicht Brüche die Außenpolitik prägen sollten? Ist nicht „Normalität" im Sinne von erweiterten Handlungsfähigkeiten, nicht aber im Sinne von z. B. aktiver Blockbildung und Konfrontation – sowohl in den transatlantischen Beziehungen wie in der Europäischen Union zu beobachten – im deutschen Interesse?

Der Augenschein gerade der letzten Jahre spricht gegen die „Normalisierung" im Sinne der Paradigmen traditioneller deutscher Außenpolitik. In einzelnen, aber zentralen Bereichen der Außenpolitik ist seit der deutschen Einheit, besonders tiefgreifend aber seit 1998, ein Wandel zu verzeichnen. Die Jahre 2002/2003 lassen sich als Zäsur erkennen, in denen die latente Entwicklung offenkundig wird. Deutsche Interessen werden in der EU unter eher kurzfristiger Betrachtung, oft ohne Rücksicht auf ihre langfristige Wirkung mit ungeeigneten Instrumenten voran getrieben. Alte EU-Mitglieder werden mit Arroganz und exklusiver Blockbildung – man denke an den Umgang mit Österreich und

1 Klose, Hans-Ulrich: Wo stehen wir? Was wollen wir? Zur Debatte um deutsche Eliten und Außenpolitik, in.: WeltTrends Nr. 29, Winter 2000/2001, S. 151

mit dem Stabilitätspakt – genau so verprellt, wie junge. Die Angst vor dem deutsch-französischen Direktorium und der transatlantische Streit spaltete die EU und beschädigte die Konsensfindung in Zukunftsfragen wie der gemeinsamen Verfassung. Besonders offenkundig ist jedoch die Zäsur im transatlantischen Verhältnis. Es ist nachhaltig gestört. Hier ist der Wandel medienwirksam inszeniert worden.

Die über den Bundestagswahlkampf 2002 hinaus reichende konfrontative Politik gegenüber den Vereinigten Staaten, nicht zuletzt der Ton der Auseinandersetzung, schließlich der *demonstrative* Schulterschluss mit Frankreich und Russland, die *exklusive* Zusammenarbeit mit einigen EU-Staaten – sind sie nicht tatsächlich Vorboten einer anders orientierten Außenpolitik, eines „deutschen Weges"? Der Bundeskanzler traf sich allein 2003 sieben Mal mit Putin, hatte jedoch 16 Monate keinen persönlichen Kontakt mit dem amerikanischen Präsidenten, worüber er eher Stolz als Befremden zum Ausdruck brachte. Ist es der Stil oder auch der Inhalt, der die Außenpolitik der „Berliner Republik" markiert in Abgrenzung von der Bonner?

Was bewirkte den Paradigmenwechsel in der Außenpolitik? Ist es die im Vergleich zur Zeit vor 1990 veränderte internationale Konstellation? Oder ist es, wie vielfach diskutiert, die „Demokratisierung" der Außenpolitik, d. h. die rasche Verfügbarkeit von Informationen über internationale Themen für Bürger, die – verbunden mit der „Medialisierung" – Eliten zwingt, sich der Mehrheitsmeinung zu beugen, kurzfristigen Vorteilen zu folgen und eine „nationale" Außenpolitik zu Lasten des Partners zu betreiben? Oder ist es nicht vielmehr der Wandel der deutschen außenpolitischen Elite?

Der Begriff „Elite" ist in Deutschland noch immer problematisch, zur Zeit wird er von Teilen der Politik – jenen, die den Begriff und die Förderung von Eliten über Jahrzehnte dezidiert abgelehnt haben – neu entdeckt und positiv besetzt. Einen allgemein gültigen Konsens über die Definition gibt es nicht. Auf einer Tagung in Berlin kam Mitte der neunziger Jahre ein renommierter Historiker gar zu der Auffassung, Deutschland weise gemäß seiner Elitendefinition (Erfahrungshorizont, Führungswillige mit Machtbewusstsein und Durchsetzungsfähigkeit, gesamtstaatliche, parteineutrale Verantwortung) keine außenpolitische Elite auf.[2] Diese Definition führt allerdings nicht weit.

Richtig und bis heute nachwirkend ist, dass Deutschland nur wenige Jahre in seiner Geschichte eine sich auf andere Kontinente erstreckende Außenpolitik kannte. Die Brüche in seiner Geschichte sind verantwortlich für eine moralisierende, zumeist idealistische und gelegentlich irrationale Sicht der internationalen Politik in Teilen der Elite und in der Bevölkerung. Dies alles verhinderte die Herausbildung einer gewachsenen außenpolitischen Kultur. Auch der Mangel an Funktionsträgern und Beratern ist eng mit der spezifischen deutschen Geschichte verbunden. Zudem findet der in anderen Ländern übliche Wechsel zwischen Wirtschaft, Wissenschaft und Politik in Deutschland nicht statt. „Moreover, those who govern the country today still cherish the antielite ideals that they absorbed at German universities of the late 60s – especially Mr. Schroeder's coalition

2 Bericht über eine Konferenz des Aspen Instituts Berlin, 29./30. 11. 1996, verfasst von Westhoff, Christian/Sachs, Steffen: Die politischen Eliten und die Formulierung deutscher Außenpolitik., S. 2.

partners. When the idea of political leadership itself is derided in German intellectual circles and the notion of career-switching is suspect, why would a promising student foresake a career in business, where one can lead, for politics, where one may be ridiculed for the attempt?“[3]

Es fehlt also das etablierte „außenpolitische Establishment“, die im In- und Ausland anerkannten Funktionsträger mit dem geübten Blick für die komplexen Zusammenhänge der internationalen Politik wie sie andere Länder vorweisen können. Es fehlt ferner in letzter Zeit die Bereitschaft, große außenpolitische Themen ausführlich im Parlament und in der Öffentlichkeit zu diskutieren. Die „Normalisierung“ der militärischen Komponente deutscher Sicherheitspolitik überließen die politischen Akteure dem Bundesverfassungsgericht und verrechtlichten so die politische Grundsatzentscheidung über die Einsetzbarkeit der Bundeswehr im Ausland.

Bei der Frage nach der Rolle der außenpolitischen Elite Deutschlands reicht es hier aus, die Elite nach positionalen Kriterien zu definieren. Zur außenpolitischen Funktionselite zählen zunächst einmal die außenpolitischen Akteure – Regierungsmitglieder und deren Berater, Bundestagsmitglieder – und nicht zuletzt Journalisten und Kommentatoren, also diejenigen, die den außenpolitischen Kurs und das Klima bestimmen, in dem Außenpolitik gemacht und präsentiert wird. Eliten teilen gemeinsame Wertvorstellungen, konstatierte Vilfredo Pareto. Sie definieren das nationale Interesse spezifisch, gemäß ihrer jeweiligen Wahrnehmungsfilter, die durch grundlegende Präferenzen geprägt sind. Ideen, Vorstellungen motivieren, so Schumpeter, die Handlungsweisen von Eliten. Die Medien, darunter zunehmend das Internet, machen das Regieren gewiss nicht leichter. Politische Eliten sind aber auch im Informationszeitalter weder in der Außenpolitik noch in der Innenpolitik der Stimmung des Wahlvolkes ausgeliefert.[4] Grundlegende außenpolitische Entscheidungen der Bundesrepublik wurden gegen das herrschende Meinungsklima und handfeste demoskopische Ergebnisse getroffen und dennoch anschließend von der Bevölkerung ratifiziert bzw. mehrheitlich positiv bewertet: Die Wiederbewaffnung, die Nachrüstung und noch vor kurzem die Schaffung des Euro sind Beispiele dafür. Zwar ist die Versuchung für Politiker immer groß, das außenpolitische Meinungsklima in Wahlstimmen umzumünzen, nur gibt es offenkundig keinen Imperativ, es auch zu tun. Geschieht es dennoch, bleiben zwei Erklärungsmodelle – Opportunismus oder ein Wertessystem der handelnden Elite, das sich mit dem Meinungsklima deckt.

Auch im Informationszeitalter bedeutet regieren – wie der englische, aus dem lateinischen stammende Begriff „to govern“ (von lat. „gubernare“) sagt – also nach wie vor: steuern. Das heißt nichts anderes als: Durch gesprochene und geschriebene Worte sowie durch Symbole (Schumpeter) die Kunst der Überzeugung einzusetzen. Es ist die Kunst,

---

3 Livingston, Robert Gerald: Europe Germany's Underwhelming Political Elites, in: WeltTrends Nr. 29, Winter 2000/20002; S. 166.

4 So etwa Clough, Michael: Grass Routs Policymaking: Say Good-Bye to the 'Wise Men', in: Foreign Affairs 73 (1994), S. 2-7. Anders gesehen von: Lagon, Mark, P.: Are Influentials less influential? Us Foreign Policy Elites in a Post-Cold War Information Age, in: World Affairs 158 (1996), S. 126.

einen Mehrheitswillen zu erarbeiten und in eine Richtung zu lenken. Auch wenn der Wähler den außenpolitischen Kurs schließlich im Paket mit anderen Fragen billigen muss, so ist es doch die Aufgabe der außenpolitischen Elite, den zunehmend bruchstückhaft informierten Wählern Orientierung zu geben, die disparaten Informationen zu strukturieren, den komplexen Hintergrund allgemein verständlich zu erläutern, für die außenpolitische Richtung zu werben und Mehrheiten für sie zu gewinnen. Die in der Außenpolitik agierende Elite ist entscheidend für die Gestaltung der Außenpolitik – Eliten sind für den Kurs der Außenpolitik *nicht* bedeutungslos geworden. Liegt der dramatische Wandel in der außenpolitischen Orientierung also primär an einem Wechsel der Akteurselite?

Der Elitenwechsel mit der Amtsübernahme durch die rot-grüne Regierung, der zugleich ein genereller Generationswechsel war, trug, so die erste These, zur Neuorientierung der deutschen Außenpolitik wesentlich bei. Dies, so die zweite These, wirkte deshalb so stark und nachhaltig, weil sich auch die internationale Konstellation gravierend verändert hatte. Zwei Daten sind hier entscheidend: 1990/91 und der September 2001. Die amerikanische Sicherheitsberaterin Condoleezza Rice nannte sie jüngst treffend die Buchstützen einer Transformationsperiode.

## Die Bedeutung des Generationswechsels

Bis in die Mitte der neunziger Jahre hinein war die außenpolitische Elite in der deutschen Regierung und im Bundestag von der Generation dominiert, die den Krieg, die unmittelbare Nachkriegszeit und die intensive Phase des Kalten Krieges erlebt hatte und durch diese Ereignisse geprägt war. Für diese Generation hatte Außenpolitik einen zentralen Stellenwert: Von einer soliden, erfolgreichen Außenpolitik hing es über lange Perioden und in schwerwiegenden Krisen ab, ob die Bundesrepublik – auf amerikanischen Schutz bauend – wieder souverän werden, sowie frei und westlich orientiert bleiben, oder in den sowjetischen Einflussbereich geraten würde. Im Vergleich zu den Jahren nach 1990 war Außenpolitik für die Bundesrepublik Deutschland im buchstäblichen Sinn existentiell. Außenpolitik musste mit Seriosität betrieben werden, eine Instrumentalisierung auf Kosten der Partner verbot sich weitgehend. Für die transatlantischen Beziehungen erwies sich als erleichternd, dass der amerikanische Partner – wenn auch im Detail unterschiedlich – im Großen und Ganzen von der gleichen Wahrnehmung der Bedrohung geprägt war. Das änderte sich mit dem Ausklingen des Kalten Krieges. Deutschland, die europäische Regionalmacht, verlor die Bedeutung der internationalen Politik, insbesondere das dort herrührende Bedrohungspotential, aus dem Blick. Der globalen Sichtweise Washingtons stand nun die europäische Sicht der Deutschen gegenüber.

Die neue Führungsgeneration zeigt zudem einen bemerkenswerten Wandel in der Selbstwahrnehmung. Deutsche Regierungen waren sich, bis einschließlich der Amtszeit Helmut Kohls, einer gewissen Sondersituation bewusst: Sicherheitspolitisch war die Bundesrepublik bis 1990 alternativlos abhängig von Washington, nicht voll souverän, belastet durch die Geschichte, schließlich dankbar über die – im Vergleich zu den anderen außenpolitischen Partnern – so einzigartige Unterstützung der Vereinigten Staaten in der Wiedervereinigung. Hier grenzt sich die rot-grüne Regierung ab: Aus der Geschichte werden keine persönlichen Verpflichtungen gegenüber den USA und ihrer Regierung empfunden – weder aus der Geschichte des „Dritten Reichs" noch aus der Unterstützung für die Einheit heraus. Klaus Schwabe mutmaßt, dass letzteres mit dem geringen Streben nach deutscher Einheit bei Rot-Grün zusammen hängt.[5] Umfragen zeigen, dass es gerade die Generation der Älteren ist, die gegenüber den US-Amerikanern Dankbarkeit für die Unterstützung des Einigungsprozesses entgegenbringt. Dies weist darauf hin, dass aufgrund des selektierenden Wahrnehmungsmusters der Jüngeren die positive Rolle der Vereinigten Staaten nicht wahrgenommen wird.[6]

Hinzu kommt, dass die Regierung Schröder sowohl in der EU wie auch im transatlantischen Verhältnis das nationale Element betont. Wohlverstandenes nationales Interesse kann sich auch in Bestrebungen zu supra- und multilateraler Einbindung, zu partnerschaftlicher Zusammenarbeit mit langjährigen Verbündeten manifestieren. Der „deutsche Weg" meint jedoch dies nicht: Nur so ist – abgesehen vom Wahlkampf – auch zu erklären, dass selbst im Falle einer UN-Entscheidung für einen Irak-Einsatz diese für Deutschland keine Geltung haben sollte, dass Berlin also Unilateralismus für sich reklamierte. Die SPD und die Grünen können dabei auf eine lange Tradition nationalistischen und neutralen Gedankenguts in der Nachkriegszeit zurückblicken.[7] Egon Bahr ist heute vielleicht der bekannteste Repräsentant der sozialdemokratischen Nationalisten. Da es diese Strömung aber in allen politischen Spektren gegeben hat,[8] konnte Schröder in der Hoffnung auf Resonanz auch unbekümmert vom „deutschen Weg" sprechen, den Egon Bahr nun noch in einem Buch begründet und propagiert.[9]

## Die ideologische Prägung und das Verhältnis zu den USA

Gemeinsame Werte und ideologische Verbindungen, so Vilfredo Pareto, definieren die Identität einer Elite. Gemeinsame Erfahrungen und Ideen motivieren ihre Vorgehen. Es ist also von Bedeutung, welche Kernauffassungen und prinzipiellen Orientierungen und Werte jeweils vorherrschen.

In der politischen Elite fand 1998 ein massiver Personalwechsel statt. Nicht nur im Bundestag – und zwar bei allen Parteien – sondern auch ein Elitenwechsel, der die 68er Generation an Spitze des Staates brachte. Die Ausprägung ist in der Politik gegenüber

---

5 Schwabe, Klaus: Antiamerikanismus gestern und heute, in: Die Politische Meinung 405 (2003), S. 63.

6 Noelle, Elisabeth: Die Entfremdung. Deutschland und Amerika entfernen sich voneinander, in: Frankfurter Allgemeine Zeitung vom 23. 07. 2003. Nur 29 Prozent der bis zu 44-Jährigen – gegenüber 44 Prozent der über 60-Jährigen – nennen die Unterstützung der deutschen Einheit als Element, dass ihr Bild von Amerika prägte.

7 Schwan, Gesine: Die SPD und die westliche Freiheit, in: Neue Gesellschaft 30 (1983), S. 929-934; diess.: Souveräner Alleingang zurück zu Bismarck. Das Deutsch-Nationale in der SPD. Auseinandersetzungen mit Egon Bahrs sicherheits- und deutschlandpolitischem Konzept, in: Rheinischer Merkur/Christ und Welt vom 06. 05. 1988; Kaiser, Karl: National im antinuklearen Gewande. Egon Bahr und die Rückkehr zur sicherheitspolitischen Nationalstaatsidee, in: Die Zeit vom 30. 3. 1984.

8 Gallus, Alexander: Die Neutralisten. Verfechter eines vereinten Deutschland zwischen Ost und West 1945-1990, Düsseldorf 2001, zu Egon Bahr siehe dort S. 296-306.

9 Bahr, Egon: Der deutsche Weg. Selbstverständlich und normal, München 2003.

den Vereinigten Staaten besonders deutlich zu spüren. Zwar sind die Kriegs- und Nachkriegsgeneration wie auch die 68er „alle Amerikaner“,[10] d. h. durch die USA geprägt – nur sind sie es in höchst unterschiedlicher Weise.

Die in der Regierung – und lange auch in den Medien – überwiegende Sichtweise der Kriegs- und Nachkriegsgeneration verband mit den USA positiv die Erziehung zu Demokratie, Pluralismus und den wachsenden Wohlstand in der Marktwirtschaft (der „Marshall-Plan“ wirkte hier als Initialzündung), die Care-Pakete und „Rosinenbomber“, den militärischen Schutz als Garantie der eigenen demokratischen Existenz. Die wirtschaftlichen, wissenschaftlichen und technologischen Leistungen wurden bewundert (wie der Flug zum Mond) und waren Maßstab.[11] Der Antiamerikanismus des frühen 20. Jahrhunderts, der das Amerikabild auf die materialistische, geschichts- und kulturarme „Zivilisation“ reduzierte und ihr die konservative nationale Kulturauffassung entgegensetzte, exemplarisch für alle niedergelegt in Thomas Manns „Bekenntnissen eines Unpolitischen“, war überwunden.[12]

Mit der Studentenbewegung der 60er Jahre entstand jedoch ein Amerikabild, das die 68er Generation prägte, und zwar auch den Teil, der nicht mit Joschka Fischer den Straßenkampf probte. Statt Care-Pakete und „Marshall-Plan“ sind es nun Rassendiskriminierung, Vietnam, Agent Orange, „kapitalistische Ausbeutung“, extreme Ungleichheit, „Konsumterror“ und „Dollarimperialismus“. Wie immer ist es das einseitig pauschale Bild aus Stereotypen und Klischees, das den Antiamerikanismus ausmacht, nicht die berechtigte Kritik im Detail. Nun aber wurden Politik, Wirtschaft und Gesellschaft der USA einseitig durch die Brille der Faschismus- und Imperialismustheorien gesehen.[13] Die Studentenbewegung hielt sich an Max Horkheimer, der gesagt hatte, man könne vom Faschismus nicht reden ohne den Kapitalismus einzubeziehen. In diese Scheinbeziehung passte auch der Umkehrschluss für die USA nahtlos, wie der Slogan der 68er zeigt: „USA – SA – SS“. Die Bundesrepublik und ihr politisches System erschien als Kreatur der USA; ihr Status als der eines Protektorats.

Die „linke Intelligenz“ wirkte geschickt auf den gesellschaftlichen Kommunikationsprozess und darüber hinaus auf das gesellschaftliche Wertesystem ein. Weite Kreise der intellektuellen Elite wurden seit den späten 60er Jahren von diesem Gedankengut erfasst.[14] Schulen und Hochschulen trugen zur Prägung eines spezifischen Wahrnehmungsfilters bei, ihre jungen Absolventen blieben in diesen Institutionen und trugen ihre Wahrnehmungsmuster weit in die Gesellschaft hinein. Ihr „Marsch durch die Institutionen“ brachte sie auch in die Medien und nicht zuletzt in die Politik. Die auf die Ver-

10 Daxner, Michael: Eliten, Gemeinschaften, Aggressionen. Die amerikanischen Spitzen-Universitäten als Lockung und Bedrohung, in: Vorgänge 1 (2000), S. 12.

11 Noelle, Elisabeth: Die Entfremdung. Deutschland und Amerika entfernen sich voneinander, in: Frankfurter Allgemeine Zeitung vom 23. 07. 2003.

12 Noelle, Entfremdung (wie Anm. 11), S. 12; Vgl. Neuss, Beate: Thomas Mann: Demokrat – Europäer – Weltbürger, in: Braun, Michal/Lermen, Birgit (Hrsg.): man erzählt Geschichten, formt die Wahrheit. Frankfurt am Main 2003, S. 81-102.

13 Sontheimer, Kurt: Das Elend unserer Intellektuellen, München 1976, S. 181-283.

14 Sontheimer, Elend (wie Anm. 13), S. 57-65.

einigten Staaten bezogenen Denkmuster konnten seit der Studentenbewegung mit Hilfe der 68er zweimal neu eingeübt und reaktiviert werden, und zwar in gewissermaßen idealen Zeitabständen, um Nachwachsende zu prägen: 1979-1983 in der Mobilisierung zum Massenprotest gegen den NATO-Nachrüstungsbeschluss und erneut im 1. Irak-Krieg von 1990-1991. Der Reflex ist also noch frisch abrufbar. Amerikanische Politik wurde und wird durch diese dargestellten Analyseraster interpretiert. Welche Politik auch immer, das Feindbild ist definiert, die USA können es nicht recht machen: Menschenrechtspolitik zum Beispiel wird entweder als „Machtpolitik" oder „Heuchelei" dargestellt, die Nichtberücksichtigung von Menschenrechtsverletzungen jedoch gleichermaßen verurteilt.

Das politische Sendungsbewusstsein der Amerikaner befremdet zusätzlich, was bei der religiös eher indifferenten 68er Generation besonders negativ wirkt.[15] Schröder ist der erste Bundeskanzler, der bei seinem Amtseid das „so wahr mir Gott helfe" nicht gesprochen hat. Die amerikanische Verbindung von idealistischer Rhetorik und Interessenpolitik wirkt zudem deshalb in Deutschland so negativ, weil die Verbreitung der Werte eines als imperialistische Macht betrachteten Landes per se nicht richtig sein kann und weil hier die Wertschätzung des eigenen Systems nicht groß genug ist, um es der Welt anzuempfehlen. Große Teile der Elite waren unfähig oder zumindest nicht bereit – gut ablesbar im 1. Irak-Krieg, wie auch im 2. Irak-Krieg – andere Interessen der USA als machtpolitische und materielle wahrzunehmen.

Auch heute noch gilt die amerikanische Regierung als Hauptagent des Finanzkapitals und der großen (Öl-) Konzerne, die ihre politischen Entscheidungen lediglich nach den materiellen Interessen ihrer Klientel vertritt.[16] Kritik am „Dollarimperialismus" wurde durch die Kritik an der Globalisierung und dem Vorwurf der „McDonaldisierung" der Welt ergänzt. Anti-Globalisierung ist über weite Strecken Synonym für Antiamerikanismus. Kulturkritischer Antiamerikanismus, ursprünglich, d. h. in der ersten Hälfte des Jahrhunderts im deutschen Bürgertum verhaftet, ergänzt nun den politischen und gesellschaftlichen Antiamerikanismus auch in linksintellektuellen Kreisen.

An dieser Stelle ist auch an die bei den 68ern gängige Auffassung zu erinnern, dass die Bundesrepublik eine Äquidistanz zu den USA und der UdSSR suchen sollte. Die Äquidistanz der Linken war zumeist mit einer Nähe zur Sowjetunion und zur DDR verbunden, die ja nach deren Auffassung auf dem richtigen Wege waren, nur mit kleinen Mängeln in der Durchführung. Vielleicht liegt hierin eine Antwort darauf, warum Berlin in *ausdrücklicher Distanzierung* von Washington so eng mit dem autokratischen Putin

---

15 Während ein sehr hoher Prozentsatz der amerikanischen Bevölkerung von Präsidenten beider Parteien Bekenntnisse zur Religion erwartet werden, wird man diese in Deutschland nur selten hören – zumeist aus den Reihen der Union, auch von Bundespräsident Rau. Vgl. The Pew Research Center: Religion and Politics: Contention and Consensus, July 24, 2003; Junker, Detlef: Power and Mission. Was Amerika antreibt. Freiburg 2003, S. 169 ff.;

16 Auch der Glaube an die unbedingte Macht des Kapitals und die Steuerung der Politik durch das Kapital stammt aus dem Gedankengut der 68er . Vgl. Junker, Power and Mission (wie Anm. 15), S. 77 ff.; Languth, Gerd: Alte, neue Ressentiments: Habermas, die deutschen Intellektuellen und der Antiamerikanismus: in: Internationale Politik 2 (2004), S. 67-77.

kooperieren kann und auch die Medien an dem seltsamen Wechsel der Freundschaft keinen Anstoß nehmen.

Ein weiteres Element des Wandels: Die 68-Generation kennzeichnet ein selbstgerechter Moralismus. Sie hat vermeintlich die Fehler und Verbrechen ihrer Eltern aufgearbeitet, was sie in ihren Augen berechtigt, mit dem moralischen Zeigefinger auf die USA und ihren Verbündeten Israel zu weisen. Mit der „aufgearbeiteten" Vergangenheit im Gepäck konnte man in den Anti-Vietnam-Demonstrationen genauso unbefangen den Slogan „USA-SA-SS" kreieren,[17] wie man sich rasch und einseitig auf die Seite der Palästinenser stellte, besonders deutlich in den Reihen der Grünen.[18] Manches korrigierte seit 1998 die Regierungsverantwortung, nicht aber die grundsätzliche ideologische Prägung. Vielleicht ist auch so zu erklären, warum Justizministerin Däubler-Gmelin in ihrem historisch unsäglich falschen Vergleich zwischen den außenpolitischen Strategien Bush' und Hitlers ausgerechnet letzterer – einer der größten Massenmörder des Jahrhunderts – als Bezugsgröße einfiel. Der selbstgerechte Moralismus in der außenpolitischen Legitimation führt dazu, den deutschen Militäreinsatz gegen Milosevic mit Bezug auf Hitler zu rechtfertigen („nie wieder Ausschwitz") – dies im Kosovo auch ohne UN-Zustimmung – den USA jedoch im Irak mit dem Vorwurf des Imperialismus die Entmachtung eines Massenmörders zu verwehren und aktiv an der Verhinderung eines UN-Mandats mitzuwirken.

Das ostdeutsche Amerika-Bild ist primär durch die Staatsideologie der DDR geprägt. Sie vermittelte die gleichen Klischees und Stereotypen wie die westdeutschen Linken. Dies wirkt bis heute nach. Mehr noch: Wir wissen heute aus den Akten der SED und des MfS, dass die DDR über ein weitverzweigtes Netz an Tarnorganisationen Einfluss auf das Amerika-Bild Westdeutschlands genommen hat und sowohl in der Studentenbewegung als auch während der Nachrüstungsdebatte massiv die Diskussion gesteuert und das Wahrnehmungsmuster eines „aggressiven, imperialistischen" Charakters der USA geprägt hat. Zum Teil wurden selbst die Slogans in Ost-Berlin entworfen. Ziel war die Abkoppelung der Bundesrepublik von den USA.[19] Somit hat die DDR die 68er Studentenbewegung und die Friedensbewegung beeinflusst.

Das Amerika-Bild der westdeutschen Friedensbewegung hat wiederum auf die unabhängige ostdeutsche Friedensbewegung eingewirkt, denn die regimekritischen Intellektuellen schauten überwiegend auf die westdeutsche Linke. Ostdeutsche Umfragewerte weisen als Folge seit langem schlechtere Sympathiewerte für die Amerikaner und negativere Zahlen für die Zustimmung zur amerikanischen Politik aus. Auch die künftigen Beziehungen zu den USA werden hier signifikant weniger bedeutend eingeschätzt als im Westen. Nur 14-16 Prozent hielten sie zwischen 1992-2003 für „sehr wichtig" (Westdeutschland: 24-29 Prozent); für „wichtig" halten sie in West- wie Ostdeutschland immerhin mehr als jeder Zweite.[20] Ein nachhaltiger Einfluss der amerikanischen Irak-

17 Kraushaar, Wolfgang: 1968 als Mythos, Chiffre und Zäsur, Hamburg 2000, S. 54.
18 Vgl. Koenen, Gerd: Das rote Jahrzehnt. Unsere kleine deutsche Kulturrevolution 1967-1977, Köln 2001.
19 Baron, Udo, Kalter Krieg und heißer Friede. Der Einfluss der SED und ihrer westdeutschen Verbündeten auf die Partei „Die Grünen", Münster 2003.
20 Allensbach Archiv, IfD-Umfragen 5074, 7030/II, 7032, 7040, 7042.

Politik auf diese Umfragewerte ist nicht zu erkennen, wohl aber ein deutlicher Einbruch im September 2002, als der Irak-Krieg noch nicht begonnen hatte, er jedoch bereits Thema des Wahlkampfes geworden war.

Ist das Verhalten der außenpolitischen Akteure kompatibel mit der Bevölkerungsmeinung? Bezogen auf ganz Deutschland zeigen Umfragen noch immer gute Sympathiewerte für die Amerikaner. Die positiven Antworten waren zunächst auch nach 1990 stabil geblieben, im Osten sogar mit wachsendem Trend, allerdings sind die Sympathiewerte vom September 2001, nur 54 Prozent, trotz der Attentate, auf 42 Prozent im Juli 2003 (im Osten geht der Wert auf 27 Prozent zurück) gefallen. Hoch ist die Zahl derjenigen, die den Irak-Krieg ablehnen (76 Prozent).[21] Wenn die Bevölkerung zwischen „dem" Amerikaner einerseits und „der" Regierung, „dem" politischen System, „der" Gesellschaft und Kultur andererseits unterscheidet, bedeutet das, dass auf die handelnden Akteure, wenn sie in der Bevölkerung das Bild der USA differenzierter erscheinen lassen wollen, große Vermittlungsaufgaben zukommen. Da Demokraten und Republikaner in Fragen der Todesstrafe, des „Kyoto-Protokolls" und der Antwort auf den „11. September" keine gravierend unterschiedliche Haltung einnehmen, lässt sich aus Umfrageergebnissen nicht ablesen, dass die Bevölkerung einer anderen Regierung mit mehr Sympathie begegnen wird. Das Bild amerikanischer Politik, das Michael Moore verbreitet („Stupid White Men", „Bowling for Columbine"), wird haften bleiben, weil es bestehende Wahrnehmungsmuster verstärkt.

Noch vor Beginn der Diskussion über ein militärisches Eingreifen im Irak ließ sich bereits ablesen, dass es gerade bei den „besser Gebildeten" keine Bereitschaft gab, sich bedingungslos auf die Seite der amerikanischen Verbündeten zu stellen. Gerade einmal 7 Prozent waren dazu bereit, 88 Prozent wollten sich von Fall zu Fall entscheiden, ob sie mit den Amerikanern gehen oder einen eigenen Weg wählen wollten.[22] Für einen eigenen Weg plädierten ebenso 37,6 Prozent der politischen Eliten (West: 36,1 Prozent, Ost: 40,6 Prozent). Markant ist jedoch, dass sich die politische Elite, wie auch die Elite aus Wirtschaft und Verwaltung, unmittelbar nach Ende der Kriegshandlungen im Irak, zu über 55 Prozent für den „Schulterschluss" mit den USA aussprach.[23] Die Elite hat also eine recht differenzierte Vorstellung über den Umgang mit den USA. Eine Zwangsläufigkeit ergibt sich aus dieser Richtung für die Regierung nicht.

## Das Primat der Innenpolitik

Nach 1990/91 war eine existentielle Gefährdung Deutschlands durch die Außenpolitik nicht mehr gegeben. Innenpolitik verdrängte Außenpolitik als Thema, wenn man von der Europapolitik als Ausnahme absieht. Das gilt für die Eliten wie für die Bevölkerung. Eine auf Europa fokussierte Sichtweise, unter weitgehender Vernachlässigung globaler

21 Noelle, Elisabeth: Deutschland und Amerika entfernen sich voneinander, in: Frankfurter Allgemeine Zeitung vom 23. 07. 2003.
22 Allensbach Archiv, IfD-Umfragen 7019 (März 2002).
23 Allensbach Archiv, IfD-Umfrage, 4275 (Capital-Spitzenkräfte-Panel, 17. 06.-30. 06. 2003).

Entwicklungen, entspricht der deutschen Tradition. Der Ost-West-Konflikt erzwang jedoch in gewissem Rahmen den Blick auf das Weltgeschehen. Mit dem Ende der Bipolarität und den Belastungen aus der deutschen Einheit fällt es der jetzt politisch gestaltenden Generation schwer, eine besondere Bedeutung der Außen- und Sicherheitspolitik für Deutschland zu erkennen. Die neuen Bedrohungen und drängenden Fragen: Terror, Bürgerkriege, Ressourcen stehen nicht im Vordergrund und werden als relevant für Deutschland nicht öffentlich diskutiert. Die Mittel für die Bundeswehr wurden seit Anfang der 90er Jahre kontinuierlich abgesenkt, zudem werden rund 55 Prozent des Budgets für Personalausgaben verbraucht. Auch wenn die Regierung rhetorisch die Notwendigkeit einer handlungsfähigen Bundeswehr betont, de facto werden die notwendigen Ressourcen nicht mehr zur Verfügung gestellt. Die stark verinnerlichten Vorbehalte gegenüber dem Instrument „Militär" in der 68er Generation, aber auch weit über diese hinaus, tragen dazu bei.[24] „Deutschland ist umzingelt von Freunden" – dies ist so verinnerlicht, dass es nicht gelungen ist, den Blick über Deutschland und vielleicht noch Europa hinaus zu heben und auf die Gefährdungen eine kohärente Antwort und brauchbare Strategien zu suchen.

Das Interesse für Außenpolitik sinkt zwischen 1985 und 2002, wobei, wie zu erwarten, die besser Ausgebildeten dem außenpolitischen Geschehen ein höheres Interesse entgegenbringen (1985: 73 Prozent, 2002: 66 Prozent).[25] Nicht einmal jeder zweite Deutsche und nur 42 Prozent der Ostdeutschen bekunden ihr Interesse an der Außenpolitik. Eliten und Bevölkerung sind in ihrer grundsätzlichen Haltung zur Außenpolitik recht einig. Die noch frischen Ereignisse des 11. September änderten nichts am nachlassenden Interesse.[26]

Unter den wichtigen Problemen Deutschlands wird in einer Elitenumfrage Mitte der neunziger Jahre als einziges außenpolitisches Thema „Europa voranbringen" genannt, und zwar an vierter Stelle. Bei den politischen Eliten rangiert es gar erst an siebter Stelle, nach „Kriminalität bekämpfen". Lediglich die Wirtschaftspartner, die Wissenschaft, Verwaltung und das Militär sehen eine größere Bedeutung des einzig genannten außenpolitischen Themas. Direkt gefragt nach den wichtigsten *außen*politischen Problemen findet sich bei Politikern das allgemeine Ziel „Stabilität, Frieden" auf Platz sechs und als einzige nicht zwangsläufig auf Europa bezogene konkrete Aufgabe auf Platz acht die Beteiligung der Bundeswehr an UN/NATO-Einsätzen, praktisch gleichauf mit dem Ziel „Bündnisrolle neu definieren".[27] Die Deutsche Einheit, die Europäische Union, ihre Erweiterung rangieren höher, der „Krieg im ehemaligen Jugoslawien" niedriger.

Allerdings breitet sich die Erkenntnis aus, dass es für ein Land wie die Bundesrepublik nicht möglich und deutschem Interesse nicht dienlich ist, sich auf die zunächst

24 Vgl. Maull, Hanns: Éditorial: Deutschland im Abseits?, in: Hanns Maull/Sebastian Harnisch/Constantin Grund: Deutschland im Abseits? Rot-grüne Außenpolitik 1998-2002, Baden-Baden 2003, S. 16.

25 Allensbach Archiv, IfD-Umfragen Nr. 4055, 7028. Die Korrelation mit dem Einkommen ist ab mittleren Einkommen weniger eindeutig

26 Allensbach Archiv, IfD-Umfragen 4055, 7028

27 Infratest Burke Berlin: Das Meinungsbild der Elite in Deutschland zur Außen- und Sicherheitspolitik. Dokumentation. Studie im Auftrag des Liberalen Instituts der Friedrich-Naumann-Stiftung in Kooperation mit der RAND Corporation, USA, Berlin März 1996.

gewünschte Rolle einer größeren Schweiz zurück zu ziehen. Die allgemeine Bereitschaft, Verantwortung in der internationalen Politik zu übernehmen, ist in der ersten Hälfte der neunziger Jahre unter den gut Ausgebildeten schneller gewachsen als unter weniger gut Gebildeten, die zwar zu fast gleichen Werten kommen, diese aber erst in der zweiten Hälfte der neunziger Jahre erreichten. Die Bereitschaft stieg von 28 Prozent 1992 auf 43 Prozent 2004 an; die Ablehnung des Engagements sank im gleichen Zeitraum von 58 auf 28 Prozent.[28] In einer Umfrage von 2003 konnte Trans Atlantic 2003 sogar eine Zustimmung von 82 Prozent der Deutschen für eine aktive Teilnahme in der internationalen Politik messen.[29] Zwar hat in Deutschland die Zustimmung zu friedenserhaltenden Einsätzen der Bundeswehr in den neunziger Jahren deutlich zugenommen – sie lag 1996 mit 93 Prozent bemerkenswerter Weise über der Bereitschaft der Deutschen, ihre Verbündeten zu verteidigen (88 Prozent). Wurden jedoch konkrete Gefährdungsszenarien abgefragt, sank die Akzeptanz militärischer Einsätze auf rund 50 Prozent.[30] Bezeichnend ist, dass besonders seit dem transatlantischen Konflikt von 2002/2003 die Zahl der Deutschen stark gestiegen ist, die die Europäische Union gerne in der Rolle einer Supermacht sähen (2002: 48 Prozent, 2003: 70 Prozent), allerdings sank die Zustimmung um ein Drittel, wenn damit auch höhere Militärausgaben verbunden sein sollten.[31] Bemerkenswert ist auch, dass 1996 doppelt so viele Amerikaner wie Deutsche bereit waren, Polen gegen einen Angriff Russlands zu schützen (Deutschland: 30 Prozent, USA: 61 Prozent).[32]

Vor dem Hintergrund einer grundsätzlichen Zustimmung der Eliten zu militärischen Einsätzen aus humanitären Gründen konnte die Bundesregierung schließlich 1999 erstmalig Soldaten zu Kampfeinsätzen entsenden. Mit anderen Worten: Über den Generations- und Regierungswechsel hinaus konnte die unter der Regierung Kohl begonnene Normalisierung von Bundeskanzler Schröder fortgesetzt werden. Hier erleichterte der Wechsel sogar die kontinuierliche Fortentwicklung, da ihre potentiellen Gegner nun in der Regierung die Verantwortung dafür übernahmen.

Jedoch ist die Diskrepanz in der Analyse, welche Gefährdungen aus dem Terrorismus entstehen, zwischen Deutschland und den USA beträchtlich und seit dem September 2001 eher noch gewachsen. 52 Prozent der Deutschen sahen in der amerikanischen Außenpolitik eine Mitschuld an den Anschlägen.[33] Dem hat die Regierung nicht entgegen gewirkt, im Gegenteil, einige ihrer prominenten Mitglieder haben in der anschließenden Diskussion über die Reaktion Washingtons den antiamerikanischen Tenor verstärkt. Nicht anders war die Reaktion von Mitgliedern der intellektuellen Führungselite:

28 Allensbach Archiv, IfD-Umfragen 5055, 5059, 5067, 5078, 60007, 7016.
29 Transatlantic Trends 2003. A Project of the german Marshall Fund of the United States and the Compagnia Di San Paolo, S. 10.
30 Infratest Burke Berlin: Das Meinungsbild ..., S. 28
31 Transatlantic Trends 2003, S. 10.
32 Infratest Burke Berlin: Das Meinungsbild ..., S. 28
33 Worldviews 2002 Survey of American and European Attitudes and Public Opinion on Foreign Policy, The German Marshall Fund of the United States and The Chicago Counsel on Foreign Relations, www. Worlsviews.org.

Medienvertreter, Publizisten, Intellektuelle und Literaten – unter ihnen Ulrich Wickert, Günter Grass, Botho Strauss und Friedrich Schorlemmer, um nur einige zu nennen, stießen in das gleiche Horn.

## Die Präferenz für die Europa-Politik

Die Bestrebungen, die Europäische Union voran zu bringen, teilt die außenpolitische Elite mit der gut ausgebildeten Bevölkerung und den Führungskräften. Insbesondere seit dem Irak-Krieg der USA ist ein dramatischer Meinungsumschwung zu verzeichnen: 70 Prozent der Deutschen stimmen dem Ziel einer Weltmachtrolle für die EU zu.[34] Die Zahl der positiven Äußerungen zu einer „Gemeinsamen Außen- und Sicherheitspolitik" ist zwischen 1994 und dem Frühsommer 2002 deutlich angestiegen: Fast 65 Prozent der Bevölkerung befürworten eine „Gemeinsame Außenpolitik" (1994: 55 Prozent), nun sogar 80 Prozent der Bürger mit höherer Bildung (1994: 33 Prozent).[35] Die Bundesregierung befindet sich so mit diesem Ziel auf Kontinuitätskurs, mit Zustimmung der Bevölkerung. Die Diskrepanz zu früheren außenpolitischen Akteuren ergibt sich nicht aus der Verfolgung des allgemeinen Ziels, sondern in der Bereitschaft, sich aus der Balance zwischen Paris und Washington zu lösen und gegebenenfalls an der Seite Frankreichs zu Lasten Washingtons und der NATO nach einem Weg zu einer europäischen Verteidigungspolitik zu suchen – in Widerspruch zu dem Votum der Führungselite, den Schulterschluss mit Washington suchen zu sollen.

Dieser Paradigmenwechsel vermochte es trotz der engen Beziehung zu Frankreich gerade nicht, den Integrationsmotor in Gang zu setzen. Vielmehr nahm Berlin mit dem transatlantischen Streit für den kurzfristigen Erfolg einer gewonnenen Bundestagswahl in Kauf, dass Europa – die Altmitglieder genau so wie die künftigen – gespalten wurde. Auch die übrigen Begleittöne seit 1998 signalisieren einen anderen Stellenwert der europäischen Einigung: Brüske Äußerungen zum deutschen Haushaltsbeitrag, ein kleinlicher Sprachenstreit – beides gleich zu Beginn der Amtszeit der neuen Regierung –, nationale Reflexe blieben als Hintergrundmusik erhalten: Zwar befürwortet die Regierung die Integration allgemein, die „Gemeinsame Außenpolitik" und die „Ost-Erweiterung" im Besonderen, hält jedoch die notwendigen Ressourcen zurück. Verschobene Projekte im Bereich der Außenpolitik (Satellitenaufklärung, Rüstungsprojekte, Schaffung der europäischen Eingreiftruppe) und Widersprüche (EU-Erweiterung und Beitrittsofferte an die Türkei bei gleichzeitig angestrebter Kürzung des Finanzbeitrags zur EU) zeigen wenig Konsequenz und Verlässlichkeit, vielmehr die Nachrangigkeit zur Innenpolitik und ein instrumentelles Verständnis von Außenpolitik. Es gelingt den deutschen Akteuren nicht, europäische Kompromisse zu schmieden, die nicht nur die EU-Mitglieder zusammenhalten, sondern auch Integrationsfortschritte erbringen. Im Gegenteil, das geringe Verständnis für das einstige Erfolgsrezept der EU, nämlich den Gegensatz zwischen Groß und Klein nicht auszuspielen und Empfindlichkeiten zu beachten, trug zur

34 Transatlantic Trends 2003, S. 10.
35 Allensbach Archiv, IfD-Umfrage, 4055, 7028.

Spaltung der EU bei. Die oft genug undiplomatische Kommunikation deutscher Haushaltsengpässe und das Pochen auf Besitzstandswahrung taten ein Übriges. Darunter hatten schon die Verhandlungen zum Nizza-Vertrag zu leiden.

Bereits die Regierung Kohl hatte sich vom Ziel eines „europäischen Bundesstaates" entfernt, jedoch mit dem Euro der Vertiefung vor der Erweiterung den Vorzug gegeben. Bundeskanzler Schröder, der im Laufe weniger Jahre die Außenpolitik im Kanzleramt konzentrierte, befürwortete die Erweiterung, die als historische Aufgabe gesehen wird. Hier unterscheidet er sich nicht von der Vorgängerregierung. Aber der besondere Stellenwert der Integration für die europäische Nachkriegsordnung wird von ihm, der nicht mehr Kriegsgeneration ist (Jahrgang 1944), nicht in der gleichen Dimension gesehen. Die Vertiefung in Richtung eines unauflöslichen Verbundes spielt keine besondere Rolle mehr, anders ist die Forcierung des türkischen Beitritts nicht zu verstehen. Auch hier ist also ein Paradigmenwechsel zu verzeichnen.[36]

## Der Elitenwandel als Ursache des Paradigmenwechsels

In der deutschen Außenpolitik sind nicht alle, aber durchaus einige Weichen neu gestellt worden. Dies ist zum einen der veränderten internationalen Lage seit 1990 geschuldet, zum anderen dem Regierungswechsel 1998, nur in dieser Konstellation konnte sich der Elitenwandel so deutlich ausprägen. Nach 40 Jahren auf dem sicherheitspolitischen Pulverfass ist der Blick jetzt nach innen gekehrt. Deutschland kann es sich leisten – davon geht die Regierung offenbar aus –, die fein austarierte Balance zwischen Washington und Paris aufzugeben und die Beziehungen zu Washington nachhaltig zu verschlechtern. Die Diskrepanzen mit Washington wurden medial instrumentalisiert. Der neuen Führung fehlen aufgrund ihrer Sozialisation in der 68er-Bewegung und danach die Hemmungen gegen eine inszenierte Scheidung.

Insbesondere die Kontinentaldrift – die die Vereinigten Staaten tatkräftig mit angeschoben haben – ist zweifellos mitbedingt durch den Wechsel der Generationen und der anderen ideologischen Prägung in Politik, Medien und Bildung. Dies bezieht sich nicht nur auf die Art des Umgangs mit dem transatlantischen Partner, sondern auch auf die Unwilligkeit, einer Stimmung gegen zu steuern, die Anti-Amerikanismen gesellschaftsfähig macht. Bei aller Skepsis, die ein Adenauer, Brandt, Schmidt oder Kohl den USA entgegen gebracht haben, die Politik des Jahres 2002/2003 ist symptomatisch für ein grundsätzlich gewandeltes Amerikabild.

Auch in der Europapolitik hat sich das Strickmuster der Integration verändert. Stärker als in den transatlantischen Beziehungen geht hier Kontinuität einher mit einer schleichenden Neubewertung der europäischen Integration, die nun intergouvernementalistisch interpretiert wird. Die „bewältigte Geschichte" macht sich nicht nur im Verhältnis mit den USA bemerkbar. Auch das instinktlose Ignorieren kleinerer EU-Mitglieder oder auch der

36 Harnisch, Sebastian/Schieder, Siegfried: Europa bauen – Deutschland bewahren: Rot-grüne Europapolitik, in: Maull (Hrsg.): Deutschland im Abseits? (wie Anm. 24), S. 65-79.

damaligen EU-Aspiranten, wie Polen, die die leidvolle Geschichte mit Deutschland noch nicht gleichermaßen „bewältigt" haben, geht auf eine Selbstwahrnehmung zurück, die nicht nur die Neumitglieder befremden muss. Tendenzen zum EU-Direktorium sind unübersehbar. Vergleichsweise ungeniert, ohne Feingefühl für die historischen Bedingungen auf deren Fundament die Einigung Europas stattfindet, werden Partner brüskiert durch ein Herauskehren des „deutschen Weges" bzw. „nationaler Interessen".

Die deutsche außenpolitisch agierende Elite – angekommen in einem „normalen" Staat – hat die Einstellung zu militärischen Einsätzen der Bundeswehr kontinuierlich in eine Richtung weiterentwickelt, die man der 68er-Generation kaum zugetraut hätte. Nicht selten meint sie auch in der EU aufgrund der Bedeutung Deutschlands im Stil einer europäische Großmacht agieren zu können. Im Umgang mit Partnern praktiziert Berlin einen eigenen Multilateralismus à la carte. Im transatlantischen und europäischen Kontext überschätzt sie das eigene Gewicht und den eigenen Handlungsspielraum. Auch das ist wohl eine Folge der falschen Einschätzung des deutschen Potentials nach der Wiedervereinigung, die die Defizite im militärischen Bereich, die lahmende Wirtschaft, die Verschuldung und die Probleme der Sozialsysteme nicht als das betrachten, was sie sind: nämlich Einbußen an Macht und Gestaltungsspielraum.[37] Das dauerhafte Auseinanderklaffen von Anspruch und Wirklichkeit wird zu einem geringeren Einfluss führen, wie es bereits die einseitige Orientierung auf Frankreich tat.[38]

In den Umfragen sind außenpolitische Elite und Bevölkerungsmeinung weitgehend in Einklang – weniger jedoch mit der Meinung der befragten anderen Funktionseliten. Das heißt einerseits, dass die Politik nicht abhebt von der Einstellung der Bevölkerung. Das deutet anderseits darauf hin, dass die außenpolitische Elite nicht versucht zu führen und Meinung zu bilden. Sie kann jederzeit auf ein Meinungsklima zurückgreifen, das Populismus begünstigt, zumal eine durch die Komplexität überforderte Bevölkerung in ihrer Orientierungslosigkeit zu simplifizierenden und idealistischen Erklärungsmustern neigt.

Außenpolitische Erfahrung und Stilgefühl waren einmal selbstverständlich. Hier haben wir heute ein Defizit. Es ist dringend notwendig, in Deutschland eine breite und gut ausgebildete außenpolitische Elite heranzuziehen und außenpolitische Themen wesentlich fundierter und differenzierter in die öffentliche Diskussion zu bringen. Alle Parteien, auch die Medien, haben Mangel an Personal mit außen- und sicherheitspolitischen Kenntnissen und sicherem Urteil. Im neu gewählten Bundestag ist die personalpolitische Decke sehr dünn. Das gilt auch für die Unionsparteien. „One thing is certain: Until Germany has a larger pool of experienced, big picture internationalists to offer, it will remain unready for the more assertive role in the world that Mr. Schroeder evidently wishes to play."[39] Hier liegen die Defizite eines Landes ohne große außenpolitische Tradition.

37 Nur jeder zweite Politiker ist der Auffassung, dass Deutschland an Einfluss verliert, dagegen meinen dies 77 Prozent der Wirtschafts- und 67 Prozent der Verwaltungselite. Die Eliten im Osten sehen das Bild in allen drei Bereichen deutlich positiver. Allensbach Archiv, IfD-Umfrage 4275 (Capital-Spitzenkräfte-Panel Juni 2003)

38 Maull, Hanns W.: Auf leisen Sohlen aus der Außenpolitik, in: Internationale Politik 9 (2003), S. 19-30.

39 Livingston, Robert G.: Europe Germany's Underwhelming Political Elites, in: WeltTrends Nr. 29, Winter 2000/20002; S. 167.

# Kann und soll Politik führen?

*Oscar W. Gabriel*

## Das Untersuchungsproblem

Stillstand und Niedergang allenthalben, dieser Eindruck drängt sich auf, wenn man den politischen Teil der Tageszeitung liest oder politische Sendungen im Fernsehen anschaut. Die Steuereinnahmen brechen weg, die Konjunktur lahmt, kein Hoffnungsschimmer zeigt sich auf dem Arbeitsmarkt, die sozialen Sicherungssysteme treiben auf den Kollaps zu. Die Symptome der Krise sind klar, viel klarer jedenfalls als die Reaktionen der Politik. In der Ankündigung tief greifender Reformen und im Einsatz von Expertenkommissionen sind Regierung und Opposition in einen Wettlauf eingetreten, der jenem zwischen dem Hasen und dem Igel gleicht. Die Umsetzung der vielfältigen, aber bruchstückhaften, Reformansätze ist bisher regelmäßig im Sande verlaufen, sei es, weil Regierung und Opposition einander blockieren, sei es, weil mächtige Interessenverbände die Umsetzung von Reformen behindern oder sei es, weil die Politiker beim Blick auf den nächsten Wahltermin der Mut zu unpopulären Maßnahmen verlässt. Bei der Suche nach Auswegen aus dem beschriebenen Dilemma kommt der Ursachenanalyse eine Schlüsselrolle zu und dabei lautet die Kernfrage: Liegt die Krise, in der wir uns derzeit in Deutschland und anderen Demokratien befinden an Strukturschwächen der Demokratie, an ungünstigen wirtschaftlichen Bedingungen oder an einem Versagen der politischen Führung?

Der kritisierte politische Stillstand ist kein neues Phänomen. Schon seit den 1970er Jahren gibt es in der Politikwissenschaft eine breite Diskussion über das Thema der Regierbarkeit. Ihr Grundtenor lautet: Die Komplexität der politischen Entscheidungsprozesse und die Starrheit der politischen Institutionen auf der einen Seite und die Spirale der steigenden Erwartungen auf der anderen Seite haben die Politik in den meisten Demokratien, insbesondere in den europäischen Wohlfahrtsstaaten, ihrer Handlungsfähigkeit beraubt und den Gestaltungswillen der politischen Führung untergraben. Die strukturellen und kulturellen Grenzen politischer Gestaltung wurden bereits in den ersten Beiträgen zur Regierbarkeitsdebatte benannt.[1] Offenkundig und unstrittig ist, dass die wirtschaftliche Entwicklung den Handlungsrahmen der Politik begrenzt, weil eine durch konjunkturelle Krisen ausgelöste Verknappung der finanziellen Ressourcen bei weitgehend festliegenden Ausgabenverpflichtungen kaum Spielräume für politische Innovationen lässt. Ebenso klar sind die aus den Eigenschaften demokratischer Politik resultierenden Handlungsgrenzen, denn in einer Demokratie kann es sich keine Regierung und keine Parlamentsmehrheit leisten, auf Dauer eine Politik zu betreiben, der die Mehrheit der Wähler ihre Zustimmung versagt und die den grundlegenden Wertvorstel-

1 Siehe beispeilsweise Habermas, Jürgen: Legitimationsprobleme im Spätkapitalismus, Frankfurt am Main 1973; Crozier, Michel J./Huntington, Samuel P./Watanuki, Joji: The Crisis of Democracy. Report on the Governability of Democracies to the Trilateral Commission, New York 1975. Siehe auch Hennis, Wilhelm/Kielmansegg, Peter Graf/Matz, Ulrich, (Hrsg.): Regierbarkeit, 2 Bände, Stuttgart 1977.

lungen der Minderheit zuwiderläuft. Aus dieser Perspektive kann Politik nur begrenzt führen, selbst wenn sie es soll und will. Demokratische Politik ist auf Führung, auf einen Ausgleich divergierender Interessen und auf eine grundsätzliche Zustimmung der Öffentlichkeit zum generellen Handlungskurs der Führung angewiesen, weil sie anders ihrem eigenen Anspruch als Herrschaft durch das Volk und für das Volk nicht gerecht wird. Diese Anforderungen sind aber in der politischen Praxis nicht leicht zu erfüllen, und schon gar nicht gleichzeitig und ohne Abstriche.

Wie eng auch immer die Handlungsspielräume der Politik sein mögen, selbst in schwierigen Situationen bestehen Möglichkeiten zu einer aktiven politischen Gestaltung, und möglicherweise empfindet die Bevölkerung in derartigen Krisensituationen besonders deutlich die Notwendigkeit aktiver politischer Führung. Hierzu gehört auf seiten der Regierenden die Fähigkeit und Bereitschaft, den ihnen in demokratischen Wahlen erteilten Gestaltungsauftrag zu erkennen und wahrzunehmen. Dies schließt im Sinne Max Webers den Willen zur Ausübung politischer Macht ein, d. h. die Fähigkeit, den eigenen Willen gegen Widerstreben durchzusetzen.[2] Jedoch lässt sich Führung in der Demokratie nicht auf autoritatives Entscheiden und die Ausübung politischer Macht begrenzen, sie schließt auch das Werben um Zustimmung zu den getroffenen Entscheidungen ein. Gerade in diesem Bereich der Politikvermittlung, der Darlegung der Notwendigkeit bestimmter Entscheidungen oder des Verzichtes auf solche Entscheidungen, scheinen derzeit besondere Schwächen der politischen Führung zu liegen. Die Frage dieses Beitrages müsste insofern wie folgt erweitert werden: „Soll, kann und will die Politik führen?“.

In den folgenden Teilen dieses Beitrages möchte ich das Thema in der genannten Reihenfolge abhandeln. Zunächst geht es um die normativen Aspekte politischer Führung: Soll Politik überhaupt führen, und wenn ja, in welcher Form? Im folgenden Teil stehen die Möglichkeiten und Grenzen politischer Führung zur Debatte: Kann Politik führen oder nicht, und wenn nicht, aus welchen Gründen. Schließlich wird der Wille zur politischen Führung diskutiert, also die Bereitschaft der Politik, unter den Bedingungen demokratischer Herrschaft und unter Beachtung ökonomischer Handlungsgrenzen die verfügbaren Gestaltungsspielräume zu nutzen und die Bevölkerung von der Richtigkeit des eingeschlagenen Weges zu überzeugen.

## Soll Politik führen? – Zur Funktionsbestimmung des politischen Systems in der Demokratie

Politische Führung ist ein notwendiges Merkmal jeder Form politischer Herrschaft, denn Herrschaft im Sinne Max Webers bedeutet „die Chance, für einen Befehl bestimmten Inhalts bei angebbaren Personen Gehorsam zu finden“.[3] Das Verständnis von Politik als Herrschaftsbeziehung findet auch in der systemtheoretischen Bestimmung der Funk-

2 Weber, Max: Wirtschaft und Gesellschaft. Studienauflage, Tübingen 1970, S. 28.
3 Weber, Wirtschaft und Gesellschaft (wie Anm. 2), S. 28.

tion der Politik seinen Ausdruck: Easton[4] bezeichnet Politik als die autoritative Zuteilung von Werten in einer Gesellschaft. Für Luhmann[5] besteht die Aufgabe des politischen Systems darin, allgemein verbindliche Entscheidungen zu produzieren und durchzusetzen. Der Erfolg politischer Führung misst sich daran, ob es gelingt, „Befehle zu geben“ oder – um es in der Sprache der modernen Politikwissenschaft auszudrücken, „verbindliche Entscheidungen zu fällen“ und ob diese Gehorsam finden bzw. akzeptiert und befolgt werden. Politik soll führen, diese Feststellung ergibt sich aus der Funktion des politischen Systems in der gesamtgesellschaftlichen Arbeitsteilung.

Politische Führung wurde in der Geschichte der Menschheit schon immer ausgeübt, denn jedes politische Gemeinwesen zeichnet sich als Herrschaftsverband durch eine Differenzierung zwischen Herrschenden und Beherrschten aus. In diesem System kommt den Herrschenden die Aufgabe zu, für alle Mitglieder der politischen Gemeinschaft verbindlich zu entscheiden und für die Entscheidungen, aber auch für ihre generelle Entscheidungs*befugnis*, Akzeptanz zu finden. Zwischen den Formen und Legitimationsgrundlagen von Herrschaft und Führung bestehen allerdings erhebliche Unterschiede. In vormodernen Gesellschaften war politische Führung traditional gerechtfertigt, in modernen Gesellschaften treffen wir nach Max Weber[6] zwei Formen politischer Herrschaft bzw. Führung an, die legale und die charismatische Herrschaft. In den modernen Verfassungsstaaten ist Herrschaft notwendigerweise legal, also rechtsförmig geregelt. Die Regelungen betreffen die Organisation des Herrschaftsapparates, die Bestellung der Herrschaftsträger und die Mittel der Ausübung politischer Herrschaft. Herrschaftsordnungen, die diesen Bedingungen nicht entsprechen, werden nicht als rechtmäßig oder legitim anerkannt. Allerdings sichert Legalität alleine in der Demokratie nicht die Legitimität von Herrschaft und Führung. Vielmehr müssen die Mitglieder einer politischen Gemeinschaft der Überzeugung sein, dass die in der Gemeinschaft existierenden Werte, Normen und Institutionen im Großen und Ganzen den eigenen Vorstellungen davon entsprechen, was gut und richtig ist. Damit ist eine Anforderung festgelegt, der Herrschaft und Führung in der Demokratie genügen müssen und die – wie wir noch sehen werden – den Spielraum politischer Führung in der Demokratie bestimmt.

Im modernen Verfassungsstaat betrifft politische Herrschaft die Struktur des politischen Gemeinwesens oder den Polity-Aspekt der Politik. Die Charakteristika eines Herrschaftssystems sind formal eindeutig geregelt. Damit ist allerdings keineswegs klar, wie das politische Tagesgeschäft des Herstellens und Durchsetzens verbindlicher Entscheidungen faktisch abläuft. Vielmehr muss der institutionelle Rahmen einer Herrschaftsordnung durch das Verhalten von Akteuren mit Leben gefüllt, in konkretes politisches Gestalten und in das Erzeugen von Folgebereitschaft umgesetzt werden. Dieses Verhalten der Herrschaftsträger im politischen Alltagsgeschäft steht im Zentrum dessen, was wir als

4 Easton, David: A Systems Analysis of Political Life, New York u. a. 1965.
5 Luhmann, Niklas: Soziologie als Theorie politischer Systeme, in: Ders.: Soziologische Aufklärung, Opladen 1970, S. 113-136.
6 Weber, Wirtschaft und Gesellschaft (wie Anm. 2), S. 122 ff.

politische Führung bezeichnen. Nach Manfred G. Schmidt[7] geht es dabei um die effektive Wahrnehmung von *Leitungs-, Lenkungs- und Kontrollfunktionen* durch eine *Regierung*, einen *Regierungschef* oder das Parlament, um *energisches und rasches Reagieren* auf veränderte Situationen, um vorausschauend-innovatorische *Politiksteuerung*.

*Politische Führung* stellt sich in dieser Perspektive als komplexer Prozess dar, an dem mehrere Akteure beteiligt sind und der verschiedene Formen politischen Handels einschließt. Auf der einen Seite sind verbindliche Entscheidungen zu treffen, die unmittelbar die Gestaltung der Gesellschaft beeinflussen, und zwar sowohl pro-aktiv wie auch reaktiv. Auf der anderen Seite ist das Handeln anderer Akteure zu steuern und zu kontrollieren, die zwar an der Erfüllung politischer Aufgaben beteiligt sind, aber nicht in führender Funktion. Diese Rollenträger finden wir in der Bürokratie, die für die Umsetzung politischer Outputs zuständig sind, aber auch in der Öffentlichkeit, deren Verhalten darüber entscheidet, ob aus einem Output das politisch gewünschte Ergebnis („Outcome") wird.

*Politische Gestaltung* umfasst das Erkennen politischer Probleme, das Formulieren politischer Ziele, das Aufstellen von Prioritäten bei der Verwirklichung der Ziele, die Auswahl der für die Problemlösung geeigneten Mittel und das Konzipieren von Durchsetzungs- und Überzeugungsstrategien, deren Zweck *in der Schaffung* von Akzeptanz liegt. Zudem sind bei jeder Entscheidung über die Realisierung politischer Ziele die möglichen Nebenfolgen zu bedenken.

Ziele sollten sich in einer parlamentarischen Parteiendemokratie aus den Parteiprogrammen oder Absichtserklärungen der politischen Akteure, etwa in Wahlkampfreden, Regierungserklärungen oder Parlamentsdebatten, ergeben. Ob dieses Postulat der Realität eines politischen Systems gerecht wird, in dem programmatisch weitgehend verwechselbare Parteien um die gleichen Wählerschichten, die ominöse politische Mitte, werben, ist umstritten. Kirchheimers[8] These vom Wandel der politischen Parteien zu programmatisch profillosen „Allweltsparteien" ist umstritten, klare empirische Belege für ihre Gültigkeit sind deutlich seltener als Hinweise auf den Fortbestand von Unterschieden zwischen den Parteien, die sich allerdings weniger in konträren Positionen als in unterschiedlichen Schwerpunktsetzungen niederschlagen.[9]

Die wichtigsten Mittel zur Durchsetzung politischer Ziele sind die Regulierung, die Verteilung, die Überzeugung und die Verhandlung. Das Ensemble der politischen Aktivitäten, die politische Führung ausmachen, zielt auf das Aufstellen der politischen Agenda eines Landes. Nicht nur deren Aufstellung, sondern auch deren Realisierung macht politische Führung notwendig. In einer parlamentarischen Demokratie wie der Bundesrepublik Deutschland obliegt die Aufgabe der politischen Führung in erster Linie der

7 Schmidt, Manfred G.: Demokratietheorien, Opladen 1995, S. 742.

8 Kirchheimer, Otto: Der Wandel des Westeuropäischen Parteiensystems (1965), in: Stammen, Theo (Hrsg.): Vergleichende Regierungslehre, Darmstadt 1976, S. 253-287.

9 Vgl. für Deutschland etwa Klingemann, Hans-Dieter/Volkens, Andrea: Struktur und Entwicklung von Wahlprogrammen in der Bundesrepublik Deutschland 1949-1998, in: Gabriel, Oscar W./Niedermayer, Oskar/Stöss, Richard (Hrsg.): Parteiendemokratie in Deutschland, Wiesbaden 2002, S. 507-527.

Regierung und dem Regierungschef, der zu diesem Zweck mit zahlreichen Handlungsressourcen formaler und informaler Art ausgestattet ist. In einem System der funktionalen Verschränkung von Parlament und Regierung erfüllt das Parlament keine originäre Führungsfunktion, es ist aber an der Auswahl der Inhaber politischer Führungspositionen beteiligt und wirkt am politischen Entscheidungsprozess als Vetospieler mit. Eine Regierung, die sich generell oder in wichtigen Fragen nicht auf die Kooperation und Loyalität der Parlamentsmehrheit verlassen kann, ist zu politischer Führung nicht in der Lage.

Die Leistungen der politischen Führung lassen sich auf der Basis bestimmter Standards bewerten, von denen die Folgenden besonders wichtig sind: Effektivität und Effizienz, Responsivität und Innovation. Effektivität und Effizienz betreffen eine optimale Zuordnung von Zielen und Mitteln bei der Erfüllung der staatlichen Aufgaben. Innovation bezieht sich auf die Fähigkeit, neue politische Herausforderungen zu erkennen und die mit ihnen verbundenen Gestaltungsaufgaben zu bewältigen. In einer Demokratie kommt ein weiterer bedeutsamer Standard hinzu, der der Responsivität. Dies bedeutet, dass das Handeln der politischen Führung nicht dauerhaft im Konflikt mit den Wertvorstellungen und Interessenlagen der Bevölkerung stehen darf.

## Kann Politik führen? – Handlungsspielräume und Grenzen politischer Führung in Deutschland

Politische Führung setzt das Vorhandensein von Handlungsspielräumen voraus. In dieser Hinsicht hat sich im Übergang vom 19. zum 20. Jahrhundert ein fundamentaler Wandel des Staatsverständnisses vollzogen, der mit einer deutlichen Ausweitung der Gestaltungsmöglichkeiten der Politik verbunden war. Das für die Entstehung moderner Demokratien typische Staatsverständnis war das des liberalen Verfassungsstaates, der staatliche Macht auf vielfältige Weise begrenzte und dessen wichtigstes Steuerungsinstrument die rechtliche Regelung des gesellschaftlichen Zusammenlebens der Menschen war. Mit der Entstehung des Wohlfahrtsstaates wurde dieses Staatsverständnis zwar nicht völlig obsolet, jedoch übernahm der Staat eine aktive und umfassende Rolle in der Gestaltung der Gesellschaft. Damit veränderte sich nicht allein der Umfang der staatlichen Aufgaben, sondern die Qualität der Steuerungsinstrumente. Neben die regulative Politik trat die distributive und redistributive Politik, wobei sich mit dem Wachstum des Wohlfahrtsstaates die Gewichte zu Gunsten der Verteilung und Umverteilung verschoben. Die Folge war ein wachsender Bedarf an politischer Führung.

Aus dem Wachstum des Wohlfahrtsstaates ergaben sich jedoch auch Handlungsschranken, da die politische Führung in einem sich rasch verändernden, durch hochgradige Komplexität charakterisierten gesellschaftlichen Umfeld agiert. Die Tatsache, dass mit dem Wachstum des Wohlfahrtsstaates eine Ausdifferenzierung des Interessenvermittlungssystems einher ging, ist leicht zu erklären. Der verteilende und umverteilende Staat greift massiv in die Interessenlagen der Bürger ein und veranlasst diese dazu, sich zum Zweck der Durchsetzung ihrer Forderungen zu Gruppen zusammen zu schließen. Mit der Zahl der Teilnehmer am politischen Willensbildungsprozess steigen die Konsensfindungskosten, und dies ist um so mehr der Fall, als die Ansprüche der betreffenden Gruppen divergieren oder einander sogar widersprechen. Unter diesen Bedingungen ist es schwierig, aus der Fülle der anstehenden Probleme die wichtigsten herauszufiltern, eine politische Agenda zu erstellen und diese im Laufe der Amtsperiode einer Regierung bzw. der Wahlperiode eines Parlaments abzuarbeiten.

Wenn schon die Realisierung eines mittelfristig angelegten Regierungsprogramms sich als kompliziert erweist, dann steht das politische Führungspersonal vor noch größeren Problemen bei der Lösung langfristiger Aufgaben, etwa bei der Bewältigung der Folgen des demographischen Wandels oder beim Umgang mit den von der Globalisierung ausgehenden Herausforderungen. Ist es, wie in der Regierbarkeitsdebatte manchmal behauptet wurde, unter den gegenwärtigen Bedingungen für die Politik strukturell unmöglich geworden, ihre Führungsaufgaben zu erfüllen oder sind die Instrumente für eine effektive und responsive politische Führung zwar vorhanden, werden aber vom politischen Führungspersonal nicht sachgemäß genutzt? Wie also ist die Frage zu beantworten: Kann Politik führen?

Bei der Beschäftigung mit diesem Problem sind mehrere Aspekte voneinander zu trennen. Im politischen System der Bundesrepublik existieren etliche Bedingungen, die eine effektive, innovative und responsive politische Führung möglich machen. Auf der anderen Seite sind die politischen Entscheidungsträger mit Handlungsschranken verschiedener Art konfrontiert, die politische Führung erschweren. Sowohl die Handlungsressourcen als auch die Handlungsgrenzen sind in der Persönlichkeitsstruktur des Führungspersonals sowie in institutionellen und kulturellen Faktoren zu suchen.[10]

*Ressourcen politischer Führung*

In der intellektuellen Auseinandersetzung mit dem Regierungsstil Konrad Adenauers entstand der Begriff der „Kanzlerdemokratie", der sich in der Folgezeit zu einer beliebten Formel zur Beschreibung des politischen Systems der Bundesrepublik entwickelte. Mit dieser Bezeichnung ist zunächst die personale Dimension politischer Führung angesprochen, denn gerade der Vergleich zwischen den bisher amtierenden Bundeskanzlern verdeutlicht, wie verschiedenartig diese Führungsrolle ausgefüllt werden kann.

Daneben weist der Begriff der „Kanzlerdemokratie" eine strukturelle Komponente in Form eines verfassungspolitisch gewünschten Modells politischer Führung auf. Dies ist in Deutschland klar auf den Bundeskanzler zentriert. Schon die in der Verfassung und der Geschäftsordnung der Bundesregierung festgelegte institutionelle Stellung stattet den Bundeskanzler mit starken Führungsressourcen aus: Als einziges Regierungsmitglied kann er sich auf eine Wahl durch die Parlamentsmehrheit stützen, sein Sturz ist nur durch ein konstruktives Misstrauensvotum möglich. Die scheinbar zunehmende Umwandlung der Bundestagswahlen in Personalplebiszite über den künftigen Regie-

10 Vgl. zu den letzten beiden Aspekten die Beiträge in Ellwein, Thomas/Holtmann, Everhard (Hrsg.): 50 Jahre Bundesrepublik Deutschland. Rahmenbedingungen, Entwicklungen, Perspektiven (PVS-Sonderheft 30/1999), Opladen/Wiesbaden 1999.

rungschef verstärkt die durch das Verfahren der Wahl und Abwahl begründete Sonderrolle des Kanzlers innerhalb der Regierung. Der Kanzler verfügt über beträchtliche Leitungs- und Lenkungsmöglichkeiten, das Recht, dem Bundespräsidenten die Ernennung und Entlassung der Bundesminister vorzuschlagen, die Richtlinienkompetenz, die Organisationsgewalt im Bereich der Regierung und die Möglichkeit, gemeinsam mit dem Bundesfinanzminister ein Vetorecht in Haushaltsfragen auszuüben.

Schon allein unter dem Gesichtspunkt der institutionellen Regelungen wäre im politischen System der Bundesrepublik eine starke politische Führung durch den Kanzler möglich. Hinzu kommen weitere, nicht formal festgelegte Führungsressourcen. Mit wenigen Ausnahmen hatten die bisherigen Bundeskanzler den Vorsitz der größten Regierungspartei inne, was ihnen weitere Einflussmöglichkeiten eröffnete. Das Ressortprinzip und das Kabinettsprinzip als weitere Säulen der Regierungsarbeit verleihen auch den Bundesministern politischen Einfluss und begrenzen jenen des Kanzlers, zumal diese institutionelle Ressource in vielen Fällen durch die Position der Minister im innerparteilichen Machtgefüge abgestützt ist.

Die stabilen Strukturen des deutschen Parteiensystems bilden eine verlässliche Grundlage für eine kontinuierliche Regierungsarbeit. Nur ausnahmsweise wurde ein Kanzler während der laufenden Wahlperiode ausgetauscht, Koalitionswechsel waren ebenso selten. Hinzu kommt ein ausgesprochen diszipliniertes und einheitliches Verhalten der Parlamentsfraktionen im parlamentarischen Entscheidungsprozess. Der unter den Bedingungen des Parteienstaates entstandene „Neue Dualismus" von Regierung und Regierungsmehrheit auf der einen und parlamentarischer Opposition auf der anderen Seite sorgt in der Bundesrepublik dafür, dass die Regierung ihre wichtigsten politischen Ziele im parlamentarischen Gesetzgebungsprozess durchsetzen kann. Anders als es die klassische Gewaltenteilungsdoktrin vorsieht, tritt der Bundestag der Bundesregierung nicht als Einheit gegenüber, vielmehr unterstützt die Parlamentsmehrheit die Regierung, die aus ihr hervorgegangen ist und mit der sie in einer parteipolitischen Interessenidentität steht.[11] Die Opposition hat nur dann eine Möglichkeit, die Verwirklichung der Regierungspolitik zu verhindern, wenn sie über die Mehrheit im Bundesrat verfügt oder mit Erfolg das Bundesverfassungsgericht anruft.

Im politischen System der Bundesrepublik wirkt die Regierung als Steuerungszentrum, indem sie Problemlösungen konzipiert, den größten Teil der Gesetzesinitiativen ins Parlament einbringt und diese im Verbund mit den Spitzenpolitikern und Fachleuten der Regierungsfraktionen im parlamentarischen Entscheidungsprozess durchsetzt. Die für den „Neuen Dualismus" typische Parteidisziplin garantiert stabile Regierungsmehrheiten und verschafft der Regierung im Prinzip den Spielraum, den sie für eine effektive politische Führung benötigt. Es gibt Abweichungen von diesem Muster, aber sie treten nur selten auf. Der viel gescholtene „Parteienstaat" erfüllt insofern eine wichtige Funktion für die Organisation und Funktionsweise politischer Führung in Deutsch-

11 Steffani, Winfried/Gabriel, Jens-Peter: Regierungsmehrheit und Opposition in den Staaten der EG, Opladen 1991.

land. Parteien bündeln Interessen, beschaffen Unterstützung für die Arbeit der Regierungsmehrheit und der Opposition und stellen die zu diesen Zwecken erforderliche organisatorische Infrastruktur auf der lokalen und regionalen Ebene bereit. Auf Grund des Zusammenspiels aller dieser Faktoren wurde das Führungssystem der Bundesrepublik gelegentlich als „hyperstabil“ charakterisiert.

Schließlich gehören Wissen und Expertise in den modernen Gesellschaften zu den wichtigen Ressourcen effektiven Regierens. Auch in dieser Hinsicht bestehen in der Bundesrepublik günstige Voraussetzungen für eine effektive und responsive Erfüllung von Führungsfunktionen. Im Regierungsapparat, bestehend aus den Bürokratien und Planungsstäben des Kanzleramtes und der Fachressorts, ist eine beachtliche Expertise versammelt. Sie verfügt über das Potential, Probleme zu erkennen sowie Problemlösungen als Basis für die Führungstätigkeit der Regierung und gesetzgeberische Aktivitäten des Parlaments zu entwickeln. Das Bundeskanzleramt wurde in den Gründungsjahren der Bundesrepublik als Führungszentrale konzipiert, die es dem Regierungschef ermöglichen sollte, seine Richtlinienkompetenz effektiv wahrzunehmen. Diese Funktion hat es, ungeachtet unterschiedlicher Organisations- und Führungsphilosophien der Regierungschefs und der Leiter des Kanzleramtes, bisher stets erfüllt. Das damit verbundene Risiko, dass nicht die Politik die Bürokratie steuert, sondern dass die Rollen sich auf Grund der im Vergleich mit der Regierung größeren Kontinuität der Bürokratie umkehren, wird in Deutschland nicht als besonders groß betrachtet. Dem wirken die langen Amtszeiten der bisherigen Regierungen ebenso entgegen wie das Amtsethos der Mitglieder der Ministerialbürokratie. In welchem Maße die Bundeskanzler die bestehenden Möglichkeiten nutzten, steht dagegen auf einem anderen Blatt.

Als Führungsressourcen fungieren schließlich die in den letzten Jahrzehnten kontinuierlich ausgebauten und professionalisierten parlamentarischen Dienste, nicht zuletzt die Fraktionsstäbe sowie die Parteizentralen. Unter den Bedingungen des „Neuen Dualismus“ sind sie für die Entwicklung politischer Handlungsstrategien durch die Oppositionsparteien unverzichtbar, insbesondere für die Beschaffung zusätzlicher Expertise und die Mobilisierung von Unterstützung. Ihre Funktion für die Regierungsparteien besteht nicht zuletzt darin, die Problemsicht der Ministerialbürokratie zu komplettieren und zu korrigieren. Für die Oppositionsparteien erfüllen sie – gemeinsam mit den Bürokratien der oppositionsregierten Länder – die Aufgabe der Planung und Vorbereitung parlamentarischer Aktivitäten.

Expertise als Führungsgrundlage beschaffen sich die Regierung und die Parlamentsfraktionen durch die Einbeziehung externen Sachverstandes in Form von Kommissionen oder Beratergremien. Schließlich ist darauf zu verweisen, dass die Demoskopie der politischen Führung wichtige Dienste leisten kann, indem sie darüber informiert, welche Probleme der Bevölkerung als besonders lösungsbedürftig erscheinen, welche Problemlösungsalternativen sie favorisiert, in welchen Bereichen bei der Durchsetzung politischer Programme mit Akzeptanzproblemen zu rechnen ist bzw. welche politischen Fragen besonders konfliktbehaftet sind. Insbesondere unter dem Gesichtspunkt der politischen Responsivität hat sich die Demoskopie zu einem wichtigen Führungsinstrument entwickelt, erlaubt sie doch prinzipiell eine dauernde Rückkopplung der Regierungspolitik an den Willen der Bevölkerung.

Eine weitere Führungsressource ist kultureller Art. Dabei handelt es sich um die Einstellungen der Bevölkerung zum politischen System und zur politischen Führung. Nur im Falle eines Basisvertrauens der Bevölkerung zur Demokratie, ihren Institutionen und Akteuren verfügt die politische Führung über den Handlungsspielraum, den sie für eine effektive politische Arbeit benötigt. Sie ist nur dann dazu in der Lage, unpopuläre Maßnahmen durchzusetzen, wenn in der Bevölkerung die Vorstellung vorherrscht, dass die in der Gesellschaft auftretenden Interessendivergenzen nicht immer zu Gunsten einer Gruppe und zu Ungunsten anderer ausgeräumt werden. Effektive und glaubwürdige Führung setzt Vertrauen in die Prozeduren voraus, die zu politischen Entscheidungen führen, und ist auf Vertrauen zu den Institutionen angewiesen, die politische Entscheidungen vorbereiten, fällen und durchsetzen.[12]

Die Unterstützung der Demokratie als Ordnungsmodell ist in der Bundesrepublik seit langer Zeit hoch und stabil, die Zufriedenheit mit dem Funktionieren der Demokratie und das Vertrauen zu den Institutionen des Parteienstaates sind Schwankungen unterworfen, erreichen aber nur in wenigen Fällen – wie zurzeit – ein besorgniserregendes Ausmaß. In der Regel erwiesen sich Vertrauenskrisen als vorübergehende Erscheinungen, die durch den demokratischen Mechanismus des Regierungswechsels wieder rückgängig gemacht wurden. Über die Zeit betrachtet, waren politisches Vertrauen und politische Unterstützung als Bedingungen effektiver Führung zwar nicht immer in gleichem Umfange vorhanden, lagen aber meist auf einem im internationalen Vergleich hohen Niveau.[13] Doch selbst Schwankungen des politischen Vertrauens erfüllen in einer Demokratie eine positive Funktion: Sie fungieren als Frühwarnsignal bei akuten Führungsschwächen und signalisieren der politischen Führung die Notwendigkeit zu Kurskorrekturen, sei es im Bereich der symbolischen oder sei es im Bereich der materiellen Politik.

### *Grenzen politischer Führung*

Die bisherige Beschreibung der beachtlichen Handlungsressourcen, deren sich die politische Führung in Deutschland bedienen kann, um ihre planerischen und gestaltenden Aufgaben zu erfüllen, könnte Anlass zu der Annahme geben, dass die politischen Entscheidungsträger über die Spielräume verfügen, die sie zu einer aktiven Wahrnehmung ihrer Führungsrolle benötigen. Vor diesem Hintergrund betrachtet, erscheint der in der öffentlichen Debatte kritisierte „politische Stillstand“ in Deutschland und anderen Demokratien als ein erstaunlicher, erklärungsbedürftiger Tatbestand.

Eine Erklärung der Diskrepanz zwischen den für eine aktive politische Führung verfügbaren Handlungsressourcen auf der einen Seite und der verbreiteten Wahrnehmung eines politischen Stillstandes auf der anderen Seite, liegt im Unterschied zwischen den

12 Gamson, William A.: Power and Discontent, Homewood, Ill. Dorsey 1968.

13 Vgl. dazu etwa Gabriel, Oscar W.: Politische Einstellungen und politische Kultur, in: Ders./Brettschneider, Frank (Hrsg.): Die EU-Staaten im Vergleich. Strukturen, Prozesse, Politikinhalte, 2. Aufl., Opladen 1994, S. 96-133; Gabriel, Oscar W. u. a.: Sozialkapital und Demokratie, Wien 2001.

politischen Möglichkeiten und der realen politischen Praxis. Die *Möglichkeit* und die *Wirklichkeit* effektiver und responsiver Führung sind auf Grund zweier Sachverhalte voneinander zu trennen: den Willen und die Fähigkeit, die Möglichkeiten zu nutzen. Die Fähigkeit, die bestehenden Möglichkeiten in effektives und verantwortliches Führungshandeln umzusetzen, unterliegt persönlichkeitsbedingten, institutionellen und kulturellen Begrenzungen, von denen wir hier zunächst die beiden letzten behandeln wollen.

Der Begriff des Führens unterliegt in Deutschland starken historischen Belastungen, die mit der autoritären und totalitären Vergangenheit des Landes zu tun haben. Ein unbefangener Umgang mit dem Begriff „strong leadership", wie er in den USA üblich ist, ist in Deutschland nur schwer vorstellbar. Selbst wenn in der Öffentlichkeit der Wunsch nach einer starken Führung besteht, wird er doch stets durch die gegenläufige Befürchtung eines Machtmissbrauchs durch die politischen Führungsgruppen austariert. Zu diesen historisch bedingten kulturellen Grenzen starker Führung kommen weitere hinzu, die sich aus den Besonderheiten demokratischer Politik ergeben. In der Demokratie steht die politische Führung systembedingt unter dem Imperativ, die Zustimmung der Bevölkerung zu ihrer Politik zu beschaffen oder zumindest Folgebereitschaft sicher zu stellen. Selbst wenn man die Ansprüche reduziert, bleibt das Erfordernis der Mehrheitsbeschaffung, denn Politik, die ständig den Interessen der Bevölkerungsmehrheit zuwiderläuft, ist auf Dauer nicht durchsetzbar.

Die Postulate der Konsensbildung und Mehrheitsbeschaffung sind nicht einfach zu realisieren. Selbst wenn man unterstellt, dass der Informationsaustausch zwischen Regierenden und Regierten in der Mediengesellschaft und auf Grund der hoch professionalisierten und als Entscheidungshilfe stark institutionalisierten Demoskopie einfacher erscheint als in der Vergangenheit, sind diese veränderten Bedingungen des Informationsaustausches demokratiepolitisch ambivalent. Demoskopie informiert die Führung über die Vorstellungen der Bevölkerung, aber was bezeichnen wir als „Vorstellungen der Bevölkerung"? In der Regel vermitteln Umfragedaten keine homogenen Präferenzen der Bevölkerung, sondern sie spiegeln vielfach den auch in den Aktivitäten von Interessenverbänden erkennbaren Interessen- und Wertepluralismus moderner Gesellschaften wider. Wenn Umfragen also keinen „Consensus Omnium" signalisieren, unter welchen Voraussetzungen können ihre Resultate den Regierenden ein Bild davon vermitteln, was die Bürger wünschen? Das Mehrheitskriterium hilft nur bedingt weiter, denn bei einer durch Umfragen erhobenen Zustimmungsquote von 50 Prozent plus x, stimmen eben 50 Prozent minus x der betreffenden Politik nicht zu. Für die Beantwortung der Frage, wann ein Mehrheitsvotum quasi bindende Funktionen erfüllt, gibt es keine brauchbaren Anhaltspunkte, zumal man die Breite von Zustimmung nicht mit Intensität gleichsetzen darf.

Die Ergebnisse der Umfrageforschung eignen sich prinzipiell dazu, das Prinzip verantwortlicher Führung zu fördern, dies gilt aber nicht zwangsläufig. Zudem kann Responsivität gegenüber der Bevölkerung politische Führung untergraben, nämlich dann, wenn die Einstellungen der Bevölkerung als Begründung dafür dienen, auf die Durchsetzung unpopulärer Maßnahmen zu verzichten. Die politische Führung steht demnach vor der Notwendigkeit, einen demokratiepolitisch angemessenen Handlungsstil zu finden, der sich zwischen den Extremen des „instructed delegate“ und des „trustee“ im Sinne Edmund Burkes bewegt. Dies ist eine schwierige Aufgabe, besonders wenn man das mögliche Gegenüber schwach engagierter Mehrheiten und passionierter Minderheiten im Blick hat.

Selbst wenn Politik führen und die Bevölkerung von der Richtigkeit ihres Kurses überzeugen möchte, ist ihr dies aus strukturellen Gründen kaum möglich: Politikvermittlung, das heißt die Erklärung von Zielen, Programmen und Maßnahmen durch die politische Führung, findet nur ausnahmsweise als unmittelbarer Austausch zwischen den Regierenden und den Regierten statt. Dieser Prozess ist auf die Vermittlungsleistung der Massenmedien angewiesen. In einer freiheitlichen Gesellschaft ist die Regierung nicht dazu legitimiert, in die Medienberichterstattung einzugreifen oder diese zu steuern. Damit verliert sie die Kontrolle darüber, wie das Publikum ihre Politik wahrnimmt. Der Umstand, dass die Massenmedien Einfluss auf die Wahrnehmung der Regierungspolitik ausüben, ist unumstritten, Kontroversen existieren allenfalls über die Dimensionen, Intensitäten und Formen der Wirkung.[14]

Vertrauen und Unterstützung wurden zuvor als eine mögliche Handlungsressource der politischen Führung bezeichnet. Dementsprechend untergraben Vertrauenslücken und -krisen die Führungsfähigkeit der Politik. Auch wenn gilt, dass die Demokratie als Ordnungsprinzip in Deutschland unangefochten akzeptiert ist und dass die politischen Institutionen im Regelfalle über einen hohen Vertrauenskredit in der Bevölkerung verfügen, dominiert in einigen Bereichen des Verhältnisses der Bürger zur Politik Misstrauen: Die politischen Parteien rangieren in sämtlichen Umfragen über das politische Vertrauen in den unteren Regionen, ihnen bringt die Bevölkerung deutlich mehr Skepsis als Vertrauen entgegen. Politiker stoßen in der deutschen Öffentlichkeit ebenfalls auf große Vorbehalte. Dies gilt vor allem für ihre Glaubwürdigkeit, Vertrauenswürdigkeit und Responsivität, weniger für ihre Kompetenz (vgl. den Beitrag von Walter-Rogg in diesem Band). Wenn zwischen den Institutionen und ihren Repräsentanten eine große Vertrauenslücke klafft und wenn Vertrauen darin besteht, Akteuren eine Handlungsvollmacht für die Zukunft zu übertragen, dann erschweren die negativen Einstellungen zu den Politikern eine wirksame politische Führung, an ihre Responsivität glaubt ohnehin nur eine kleine Minderheit.

Die institutionellen Grenzen politischer Führung ergeben sich aus der liberalen politischen Philosophie, die Staatsmacht zu begrenzen, um die Rechte des Individuums zu schützen. Diese Begrenzungen, die den Handlungsspielraum der politischen Führung einschränken, sind formaler, funktionaler und zeitlicher Art. In formaler Hinsicht binden sie das Handeln der politischen Führung an rechtliche Regeln, in funktionaler Hinsicht nehmen sie eine Aufteilung der staatlichen Aufgaben auf verschiedene Träger vor und in zeitlicher Hinsicht befristen sie den Herrschaftsauftrag.

Ungeachtet der Ergänzung der liberalen Komponente moderner politischer Systeme um wohlfahrtsstaatliche Elemente, aus denen sich die bereits beschriebene Ausweitung

14 Zaller, John: The nature and origins of mass opinion, Cambridge 1992.

des Handlungsspielraums der politischen Führung ergab, und ungeachtet der Ersetzung des klassischen Gewaltenteilungsmodells durch den „Neuen Dualismus" blieben einige aus dem liberalen Staatsverständnis resultierende institutionelle Grenzen politischer Führung erhalten. Hierzu gehören insbesondere die rechtsstaatlichen Begrenzungen des Führungshandelns, die sich nicht zuletzt aus der starken Stellung des Bundesverfassungsgerichts und aus dem gut ausgebauten System der Verwaltungsgerichtsbarkeit ergeben. Auch in der Bindung der Ausgabepolitik an die Haushaltsgesetze und -pläne findet das Prinzip einer rechtlich klar geregelten Politikgestaltung seinen Ausdruck.

Hinzu kommen die Restriktionen durch die zeitliche Begrenzung des Regierungsmandates. Die vierjährige Legislaturperiode des Bundestages prägt die Wahrnehmungshorizonte und Prioritätensetzungen der Abgeordneten zu Gunsten kurz- oder bestenfalls mittelfristig lösbarer politischer Probleme, langfristige politische Überlegungen sind in diese Wahrnehmungsstrukturen nur schwer integrierbar. Verstärkt wird dieser Effekt durch die Funktion von Landtagswahlen als Pseudo-Bundestagswahlen. Dies erschwert es den politischen Parteien auch in der Mitte der Legislaturperiode des Bundestages, unpopuläre Maßnahmen zu initiieren oder sie durchzuführen.

Weitere Grenzen effektiver Führung ergeben sich aus dem in der Bundesrepublik Deutschland implementierten Typ eines demokratischen Regimes. Nach Lijphart[15] gehört Deutschland zu jenen Demokratien, die mehrheitsdemokratische und konsensdemokratische Prinzipien miteinander kombinieren. Erstere ermöglichen eine starke und effektive Führung und sind in den beschriebenen Strukturen des Parteienstaates und des „Neuen Dualismus" angelegt, letztere dagegen streben eine breite Machtstreuung an. Die damit verbundene Institutionalisierung zahlreicher Vetopunkte im politischen Entscheidungssystem unterwirft das Handeln der politischen Führung der Notwendigkeit der Konsensbildung und dem Bemühen um Kompromisse zwischen allen Beteiligten. Dies fördert politische Responsivität gegenüber vielen Akteuren, erschwert jedoch die lupenreine Durchsetzung der von der politischen Führung konzipierten Ziele und Maßnahmen. In vielen Fällen führt die Regierung nicht, sondern sie realisiert lediglich das, was sie im Rahmen einer pluralistischen Demokratie für durchsetzbar hält. Auf die Strukturbrüche im politischen System der Bundesrepublik und die damit verbundenen Probleme einer effektiven Politikgestaltung hatte Gerhard Lehmbruch bereits in seiner erstmals im Jahr 1976 publizierten Schrift „Parteienwettbewerb im Bundesstaat" aufmerksam gemacht. Bis heute hat sich diese Konstellation nicht grundlegend geändert.[16]

Einige der für die deutsche Demokratie typischen Grenzen einer starken politischen Führung wurden bereits genannt: Die Rolle der Massenmedien, die starke Position des Bundesverfassungsgerichtes und das Prinzip der kameralistischen Haushaltspolitik. Weitere kommen hinzu. So hat die zunehmende Entwicklung der kooperativen Strukturen im deutschen Föderalismus die in Bundesstaaten ohnehin bestehenden Konsenszwänge bis hin zur Blockade politischer Entscheidungen verstärkt. Restriktionen für die

15 Lijphart, Arend: Democracies, New Haven 1984. Siehe auch Ders.: Patterns of democracy, New Haven 1999.
16 Lehmbruch, Gerhard: Parteienwettbewerb im Bundesstaat, 2. Aufl., Opladen 1998.

Wahrnehmung der Führungsrolle durch den Kanzler ergeben sich aus der für die Bundesrepublik typischen Notwendigkeit zur Bildung von Koalitionsregierungen. Im politisch-administrativen Entscheidungsapparat ist die Beharrungskraft von Bürokratien immer dann in Rechnung zu stellen, wenn politische Führung innovativ sein und den politischen Status Quo in Frage stellen will. Eine Tendenz, Problemlösungen auf dem kleinsten gemeinsamen Nenner zu suchen, geht auch vom Verbändepluralismus und den mit ihm verbundenen korporatistischen Strukturen im Entscheidungssystem der Bundesrepublik aus.

Alle diese Strukturen erschweren es den politischen Entscheidungsträgern schon unter günstigen Voraussetzungen, ihre Führungsrolle effektiv zu spielen. Unter den Bedingungen einer wirtschaftlichen Dauerkrise und einer horrenden Staatsverschuldung, unter denen eine starke Führung besonders notwendig wäre, wird sie gerade durch den Umstand erschwert, dass die Möglichkeit, unpopuläre Maßnahmen durch eine großzügige Verteilungspolitik zu kompensieren, faktisch nicht mehr zu Verfügung steht oder dass sie, wenn sie praktiziert wird, die Probleme verschärft.

Die Frage: „Kann die Politik führen?“ lässt sich somit nicht so einfach beantworten wie die Frage „Soll Politik führen?“. Das Sollen ergibt sich aus der Funktion der Politik in der gesellschaftlichen Arbeitsteilung, das Können aus einem ständigen Streben nach einem Ausgleich zwischen mächtigen Handlungsressourcen und eng gezogenen Handlungsgrenzen. Die Möglichkeit, diesen Ausgleich zustande zu bringen, hängt von den bestehenden ökonomischen und kulturellen Rahmenbedingungen ab, aber auch vom Führungswillen der Politiker. Dieser nämlich ist notwendig, um Handlungsressourcen zu nutzen und Handlungsgrenzen auszuweiten. Deshalb soll im letzten Abschnitt an ausgewählten Beispielen gezeigt werden, dass Politik nicht nur führen soll, sondern auch führen kann, wenn sie es will.

## Will Politik führen? – Vermögen und Unvermögen der politischen Eliten

Erfolgreiche politische Führung besteht darin, in der Gesellschaft vorhandene Probleme zu erkennen, die Lösung dieser Probleme als politische Aufgabe zu formulieren, die zur Erfüllung dieser Aufgabe erforderliche(n) Entscheidung(en) zu treffen und diese durchzusetzen. Im Verhältnis zwischen Regierenden und Regierten stellt sich diese Aufgabe in zwei Varianten dar: Das zu lösende Problem ist der Bevölkerung nicht bewusst oder es bestehen nur diffuse Vorstellungen. In diesem Falle steht die Politik vor der Aufgabe, Problembewusstsein zu schaffen oder diffuse Problemsichten zu lösbaren Aufgaben zu machen. Im zweiten Falle divergieren die Problemsichten und Lösungsvorstellungen der Regierenden und der Regierten. Führung besteht nunmehr darin, eine von den Regierenden als notwendig eingeschätzte Politik auch gegen Widerstand durchzusetzen. Die Opposition der Bevölkerung gegen politische Vorhaben oder Maßnahmen lässt sich allerdings abbauen bzw. sie entsteht erst gar nicht, wenn Entscheidungen nicht einfach gefällt, sondern argumentativ vorbereitet und begründet werden.

Beispiele einer erfolgreichen politischen Führung gibt es in der Geschichte der Bundesrepublik hinlänglich viele, und sie fallen in die Amtszeit mehrerer Bundeskanzler. Die Einführung der „Sozialen Marktwirtschaft" sowie die „Westintegration" und „Wiederbewaffnung" der Bundesrepublik waren in den 1950er Jahren politisch hochgradig umstrittene Themen. Bei den parlamentarischen Weichenstellungen durch die Regierung Adenauer in der ersten Wahlperiode war keineswegs eindeutig vorhersehbar, ob sich die eingeschlagene Politik bei den folgenden Bundestagswahlen auszahlen würde. Dies galt umso mehr, als sich die SPD als weitaus größte Oppositionspartei zum Sprachrohr des Protestes gegen die Regierungspolitik machte – wie es im übrigen die Aufgabe der Opposition ist. Der hohe Wahlsieg der Union bei den Bundestagswahlen 1953 und 1957, aber auch bereits zuvor erhobene Umfragedaten machten jedoch deutlich, dass der von der politischen Führung eingeschlagene Kurs zumindest nachträglich die Billigung der Mehrheit der Wähler fand, und dies ist in einer Demokratie ein entscheidendes Kriterium erfolgreicher Politik.

Ein zweites Beispiel erfolgreicher politischer Führung stammt aus der Amtsperiode der „Großen Koalition" (1966 bis 1969), als es darum ging, die Verabschiedung der Notstandsgesetze gegen den heftigen Widerstand großer und aktionsbereiter Teile der Öffentlichkeit, gegen die Massenmedien und selbst gegen Teile der mitregierenden SPD durchzusetzen. Die Kritik an der Regierungspolitik blieb noch lange Zeit nach der Verabschiedung der Gesetze virulent, verflüchtigte sich aber in den folgenden Jahren zusehends.

Politisch hochgradig kontrovers waren des weiteren die Ost- und Reformpolitik der Regierung Brandt, die Durchsetzung des NATO-Nachrüstungsbeschlusses, der von der Regierung Schmidt auf die Agenda gebracht und durch die Regierung Kohl implementiert worden war, und die Genehmigung des Baus von Kernkraftwerken. In allen diesen Fällen signalisierten Umfragen große Vorbehalte gegen die Regierungspolitik, bis hin zu einer mehrheitlichen Ablehnung. Gleichwohl setzten die jeweiligen Regierungen ihre Vorhaben gegen innerparlamentarische und außerparlamentarische Opposition durch.

In einer detaillierten Untersuchung der Beziehung zwischen parlamentarischem Handeln und den politischen Präferenzen der Bevölkerung in den Jahren 1949 und 1990 lieferte Brettschneider zahlreiche empirische Belege für responsives Verhalten der politischen Führung, aber auch für eine Wahrnehmung von Führungsaufgaben im Sinne der Durchsetzung einer für richtig befundenen Politik gegen Widerstände.[17] Es scheint tatsächlich zahlreiche und keineswegs triviale Fälle zu geben, in denen die Politik ihre Führungsaufgabe erfüllt – was in der Regel einen entsprechenden politischen Willen voraussetzt. Wenn sich in der Bundesrepublik seit mehreren Jahren der Eindruck eines „politischen Stillstandes" verdichtet, dann liegt es wohl nicht allein an der negativen Entwicklung der politischen Rahmenbedingungen, sondern auch daran, dass die Politik ihre Führungsaufgabe nicht mit hinlänglichem Nachdruck wahrnimmt und insbesondere ihre kommu-

17 Brettschneider, Frank: Öffentliche Meinung und Politik. Eine empirische Studie zur Responsivität des Deutschen Bundestages, Opladen/Wiesbaden 1995; vgl. dort besonders S. 184 ff.

nikativen Aufgaben nicht angemessen erfüllt. Dies spiegelt sich auch in der Wahrnehmung der Öffentlichkeit wider, in der die Vorstellung vorherrscht, in der Bundesrepublik befänden sich nicht die richtigen Leute in den führenden Positionen (vgl. Walter-Rogg in diesem Band). Die Frage, ob Politik wirklich führen will, lässt sich somit noch schwerer beantworten als die Frage, ob sie führen kann. Wie der Vergleich von Handlungsressourcen und Handlungsgrenzen zeigt, könnte sie führen, wenn sie wollte. Wie die Fallbeispiele zeigen, lässt sich das Vorhandensein von Führungswillen an den Ergebnissen erfolgreicher Führung auch empirisch belegen. Allerdings gibt es, insbesondere in den letzten zwanzig Jahren, zahlreiche Beispiele für einen Verzicht auf politische Führung.

## Zusammenfassung und Diskussion

Die Einschätzung, die Politik in der Bundesrepublik und in anderen demokratischen Staaten befände sich derzeit in einer Phase des Stillstandes, notwendige Innovationen blieben aus, und dies habe unter anderem mit einer Führungsschwäche der Inhaber politischer Entscheidungspositionen zu tun, ist derzeit in der Öffentlichkeit weit verbreitet.

Aus normativer Perspektive stellen sich die Führungsschwächen als Versagen vor der Aufgabe der Politik dar, für die gesamte Gesellschaft verbindliche Entscheidungen zu fällen und durchzusetzen. Zu diesem Zweck werden Herrschaftssysteme geschaffen. In der Alltagspolitik wird der durch die Herrschaftsordnung gesetzte institutionelle Rahmen durch politische Führung ausgefüllt. Diese soll drei Kriterien genügen: dem demokratischen Kriterium der Responsivität und den Leistungskriterien der Effektivität und Effizienz. Hinzu kommt die Notwendigkeit, auf veränderte Rahmenbedingungen zu reagieren bzw. durch eine innovative Politik Veränderungen herbeizuführen. Die Herstellung einer Balance zwischen diesen nicht immer miteinander vereinbaren Anforderungen ist schwierig, muss aber auf Dauer gelingen, wenn das politische System nicht seine Effektivität oder Legitimität oder beides verlieren will.

Dass politische Führung eine schwierige Aufgabe ist, dürften nur Wenige bestreiten. Es gibt eine ganze Reihe kultureller und struktureller Faktoren, die ihre Erfüllung erschweren. Allerdings sind die politischen Eliten nicht nur Gefangene politischer, ökonomischer und kultureller Zwänge. Sie verfügen in Deutschland über ein ganzes Arsenal an Möglichkeiten, ihre Aufgabe zu erfüllen. Zu den wichtigsten Handlungsressourcen gehört der in der Bevölkerung weit verbreitete Glaube, die Demokratie habe zwar ihre Schwächen, sie sei aber doch besser als jede andere Staatsform dazu geeignet, die bestehenden Probleme zu lösen.[18] Ob das Pendel zu Gunsten aktiver Führung oder zu Gunsten eines konzeptionslosen „Sich-Durchwurstelns" ausschlägt,[19] hängt nicht zuletzt von den Fähigkeiten und vom Willen der Regierenden ab, und im Nicht-Können oder im Nicht-Wollen scheint eine der Hauptursachen des Stillstandes in Deutschland zu liegen.

18 Rose, Richard/Mishler, William/Haerpfer, Christian W.: Democracy and its alternatives, Baltimore/Md. 1998.
19 Braybrooke, David/Lindblom, Charles E.: A strategy of decision, London 1953.

# Politik und Führung – Was erwarten die Bürger und was können Regierungen leisten?

*Wolfgang Schäuble*

## Das Dilemma der Demoskopie

Demoskopie ist ein schwieriges Geschäft, das sich der Aufgabe widmet, Stimmungen und Meinungen einzufangen, die sich zuweilen punktuell bilden, manchmal aber auch das Ergebnis eines langen Prozesses sind. Für auf Kontinuität zielendes politisches Handeln sind Umfragen der Meinungsforschungsinstitute wegen ihrer geringen Halbwertzeit oft ein zweifelhafter Segen. Für die Wahrnehmung politischer Führungsverantwortung mag das Erkennen von Stimmungen hilfreich sein; es birgt aber auch die Gefahr, Zukunftsperspektive zu verlieren, weil Meinungsumfragen in der Regel nur rückwärts gewandte Status-quo-Betrachtungen sind. Politische Führung muss Zustimmung zu Konzeptionen und Lösungen zu erringen suchen und kann sich eben nicht auf die Umsetzung bereits vorhandener Meinungsbefunde beschränken. Um aber zu klären, was von politischer Führung erwartet wird und was Regierungen leisten können, möchte ich gleichwohl mit der aktuellen Umfrage des Allensbach Instituts zum Prestige von Berufen beginnen.[1]

Wie in jedem Jahr belegen Ärzte mit 72 % den ersten Platz, 2003 immerhin mit leicht fallender Tendenz, was wohl ein Ergebnis der aktuellen Gesundheitsreformdebatte ist. Gefolgt werden sie von Pfarrern mit 39 % und Hochschulprofessoren mit 30 %. Am unteren Ende der Skala befinden sich die Politiker mit nur 8 %. Schlechter schneiden nur noch Gewerkschaftsführer und überraschenderweise jetzt Buchhändler ab. In dieser schlechten Bewertung der Politiker, die seit geraumer Zeit festzustellen ist, wird zugleich ein gewisses Paradoxon sichtbar: Auf der einen Seite haben Bürger wenig Vertrauen in die Politik und zu denjenigen, die Politik zu ihrer Aufgabe gemacht haben, und auf der anderen Seite werden die Erwartungen und Anforderungen an Politik immer größer: die Lösung nahezu jeden Problems wird letztlich von der Politik eingefordert. Als vor Jahren Touristen wegen des wirtschaftlichen Zusammenbruchs ihres Reiseveranstalters Schwierigkeiten bei der Heimreise hatten, hatte im Zweifel die Politik versagt. Der Hinweis, dass Staat und Politik im Sinne freiheitlicher Ordnungsvorstellungen nicht für die Lösung aller Probleme zuständig sein könnten und dürften, wird im Zweifel als Ausflucht unfähiger Politiker interpretiert.

Die Geringschätzung von Politik mag eine Ursache darin finden, dass nahezu jeder aus der Sicht seines Teilaspekts die Unvollkommenheit jeder Entscheidung empfinden muss. Andererseits wird sich kaum jemand der Mühe unterziehen, die sich aus der Knappheit aller ökonomischen und sonstigen Ressourcen und Parameter ergebenden Begrenzungen zu erfassen. Darin liegt eines der gefährlichsten Wirkungspotentiale

1 Vgl. dazu den Artikel „Ärzte weiterhin vorn", in: Die Allensbacher Berufsprestige-Skala 2003, Nr. 7/2003.

populistischer Politikansätze: die Verabsolutierung der Kritik an Entscheidungen und Konzepten unter je einem Gesichtspunkt ohne die Notwendigkeit, eine insgesamt realisierbare Alternative belegen zu müssen. Und das führt zu einem weiteren Widerspruch, der sich in jeder demoskopischen Untersuchung erschließt: die Forderung nach grundlegenden Reformen stößt regelmäßig auf die Zustimmung einer großen Mehrheit – aber jeder konkrete Reformvorschlag, gleichgültig ob von Regierung oder Opposition vorgelegt, stößt im Zweifel auf eine genauso große Ablehnung.

Dabei bleibt auch die Demokratie auf politische Führung angewiesen, die eine Richtung vorgibt, ohne gleich beim ersten Gegenwind von Interessengruppen den Kurs zu wechseln. Erliegt sie dieser Versuchung einmal, wird der Druck zu weiterem Nachgeben immer größer mit dem Ergebnis, dass das Gemeinwesen in einem politischen „Zick-Zack-Kurs“ schlingert und am Ende sich gar nicht von der Stelle bewegt.

## Reformen und demokratischer Wettbewerb

In unseren aktuellen Problemen von Arbeitsmarkt, Sozialsystemen und Staatshaushalten beispielsweise sind politische und wirtschaftliche Konzepte notwendig, die angesichts eingetretener Veränderungen und absehbarer Entwicklungen Richtung und Perspektive aufzeigen. Aber Reformen müssen im demokratischen Wettbewerb auch politisch durchsetzbar sein. Dazu müssen Politiker in der Lage sein, einer Mehrheit die Notwendigkeit von Reformen glaubhaft zu vermitteln, und sie müssen zugleich die politische Kraft besitzen, die anvisierten Reformkonzepte auch tatsächlich durchzusetzen. Und dazu bedarf es parlamentarischer Mehrheiten, die in Wahlen gewonnen werden und die im Alltag schwieriger Diskussions- und Abstimmungsprozesse immer wieder überzeugt und zusammengehalten werden müssen.

Aber politische Führung muss gerade in Zeiten beschleunigter Veränderungen auch Stabilität und Kontinuität sicherstellen in einer Gesellschaft, die mit stetigem und immer schnellerem Wandel konfrontiert ist, der viele Menschen zu überfordern scheint. Angesichts technologischer Entwicklungen und wissenschaftlichen Fortschritts, aber auch des Wandels in Kultur, Sozial- und Wirtschaftsstrukturen stellt sich zunehmend die Frage, ob die Beschleunigung des Evolutionstempos die Anpassungsfähigkeit von Mensch und Gesellschaft nicht überstrapazieren könnte. Auch die Zunahme populistischer Tendenzen in der Politik könnte eine Reaktion auf zu große Veränderungsgeschwindigkeit in gesellschaftlichen Prozessen sein. Deshalb muss politische Führung gerade in Zeiten rasanter Veränderungen auf Maß und Mitte statt auf Hektik und Stillstand setzen.

Das Dilemma zwischen sachlicher Notwendigkeit und politischer Mehrheitsfähigkeit stellt sich in unseren demokratischen Entscheidungsprozessen täglich. Die Klage ist wohlfeil, im Streben nach Mehrheiten sei die Politik geradezu zum Stillstand verurteilt. Wer anders als die Mehrheit sollte denn entscheiden? Zugegeben, die Demokratie mag im Sinne von Entscheidungsfindung nicht die effizienteste Staatsform sein. Aber die Zeiten, in denen politische Führung in Deutschland Entscheidungen leichter durchsetzen konnte, waren im Ergebnis nicht gerade unsere besten. Aufgabe der Demokratie ist eben nicht zuerst die Effizienz von Machtausübung, sondern eher umgekehrt die Legitimierung von Macht und ihre Begrenzung.

## Demokratie und Führung

Deshalb kann allerdings auch Demokratie nicht auf Führung verzichten, und diese Führung bedeutet, Mehrheiten für als richtig erkannte Konzeptionen zu gewinnen. Die Demoskopie vermag dabei, wie erwähnt, nur begrenzt zu helfen, weil ihre Befunde im Zweifel rückwärts blickende Status-Quo-Betrachtungen sind. Im Übrigen erfreuen sich in allen Meinungsumfragen Konsens und Geschlossenheit besonders hoher Zustimmung, was dem demokratischen Modell nur bedingt gerecht wird. Da es die absolute Wahrheit oder Richtigkeit in der pluralistisch verfassten politischen Ordnung nicht geben kann, wird durch den politischen Wettbewerb die mehrheitsfähige Lösung identifiziert. Die Chance, dass die Minderheit immer auch wieder zur Mehrheit werden kann, trägt zur Innovation bei. Der Wunsch nach Konsens zielt dagegen auf die Vorstellung von etwas allgemein verbindlich Richtigem, wird aber in der Konkretisierung im Zweifel nur zum kleinsten gemeinsamen Vielfachen, tendiert also eher zu Stillstand.

Die politischen Parteien kennen das Problem. Der Eindruck von Uneinigkeit führt unweigerlich zum Absturz in den Meinungsumfragen. Vor allem die großen Volksparteien müssen um ihrer Mehrheitsfähigkeit willen ein hinreichendes Maß an ausgleichender Vielfalt von Interessen und Meinungen zustande bringen. Für die Opposition stellt sich noch das zusätzliche Problem, dass die Zustimmung zu konkreten Reformvorhaben in aller Regel erst nach getroffenen Entscheidungen mit ihrer Verwirklichung und damit mit zeitlicher Verzögerung erfolgt. Was in der Wirtschaft als der „Break-Even-Point" bei Investitionsplanungen bezeichnet wird, ist in der politischen Debatte die abgeschlossene Entscheidung. Aber die kann die Opposition mangels Mehrheit nicht erreichen. Deshalb muss sie ihre Alternative eher grundsätzlich formulieren und die Festlegung auf zu viele konkrete Details möglichst vermeiden. Anderenfalls würde der politische Wettbewerb, in dem Regierung und Opposition jeweils spezifische Vorteile haben, nicht mehr funktionieren.

## Die Aufgabe von Politik

Aufgabe von Politik kann nicht sein, die Menschen glücklich zu machen. Jeder Versuch, den Himmel auf Erden politisch erzwingen zu wollen, scheiterte kläglich und endete blutig. Was Politik aber leisten kann und muss, ist die Vorgabe eines Rahmens für freiheitliche Entfaltung, friedliches Zusammenleben, und dazu gehört die Sicherung von Gerechtigkeit und Chancengleichheit. Politische Führung muss sich dabei bewusst bleiben, dass eine freiheitlich verfasste Gesellschaft nicht auf Knopfdruck reagiert, sich nicht kommandieren lässt. Politische Führung kann Einstellungen und Verhaltensweisen beeinflussen, durch Argumentation, konzeptionelle Klarheit, Vorbild und institutionelle

Regelungen. Aber die grundlegenden Wirkungen vollziehen sich in der Regel allenfalls indirekt und immer nur über die Menschen. Deshalb ist Nähe wichtig, Orientierung, Vertrautheit und Motivation. Die findet sich besser in kleinen Einheiten, in Städten und Kommunen, in Schulen und Vereinen und vor allem in der Familie. Um nachhaltigen Wandel zu erzielen, gilt es deshalb, diese kleinen Einheiten durch die Politik zu stärken und ihnen Kompetenzen und Mittel in die Hand zu geben, ihre Aufgaben und Probleme zu lösen. Vorrang der kleinen Einheit, Dezentralisierung hat sich in Wirtschaft, Gesellschaft und Politik als das effizientere Ordnungsprinzip erwiesen. Das entspricht dem Subsidiaritätsprinzip, wie es etwa von der Katholischen Soziallehre entwickelt wurde und wie es in der Sozialen Marktwirtschaft seinen Ausdruck gefunden hat. Gleichzeitig muss aber auch einem Übermaß an Individualisierung entgegengewirkt werden, damit die Gesellschaft nicht auseinander fällt. Ein gelingendes Verhältnis zwischen Individuum und Gemeinschaft ist Aufgabe jeder politischen Ordnung.

Veränderungen vollziehen sich unter Zustimmung leichter als unter Zwang, und Zustimmung wird gewonnen durch Autorität, die sich weniger auf Ämter und Titel, sondern eher auf Kompetenz und Vertrauen stützt. Das führt zur Notwendigkeit von Eliten, auf die zur Vermittlung von Werten, Ordnungsvorstellungen und Konzepten auch in der freiheitlich verfassten Gesellschaft nicht verzichtet werden kann.

Verlust von Autorität und geringere Funktionsfähigkeit von Eliten haben auch mit schwächer werdender Wertorientierung oder religiöser Bindung zu tun. Die Marx'sche Kritik, dass Religion „Opium für das Volk" sei, also zum Verharren in Unmündigkeit und Ungerechtigkeit beitrage, besagt im Umkehrschluss eben auch, dass ein Mangel an religiöser – oder kultureller – Bindung egalitäre Tendenzen fördern kann, die im Übermaß zur Perversion von Überregulierung, Ineffizienz und Stagnation führen.

Die Auswirkungen der medialen Entwicklung kommen hinzu. In der Flut von immer mehr Medien und Informationen setzt sich im Wettbewerb um das knappe Gut Aufmerksamkeit im Zweifel die skandalträchtigere Information durch. Scheinbare Nähe durch umfassende Information, auch mit bewegten Bildern in *real time,* und der daraus folgende Verlust an Distanz ist Autorität nicht förderlich, weil Autorität immer auch auf Diskretion und Distanz angewiesen bleibt. Grenzenlose Nähe fördert nicht notwendiger Weise gesellschaftliche Kohärenz, was auch mit dem Phänomen des Verschwindens von Scham und Tabus belegt werden kann. Außerdem fördert die medial vermittelte Nähe eine Zuschauerhaltung, die zum einen Passivität begünstigt und zum anderen Besserwisserei. Fußballbundestrainer haben es im Zweifel mit mindestens 25 Millionen „Experten" zu tun. Rollen, ob die eines Bundestrainers oder die eines Politikers, Richters oder Pfarrers erfordern ein gewisses Maß an Autorität, um verantwortungsvoll ausgeübt zu werden. Instinktiv möchten wir Kirchen, die unsere Sünden vergeben, Richter, die auch mal ein Auge zudrücken, Fußballtrainer, die ein freundschaftliches Verhältnis zu ihren Spielern entwickeln oder eben Politiker, die volksnah den Menschen die Wünsche von den Lippen ablesen. In aller Regel liegt eine solche, scheinbar „volksnahe" Ausübung von Führungsrollen aber allenfalls kurzfristig im Interesse der Allgemeinheit. Langfristig verlieren Kirchen, in denen alles akzeptiert wird, ihre Mitglieder. Trainer, die ihren Spielern zu stark entgegenkommen, werden ihre Mannschaft selten an der Spitze halten, und Politiker, die jedem Druck von Interessen wider besseres Wissen nachgeben, werden nicht lange Erfolg haben. Wer stets mit der Zeit geht, wird schnell „Witwer". Persönliche Glaubwürdigkeit als Grundlage von Autorität speist sich neben individuellen Qualitäten eben auch aus der Legitimation eines Amtes, die durch keine Berater, keine Lobbyisten und kein Fußballmagazin ersetzt werden kann.

Weil aber auch eine grundsätzlich egalitäre Gesellschaft ohne Idole nicht auskommen mag, fördert die mediale Wirklichkeit zusätzlich eine Art von Starkult, der heute allzu leicht mit Autorität verwechselt wird. Wenn man die Auflagenerfolge der Bücher von Dieter Bohlen oder Stefan Effenberg betrachtet, gewinnt man einen Eindruck davon, dass mediale Aufmerksamkeit nicht notwendigerweise zur Steigerung von Niveau und Substanz führen muss. Das Virus des „Effenberg-Effekts" lässt sich mittlerweile auch in Feuilletons großer Tageszeitungen entdecken: Je unsäglicher die Argumentation, desto größer die Provokation, und daraus folgt Beachtung und vielleicht auch Auflage.

## Wandel und Anpassungsfähigkeit

Der schnellere Wechsel von Themen und eine größer werdende Beliebigkeit gehen einher mit der Beschleunigung von Veränderungen und Entwicklungen in den unterschiedlichsten Bereichen: in der Arbeits- und Berufswelt bis zu den Sozialverhältnissen oder auch dem beschleunigten Verlust von Artenvielfalt oder Ressourcen in der Natur. Der Mensch zeichnet sich durch eine unglaubliche Anpassungsfähigkeit aus, was man individuell so sehr erfahren kann wie in der Evolution der Menschheitsgeschichte insgesamt.[2] Die Frage wird gleichwohl zunehmend gestellt, ob die Beschleunigung der Veränderungen in vielen Lebensbereichen diese Anpassungsfähigkeit nicht doch überfordert. Jedenfalls korreliert die bei der jüngeren Generation scheinbar vielfältig diagnostizierte Zurückhaltung gegenüber tradierten Wertvorstellungen und längerfristigen Bindungen mit der Tatsache, dass die Perspektiven der Lebens- und Berufsplanung für die Jüngeren am Ende ihrer Berufsausbildung sehr viel ungewisser sind, als dies noch vor einer Generation der Fall war. Auch das Phänomen der Spaß- oder Erlebnisgesellschaft hing mit dieser beschleunigten Entwicklung zusammen. Vieles ist in Zeiten der Globalisierung schnelllebig geworden, verbraucht sich entsprechend schnell und wird vom nächsten Trend abgelöst. Hier liegt die Gefahr von Verunsicherungen und Orientierungslosigkeit nahe, und dass junge Menschen dies auch tatsächlich so empfinden, kann man wiederum in vielen Untersuchungsbefunden entdecken, aus denen das Bedürfnis nach Autorität sich ebenso erschließt wie die Wertschätzung von Verlässlichkeit, Treue oder auch die Sehnsucht nach langfristig verlässlichen Bindungen. „Die neuen Werte: Ordnung, Höflichkeit, Disziplin, Familie", lautete ein Titel des *Spiegel*

2 Osterhammel, Jürgen/Peterson, Niels P.: Geschichte der Globalisierung. Dimensionen, Prozesse, Epochen, München 2003, S. 105-113.

im Juli 2003.[3] Und auch in der heute bereits wieder überholten Spaßgesellschaft drückt sich aus, wie schnell sich gesellschaftliche Trends verändern können und wie das Pendel auch wieder zurückschlägt. So wird von Politik eine konstruktive Veränderung der Gesellschaft genauso erwartet wie die Sicherstellung von Stabilität und Kontinuität.

Zu viel oder zu wenig Veränderung – damit wird das Dilemma politischer Führungsverantwortung beschrieben. Eine eigenartige Mischung aus Hektik und Stillstand prägt unsere öffentlichen Debatten: Auf der einen Seite immer schnellere und größere Veränderungen, und auf der anderen zunehmend die Verteidigung von Besitzständen. Um in diesem Dilemma immer noch politisch gestalten zu können, bedarf es des Maßhaltens und der Selbsterkenntnis, jener Grundvoraussetzungen menschlicher Existenz, die sich bereits als Handlungsanweisungen am Apollotempel zu Delphi finden: „Erkenne Dich selbst" und „Nichts im Übermaß".

Um Entscheidungen innerhalb dieser Grundparameter zu treffen, bedarf es eines angemessenen Verständnisses vom Menschen und menschlicher Gesellschaft. Der Mensch ist auf Bewegung angelegt. Stundenlang gehen oder laufen fällt uns leichter als stundenlang stillstehen, und wenn wir schon stillstehen müssen, dann geht das eher, wenn wir z. B. singen, wie man bei Chören beobachten kann, wo die Sänger das Stehen besser aushalten als trainierte Soldaten bei Militärparaden. Der dem Menschen inne wohnende Drang nach Bewegung und „Fort-Schritt" hängt meines Erachtens damit zusammen, dass Leben ein ständiger Prozess ist von Werden und Vergehen, vom Anfang bis zum Ende, und das schließt notwendig auch Grenzen ein. Genauso ist es mit der Evolution, in der Biologie so sehr wie in den gesellschaftlichen Prozessen und der Politik. Leben also als beständige Veränderung und Austausch. Das wiederum setzt Verschiedenheit voraus, fordert Regierungen und entsprechende Oppositionen. Nur zwischen unterschiedlichen Polen entsteht Spannung und Dynamik. Verschiedenheit, Unterschiedlichkeit ist also Voraussetzung für Bewegung, letzthin für Leben überhaupt. Immer leben wir in der Welt der Gegenwart, können der Moderne nicht ausweichen, aber das darf nicht Grund zur Resignation werden, sondern muss Pflicht zum Handeln, zur Menschlichkeit im umfassenden Sinne sein. Auch diese Erkenntnis ist alles andere als neu. Als Protestant verweise ich auf den Apfelbaum, den Martin Luther noch im Angesicht des unmittelbar bevorstehenden Weltuntergangs pflanzen wollte.

Eine Politik von lediglich opportunistischer Beweglichkeit und taktischen Positionswechseln zerstört zu viel persönliches Vertrauen, um noch im Sinne von nachhaltiger politischer Führung wirkungskräftig sein zu können. Das Ergebnis ist, dass sich am Ende gar nichts mehr bewegt.

Deshalb darf der politische Wettbewerb nicht auf den Erfolg bei der jeweils nächsten Wahl reduziert werden, sondern muss immer auch im Ringen um sachliche Konzeptionen und in der Verantwortung für das Ganze bestehen. Das gilt für die Regierung, und das gilt für die jeweilige parlamentarische Minderheit. Die Entscheidung, als Opposition eine Entwicklung zum Besseren nicht zu blockieren, sondern im Rahmen des Möglichen

3 Der Spiegel 28/2003.

zu unterstützen, halte ich grundsätzlich für richtig. Die vorrangige Verpflichtung auch in der Opposition muss der Allgemeinheit gelten. Dieses Gemeinwohl wird im politischen Wettbewerb zwischen Mehrheit und Minderheit identifiziert.[4] Dieses Prinzip erfordert den zurückhaltenden Gebrauch einer gegenüber dem Bundestag unterschiedlichen Mehrheit im Bundesrat. Solange die durch die Mehrheit der Wähler gewählte Regierung im Amt ist, muss sie zwar durch die Opposition unter dem Druck von Kritik und Alternative gehalten werden; an der Chance, erfolgreich für das Land zu wirken, darf sie indes letztlich nicht gehindert werden. Zwar ist für den Ausgang von Wahlen das Urteil über Erfolg oder Misserfolg der jeweiligen Regierung von vorrangiger Bedeutung; aber für die Wahlchancen der Opposition ist auch die Einschätzung von Kompetenz und Seriosität wichtig. Eine Opposition, die das Gemeinwohl gewissermaßen zur Geißel ihrer eigenen Wahlchancen nehmen wollte, würde so wenig Vertrauen schaffen.

## Freiheit und Engagement

Politik ist gut beraten, auf die Kräfte der Freiheit und bewegliche, innovative Menschen zu setzen, die durchaus bereit sind, sich für andere und die Gesellschaft als Ganzes einzusetzen und Maßhalten und Verzicht zu üben, wenn man ihnen genau sagt, warum und mit welchem Ziel. Es zeigt sich immer wieder, dass die Hilfs- wie die Leistungsbereitschaft in unserer Gesellschaft hoch geblieben ist, sobald sich Menschen konkret angesprochen fühlen. Bei der Flutkatastrophe im Sommer 2002 war die Welle der spontanen Hilfsbereitschaft genauso überwältigend wie die Wassermassen selbst, von den konkreten Hilfseinsätzen an den bedrohten Deichen und Dämmen bis zur Spendenbereitschaft der Bevölkerung insgesamt. Wer Zivildienstleistende in ihrem Einsatz etwa in der Alten- und Behindertenpflege beobachtet, kann ähnlich eindrucksvolle Erfahrungen machen, und wer als Behinderter im Alltag andere um konkrete Hilfe bittet, wird in aller Regel auch nicht enttäuscht werden. Die Soldaten der Bundeswehr werden bei ihren Einsätzen auf dem Balkan und in anderen Teilen der Welt für ihre Disziplin wie für ihre mitmenschliche Fürsorge allgemein gelobt.

Weil Leistungs- wie Hilfsbereitschaft in jedem Gemeinwesen vorhanden sind, muß Politik diese fördern und auf diese setzen, statt Innovation und Kreativität zu reglementieren und bürokratisch einzuengen. Zuerst und vor allem muss sie darauf achten, Raum dafür zu schaffen, indem sie die Kräfte nicht durch ein Übermaß an kollektiver Fürsorge und damit notwendig verbundener Regulierung zuschüttet. Hier schließt sich der Kreis zum anfangs erwähnten Subsidiaritätsprinzip als Leitfaden gelingenden politischen Handelns, welches Bürger zu Recht erwarten: Der Subsidiarität als Ordnungsprinzip liegt ein Grundverständnis zugrunde, dass auf individueller Freiheit und personaler Würde beruht. Und Subsidiarität bedeutet letztlich oder auch zuerst, sich über die

4 Messner, Johannes: Das Gemeinwohl. Idee, Wirklichkeit, Aufgaben, Osnabrück 1962, S. 92-99; Utz, Arthur F.: Das Mehrheitsprinzip und die Demokratie, in: Ders.: Ethik des Allgemeinwohls. Gesammelte Aufsätze 1983-1997, hrsg. von Wolfgang Ockenfels, Paderborn u. a. 1998, S. 574-87.

Begrenztheit politischer Gestaltungsmöglichkeiten Gewissheit zu verschaffen. Politik kann nicht alles, sondern sie muss sich darauf beschränken, einen Rahmen zu schaffen, in dem sich die Kräfte der Menschen entfalten können. Das ist das Gegenstück zum totalitären Staatsverständnis. Demokratische Politik ist oftmals mühsam und bleibt auf Bürger angewiesen, die sich für ihr Gemeinwesen engagieren, jenseits von scheinbar demographisch messbaren, politischen Stimmungen. Aber das Ergebnis lohnt die Mühe: Frieden und Freiheit, Gerechtigkeit und Chancengleichheit, Kontinuität und Zusammenhalt für eine Gesellschaft, die sich im zähen demokratischen Wettbewerb immer wieder neu auf einen gemeinsamen Weg verständigt.

# Eliten oder Nieten – Wie denken die Bürger über die (politischen) Führungsgruppen?

*Melanie Walter-Rogg*

## Einleitung

Das Vertrauen der Bürger in die Leistungseliten moderner Gesellschaften steht zu Beginn des 21. Jahrhunderts in der Bundesrepublik Deutschland auf einem harten Prüfstand. In politisch und wirtschaftlich schweren Zeiten, in denen politische Skandale an der Tagesordnung sind und sich Topmanager exorbitant hohe Gehälter bzw. Abfindungen genehmigen, sinkt das Vertrauen zu den Eliten zunehmend und damit die Bereitschaft, Eliten zu unterstützen. Auch die aktuelle Reformpolitik des Bundes stärkt mit ihrer Inkonsistenz bzw. mit nicht eingelösten Versprechungen kaum das Vertrauen in die Leistungsfähigkeit der Führungsgruppen.

Trotz dieser Vertrauenskrise sind Eliten für das Funktionieren demokratischer Regierungssysteme unverzichtbar. Für die klassischen Elitentheoretiker steht unumstößlich fest, dass „jedes Volk durch eine Elite regiert wird“[1] bzw. jede Gesellschaft eine „ruling class“[2] entwickelt. Auch moderne Theoretiker halten die Existenz von Eliten in komplexen Demokratien für notwendig, da den politischen und gesellschaftlichen Führungsgruppen in pluralistischen Systemen wichtige Funktionen zukommen. Zum einen betreiben sie *agenda setting*, d. h. sie formulieren lösungsbedürftige Themen und zum anderen treffen sie allgemein *verbindliche Entscheidungen*, die sie in ihrem Sinne zu beeinflussen versuchen.[3]

Die Notwendigkeit von Elitenbildung in einem politischen System ist somit unbestritten. Es bleibt die Frage, inwieweit die Bevölkerung eine positive Beziehung zu den Führungsgruppen entwickelt und welche Folgen sich aus einer negativen Einschätzung ergeben. In der Analyse der politischen Kultur werden die Unterstützung des politischen Systems und das Vertrauen in das Führungspersonal als wichtige Bedingungen für das Funktionieren einer Demokratie betrachtet. Die Vertreter dieses Ansatzes gehen davon aus, dass eine lang anhaltende Vertrauenskrise den Bestand der Demokratie gefährdet, weil Misstrauen zu Eliten auf lange Sicht zu Misstrauen gegenüber dem politischen System führen kann.[4] Gerade für die *politischen Eliten* ist ein Minimum an Vertrauen erforderlich, da sie im Gegensatz zu anderen gesellschaftlichen Führungsgruppen in ihr Amt gewählt werden müssen und dafür einen gewissen Vertrauensbonus von Seiten der Bürger benötigen (vgl. die Beiträge von Schäuble und Gabriel in diesem Band). Aus

1 Pareto, Vilfredo: The Mind and Society: A Treatise on General Sociology, New York 1935, S. 246.
2 Mosca, Gaetano: Die herrschende Klasse: Grundlagen der politischen Wissenschaft, Bern 1950, S. 50.
3 Vgl. dazu Dahl, Robert A.: Polyarchy, Participation and Opposition, New Haven 1971. Siehe auch Lijphart, Arend: Democracies. Patterns of Majoritarian and Consensus Government in Twenty-One Countries, New Haven 1984.
4 Vgl. dazu Easton, David: A System Analysis of Political Life, New York u. a. 1979. Ebenso etwa auch Craig, Stephen C.: The Malevolent Leaders – Popular Discontent in America, Boulder u. a. 1993.

diesem Grunde wird dieser Teil der Eliten bzw. die Einstellungen der Bürger gegenüber der politischen Elite in diesem Beitrag genauer analysiert.

Dabei sind zwei Aspekte von Interesse: Zum einen geht es um die Frage, ob politisches Vertrauen oder Misstrauen in allen Bevölkerungsgruppen ähnlich ausgeprägt ist bzw. welche Merkmale und Orientierungen diejenigen Bürger aufweisen, die besonders unzufrieden mit den Politikern sind. Zum anderen ist der Sonderfall Ostdeutschland zu behandeln.

Hier ist zu vermuten, dass das Politikervertrauen eine noch größere Rolle spielt als im Westen. In einem Land ohne demokratische Tradition und mit einer relativ schwachen Systemperformanz dürfte eine positive Wahrnehmung der politischen Repräsentanten wichtiger für die Unterstützung des politischen Systems sein als in einem Land mit einer relativ gefestigten demokratischen Tradition und zufriedenstellender Systemperformanz.[5]

Im Osten Deutschlands ist die Systemkonsolidierung bis heute nicht abgeschlossen, so dass der Bewertung der Politiker in den neuen Bundesländern möglicherweise eine noch größere Bedeutung für den Bestand und die Funktionsfähigkeit der Demokratie zukommt als in den alten Bundesländern. Zudem ist denkbar, dass die Ostdeutschen aufgrund ihrer kurzen Erfahrung mit der Demokratie und ihrer besonderen Sozialisation in einem autoritären Regime andere Einstellungen gegenüber der politischen Elite aufweisen als die Westdeutschen, die seit 1949 in einer stabilen Demokratie leben. Auch die Erfahrungen der Ostdeutschen mit der friedlichen Revolution im Jahr 1989 und dem nahezu kompletten Austausch der ostdeutschen Eliten könnte Implikationen für das Politikervertrauen haben. Zum einen negativer Art, wenn diese Erlebnisse als schlecht bewertet wurden und deshalb heute ein stärkeres Mißtrauen gegenüber den Führungskräften vorliegt. Zum anderen positiver Art, wenn diese Erlebnisse positiv wahrgenommen wurden und die ostdeutschen Bürger deshalb den neuen, demokratisch legitimierten Eliten vertrauen.

## Politikervertrauen in der Eliten- und Demokratietheorie

Bislang liegt in der politikwissenschaftlichen Forschung keine Theorie des politischen Vertrauens vor, weshalb einige Überlegungen aus der Einstellungs- bzw. Elitenforschung übernommen und reflektiert werden. Nach Gabriel existieren drei unterschiedliche Sichtweisen des politischen Vertrauens in einer Demokratie.[6]

Das *Konzept der demokratischen Elitenherrschaft* fordert das Vorhandensein einer breiten Vertrauensbasis in der Bevölkerung, die wiederum die Voraussetzung für eine effektive Entscheidungsfindung und -implementation in einem politischen System bildet. Zudem verfügen Eliten über besondere Fähigkeiten und Qualifikationen, weshalb

5 Vgl. Klingemann, Hans-Dieter/Stöss, Richard/Weßels, Bernhard (Hrsg.): Politische Klasse und politische Institutionen, Opladen 1991.

6 Vgl. Gabriel, Oscar W.: Institutionenvertrauen im vereinigten Deutschland. In: Aus Politik und Zeitgeschichte, B 43 (1993), S. 3-12.

der Bürger darauf vertrauen kann, dass diese Führungsgruppen die richtigen Entscheidungen zum Wohl der Allgemeinheit treffen.[7] Die Argumentation der Kommunitaristen verläuft in eine ähnliche Richtung, sie basiert jedoch auf der Theorie des sozialen Kapitals. Dabei wird Vertrauen zunächst als soziales oder interpersonales Vertrauen definiert.[8] Da die Politiker aus der Mitte der Bevölkerung gewählt werden, ist wahrscheinlich, dass sie das Vertrauen zu den Mitmenschen auf die politische Ebene übertragen.[9]

Vertreter des *politischen Liberalismus* hingegen mahnen eine wachsame und kritische Kontrolle der politischen und gesellschaftlichen Eliten durch die Bevölkerung an, die durch institutionelle Restriktionen der Elitenherrschaft – wie z. B. die zeitliche Befristung des Herrschaftsmandates – ergänzt werden müsse. Aufgabe des demokratischen Staatsbürgers sei es, das Handeln der Herrschaftsträger aufmerksam zu verfolgen und sie einem ständigen Rechtfertigungsdruck auszusetzen.[10] In dieser Sichtweise gilt Misstrauen gegenüber der politischen Elite als Mittel zur Verhinderung oder Begrenzung des Machtmissbrauchs.

Die dritte Position sieht die Lösung im goldenen Mittelweg. Eine Mischung aus bürgerlicher Aktivität und Passivität sowie Vertrauen und Misstrauen zu einem bestimmten Zeitpunkt oder zu verschiedenen Zeitpunkten wird als wahrscheinlich und systemfunktional gesehen.[11] Nur so seien die in sich widersprüchlichen Anforderungen von politischer Effektivität und politischer Responsivität in einem politischen System zu bewältigen. Sieht es die Regierung als notwendig an, einschneidende Reformpolitiken durchzuführen, so werden bestimmte Bevölkerungsteile den Führungsgruppen weniger politische Unterstützung entgegenbringen als andere. Andererseits muss vor allem die politische Elite ihre Legitimität sichern und sich zu anderen Zeiten oder bei anderen Themen nach den Vorstellungen der Bürger richten, was wiederum abgeschwächtes oder verlorengegangenes Vertrauen generiert.

Doch wird das Wechselspiel gefährlich, wenn das Politikervertrauen über einen längeren Zeitraum sinkt bzw. das Misstrauen ein Ausmaß angenommen hat, das nicht mehr mit den Anforderungen eines demokratischen Systems übereinstimmt. Im Unterstützungskonzept von Easton (1979) werden die Orientierungen gegenüber der politischen Gemeinschaft und dem politischen Regime als maßgeblich für die Stabilität einer Demokratie betrachtet. Negative Einstellungen gegenüber dem *aktuellen Führungspersonal* werden hingegen nicht zwangsläufig als systemgefährdend eingeschätzt, da in der Demokratie der Austausch des politischen Führungspersonals, z. B. im Falle unzu-

7 Wright, James D.: The Dissent of The Governed: Alienation and Democracy in America, New York 1976.
8 Vgl. Putnam, Robert D.: Making Democracy Work. Civic Traditions in Modern Italy, Princeton, NJ. 1993.
9 Vgl. Gabriel, Oscar W./Kunz, Volker/Roßteutscher, Sigrid/van Deth, Jan: Sozialkapital und Demokratie. Zivilgesellschaftliche Ressourcen im Vergleich, Wien 2002.
10 Vgl. Parry, Geraint: Trust, Distrust and Concensus, in: British Journal of Political Science 6 (1976), S. 129-142; Döring, Herbert: Aspekte des Vertrauens in Institutionen: Westeuropa im Querschnitt der internationalen Wertestudie, in: Zeitschrift für Soziologie 19 (1981), S. 73-89.
11 Vgl. etwa Almond, Gabriel A./Verba, Sidney 1965: The Civic Culture. Political Attitudes and Democracy in Five Nations, Boston: Little, Brown and Company; ebenso Sniderman, Paul M.: A Question of Loyalty, Berkeley 1981.

länglicher Leistungen, einen normalen Sachverhalt darstellt.[12] Andererseits läßt sich in bestimmten Fällen aber auch ein „Spill over-Effekt" von einer negativen Bewertung der Leistung der Repräsentanten auf die Einstellungen zum Funktionieren der jeweiligen Institution bzw. zur Demokratie insgesamt belegen.[13]

In einer Analyse der Einstellungen gegenüber den politischen Herrschaftsträgern ist außerdem relevant, worauf Vertrauen bzw. Misstrauen beruht. Spielt vor allem die Wahrnehmung persönlicher Qualitäten der Politiker wie ihr sympathisches Auftreten eine Rolle für das Vertrauen zu ihnen oder bewerten die Bürger eher die spezifischen Leistungen, die das politische Führungspersonal erbringt oder existiert eine Mischung aus beiden Aspekten? Zur Beantwortung dieser Fragen dient im Folgenden eine dreidimensionale Elitentypologie, in der zwischen *Wert-, Macht- und Funktionseliten* unterschieden wird.[14]

Für die vorliegende Untersuchung stellt sich die Frage, ob auch die Bevölkerung eine solche Differenzierung in der Bewertung der Politiker vornimmt und, noch viel wichtiger, ob diese Bewertung positiv, negativ, ambivalent oder neutral ausfällt. Nach den Annahmen der Elitentheoretiker ist zu erwarten, dass die Sicht der politischen Führung als bloße Machtelite eine negative Einstellung zum Ausdruck bringt und die Einschätzung der Führungsgruppen als Wert- oder Funktionselite auf ein positives Verhältnis der Bevölkerung zu den Eliten hindeutet. In der Betrachtungsweise einer Wertelite haben Politiker „besondere soziale, sittliche, geistige oder politische Qualitäten", aufgrund derer sie für die Besetzung der wichtigsten gesellschaftlichen und politischen Ämter prädestiniert sind.[15] Einer solchen Elite vertrauen die Bürger, da ihre Mitglieder glaubwürdig sind und die Werte repräsentieren, die die Bürger für moralisch angemessen halten. Somit enthält die politische Legitimität der Herrschaftsträger zwei Bewertungsperspektiven. Zum einen *prüft* die Bevölkerung, ob das Politikerhandeln mit den eigenen moralischen Prinzipien übereinstimmt und zum anderen *vertraut* sie darauf, dass ihr Handeln auf moralischen Grundsätzen beruht.

Auch in der Sicht der Führung als Funktionselite sind theoretisch zwei Bedeutungen denkbar. Diese Orientierungsdimension bezieht sich auf die Leistungsfähigkeit der Führungskräfte im Hinblick auf die Entscheidung bzw. Umsetzung wichtiger politischer Themen. In dieser Perspektive werden die Mitglieder der politischen Elite als Rollenträger angesehen, die unabhängig von der Bewertung der moralischen Qualität ihre Aufgaben effektiv erfüllen. Dabei ist einmal die Frage der Performanz bzw. der Effektivität der Politikerleistungen relevant und zum anderen die Frage, inwieweit die Bevölkerung

12 Vgl. Easton, A System Analysis (wie Anm. 4).

13 Vgl. Gabriel, Oscar W.: Neue Köpfe – Bessere Stimmung? Die Bedeutung des Regierungswechsels 1998 für die politische Unterstützung in der Bundesrepublik, in: Klingemann, Hans-Dieter/Kaase, Max (Hrsg.): Wahlen und Wähler. Analysen aus Anlass der Bundestagswahl 1981, Opladen 1998, S. 163-203.

14 Vgl. etwa Schluchter, Wolfgang: Der Elitebegriff als soziologische Kategorie, in: Kölner Zeitschrift für Soziologie und Sozialpsychologie 15 (1963), S. 233-256. Siehe ebenso Boll, Bernhard: Politische Eliten, in: Gabriel, Oscar W./Holtmann, Everhard (Hrsg.): Handbuch Politisches System der Bundesrepublik Deutschland, München 1999, S. 597-615.

15 Lenk, Kurt: Eliten – Begriff oder Phänomen?, in: Aus Politik und Zeitgeschichte, B 42 (1982), S. 27-37, hier S. 30.

darauf *vertrauen* kann, dass sich die Politiker ihrer Probleme annehmen und sich ihren Wünschen gegenüber *responsiv* verhalten. Die Informationen der „Deutschen Wahlstudie 2002" lassen nur eine partielle Operationalisierung im Hinblick auf die politische Legitimität und politische Responsivität der Politiker zu. Dies bedeutet, dass im vorliegenden Beitrag diese beiden Begriffe enger gefasst werden als die theoretischen Überlegungen erwarten ließen.

Negative Orientierungen charakterisieren eine Sicht der Politiker als Teil einer Machtelite, die unabhängig von den Wählerinteressen agiert und Macht als Selbstzweck betrachtet. Zunächst werden im Konzept der demokratischen Elitenherrschaft die Begriffe „Entscheidungsgewalt" bzw. „Entscheidungsmacht" wertneutral gesehen. Die politische Elite benötigt für die Staatsführung und die Durchsetzung politischer Entscheidungen eine gewisse Handlungsautonomie, die für die Bevölkerung bzw. das Allgemeinwohl letztlich positiv ist. Nur für den Fall, dass diese Entscheidungsmacht nicht mit den normativen Postulaten der Legitimität und Responsivität verbunden ist, bekommt der Machtbegriff eine negative Bedeutung. Dann besteht diese politische Elite in der Wahrnehmung der Bevölkerung aus Machtmenschen, die ausschließlich in ihrem eigenen Interesse handeln.[16]

Nach diesen Annahmen gibt es somit drei idealtypische Elitenvorstellungen, die die Bevölkerung wahrnehmen und bewerten kann. Generell wird in der negativen Bewertung der politischen Responsivität weniger ein Problem gesehen als in der negativen Bewertung der politischen Legitimität. In einem politischen System müssen die Politiker häufig Entscheidungen treffen, die den Bürgern nicht gefallen, aber der Effizienz dienen. Damit in der Bevölkerung kein Unmut über unpopuläre Entscheidungen entsteht, ist jedoch die Legitimierung der politischen Klasse zwingend notwendig.[17] In der „Deutschen Wahlstudie 2002" eignen sich vier Indikatoren zur Analyse der Politikerbeurteilungen, die jeweils den beiden Orientierungsdimensionen zugeordnet werden können (vgl. Abbildung 1). Generalisiertes Vertrauen liegt somit vor, wenn die Bürger den Politikern hinsichtlich ihrer Legitimität und Responsivität vertrauen. Wird allein die politische Legitimität positiv gesehen, so nimmt die Bevölkerung die Führungsgruppen als Wertelite wahr. Beziehen sich die positiven Aussagen lediglich auf die Responsivitätsdimension, so werden die Führungskräfte als Funktionselite gesehen. Mangelndes Vertrauen hinsichtlich beider Einstellungsdimensionen impliziert die Wahrnehmung der Politiker als Machtelite.

16 So etwa Walter, Melanie: Die deutschen Politiker in der Sicht der Bevölkerung – Wert-, Macht- oder Funktionselite?, in: Falter, Jürgen W./Gabriel, Oscar W./Rattinger, Hans (Hrsg.): Wirklich ein Volk? Die politischen Orientierungen von Ost- und Westdeutschen im Vergleich, Opladen 2000, S. 275-317.

17 Vgl. Easton, David: A Re-Assessment of the Concept of Political Support, in: British Journal of Political Science 5 (1975), S. 435-457.

*Abbildung 1: Übersicht zur Dimensionalität der Politikerbeurteilungen*

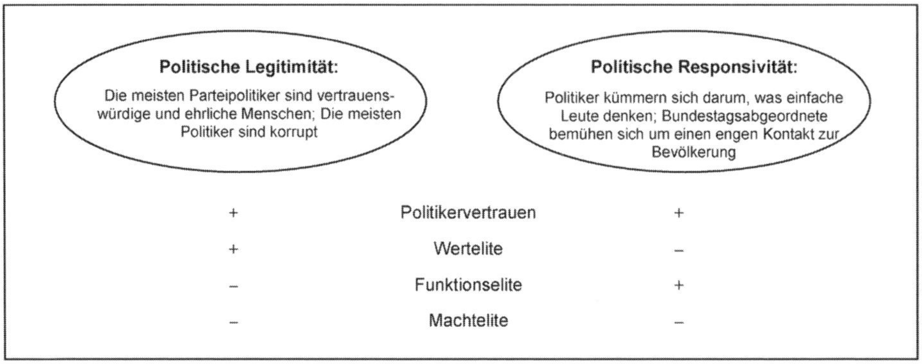


## Wie denken die Bürger über die (politischen) Führungskräfte?

In ihrer bedeutenden Studie „The Confidence Gap" stellten Lipset und Schneider (1987) eine tiefe Vertrauenskrise in den Vereinigten Staaten fest, die nicht auf die Politiker und die politischen Institutionen begrenzt war, sondern alle gesellschaftlichen Bereiche berührte.[18] Deshalb ist zunächst auch für die Bundesrepublik Deutschland von Interesse, wie die Bevölkerung die Führungseliten insgesamt sieht. Wie Abbildung 2 verdeutlicht, steht aktuell ein großer Teil der Deutschen den Führungskräften sehr skeptisch gegenüber und nur wenige Bürger sind davon überzeugt, dass sich die richtigen Personen in

*Abbildung 2: Richtige Leute in den führenden Positionen in Deutschland (1977 – 2002)*

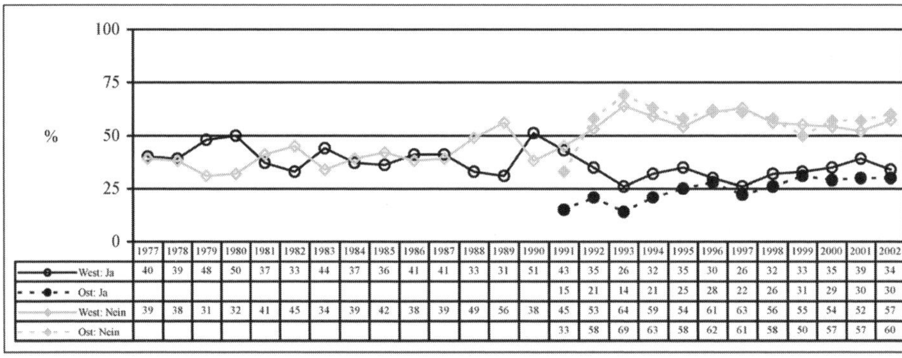


| | 1977 | 1978 | 1979 | 1980 | 1981 | 1982 | 1983 | 1984 | 1985 | 1986 | 1987 | 1988 | 1989 | 1990 | 1991 | 1992 | 1993 | 1994 | 1995 | 1996 | 1997 | 1998 | 1999 | 2000 | 2001 | 2002 |
|---|---|---|---|---|---|---|---|---|---|---|---|---|---|---|---|---|---|---|---|---|---|---|---|---|---|---|
| West: Ja | 40 | 39 | 48 | 50 | 37 | 33 | 44 | 37 | 36 | 41 | 41 | 33 | 31 | 51 | 43 | 35 | 26 | 32 | 35 | 30 | 26 | 32 | 33 | 35 | 39 | 34 |
| Ost: Ja | | | | | | | | | | | | | | | 15 | 21 | 14 | 21 | 25 | 28 | 22 | 26 | 31 | 29 | 30 | 30 |
| West: Nein | 39 | 38 | 31 | 32 | 41 | 45 | 34 | 39 | 42 | 38 | 39 | 49 | 56 | 38 | 45 | 53 | 64 | 59 | 54 | 61 | 63 | 56 | 55 | 54 | 52 | 57 |
| Ost: Nein | | | | | | | | | | | | | | | 33 | 58 | 69 | 63 | 58 | 62 | 61 | 58 | 50 | 57 | 57 | 60 |

Angaben: Prozentwerte. Quelle: Politbarometer der Forschungsgruppe Wahlen (1977-2002). Fragetext: Glauben Sie, daß bei uns in der Bundesrepublik im großen und ganzen die richtigen Leute in den führenden Positionen sind, oder glauben Sie das nicht? Antworten: „Ja, glaube ich", „Nein, glaube ich nicht", „Weiß nicht".

18 Lipset, Seymour Martin/Schneider, William: The Confidence Gap: Business, Labor, and Government in the Public Mind, Baltimore 1987.

den führenden Positionen befinden. Diese Vertrauenskrise begann spätestens im Jahr 1992 und hält bis heute an. Auch in den Jahren zuvor waren bereits Anzeichen für sinkendes Vertrauen in die Führungseliten erkennbar, die jedoch durch den Regierungswechsel 1982 und die Wiedervereinigung 1989 abgefangen werden konnten.

Von 1977 bis 1987 fielen die Einschätzungen der Westdeutschen, ob sich die richtigen Personen in den Führungspositionen befinden, schwankend aus. Im Großen und Ganzen zeigte sich hier jedoch das von Sniderman[19] geforderte „balanced judgement" zwischen Vertrauen und Mißtrauen, welches für eine Demokratie von Nutzen sein kann. Dies setzt allerdings voraus, dass Vertrauen und Kritik in allen Bevölkerungsgruppen gleichermaßen vorzufinden sind. Ende der 1980er Jahre begann sich dann die Schere zu öffnen und die negativen Einstellungen zu den Eliten überwiegen seither. Nach einem kurzen Stimmungshoch im Zusammenhang mit der deutschen Wiedervereinigung setzte eine dramatisch verschlechterte Wahrnehmung der Eliten ein. Seit zehn Jahren überwiegt klar der Anteil derer, die mit den Leistungen der politischen und gesellschaftlichen Eliten unzufrieden sind. Mehr als die Hälfte – in Phasen sogar zwei Drittel – der Deutschen sind der Ansicht, von den falschen Personen in wichtigen Bereichen wie Politik, Wirtschaft, Medien, Recht oder Gesundheit geführt zu werden.

Der Vergleich zwischen Ost- und Westdeutschland zeigt, dass die Bürger der neuen Bundesländer kurz nach der Wiedervereinigung mit den Eliten unzufriedener waren als die Bürger der alten Bundesländer. Daran hat sich bis heute wenig geändert. Noch immer sehen die Menschen im Osten des Landes die Eliten kritischer als die Bürger im Westen. Insgesamt haben sich die Einschätzungen der Bürger beider Landesteile einander stark angenähert, und zwar dahingehend, dass heute auch im Westen eine relativ hohe Unzufriedenheit mit den gesellschaftlichen Führungsgruppen herrscht.

Diese Muster gelten ebenfalls für die Einstellungen gegenüber der politischen Elite. Die Daten in Abbildung 3 zum Ansehen der Abgeordneten des Deutschen Bundestages zeigen ein wachsendes Misstrauen in die Fähigkeiten der Repräsentanten seitens der Bevölkerung und ebenso einen starken Bruch Ende der 1980er Jahre. Während 1972 noch zwei Drittel der Westdeutschen großen Respekt vor den Fähigkeiten der Abgeordneten hatten, sind knapp zwanzig Jahre später nur ein Drittel der Bürger dieser Meinung. Bei den Ostdeutschen nimmt das Vertrauen in die Fähigkeiten der politischen Repräsentanten seit 1991 kontinuierlich ab.

Nicht allein in Deutschland ist eine Vertrauenskrise zu beobachten. Auch andere Länder, und hier allen voran die Vereinigten Staaten, haben mit einem starken Rückgang an Vertrauen gegenüber den Eliten zu kämpfen.[20] Empirische Studien belegten einen rapiden und in seinem Ausmaß dramatischen Vertrauensverlust der amerikanischen Bevölkerung in die Repräsentanten politischer und gesellschaftlicher Institutionen seit

19 Sniderman, A Question of Loyalty (wie Anm. 11), S. 26.

20 Vgl. dazu Nye, Joseph S./Zelikow, Philip/King, David C. (Hrsg.): Why People Don't Trust Government, Cambridge 1997; Norris, Pippa: Critical Citizens. Global Support for Democratic Governance, Oxford 1999.

*Abbildung 3: Ansehen der deutschen Bundestagsabgeordneten in Deutschland (1951 – 2001)*

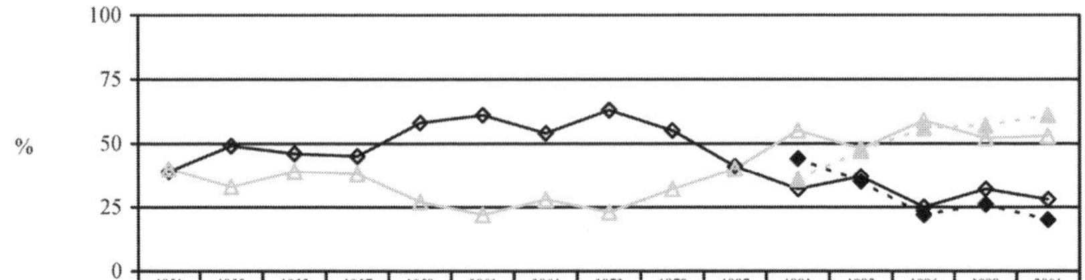


| | 1951 | 1953 | 1955 | 1957 | 1959 | 1961 | 1964 | 1972 | 1978 | 1987 | 1991 | 1992 | 1996 | 1999 | 2001 |
|---|---|---|---|---|---|---|---|---|---|---|---|---|---|---|---|
| West: Große Fähigkeiten | 39 | 49 | 46 | 45 | 58 | 61 | 54 | 63 | 55 | 41 | 32 | 37 | 25 | 32 | 28 |
| Ost: Große Fähigkeiten | | | | | | | | | | | 44 | 35 | 22 | 26 | 20 |
| West: Keine Fähigkeiten | 40 | 33 | 39 | 38 | 27 | 22 | 28 | 23 | 32 | 40 | 55 | 48 | 59 | 52 | 53 |
| Ost: Keine Fähigkeiten | | | | | | | | | | | 36 | 47 | 56 | 57 | 61 |

Angaben: Prozentwerte. Fragetext: Glauben Sie, man muß große Fähigkeiten haben, um Bundestagsabgeordneter in Bonn/Berlin zu werden? Antworten: „Ja“, „Nein“.[21]

der Mitte der 1960er Jahre.[22] Zeitlich etwas verzögert ist diese Entwicklung auch in Zentral-, West- und Osteuropa zu beobachten: Im Jahr 2003 ist das Vertrauen zu den Eliten auf einem niedrigen Niveau, gegenüber manchen Repräsentanten politischer und gesellschaftlicher Institutionen ist es sogar kaum vorhanden (vgl. Tabelle 1). In einer aktuellen Studie in 21 Ländern rangieren die Ärzte an der Spitze, dicht gefolgt von den Repräsentanten der Kirche. Weniger als die Hälfte der Bevölkerung weltweit vertraut hingegen Rechtsanwälten, Journalisten und Topmanagern, die Politiker liegen abgeschlagen auf dem letzten Platz. Besonders alarmierend ist, dass im Ländervergleich keine andere Nation den Führungskräften aus Wirtschaft, Medien und Politik so kritisch gegenübersteht wie die Deutschen: Lediglich 18 Prozent vertrauen Managern großer Unternehmen und davon haben nur zwei Prozent ein großes Vertrauen in diese Berufsgruppe. Drei von vier Deutschen sprechen dem Topmanagement sogar klar ihr Misstrauen aus. Noch schlechter schneiden Politiker ab: Nur acht Prozent aller Deutschen vertrauen ihnen, und gar nur ein Prozent hat volles Vertrauen in die politischen Repräsentanten.

Möglicherweise sind die bisher behandelten Informationen jedoch zu undifferenziert, weil die Einstellungsobjekte sehr unspezifisch erfasst wurden. Ein abschließendes Urteil über das Ausmaß der Vertrauenskrise in Deutschland ist so nur schwer zu treffen. Deshalb basieren die weiteren Betrachtungen auf der „Deutschen Wahlstudie 2002“, in der 2035 westdeutsche und 966 ostdeutsche Bürger aus Anlass der Bundestagswahl befragt wurden. In dieser Untersuchung, die entwickelt und durchgeführt wurde vom deutschen Politologen-Trio Falter/Gabriel/Rattinger, wurden die Einschätzungen der Politiker detaillierter als bei den oben genannten Befragungen erhoben. Ebenso stehen zahlreiche Merkmale und Orientierungen der Befragten, die möglicherweise die Eliten- bzw. Politikerver-

21 Noelle-Neumann, Elisabeth/Köcher, Renate (Hrsg.): Allensbacher Jahrbuch der Demoskopie 1998-2002, Allensbach am Bodensee 2002, S. 712.

22 Siehe hierzu Hibbing, John R./Theiss-Morse, Elizabeth: What is about Government that Americans dislike? Cambridge 2001.

*Tabelle 1: Vertrauen gegenüber Führungskräften im internationalen Vergleich im Jahr 2003*

| | Ärzte | | Kirche | | Rechts-anwälte | | Journalisten | | Topmanager | | Politiker | |
|---|---|---|---|---|---|---|---|---|---|---|---|---|
| | *Vertraue ein wenig* | *Vertraue sehr viel* | *Vertraue ein wenig* | *Vertraue sehr viel* | *Vertraue ein wenig* | *Vertraue sehr viel* | *Vertraue ein wenig* | *Vertraue sehr viel* | *Vertraue ein wenig* | *Vertraue sehr viel* | *Vertraue ein wenig* | *Vertraue sehr viel* |
| Alle 21 Länder | 45 | 35 | 36 | 24 | 36 | 10 | 31 | 5 | 28 | 5 | 14 | 2 |
| USA | 46 | 39 | 37 | 35 | 32 | 8 | 36 | 6 | 33 | 5 | 21 | 3 |
| Westeuropa | 44 | 40 | 34 | 19 | 39 | 12 | 28 | 4 | 27 | 5 | 12 | 2 |
| BRD | 49 | 32 | 41 | 18 | 45 | 12 | 26 | 2 | 16 | 2 | 7 | 1 |
| Zentral-/Osteuropa | 51 | 24 | 37 | 21 | 38 | 8 | 47 | 11 | 24 | 4 | 10 | 2 |

Angaben: Prozentwerte. Quelle: GfK-Studie in 21 Ländern (2003), http://www.gfk.de, $N_{Gesamt} = 21.889$, $N_{BRD} = 986$.

drossenheit erklären können, zur Verfügung. Ähnlich wie die angeführten aktuellen Umfragen, zeigt auch die Wahlstudie 2002, dass nur wenige Bürger der politischen Elite vertrauen. Ferner bestätigt sich, dass politische Legitimität und politische Responsivität zwei wichtige Aspekte der Politikerbewertung sind, die zwar relativ stark miteinander zusammenhängen aber dennoch erkennbar eigenständige Orientierungsdimensionen darstellen.

Aus diesem Grunde und auf Basis der oben angeführten theoretischen Überlegungen ist es möglich, die Befragten in Abhängigkeit von ihrem Antwortverhalten in fünf Bewertungstypen einzuteilen (vgl. Abbildung 4). Vertrauen auf beiden Einstellungsdimensionen – also im Hinblick auf politische Legitimität und politische Responsivität – liegt mit neun Prozent in der deutschen Bevölkerung kaum vor. Dafür fällt aber der Anteil derjenigen Bürger, die die politischen Herrschaftsträger als Wertelite wahrneh-

*Abbildung 4: Typologie der Politikerbewertungen in Deutschland 2002*

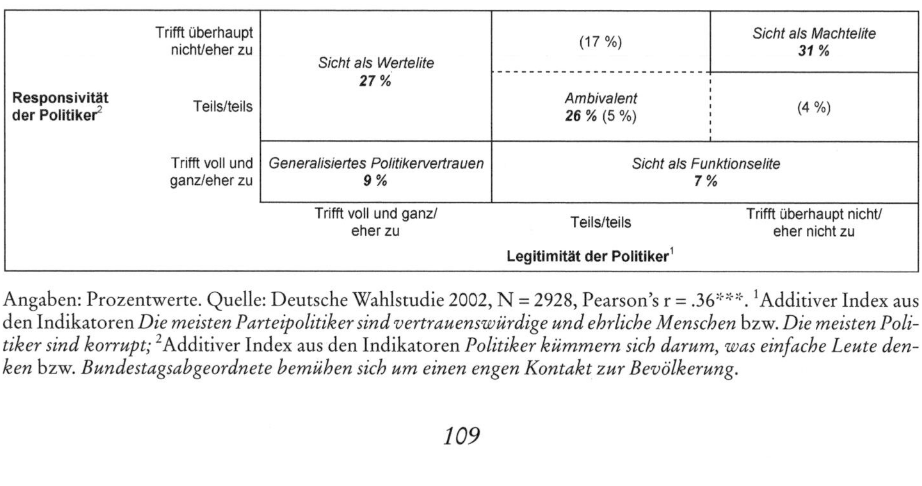


Angaben: Prozentwerte. Quelle: Deutsche Wahlstudie 2002, N = 2928, Pearson's r = .36***. [1]Additiver Index aus den Indikatoren *Die meisten Parteipolitiker sind vertrauenswürdige und ehrliche Menschen* bzw. *Die meisten Politiker sind korrupt;* [2]Additiver Index aus den Indikatoren *Politiker kümmern sich darum, was einfache Leute denken* bzw. *Bundestagsabgeordnete bemühen sich um einen engen Kontakt zur Bevölkerung.*

men, mit 27 Prozent relativ hoch aus. Im Gegensatz zu dieser Bevölkerungsgruppe, die die Legitimität der Politiker positiv und ihr Responsivitätsverhalten negativ einstuft, sehen nur sieben Prozent der Bürger die Politiker als Funktionselite. Dieser Bewertungstyp weist eine geringe politische Legitimität auf, hat aber Vertrauen in das responsive Verhalten der gewählten Repräsentanten.

Eine weitere relativ große Bevölkerungsgruppe (26 Prozent) macht im Hinblick auf beide Bewertungsaspekte keine abschließende Aussage bzw. ist im Hinblick auf eine der beiden Einstellungsdimensionen ambivalent eingestellt, während sie die andere Dimension negativ beurteilt. Lediglich fünf Prozent der Befragten gehören zu den absolut ambivalent Urteilenden. Der größte Anteil dieser Personen (17 Prozent) ist allerdings in der Beurteilung der politischen Legitimität unentschieden und nimmt ein Defizit in der politischen Responsivitätsleistung der Politiker wahr. Umgekehrt bewerten nur vier Prozent die politische Responsivität ambivalent und konstatieren mangelnde politische Legitimität. Bedenklich ist, dass fast ein Drittel der Befragten der politischen Elite auf beiden Einstellungsdimensionen schlechte Noten ausstellt und sie somit in einem negativen Sinne als „Machtelite" einstuft. Diese Personen halten die politischen Führungskräfte nicht für glaubwürdig und fühlen sich von ihnen nicht vertreten. An dieser Verteilung der Einstellungen hat sich in den letzten Jahren nur wenig geändert (vgl. Abbildung 4a). Somit bestätigen auch diese Informationen, dass die politische Vertrauenskrise in der Bundesrepublik Deutschland bereits in den 1990er Jahren begann und bis heute anhält.

Es bleibt die Frage, ob diese Einstellungsmuster in West- und Ostdeutschland gleichermaßen zu beobachten sind. Nur wenige Forscher haben bislang untersucht, wie die neuen Bundesbürger im Osten über die Politiker denken, die meisten Annahmen zielen jedoch darauf ab, dass die Ostdeutschen ambivalente oder negative Orientierungen gegenüber der politischen Elite aufweisen.[23] Zum einen werden Ähnlichkeiten zu den Mustern der Westdeutschen nach dem Zweiten Weltkrieg vermutet, als die Menschen nach den Erfahrungen der Weimarer Republik und dem Nazi-Regime der Politik insgesamt und dem politischen Personal im besonderen ambivalent oder kritisch gegenüber standen. Eine weitere Möglichkeit besteht in einem speziellen ostdeutschen Einstellungsmuster, das von den Erfahrungen mit dem ehemals autoritären Regime geprägt ist. So könnten die sozialisationsbedingten Erfahrungen in der ehemaligen DDR einen maßgeblichen Einfluss auf die Einstellungen zu den Politikern haben. Demnach wäre zu erwarten, dass die Ostdeutschen unter der Führung der sogenannten „Kader-Elite" negative Orientierungen gegenüber dem sozialistischen System und dessen Vertretern entwickelt haben und diese Erfahrungen heute noch nachwirken. Auch wird argumentiert – wenn auch inzwischen von Welzel[24] widerlegt – dass die innerdeutsche Eliten-

23 Vgl. Bürklin, Wilhelm/Rebensdorf, Hilke u. a. 1997: Eliten in Deutschland – Rekrutierung und Integration. Opladen 1997; Krimmel, Iris: Die Beurteilung von Politikern als ein Aspekt von „Politikverdrossenheit", in: Plasser, Fritz/Gabriel, Oscar W./Falter, Jürgen W./Ulram, Peter A. (Hrsg.): Wahlen und politische Einstellungen in Deutschland und Österreich, Frankfurt am Main u. a. 1999, S. 263-292.

24 Welzel, Christian: Rekrutierung und Sozialisation der ostdeutschen Elite. Aufstieg einer demokratischen Gegenelite?, in: Bürklin, Wilhelm/Rebensdorf, Hilke u. a.: Eliten in Deutschland – Rekrutierung und Integration, Opladen 1997, S. 201-237.

zirkulation weitgehend mit Hilfe von westdeutschem Personal vonstatten ging. Teilweise wird gar von einer „Kolonialisierung" der neuen Bundesländer gesprochen.[25] Aus dieser Perspektive ist zu erwarten, dass die Ostdeutschen gegenüber den „Besser-Wessis" negative Einstellungen aufweisen. Auch Enttäuschungen im Zusammenhang mit der Wiedervereinigung lassen tendenziell negative Bewertungen vermuten.

*Abbildung 4 a: Typologie der Politikerbewertungen in Deutschland 1994-2002*

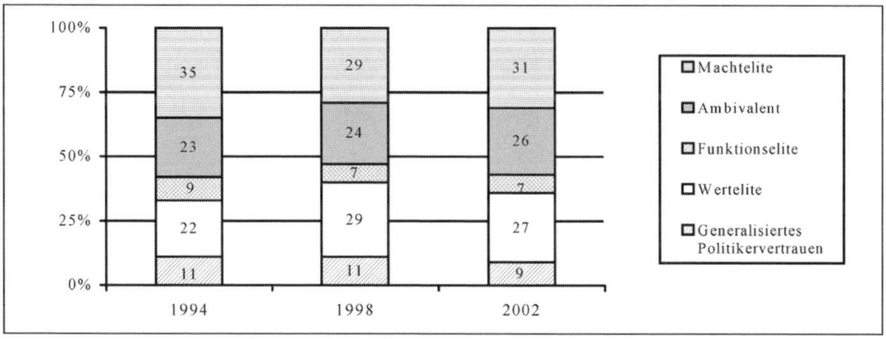


Angaben: Prozentwerte. Quelle: Deutsche Wahlstudie 1994-2002, $N_{1994}$ = 3501, $N_{1998}$ = 2988, $N_{2002}$ = 2912, gewichtete Daten.

Positive Einstellungen zur politischen Elite in Ostdeutschland werden mit dem friedlichen Verlauf der deutschen Wiedervereinigung begründet. Zudem muss berücksichtigt werden, dass bereits zu DDR-Zeiten eine Etablierung von demokratischen Eliten – z. B. durch die Repräsentanten der Kirche – möglich war und die Bevölkerung bereits positive Erfahrungen mit diesen Führungsgruppen machen konnte. Auch sei im Zusammenhang mit dem Regimewechsel die alte Kader-Elite nahezu komplett ausgetauscht worden. Die frühe Etablierung von demokratischen Eliten, der friedliche Verlauf der Wiedervereinigung und der personelle Austausch des Führungspersonals führten möglicherweise dazu, dass die Ostdeutschen Vertrauen zur „demokratischen Gegenelite"[26] fassten und ihnen gegenüber positive Orientierungen entwickelten.

Abbildung 5 zeigt, dass die Ostdeutschen in ihrer Einschätzung der politischen Elite nur wenig von den Westdeutschen abweichen. Unterschiede existieren dahingehend, dass die Ostdeutschen die Politiker kritischer bewerten und dementsprechend der Anteil derjenigen Bürger, die sie als Wertelite wahrnehmen, niedriger und derjenigen, die sie als Machtelite sehen, höher ausfällt. Aber auch der Anteil der Ambivalenten ist höher als im Westen, wo nur ein Viertel der Bürger kein genaues Urteil über die politischen Führungskräfte abgeben kann. Im Zeitverlauf hat sich in Ostdeutschland wenig an den Bewertungen der Politiker geändert, außer dass der Anteil der Ambi-

25 Dümcke, Wolfgang/Vilmar, Fritz: Die Kolonialisierung der DDR. Kritische Analysen und Alternativen des Einigungsprozesses, Münster 1995.
26 Welzel, Rekrutierung (wie Anm. 24), S. 201.

valenten von einem Viertel auf ein Drittel der Bevölkerung angestiegen ist (tabellarisch nicht ausgewiesen).

*Abbildung 5: Politikervertrauen in West- und Ostdeutschland 2002*

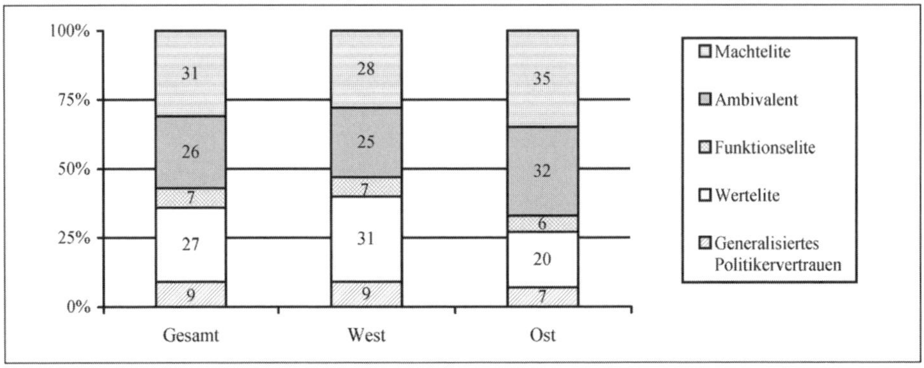


Angaben: Prozentwerte. Quelle: Deutsche Wahlstudie 2002, $N_{West}$ = 1982, $N_{Ost}$ = 928, gewichtete Daten.

Entgegen dem allgemein skizzierten Szenario vom „politik(er)verdrossenen Bürger" weisen somit die Deutschen unterschiedliche Einstellungsmuster im Hinblick auf die politischen Herrschaftsträger auf. Auf der Basis theoretischer Überlegungen lassen sich fünf Bewertungstypen identifizieren, deren Beurteilungen von sehr starkem Vertrauen bis absolutem Misstrauen reichen. Für den Ost-West-Vergleich scheint sich die Vermutung zu bestätigen, dass es zum Teil Anpassungsprozesse in den Einstellungen zur politischen Elite gab, die Ostdeutschen aber auch ein eigenes Einstellungsmuster aufweisen und kritischer über die Eliten urteilen als ihre Landsleute im Westen. Doch worauf sind diese Einstellungsunterschiede zurückzuführen und welche Rolle spielen dabei sozialisationsbedingte Erfahrungen bzw. persönlichkeits- oder situationsbedingte Faktoren?

## Ursachen für Politikervertrauen bzw. -misstrauen

Die Einstellungsforscher nennen verschiedene Ursachen für eine negative Beurteilung der Politiker und eine zunehmende Distanz der Bürger zu den politischen Führungskräften. Zum einen dienen *sozialisationstheoretische Ansätze* dazu, schwindendes Politikervertrauen zu erklären.[27] Vor allem das Lernen im Elternhaus, der Schule und in Sozialisationsgruppen während der *Primär- und Sekundärsozialisation* wird als wichtig für die Entwicklung einer positiven Einstellung zu den politischen Objekten gesehen.[28]

27 Vgl. Listhaug, Ola: The Dynamics of Trust in Politicians, in: Klingemann, Hans-Dieter/Fuchs, Dieter: Citizen and the State, Oxford 1998, S. 261-297. Siehe auch Wolling, Jens: Politikverdrossenheit durch Massenmedien? Der Einfluß der Medien auf die Einstellungen der Bürger zur Politik, Opladen 1999.

28 Vgl. Abramson, Paul R./Inglehart, Ronald: The Development of Systemic Support in four Western Democracies, in: Comparative Political Studies 2 (1970), S. 419-442.

Diese Sozialisation verlief in der ehemaligen DDR völlig anders als im Westen, d. h. die Ostdeutschen bekamen über einen langen Zeitraum andere Werte und Normen vermittelt als die Westdeutschen. Sie sind im Umgang mit Institutionen, Verfahren und Werten des politischen Systems Gesamtdeutschlands noch ungeübt. Deshalb ist zu erwarten, dass ihre Orientierungen instabiler und wohl auch von größerer Distanz zum politischen System geprägt sind als die der Westdeutschen. Ferner ist denkbar, dass in einem posttotalitären System wie im Osten fortbestehende *Bindungen an den Sozialismus* existieren, die die Ausbildung demokratischer bzw. positiver Orientierungen gegenüber dem neuen System und dessen Akteuren erschweren.[29] Im Sinne der „Deprivationstheorie" haben Menschen, die sich von der Gesellschaft benachteiligt fühlen und wenig Selbstvertrauen besitzen, ebenso in politischen Dingen kein Kompetenzgefühl. Dies führe wiederum zu politischem Zynismus und negativen Politikerbewertungen. Darüber hinaus wird das allgemeine soziale Vertrauen als wichtige Erklärungsgröße für Politikervertrauen gesehen.[30] Demnach reagieren Menschen, die die Erfahrung sozialer Integration und Anerkennung machen, positiv auf ihre soziale und politische Umwelt, während das Gefühl der Nichtintegration und Benachteiligung negative Einstellungen zur politischen Führung verursacht.[31]

Neben diesen sozialisationstheoretischen Annahmen gibt es Überlegungen im Rahmen der „Modernisierungsansätze". Sie gehen davon aus, dass die gesellschaftliche Modernisierung nicht nur die sozioökonomischen Bedingungen, sondern auch die Wertorientierungen und die Ressourcenausstattung der Bürger verändern. Das Wohlstandsniveau steigt allgemein an, die kognitiven Fähigkeiten nehmen zu, die Menschen werden von Bezugsgruppen unabhängiger und postmaterialistische Wertorientierungen breiten sich aus.[32] Vor allem in der zunehmend besseren Bildung der Bürger wird eine weitere Ursache für negativere Politikerbewertungen gesehen. Damit sei ein Anstieg des subjektiven Kompetenzgefühls festzustellen, was die Bürger selbstbewusst und kritisch über das politische Personal urteilen lässt.

Angenommen wird weiterhin, dass der Wertewandel zu einer Auflösung sozialer Klassen und Milieus führt, was einen allgemeinen *Rückgang der Parteibindungen* und eine zunehmende *Unabhängigkeit der Bevölkerung von politischen Parteien* nach sich zieht. Die Parteien reagieren auf diese Entwicklung mit einer zunehmenden Personalisierung der Politik, d. h. in den Vordergrund des politischen Geschehens rücken die Personen, während die Inhalte an Bedeutung verlieren.[33] Wenn die Beurteilung der Politiker sich nicht auf die Parteibindung stützt, werden die politischen Repräsentanten deutlich

---

29 Vgl. Gabriel, Oscar W.: Bürger und Politik in Deutschland, in: Gabriel, Oscar W./Holtmann, Everhard (Hrsg.): Handbuch Politisches System der Bundesrepublik Deutschland, München/Wien 1999, S. 379-497, hier S. 478.

30 Vgl. Fuchs, Dieter/Gabriel, Oscar W./Völkl, Kerstin: Vertrauen in politische Institutionen und politische Unterstützung, in: Österreichische Zeitschrift für Politikwissenschaft 31 (2002), S. 427-449.

31 Aberbach, Joel D./Walker, Jack L.: Political Trust and Racial Ideology, in: American Political Science Review 64 (1970), S. 1199-1219.

32 Vgl. Gabriel, Bürger und Politik (wie Anm. 29), S. 472 ff

33 Schönherr-Mann, Hans-Martin: Wieviel Vertrauen verdienen Politiker?, in: Aus Politik und Zeitgeschichte B15-16 (2002), S. 3-5.

angreifbarer und auswechselbarer. Die allgemein stabilisierende Wirkung von Parteibindungen belegen Studien, die eine positivere Politikerbeurteilung bei Anhängern der Regierungsparteien wie auch der Oppositionsparteien im Vergleich mit Personen ohne Parteineigung feststellen konnten.[34] Schließlich zeigten vergleichende Studien in westlichen Demokratien, dass Bürger mit postmaterialistischen Wertorientierungen weniger autoritätsgläubig sind als Bürger mit materialistischen Wertorientierungen und deshalb die politische Elite deutlich stärker kritisieren.[35]

In der Sicht von Vertretern der *performanzorientierten* Erklärungsansätze können weder soziale noch psychologische Faktoren erklären, weshalb seit Mitte der 1960er Jahre in allen amerikanischen Bevölkerungsschichten ein Rückgang an politischem Vertrauen festzustellen sei.[36] Die größte Relevanz für die zunehmend negative Politikerbeurteilung wird deshalb in (mittelfristigen) politischen Faktoren, wie z. B. der geringen Problemlösungskompetenz der Politiker hinsichtlich besonders wichtiger Themen, zugeschrieben. Insbesondere die perzipierte Fähigkeit zur Lösung wirtschaftlicher Probleme bzw. die positive Bewertung der allgemeinen oder der eigenen wirtschaftlichen Lage beeinflusse die Politikerbewertung.[37]

Als kurzfristiger individueller Einflussfaktor ist der Medienkonsum zu nennen.[38] Das unter dem Stichwort „Videomalaise“[39] bekannt gewordene Phänomen besagt, dass die Medien zunehmend schlechte Nachrichten veröffentlichen. Diese seien wesentlich beeindruckender und würden deshalb vom Konsumenten häufiger wahrgenommen als gute Nachrichten. Eine Ursache der negativen Beurteilung von Politikern wird somit in der journalistischen Berichterstattung gesehen, wobei auch die Art der Mediennutzung eine Rolle spielt. So haben die Leser von Qualitätsmedien ein positiveres Bild von den Politikern als die Leser von Boulevardmedien.[40]

Die vorliegenden Daten bieten zahlreiche Indikatoren für die Überprüfung der angeführten Annahmen über das Phänomen der Politikerverdrossenheit. Ein Schwerpunkt wird auf dem Ost-West-Vergleich liegen. Aus mehreren, bereits erwähnten, Gründen erscheint es plausibel, dass die Ostdeutschen die politische Elite anders bewerten als die Westdeutschen. Aber auch soziodemographische Variablen, die Wertorientierungen oder die subjektiv wahrgenommenen politischen Einflussmöglichkeiten spielen mög-

34 Siehe Wolling, Politikverdrossenheit (wie Anm. 27).

35 Siehe Inglehart, Ronald: Postmodernization Erodes Respect for Authority, but Increases Support for Democracy, in: Pippa, Noris (Hrsg.): Critical Citizens. Global Support for Democratic Governance, Oxford 1999, S. 236-256.

36 Vgl. Craig, The Malevolent Leaders (wie Anm. 4).

37 Vgl. Citrin, Jack/Green, Donald P.: Presidential leadership and the resurgence of trust in government, in: British Journal of Political Science 16 (1986), S. 431-453.

38 Vgl. dazu Kaase, Max: Is there Personalization in Politics? Candidates and Voting Behavior in Germany, in: International Political Science Review 15 (1994), S. 211-230; Brettschneider, Frank/Vetter, Angelika: Mediennutzung, politisches Selbstbewußtsein und politische Entfremdung, in: Rundfunk und Fernsehen, Zeitschrift für Medien und Kommunikationswissenschaft 46 (1997), S. 463-479.

39 Robinson, Michael J.: Public Affairs Television and the Growth of Political Malaise: The Case of „The Selling of the Pentagon“, in: American Political Science Review 70 (1976), S. 409-432.

40 Vgl. Nick, Rainer/Traweger, Christian: Österreichs Politiker und ihr Image – ein empirischer Befund, in: Plasser, Fritz/Gabriel, Oscar W./Falter, Jürgen W./Ulram, Peter A. (Hrsg.): Wahlen und politische Einstellungen in Deutschland und Österreich, Frankfurt am Main u.a (1999), S. 293-311.

licherweise eine Rolle für das Vertrauen zu Politikern. In Tabelle 2 sind diejenigen Merkmale ausgewiesen, die den größten Einfluss auf die Einstellungen zur politischen Elite haben. Ein spezifisches ostdeutsches Muster ist dahingehend zu erkennen, dass dort mehr Faktoren für die Erklärung des Politikervertrauen wichtig sind als im Westen. Die meisten Bestimmungsfaktoren des Politikvertrauens bzw. Politikermisstrauens spielen jedoch in beiden Landesteilen eine ähnliche Rolle.

Zunächst ist zu erkennen, dass nur bei drei Bewertungsgruppen (Politikervertrauen bzw. Sicht als Wert- oder Machtelite) auffällige Unterschiede auftreten. Diejenigen Bürger, welche die Politiker als Funktionselite bzw. ambivalent einstufen, fühlen sich alle gleichermaßen gut bzw. schlecht repräsentiert, auch bei einer Kontrolle der in Tabelle 2 aufgeführten Faktoren. Deshalb wird sich die folgende Interpretation nur auf die drei erstgenannten Beurteilungstypen beziehen.

Wirklich fruchtbar für die Erklärung von Politikervertrauen bzw. -misstrauen sind Faktoren wie die DDR-Nostalgie, die subjektive Deprivation bzw. die Performanzbewertung. Die politische Involvierung trägt zur Erklärung des Vertrauens kaum bei; wenig brauchbar erscheinen auch die Größen des Modernisierungsansatzes sowie das Ausmaß bzw. die Art des Medienkonsums.

In Ost- und Westdeutschland führt die Befürwortung des Sozialismus als gute Idee sowie der Meinung, die DDR hätte mehr gute als schlechte Seiten gehabt, zu einer überdurchschnittlich negativen Politikerbewertung. Dies gilt ebenfalls für die Einschätzung der Gesellschaftsordnung als ungerecht bzw. die perzipierte Zugehörigkeit zu einer benachteiligten Gruppe. Eine negative Bewertung der allgemeinen und persönlichen Wirtschaftssituation lässt das Politikermisstrauen ebenfalls ansteigen. Umgekehrt zeigt sich vor allem im Osten, dass die positive Wahrnehmung der allgemeinen Wirtschaftslage das Politikermisstrauen stark abschwächt. Während durchschnittlich 35 Prozent der Ostdeutschen die Politiker als Machtelite sehen, verringert sich dieser Anteil bei den Befragten, die die allgemeine Wirtschaftslage als eher bzw. sehr gut einstufen, auf lediglich acht Prozent.

Hinsichtlich der politischen Involvierung der Bürger bestätigen sich die Annahmen, dass das Fehlen einer Parteineigung bzw. die Nicht-Identifikation mit einer demokratischen Partei förderlich für die negative Bewertung der Politikerklasse ist. Ebenso haben die politische Urteilsfähigkeit der Bürger bzw. die Überzeugung, über politische Einflussmöglichkeiten zu verfügen, einen relativ starken Einfluss auf das Politikervertrauen. Personen, die sich selbst nicht für politisch urteilsfähig halten und ihrer Ansicht nach über geringen Einfluss auf die Politik verfügen, vertrauen den Politikern weniger bzw. sehen sie eher als eine Machtelite als Personen, die sich selbst Urteilsfähigkeit und Einfluss zuschreiben. Andererseits macht die Tatsache, dass man Anhänger der amtierenden Regierung bzw. der opponierenden Parteien ist, in Westdeutschland nur einen geringen und im Ostteil nahezu keinen Unterschied in der Politikerbewertung. Dies gilt auch für die ideologische Selbsteinstufung der Befragten.

Zwar zeigt sich, dass politisches Interesse zu einer positiveren Politikerbewertung führt (13 Prozent Politikervertrauen / 24 Prozent Sicht als Machtelite) als politisches

*Tabelle 2: Ausgewählte Bestimmungsfaktoren des Politikervertrauens*

| | Westdeutschland | | | | | Ostdeutschland | | | | |
|---|---|---|---|---|---|---|---|---|---|---|
| | Generalisiertes Politikervertrauen | Sicht als Wertelite | Sicht als Funktionselite | Ambivalent | Sicht als Machtelite | Generalisiertes Politikervertrauen | Sicht als Wertelite | Sicht als Funktionselite | Ambivalent | Sicht als Machtelite |
| **Gesamt in %** | **9** | **31** | **7** | **25** | **28** | **7** | **20** | **6** | **32** | **35** |
| ***Involvierung:*** | *Politisches Interesse* | | | | | | | | | |
| Kein/wenig Interesse | -4 | -7 | 0 | +1 | +10 | -4 | 0 | 0 | 0 | -4 |
| Eher/viel Interesse | +4 | +2 | -1 | -1 | -4 | +5 | +4 | -3 | -6 | 0 |
| | *Anhänger Oppositions- bzw. Regierungsparteien* | | | | | | | | | |
| Anhänger Oppositionsparteien | -1 | -1 | +2 | -2 | +1 | 0 | -1 | +2 | -2 | 0 |
| Anhänger Regierungsparteien | +1 | +5 | 0 | +1 | -7 | +3 | +4 | 0 | +3 | -9 |
| | *Parteineigung* | | | | | | | | | |
| Keine Parteineigung | -3 | -8 | 0 | -1 | +12 | -4 | -4 | +1 | -2 | +9 |
| Parteineigung | +1 | +3 | 0 | 0 | -4 | +4 | +3 | 0 | 0 | -7 |
| | *Identifikation demokratische Partei* | | | | | | | | | |
| Nein | -3 | -8 | 0 | -1 | +12 | -4 | -5 | 0 | 0 | +9 |
| Ja | +1 | +3 | +1 | 0 | -5 | +6 | +6 | 0 | -1 | -11 |
| | *Ideologie* | | | | | | | | | |
| Linke Orientierungen | +3 | +4 | +1 | -3 | -5 | -1 | +3 | 0 | 0 | -2 |
| Rechte Orientierungen | 0 | -3 | +1 | -3 | +4 | +2 | -5 | +5 | -1 | -1 |
| | *Subjektive Einflussmöglichkeiten* | | | | | | | | | |
| Kein/wenig Einfluß | -4 | -3 | +1 | +1 | +5 | -3 | 0 | 0 | -1 | +4 |
| Einiger/großer Einfluss | +8 | +8 | +1 | -4 | -13 | +15 | +5 | +3 | -11 | -12 |
| | *Subjektive Urteilsfähigkeit* | | | | | | | | | |
| Keine/geringe Urteilsfähigkeit | -5 | -8 | +1 | +1 | +11 | -5 | -1 | -1 | -6 | +13 |
| Einige/große Urteilsfähigkeit | +2 | +4 | 0 | -1 | -5 | +2 | +2 | -1 | -2 | -1 |
| ***DDR-Bindung:*** | *Sozialismus gute Idee* | | | | | | | | | |
| Stimme zu | -2 | -6 | -1 | +3 | +6 | +1 | -2 | -1 | -3 | +5 |
| Stimme nicht zu | +1 | +2 | +2 | -2 | -3 | +1 | +3 | -1 | -1 | -2 |
| | *DDR mehr gute als schlechte Seiten* | | | | | | | | | |
| Stimme zu | -2 | -19 | +4 | +1 | +16 | +2 | -6 | +1 | -5 | +8 |
| Stimme nicht zu | 0 | +2 | 0 | -2 | 0 | +2 | +3 | -3 | +3 | -5 |
| ***Deprivation:*** | *Gesellschaftsordnung* | | | | | | | | | |
| Eher ungerechte Gesellschaft | -5 | -10 | +1 | +2 | +12 | -2 | -7 | 0 | 0 | +9 |
| Eher gerechte Gesellschaft | +4 | +9 | 0 | -2 | -11 | +6 | +16 | 0 | -2 | -20 |
| | *Gruppenzugehörigkeit in der Gesellschaft* | | | | | | | | | |
| Eher benachteiligte Gruppe | -5 | -13 | 0 | 0 | +18 | -2 | -4 | 0 | -6 | +12 |
| Eher bevorzugte Gruppe | +5 | +5 | 0 | -7 | -3 | +10 | +14 | +8 | -26 | -6 |
| ***Modernisierung*** | *Alter in Jahren* | | | | | | | | | |
| 16-35 Jahre | -3 | -2 | +2 | -2 | +5 | +1 | 0 | 0 | +1 | +2 |
| 36-55 Jahre | 0 | 0 | 0 | +2 | -2 | -4 | -4 | 0 | +2 | +6 |
| 56 und älter | +2 | 0 | 0 | 0 | -2 | +6 | +5 | 0 | -5 | -6 |
| | *Bildung* | | | | | | | | | |
| Hauptschule | -1 | -3 | 0 | 0 | +4 | +2 | +3 | +4 | -8 | -1 |
| Mittlere Reife | -1 | -2 | +3 | +2 | -2 | -1 | -7 | -1 | +4 | +5 |
| Abitur/Studium | +1 | +6 | -1 | -2 | -4 | +1 | +5 | -3 | +2 | -5 |
| | *Subjektive Schichtzugehörigkeit* | | | | | | | | | |
| Arbeiterschicht | -1 | -7 | -1 | -1 | +10 | +1 | -4 | +2 | -2 | +3 |
| Obere MS/Oberschicht | +1 | +9 | -1 | -1 | -8 | +9 | +6 | -1 | 0 | -14 |
| | *Wertorientierungen* | | | | | | | | | |
| Materialisten | 0 | -1 | -1 | +2 | 0 | +4 | -1 | +3 | 0 | -6 |
| Postmaterialisten | -2 | +1 | +1 | -2 | +2 | -2 | -2 | -1 | +2 | +3 |
| ***Performanz:*** | *Allgemeine Wirtschaftslage* | | | | | | | | | |
| Sehr/eher schlechte Lage | -3 | -5 | -1 | 0 | +9 | -2 | -5 | -1 | -2 | +10 |
| Eher/sehr gute Lage | +2 | +9 | +3 | -7 | -7 | +9 | +18 | -1 | +1 | -27 |
| | *Eigene Wirtschaftslage* | | | | | | | | | |
| Sehr/eher schlechte Lage | -6 | -12 | -1 | 0 | +19 | -5 | -7 | 0 | -4 | +16 |
| Eher/sehr gute Lage | +3 | +7 | +1 | -2 | -9 | +5 | +8 | -2 | 0 | -11 |
| ***Medienkonsum:*** | *Lektüre lokale/regionale Zeitung* | | | | | | | | | |
| Kleine Lektüre: | +1 | -3 | -1 | +6 | -3 | -4 | -4 | +1 | 0 | +7 |
| 6-7 Tage pro Woche | 0 | +3 | -1 | -1 | -3 | +2 | +3 | 0 | -4 | -1 |

Angaben. Die Zahlen in den Feldern stellen die Abweichung vom Durchschnitt der Bevölkerung in West- und Ostdeutschland dar (Prozentsatzdifferenz). Quelle: Deutsche Wahlstudie 2002, gewichtete Daten für getrennte Ost-West-Analysen. Aus Platzgründen wurde nach Überprüfung der Einflusskonsistenz auf die Darstellung der Mittelkategorie der meisten Indikatoren verzichtet. Variablencodierung: Politisches Interesse: Kein/Geringes Interesse (1), Teils/teils (2), Eher starkes/Sehr starkes Interesse (3). Anhänger Oppositions- bzw. Regierungsparteien: Anhänger Oppositionspartei (1), Anhänger Regierungspartei (2). Parteineigung: Ja (1), Nein (2). Identifikation demokratische Partei: Ja (1), Nein (2). Ideologie: Linke Orientierungen (1), Mittlere Orientierungen (2), Rechte Orientierungen (3). Subjektive Einflussmöglichkeiten – additiver Index aus den Items „Leute wie ich haben keinen Einfluss auf die Regierung" und „Die Bürger haben kaum Möglichkeiten, auf die Politik Einfluss zu nehmen": Überhaupt kein Einfluss/Wenig Einfluss auf Regierung und Politik (1), Teils/teils (2), Eher/Viel Einfluss auf Regierung und Politik (3). Subjektive Urteilsfähigkeit – additiver Index aus den Items „Die ganze Politik ist so kompliziert, dass jemand wie ich nicht versteht, was vorgeht" und „Wichtige politische Fragen kann ich gute verstehen und einschätzen": Politik viel zu kompliziert/kann politische Fragen überhaupt nicht/nur wenig verstehen und einschätzen (1), Teils/teils (2), Politik überhaupt nicht zu kompliziert/kann politische Fragen gut/sehr gut verstehen und einschätzen (3). Sozialismus gute Idee: Stimme nicht zu (1), Teils/teils (2), Stimme zu (3). DDR mehr gute als schlechte Seiten: Stimme nicht zu (1), Teils/teils (2), Stimme zu (3). Gesellschaftsordnung: Eher gerecht (1), Teils/teils (2) Eher ungerecht (3). Gruppenzugehörigkeit: Bevölkerungsgruppe, die eher benachteiligt wird (1), Gruppe, die weder benachteiligt noch bevorzugt wird (2), Gruppe, die eher bevorzugt wird (3). Bildung: Volks-/Hauptschule bzw. Polytechnische Oberschule mit Abschluss 8. oder 9. Klasse (1), Mittlere Reife, Realschulabschluss bzw. Polytechnische Oberschule mit Abschluss 10. Klasse (2), Abitur, EOS – Erweiterte Oberschule mit Abschluss 12. Klasse, Fachhochschulreife bzw. abgeschlossenes Studium an Hoch- oder Fachhochschule, Universität, Akademie, Polytechnikum (3). Subjektive Schichtzugehörigkeit: Arbeiterschicht (1), Untere/Mittlere Mittelschicht (2), Obere Mittelschicht/Oberschicht (3). Wertorientierungen: Materialisten (1), Mischtypen (2), Postmaterialisten (3). Einschätzung der allgemeinen und individuellen aktuellen wirtschaftlichen Lage: Sehr schlecht/Schlecht (1), Teils/teils (2), Gut/Sehr gut (3). Medienkonsum: Gar nicht (1), An 1-5 Tagen (2), An 6-7 Tagen die Woche (3).

Desinteresse (5 Prozent / 38 Prozent), der Zusammenhang ist aber nicht besonders stark. In der Tendenz scheinen politisch Interessierte die Leistung der politischen Elite eher zu schätzen bzw. mehr Politikervertrauen aufzuweisen als Bürger mit geringem Politikinteresse. Wichtig sind diejenigen Bürger, die trotz bekundetem Politikinteresse ambivalent gegenüber der politischen Elite eingestellt sind. In Kapitel 5 wird zu klären sein, in welche Richtung diese Bevölkerungsgruppe tendiert. Bleiben diese Bürger auch im Hinblick auf das Institutionenvertrauen bzw. die Regimebewertung ambivalent oder hat die geteilte Politikerbeurteilung bereits negative Konsequenzen?

Ingleharts These, dass Postmaterialisten weniger autoritätsgläubig und deshalb kritischer über Politiker urteilen, bestätigt sich für den Osten, aber nicht für den Westen des Landes. Ebenso ist in der vorliegenden Analyse wie in anderen Studien zu erkennen, dass soziodemographische Merkmale nur wenig zur Erklärung von Politikervertrauen beitragen. Die Merkmale Alter, Bildung und Schichtzugehörigkeit bewirken nur einen leichten Unterschied. So misstrauen im Westen jüngere Personen (16-35 Jahre) den Politikern stärker als ältere Personen (56 und älter). In Ostdeutschland ist zu sehen, dass die mittleren Alterskohorten weniger Vertrauen aufweisen als die jüngeren und älteren Jahrgänge. Diese Personen wurden im totalitären DDR-Regime sozialisiert und scheinen deshalb negativer zur Politikelite eingestellt als die Bürger der älteren und jüngeren Generationen. Mit zunehmender Bildung steigt in beiden Landesteilen das Politikeransehen: Personen mit Abitur bzw. Studium sehen die Politiker stärker als Wertelite im Vergleich zu Personen mit niedrigerem Bildungsniveau. Und wie erwartet, bewerten Angehörige der oberen Mittel- bzw. der Oberschicht die Politiker weniger negativ als Angehörige der Arbeiterschicht.

Schließlich zeigt sich nur ein geringer Einfluss des Medienkonsums auf die Politikerbewertung. Die regelmäßige Lektüre lokaler bzw. regionaler Zeitungen führt in beiden Landesteilen zu stärkerem Politikervertrauen, die Lektüre der „Bild"-Zeitung bzw. überregionaler Zeitungen zeigt keine große Wirkung. Auch die Art des Medienkonsums spielt nur teilweise eine Rolle. Im Westen wirkt der Konsum von Nachrichten im öffentlich-rechtlichen Fernsehen positiv auf das politische Vertrauen und im Osten führt die regelmäßige Nutzung von Nachrichten im privaten Fernsehen zu einer schlechteren Bewertung der politischen Elite (tabellarisch nicht ausgewiesen).

Hinter den Einstellungen der Bevölkerung gegenüber der politischen Elite stehen somit sehr komplexe Gründe. Es genügt nicht, das geringe Politikervertrauen mit dem demokratischen Prinzip des Parteienwettbewerbs und der damit entstehenden Unzufriedenheit oppositioneller Parteianhängerschaften zu erklären. Auch spielen nicht nur kurz- und mittelfristige Faktoren wie der Medienkonsum und die Perzeption der Wirtschaftslage eine Rolle, sondern auch sozialisations- und involvierungsbedingte Faktoren wie z. B. das politische Interesse. Aus demokratietheoretischer Sicht sind Ursachen, die auf mangelnde politische Urteilsfähigkeit bzw. Unzufriedenheit mit den politischen Einflussmöglichkeiten zurückzuführen sind, ernst zu nehmen. Nur mündige, selbstbewusste Bürger, die sich interessiert und aktiv in die (politische) Gesellschaft einbringen, können auf Dauer die Basis der demokratischen Ordnung und vor allem auch der Elitenrekrutierung bilden. Anscheinend haben die Politiker trotz einer deutlichen Erweiterung der direktdemokratischen Möglichkeiten auf kommunaler Ebene und zum Teil auch in den Ländern[41] versäumt, diese Partizipationschancen zu vermitteln.

## Die Folgen des Vertrauensrückgangs für die Führungsgruppen

Die abschließende Frage dieses Beitrages behandelt die Konsequenzen der Vertrauenskrise gegenüber den politischen Führungsgruppen. Die Annahme eines „Spill Over-Effekts" von den politischen Akteuren auf die politischen Institutionen und das demokratische Regime klingen zunächst plausibel. Zwar ist das Politikervertrauen für die Stabilität der Demokratie weniger bedeutsam als die Unterstützung der politischen Institutionen und der Demokratie als Ordnungsmodell. Dennoch kann Unzufriedenheit mit den politischen Herrschaftsträgern zu einem Problem für die Demokratie werden, wenn sie auf die Einstellungen zu politischen Institutionen und zur Demokratie als Ordnungsmodell ausstrahlt. Ob dies zutrifft, soll nachfolgend untersucht werden. Tatsächlich lassen sich relativ starke Zusammenhänge zwischen dem Ausmaß an Politikervertrauen in West- und Ostdeutschland und den Einstellungen zu den politischen Institutionen bzw. dem demokratischen Regime feststellen (vgl. Tabelle 3).

Bürger, die Politikervertrauen aufweisen bzw. von der Legitimität der Politiker überzeugt sind, haben auch positive Orientierungen auf die politischen Institutionen, sind

41 Vgl. Walter-Rogg, Melanie: Direkte Demokratie in der Bundesrepublik Deutschland und im internationalen Vergleich. In: Gabriel, Oscar W. (Hrsg.): Politische Partizipation. www.politikon.org/inhalt.

*Tabelle 3: Folgen der Politikerbeurteilungen für die Einstellungen zu den politischen Institutionen und dem politischen Regime 2002*

| | Westdeutschland | | | | | | Ostdeutschland | | | | | |
|---|---|---|---|---|---|---|---|---|---|---|---|---|
| | *Gesamt* | Politikervertrauen | Wertelite | Funktionselite | Ambivalent | Machtelite | *Gesamt* | Politikervertrauen | Wertelite | Funktionselite | Ambivalent | Machtelite |
| **Einstellungen zu den politischen Parteien** | | | | | | | | | | | | |
| *Vertrauen zu den Parteien* | | | | | | | | | | | | |
| Kein/wenig Vertrauen | 33 | -22 | -13 | -7 | -1 | +26 | 39 | -24 | -17 | -26 | 0 | +21 |
| Teils/teils | 49 | -2 | +8 | -2 | +8 | -16 | 47 | +5 | +11 | +15 | +2 | -12 |
| Eher/viel Vertrauen | 18 | +24 | +5 | +9 | -7 | -10 | 14 | +19 | +6 | +11 | -2 | -9 |
| *Beurteilung der Parteien** | | | | | | | | | | | | |
| Sehr/eher negativ | 53 | -30 | -22 | -3 | +2 | +28 | 60 | -44 | -27 | -10 | -8 | +29 |
| Teils/teils | 38 | +7 | +15 | +7 | +3 | -19 | 37 | +9 | +25 | +13 | +11 | -26 |
| Eher/sehr positiv | 9 | +23 | +7 | -4 | -5 | -9 | 3 | +35 | +2 | -3 | -3 | -3 |
| **Einstellungen zum Bundestag und zur Bundesregierung** | | | | | | | | | | | | |
| *Vertrauen zum Bundestag* | | | | | | | | | | | | |
| Kein/wenig Vertrauen | 13 | **-11** | **-9** | **-2** | **-3** | **+17** | 21 | -17 | -13 | -16 | -7 | +20 |
| Teils/teils | 42 | **-18** | **-8** | **-2** | **+10** | **+6** | 45 | -13 | -8 | +14 | +4 | 0 |
| Eher/viel Vertrauen | 45 | **+30** | **+17** | **+4** | **-7** | **-23** | 34 | +30 | +21 | +2 | +3 | -20 |
| *Vertrauen zur Bundesregierung* | | | | | | | | | | | | |
| Kein/wenig Vertrauen | 22 | -14 | -7 | -4 | -3 | +17 | 24 | -9 | -12 | -13 | -6 | +16 |
| Teils/teils | 40 | -12 | -5 | -2 | +7 | +3 | 43 | -24 | -8 | +10 | +7 | +2 |
| Eher/viel Vertrauen | 38 | +26 | +12 | +6 | -4 | -20 | 33 | +33 | +20 | +3 | -1 | -18 |
| *Zufriedenheit mit Leistung der Bundesregierung* | | | | | | | | | | | | |
| Sehr/eher unzufrieden | 35 | -7 | -6 | -9 | -1 | +13 | 31 | -1 | -12 | -11 | -3 | +12 |
| Teils/teils | 31 | -9 | -2 | +4 | +7 | -1 | 42 | -15 | -4 | +1 | +7 | 0 |
| Eher/sehr zufrieden | 34 | +16 | +8 | +5 | -6 | -11 | 27 | +16 | +16 | +10 | -4 | -12 |
| **Einstellungen zum politischen Regime** | | | | | | | | | | | | |
| *Demokratiezufriedenheit* | | | | | | | | | | | | |
| Sehr/eher unzufrieden | 15 | -9 | -8 | -3 | -2 | +14 | 32 | -20 | -14 | +5 | -10 | +19 |
| Teils/teils | 34 | -18 | -6 | +2 | +8 | +5 | 46 | +4 | -4 | +4 | +10 | -9 |
| Eher/sehr zufrieden | 51 | +27 | +14 | +1 | -6 | -19 | 22 | +16 | +18 | -9 | 0 | -10 |
| *Demokratie beste Staatsform* | | | | | | | | | | | | |
| Stimme eher nicht zu | 4 | -1 | -2 | -1 | -1 | +4 | 16 | -8 | -2 | -1 | -5 | +6 |
| Stimme eher zu | 96 | +1 | +2 | +1 | +1 | -4 | 84 | +8 | +2 | +1 | +5 | -6 |

Angaben: Die Zahlen in den Feldern stellen die Abweichung vom Durchschnitt der Bevölkerung in West- bzw. Ostdeutschland dar (Prozentsatzdifferenz). Quelle: Deutsche Wahlstudie 2002, gewichtete Daten für getrennte Ost-West-Analysen. Variablencodierung zur Beurteilung der Parteien: Additiver Index aus den Items „Die Parteien wollen nur die Stimmen der Wähler, Ihre Ansichten interessieren sie nicht", „Die Parteien betrachten den Staat als Selbstbedienungsladen", „Den Parteien geht es nur um die Macht", „Die Parteien üben in der Gesellschaft zuviel Einfluß aus". Alle Items wurden im Fragebogen auf einer 5er-Skala gemessen und – wie in der Tabelle beschrieben – zu je drei Ausprägungen zusammengefasst. *Die zum Teil sehr starken Abweichungen vom Durchschnitt der Bevölkerung sind auf kleine Fallzahlen aufgrund der Indexbildung zurückzuführen!

mit der Ausgestaltung der aktuellen Demokratie zufrieden und sehen die Demokratie als die beste Staatsform an. Deutlich schlechtere Meinungen gegenüber den Institutionen und dem Regime haben hingegen diejenigen Bürger, welche die Politiker als Machtelite wahrnehmen. Die theoretische Annahme eines „Spill Over-Effekts" von den Akteuren auf die politischen Institutionen und das demokratische Regime erhält dadurch empirische Evidenz. Dies gilt in Westdeutschland jedoch nicht für die Einstellungen zur Demokratie als beste Staatsform. Hier sind kaum Zusammenhänge zwischen der Beurteilung der Politiker und der Demokratieform vorhanden, im Osten hingegen schon. Sehr wahrscheinlich verhindert im Westen die Erfahrung mit einem stabilen demokratischen System größere Effekte, im Osten können sie aufgrund mangelnder demokratischer Tradition weniger gut abgefangen werden.

Aber auch die ambivalenter eingestellten Bürger tendieren zu schlechteren Bewertungen des politischen Systems und der politischen Institutionen. Dies ist sehr wahrscheinlich darauf zurückzuführen, dass zwei Drittel dieser Bewertungsgruppe mit der Effektivität der politischen Elite unzufrieden sind und dies auf die Leistungsbewertung der Institutionen bzw. des Regimes abfärbt.

Vor allem die politischen Parteien haben unter dem sinkenden Politikervertrauen zu leiden. Während von Beginn der 1980er Jahre bis Mitte der 1990er Jahre das Vertrauen zu den Parteien starken Schwankungen unterworfen war, zeigt der Trend seitdem klar abwärts. Auch dem Bundestag, dem allgemein eine Schlüsselposition im Prozess der Legitimierung politischer Herrschaft zugewiesen wird, bringen die Bürger weniger Vertrauen entgegen. In den Jahren 1984 bis 1990 stand das Parlament bei den Westdeutschen in hohem Ansehen. Eine breite Mehrheit gab an, dem Bundestag zu vertrauen und bis zum Beitritt der neuen Länder änderte sich dies allenfalls graduell. Seitdem ist im Westen jedoch eine Abnahme des Vertrauens in den Bundestag und die Regierung zu beobachten.[42]

Ein Indiz dafür, dass eine Unzufriedenheit mit den politischen Vertretern auch negative Konsequenzen für die Systemstabilität als Ganzes besitzen kann, liefert Tabelle 4. Das Allensbacher Institut für Demoskopie fragte die Bundesbürger direkt bezüglich eines Zusammenhangs zwischen dem Verhalten der Politiker und der Einschätzung des Gesamtstaates. In der Tat kritisiert die Mehrheit der Bürger das Politikerverhalten und lässt sich davon in der Einschätzung des Gesamtstaates beeinflussen. Im Westen ist von 1987 bis 1998 allerdings eine Abnahme der Unzufriedenheit zu beobachten. Während 1987 noch 71 Prozent das Politikerverhalten und damit den Gesamtstaat negativ einschätzten, sind es 1998 noch 55 Prozent. Die Ostdeutschen sind dagegen skeptischer, zwei Drittel finden zu diesem Zeitpunkt wenig Gefallen am Politikerverhalten bzw. dem politischen System. Nur ein Viertel der deutschen Gesamtbevölkerung ist Ende der 1990er Jahre der Ansicht, dass zum einen das Politikverhalten im politischen Wettbewerb durchaus legitim ist und man zweitens zwischen einer Bewertung der Politiker und des Gesamtsystems trennen muss.

42 Vgl. Walter-Rogg, Melanie: Aspekte politischer Kultur in Deutschland – Legitimitätsvorstellungen und Legitimitätsurteile: Politische Herrschaftsträger. In: Westle, Bettina (Hrsg.): Politische Kultur. http://www.politikon.org/inhalt.

*Tabelle 4: Ansehen der Politiker in West- und Ostdeutschland*

| | | 1987 | 1994 | August 1998 |
|---|---|---|---|---|
| West | Politikern ist jedes Mittel recht, im Staat ist etwas faul | 71 | 65 | 55 |
| | Prinzip des Parteienwettbewerb, System nicht zu verurteilen | 16 | 23 | 27 |
| Ost | Politikern ist jedes Mittel recht, im Staat ist etwas faul | | | 63 |
| | Prinzip des Parteienwettbewerb, System nicht zu verurteilen | | | 25 |

Angaben: Prozentwerte. Fragetext: Hier unterhalten sich zwei über führende Politiker. Welcher von beiden sagt eher das, was auch Sie denken? A „Den Politikern ist heutzutage jedes Mittel recht, um ihre Partei an der Macht zu halten oder an die Macht zu bringen. Sie scheuen sich nicht, Tatsachen zu verdrehen oder zu beschönigen, um dadurch Wahlen zu gewinnen. Das zeigt, daß etwas faul ist in unserem Staat.", B „Ich finde es ganz selbstverständlich, daß die Politiker mit allen Mitteln versuchen, möglichst viele Wählerstimmen für ihre Partei zu gewinnen. Da darf man nicht so zimperlich sein und gleich das ganze System verurteilen.", C „Unentschieden".[43]

## Resumée

Die Bundesbürger sehen die politischen Führungsgruppen *sowohl positiv (Eliten) wie auch negativ (Nieten)* lautet das Resumée dieses Beitrages. Zwar ist tatsächlich nur ein geringer Teil der Deutschen dazu bereit, den Herrschaftsträgern voll und ganz zu vertrauen, aber von einer weit verbreiteten Politikerverdrossenheit innerhalb der Bevölkerung kann keine Rede sein. Die Bürger sind durchaus in der Lage, sich über die verschiedenen Aspekte der Politikerbeurteilung ein differenziertes Urteil zu bilden. Ein großer Teil der West- und Ostdeutschen sieht die meisten Mitglieder der politischen Elite als ehrlich und vertrauenswürdig an. Hingegen werden die politischen Repräsentanten im Hinblick darauf, wie sie sich um die Belange und Wünsche der Bevölkerung kümmern bzw. inwieweit sie Kontakt zur Wählerbasis herstellen, stark kritisiert. Ein Drittel der Bevölkerung beobachtet zudem sowohl hinsichtlich der Legitimität wie auch der Responsivität Defizite bei den Politikern und würde sie deshalb wohl eher als Nieten denn als Eliten bezeichnen.

Auch der Anteil der Bürger, die ambivalent über die Politiker urteilen, ist in Deutschland und hier vor allem im Osten relativ groß. Interessant ist, dass sich diese Bevölkerungsgruppe nur zu einem kleinen Teil aus politisch Uninteressierten zusammensetzt, die sich vielleicht aufgrund von Informationsdefiziten kein klares Urteil über die Politiker bilden. Wichtiger sind diejenigen, die trotz politischer Kenntnisse oder gerade deshalb eine ambivalente bzw. negative Politikerbewertung aufweisen. Wie werden diese Bürger in der Zukunft reagieren? Eventuell mit einem verstärkten politischen Engagement, um die als „unbefriedigend" empfundene Politik und die politischen Zustände zu ändern? Nehmen diese Partizipationsformen „extreme" oder „regimefeindliche" Ausmaße an – wie z. B. die Mobilisierung antidemokratischer, populistischer Bewegungen

43 Noelle-Neumann/Köcher, Allensbacher Jahrbuch 2002 (wie Anm. 20), S. 749.

in Frankreich oder in den Niederlanden – ist das politische System in Gefahr. Auch Desinteresse und Apathie sind als Folgen denkbar. Dies wäre ebenso wenig wünschenswert, da bei einem breiten gesellschaftlichen Phänomen bald das Reservoir zur politischen und gesellschaftlichen Elitenrekrutierung erschöpft sein dürfte.

Neben der Beschreibung der aktuellen Situation richtete sich der Fokus vor allem auf die Ursachen und Konsequenzen des relativ geringen Politikervertrauens in der Bundesrepublik Deutschland. Insgesamt spielen nicht nur kurz- und mittelfristige Faktoren wie der Medienkonsum oder die Einschätzung der Wirtschaftslage eine Rolle, sondern auch sozialisations- und involvierungsbedingte Einflussgrößen. Einige der Ursachen sind aus demokratietheoretischer Sicht durchaus bedenklich, wie z. B. die nach eigenen Aussagen mangelnde politische Urteilsfähigkeit der Bürger oder die Perzeption, keine politischen Einflussmöglichkeiten zu haben. Aufgabe der Politiker ist es unter anderem, den Bürgern Wissen und Informationen zu vermitteln und sie aufzufordern, sich politisch zu interessieren und zu beteiligen. Fühlen sich die Bürger nicht ernst genommen bzw. ausgeschlossen, dann hilft auch die flächendeckende Einführung neuer direktdemokratischer Elemente auf Landes- und Kommunalebene wenig. Die Glaubwürdigkeit der politischen Elite bleibt begrenzt, wenn die Funktionsmechanismen politischer Beteiligung nicht nutzungsfreundlich ausgestaltet sind.

Ein spezifisch ostdeutsches Muster in den Politikerbeurteilungen ist dahingehend zu erkennen, dass die Ursachen des politischen Misstrauens im Osten vielfältiger sind und in ihren Wirkungen problematischer. Zum einen scheint – ähnlich den Westdeutschen nach dem Zweiten Weltkrieg – ein Teil der Bürger den Politikeliten ambivalent gegenüberzustehen. Auch ist der Anteil derjenigen, die in ihnen eine skrupellose, abgehobene Machtelite sehen, größer als im Westen. Dies liegt weniger an bestimmten Wertorientierungen als an DDR-nostalgischen Bindungen und Gefühlen von Benachteiligung sowie der Überzeugung, in einer ungerechten Gesellschaftsordnung zu leben. Eine größere Rolle als im Westen spielen hier auch das Alter, die Bildung und die politische Urteilsfähigkeit sowie die Einschätzung der allgemeinen Wirtschaftslage. So ist beispielsweise zu sehen, dass die mittleren „Alterskohorten", die im totalitären Regime der ehemaligen DDR sozialisiert wurden, weniger Politikervertrauen aufweisen als die jüngeren und älteren Altersjahrgänge.

Die Konsequenzen eines niedrigen Ausmaßes an Politikervertrauen sind wiederum in beiden Landesteilen klar ersichtlich: es existiert ein relativ starker Zusammenhang zwischen dem Vertrauen in die Politikakteure und dem Vertrauen in die politischen Institutionen sowie der Regierungs- und Demokratiezufriedenheit. Anders verhält sich dies hinsichtlich der Einschätzung der Demokratie als bester Staatsform. In Westdeutschland verhindert sehr wahrscheinlich die langjährige Erfahrung mit einem stabilen demokratischen System größere Effekte auf die Orientierungen gegenüber dem demokratischen Ordnungsmodell, in Ostdeutschland können sie hingegen schlechter abgefangen werden. Somit ist der von modernen Demokratietheoretikern befürchtete „Spill-Over-Effekt" von der Kritik der Herrschaftsträger auf die politischen Institutionen und das demokratische Regime bereits erkennbar. Es wird also Zeit für die herrschenden

Eliten, wieder verstarkt politisches Vertrauen zu generieren. Dies ist nur möglich, wenn die Führungsgruppen intensiv an der Transparenz und der Akzeptanz politischer Entscheidungsprozesse sowie deren Ergebnissen arbeiten. Ständig changierende Akteurskonstellationen, Politikinhalte und Gesetzesbeschlüsse – wie in der letzten Dekade in Deutschland zu beobachten – sind dafür keine guten Voraussetzungen.

## Elitenrekrutierung in der Parteiendemokratie. Wer sind die Besten und setzen sie sich in den Parteien durch?

*Elmar Wiesendahl*

### Einleitung

Wenn Elite und Demokratie in einem Atemzug genannt werden, löst dies bei nicht Wenigen immer noch Unbehagen aus, zumal sich Demokratie idealiter auf Selbstbestimmung und Gleichheit aller Bürgerinnen und Bürger gründet. „Elite" dagegen hat schon von der historischen Belastung des Begriffs her etwas demokratisch anstößiges. Schließlich handelt es sich um einen in soziale Ungleichheit und Abgehobenheit eingebetteten Begriff. Elite als solche erzeugt Abstand und Differenz einiger Weniger gegenüber den Vielen, die sich mit dem einfachen Status des Staatsbürgers und Wählers zu begnügen haben. Dabei macht von Eliten zu reden nur Sinn, wenn Elitenbildung mit einem hohen Grad an Selektivität einhergeht, und dies entfernt Wähler und Gewählte voneinander.

Das Spannungsverhältnis zwischen Demokratie und Elitenbildung kann offenbar nicht aufgelöst werden. Es spitzt sich sogar noch zu, wenn der Prozess demokratischer Elitenrekrutierung mit der Frage nach der Bestenauslese konfrontiert wird. Letztere zielt auf herausgehobene Qualität und Effizienz, während das Demokratieprinzip mit bürgerschaftlicher Egalität und Anbindung der Gewählten an die Wähler einhergeht.[1]

Nichtsdestotrotz kann der Frage nach der Qualität des politischen Führungspersonals nicht ausgewichen werden. Hierfür ist allerdings zwischen der demokratischen Legitimation politischer Eliten durch Wahl einerseits und der Eignungsfeststellung im Hinblick auf ihre zukünftigen Aufgaben zu unterscheiden. Während sich demokratische Auswahlprinzipien auf Offenheit des Verfahrens und Gleichstellung aller Bewerber stützen, tendiert Auswahl nach Eignung und Befähigung zu bewusster Selektivität und Schließung. Nur wer wirklich gut ist, setzt sich durch, während mittelmäßige und ungeeignete Bewerber das Nachsehen haben.

Und die Politik braucht gute Politikerinnen und Politiker. Denn die Qualität und Effektivität politischer Elitenauslese entscheidet über die Qualität der politischen Elite selbst und damit über die Leistungsfähigkeit von Parlament und Regierung. Gerade heute, wo die Bundesrepublik in einer kritischen Übergangsperiode steht und der Sozialstaat, Arbeitsmarkt und das Bildungswesen grundlegend zu reformieren sind, wachsen die Ansprüche an politische Führungskräfte im Hinblick auf herausragende Fachkompetenz, Leistungs- und Tatkraft und nicht zuletzt Mut.

Dem immer vernehmlicher werdenden Ruf nach Elite, Spitzenleistung und Exzellenz steht jedoch eine schon länger geführte Debatte gegenüber, die an der gegenwärtigen politischen Führungsschicht kein gutes Haar lässt. So lastet für Wolfgang

1 Vgl. hierzu Kaina, Viktoria: Elitenvertrauen und Demokratie, Wiesbaden 2002, S. 43.

Klages[2] auf „Deutschland eine Leistungskrise seiner Berufspolitiker", die eine „Klasse schmalspuriger Parteipolitiker" bilden würden. Mittlerweile glauben auch die Bundesbürger mehrheitlich nicht mehr daran, dass man „große Fähigkeiten haben (müsse), um Bundestagsabgeordneter zu werden."[3] Und selbst unter den Angehörigen der gesellschaftlichen Eliten wird die Fachkompetenz der Politiker als nicht besonders hoch bewertet.[4] Es ist so, dass für die Qualifikationsmängel und Überforderungssymptome der Politiker in erster Linie die Parteien herhalten müssen. Deren „Vertretungsmonopol" führe zu einer „fehlgeleiteten Auswahl des politischen Personals" und schneide „die politischen Ämter von qualifiziertem Personal ab."[5] Infolgedessen würde „die Spezies der Politiker eine Negativauswahl aus der Bevölkerung" bilden.[6] Dieses deutlich zur Verunglimpfung tendierende Bild von Politikern als Angehörigen „einer verachtungswürdigen Kaste" hält Scheer[7] mittlerweile selbst für einen wesentlichen Grund, warum die Politikerauswahl zu wünschen übrig lasse.

Jedenfalls eröffnet die Frage nach der Kompetenz der politischen Führungsschicht ein weiteres Untersuchungsfeld, als es allein mit der Schlüsselrolle der Parteien bei der Elitenselektion getan wäre. Umgekehrt heißt dies aber nicht, den umfassenden Faktorenkranz, der auf den Prozess der Elitenrekrutierung einwirkt,[8] vollständig analysieren zu müssen. Es reicht, solche Faktoren zu beleuchten, die für die Qualifikationsproblematik der Elitenauswahl relevant sind. Nützlich erscheint es zu diesem Zweck, Politik als einen Stellenmarkt für politische Führungskräfte zu betrachten, auf dem sich der Prozess der Elitenrekrutierung durch Angebot und Nachfrage einpendelt. Das Stellenangebot wird vom Arbeitsmarkt Politik bereitgestellt, während die Bewerberinnen und Bewerber die Nachfrageseite repräsentieren. Diese ökonomisch einleuchtende Sicht der Angebots- und Nachfragestruktur des politischen Arbeitsmarktes wird von Norris und Lovenduski[9] nicht geteilt, die umgekehrt die an der innerparteilichen Elitenselektion beteiligten Akteure als Nachfragesubjekte bezeichnen. Dagegen werden die Bewerber der Angebotsseite des politischen Stellenmarktes zugerechnet. Hier wird im Folgenden unterstellt, dass über die Qualität des politischen Führungspersonals das Zusammenspiel von Angebot (Stellen) und Nachfrage (Bewerber) entscheidet.

Der politische Elitensektor kann nur dann auf qualifizierten Nachwuchs zurückgreifen, wenn der politische Stellenmarkt attraktive Beschäftigungs- und Aufstiegschancen

2 Klages, Wolfgang: Republik in guten Händen? Leistungsschwächen des politischen Personals in Deutschland, Würzburg u. a 2001, S. 8.

3 Siehe Noelle-Neumann, Elisabeth/Köcher, Renate (Hrsg.): Allensbacher Jahrbuch der Demoskopie 1998-2002, München 2002, S. 712.

4 Siehe hierzu Kaina, Elitenvertrauen (wie Anm. 1), S. 159 f.

5 Klages, Republik (wie Anm. 2), S. 8.

6 Tönnies, Sibylle: Die Spezies der Politiker bildet eine negative Auslese, in: Frankfurter Allgemeine Zeitung vom 27. März 2000, S. 15.

7 Scheer, Hermann: Die Politiker, München 2003, S. 11.

8 Siehe hierzu Norris, Pippa: Introduction: theories of recruitment, in: Dies. (Hrsg.): Passages to power. Legislative recruitment in advanced democracies, Cambridge 1997, S. 1-14, hier S. 9 ff; siehe auch Golsch, Lutz: Die politische Klasse im Parlament. Politische Professionalisierung von Hinterbänklern im Parlament, Baden-Baden 1998, S. 85 ff.

9 Norris, Pippa/Lovenduski, Joni: Political representations and recruitment: gender, race and class in the British parliament, Cambridge 1995, S. 14 ff.

eröffnet, von denen geeignete Bewerberinnen und Bewerber in ihrer Berufswahlentscheidung angezogen werden. Das Angebot bestimmt zwar die Nachfrage. Doch ist damit noch nicht sichergestellt, dass die Nachwuchsreserve den Eignungs- und Befähigungsansprüchen genügt, die der Politikberuf mit sich bringt. Obendrein legt jeder Elitensektor, da die Nachfrage nach Spitzenämtern zumeist das knappe Angebot übersteigt, viel Mühe in eine effektive Elitenauswahl, um die Stellen mit den besten Kandidaten zu besetzen. Deshalb kommen Bewerber für politische Karrieren ebenfalls nicht an einem Elitenauswahlprozess vorbei, der in Deutschland von den Parteien kontrolliert wird. Dabei taucht die Frage auf, welche Selektionskriterien bei der innerparteilichen Elitenrekrutierung angelegt werden. Für das Problem der Bestenauslese ist dies unmittelbar relevant, zumal jedes Auswahlverfahren – ob gewollt oder ungewollt – Selektivität erzeugt, die sich bei herkunftsmäßig und beruflich ungleich mit Ressourcen und Kompetenzen ausgestatteten Kandidaten bevorteiligend oder diskriminierend auf die Karrierechancen auswirkt.[10]

Um die Rekrutierung des politischen Spitzenpersonals unter dem Blickwinkel der Bestenauslese zu untersuchen, ergeben sich damit drei Fragen:

1.) Verfügt der Stellenmarkt für politische Karrieren über selektive Anreize, die ihn für begabten und hoch qualifizierten Führungsnachwuchs attraktiv macht?
2.) Ist das von den Parteien kontrollierte Auswahlverfahren zur Rekrutierung der politischen Elite darauf angelegt, die jeweils Fähigsten und Geeignetesten für politische Führungsämter zu selektieren?
3.) Erzeugen Parteien als politische Elitenrekrutierungsinstanzen Selektivitätseffekte, die mit qualitativ unerwünschten Nebenwirkungen einhergehen?

Vielleicht liegt es am lange Zeit unschicklichen und verpönten Elitenthema selbst,[11] dass die damit befasste Forschung zur Auswahl und Qualifizierung des politischen Führungspersonals bislang noch nicht viel hergibt. Elitenrekrutierung wurde schwerpunktmäßig darauf analysiert, wer politisch Karriere gemacht hat und woher die Gewählten gesellschaftlich kommen. Bekannt ist, wer sie sind. Im Dunklen bleibt, bis auf die singuläre Untersuchung der Karrieren von Spitzenpolitikern aus den späten sechziger Jahren durch Herzog,[12] wie sie über welche Selektionsprozesse und -kanäle in ihre Ämter gelangt sind. Zudem tat sich die Parteienforschung immer schon schwer, Licht auf die konkrete Praxis der innerparteilichen Elitenbildung zu werfen. Innerparteiliche Nominierungsstudien sind ausgesprochen rar und reflektieren die Verhältnisse aus den späten 1960ern.[13] Zeit bedingt sind sie auf innerparteiliche Demokratiedefizite fixiert, während

10 Siehe hierzu Schnapp, Kai-Uwe: Soziodemographische Merkmale der bundesdeutschen Führungsschicht, in: Bürklin, Wilhelm/Rebenstorf, Hilke u. a.: Eliten in Deutschland. Rekrutierung und Integration, Opladen 1997, hier S. 71 f.

11 Siehe hierzu Krais, Beate: Die Spitzen der Gesellschaft. Theoretische Überlegungen, in: Dies. (Hrsg.): An der Spitze. Von Eliten und herrschenden Klassen, Konstanz 2001, S. 7-62, hier S. 8.

12 Herzog, Dietrich: Politische Karrieren. Selektion und Professionalisierung politischer Führungsgruppen, Opladen 1971.

13 Siehe hierzu Kaack, Heino: Geschichte und Struktur des deutschen Parteiensystems, Opladen 1971, und Zeuner, Bodo: Kandidatenaufstellung zur Bundestagswahl 1965, Den Haag 1970.

die Eignungsfrage bei der Elitenauslese nur am Rande thematisiert wird. Analysen zur Zusammensetzung der politischen Führungsschicht und der innerparteilichen Elite von Heino Kaack[14] reichen bis zu den späten Siebzigern, ohne dann weitergeführt worden zu sein. Dies passt zu der ernüchternden Feststellung von Dietrich Herzog, dass die Forschungslücke über innerparteiliche Führungsgruppen sich in letzter Zeit eher noch vergrößert habe.[15] Was deshalb im Nachfolgenden ausgeführt wird, ist im Aussagegehalt verschiedentlich noch explorativ und bedürfte an dieser und jener Stelle einer gründlicheren empirischen Absicherung.

## Politische Elitenbildung und Bestenauslese

Führungspositionen sind herausgehobene Stellen, deren Aufgaben- und Verantwortungsprofil mit anspruchsvollen Anforderungen an die Eignung und Befähigung ihrer Inhaber einhergeht. Ohne hierüber klare Vorstellungen zu haben, lassen sich schwerlich die „‚richtigen' Leute" auslesen, die in Parlament und Regierung Führungsaufgaben erledigen sollen.[16] Bei der Herleitung und Identifikation von Anforderungen und Schlüsselqualifikationen für Inhaber von politischen Führungspositionen steht die Abgeordneten- und politische Elitenforschung erst noch am Anfang. Während die fortgeschrittenere strategische Managementforschung solche Qualifikationsmerkmale für wirtschaftliche Führungskräfte längst entwickelt hat,[17] ist für politische Führungskräfte noch weitgehend ungeklärt, welche intellektuellen, physischen, psychischen, sozialen und moralischen Eignungsvoraussetzungen sie zu einer angemessenen Amtsführung befähigen. Das gleiche ist von überprüfbaren Ausschlusskriterien für politische Karrieren zu sagen. Was einen guten von einem mittelmäßigen oder gar schlechten Politiker unterscheidet, harrt also noch der Klärung.

Wenigstens soviel ist gewiss, dass Bestenauslese aufs Engste mit dem Begriff der Elitenbildung einhergeht, weil es inhärent die Besten sind, die als Auserwählte Elitestatus beanspruchen können. Nicht von ungefähr steckt in der Bestenauslese das Wort „aristoi", die Besten, die den Vorstellungen Platons nach die Geschicke des Staates lenken sollen. Allerdings erwirbt der Elitenbegriff damit einen Beigeschmack, der an die liberalkonservativen Elitenvorstellungen des 19. Jahrhunderts erinnert. In einem modernen Verständnis von Bestenauslese hat aber der ältere Wertelitenbegriff[18] keinen Platz. Politiker verkörpern einen Führungsberuf unter verschiedenen anderen. Politik sondert

14 Kaack, Heino: Zur Struktur der politischen Führungselite in Parteien, Parlamenten und Regierung, in: Ders./Roth, Reinhold (Hrsg.): Handbuch des deutschen Parteiensystems, Bd. 1, Opladen 1980, S. 195-219.

15 Herzog, Dietrich: Die Führungsgremien der Parteien: Funktionswandel und Strukturentwicklungen, in: Gabriel, Oscar W./Niedermayer, Oskar/Stöss, Richard (Hrsg.): Parteiendemokratie in Deutschland, Bonn 1997, S. 301-321, hier S. 301.

16 Siehe Patzelt, Werner J.: Parlamentarische Rekrutierung und Sozialisation. Normative Erwägungen, empirische Befunde und praktische Empfehlungen – aus deutscher Sicht, in: Professionsnormen für Politiker, Wien 1998, S. 47- 92, hier S. 48.

17 Siehe Elcock, Howard: Political Leadership, Cheltenham, Northampton, MA 2001, S. 64 ff., vgl. auch Sarges, Werner (Hrsg.): Managementdiagnostik, 2. vollst. überarb. u. erweit. Aufl., Göttingen u. a. 1995.

18 Siehe hierzu Stammer, Otto: Politische Soziologie und Demokratieforschung, Berlin 1965, S. 64.

sich nicht als „Arena der Besten“[19] ab, die als Ansammlung von Menschen mit überragender Bildung, geistigem Rang, unabhängigem Charakter und adeliger Gesinnung gelten könnte. Den Maßstab für Bestenauslese liefert allein der Funktionselitenbegriff, der sich aus den Führungsaufgaben herleitet, die Eliten übertragen bekommen.[20] Indessen ist es heutzutage mit einem rein funktionstechnischen Elitenbegriff nicht mehr getan, um der berufsethischen Komponente verantwortlicher Elitenherrschaft mit der Betonung von „Führungsqualitäten wie Charakterstärke, Gerechtigkeitssinn und moralischer Autorität“[21] wieder zu ihrem Recht zu verhelfen. Hierzu gehört zu allererst, den laxen Umgang der Politik mit ethischen Normen strenger zu sanktionieren.[22]

Politische Bestenauslese konkretisiert sich in herausragenden, wenn nicht gar überragenden Qualitäten für ein politisches Führungsamt, die Bewerber aufweisen müssen, um einen darauf geeichten Auswahlprozess überstehen zu können. Dies mag sich entweder an nachgewiesenen Eignungsmerkmalen, Meriten, Vorerfahrungen oder Ausbildungsergebnissen festmachen. Oder gebräuchlich ist auch, das Eignungspotential durch Assessmentverfahren abzuschätzen. Bestenauslese setzt jedenfalls voraus, dass über ein qualifiziertes Verfahren eine individuelle Befähigungs- und Eignungsprüfung erfolgt, bei der die Leistungsstärksten, die „Besten“, den Ausleseprozess überstehen, während Mittelmäßige und Ungeeignete auf der Strecke bleiben.

Weiterhin müssen klare Eignungskriterien zur Anwendung gelangen, nach deren strengen Maßstäben eine Aussonderung von Kandidaten erfolgt, die nicht mit den Anforderungen übereinstimmen. Dies setzt nicht nur eine weitgehende Übereinstimmung der Selektoren über die Mindeststandards voraus, denen Bewerber genügen sollten. Vom provozierenden elitären Standpunkt aus kann ohnehin nur von solchen Beteiligten am Elitenausleseprozess ein „richtiges“ Urteil erwartet werden, die von ihrem Status mit den Anforderungen der Elitenbildung vertraut sind. Dies läuft auf Selektion „von oben“[23] durch qualifizierte Prüfer und Begutachter hinaus, während Politiker bekanntlich von unten „gewählt“ werden.

Vielleicht geht aber gerade deshalb Bestenauslese grundsätzlich an den Besonderheiten von politischen Führungskräften vorbei, weil sie „Delegationseliten“ verkörpern, die sich durch Wahl legitimieren. Dagegen haben es die Verwaltung mit „Karriereeliten“ und

19 Siehe Borchert, Jens: Die Professionalisierung der Politik. Zur Notwendigkeit eines Ärgernisses, Frankfurt/New York 2003, S. 138 f.

20 Siehe hierzu Herzog, Dietrich: Politische Führungsgruppen. Darmstadt 1982; siehe auch Weege, Wihelm: Politische Klasse, Elite, Establishment, Führungsgruppen. Ein Überblick über die politik- und sozialwissenschaftliche Diskussion, in: Leif, Thomas/Legrand, Hans-Josef/Klein, Ansger (Hrsg.): Die politische Klasse in Deutschland. Eliten auf dem Prüfstand, Bonn, Berlin 1992, S. 35-64, hier S. 42 f.

21 Imbusch, Peter: Konjunkturen, Probleme und Desiderata sozialwissenschaftlicher Elitenforschung, in: Hradil, Stefan/Imbusch, Peter (Hrsg.): Oberschichten – Eliten – Herrschende Klassen, Opladen 2003, S. 11-32, hier S. 14.

22 Siehe hierzu Wiesendahl, Elmar: Berufspolitiker zwischen Professionalismus und Karrierismus, in: Arnim, Hans Herbert von (Hrsg.), Politische Klasse und Verfassung. Schriftenreihe der Hochschule Speyer Bd. 147, Berlin 2001, S. 145-166, hier S. 164 ff.

23 Paris, Rainer: Autorität – Führung – Elite: Eine Abgrenzung, in: Hradil/Imbusch (Hrsg.), Oberschichten (wie Anm. 21), S. 55-72, hier S. 61.

Medien und Wirtschaft mit nachweislichen Erfolgseliten zu tun,[21] die an ganz anderen Maßstäben zu messen sind.

In jüngerer Zeit mehren sich seitens der politischen Eliten- und Abgeordnetenforschung die Anstrengungen, Eignungskriterien und Schlüsselkompetenzen für Berufspolitiker zu formulieren. Dies fällt deshalb nicht leicht, weil Politiker einen bis heute nicht klar definierten Führungsberuf ausüben. Zudem fehlen genauere Kenntnisse darüber, womit sie sich in ihrer Eigenschaft als Führungspersonen in verschiedenen Tätigkeitsfeldern beschäftigen.[25] Noch dazu mangelt es an qualitativ unstrittigen Bewertungskriterien, an denen sich der Leistungserfolg politischen Führungsverhaltens bemessen ließe.[26] Standardisierte und international anerkannte Qualifikationsnormen für Politiker harren ebenfalls noch der Entwicklung.[27]

Es ist deshalb eben nur ein Behelf, wenn in Ermangelung von qualifizierten Aufgabenbeschreibungen und Tätigkeitsprofilen aus abstrakten system- und steuerungstheoretischen Funktionsherleitungen heraus, wie bei Dietrich Herzog,[28] auf politische Koordinations-, Vermittlungs- und Kommunikationskompetenzen von Politikern geschlossen wird. Nicht minder diskussionsbedürftig ist, ob sich, so wie Patzelt annimmt,[29] normative Parlamentsfunktionen zur Ableitung von Abgeordnetenkompetenzen eignen. Weiterführend ist da schon der Ansatz von Wolfgang Müller,[30] die Politikerbefähigung an technischen, kognitiven und sozialen Gütekriterien der Entscheidungskompetenz zu bemessen. Noch bleibt die akademische Befähigungs- und Anforderungsdebatte für die politische Elitenrekrutierung solange ohne praktische Relevanz, wie sie nicht empirisch zu den erforderlichen Kenntnissen, Fähigkeiten, Fertigkeiten und Einstellungen vordringt, die Politiker als persönliche Eignungsmerkmale zur Bewältigung von Führungsaufgaben benötigen.

## Der politische Stellenmarkt und die Attraktivität politischer Karrieren

Die Qualität des politischen Führungspersonals ist von der Nachwuchslage abhängig. Die Bewerberzahl muss groß genug sein, um eine Auslese vornehmen zu können. Die Fähigkeiten und das Leistungsvermögen der Politiker wird sich umso höher veranschlagen lassen, je mehr begabte und hoch qualifizierte Bewerberinnen und Bewerber sich dazu entschließen, in die Politik zu gehen. Bei solch einer individuellen politischen Laufbahnentscheidung sind Ambitionen und Neigung sicherlich nicht unwichtig. Daneben spielen aber selektive Anreize, die eine Politikkarriere zu bieten hat, eine genau so wich-

24 Hoffmann-Lange, Ursula: Das pluralistische Paradigma der Elitenforschung, in: Hradil/Imbusch (Hrsg.), Oberschichten (wie Anm. 21), S. 111-118, hier S. 115.
25 Siehe hierzu Elcock, Political Leadership (wie Anm. 17), S. 106 ff.
26 Siehe Borchert, Professionalisierung (wie Anm. 19), S. 176 f., 201.
27 Siehe hierzu Norris, Introduction (wie Anm. 8), S. 3.
28 Siehe Herzog, Dietrich: Der moderne Berufspolitiker. Karrierebedingungen und Funktion in westlichen Demokratien, in: Eliten in der Bundesrepublik Deutschland, Stuttgart 1990, S. 28-51, hier S. 37.
29 Siehe Patzelt, Parlamentarische Rekruierung (wie Anm. 16), S. 51.
30 Siehe Müller, Wolfgang C.: Systemerfordernisse, rationales Verhalten und Incentive-Strukturen: Probleme und Problemlösungsansätze im Bereich der politischen Repräsentation, in: Professionsnormen für Politiker, Wien 1998, S. 2-26, hier S. 11.

tige Rolle. Auch jenseits der Modellannahmen der Rational Choice-Theorie[31] lässt sich annehmen, dass gerade besonders Talentierte sich nur dann für die Politik entscheiden, wenn sich mit einer Politikkarriere attraktivere Perspektiven eröffnen lassen als sie andere zur Wahl stehende Karriereoptionen bieten. Eine Politikkarriere muss also einer komparativen Vorteils- und Nachteilsprüfung standhalten und auch Opportunitätskosten für entgangene Vorteile ausgleichen können.

Seitdem sich Politik hauptberuflich und dauerhaft als Erwerbsbiografie ausüben lässt,[32] kann man von einem Stellenmarkt für politische Karrieren sprechen. Er bietet Beschäftigungsmöglichkeiten für gehobene und hohe politische Führungsaufgaben an, die unter Umständen Aufstiegsmöglichkeiten in den Spitzenbereich eröffnen. Dabei konkurriert die Politik mit anderen Stellenmärkten für Führungskräfte um möglichst gut geeigneten und hoch qualifizierten Nachwuchs. Die förderlichen und negativen Einflussgrößen des politischen Stellenmarktes, die sich zu Gunsten oder gegen eine politische Laufbahnentscheidung auswirken, lassen sich unter dem Begriff der Chancen- oder Opportunitätsstruktur subsumieren.[33] Hierunter fällt auf jeden Fall die Anzahl der Führungspositionen, deren Vakanz und Zugänglichkeit für die Bewerber. Die Verfahrensregeln und Praktiken, um in die Ämter zu gelangen, sind ebenfalls zu nennen. Weiterhin sind die materiellen Anreize in Form von Verdienst- und Versorgungsmöglichkeiten, Kontakt- und Geschäftsanbahnungsgelegenheiten, Privilegien und gesellschaftliche Status- und Aufstiegschancen zu erwähnen. Dann spielen auch noch solche Faktoren wie das Berufsrisiko, der Regelungsgrad und die Gestaltungsspielräume der Berufsrolle sowie die physischen und psychischen Belastungen der Tätigkeit eine wichtige Rolle.

Was nun den Zahlenumfang der Berufspolitiker in Deutschland angeht, lassen sich dazu die 603 Bundestagsabgeordneten, 1.984 Landtagsabgeordneten und 99 Europaabgeordneten zählen. Auf die Summe von 2.686 Abgeordneten ist noch die Zahl von rund 3.800 Beamten auf Zeit zu schlagen, die gut dotierte kommunale Dezernenten-, Bürgermeister- sowie Landratsposten besetzen. Es bietet sich hier aber an, die untere politische Führungsschicht zahlenmäßig auf die Bundestags- und Landtagsabgeordneten zu begrenzen. Sie bildet das Nachwuchsreservoir, aus der die mittlere und obere politische Führungsschicht rekrutiert wird. Wer Karriere machen will, muss schon die parlamentarische Ausgangsposition eines Abgeordnetenmandats erreichen. Nimmt man die Bewerbersituation für den Bundestag, ist die Kandidatenzahl zwischen 1949 und 1998 von 2.324 auf 4.006 angestiegen, um dann 2002 wieder auf 3.544 abzusinken. Ein Großteil der Kandidatinnen und Kandidaten geht dabei jedes Mal in ein schier aussichtsloses Rennen. Leer gehen all diejenigen aus, die sich von chancenlosen Parteien aufstellen lassen. Beste Chancen haben dagegen diejenigen, die in einem sicheren Wahlkreis als Direktkandida-

31 Siehe hierzu Müller, Systemerfordernisse (wie Anm. 30), S. 10 f.
32 Siehe Borchert, Jens: Politik als Beruf: Die politische Klasse in westlichen Demokratien, in: Ders. (Hrsg.): Politik als Beruf. Die politische Klasse in westlichen Demokratien, Opladen 1999, S. 7-39, hier S. 14 ff.
33 Siehe hierzu Schlesinger, Joseph A.: Political Parties and the Winning of Office, An Arbor 1991, S. 47 ff.; vgl. auch Borchert, Professionalisierung (wie Anm. 19), S. 26.

ten oder auf einem aussichtsreichen Listenplatz der Bundestagsparteien kandidieren, was bei Neulingen voraussetzt, dass ein Parlamentssitz freigemacht wurde.

So häufig geschieht dies nicht. Denn über die Jahre ist eine längere Verweildauer der Bundestagsabgeordneten auf durchschnittlich über 14 Jahre bei sinkender Austauschrate zu beobachten.[34] Von der Entwicklung hin zum Lebenszeitpolitiker hat sich der Politiknachwuchs noch weniger zu versprechen. Generell ist es mit der karriereförderlichen Wechselhäufigkeit parlamentarischer Mandate nicht weit her. Nach älteren Erhebungen stehen je Legislaturperiode etwa ein Viertel der Bundestagssitze Neulingen offen.[35] Aktuell werden die „Turnover"-Raten mit durchschnittlich 26,4 Prozent für den Bundestag und 31 Prozent für die Landtage angegeben.[36] Geringer fällt die Fluktuationsrate bei den alle zwei Jahre neu gewählten Parteivorständen aus, die in den 1990ern zwischen 20 und 25 Prozent schwankte.[37] Kommt es aber zu Personalwechseln an der Parteispitze wie mehrmals bei der SPD und den Bündnis-Grünen im letzten Jahrzehnt und bei der CDU und FDP 2000/01, ist dies mit einer auffrischenden Elitenzirkulation und einer personellen Neukonfiguration des Führungskerns der Parteien verbunden.

Spitzenpolitiker bilden eine ausgesprochen kleine und erlesene Schar von Karrierepolitikern, deren langjährige Laufbahn mit der Inbesitznahme ausgesprochen rarer öffentlicher und innerparteilicher Top-Positionen gekrönt wird. Einmal abgedankt oder abgewählt, gehen sie selten aufs Altenteil, sondern blockieren noch eine Zeit lang parlamentarische Sitze gegenüber leer ausgehenden Nachrückern. Im Gegensatz zu anderen Elitensektoren verbesserte sich für Frauen die Aufstiegsoption, seitdem strikte Gleichstellungs- und Quotierungsregelungen ihnen den Zugang in die Politikerlaufbahn und Zutritt zu Führungsgremien in Partei, Parlament und Regierung erleichtern. Noch exklusiver ist die Hand voll politischer Prominenz, die als „Tele-Stars" die Berichterstattung der Massenmedien beherrscht, während die Masse der Abgeordneten als Hinterbänkler ein mediales Schattendasein fristet.[38] Politische Spitzenämter sind offenbar ein rares Gut mit außerordentlich geringen Chancen, an sie heranzukommen.

Wer gleichwohl in die Politik gehen will, stößt in Deutschland auf einen geschlossenen Arbeitsmarkt, dessen Einlassbereich und Aufstiegskanäle von den politischen Parteien kontrolliert werden. Faktisch gilt das „Closed Shop"-Prinzip, denn eine Politikkarriere lässt sich nur als „Parteipolitiker"[39] verwirklichen. Partei bleibt Partei, zumal – anders als bei Unternehmenskarrieren – ein Parteiwechsel zuallermeist die Karriere beendet.

Berufspolitiker setzen sich von anderen Führungsberufen dadurch ab, dass ein jeder dies werden kann ohne Nachweis von Eignungsvoraussetzungen. Schul- oder Examens-

34 Siehe hierzu Wessels, Bernhard: Germany, in: Norris, Pippa (Ed.): Passages to power. Legislative recruitment in advanced democracies, Cambridge 1997, S. 76-97, hier S. 86 f.

35 Siehe hierzu Boll, Bernhard: Parliamentary Incumbents in Germany. Not Matter of Choice?, in: Somit, Albert et. al. (Hrsg.): The Victorious Incumbent: A Threat to Democracy? Dartmouth u. a. 1994, S. 150-189, hier S. 162 ff.

36 Siehe hierzu Borchert, Jens/Stolz, Klaus: Die Bekämpfung der Unsicherheit: Politikerkarrieren und Karrierepolitik in der Bundesrepublik Deutschland, in: Politische Vierteljahresschrift 44 (2003), S. 148-173.

37 Siehe hierzu Herzog, Führungsgremien (wie Anm. 15), S. 308.

38 Siehe hierzu Scheuch, Erwin K./Scheuch, Ute: Bürokraten in den Chefetagen. Deutsche Karrieren: Spitzenmanager und Politiker heute, Reinbek 1995, S. 153 f.

39 Siehe Borchert, Politik als Beruf (wie Anm. 32), S. 12.

noten spielen keine Rolle. Es gibt keine befähigungsspezifischen Ausschlusskriterien. Wie denn auch, wenn Politik zwar zum Beruf geworden ist, aber keinen „richtigen" Beruf bildet. Nirgendwo ist ein Aufgabenspektrum oder ein Anforderungsprofil niedergeschrieben. Ein berufsqualifizierender Ausbildungs- oder Studiengang existiert nicht. Schon gar nicht vorstellbar sind in der Bundesrepublik Kaderschmieden oder Elitebildungsstätten wie etwa in Frankreich oder Großbritannien, aus denen die politische Führungsschicht hervorgehen würde.[40] Personalagenturen oder Headhunter für politische Spitzenkräfte sind vom Markt für politische Karrieren ausgeschlossen. Der so wichtige Beruf des Politikers zählt, wie man es auch dreht und wendet, zu den „ungelernten" Berufen.

Vom Berufsinhalt her dreht sich zwar in der Politik vieles um Einfluss und Macht. Doch gehört zum Politikeralltag die ernüchternde Erfahrung, im politischen Gestaltungsspielraum durch überbordende Wählererwartungen, widerstreitende Verbandsinteressen, Haushaltszwänge und vor allem Gruppendruck, eingeengt und gefesselt zu werden. Geht es nur selten um wirklich große Dinge der Welt, wartet dagegen im Alltag schon aus Gründen des Positionserhalts das Klein-Klein der innerparteilichen Gremien- und Vorstandsarbeit, die Zeit verschlingende Anwesenheit erfordert.

Eine Wahl haben Berufspolitiker dabei nicht. Denn seit dem Verschwinden des besoldeten Parteivorständlers ist Politik als Beruf nur über eine bezahlte Abgeordnetenkarriere zu verwirklichen. Abschütteln lässt sich die Partei dabei noch lange nicht. Ganz im Gegenteil haben Berufspolitiker, anders als andere Spitzenkräfte, gleichzeitig den enormen Aufwand einer parallelen Abgeordneten- und Parteikarriere auf sich zu nehmen, um ihre Wiederwahl abzusichern. Hierfür liefert das zumindest subjektiv stark ausgeprägte Risiko auf Fortsetzung einer politischen Laufbahn eine plausible Erklärung. Die Gefahr, nicht wieder aufgestellt oder nicht wieder gewählt zu werden, macht ein politisches Spitzenamt in einzigartiger Weise von der Einflussnahme innerparteilicher Selektoren und externer Wähler abhängig. Der „Bekämpfung von Unsicherheit"[41] ist deshalb ein aufwendiger Teil des beruflichen Kräfteverzehrs sowohl im Parlament als auch in der Parteiarbeit geschuldet.

Die positionell gebundene Machtausstattung und Entscheidungskompetenz der Politikerrolle liefern aber den Grund, warum die politische Führungsschicht ohne jeden Vorbehalt zur gesellschaftlichen Positionselite, zum „Kreis der Mächtigen" gezählt wird.[42] Aber: verleihen politische Spitzenpositionen ihren Inhabern wirklich gesellschaftlichen Elitestatus? Die empirische Elitenforschung gibt hierüber keine Auskunft. Zum Elitären der politischen Elite wären nämlich der Elitehabitus, das Elitebewusstsein,

40 Siehe hierzu Hartmann, Michael: Nationale oder transnationale Eliten im Vergleich, in: Hradil/Imbusch (Hrsg.), Oberschichten (wie Anm. 21), S. 273-297, hier S. 278 ff.

41 Borchert/Stolz, Die Bekämpfung von Unsicherheit (wie Anm. 36), S. 152.

42 Hoffmann-Lange, Ursula: Eliten, Macht und Konflikt in der Bundesrepublik, Opladen 1992, S. 19; Zum Positionselitenansatz siehe auch Dies.: Eliten (wie Anm. 42), S. 86 ff. [bezieht sich „Eliten" auf den vorangehenden Titel?]; Machatzke, Jörg: Die Potsdamer Elitestudie – Positionsauswahl und Ausschöpfung, in: Bürklin, Wilhelm, Rebenstorf, Hilke u. a.: Eliten in Deutschland. Rekrutierung und Integration, Opladen 1997, S. 35-68, hier S. 35.

die Lebensführung und Alltagspraktiken sowie die privaten Verbindungen und Verkehrsformen näher zu untersuchen.[43] Spitzenpolitiker sind zwar prominent und stehen wie keine andere elitäre Gruppe im öffentlichen Rampenlicht. Doch kehren sie nichts an demonstrativem Gehabe hervor, was auf ihre Zugehörigkeit zu den höheren gesellschaftlichen Kreisen schließen ließe. Es gibt da nichts an öffentlicher Zurschaustellung von distinktiver Lebensführung, Gestus, Geschmack, Stil oder Sprach- und Debattenkultur, was das Elitäre ihres herausgehobenen Status oder etwa gar eine gesellschaftliche Leitbildfunktion beanspruchen würde. Umgekehrt ist der Eindruck nicht wegzuwischen, dass die politische Elite alles daran setzt, ihren Elitestatus und ihre gesellschaftliche Besserstellung zu dementieren. Soweit Politiker eine gesellschaftliche Spitzenstellung einnehmen, gehört zu ihrem Gehabe die Diskretion und angestrengte elitäre Selbstverleugnung. Wer also in politische Spitzenämter gelangt, kann die Freuden des gesellschaftlichen Elitenstatus nicht wirklich ausleben.

Diese „demokratische" Entsagung wird der politischen Führungsschicht nicht einmal gelohnt. Denn Politiker zählen mittlerweile zu den prestigeärmsten Vertretern „sozial beargwöhnter Berufsgruppen".[44] Nach der jüngsten Allensbacher Berufsprestige-Skala 2003[45] können Politiker nur noch bei 8 Prozent der Bundesbürger mit „Achtung" rechnen. Damit ist ein vorläufiger Tiefpunkt im Berufsansehen erreicht, während die Werte in den 1970ern noch über der 20-Prozent-Marge lagen. Mit für den dramatischen Ansehensverfall spricht, dass sich Abgeordnete in die Gruppe der „unehrlichen" Berufe einzureihen haben.[46] Auch die desaströsen Vertrauenswerte der Parteien spielen mit, um die öffentliche Wertschätzung für Politiker weiter nach unten zu ziehen.

Einen Erklärungshintergrund hierfür liefert sicherlich die Tatsache, dass Politiker wie keine Führungsgruppe sonst einer kritischen medialen Dauerbeobachtung ausgesetzt sind. Zu Buche schlägt aber auch die ausgeprägte kollektive Selbstbeschädigungstendenz, die sich diese Berufsgruppe im unerbittlich öffentlich ausgetragenen Konkurrenzkampf selbst beibringt.[47]

Am Ende gäbe es immerhin einen wirklich nicht klein zu redenden materiellen Grund, der zu einer politischen Karriere verlocken könnte. Denn politische Eliten sind einkommensstark, ohne allerdings zu den Reichen und Vermögenden der Republik zu zählen. Die Bezahlung und Versorgungsleistungen bewegen sich auf einem Niveau, das „Politikern [...] erlaubt, sehr gut von der Politik zu leben"[48]. Die Abgeordnetenentschädigung ist (ohne Kostenpauschale) in etwa an das Gehalt eines Bundesrichters oder kommunalen Wahlbeamten (Besoldungsgruppe B6) angeglichen. Mit ihm lässt sich mehr als

---

43 Siehe hierzu Demirovic, Alex: „Eliten" – einige Vorbehalte aus der Perspektive kritischer Gesellschaftstheorie, in: Hradil/Imbusch (Hrsg.), Oberschichten (wie Anm. 21), S. 123-132, hier S. 125.

44 Hitzler, Ronald: Der gemeine Machiavellismus, in: Sociologica Internationalis 31 (1993), S. 133-147, hier S. 134.

45 allensbacher berichte, Nr. 7, 2003.

46 Siehe Noelle-Neumann/Köcher (Hrsg.), Allensbacher Jahrbuch (wie Anm. 3), S. 206.

47 Siehe hierzu Wiesendahl, Elmar: Die Strategie(un)fähigkeit politischer Parteien, in: Nullmeier, Frank/Saretzki, Thomas (Hrsg.): Jenseits des Regierungsalltags. Strategiefähigkeit politischer Parteien, Frankfurt/New York, 2002, S. 187-206, hier S. 197 ff.

48 Borchert, Jens/Borchert, Lutz: Deutschland: Von der „Honoratiorenzunft" zur politischen Klasse, in: Borchert, Jens (Hrsg.), Politik als Beruf (wie Anm. 32), S. 114-140, hier S. 134.

2,3 Mal soviel wie mit einem durchschnittlichen Arbeitnehmereinkommen verdienen. Erfolgreiche Wirtschafts- und Verbandsführer hätten indessen bei einem Wechsel in die Politik krasse Einkommensverluste hinzunehmen. Auch Spitzenbeamte aus Verwaltung und Justiz würden keine Vorteile erzielen. Einen deutlichen Einkommenssprung haben dagegen Angestellte politischer Organisationen und öffentliche Bedienstete bis zur Endstufe der A-Besoldung (A16) von einem Abgeordnetengehalt zu erwarten. Auch für Freiberufler, speziell Anwälte, hat eine Politikkarriere ihren pekuniären Reiz, zumal sie ihr Abgeordnetengehalt durch Nebeneinkünfte aufstocken können. Hinzu treten berufliche Ausstattungsprivilegien, die für die oben genannten Personengruppen im Vergleich zu ihren bisherigen Arbeitsumständen eine beachtliche Statusverbesserung darstellen.

Dem politischen Stellenmarkt geht insgesamt vieles ab, was ihn für herausragende Führungstalente attraktiv machen könnte. Wer will sich schon die Aussicht auf schlechten Leumund, zeitliche, mentale und familiäre Überbelastung antun und das noch ohne absehbare und planbare Gewissheit, politisch Karriere zu machen oder stattdessen abgewählt zu werden. Für hoch qualifizierte Führungstalente versprechen andere Elitesektoren generell ertragreichere und reizvollere Perspektiven.

## Parteien als Selektionsinstanzen für politische Karrieren

Die politische Elitenauslese ist in Deutschland in die Hände der Parteien gelegt. Sie sind „Karriere-Gatekeeper“[49] und besitzen faktisch ein Job-Vermittlungsmonopol für den politischen Stellenmarkt. Ihr Einfluss reicht soweit, dass sie nicht nur über den Einstieg in eine politische Karriere, sondern dazu auch noch über deren Fortsetzung bzw. Ende befinden. Die Schlüsselrolle der Parteien bei der politischen Elitenrekrutierung ergibt sich aus dem im Wahl- und Parteiengesetz niedergeschriebenen Exklusivrecht, die Direkt- und Listenkandidaten für Parlamentsmandate auf Landes-, Bundes- und Europaebene nominieren zu dürfen. Das Nähere ist in Bundes- und Landesstatuten der Parteien geregelt.

Die innerparteiliche Elitenrekrutierung folgt dabei dem Modell exklusiver, stark verrechtlicht-standardisierter und dezentraler Kandidatenauswahl.[50] Wahlkreis- oder Listenbewerber kommen nicht an Parteiinstanzen vorbei, die über die Vorauswahl der Kandidaten für bezahlte politische Wahlämter und damit über den Einstieg in eine politische Karriere entscheiden. Wer immer ausgewählt werden möchte, hat den Erwartungen und Selektionskriterien derjenigen zu entsprechen, die als parteiinterne Selektoren zur Wahl stehende Bewerberinnen und Bewerber prüfen und begutachten und auf Wahlkreisversammlungen oder Parteitagen für bzw. gegen sie votieren.

Aus der Perspektive der Bestenauslese drängt sich damit die Frage auf, wer die Selektoren sind und von welchen Kriterien sie sich bei der Kandidatenauswahl leiten lassen.

49 Borchert, Professionalisierung (wie Anm. 19), S. 49.
50 Zur typologischen Einordnung siehe Rahat, Gideon/Hazan, Reuven Y.: Candidate Selection Methods. An Analytic Framework, in: Party Politics 7 (2001), S. 279-322, hier S. 299 ff.

Einerseits sind bei Direktkandidaturen die Kreisführungszirkel zu den Selektoren zu zählen. Über die Landeslisten entscheiden ohnehin Landesspitzengremien.[51] Dann ist andererseits der Kreis der Delegierten zu nennen, die auf Wahlkreiskonferenzen oder Landesparteitagen über die Direkt- und Listenkandidaten abstimmen. Über das Sozial- und Qualifikationsprofil der Selektoren ist nichts weiter zu berichten. Jedenfalls werden sie auf Mitgliederversammlungen von Laien als Laien in das Delegiertenamt gewählt, ohne von irgendeiner Seite über die Anforderungen ins Bild gesetzt zu werden, die bei der Kandidatenauswahl von Gewicht sind. Gleichwohl verfügen Selektoren durchaus über Qualitätsansprüche an Kandidaten. Im Jahre 1992 befragte britische Wahlkreisdelegierte taten kund, Bewerber speziell auf ihre Wählerzugkraft und Wahlkämpferqualitäten zu begutachten.[52] Diese Eignungsgewichtung entspricht der Organisationsrationalität von Parteien, die Wählerstimmen gewinnen und Wahlkreise erobern wollen. Nur die Befähigung für ein Abgeordnetenmandat ist nicht Teil der Eignungsprüfung.

Deutsche Befragungsfunde liegen nicht vor. Doch stimmen ältere Beobachtungen darin überein, dass eine Erstbewerbung für eine Parlamentskandidatur Eigenschaften wie Ortsverbundenheit, Wähleranziehungskraft, soziale Repräsentativität, Berufserfolg und Bewährung in der Partei zum Vorteil gelangen.[53] Landeslisten sind dagegen das Ergebnis eines komplizierten Aushandlungsprozesses, bei dem nach einem ausgeklüngelten Proporzsystem eine Balance zwischen regionalen, sozialen, vereinigungs-, strömungs-, geschlechtsspezifischen Repräsentationswünschen hergestellt wird. Praxis ist zudem, Direktkandidaten auf der Landesliste abzusichern. Dieses vorherrschende Proporz- und Absicherungssystem ist auf eignungs- oder leistungsbezogene Tauglichkeitskriterien strategischer Elitenbildung und Bestenauslese nicht ausgerichtet. Umgekehrt stellen sich Eignungsprobleme interner Elitenrekrutierung gerade dann, wenn Bewerberinnen und Bewerber nicht nach persönlichen Fähigkeiten, Leistungen und Erfahrungen, sondern wegen ihrer Gruppeneigenschaften herausgefiltert werden.[54] Für eine Listenmandatskarriere ist dagegen die herausgehobene Mitarbeit in Arbeitskreisen, Arbeitsgemeinschaften und Flügelgruppierungen als Aufstiegsnetzwerke nützlich. Gelegentlich machen auch persönliche Freundeskreise wie ehemals die Echternachgruppe in der CDU Hamburg oder die Kohl-Gruppe in der CDU Rheinland-Pfalz als Postenjäger-Seilschaften von sich reden.[55]

Dem politischen Aufstieg über ein Direktmandat ist ein anderer Weg vorbeschieden. Für ihn sind zunächst die langjährigen Mühen innerparteilicher Kärrnerarbeit und

51 Siehe hierzu Zeuner, Bodo: Wahlen ohne Auswahl – Die Kandidatenaufstellung zum Bundestag, in: Steffani, Winfried (Hrsg.): Parlamentarismus ohne Transparenz, Kritik Bd. 2, Opladen 1971, S. 165-190, hier S. 165 ff., 179.

52 Siehe hierzu Norris/Lovenduski, Political representation (wie Anm. 9), S. 137 ff.

53 Siehe hierzu Zeuner, Wahlen (wie Anm. 51), S. 184; siehe auch Kaack, Heino: Wer kommt in den Bundestag?, Opladen 1969, S. 3 f. und Peter Haungs: Wahlkampf als Ritual, Meisenheim am Glan 1974, S. 43 ff, 133 ff., 152 ff.

54 Siehe hierzu Norris/Lovenduski, Politicial representation (wie Anm. 9), S. 124.

55 Siehe Hanngs, Peter: Persönliche und politische Parteien – eine Alternative? in: Ders. et. al. (Hrsg.), Civitas. Widmungen für Bernhard Vogel zum 60. Geburtstag, Paderborn u. a. 1992, S. 573 ff.; siehe auch Müller, Martin/Börstin, Katrin: Kandidatenaufstellung und innerparteiliche Willensbildung am Beispiel der Hamburger CDU, in: Hartmann, Jürgen/Thaysen, Uwe (Hrsg.): Pluralismus und Parlamentarismus in Theorie und Praxis, Opladen 1992, S. 137-173.

ehrenamtlicher kommunalpolitischer Bewährung fast schon obligatorisch. Wessels[56] nennt durchschnittlich 10,5 Jahre als Wartefrist, die zwischen dem ersten Parteiamt auf Ortsebene und der erstmaligen Einnahme eines Bundestagsabgeordnetenmandats verstreichen. Nach einer Erhebung von 1994 beginnt eine Abgeordnetenkarriere im Schnitt mit 42 Jahren. Vorausgegangen sind rund neun Jahre kommunal- und regionalpolitischer Parlamentstätigkeit. Dieser Phase sind nochmals neun Jahre Parteimitgliedschaft vorgeschaltet.[57] Auch für den Erwerb eines Landtagsmandats bildet der „Bewährungsaufstieg" aus der Kommunalarbeit für 76,7 Prozent aller Abgeordneten die Regel. Überdies können 61,1 Prozent eine untere Vorstandsposition ihrer Partei nachweisen.[58] Ist der Sprung in die politische Berufslaufbahn geglückt, behalten die öffentlichen Mandatsträger zu fast 90 Prozent ihre innerparteilichen Vorstandspositionen auf Orts- und Wahlkreisebene bei, um ihre Wiederwahl abzusichern.[59] Wem dann noch der Sprung in den parlamentarisch-gouvernementalen Top-Positionsbereich gelingt, steht es zu, mit einem Platz in den Parteispitzengremien belohnt zu werden.[60]

Es zeigt sich, bedingt durch das innerparteiliche Auswahlverfahren und die dabei wirksam werdenden Auslesekriterien, dass die politische Karriere Laufbahncharakter angenommen hat. Der Einstieg in die bezahlte Berufspolitik über den Erwerb eines Abgeordnetenmandats bildet den Endpunkt einer langjährigen praktischen Probe- und Bewährungszeit, die gewöhnlich auf den Begriff der „Ochsentour" gebracht wird. Sie wird mit „Präsenz und Fleiß" absolviert, um die persönliche Bekanntheit zu mehren und das Wohlwollen der Mitglieder zu erkaufen.[61] Neben der Kommunalpolitik geht es darum, beharrlich die innerparteiliche Karriereleiter zunächst auf der Orts-, dann auf der Kreisebene zu erklimmen. Hierdurch dringt man zu dem oligarchischen Führungszirkel vor, der eine informelle Vorauswahl über akzeptable Mandatsbewerber trifft.[62] Akzeptabel für informelle Zirkel und Delegierte der Wahlkreiskonferenzen sind in der Regel nur solche Kandidaten, die sich lange genug Verdienste bei der Parteiarbeit und als Parteivertreter im Orts- oder Kreisparlament erworben haben. Die erfolgreiche Kandidatenaufstellung nimmt damit die Eigenschaft einer Prämierung an, mit der die Bewährung in lokalen/regionalen Wahl- und Parteiämtern honoriert wird. Karrieren orientieren sich am Prinzip des langjährigen Hochdienens. Ausgelesen wird nicht prospektiv nach Befähigung, sondern retrospektiv nach der Logik der Belohnung. Die Ähnlichkeiten dieses innerparteilichen Elitenauslesesystems mit dem traditionellen Beförderungssystems des öffentlichen Dienstes ist dabei frappierend. Wer treue Dienste leistet und sich Meriten erwirbt, sammelt Karriereanwartschaften für den Aufstieg. Für eine Kandidatur vorgeschlagen oder dafür ausgewählt

56 Wessels, Germany (wie Anm. 34), S. 87.
57 Siehe Patzelt, Parlamentarische Rekrutierung (wie Anm. 16), S. 59.
58 Vgl. dazu Borchert/Stolz, Bekämpfung der Unsicherheit (wie Anm. 36), S. 158.
59 Näheres bei Patzelt, Parlamentarische Rekrutierung (wie Anm. 16), S. 59.
60 Siehe dazu Herzog, Führungsgremien (wie Anm. 15), S. 318 ff.
61 Guha, Anton-Andreas: Seiteneinsteiger oder die ungenutzte Chance der Parteien zur Regeneration, in: Vorgänge 2 (1998), S. 54-61, hier S. 54.
62 Siehe hierzu Zeuner, Wahlen (wie Anm. 51), S. 177f.; einen Überblick über oligarchische Listenaufstellungen liefert Boll, Parliamentary Incumbents (wie Anm. 35), S. 159 ff.

zu werden, gleicht dann einer Beförderung, einem Nach- und Aufrücken in eine höhere Verwendung. Eine Auslese von Besten für politische Spitzenämter liegt außerhalb der Reichweite dieses Systems, weil dessen Sensorik hierauf nicht justiert ist.

Genug Zug im Kamin für hochtalentierte junge Senkrechtstarter, die eine Blitzkarriere hinlegen wollen, kann diese Laufbahn- und Beförderungsmechanik nicht bieten. Gefragt ist dagegen die Fähigkeit zum geduldigen Verharren und zähen, fleißigen Abwarten, bis man zur Beförderung ansteht. Dies ist jedenfalls für den politischen Entrepreneur, den Karrieristen, wie ihn eher das amerikanische kandidatenzentrierte Rekrutierungssystem hervorbringt,[63] ein unwirtlicher Ort. Auch zeitarme, ehrgeizig ungeduldige „High Potentials", Draufgänger, Spitzentalente, Antreiber und Spielmacher versteht dieses System wirksam zu frustrieren. Parteien fördern politischen Breitensport; sie sind keine Talentschmieden für politische Spitzensportler. Selbst die deckungsfreie Bewerberkonkurrenz, die ergebnisoffene „Kampfkandidatur", die unberechenbare „Feldschlacht" um sichere Listenplätze sind Störgrößen in diesem System anwartschaftlicher Laufbahn- und Beförderungspraxis. Für verdiente „Parteifreunde" und „Parteisoldaten" macht das allerdings das beharrliche Warten auf den Aufstieg berechenbarer. Orts- und Kreisführungszirkel ist es ebenfalls recht, weil es ihre innerparteiliche Kontrolle über die Elitenauslese stabilisiert.

## Die Selektivität politischer Elitenrekrutierung durch Parteien

Jedes Elitenrekrutierungssystem ist selektiv, sei es durch gewollte Filter oder aber durch unbeabsichtigte, indirekte Folgen. Parteien heben diejenigen in die höheren Sphären der Berufspolitik, die sich als ehrenamtliche Funktions- und Mandatsträger verdient gemacht haben. Vom System her rekrutieren Parteien damit die politische Führungsschicht aus ihrem eigenen ehrenamtlichen Nachwuchs. Dieses Reservoir ist relativ groß und umfasst überschlägig 150.000 Personen. Einerseits ist der politische Elitensektor an seinen Seiten so undurchlässig und abgeschottet, dass Querrotationen oder Pendelkarrieren von Führungskräften aus benachbarten Elitesektoren nur äußerst selten vorkommen. Umgekehrt gilt das auch, insoweit Parteien nicht gesellschaftliche Nachbarsektoren für ihre Personalpolitik kolonisiert haben. Anders als andere exklusive Sektoreliten ist die politische Führungsschicht aber infolge ihrer Rekrutierung aus dem Reservoir ehrenamtlicher Freizeitpolitiker nach unten zur Gesellschaft hin bemerkenswert offen. Jeder kann in eine Partei eintreten und ohne spezielle Vorbildung, Eignungsprüfung oder Befähigungsnachweis in eine innerparteiliche Funktion oder ein kommunalpolitisches Mandat überwechseln. Anforderungsspezifische Auslese findet für die Betätigung in der Arena ehrenamtlicher Freizeitpolitik nicht statt, sondern regelt sich nach dem Prinzip der Eigeninitiative und Selbstrekrutierung.

Die weitgehend freie und ungehinderte Selbstrekrutierung erzeugt aber bei Parteien den paradoxen Effekt der sozialen Schließung. Dies beginnt mit der Hürde des Partei-

63 Siehe hierzu Golsch, Politische Klasse (wie Anm. 8), S. 36; zur damit verbundenen Ambitionstheorie siehe Norris/Lovenduski, Political representation (wie Anm. 9), S. 22 f.

beitritts[64] und erreicht die nächste Selektionsschwelle bei der aktiven oder inaktiven Ausgestaltung der Mitgliedsrolle.[65] Die Übernahme von ehrenamtlichen Parteifunktionen oder Wahlämtern wirkt abermals als nächste filternde Hemmschwelle. Beginnend mit den 1960ern lösten diese unterschwelligen Hürden – durch Neuzugänge verstärkt – einen ungesteuerten sozialen Verdrängungs- und Bereinigungsprozess in der Mitgliedschaft der Parteien aus, durch den sie sich zu Domänen der neuen Mittelschichten transformierten.[66] Milieukernreste in Gestalt von überproportionalen Selbständigenanteilen bei der CDU und der immer noch starken Arbeiterkomponente in der SPD blieben allerdings bis heute erhalten.[67] Der soziale Schließungs- und Diskriminierungseffekt greift vor allem bei den Sprossen der politischen Karriereleiter. Beim Aufstieg schütteln speziell Angehörige des öffentlichen Dienstes und auch Angestellte ihre Verfolger ab, so dass Arbeiter und – weniger ausgeprägt – Selbständige abgehängt werden. Oberhalb der Ortsvereinsebene verschärft sich dieser Privilegierungseffekt zu Gunsten von Beamten und Angestellten aus höheren Bildungsschichten sprunghaft.

Allerdings ist aus der Bestenausleseperspektive die Ausgrenzung von Arbeitern, Selbständigen und auch Frauen sowie Privilegierung von Beamten und Angestellten nicht allzu aufschlussreich, weil der Beschäftigungs- und Geschlechtsstatus der Mitglieder allein wenig über die Eignung für politische Führungsaufgaben aussagt. Dazu muss schon auf die Ausbildungsgänge und den ausgeübten Beruf der sich für die Berufspolitik zur Verfügung stellenden Parteimitglieder zurückgegriffen werden. Abzulesen ist nämlich daran, inwieweit deren Berufs- und Ausbildungshintergrund zur Selektivität der politischen Elitenrekrutierung beiträgt.

Der Herkunftsberuf und die damit verknüpften Tätigkeitsumstände werden deshalb zum Weichenstellungsfaktor, weil Parteien den politischen Führungsnachwuchs aus ihrem eigenen Freizeitpolitikerreservoir und nicht aus dem Kreis qualifizierter Hochschulabgänger oder bereits führungserfahrener Seiteneinsteiger aus anderen gesellschaftlichen Elitesektoren rekrutieren. Der Sprung in die Berufspolitikerkarriere ist damit erst in späteren Lebensjahren möglich, und das erst, nachdem eine langjährige unbezahlte Phase als lokaler Parteifunktionär und Freizeitpolitiker durchlaufen wurde. Dies heißt für politisch Ambitionierte, bereits in jungen Jahren eine synchrone zivilberufliche und freizeitpolitische Parallelkarriere aufzubauen.

64 Siehe hierzu Rudzio, Wolfgang: Das politische System der Bundesrepublik Deutschland, 6. Aufl., Opladen 2003, S. 519 f.

65 Siehe hierzu Falke, Wolfgang: Die Mitglieder der CDU. Eine empirische Studie zum Verhältnis von Mitglieder- und Organisationsstruktur, Berlin 1982; siehe auch Bürklin, Wilhelm, P./Neu, Viola/Veen, Hans-Joachim: Die Mitglieder der CDU, hrsg. von der Konrad-Adenauer-Stiftung, Interne Studie Nr. 148/1997, Sankt Augustin 1997, S. 84 ff.

66 Siehe hierzu Feist, Ursula/Güllner, Manfred/Kiepelt, Klaus: Die Mitgliedschaft von SPD und CDU/CSU zwischen den sechziger und siebziger Jahren, in: Politische Vierteljahresschrift 18 (1977), S. 257-278-; Bretschneider, Michael: Mitgliederzahlen der Parteien und ihre räumliche Verteilung 1977, Berlin 1978; einen allgemeinen Überblick hierzu gibt Widfeldt, Anders: Party Membership and Party Representativeness, in: Klingemann, Hans-Dieter/Fuchs, Dieter (Hrsg.): Citizens and the State, Oxford/New York 1995, S. 134-182, hier S. 146 ff.

67 Siehe Gabriel, Oskar, W./Niedermayer, Oskar: Parteimitgliedschaften: Entwicklung und Sozialstruktur, in: Gabriel, Oscar W./Niedermayer, Oskar/Stöss, Richard (Hrsg.): Parteiendemokratie in Deutschland, 2. akt. Aufl., Bonn 2001, S. 274-296, hier S. 288 f.

An dieser weitreichenden karrierepolitischen Weichenstellungsentscheidung scheiden sich die Geister. Denn wer unter diesen Restriktionen in die Politik zu gehen willens ist, benötigt eine persönliche Ressourcenausstattung, die mit beruflicher Abkömmlichkeit, Rede- und Kontaktfreude, physischer und psychischer Belastbarkeit, familiärer Freistellung, privater Zeitaufopferungsfähigkeit, viel Sitzfleisch und Ausdauer sowie Freude an „Vereinsmeierei" und intellektueller Frustrationstoleranz einhergeht. Schon bald nach dem Parteieintritt kommt es zur Spaltung der Mitglieder in diejenigen, die von ihrer Mentalität und Ressourcenausstattung sich die Doppelbelastung zumuten, und in solche, die aus beruflichen und privaten Gründen abwinken.[68]

Für die politische Elitenrekrutierung und Zusammensetzung der Parlamente hat dieser Auslesemechanismus weitreichende strukturelle Folgen. Einerseits verschafft er Angehörigen von redenden, überredenden und vermittelnden Berufen generell einen Vorteil.[69] Andererseits grenzt er all jene Personen aus, deren ganze physische und psychische Kraft sowie volles Zeitbudget von der täglichen Erwerbsarbeit verzerrt werden. Dieser Zusammenhang lässt sich anschaulich an der beruflichen Zusammensetzung der gegenwärtigen Parteispitzen und parlamentarischen Führungsgruppen in Berlin verdeutlichen.

Die Partei- und erst recht die Fraktionsführung der SPD setzt sich überwiegend aus Personen zusammen, die ihre beruflichen Primärerfahrungen vor Einstieg in eine Politikkarriere im öffentlichen und intermediären Sektor gesammelt haben. Noch stärker schlägt dieser Berufshintergrund bei den Bündnis 90/Die Grünen und der CDU zu Buche. Insbesondere springt bei den Fraktionsführungen von SPD und Grünen die berufliche Wirtschaftsferne ins Auge. Auch das rot-grüne Bundeskabinett (unter Einschluss der Parlamentarischen Staatssekretäre) rekrutiert sich zu 58 Prozent aus dem öffentlichen und intermediären Sektor. Der Rechtsanwaltberuf ist obendrein mit 16 Prozent vertreten. Nur bei CSU und FDP hat sich eine größere unmittelbare Wirtschaftsnähe der Partei- und Fraktionselite erhalten, ohne dass der Wirtschaftssektor als Rekrutierungsbasis dominieren würde.

Die kontinuierliche berufliche Verengung der aus den Parteien hervorgehenden politischen Führungsschicht hinterlässt auch bei der veränderten Zusammensetzung des Bundestages deutliche Spuren. Über die Nachkriegszeit haben unmittelbar am Wert schöpfenden Wirtschaftsprozess beteiligte Berufsgruppen wie Arbeiter, Landwirte, Unternehmer, Manager und Kleingewerbetreibende den Rückzug angetreten.[70] Deren Schwinden setzt sich im 14. und jüngsten 15. Bundestag fort, während sich gleichzeitig

68 Siehe hierzu schon Herzog, Politische Karrieren (wie Anm. 12), S. 46.

69 Siehe hierzu Norris Pippa/Lovenduski, Joni: „If Only More Candidates Came Forward": Supply-Syde Explanations of Candidate Selection in Britain, in: British Journal of Political Science 23 (1993), S. 273-408, hier S. 384 und Norris, Pippa: Legislative Recruitment, in: LeDuc, Lawrence/Niemi, Richard G./Norris, Pippa (Hrsg.): Comparing Democracies. Elections and Voting in Global Perspective, Thousand Oaks, London, New Delhi 1996, S. 184-215, hier S. 186 ff.

70 Siehe hierzu Best, Heinrich: Der langfristige Wandel politischer Eliten in Europa 1867-2000: Auf dem Weg der Konvergenz?, in: Hradil/Imbusch (Hrsg.), Oberschichten (wie Anm. 21), S. 369-399, hier S. 383; siehe auch Best, Heinrich/Hausmann, Christopher/Schmitt, Karl: Challanges, Failures and Final Success: The Winding Path of German Parliamentary Leadership Groups towards a Structurally Integrated Elite 1848-1999, in: Best, Heinrich/Cotta, Maurizio (Hrsg.): Parliamentary Representatives in Europe 1848-2000, Oxford 2000, S. 138-195, hier S. 161 ff.

*Zusammensetzung der Partei- und Fraktionsführungen im Deutschen Bundestag von SPD, Bündnis'90/Grünen, CDU, CSU, FDP nach vormaligem beruflichem Tätigkeitsbereich**

| | | SPD | | Bündnis 90/Grüne | | CDU | | CSU | | FDP | |
|---|---|---|---|---|---|---|---|---|---|---|---|
| | **Beruflicher Tätigkeitsbereich[1.)]** | **Partei-führung[2.)]** | **Fraktions-führung[3.)]** | **Partei-führung** | **Fraktions-führung** | **Partei-führung** | **Fraktions-führung** | **Partei-führung** | **Fraktions-führung** | **Partei-führung** | **Fraktions-führung** |
| **1.** | **Öffentlicher Sektor** | **40,5** | **59,9** | **37,5** | **66,7** | **54,0** | **47,0** | **39,0** | **58,3** | **31,6** | **39,4** |
| 1.1. | Politikformulierung | 5,4 | 7,3 | 12,5 | 22,2 | 4,9 | 14,3 | 7,3 | 16,7 | 2,4 | 9,1 |
| 1.2. | Verwaltung | 2,7 | 9,1 | 0,0 | 0,0 | 14,6 | 14,3 | 9,8 | 16,7 | 94,2 | 0,0 |
| 1.3. | Rechtswesen | 0,0 | 5,5 | 0,0 | 0,0 | 7,3 | 0,0 | 2,4 | 0,0 | 0,0 | 9,1 |
| 1.4. | Bildung und Erziehung | 18,9 | 22,4 | 12,5 | 22,2 | 2,4 | 2,0 | 7,3 | 16,7 | 14,6 | 9,1 |
| 1.5. | Wissenschaft/Forschung | 13,5 | 10,2 | 12,5 | 22,2 | 22,0 | 14,3 | 7,3 | 8,3 | 10,4 | 9,1 |
| 1.6. | Gesundheit | 0,0 | 5,5 | 0,0 | 0,0 | 14,6 | 2,0 | 4,9 | 0,0 | 0,0 | 0,0 |
| **2.** | **Intermediärer Sektor** | **18,9** | **12,7** | **12,6** | **11,1** | **4,0** | **10,2** | **7,3** | **0,0** | **7,4** | **9,1** |
| 2.1. | Parteiorganisation | 2,7 | 0,0 | 6,3 | 0,0 | 0,0 | 2,0 | 0,0 | 0,0 | 1,7 | 9,9 |
| 2.2. | Wirtschaftliche Interessengruppen | 0,0 | 0,0 | 0,0 | 0,0 | 2,0 | 6,1 | 2,4 | 0,0 | 2,3 | 0,0 |
| 2.3. | Gewerkschaften | 2,7 | 7,3 | 0,0 | 0,0 | | | 0,0 | 0,0 | 0,0 | 0,0 |
| 2.4. | Medien | 13,5 | 5,5 | 6,3 | 11,1 | 2,0 | 2,0 | 4,9 | 0,0 | 2,3 | 0,0 |
| **3.** | **Privatwirtschaftlicher Sektor** | **32,4** | **23,8** | **31,3** | **11,1** | **34,0** | **34,7** | **43,9** | **41,7** | **37,2** | **45,5** |
| 3.1. | Land- und Forstwirtschaft | 0,0 | 1,8 | 0,0 | 0,0 | 0,0 | 2,0 | 7,3 | 0,0 | 0,0 | 0,0 |
| 3.2. | Industrie und Handwerk | 0,0 | 5,5 | 0,0 | 0,0 | 4,0 | 8,2 | 7,3 | 25,0 | 2,1 | 9,1 |
| 3.3. | Dienstleistungen | 5,4 | 5,5 | 31,3 | 0,0 | 12,0 | 6,1 | 12,2 | 8,3 | 22,9 | 0,0 |
| 3.4. | Rechtsanwälte | 13,5 | 5,5 | 0,0 | 0,0 | 14,0 | 12,2 | 9,8 | 0,0 | 8,0 | 18,2 |
| 3.5. | Handel und Verkehr | 13,5 | 5,5 | 0,0 | 11,1 | 4,0 | 6,1 | 7,3 | 8,3 | 4,2 | 18,2 |
| **4.** | **Sonstige/nicht ermittelbar** | **8,1** | **3,6** | **18,6** | **11,1** | **8,0** | **8,2** | **9,8** | **0,0** | **25,0** | **9,1** |

*Stand Herbst 2003, ermittelt nach Angaben der Parteien und Kürschners Volkshandbuch Deutscher Bundestag, 15. Wahlperiode, Rheinbreitbach 2003

1.) Beruflicher Tätigkeitsbereich: letzter Tätigkeitsbereich vor Übernahme eines Abgeordnetenmandates bzw. einer Parteispitzenposition

2.) Parteiführung: Die Parteiführung umfasst Parteipräsidium und Parteivorstand

3.) Fraktionsführung: Die Fraktionsführung umfasst den geschäftsführenden Fraktionsvorstand und den erweiterten Fraktionsvorstand

die Gruppe der Freiberufler vermehrt hat.[71] Profiteure der Entwicklung sind im öffentlichen Sektor und bei Parteien und Verbänden Beschäftigte, die die von den „produktiven" Berufen hinterlassene Lücke zu ihren Gunsten wieder aufgefüllt haben. Best[72] erklärt diese Entwicklung mit einer informellen „Insider-Outsider-Differenz, die durch Selektorate und Parteiorganisationen etabliert und perpetuiert" wurde.

In der Tat wird der Markt für politische Führungskräfte immer stärker von Bediensteten des öffentlichen Sektors und Angestellten des politischen Vermittlungsbereichs dominiert, die allesamt dem Produktionssektor fern stehen und beruflich mit verrechtlicher politisch-administrativer Tätigkeit und mit Interessenvermittlungsaufgaben

71 Siehe hierzu Deutsch, Franziska/Schüttemeyer, Suzanne S.: Die Berufsstruktur des Deutschen Bundestages – 14. und 15. Wahlperiode, in: Zeitschrift für Parlamentsfragen 34 (2003), S. 21-32; hier S. 30 f.

72 Best, Langfristiger Wandel (wie Anm. 70), S. 285.

befasst waren. Trotz der auffallenden Pluralisierung akademischer Ausbildungsgänge von Abgeordneten[73] und der parlamentarisch-gouvernementalen Führungsgruppen muss deshalb von einer schwindenden beruflichen Durchlässigkeit des politischen Stellenmarktes und einer Verengung der politischen Elitenrekrutierung auf Nachwuchs aus politiknahen und anwaltlichen Berufen gesprochen werden. Es ist aber zweifelhaft, ob der Verdrängungsprozess von authentischen Vertretern wirtschaftsnaher Fertigungs-, Verkaufs- und Dienstleistungsberufe auf gezielte innerparteiliche Selektion und Ausgrenzung zurückgeführt werden kann. Die berufliche Schließung resultiert vermutlich aus der unterschwelligen Entmutigung und Selbstaussperrung wirtschaftlich hart geforderter und nicht abkömmlicher Berufsgruppen. Offenkundig wirken die widrigen Einlasssperren und Aufstiegshürden einer politischen Karriere abschreckend daran mit, beruflich unabkömmliche Bewerber vom Einstieg in die Berufspolitik fernzuhalten. Letztendlich wirken Parteien mit ihrer politischen Rekrutierungspraxis wie eine Sperrvorrichtung gegen den ungehinderten Transfer von beruflich ungleich verteiltem ökonomischem, sozialem und kulturellem Kapital in politische Karrierechancen.

Der hierüber eingeschlagene Weg scheint ohne grundlegende Öffnung für Seiteneinsteiger nicht aufhaltbar. Denn der politische Elitensektor schließt an eine Entwicklung an, den die anderen Elitensektoren längst vorgezeichnet haben. Er rekrutiert sein Führungspersonal aus eigenem Nachwuchsbestand, und der wird von Leuten gestellt, die weit überwiegend zunächst vom Staat und dem angrenzenden politischen Vermittlungsbereich beschäftigt und ernährt werden. Politik wird gewissermaßen als gesellschaftlich ausdifferenzierter und verselbständigter Steuerungsbereich selbstreferent, wobei der vom Politikbetrieb ernährte Elitennachwuchs beim Einstieg in eine parlamentarische Karriere nur die Tischseite wechselt. Politisch-administrative Unerfahrenheit oder Unkenntnis der Logik des Politikbetriebs kann diesem Nachwuchspool wenigstens nicht unterstellt werden. Auch der akademische Ausbildungsgrad gehört mittlerweile zum Standard. Nur blickt die so rekrutierte politische Elite trotz heterogener akademischer Ausbildungsgänge auf weitgehend ähnliche berufliche Erfahrungen zurück, die sie im öffentlichen Sektor und politischen Vermittlungsbereich gesammelt hat. Vermutlich wird deshalb die soziale Abschottung und Abgehobenheit der politischen Klasse, die größtenteils nie in die Erwirtschaftung des Sozialprodukts, das sie umverteilt, unmittelbar involviert war und die nie die beruflichen und alltagsweltlichen Lebensumstände geteilt hat, die für die breiten Bevölkerungsschichten typisch sind, weiter ansteigen.

73 Siehe hierzu Wessels, Germany (wie Anm. 34), S. 84.

# Ostdeutsche Profile in der Politik: Zwischen Aufbruch und Anpassung

*Jürgen Plöhn*

## Zur Einführung

Vierzehn Jahre nach der demokratischen Herbstrevolution von 1989 sind in Deutschland nicht nur die Namen der „Ossis“ *Genscher*, *Mischnick*, *Renger* und *Bahr*, sondern auch die der „Wessis“ *Honecker*, *Bisky* und *Merkel* geläufig – gemeinhin allerdings wohl unter umgekehrten Vorzeichen.[1] Was aber kennzeichnet dann ein typisch ostdeutsches Profil in der Politik? Wer soll gemeint sein:

- Die konfessionslose, geschiedene PDS-Landtagsabgeordnete aus Magdeburg, früher bei einer Gewerkschaft des FDGB, heute bei „ver.di“ beschäftigt?
- Der durch Parteivereinigung von der „krypto-kommunistischen“ DBD in die CDU gelangte, evangelische Diplom-Staatswissenschaftler und heutige Landwirtschaftsminister?
- Der Diplom-Jurist ohne Konfessionsangabe mit Stasi-Kontakten und glänzender Karriere in der kirchlichen Verwaltung, die eine ebenso glänzende Fortsetzung als SPD-Politiker in Landes- und Bundesregierung gefunden hat?
- Der katholische Diplom-Lehrer für Mathematik und Physik, nach Eintritt in die Ost-CDU zum stellvertretenden Schuldirektor, nach der Wiedervereinigung bis zum Ministerpräsidenten aufgestiegen?
- Der Umwelthygieniker vom Zentralen Runden Tisch der DDR, zeitweise Abgeordneter für Bündnis'90, Parteiwechsler, sozialdemokratischer Minister, Oberbürgermeister und schließlich ebenfalls Ministerpräsident?
- Oder die evangelische ledige Mutter zweier Kinder aus Luckenwalde, Diplom-Chemikerin mit Studium in Finnland und den USA und Familienpolitikerin der CDU?

Offenbar haben 44 Jahre Aufbau und Entfaltung des Realsozialismus biographische Spuren hinterlassen. Nachdem die Umwandlung des politischen Systems in Ostdeutschland[2] als abgeschlossen gelten darf und etliche Studien den Charakter der antisozialistischen Revolution sowie Besonderheiten der deutschen Entwicklung untersucht haben, stellen sich Fragen nach den heutigen Führungsgruppen der Demokratie. Haben sie ein eigenes Profil bewahrt? Sind sie durch Vergangenheit oder Gegenwart geprägt? Antworten sollen auf quantitativer Basis unter Einbeziehung historischer Aspekte gesucht werden.

---

1 Nachfolgend wird für Ost-West-Differenzierungen die Sozialisierung (gesellschaftliche Prägung) – nicht der Geburtsort – zugrunde gelegt.

2 „West-“ und „Ostdeutschland“ sind ebenso wie die Bezeichnungen „alte“ und „neue“ Länder als Begriffe der politischen Zuordnung, nicht als geographische oder historische Charakteristika zu verstehen.

## Sozialistische Eliten

Bis heute zeichnen sich sozialistische Gesellschaftskonzeptionen durch *egalitäre* Zielvorstellungen aus. „Elite", verstanden als die „bessere Gesellschaft" mit Macht, Privilegien und Standesdünkel, bildet daher einen Gegenbegriff zur angestrebten Gleichheit.[3] Dessen ungeachtet hat jedoch der Marxismus-Leninismus in seiner Auffassung von der kommunistischen Partei als Avantgarde des Proletariats – mit verbindlichem Wertekanon für ihre Mitglieder – eine eindeutig *elitäre* Konzeption vertreten.[4] In der Herrschaftspraxis der DDR kam daher der SED das – verfassungsrechtlich fixierte – Machtmonopol zu, wobei ausgewählte Parteimitglieder zentrale Steuerungsfunktionen wahrgenommen haben. Zur Vorbereitung dieser „Nomenklaturkader" auf ihre Rolle einer funktionalen Elite verfügten Partei, Staatsapparat und Gewerkschaft über eigene Bildungsinstitutionen – bis hin zu speziellen Hochschulen.[5]

Die auf einen systemkonformen Kurs gebrachten (CDU, LDPD) oder erst auf Betreiben der SED gegründeten (NDPD, DBD) Blockparteien waren weder in der Lage, mit der SED zu konkurrieren, noch an deren politischen Entscheidungen zu partizipieren. In einer ambivalenten Position sollten die Blockparteien Teile der Gesellschaft an den realsozialistisch geprägten Staat heranführen, boten dafür aber Nicht-Kommunisten die Chance auf Karrieren bis zu mittleren Führungspositionen.[6] Während ihre Leitungsorgane als politisch korrumpiert gelten mußten, eröffneten die Blockparteien damit gegen die Zusicherung systemloyalen Verhaltens Nischen für eine relativ gesicherte private Existenz sowie – fortexistierende – soziale Kontakte.

Die politisch weitestgehend homogene und überwiegend männliche Elite der DDR dominierte bis zum Zusammenbruch des *ancien régime* staatliche Führungsämter wie auch Wirtschaftsbetriebe und gesellschaftliche Organisationen. Ohne einem Konkurrenzdruck ausgesetzt zu sein, alterte diese Führungsschicht, so daß sie in zunehmendem Maße von gerontokratischen Merkmalen geprägt war.[7] Die vorgesehenen Nachfolger

3 Vgl. Krais, Beate: Die Spitzen der Gesellschaft, in: dies. (Hrsg.): An der Spitze. Von Eliten und herrschenden Klassen, Konstanz 2001, S. 11-15. Zu den unterschiedlichen Elitebegriffen siehe auch den Beitrag von Viktoria Kaina in diesem Band.

4 Henkel, Rüdiger: Im Dienste der Staatspartei. Über Parteien und Organisationen der DDR, Baden-Baden 1994, S. 34-36. Zum Herrschaftssystem der DDR generell: Bundesministerium für innerdeutsche Beziehungen (Hrsg.): DDR-Handbuch, 2 Bde., 2. Aufl., Köln 1985.

5 Glaeßner, Gert-Joachim: Herrschaft durch Kader. Leitung der Gesellschaft und Kaderpolitik in der DDR am Beispiel des Staatsapparates, Opladen 1977; Ammer, Thomas: Strukturen der Macht – Die Funktionäre im SED-Staat, in: Weber, Jürgen (Hrsg.): Neues über eine vergangene Diktatur, München 1994, S. 5-22; Schneider, Eberhard: Die politische Funktionselite der DDR. Eine empirische Studie zur SED-Nomenklatura, Opladen 1994; Deutscher Bundestag (Hrsg.): Enquete-Kommission „Aufarbeitung von Geschichte und Folgen der SED-Diktatur in Deutschland", Bd. 1, Baden-Baden 1995, 215-221.

6 Lapp, Peter Loachim: Die „befreundeten Parteien" der SED. DDR-Blockparteien heute, Köln 1988; Suckut, Siegfried: Die DDR-Blockparteien im Lichte neuer Quellen, in: Weber, Jürgen (Hrsg.): Neues über eine vergangene Diktatur, München 1994, S. 99-197; Deutscher Bundestag (Hrsg.), Enquete-Kommission (wie Anm. 5), S. 233-247.

7 Schneider, Die politische Funktionselite (wie Anm. 6), S. 158-164; ebenso Lange, Ursula/Bürklin Wilhelm: Eliten, Führungsgruppen, in: Schäfers, Bernhard/Zapf, Wolfgang (Hrsg.): Handwörterbuch zur Gesellschaft Deutschlands, 2. Aufl., Opladen 2001, S. 175.

waren jedoch gezielt herangebildet worden. Eine – zum Teil durch staatsunabhängige Bildungsstätten gegangene – Gegenelite stand in einer organisatorisch strukturierten Form allein in den christlichen Kirchen zur Verfügung.[8]

Unter der Dominanz ideologischer Elemente gegenüber professionellem Wissen konnte sich keine Pluralisierung von Funktionseliten herausbilden. Der „Arbeiterklasse" – zu der dank der elitären Avantgarde-Konzeption auch die Nomenklaturkader zählten –, nicht der „Intelligenz" gebührte die Führung der sozialistischen Gesellschaft,[9] die sich gerade nicht als „Wissensgesellschaft" definierte und bei ihrem Zusammenbruch kaum weltmarktfähige Waren- und Dienstleistungsangebote erzeugte.[10]

## Die Transformationsphase und das Ergebnis des Wechsels

Die Erstarrung des SED-Regimes endete abrupt in der Herbstrevolution von 1989. Die Transformation des totalitären realsozialistischen Systems in eine pluralistische Demokratie einerseits, eine Marktwirtschaft andererseits und deren Reintegration in den deutschen Gesamtstaat vollzog sich hinsichtlich des erforderlichen Elitenwechsels in vier Schritten:[11]

- In *Phase 1* (Oktober 1989 bis Januar 1990) erfolgt ein parteiinterner Austausch der Führungsgruppen in SED und Blockparteien. Aus dem Partei- und Staatsapparat ausscheidende Funktionäre werden durch vorgesehene Nachwuchskader bzw. systemkonforme Personen ersetzt. Systemgegner bilden extern eigene Gruppierungen.
- *Phase 2* der Umwälzung (Januar 1990 bis März 1990) erbringt unter den Regierungen *Hans Modrows* an den „Runden Tischen" die Öffnung des politischen Systems für Vertreter der Systemopposition.
- *Phase 3* (März 1990 bis Sommer 1990) läßt die Auswechselung der politischen DDR-Elite in der Volkskammerwahl kulminieren und erweitert den Wandlungsprozeß auf die Staatswirtschaft.
- Als *Phase 4* (Oktober 1990 bis Dezember 1990) kann sodann der durch Länderneubildung, Wiedervereinigung, Landtagswahlen, Regierungsbildungen sowie erste

8 Henkys, Reinhard: Die Kirchen im SED-Staat zwischen Anpassung und Widerstand, in: Weber, Jürgen (Hrsg.): Neues über eine vergangene Diktatur, München 1994, S. 199-243; Deutscher Bundestag (Hrsg.), Enquete-Kommission (wie Anm. 5), S. 496-558; Maser, Peter: Die Kirchen in der DDR, Bonn 2000.

9 Christian Peter Ludz' These von der Differenzierung und Pragmatisierung der DDR-Elite hat nicht zugetroffen. Hoerning, Erika: Der gesellschaftliche Ort der Intelligenz in der DDR, in: Krais, Beate (Hrsg.): An der Spitze, Konstanz 2001, S. 120, 128; a. A. Hanke, Irma: Die Sozialstruktur, in: Rausch, Heinz/Stammen Theo (Hrsg.): DDR. Das politische, wirtschaftliche und soziale System, 6. Aufl., München 1984, S. 69-73.

10 Originäre Konzeption der Wissensgesellschaft bei Lane, Robert E.: The Decline of Politics and Ideology in a Knowledgeable Society, in: American Sociological Review 31 (1966), S. 649-662. Zur DDR: Wettig, Gerhard: Niedergang, Krise und Zusammenbruch der DDR, in: Kuhrt, Eberhard (Hrsg.): Die SED-Herrschaft und ihr Zusammenbruch, Opladen 1996, S. 379-455.

11 Zum Begriff der Transformation Steffani, Steffani: Gewaltenteilung und Parteien im Wandel, Opladen u. a. 1997, S. 222-226; zum Elitenwechsel in der DDR Derlien, Hans-Ulrich: Elitenzirkulation zwischen Implosion und Integration, in: Bertram, Hans/Kollmorgen, Raj (Hrsg.): Die Transformation Ostdeutschlands, Opladen 2001, S. 53-64; Derlien, Hans-Ulrich/Lock, Stefan: Eine neue Elite? Rekrutierung und Karrieren der Abgeordneten in den fünf neuen Landtagen, in: Zeitschrift für Parlamentsfragen 25 (1994), S. 61-64.

gesamtdeutsche Bundestagswahl markierte politische Prozeß der Restrukturierung Ostdeutschlands als Teil der Bundesrepublik Deutschland bezeichnet werden. Die heutigen Spitzenpositionen prägen sich heraus. Zugleich tritt das Phänomen des Elitenimports in Erscheinung, wodurch sich der Wandlungsprozeß in Ostdeutschland von parallelen Vorgängen in Osteuropa deutlich abhebt.

Als Ergebnis von Zusammenbruch und Neuordnung kann festgehalten werden: Institutionell hat sich die Anzahl der Entscheidungsebenen und unabhängigen Träger von Letztentscheidungen gegenüber DDR-Zeiten deutlich erhöht. Personell wurden die Inhaber von Spitzenpositionen in Regierung, Verwaltung, Militär, Justiz sowie Staatswirtschaft komplett ausgewechselt, wobei die SED/PDS unter Rückgriff auf ihre Kaderreserve (z. B. *Helmut Holter*, *Roland Claus*) zu einer relativ geordneten innerparteilichen *translatio imperii* in der Lage war. Kontinuität findet sich auf den unteren Ebenen und Rängen der Verwaltung, in fortbestehenden Parteiorganisationen, den christlichen Kirchen sowie in Presseredaktionen. Der Elitenimport hat sich primär auf *Ernennungspositionen*[12] bezogen. Dagegen stehen Bewerbungen um Wahlämter in Abhängigkeit vom Wohnort, so daß die ostdeutsche Bevölkerung in der parlamentarischen Teilelite stets anteilsgemäß präsent gewesen ist.[13]

Die nachfolgend analysierten Befunde beziehen sich auf ostdeutsche Abgeordnete und Regierungsmitglieder der Bundes- und Landesebene, wobei die kombinierte Untersuchung unterschiedlicher Ebenen des Entscheidungssystems die Möglichkeit bietet, Entwicklungen zu erfassen, bevor sie den engeren Kreis der nationalen politischen Elite erreichen.

## Auswertungen aktueller Daten

### *1. Bundespräsident und Bundesregierung*

Betrachtet man die Reihe der obersten Staatsorgane, ist für das Amt des Bundespräsidenten mit *Jens Reich* (B/GR) und *Dagmar Schipanski* (CDU/CSU) 1994 und 1999 symbolisch ein ostdeutscher Personalvorschlag in die Bundesversammlung gelangt, nach dem Rückzug der Kandidatur *Steffen Heitmanns* (1994) jedoch jeweils chancenlos geblieben. In der Bundesregierung gibt es hingegen seit 1990 kontinuierlich Repräsentanten für die neuen Länder (vgl. Tabelle 1).[14] Ungeachtet der dort seit 1994 erzielten sozialdemokratischen Wahlerfolge ist die Anzahl ostdeutscher Kabinettsvertreter unter *Gerhard Schröder* gegenüber der Amtszeit *Helmut Kohls* deutlich gefallen. Nach fünf Ministern ohne Portefeuille in der ersten gesamtdeutschen Bundesregierung gehörten ihr nach der Bundestagwahl von 1990 drei Ostdeutsche an. Derzeit hat mit *Manfred Stolpe* (ehemals IM Sekretär) nur ein – persönlich fragwürdiger – ostdeutscher Politiker einen Ministersessel inne. Die fünf Parlamentarischen Staatssekretäre haben

12 Zur Differenzierung Zapf, Wolfgang: Wandlungen der deutschen Elite. Ein Zirkulationsmodell deutscher Führungsgruppen 1919-1961, München 1965, S. 66 f.

13 Derlien, Elitenzirkulation (wie Anm. 11), S. 73.

14 Schindler, Peter: Datenhandbuch zur Geschichte des Deutschen Bundestages 1949 bis 1999, Baden-Baden 1999, Bd. 1, S. 1054-1107, Bd. 3, S. 4360-4364; vgl. Derlien, Elitenzirkulation (wie Anm. 11), S. 67.

es in dieser Funktion – wie ihre Vorgänger – überwiegend nicht vermocht, einer breiteren Öffentlichkeit bekannt zu werden.

*Tabelle 1: Bundesminister und Parlamentarische Staatssekretäre aus den Neuen Länder und dem Ostteil Berlins zu Beginn der Wahlperiode*[15]

| 1990 (3. Regierung Kohl) | 1994 (4. Regierung Kohl) | 1998 (1. Regierung Schröder) | 2002 (2. Regierung Schröder) |
|---|---|---|---|
| *Bundesminister* | | | |
| Günter Krause<br>Angela Merkel<br>Rainer Ortlieb | Angela Merkel<br>Claudia Nolte | Christine Bergmann | Manfred Stolpe |
| *Parlamentarische Staatssekretäre* | | | |
| Sabine Bergmann-Pohl<br>Joachim Günther<br>Gottfried Hasche<br>Betram Wieczorek | Sabine Bergmann-Pohl<br>Joachim Günther<br>Ulrich Klinkert<br>Johannes Nitsch | Siegfried Scheffler<br>Rolf Schwanitz<br>Gerald Thalheim | Iris Gleicke<br>Christoph Matschie<br>Christel Riemann-Hanewinckel<br>Rolf Schwanitz<br>Gerald Thalheim |

*2. Deutscher Bundestag*

Seit der Verkleinerung des Deutschen Bundestages mit Beginn der 15. Wahlperiode auf derzeit 603 Abgeordnete sind 98 Abgeordnete (16,3 Prozent) den neuen Ländern und dem ehemaligen Ostsektor Berlins zuzuordnen.[16] Zu diesen Mandatsträgern zählen mit dem Parlamentspräsidenten (*Wolfgang Thierse*) und der Oppositionsführerin (*Angela Merkel*) sowohl der höchste Repräsentant des Staatsorgans als auch die politische Protagonistin der Verfassungsinstitution Opposition (vgl. Tabelle 2). Hinzu kommt mit *Katrin Göring-Eckardt* eine der beiden Vorsitzenden der kleineren Koalitionsfraktion. Nicht die Regierung, sondern *das Parlament weist somit gegenwärtig die exponiertesten ostdeutschen Politiker auf.*

Gerade noch etwas über ein Zehntel der derzeitigen Abgeordneten ist erstmals qua Delegierung durch die Volkskammer in den Deutschen Bundestag eingezogen; ein knappes Drittel gehört ihm seit 1990 ununterbrochen an. Für die Mehrheit der ostdeutschen Mandatsträger liegt zwischen der Wiedervereinigung und ihrer ersten Wahl in den Deutschen Bundestag bereits ein Zeitraum von mindestens acht Jahren. *Damit gewinnen kontinuierliche Aufbauleistungen gegenüber charakterlicher Standfestigkeit unter dem DDR-Regime und persönlichem Einsatz bei der Systemtransformation zunehmende Bedeutung für die Kandidatenaufstellung.*

15 Schindler, Datenhandbuch (wie Anm. 14), Bd. 1, S. 1054-1059, Bd. 3, S. 4360-4364; Kürschners Volkshandbuch Deutscher Bundestag, 12.-15. WP, 63., 75., 85. und 95. Auflage, Rheinbreitbach 1991/1995/1999/2003.

16 Aus der Verschmelzung der Berliner Bezirke Mitte mit Tiergarten und Wedding sowie Friedrichshain mit Kreuzberg (2001) ergeben sich Abgrenzungsschwierigkeiten. Die entsprechenden Bundestagswahlkreise mit den (West-)Abgeordneten Jörg-Otto Spiller (SPD) und Christian Ströbele (B/GR) überlappen die frühere Sektorengrenze. Ohne diese Wahlkreise repräsentieren 96 (15,9 Prozent) Mandatsträger DDR und Ost-Berlin.

*Tabelle 2: Abgeordnete des Deutschen Bundestages aus den Neuen Länder und dem Ostteil Berlins nach Parlamentszugehörigkeit und Geburtsjahrgängen*[17]

| **Parlamentszugehörigkeit** | | | | | | | |
|---|---|---|---|---|---|---|---|
| | **11.-15. WP*** | **12.-15. WP** | **13.-15. WP** | **14.-15. WP** | **15. WP** | **Mit Unterbrechung** | **Gesamt** |
| *CDU* | 3 | 7 | 4 7 | 11 | 2 | 34 | |
| *SPD* | 7 | 10 | 3 | 20 | 9 | 0 | 49 |
| *B/GR* | 1 | 0 | 1 | 1 | 3 | 1 | 7 |
| *FDP* | 0 | 3 | 0 | 2 | 1 | 0 | 6 |
| *PDS* | 0 | 0 | 0 | 1 | 1 | 0 | 2 |
| *Gesamt* | 11 | 20 | 8 | 31 | 25 | 3 | 98 |

* 11. WP: Von der DDR-Volkskammer in den Deutschen Bundestag delegierte Abgeordnete (Okt. – Dez. 1990).

| **Jahrgangsgruppe** | | | | | | |
|---|---|---|---|---|---|---|
| | **Bis 1940** | **1941-1950** | **1951-1960** | **1961-1970** | **Ab 1971** | **Gesamt** |
| *CDU* | 0 | 8 | 21 | 2 | 3 | 34 |
| *SPD* | 1 | 22 | 17 | 8 | 1 | 49 |
| *B/GR* | 1 | 1 | 3 | 2 | 0 | 7 |
| *FDP* | 0 | 5 | 1 | 0 | 0 | 6 |
| *PDS* | 0 | 0 | 0 | 2 | 0 | 2 |
| *Gesamt* | 2 | 36 | 44 | 14 | 4 | 98 |

12 Träger ostdeutscher Mandate haben ihre Sozialisation im Westen (einschließlich West-Berlins) erfahren, 86 im Osten. Danach sind – mindestens – 87,8 Prozent der Gewählten unter dem gleichen politischen Regime sozialisiert wie ihre Wähler.[18] Mittlere Jahrgänge dominieren, wobei die SPD einen höheren Anteil an Abgeordneten in vorgerücktem Alter aufweist. Hingegen dringen die ersten Angehörigen der Alterskohorten, welche die Schule erst nach dem Zusammenbruch der DDR verlassen haben, vor allem über die CDU in den Bundestag ein.

Das fachliche Profil der Bundestagsabgeordneten aus den neuen Ländern mag auf den ersten Blick bemerkenswert „unpolitisch" erscheinen (Tabelle 3): Hinsichtlich der durchlaufenen Bildungsgänge stellen *technische Disziplinen die Modalkategorie* dar, rechtsstaatlich gebildete Juristen (nur einer aus dem Osten) sind hingegen selten, marktwirtschaftlich ausgebildete Ökonomen fehlen ganz. Bei der SPD finden sich noch in relativ großer Zahl Geisteswissenschaftler (z. B. *Thierse*), bei der CDU eher Naturwissenschaftler (z. B. *Merkel*). Für die erst später ins Parlament gekommenen Mandatsträger zeigt sich eine Entscheidung für die Übernahme politisch-gesellschaftlicher Verantwortung indes bereits an vorherigen Funktionen in Vereinen und Verbänden, kommunalpolitischen Erfahrungen und in 16 Fällen an Landtagsmandaten.

17 Auswertung der Angaben in Kürschners Volkshandbuch Deutscher Bundestag, 15. WP.
18 Ohne die überlappenden Wahlkreise erhöht sich der Anteil Ostdeutscher auf 89,6 Prozent.

*Tabelle 3: Bundestagsabgeordnete der Neuen Länder und des Ostteils Berlins nach Parteizugehörigkeit und Ausbildung (Januar 2003)*[19]

| Partei | Studienfächer | | | | | | | | | | | Ohne Studium |
|---|---|---|---|---|---|---|---|---|---|---|---|---|
| | Technische Wiss. | Math., Natur- u. Geowiss. | Human- u. Dentalmedizin | Landwirtschaft und Veterinärmedizin | Ökonomie/ Recht (sozialist.) | Ökonomie (marktw.) | Jura (westlich) | Theologie | Psychologie, Pädagogik, Geisteswiss. | Sozialwiss. (westlich) | Gesellschafts- u. Staatswiss. (sozialist.) | |
| **CDU (34)** | 10 | 6 | 0 | 3 | 3 | 0 | 3 | 2 | 2 | 2 | 0 | 3 |
| **SPD (49)** | 14 | 3 | 1 | 2 | 4 | 0 | 2 | 4 | 9 | 2 | 0 | 8 |
| **PDS (2)** | 0 | 0 | 0 | 0 | 0 | 0 | 0 | 0 | 1 | 0 | 1 | 0 |
| **FDP (6)** | 2 | 1 | 0 | 0 | 0 | 0 | 0 | 0 | 2 | 0 | 1[b] | 0 |
| **B/GR (7)** | 2 | 0 | 0 | 2 | 0 | 0 | 1 | (1)[a] | 1 | 0 | 0 | 0 |
| ***Gesamt*** | *28* | *10* | *1* | *7* | *5* | *0* | *6* | *6+(1)* | *15* | *4* | *2* | *11* |

a: Studium ohne Abschluß. – b: Im Internet durch die Angabe „Küstenschiffer“ verschleiert.

*Tabelle 4: Abgeordnete des Landtags von Sachsen-Anhalt nach Parteizugehörigkeit und Ausbildung (August 2003)*[20]

| Partei | Studienfächer | | | | | | | | | | | Ohne Studium |
|---|---|---|---|---|---|---|---|---|---|---|---|---|
| | Technische Wiss. | Math., Natur- u. Geowiss. | Human- u. Dentalmedizin | Landwirtschaft und Veterinär medizin | Ökonomie/ Recht (sozialist.) | Ökonomie (marktw.) | Jura (westlich) | Theologie | Psychologie, Pädagogik, Geisteswiss. | Sozialwiss. (westlich) | Gesellschafts- u. Staatswiss. (sozialist.) | |
| **CDU (48)** | 14 | 6 | 0[a] | 2 | 2 | 3 | 2 | 0 | 6 | 4 | 0 | 9 |
| **SPD (25)** | 7 | 6 | 1 | 0 | 0 | 0 | 3 | 1 | 4 | 0 | 0 | 3 |
| **PDS (25)** | 1 | 3 | 0 | 3 | 2 | 0 | 1 | 0 | 7 | (2) | 4 | 2 |
| **FDP (17)** | 2 | 2 | 0 | 0 | 1 | 1 | 4 | 0 | 1 | (1) | 2 | 3 |
| ***Gesamt*** | *24* | *17* | *1* | *5* | *3* | *4* | *10* | *1* | *18* | *4+(3)* | *8* | *17* |

19 Angaben nach Kürschners Volkshandbuch Deutscher Bundestag, 15. WP, 95. Aufl., Rheinbreitbach 2003 sowie http://www.bundestag.de/mdb15/alphabet/index.html.
20 Angaben gemäß http://www.landtag.sachsen-anhalt.de/abgeord/gesabge1.htm.

Die im Osten gewählten Westdeutschen haben sich frühzeitig mit spezifischen beruflichen Qualifikationen für den „Aufbau Ost" zur Verfügung gestellt, wobei neben juristischen Kenntnissen auch Verwaltungserfahrungen und unternehmerische Initiative relevant erscheinen. Überwiegend sind sie erst nach einer Bewährung in ihrem Beruf in die Politik übergewechselt. Damit sind die betreffenden Abgeordneten – wie die ostdeutschen Mandatsträger der ersten Generation – als *Quereinsteiger*, nicht als Berufspolitiker in die Politik gegangen.

### *3. Landesregierungen*

Wenn bisweilen der Eindruck erweckt worden oder entstanden sein mag, die CDU präsentiere für das Amt des Regierungschef entweder belastete Altmitglieder der Ost-CDU oder aber gebietsfremde Westdeutsche, wohingegen die von der SPD gestellten Ministerpräsidenten sowohl moralisch integer als auch originär ostdeutsche Politiker seien, so belegt Tabelle 5 einen wesentlich differenzierteren Sachverhalt.

*Tabelle 5: Spitzenkandidaten von CDU und SPD bei ostdeutschen Landtagswahlen*[21]

| | **Mecklenburg-Vorpommern** | **Brandenburg** | **Sachsen-Anhalt** | **Thüringen** | **Sachsen** |
|---|---|---|---|---|---|
| 1990 | Alfred Gomolka<br>(CDU)<br>*Klaus Klingner*<br>(SPD) | Manfred Stolpe<br>(SPD)<br>Peter-Michael Diestel<br>(CDU) | Gerd Gies<br>(CDU)<br>Reinhard Höppner<br>(SPD) | Josef Duchac<br>(CDU)<br>*Friedhelm Farthmann*<br>(SPD) | Kurt Biedenkopf<br>(CDU)<br>*Anke Fuchs*<br>(SPD) |
| 1994 | **Berndt Seite**<br>(CDU)<br>Harald Ringstorff<br>(SPD) | **Manfred Stolpe**<br>(SPD)<br>Peter Wagner<br>(CDU) | **Christoph Bergner**<br>(CDU)<br>Reinhard Höppner<br>(SPD) | ***Bernhard Vogel***<br>(CDU)<br>Gerd Schuchardt<br>(SPD) | ***Kurt Biedenkopf***<br>(CDU)<br>Karl-Heinz Kunckel<br>(SPD) |
| 1998/99 | **Berndt Seite**<br>(CDU)<br>Harald Ringstorff<br>(SPD) | **Manfred Stolpe**<br>(SPD)<br>*Jörg Schönbohm*<br>(CDU) | **Reinhard Höppner**<br>(SPD)<br>Christoph Bergner<br>CDU) | ***Bernhard Vogel***<br>(CDU)<br>*Richard Dewes*<br>(SPD) | ***Kurt Biedenkopf***<br>(CDU)<br>Karl-Heinz Kunckel<br>(SPD) |
| 2002 | **Harald Ringstorff**<br>(SPD)<br>Eckhardt Rehberg<br>(CDU) | | **Reinhard Höppner**<br>(SPD)<br>Wolfgang Böhmer<br>(CDU) | | |

Fett: Amtierende Ministerpräsidenten. – Unterstrichen: Jeweilige Sieger. – Kursiv: Westdeutsche Kandidaten.

Die CDU hat eine Reihe westdeutsch sozialisierter Ministerpräsidenten stellen können, weil sie für ihr personelles Angebot in Wählerschaft und Parlamenten Mehrheiten gefunden hat. Die SPD ist bei ihren Bemühungen um eigene Mehrheiten weniger erfolgreich gewesen, so daß die von ihr präsentierten Spitzenkandidaten nach verlorenen Wahlen wieder in den Westen zurückgekehrt und vergessen worden sind. *Manfred Stolpe*, zu DDR-Zeiten staatsloyaler Kirchenjurist und anfangs einziger Sozialdemokrat unter den ostdeutschen Ministerpräsidenten, eignet sich indes keineswegs als Gegenbild zu den bisweilen pauschal als systemkonform deklarierten Mitgliedern der Ost-CDU.[22]

21 Zusammenstellung aus der Wahlberichterstattung in der Zeitschrift für Parlamentsfragen.

22 Ditfurth, Christian von: Blockflöten. Wie die CDU ihre realsozialistische Vergangenheit verdrängt, Köln 1991.

Von der Transformationselite der sich demokratisierenden DDR gelangte niemand unmittelbar in die politische Spitzenposition eines der neuen Länder. Erst in den folgenden Jahren sind Personen zu Regierungschefs gewählt worden, die durch die Herbstrevolution von 1989 politisch aktiv geworden sind. Unter diesen hat *Matthias Platzeck* bereits einen Parteiwechsel von Bündnis'90 zur SPD vollzogen. Mit *Wolfgang Böhmer* kann seit 2002 auch die CDU einen ostdeutsch sozialisierten Ministerpräsidenten vorweisen, der seiner Partei erst nach dem Zusammenbruch des alten Regimes beigetreten ist.

Bezieht man die Landesminister ein, lassen sich weitere Analysen vornehmen und Häufungen feststellen (vgl. Tabelle 6):

- Mittlere Jahrgänge dominieren, so daß weder eine Überalterung wie in der DDR noch eine symbolische Heranziehung unreifer Politiker zu beobachten ist. Auch hinsichtlich der Studienfächer zeigt sich eine bemerkenswerte Parallele zum Profil der ostdeutschen Mitglieder des Bundestages: In noch deutlicherem Maße als für ein Mandat ist für ein Ministeramt ein *Studium regelmäßige Qualifikationsvoraussetzung*. Dabei dominieren in den Landesregierungen wiederum noch etwas stärker als unter den Bundestagsabgeordneten Personen mit mathematischer, technischer, naturwissenschaftlicher, landwirtschaftlicher oder medizinischer Vorbildung (54 Prozent der Kabinettsmitglieder – 46,9 Prozent der Abgeordneten). Auf das sozialistische Wirtschafts- und Gesellschaftssystem bezogene Studiengänge machen 10 Prozent der Fälle aus, finden sich allerdings mit Ausnahme der FDP in allen Regierungsparteien. Die Theologie, Ausdruck betont systemfernen Denkens, ist unter den Regierungsmitgliedern dagegen bedeutend seltener vertreten. Die Absolventen (zehn) der spezifisch „westlichen" Fächer Rechtswissenschaft und Volkswirtschaftslehre stammen auf dieser Ebene sämtlich aus den westlichen Bundesländern.
- Die zur Führung eines Ministeriums erforderlichen Leitungserfahrungen sind in Politik (Parlamenten und kommunalen Wahlämtern), Wissenschaft, Unternehmen und Verwaltungen erworben worden. Zu DDR-Zeiten haben die heutigen Regierungsmitglieder typischerweise höchstens auf mittleren Ebenen Führungspositionen bekleiden können. Der direkte Sprung aus der Systemopposition auf einen Ministersessel (z. B. *Karl-Heinz Daehre, Matthias Platzeck, Matthias Rößler, Steffen Reiche, Klaus Zeh*) ist nicht mehr als üblich anzusehen. Acht Minister sind bereits beamtete Staatssekretäre gewesen – aus der Perspektive Max Webers wohl bedenklich, doch angesichts ihrer *politischen* Sozialisierung eher als Ausdruck der Suche nach fachlich qualifiziertem Personal zu verstehen.

Nach Parteien differenziert, beträgt der insgesamt bei 28 Prozent liegende Anteil im Westen sozialisierter Kabinettsmitglieder für die CDU 29,0 Prozent, für die SPD 23,1 Prozent, bei der PDS 0 Prozent und bei der FDP 66,7 Prozent. Wie die ausgeübten Funktionen zeigen, gleichen diese „Westler" – darunter mit *Curt Becker* (Sachsen-Anhalt) und *Jörg Schönbohm* (Brandenburg) auch zwei Rückkehrer – vor allem Defizite in der ostdeutschen Qualifikationsstruktur aus, die in den derzeit ministrabel erscheinenden Alterskohorten nicht mehr geschlossen werden können: Nach dem Abgang *Steffen*

*Tabelle 6: Zusammensetzung der ostdeutschen Landesregierungen nach Herkunft, Jahrgang und Ausbildung*[23]

| Regierungsmitglieder | | | | Jahrgang | | | | Studienfächer | | | | | | | | | Ohne Studium |
|---|---|---|---|---|---|---|---|---|---|---|---|---|---|---|---|---|---|
| Aufstellende Partei[24] | Land | Anz. | davon im Westen sozialisiert | Vor 1940 | 1941 -50 | 1951 -60 | Ab 1961 | Ing.-Wiss. | Nat.-Wiss./ Math. | Ldw./ Vet.-Medizin | Human-medizin | Theo-logie | Jura (West) | VWL (West) | Gesell.-Wiss./ Ökon. (Ost) | Sonstige | |
| **CDU** (24) | BB | 4 | 2 | 1 | 0 | 2 | 1 | 0 | 1 | 0 | 0 | 0 | 1 | 0 | 1 | | Offizier |
| | SA | 7 | 2 | 2 | 1 | 4 | 0 | 1 | 1 | 1 | 1 | 0 | 2 | 0 | 0 | Pädagog. | |
| | S | 10 | 3 | 1 | 3 | 6 | 0 | 4 | 0 | 1 | 0 | 0 | 1 | 1 | 0 | Psychol./ Geogr. | VWA-Ausbild. |
| | T | 10 | 2 | 0 | 5 | 5 | 0 | 3 | 3 | 1 | 0 | *[c] | 1 | 0 | 1 | Journal.[e] | |
| **SPD** (13) | MV | 7 | 3 | 1 | 3 | 3 | 0 | 0 | 1 | 1 | 1[b] | 1 | 1 | 1 | 1 | | |
| | BB | 6 | 0 | 0 | 2 | 4 | 0 | 2 | 1 | 1 | 0 | 1 | 0 | 0 | 1 | | |
| **PDS** (3) | MV | 3 | 0 | 0 | 2 | 1 | 0 | *[a] | 0 | 2 | 0 | 0 | *[d] | 0 | 1 | | |
| **FDP** (3) | SA | 3 | 2 | 1 | 0 | 2 | 0 | 0 | 1 | 0 | 0 | 0 | 1 | 1 | 0 | | |
| ***Gesamt*** | | *50* | *14* | *6* | *16* | *27* | *1* | *10* | *8* | *7* | *2* | *2* | *7* | *3* | *5* | *4* | *2* |

a: Erststudium vor dem Studium der Gesellschaftswissenschaften. – b: Zuzüglich eines Erststudiums der Zahnmedizin. – c: Zusatzfernstudium. – d: Zweitstudium ohne Angabe über Abschluß. – e: Ehemals Beamter im höheren Dienst, keine Angabe eines Studienfaches.

23 Internetquellen zu den Landesregierungen: http://www.mv-regierung.de/; siehe auch http://www.brandenburg.de/sixcms/detail.php?id=11427&_siteid=2; siehe weiterhin http://www.sachsen-anhalt.de/rcs/LSA/pub/Ch1/fld8311011390180834/pgiy3e8d6yus/index.jsp; ebenso herangezogen wurde für die Statistik die Daten der Homepage http://www.sachsen.de/de/bf/staatsregierung/index.html; http://www.thueringen.de/de/index.asp?oben=mainnav1.html&unten=/de/politisch/landesregierung/index.html.

24 Eine Parteimitgliedschaft ist nicht in jedem Falle gegeben.

*Heitmanns* sind in allen neuen Ländern die Justizministerien mit westdeutsch sozialisierten Ressortchefs besetzt worden. Ebenso ist in drei der fünf Länder das Wirtschaftsressort einem Westdeutschen anvertraut worden. Mit drei weiteren Fällen läßt sich auch eine Häufung für den – ressortmäßig unterschiedlich zugeordneten – Bereich der Europaangelegenheiten erkennen. Unter den Ministerpräsidenten sowie im Finanzsektor besteht die vormalige Dominanz importierter Politiker mit jeweils nur noch einem Fall hingegen nicht mehr fort.

### *4. Landesparlamente*

Landtagsabgeordnete bilden regionale Repräsentationseliten. Wie die anderen untersuchten Kategorien von Politikern nehmen Landesparlamentarier ihr Mandat typischerweise hauptberuflich wahr. Auch sie stehen dabei mit einem Alter von etwa 40 bis 60 Jahren (vgl. Tabelle 7) zum weit überwiegenden Teil nicht mehr am Anfang ihrer beruflichen Karriere, die sie – soweit nicht zugewandert oder zurückgekehrt – vielmehr bereits in der DDR begonnen haben.[25]

Das individuelle politische Verhalten unter realsozialistischer Herrschaft wird in den publizierten Abgeordnetenbiographien zum Teil nicht mehr thematisiert. Vielmehr treten berufliche Verwendungen, politische Funktionen und Mandate auf kommunaler Ebene sowie ehrenamtliche Funktionen im gesellschaftlichen Bereich in den Vordergrund. Die Frage, inwieweit mit einem personellen Wechsel auch eine kategoriale Veränderung der Fraktionen hinsichtlich der Lebensgeschichten ihrer Mitglieder verbunden ist, bleibt dabei unbeantwortet.

Erkennbar sind hingegen länderspezifische Unterschiede in der Dynamik des Personalwechsels (vgl. Tabelle 8): Während der Anteil der seit 1990 fortlaufend wiedergewählten Abgeordneten in Mecklenburg-Vorpommern und Sachsen-Anhalt mit 19,7 Prozent bzw. 20,9 Prozent auf der gleichen Höhe liegt wie im Deutschen Bundestag (ab den ersten gesamtdeutschen Wahlen), ist die Quote kontinuierlich amtierender Abgeordneter in Brandenburg (30,7 Prozent), Thüringen (38,6 Prozent) und Sachsen (44,2 Prozent) deutlich höher. Insoweit zeigt sich: *Vierjährige Wahlperioden ermöglichen einen rascheren personellen Wandel als fünfjährige.*

Anhand der einzelnen Fraktionen wird die *in den neuen Ländern besonders volatile Wählerschaft* als weitere *Rahmenbedingung für die Amtsführung der Parlamentarier* deutlich. Hierzu gilt: (1) Wahlerfolge einer Partei ermöglichen nur im Falle stabiler Mehrheitsverhältnisse relativ zahlreichen Abgeordneten eine kontinuierliche parlamentarische Tätigkeit (CDU-Fraktionen in Sachsen und Thüringen). (2) Deutliche Wahlniederlagen beschränken die parlamentarische Vertretung der Partei auf wenige Spitzenpolitiker, so daß der *relative Anteil* langjähriger Abgeordneter an den Fraktionsmit-

25 Nach Jahrzehnten ergeben sich für die insgesamt 482 Landtagsabgeordneten folgende Anteile: bis 1940: 8,3 Prozent (40); 1941-1950: 30,1 Prozent (145); 1951-1960: 40,5 Prozent (195); 1961-1970: 16,4 Prozent (79); ab 1971 4,8 Prozent (23). – Zu den Landtagen vgl. generell Stefan Lock: Ostdeutsche Landtagsabgeordnete 1990-1994. Vom personellen Neubeginn zur politischen Professionalisierung?, Berlin 1998 (mit eigenem Periodisierungsansatz).

*Tabelle 7: Die Abgeordneten der 2003 amtierenden Landtage nach Geburtsjahrgangen*[26]

| Mecklenburg-Vorpommern, 4. WP (2002-06) | | | | | | |
|---|---|---|---|---|---|---|
| | Bis 1940 | 1941-1950 | 1951-1960 | 1961-1970 | Ab 1971 | Gesamt |
| CDU | 2 | 6 | 10 | 6 | 1 | *25* |
| SPD | 1 | 9 | 19 | 3 | 1 | *33* |
| PDS | 0 | 1 | 8 | 4 | 0 | *13* |
| *Gesamt* | *3* | *16* | *37* | *13* | *2* | *71* |
| Brandenburg – 3. WP (1999-2004) | | | | | | |
| | Bis 1940 | 1941-1950 | 1951-1960 | 1961-1970 | Ab 1971 | Gesamt |
| CDU | 1 | 11 | 8 | 4 | 1 | *25* |
| SPD | 3 | 18 | 11 | 4 | 0 | *36* |
| PDS | 2 | 4 | 12 | 3 | 1 | *22* |
| DVU | 0 | 1 | 1 | 2 | 1 | *5* |
| *Gesamt* | *6* | *34* | *32* | *13* | *3* | *88* |
| Sachsen-Anhalt – 4. WP (2002-06) | | | | | | |
| | Bis 1940 | 1941-1950 | 1951-1960 | 1961-1970 | Ab 1971 | Gesamt |
| CDU | 4 | 10 | 20 | 12 | 2 | *48* |
| SPD | 1 | 12 | 7 | 5 | 0 | *25* |
| PDS | 0 | 2 | 14 | 5 | 4 | *25* |
| FDP | 2 | 3 | 6 | 2 | 4 | *17* |
| *Gesamt* | *5* | *24* | *47* | *24* | *10* | *115* |
| Sachsen – 3. WP (1999-2004) | | | | | | |
| | Bis 1940 | 1941-1950 | 1951-1960 | 1961-1970 | Ab 1971 | Gesamt |
| CDU | 12 | 26 | 28 | 9 | 1 | *76* |
| SPD | 2 | 8 | 2 | 2 | 0 | *14* |
| PDS | 2 | 8 | 10 | 8 | 2 | *30* |
| *Gesamt* | *16* | *42* | *40* | *19* | *3* | *120* |
| Thüringen – 3. WP (1999-2004) | | | | | | |
| | Bis 1940 | 1941-1950 | 1951-1960 | 1961-1970 | Ab 1971 | Gesamt |
| CDU | 4 | 17 | 21 | 5 | 2 | *49* |
| SPD | 2 | 6 | 9 | 1 | 0 | *18* |
| PDS | 2 | 3 | 9 | 4 | 3 | *21* |
| *Gesamt* | *8* | *26* | *39* | *10* | *5* | *88* |

gliedern hoch ist (SPD-Fraktionen in Brandenburg, Sachsen-Anhalt, Sachsen und Thüringen). (3) Mit einem unfreiwilligen Ausscheiden ist die parlamentarische Karriere üblicherweise beendet. Nur wenige Ehemalige kehren zurück; in der Regel werden neue Kandidaten aufgestellt (CDU und FDP in Sachsen-Anhalt).

Für die Abgeordneten der „ostdeutschen Konstanten“, der PDS, werden die Handlungsbedingungen hingegen stark innerparteilich geprägt. Denn trotz ihrer vergangenheitsorientierten Züge unterwirft die Partei ihre Fraktionen einem erheblichen personellen Wandel: 2003 ist nirgendwo mehr als ein Viertel der Abgeordneten mit den 1990 gewählten identisch. Zugleich verfügt die PDS über mehr junge Abgeordnete als jede andere Partei.

26 Zu den Quellen vgl. Tabelle 7.

*Tabelle 8: Zur Dauer der Landtagszugehörigkeit der Abgeordneten*[27]

| | | | | | | | |
|---|---|---|---|---|---|---|---|
| **Mecklenburg-Vorpommern, 4. WP (2002-06)** | | | | | | | |
| | **1.-4. WP** | **2.-4. WP** | **3.-4. WP** | **4. WP** | **1., 4. WP** | **2., 4. WP** | **1./2./4. WP** | **Gesamt** |
| **CDU** | 7 | 3 | 2[a] | 12 | 1 | 0 | 0 | 25 |
| **SPD** | 5 | 6 | 9 | 13 | 0 | 0 | 0 | 33 |
| **PDS** | 2 | 2 | 6 | 3 | 0 | 0 | 0 | 13 |
| ***Gesamt*** | *14* | *11* | *17* | *28* | *1* | *0* | *0* | *71* |
| **Brandenburg – 3. WP (1999-2004)** | | | | | | | | |
| | **1.-3. WP** | **2.-3. WP** | **3. WP** | **-** | **1., 3. WP** | | | **Gesamt** |
| **CDU** | 5 | 8 | 11 | - | 1 | | | 25 |
| **SPD** | 17 | 13 | 6 | - | 0 | | | 36 |
| **PDS** | 5 | 5 | 12 | - | 0 | | | 22 |
| **DVU** | 0 | 0 | 5 | - | 0 | | | 5 |
| ***Gesamt*** | *27* | *26* | *34* | - | *1* | | | *88* |
| **Sachsen-Anhalt – 4. WP (2002-06)** | | | | | | | | |
| | **1.-4. WP** | **2.-4. WP** | **3.-4. WP** | **4. WP** | **1., 4. WP** | **2., 4. WP** | **1., 2., 4. WP** | **Gesamt** |
| **CDU** | 9 | 2 | 3 | 31 | 0 | 2 | 1 | 48 |
| **SPD** | 12 | 4 | 6 | 3 | 0 | 0 | 0 | 25 |
| **PDS** | 3 | 7 | 10 | 5 | 0 | 0 | 0 | 25 |
| **FDP** | 0 | 0 | 0 | 14[b] | 3 | 0 | 0 | 17 |
| ***Gesamt*** | *24* | *13* | *19* | *53* | *3* | *2* | *1* | *115* |
| **Sachsen – 3. WP (1999-2004)** | | | | | | | | |
| | **1.-3. WP** | **2.-3. WP** | **3. WP** | **-** | **1., 3. WP** | | | **Gesamt** |
| **CDU** | 39 | 23[c] | 14 | - | 0 | | | 76 |
| **SPD** | 7 | 3 | 4 | - | 0 | | | 14 |
| **PDS** | 7 | 11 | 10 | - | 2 | | | 30 |
| ***Gesamt*** | *53* | *37* | *28* | - | *2* | | | *120* |
| **Thüringen – 3. WP (1999-2004)** | | | | | | | | |
| | **1.-3. WP** | **2.-3. WP** | **3. WP** | **-** | **1., 3. WP** | | | **Gesamt** |
| **CDU** | 22 | 12 | 15 | - | 0 | | | 49 |
| **SPD** | 7 | 8 | 3 | - | 0 | | | 18 |
| **PDS** | 5 | 4 | 11 | - | 1 | | | 21 |
| ***Gesamt*** | *34* | *24* | *29* | - | *1* | | | *88* |

a: Darunter Armin Jäger, in der 2. WP 1997-98 Innenminister. – b: Darunter Horst Rehberger, in der 1. WP Wirtschaftsminister. – c: Darunter die Minister Eggert, Geisler, Heitmann und Milbradt.

27 Zu den Quellen vgl. Tabelle 7.

die zu beobachtende strikt proportionale Berücksichtigung der Geschlechter (Tabelle 9) indiziert indes einen *politischen Planungswillen*, der sich an einem gewünschten Bild sozialer Repräsentation, *nicht an der Optimierung einer funktionalen Elite orientiert.*

*Tabelle 9: Landtagsabgeordnete der Neuen Länder nach Partei und Geschlecht*[28]

| | Mecklenburg-Vorpommern | | Brandenburg | | Sachsen-Anhalt | | Sachsen | | Thüringen | |
|---|---|---|---|---|---|---|---|---|---|---|
| | M | W | M | W | M | W | M | W | M | W |
| **CDU** | 19 | 6 | 20 | 5 | 39 | 9 | 57 | 19 | 40 | 9 |
| **SPD** | 23 | 10 | 25 | 11 | 15 | 10 | 10 | 4 | 11 | 7 |
| **PDS** | 6 | 7 | 10 | 11 +1[a] | 12 | 13 | 16 | 14 | 10 | 11 |
| **FDP** | - | - | - | - | 14 | 3 | - | - | - | - |
| **DVU** | - | - | 3 | 2 | - | - | - | - | - | - |
| ***Gesamt*** | *48* | *23* | *58* | *30* | *80* | *35* | *83* | *37* | *61* | *27* |

a: Fraktionslose Abgeordnete, für die PDS gewählt.

*Dauerhaft wirksame Profilelemente* von Abgeordneten zeigen sich in exemplarischer Weise nach den Verwerfungen zweier Regierungswechsel (1994, 2002) anhand des nach Fraktionszahl und -stärke relativ ausgewogen besetzten Landtags von Sachsen-Anhalt (vgl. Tabelle 4): Nach wie vor ist ausbildungsbezogen die relativ größte Gruppe von Abgeordneten aus technischen Fächern hervorgegangen. Zusammen mit den Natur- und Geowissenschaften, der Agrarwissenschaft, den medizinischen Disziplinen sowie der nicht politisierbaren, abstrakten Geisteswissenschaft der Mathematik weisen 40,9 Prozent der Abgeordneten (sowie der Regierungschef) eine Vorbildung auf, die auf objektive, nicht ideologisch geprägte Zusammenhänge gerichtet ist. Dieser Gruppe stehen noch immer Absolventen spezifisch sozialistischer Studiengänge aus dem Bereich der Staats-, Gesellschafts-, Rechts- und Wirtschaftswissenschaften gegenüber.

Gleichfalls ideologisierte Fächer haben die Absolventen geisteswissenschaftlicher Fächer wie Philosophie und Geschichte studiert. In diesem Bereich zeigt sich allerdings ebenso wie im Auftreten westlich inspirierter Fächer eine *neue Facette* im Profil ostdeutscher Repräsentanten: Im 4. Landtag Sachsen-Anhalts sind Absolventen der Rechts-, Wirtschafts-, Sozial- und Geisteswissenschaften zu finden, die bereits *nach der Wiedervereinigung an Universitäten der neuen Länder studiert* haben. Wie der Fall der

28 Die Darstellungen zu ostdeutschen Landesparlamenten basieren auf Angaben in: http://www.landtag-mv.de, Handbuch Landtag Mecklenburg-Vorpommern, 3. Wahlperiode, 1998-2002, Rheinbreitbach 1999; siehe http://www.landtag.brandenburg.de/sixcms/detail.php?template=lt_abgeordnete_alph_start, Landtag Brandenburg, 3. Wahlperiode, 1999-2004, 3. Aufl., Potsdam, 2001; ebenso http://www.landtag.sachsen-anhalt.de/abgeord/gesabge1.htm, Amtliches Handbuch Landtag von Sachsen-Anhalt, 4. WP, Grundwerk, Magdeburg 2002; vgl. weiterhin http://www.cdu-sachsen-fraktion.de/abgeordnete/abgeordnete_a-z.asp, http://www.pdsfraktion-sachsen.de/ und http://www.spd-fraktion-sachsen.de, Volkshandbuch Sächsischer Landtag, 3. Wahlperiode, 1999-2004, Rheinbreitbach, 2000; http://www.landtag.thueringen.de/start.htm, Handbuch Thüringer Landtag, 3. Wahlperiode 1999-2004, Erfurt 2000.

*Tabelle 10: Konfession der Landtagsabgeordneten (2003) nach ihrem Selbstbekenntnis*[29]

| Partei | Evangelisch | Katholisch | Christen insgesamt | Ohne Angabe/Konfessionslose/Atheisten | Gesamt |
|---|---|---|---|---|---|
| | | | Mecklenburg-Vorpommern, 4. WP (2002-06) | | |
| CDU | 15 | 4 | 19 | 6 | *25* |
| SPD | 12 | 2 | 14 | 19 | *33* |
| PDS | 0 | 0 | 0 | 13[a] | *13* |
| *Gesamt* | *27* | *6* | *33* | *38* | *71* |
| | | | Sachsen-Anhalt – 4. WP (2002-06) | | |
| CDU | 26 | 13 | 39 | 9 | *48* |
| SPD | 9 | 4[a] | 13 | 12 | *25* |
| PDS | 0 | 0 | 0 | 25 | *25* |
| FDP | 4 | 5 | 9 | 8 | *17* |
| *Gesamt* | *39* | *22* | *61* | *54* | *115* |
| | | | Sachsen – 3. WP (1999-2004) | | |
| CDU | 56 | 17 | 73 | 3 | *76* |
| SPD | 5 | 0 | 5 | 9 | *14* |
| PDS | 1 | 0 | 1 | 29 | *30* |
| *Gesamt* | *62* | *17* | *79* | *41* | *120* |
| | | | Thüringen – 3. WP (1999-2004) | | |
| CDU | 33 | 13 | 46 | 3 | *49* |
| SPD | 5 | 1 | 6 | 12 | *18* |
| PDS | 1 | 0 | 1 | 20 | *21* |
| *Gesamt* | *39* | *14* | *53* | *35* | *88* |

a: Katholischer Diplom-Theologe ohne Konfessionsangabe als Katholik gerechnet.

Rechtsreferendarin *Eva von Angern* (Jahrgang 1976, seit 1996 PDS-Mitglied) exemplarisch zeigt, verbindet sich mit dem Studium eines rechtsstaatsbezogenen Faches indes nicht notwendig ein Engagement in einer eindeutig systembejahenden Partei. Vielmehr versteht es die PDS, jugendliches Protestpotential anzuziehen.

Deuten sich in *Ausbildung und Karriereverläufen Annäherungen ostdeutscher Repräsentanten an westliche Muster* an, ergibt sich hinsichtlich der *Religionszugehörigkeit* weiterhin eine deutliche *kognitive Differenz zwischen Wählern und Gewählten.* Im Vergleich zu den ca. 24 Prozent evangelischen und rund 5 Prozent katholischen Christen in der Bevölkerung der neuen Länder[30] kommen die Angehörigen der christlichen Kirchen – soweit sich Angaben ermitteln lassen[31] – unter den Landtagsabgeordneten wie auch unter den ostdeutschen Parlamentariern des Bundestags[32] auf etwa doppelt so hohe Anteile. Während allerdings die CDU als eine zu DDR-Zeiten ausschließlich für Christen reservierte Partei in etwa westdeutsche Werte erreicht – mit einigen Konfessionslosen und trotz überproportionaler Berücksichtigung von Katholiken mit charakteristischem

29 Zu den Quellen vgl. Tabelle 7.

30 Vergleichsdaten bei Oskar Niedermayer: Das intermediäre System, in: Kaase, Max et al.: Politisches System, Opladen 1996, S. 226; Arzheimer, Kai/Falter, Jürgen: Ist der Osten wirklich rot?, in: Aus Politik und Zeitgeschichte B 49-50 (2002), S. 31.

31 Für Brandenburg lassen die Angaben keine quantitativ kommensurablen Aussagen zu.

32 Unter den ostdeutschen Bundestagsabgeordneten (15. WP) bekennen sich 59 (60,2 Prozent) zu einer christlichen Konfession.

Unterschied in der Konfessionsverteilung –, bilden Christen bei der SPD, außer in Sachsen-Anhalt, eine Minderheit, bei der PDS zwei vereinzelte Ausnahmefälle.[33] Insgesamt liegt somit bei CDU und einem Teil von SPD und FDP hinsichtlich der *funktionalen Elite* der Parlamentarier in den neuen Ländern zugleich das Merkmal einer *Wertelite* vor. Insoweit haben sich die Gewählten eher als Vor- denn als Abbild ihrer Wählerschaft zu verstehen.

## Personale Konsequenzen

Betrachtet man die verschiedenen Institutionen des politischen Systems gemeinsam, zeigen sich überindividuelle Aspekte im Profil ostdeutscher Politiker. Der dominierende technisch-naturwissenschaftliche Zug in der Ausbildung, zum Teil auch im Beruf, tritt durchgängig markant hervor. Individuell kann sich hierin zu DDR-Zeiten eine gewisse Distanz zum ideologisierten politischen System ausgedrückt haben. Darüber hinaus ist jedoch die polytechnische Ausrichtung des Bildungssystems, die Selektion am Ende der 10. Klasse mit Verweis nicht-sozialistischer Schüler auf betriebliche Ausbildungsgänge (und eventuell spätere berufsbegleitende Studien) sowie sonstige Maßnahmen zur Lenkung der Berufswahl zu berücksichtigen. Insoweit beruht das Qualifikationsprofil nicht nur auf bewußten Oppositionshaltungen, sondern auch auf Steuerung und Unterdrückung. Eindeutige Konsequenz ist jedoch, daß die *Berufserfahrung ostdeutscher Amts- und Mandatsträger nicht nur in Schulstuben und den Büros der öffentlichen Verwaltung, sondern auch in Betrieben unterschiedlicher Art* gewonnen worden ist.

Eine unter parlamentarischen Mandatsträgern bereits nachweisbare *Veränderung* geht jedoch dahin, daß die *postrevolutionäre Generation eine politische Karriere unmittelbar anstreben* und durch die Wahl eines geeigneten Studienfaches vorbereiten kann. Zugleich zeigt sich: Bei Interesse an Politik besteht auch eine Chance auf beruflichen Erfolg. Denn in den neuen Ländern sind angesichts knapper personeller Ressourcen selbst über die SPD steile Karrieren möglich, die binnen einer Wahlperiode vom Parteieintritt zum Parlamentsmandat führen können.

Auf der anderen Seite hat sich eine kleine Gruppe von Amts- und Mandatsträgern fest im politischen System etabliert. Ungeachtet ihrer Vorbildung als Physikerin, Ingenieur, Arzt, Informatiker, Theologe oder Mathematiker sind *Angela Merkel*, *Matthias Platzeck*, *Wolfgang Böhmer*, *Stephan Hilsberg*, *Steffen Reiche* oder *Arnold Vaatz* und andere seit dem Zusammenbruch des *ancien régime* der DDR zu *Berufspolitikern* geworden. Dazu muß ein *hohes Maß an Lernbereitschaft der Akteure* mit entsprechenden Aufstellungsentscheidungen der Parteien zusammenkommen, wobei diese auch *Wechsel zwischen den politischen Entscheidungsebenen* ermöglichen.

33 Monika Runge, Bodo Ramelow (aus Niedersachsen stammend). – Bezeichnend: Religiöse Bezüge in Ramelows Rede zum Rücktritt Bernhard Vogels als Ministerpräsident blieben bei der PDS beifallslos.

Die Kehrseite dieser *Professionalisierung der Politik* liegt in der Möglichkeit, Mandate zu Versorgungszwecken zu nutzen. Vor allem in ländlichen Regionen mit hoher Arbeitslosigkeit stellen parlamentarische Diäten ein attraktives Einkommen dar. Dies gilt insbesondere bei gebrochenen beruflichen Karrieren, wie sie nicht nur für Exponenten der SED-Ideologie zu beobachten sind. Die Stelle als „MdL“ kann dann ein funktionales Äquivalent zu „ABM“ werden.[34]

Auch unter den „Wessis“ in der ostdeutschen Politik sind neue Differenzierungen angebracht. Den *für ein politisches Amt* in die neuen Ländern gegangenen Politikern steht eine größere Gruppe gegenüber, die ihren Wohnsitz zur *Wahrnehmung anderer Funktionen* in den Osten verlegt und sich dort beruflich bewährt haben. Dies gilt auch für die Gruppe der Rückkehrer, in der sich nun einzelne – demokratisch legitimierte – Abkömmlinge früherer gesellschaftlicher Eliten (z. B. *Alard von Arnim*, *Wilhelm von Carlowitz*) erkennen lassen. Danach ist abschließend festzuhalten:

- Die Vorstellung, in Ostdeutschland existiere eine homogene „politischen Klasse“, kann angesichts der zahlreichen kategorialen Unterschiede zwischen den Entscheidungsträgern und der tiefen Gegensätze zwischen den Parteien getrost als absurd bezeichnet werden. Die individuellen Profile spiegeln vielmehr die Verwerfungslinien der Zeitgeschichte.
- Anzeichen einer Professionalisierung betreffen nur einzelne Gruppen von Politikern. Insoweit differenziert sich das politische System als ein spezifischer Sektor aus. Dabei gehört es zum Profil eines ostdeutschen Bundes- und Landespolitikers, in der Regel über eine wissenschaftliche Vorbildung zu verfügen.
- Politiker stellen jedoch keine Wissens-, sondern Vertrauenseliten dar. Die intellektuellen Fähigkeiten eines Bewerbers bilden daher jeweils nur einen Aspekt zur Beantwortung der Frage, ob ihm und seiner Partei die Bewältigung künftiger Probleme zugetraut und übertragen werden kann. Auf die insoweit nötigen Strategien, die eigene Vertrauenswürdigkeit plausibel erscheinen zu lassen, haben die vorgestellten Profile mit Ähnlichkeit oder Differenz zur Wählerschaft, räumlicher Nähe oder Ferne, Erfahrung oder Jugendlichkeit, aufrechter Haltung oder Anpassungsfähigkeit eine Reihe von Hinweisen geben können.

34 Hinweis von Dr.-Ing. Uwe Grüning MdL.

# II. Eliten: Einstellungen, Versuchungen, Blockaden

# Versagende Eliten im Kaiserreich? Zu einem historischen Stereotyp

*Michael Salewski*

## Grundüberlegungen zur Wilhelminischen Elite in der Moderne

„Über die Fehler, welche in der auswärtigen Politik begangen wurden, wird sich die öffentliche Meinung in der Regel erst klar, wenn sie auf die Geschichte eines Menschenalters zurückzublicken im Stande ist [...] Die Aufgabe der Politik liegt in der möglichst richtigen Voraussicht dessen, was andre Leute unter gegebnen Umständen thun werden ... und ich kann mich beunruhigender Eindrücke nicht erwehren, wenn ich bedenke, in welchem Umfange diese Eigenschaften in unseren leitenden Kreisen verloren gegangen sind."[1] – Hat Otto von Bismarck das Versagen „der Eliten" vorausgesehen? Oder gehörte er nicht vielmehr zu diesen Eliten, stand an deren Spitze, und wäre der Untergang des Kaiserreiches nicht auch auf ihn zurückzuführen?

Nachdem das Kind in den Brunnen gefallen, der Kaiser geflüchtet und das Reich zur Republik geworden war, begann die Suche nach den „Schuldigen". Die Alliierten hatten dem im Versailler Vertrag mit ihren Auslieferungslisten[2] Vorschub geleistet, aber die dort verzeichneten Namen wirkten wie die Aufzählung der wilhelminischen Elite, wenigstens jener, die über Krieg und Frieden zu entscheiden gehabt, die den Krieg geführt – und verloren hatte. „Wie ein Mann", so betonten die deutschen Unterhändler in Paris, wehre sich das deutsche Volk gegen die Auslieferung dieser Elite.[3] Und tatsächlich kam es dazu nicht. Im Gegenteil: Unmittelbar nach dem Ende des Krieges wurde die junge Republik mit einer Flut von Erinnerungen und Büchern aus den Federn eben dieser Elite überschwemmt; daß der Cotta-Verlag gegen alles Recht und den Willen der Familie 1919 den dritten Band der Bismarckschen Erinnerungen herausgab,[4] ging darauf zurück, daß Wilhelm II. für den Verlag gleichsam als gestorben galt – und dem ohnmächtigen Exilkaiser deswegen die ganze Schuld am „Versagen" in der Außenpolitik nach dem von ihm inszenierten Sturz Bismarcks ungestraft in die Schuhe geschoben werden konnte. Das ließ sich ganz einfach auf den Punkt bringen: Ohne die Entlassung Bismarcks kein Weltkrieg, und wenn doch ein Weltkrieg, dann ein gewonnener.

Der Vorgang war ganz typisch – er traf gleichermaßen Theobald von Bethmann Hollweg. Mit einer gewaltigen Kraftanstrengung war es dem Schwerkranken gelungen, seine Erinnerungen noch kurz vor seinem Tod, also ebenfalls schon 1919 herauszu-

1 Fürst von Bismarck, Otto: Erinnerung und Gedanke, Stuttgart, Berlin 1919, S. 157.
2 Schwengler, Walter: Völkerrecht, Versailler Vertrag und Auslieferungsfrage. Die Strafverfolgung wegen Kriegsverbrechen als Problem des Friedensschlusses 1919/20, Stuttgart 1982.
3 Schwengler, Völkerrecht (wie Anm. 2), S. 281-299.
4 „Die seinerzeit gegenüber den Erben des Reichskanzlers Fürsten Otto von Bismarck von dem Cotta'schen Verlag vertragmäßig übernommene Verpflichtung, den dritten Band der ‚Gedanken und Erinnerungen' bei Lebzeiten Kaiser Wilhelm's II. nicht zu veröffentlichen, ist nach Ansicht des Verlages infolge der durch die Umwälzung veränderten Umstände gegenstandslos geworden." Bismarck: Erinnerung (wie Anm. 1), Vorwort.

bringen[5] – eine reine Apologie, die aber wenig nützte, denn sein vornehmster Gegner hatte das Glück, den ehemaligen Kanzler um ein knappes Jahrzehnt zu überleben: Alfred von Tirpitz schob das Scheitern der deutschen Politik wesentlich Bethmann Hollweg persönlich zu, ja stilisierte diesen zum eigentlichen und schlimmsten Versager des Kaiserreiches. Im Umkehrschluß hieß dies erneut: Ohne Bethmann Hollweg hätten wir den Krieg verhindert oder gewonnen. Für die „deutsche Ohnmachtspolitik im Weltkriege"[6] war Bethmann verantwortlich. Das war das ceterum censeo von Tirpitz, und mit seinen drei Erinnerungs- und Dokumentenbänden[7] suchte er die Öffentlichkeit davon zu überzeugen, daß er und die seinen alles richtig, Bethmann Hollweg und die unpatriotischen linken Parteien samt ihrer Führer alles falsch gemacht hatten. Und ein drittes Beispiel: Wilhelm Groener behauptete in seinem Erinnerungsbuch „Das Testament des Grafen Schlieffen",[8] dieser habe „das Geheimnis des Sieges geborgen", sein unfähiger Enkel, Moltke d. J., es in der Marneschlacht verspielt, womit der Krieg verloren gegangen sei. Mit Schlieffen und ohne Moltke, so hier der Umkehrschluß, hätte das Reich den Krieg gewonnen. Das eigentlich Bedenkliche, ja Skandalöse war in diesem Fall, daß das die Meinung eines Mannes war, der Reichsinnen- und Wehrminister der Republik werden sollte.

Es gab also in der Rückschau zwei diametral verschiedene Eliten: die eine hatte „versagt" und den Krieg verloren, die andere sich „bewährt", aber ein im literarischen Sinn „tragisches" Schicksal ereilt. Ansatzweise im „linken" Weimarer Intellektuellenmilieu, ungleich deutlicher nach 1945 und bis heute auch in der Öffentlichkeit meinungsprägend aber wurde ein Paradigmawechsel: Jene, die unmittelbar nach 1918 als die „Versager" erschienen, galten nun als die – wenn auch vergeblichen – Warner, Mahner, und Unheilspropheten; diejenigen, die sich dem wilhelminischen und tirpitzschem Motto „Ziel erkannt, Kraft gespannt" verpflichtet gefühlt und forsch drauflos schwadronniert und regiert hatten, standen nun als die „Versager", als die „Totengräber" nicht nur des Kaiserreiches, sondern auch der Weimarer Republik da, denn diese hatten sie, mit Tirpitz und Ludendorff erneut an der Spitze, unbarmherzig bekämpft und damit Hitler den Weg gebahnt.

Wie immer man den Begriff „Elite" definiert: die Geschichte des Kaiserreiches ist immer auch die Geschichte dieser Eliten, nicht nur der „Milieus", der „Gesellschaft"; aber wie problematisch es ist, diese Eliten ihrerseits als eine sozial einheitliche Schicht zu begreifen, hat die Geschichtswissenschaft in den vergangenen Jahrzehnten hinreichend deutlich gemacht.[9] „Die" Eliten gab es nicht, und deswegen haben auch „die" Eliten nicht „versagt" – oder eben nicht „versagt".

5 Dülffer, Jost (Hrsg.): Theobald von Bethmann Hollweg. Betrachtungen zum Weltkriege, Essen 1989 (kritische Edition der Auflage von 1919/21).

6 Tirpitz, Alfred von: Deutsche Ohnmachtspolitik im Weltkriege, Hamburg u. a. 1926.

7 Die beiden anderen: Ders.: Erinnerungen, Leipzig 1919; Ders.: Der Aufbau der deutschen Weltmacht, Stuttgart u. a. 1924.

8 Groener, Wilhelm: Das Testament des Grafen Schlieffen. Operative Studien über den Weltkrieg, Berlin 1927. Dazu jetzt Pöhlmann, Markus: Kriegsgeschichte und Geschichtspolitik: Der Erste Weltkrieg. Die amtliche deutsche Militärgeschichtsschreibung 1914-1956, Paderborn u. a. 2002.

9 Maßgeblichen Anteil haben daran die im Auftrag der Ranke-Gesellschaft entstandenen „Büdinger Forschungen zur Sozialgeschichte", von denen bisher 24 Bände, in verschiedenen Verlagen erschienen, vorliegen, vgl. www.Ranke-Gesellschaft.de.

Eliten sind immer Minderheiten; sie definieren sich selbst und werden von außen definiert. Es gibt keine einheitlichen Maßstäbe, Eliten sind es immer relativ zur allgemeinen, der öffentlichen Meinung. Will man etwas über sie und ihren Einfluß im Zeitalter Wilhelms II. aussagen, so wird man sich darauf verständigen müssen, bestimmte elitäre Milieus zu benennen. Dies können nur jene sein, die für die Gesellschaft dieses Zeitalters als verbindlich galten – also zählten keine Frauen[10] dazu, keine Sozialisten, keine Katholiken, keine Kleinbürger, keine Landwirte (mit Ausnahme der Großgrundbesitzer), und da „Bildung" – wenigstens das „Einjährige" – als unabdingbare Voraussetzung für den Zugang zu einer „Elite" galt, gab es in der Regel auch keine „Volksschüler", denen die Chance eröffnet worden wäre, in eine Elite aufzusteigen. Damit aber fielen auch ganze Berufsstände als Substrate für die Elitenbildung aus: Kaufleute, Händler, Industriearbeiter, Hausfrauen, das Heer der kleinen Beamten und Angestellten.

Was blieb übrig? Die Grosz'schen „Stützen der Gesellschaft"? Zweifellos zählte die Generalität[11] dazu, desgleichen die Diplomaten[12] des Kaiserreiches und der Königreiche, die Kabinettsmitglieder der immerhin 25 deutschen Staaten, in Preußen die Oberpräsidenten,[13] wohl auch die Landräte und Oberbürgermeister der großen Städte, die jeweiligen Spitzen der evangelischen und – mit Einschränkung – katholischen Kirche, die Rektoren, Präsidenten und Ordinarien von Universitäten, Hochschulen und der erstrangigen wissenschaftlichen Einrichtungen[14] – also beispielsweise der Kaiser-Wilhelm-Gesellschaft, dem Institut für Seeverkehr- und Weltwirtschaft, der wissenschaftlichen Akademien in Berlin oder München. Industrietycone wie Krupp, Thyssen, Rathenau oder Borsig zählten dazu, Reeder wie Ballin, Schiffbauer wie Howaldt oder Blohm, Bankiers wie Bleichröder, Presseverleger – und Journalisten[15] wie Hugenberg oder Theodor Wolff.[16] Auch einige wenige Künstler und Architekten wurden zur Elite gezählt, wobei auch auf diesem Feld der schon erwähnte Paradigmawechsel zu beobachten ist: Viele von denjenigen, deren Kunst vor 1918 „genehm" war, mutierten später zu

10 Daß es durchaus Frauen gab, die sich als „elitär" betrachteten und danach zu handeln suchten, hat die moderne Frauen- und Genderforschung inzwischen hinreichend belegt, vgl. z. B. Schulz, Günther (Hrsg.): Frauen auf dem Weg zur Elite. Büdinger Forschungen zur Sozialgeschichte 1998 (Deutsche Führungsschichten in der Neuzeit; Band 23), München 2000.

11 Messerschmidt, Manfred: Das preußisch-deutsche Offizierkorps 1888-1918, in: Hofmann, Hans Hubert (Hrsg.): Das deutsche Offizierkorps 1860-1960 (Deutsche Führungsschichten in der Neuzeit; Bd. 11), Boppard 1980, S. 21-38. In diesem Band weitere Aufsätze zur Geschichte des sächsischen (Thomas Freiherr Fritsch-Seerhausen), bayerischen (Hermann Rumschöttel), württembergischen (Joachim Fischer) Offizierkorps.

12 Schwabe, Klaus (Hrsg.): Das Diplomatische Korps 1871-1945. Büdinger Forschungen zur Sozialgeschichte 1982 (Deutsche Führungsschichten in der Neuzeit; Bd. 16), Boppard 1985.

13 Schwabe, Klaus (Hrsg.): Die preußischen Oberpräsidenten 1815-1945. Büdinger Forschungen zur Sozialgeschichte 1981 (Deutsche Führungsschichten in der Neuzeit Band 15), Boppard 1985. Mit zahlreichen Einzelbeiträgen zu den Oberpräsidenten der verschiedenen preussischen Provinzen und einer Namensliste der Oberpräsidenten (S. 277-338).

14 Schwabe, Klaus (Hrsg.): Deutsche Hochschullehrer als Elite 1815-1945. Büdinger Forschungen zur Sozialgeschichte 1983 (Deutsche Führungsschichten in der Neuzeit; Bd. 17), Boppard 1988.

15 Demnächst Schulz, Günther: Medienunternehmer (Deutsche Führungsschichten der Neuzeit).

16 Sösemann, Bernd (Hrsg.): Theodor Wolff. Tagebücher 1914-1919. Der Erste Weltkrieg und die Entstehung der Weimarer Republik in Tagebüchern, Leitartikeln und Briefen des Chefredakteurs am 'Berliner Tageblatt' und Mitbegründers der 'Deutschen Demokratischen Partei' (Deutsche Geschichtsquellen des 19. und 20. Jahrhunderts, herausgegeben von der Bayerischen Akademie der Wissenschaften; Bd. 54/I, II), Boppard 1984.

Vertretern eines faden Epigonentums, während die „Wilden", die „Sezessionisten", die „Neutöner" und die „blauen Reiter", die Wedekinds und Hauptmanns, die Schönbergs und Hindemiths damals als Paradiesvögel und Außenseiter der Gesellschaft galten und heute als die „eigentliche" künstlerische Elite des Kaiserreiches. Es würde zu weit führen, wollte man alle „elitären" Einrichtungen und Personengruppen aufzählen. Nicht zuletzt dank des historisch gewachsenen föderativen Charakters des Reiches konzentrierten sich diese Eliten keineswegs nur in der Hauptstadt des Reiches, also in Berlin, sondern das ganze Reich war mit elitären Persönlichkeiten und Institutionen förmlich durchwirkt, was nicht zuletzt jene Synergieeffekte auslöste, die das Kaiserreich auf vielen Feldern von Wissenschaft, Technik und Kultur zum führenden Staat in der Welt machten.

Eine ganz spezifische Elite bildete der Adel, wobei zwischen dem Hohen Adel (also dem aus den regierenden Häusern), den Standesherren (also den 1803 bzw. 1866 Depossedierten) und dem Amtsadel in mancherlei Variation unterschieden werden muß. Hier hat man es vielleicht mit der einzigen Elite zu tun, die sich schichtenspezifisch verhielt und nach allgemein verbindlichen Grundsätzen lebte, heiratete, sich beruflich betätigte. Die Erforschung dieses Milieus, lange Zeit von der Wissenschaft vernachlässigt, ist inzwischen in vollem Gang, aber keineswegs abgeschlossen.[17] Da der Adel im militärischen und diplomatischen Bereich Leitfunktionen innehatte, ist die Frage nach den Eliten im Kaiserreich immer auch eine Frage nach dem Adel – allen demokratischen Verfassungselementen in der Reichsverfassung zum Trotz. Entsprechende bürgerliche Elitenensembles[18] gab es nicht, und die der Arbeiter galten eben nicht als Eliten, auch wenn Persönlichkeiten wie Bebel, Kautsky, Bernstein, Richter, also die führenden Köpfe der „linken" und „linksliberalen" Parteien nicht nur für ihre eigene Klientel, sondern auch für deren politische Gegner etwas „Elitäres" an sich hatten – der sehr elitäre Tod von Ferdinand Lassalle[19] steht dafür wie ein Auftakt und paradigmatisch dazu.

## Die Wilhelminischen Elite vor und während des 1. Weltkrieges

Die entscheidende Frage lautet: Haben diese Eliten, objektiv und im Bismarckschen Sinne, rückblickend versagt? Falls dies zutrifft, stellt sich als weitere Frage, *warum* sie versagt haben. Daraus wiederum ergibt sich die Frage, ob dies zwingend, oder die Geschichte auch auf diesem Felde nach vorne hin offen war, also eine prinzipiell andere Entwicklung als denkmöglich erscheint. Versucht man die Eliten nach ihrer historischen Bedeutung zu rangieren, gerät man in Schwierigkeiten, denn sie wirkten interdependent und dialektisch mit – und auch gegeneinander. Dennoch bleibt nichts, als eine Auswahl

17 Vgl. demnächst Denzel, Markus A. (Hrsg.): Deutscher Adel im 19.und 20. Jahrhundert (Deutsche Führungsschichten der Neuzeit).

18 Was nicht heißt, daß sich „Bürgerliche" nicht auch als „Elite" verstanden hätten. Aber eben nicht weil sie bloß „Bürger" waren und nicht „Adel" oder „Arbeiterschaft". Zur Bürgertumsforschung vgl. die zahlreichen Studien, die aus den von Jürgen Kocka und Lothar Gall geleiteten Forschungsbereichen hervorgegangen sind und die hier aufzuzählen den gegebenen Rahmen sprengen würde.

19 Ferdinand Lassalle starb 1864 an en Folgen eines Duells.

zu treffen. Es geht also wesentlich um die elitären „Spitzen", also jene, die sich selbst an der Tête der Gesellschaft sahen. Das waren Kaiser und Kanzler, Staatsmänner, Diplomaten, Militärs. Alle anderen Eliten können nur gestreift werden, manche bleiben ganz außerhalb der Betrachtung. Das läßt sich mit dem Hinweis rechtfertigen, daß im Bereich der Kultur, also in Literatur, Kunst, Musik, Schauspiel das Phänomen der Zugehörigkeit zu einer bestimmten Elite vor der jeweils eigenen Individualität der Kulturproduzenten verblaßte. Liebermann und Fontane beispielsweise mögen durchaus Prototypen einer Elite im wilhelminischen Kaiserreich gewesen sein; vorab und zuerst waren sie Künstler ganz aus dem Eigenen.

Beginnen wir mit der elitären Spitze schlechthin: dem Kaiser und den regierenden Häusern. Welche Rolle Wilhelm II. spielte, ist bis heute umstritten. Für die einen war er ein neoabsolutistischer Herrscher mit einem „persönlichen Regiment" (John Röhl),[20] vom „Cäsarenwahnsinn"[21] ergriffen, für die anderen degenerierte er zur hilflosen Marionette in den Händen verschiedener Kamarillas, zuletzt der 3. Obersten Heeresleitung. Einig ist sich die Nachwelt allerdings darin, daß der letzte Kaiser aus dem Hause Hohenzollern seinem Amt nicht gewachsen war und die Zeit, in der er lebte und regierte, nicht begriffen hat. Er steht da als Anachronismus, und damit als Stolperstein auf dem Weg der Deutschen zur Moderne – so „modern" sich Wilhelm II. auch zu geben wußte und damit paradoxerweise Pluspunkte gerade bei jenen sammeln konnte, denen die fürstlichen Selbstherrlichkeiten an sich zuwider waren.

Die Umgebungen des Kaisers sahen sich selbst selbstverständlich als Elite, und das ausgefeilte Hofzeremoniell wies jedem aus dieser höfischen Umgebung den ihm gebührenden Platz zu – immer wieder wird genüßlich kolportiert, daß der jüngste Leutnant vor dem ältesten Professor kam. Zahlreich sind aber auch die Quellen, die davon zu berichten wissen, diese Zeremonien, inflationär aufgebläht, habe man als antiquiert und lächerlich empfunden. Zu denen, die ihrem Spott freien Lauf ließen, zählte der Generalstabschef Graf Waldersee,[22] selbst Mitglied der vielleicht prestigeträchtigsten Elite des Kaiserreiches überhaupt, des Großen Generalstabes. Aber nicht die eitlen Äußerlichkeiten waren entscheidend, wie man sich überhaupt davor hüten muß, die seltsamen Blüten, die der „Wilhelminismus" trieb, schon für das Wesentliche zu halten. Die Verfassung hatte dem Kaiser einen Platz zugewiesen, den dieser auszufüllen hatte, und gleichgültig ob er das nun richtig oder falsch oder auch gar nicht tat, generierte diese Position wichtige Entscheidungen, an Hand derer man ablesen kann, ob der Kaiser als „Elite" versagte oder nicht.

Die Entlassung Bismarcks galt, darauf wurde schon eingangs verwiesen, als erster schwerer Fehler Wilhelms II., dem der zweite auf dem Fuß folgte: die Nichtverlängerung des Rückversicherungsvertrages mit Rußland. Gewiß, hier war einer jener Fälle gegeben, in denen die Vertreter einer anderen Elite, nämlich der politischen, den Ausschlag gaben,

20 Röhl, John C.G.: Wilhelm II. Der Aufbau der Persönlichen Monarchie 1888 – 1900, München 2001.
21 Quidde, Ludwig: Caligula. Eine Studie über römischen Cäsarenwahnsinn, Leipzig 12. Auflage 1894.
22 Meisner, Ott (Hrsg.): Denkwürdigkeiten des General Feldmarschalls Graf Waldersee, Bd. II., Berlin 1922, S. 441.

aber man kann davon ausgehen, daß Caprivi und Holstein dem Kaiser gehorcht hätten, wenn dieser entschlossen gewesen wäre, den Draht nach St. Petersburg *nicht* zu kappen. Das lag durchaus in der politischen Machtvollkommenheit des Reichsoberhauptes. Ganz ähnlich steht es in dem vielleicht schwerwiegendsten Fall: der Flottenpolitik. Tirpitz und Bülow, die beiden entscheidenden Protagonisten des hypertrophen Flottenbaus, konnten ihre verhängnisvolle Flotten- und Englandpolitik nur deshalb verfolgen, weil sie des Rückhalts Wilhelms II. sicher waren, und der Monarch hat bei mehr als einer Gelegenheit selbst dafür gesorgt, daß diese Politik sich durch sein Dazutun noch desaströser entwickelte als es ohnehin der Fall war – hier wäre an die Krügerdepesche und die Daily-Telegraph-Affäre zu erinnern. Sicherlich trug auch die britische Politik gehörigen Anteil an der Verschlechterung des deutsch-britischen Verhältnisses („Germania esse delendam"), aber der unbedachte Aktionismus Wilhelms II. hat alles auf fatale Weise verschlimmert. Die geschickte Mobilisierung der „Flottenprofessoren" durch das Nachrichtenbureau des Reichsmarineamtes[23] stellte einen Teil einer bestimmten Elite, nämlich der universitären, in den Dienst einer anderen, nämlich der maritimen, die sich ihrerseits eng mit den bürgerlichen Eliten, die sich von 1848/49 her definierten und in der Kaiserlichen Marine das Symbol eines selbstbewußten Bürgertums sahen, verbunden wußten. Sieht man die Flotte als Katalysator, so verflochten sich diese Eliten mit jenen um Wilhelm II. und Tirpitz gescharten sowie der Hofelite[24] – ein schönes Beispiel für die bereits erwähnte Interdependenz der wilhelminischen Eliten. Ob man den Flottenbau als Derivat der Außenpolitik oder umgekehrt als „innenpolitische Krisenstrategie"[25] betrachtete, hing davon ab, welchen Stellenwert man der Außenpolitik überhaupt zumaß. Hier ist der Befund eindeutig: dem Selbstverständnis des Kaisers und seines „Regiments" nach galt auch hier das Primat der Außenpolitik.

Was für die Außenpolitik gilt, läßt sich auch in der Innenpolitik feststellen: Nachdem der „junge" Kaiser zunächst von einem „neuen Kurs" der sozialen und politischen Versöhnung geschwärmt hatte und in diesem Sinne als „Friedenskaiser" in die Geschichte eingehen wollte, verschärfte sein Verhalten schon zwei Jahre später die Klassengegensätze, wozu eine ganze Reihe von unbedachten Äußerungen beitrug. Wenn das Staatsoberhaupt die Sozialdemokraten als „vaterlandslose Gesellen" ebenso wie Bismarck diffamierte, ja sogar verlangte, daß gegebenenfalls der Bruder auf den Bruder, der Vater auf den Sohn schießen müsse um der Revolution zu wehren, so stand nicht zu erwarten, daß ein gesellschaftspolitischer Konsens über die Parteigrenzen hinaus auch nur denkbar wurde. Daß dies möglich gewesen wäre, bewies das Phänomen des „Burgfriedens" vom August 1914.

23 Deist, Wilhelm: Flottenpolitik und Flottenpropaganda. Das Nachrichtenbureau des Reichsmarineamtes 1897-1914, Stuttgart 1976.

24 Möckl, Karl (Hrsg.): Hof und Hofgesellschaft in den deutschen Staaten im 19. und beginnenden 20. Jahrhundert. Büdinger Forschungen zur Sozialgeschichte 1985 und 1986 (Deutsche Führungsschichten in der Neuzeit; Bd. 18), Boppard 1980.

25 Berghahn, Volker R.: Der Tirpitz-Plan. Genesis und Verfall einer innenpolitischen Krisenstrategie unter Wilhelm II., Düsseldorf 1971.

Schließlich der Krieg: Sicherlich war Wilhem II. nicht „Schuld“ am Ersten Weltkrieg und die Anschuldigungen der Entente insofern irrig. Aber die Position des Kaisers hätte es diesem durchaus erlaubt, in der Julikrise so zu reagieren, daß der Friedensbewahrung eine Chance geblieben wäre. Dazu hätte es eines mutigen Dazwischentretens bedurft, eines Versuchs, den Stier bei den Hörnern zu packen, sprich: den Großen Generalstab in seine Schranken zu verweisen und seinen Kanzler, den wie ein Rohr im Wind schwankenden Bethmann Hollweg energisch bei dessen halbherzigen Versuchen zu unterstützen, den Frieden doch noch zu bewahren. Indem der Kaiser es vorzog, sich auf seine Nordlandreise schicken zu lassen, vergab er diese Chancen.

Das nämliche läßt sich für das Ende des Krieges feststellen. Es war Wilhelm II. nicht gegeben, sich gegen die „Halbgötter“ Hindenburg und Ludendorff in einer der schicksalhaftesten Fragen des Krieges überhaupt durchzusetzen: der nach dem unbeschränkten Ubootkrieg. Indem der Monarch dem vermeintlichen Sachzwang nachgab, besiegelte er das deutsche Schicksal, und daran konnte sein würdeloser Abgang nichts mehr ändern. Sieht man den Kaiser als „Elite“ an, so ist das Urteil eindeutig: er hat versagt.[26]

Das gilt uneingeschränkt auch für seine erlauchten Vettern auf den deutschen Thronen: keiner hat vor oder während des Ersten Weltkrieges ernsthaft versucht, das Unglück zu wenden, und am Ende flüchteten die hohen Herren wie ein Mann aus der Verantwortung, schoben alles auf „die Revolution“, deren Ergebnisse sie nie anerkannten, was den einen oder anderen später zu operettenhaft-lächerlicher Gestalt verwandelte, wenn er immer noch „König“ spielten wollte wie etwa Rupprecht von Bayern.[27] Wenn es anders als beispielsweise in Italien, Spanien oder Griechenland in Deutschland niemals zu ernsthaften Restaurationsbestrebungen kam, obwohl sich Persönlichkeiten wie Hindenburg oder Brüning energisch dafür einsetzten, so weil diese adelige Elite in den Augen der Nation komplett versagt hatte. Der Kronprinz Wilhelm, beispielsweise, wurde nie mehr den Geruch des „Schlächters von Verdun“ los.

Die Staatsmänner und Diplomaten,[28] später oft als eine „Kaste“ verunglimpft, bildeten die zweitwichtigste „Elite“ des Kaiserreiches, in dem das „Primat der Außenpolitik“ galt. Das hieß: alle Innen- und Sozialpolitik erschien relativ zur Außenpolitik, die im Zeitalter Wilhelms II. zu einer „Weltpolitik“[29] umstilisiert wurde.

Das Bild war stereotyp und hielt sich bis 1945: Der Heroengestalt Bismarcks folgten nur noch mittelmäßige bis unfähige Kanzler. Das Kanzleramt unterlag einem Degenerationsprozeß, woran die unzulänglichen Kanzler selbst schuld waren. Wie in einem

---

26 Das durchzieht wie ein Roter Faden seine Aufzeichnungen: Ilsemann, Sigurd von: Der Kaiser in Holland. Aufzeichnungen des letzten Flügeladjutanten Kaiser Wilhelms II., herausgegeben von Harald von Koenigswald, 2 Bde., München 1967.

27 Vgl. demnächst: Stickler, Matthias: Abgesetzte Dynastien – Strategien des Obenbleibens ehemals regierender Häuser nach der Revolution von 1918, in: Denzel, Deutscher Adel (wie Anm. 17).

28 Cecil, Lamar: Der diplomatische Dienst im kaiserlichen Deutschland, in: Schwabe, Klaus (Hrsg.): Das Diplomatische Korps 1871-1945. Büdinger Forschungen zur Sozialgeschichte 1982 (Deutsche Führungsschichten der Neuzeit; Bd. 16) Boppard 1985, S. 15-40; Philippi, Hans: Das deutsche diplomatische Korps 1871-1914, in: ebd., S. 41-80.

29 Dazu jetzt Neitzel, Sönke: Weltmacht oder Untergang. Die Weltreichslehre im Zeitalter des Imperialismus, Paderborn u. a. 2000.

System der kommunizierenden Röhren stieg deswegen die Bedeutung der Parteien und des Reichstages; die schleichende „Parlamentarisierung" des Reiches[30] war so gesehen logische Folge des politischen Versagens der Kanzler, die ihre Reichstagsunabhängigkeit nicht mehr einzufordern wagten. Hatte Bismarck noch als der große „Dompteur" gegolten (man betrachte unter diesem Gesichtspunkt die Bismarck-Karikaturen des Auslands),[31] so setzte sich danach das Bild von den Marionetten durch. Nicht die Kanzler, sondern einige Staatssekretäre und Militärs übernahmen die „Macht", an ihrer Spitze Graf Holstein und dann Tirpitz. Sie eigentlich bestimmten die Richtlinien der Politik.

Der Fall Tirpitz läßt jedoch ein anderes Phänomen aufleuchten: Tirpitz konnte so mächtig werden, weil er den Reichstag so zu behandeln verstand, daß dieser seine Politik mittrug – gegebenenfalls sogar gegen den Kanzler. Hatte das demokratisch gewählte Parlament in den Augen Bismarcks eher als quantité négléable gegolten, so verlieh ihm Tirpitz seine eigene Bedeutung, Macht und Würde. Auf diese Weise modernisierte der Großadmiral zusammen mit der sehr spezifischen Elite seiner „Torpedobande"[32] das Reich im Sinne seiner Parlamentarisierung, wobei es gleichgültig ist, ob er das wollte oder nicht. Die geschickte Behandlung der Parteien, ihrer Führer, des Parlaments und, nicht zu vergessen, der öffentlichen Meinung wies Tirpitz als Prototypen einer Elite aus, die lernfähig, geschmeidig – und skrupellos war. Hat sie also versagt, oder war das Gegenteil der Fall? Die Frage mag offen bleiben.

Nicht eindeutig ist auch das Bild, das die Elite der Diplomaten abgab. Das Handicap einer oft unzureichenden Vor- und Ausbildung resultierte nicht zuletzt aus der unbedingten Bevorzugung des Adels bei der Rekrutierung des diplomatischen Personals. Auf der anderen Seite gab es durchaus Botschafter und Gesandte von Format, und einige waren mutig genug, um dem Kaiser energisch zu widersprechen – wie Lichnowsky in London, den Wilhelm II. am liebsten „an die Wand" gestellt hätte. Das Auswärtige Amt war die Prärogative Bismarcks gewesen, sein Sohn Herbert immer nur Handlanger. Nach Bismarck waren die Staatssekretäre des Äußeren um so mächtiger, je schwächer die Kanzler wurden – aber weder Jagow noch Kiderlen-Wächter, auch nicht die „graue Eminenz" Graf Holstein waren in der Lage, ein in sich schlüssiges außenpolitisches Konzept zu entwickeln. Sie stolperten von einer in die andere Kalamität, und die meisten wurden nur dilettantisch behoben – man denke an die beiden Marokkokrisen, von der schon diplomatietechnisch[33] verfehlten Englandpolitik ganz abgesehen.

Auch nicht ansatzweise hat man sich in der Wilhelmstraße Gedanken darum gemacht, ob die vermeintlichen Axiome, zu denen der englisch-russische Gegensatz und das unerschütterliche Revanchebedürfnis Frankreichs zählten, wirklich existierten, schlimmer noch: niemand kam auf die Idee, diese „dicken Bretter" gerade deswegen doch

30 Rauh, Manfred: Die Parlamentarisierung des Deutschen Reiches, Düsseldorf 1977.

31 Dormeier, Heinrich: Bismarck in der Karikatur des Auslands, Berlin 1990.

32 So nannte er selbst den engsten Kreis seiner Mitarbeiter, von denen viele aus der Zeit stammten, in der Tirpitz Leiter der Torpedoversuchsanstalt gewesen war. Vgl. demnächst die erschöpfende Biographie von Michael Epkenhans.

33 Besonders deutlich erkennbar in der Verkennung der englischen Verfassungslage, die ein Bündnis so, wie dies das Auswärtige Amt wollte, gar nicht zuließ.

zu bohren. Insofern haben die Träger der deutschen Außenpolitik in der Berliner Zentrale zweifellos versagt, und was das Reich an Bündnissen besaß, war Erbe Bismarcks und kein eigenes Verdienst.[34] Während des Ersten Weltkrieges gab es dann überhaupt keine ihren Namen verdienende Außenpolitik mehr, wie es das Scheitern aller Friedensbemühungen ausweist. Daß es nicht gelang, Italien neutral zu halten, das Polenproblem vernünftig zu lösen, Japan vom Krieg abzuhalten, vor allem aber die USA, enthüllte ein drastisches außenpolitisches Versagen. Die große Schülersche Reform des Auswärtigen Amtes nach dem Krieg war auch Folge schmerzvoller Selbsterkenntnis.

Von dieser Selbsterkenntnis blieb die ihrem Selbstverständnis nach vornehmste Elite des kaiserlichen Deutschland weit entfernt: Nachdem man den eigentlichen Sündenbock, nämlich Moltke d. J., ausgemacht zu haben schien und ihn in den amtlichen Nachkriegspublikationen förmlich „hinrichtete", blieb die Militärelite makellos zurück – vielleicht mit einer bezeichnenden Ausnahme: die Revolution von 1918 war auf fatale Weise mit der als eher unrühmlich empfundenen Geschichte der Hochseeflotte verbunden. Hier stellten die Protagonisten mit Behncke, Zenker dann Raeder an der Spitze, ein Versagen des eigenen Corps fest, und daraus ergab sich ein Zukunftsprogramm, das die deutsche Marinegeschichte seit 1919 sehr spezifisch prägen sollte.

Ansonsten war alles prima gelaufen, und für das Desaster des Krieges konnten die Soldaten nichts. Es war typisch, daß die Reichswehr unter Hans von Seeckt nicht nur den verbotenen „Großen Generalstab" heimlich weiterbetrieb, sondern sich auch bemühte, die Traditionen aus der Vorkriegszeit zu pflegen und hochzuhalten. Der Erste Weltkrieg, so die gängige Deutung, war wie ein Verhängnis über die Soldaten gekommen; verhängnisvoller war, daß die Kaste der Politiker angesichts der heroischen Herausforderungen versagt hatte.

Man muß nicht eigens begründen, warum nicht nur der Große Generalstab sondern das gesamte Offiziers- und – notabene – Reserveoffizierskorps sich in der Zeit des wilhelminischen Reiches als *die* Elite schlechthin begriff – das ging auf Traditionen zurück, die weit in die preußische und deutsche Geschichte zurückreichten, wenigstens bis zum Großen Kurfürsten und dem „Soldatenkönig" Friedrich Wilhelm I., von „Friedrich dem Großen" ganz zu schweigen. Völlig sakrosankt war die militärische Führung dann nach den drei „Einigungskriegen" geworden; Moltke d. Ä. wurde 1900 von einer großen Publikumszeitschrift zum „Mann des Jahrhunderts" gewählt. Daß das neugegründete Reich auf den Bajonetten der deutschen Soldaten errichtet worden war (so sahen es nicht nur die Offiziere, sondern auch große Teile der Gesellschaft), generierte den typischen wilhelminischen „Militarismus".[35] Das Überwiegen militaristischer Denkweisen ist das vielleicht charakteristischste Merkmal des „Wilhelminismus", vor allem nachdem der

34 Auf den neuesten Stand der Forschung gebracht: Afflerbach, Holger: Der Dreibund. Europäische Großmacht – und Allianzpolitik vor dem Ersten Weltkrieg, Wien u. a. 2002; Angelow, Jürgen: Kalkül und Prestige. Der Zweibund am Vorabend des ersten Weltkrieges, Köln u. a. 2000.

35 Die Literatur zum preußischen Militarismus ist uferlos, geht jedoch zumeist von Ritter, Gerhard: Staatskunst und Kriegshandwerk. Das Problem des 'Militarismus' in Deutschland, 4 Bde, München 1959 ff. zurück. Vgl. auch Salewski, Michael: Preußischer Militarismus – Realität oder Mythos? Gedanken zu einem Phänomen, in: Zeitschrift für Religions- und Geistesgeschichte 53 (2001), S. 19-34.

maßigende Einfluß Bismarcks fortgefallen war und nach Caprivi, der ja als General Kanzler geworden war, Staatsmänner die Geschicke Deutschlands bestimmten, die dieser Kaste nicht oder nicht mehr angehörten, sie gerade deswegen um so mehr bewunderten – was auch für Bethmann Hollweg galt.

Die Militärelite sah sich selbst als Garant der Reichsexistenz, sie war also buchstäblich von existentieller Bedeutung. Inzwischen wissen wir,[36] daß es innerhalb dieser Elite einen Grundsatzdiskurs gab, der um die Frage kreiste, ob es das vornehmste Ziel des militärischen Komplexes sein müsse, den nächsten Krieg – man nannte ihn, Moltke zitierend, den „4. Einigungskrieg" oder, Waldersee aufnehmend, den „Weltkrieg" – nicht nur vorzubereiten, sondern ihn „rechtzeitig", also präventiv zu führen, da er eo ipso unvermeidlich sei, oder aber mit dem Ziel aufzurüsten, ein Abschreckungsszenario zu generieren, das, ähnlich wie im Kalten Krieg des 20. Jahrhunderts, den Krieg selbst unmöglich machen sollte – ad infinitum. Während Bismarck bis zum bitteren Ende letzteres Ziel verfocht, stellten sich der uralte Moltke, Waldersee, dann Schlieffen und auch Wilhelm II. auf ersteren Standpunkt. Das heißt: diese Elite hat durchaus richtig in die Zukunft gesehen, sie verfügte über ein Friedenskonzept, aber sie hat es am Ende verworfen. Ob man ihr dies im Nachhinein vorwerfen kann, bleibt dennoch fraglich, denn der Krieg galt ganz allgemein immer noch als „Glied in Gottes Weltordnung", und noch immer war eine überwältigende Mehrheit auch der Bevölkerung mit dem alten Moltke der Meinung, daß der „ewige Frieden ein Traum, und nicht einmal ein schöner" sei.[37] Der war spätestens mit der Marneschlacht ausgeträumt, und damit stellt sich die Frage, ob die Militärelite wenigstens auf ihrem ureigenstem Feld, der Kriegführung, das geleistet hat, was jedermann von ihr erwartete.

Der Schlieffenplan war eine große Utopie und hatte mit realistischer „Kriegskunst" nichts zu tun.[38] Der vierjährige Stellungskrieg im Westen galt bald sogar bei denen, die ihn führten, als professioneller Skandal, dessen grausiger Höhepunkt mit Verdun erreicht wurde. Das Vabauquespiel vom März 1918 ließ die 3. OHL mit Hindenburg und Ludendorff als gewissenlose Spielernaturen erscheinen. Die Seekriegführung endete in einem Desaster, daran konnten auch einige spektakuläre Höhepunkte wie Weddigens „U 9" oder „Skagerrak" nichts ändern.

Gleichwohl wäre es verfehlt, dieser Elite durchgängig „Versagen" zu attestieren. Es war eine beachtliche Leistung, ein Millionenheer über vier Jahre lang in Funktion zu halten, und die über lange Friedensjahrzehnte entwickelten Ausbildungsmethoden trugen ihre Früchte. Hinzu kommt, daß die militärischen Eliten der Entente keinen Deut besser

36 Dank u. a. folgender Forschungen: Buchholz, Arden: Hans Delbrück and the German Military Establishment: War Images in Conflict, Iowa City 1998; Schmid, Michael: Der 'Eiserne Kanzler' und die Generäle. Deutsche Rüstungspolitik in der Ära Bismarck (1871-1890), Paderborn u. a. 2003.

37 Salewski, Michael: Krieg und Frieden im Denken Bismarcks und Moltkes, in: Foerster, Roland G. (Hrsg.): Generalfeldmarschall von Moltke. Bedeutung und Wirkung (Beiträge zur Militärgeschichte, herausgegeben vom Militärgeschichtlichen Forschungsamt, Band 33) München 1991, S. 67-88, hier S. 79.

38 Die maßgebliche Darstellung bleibt: Ritter, Gerhard: Der Schlieffenplan. Kritik eines Mythos. Mit erstmaliger Veröffentlichung der Texte, München 1956; Salewski, Michael: Der Erste Weltkrieg, Paderborn u. a. 2003, S. 32-44.

und professioneller agierten – wie anders wären solche Desaster wie die Dardanellen, Tannenberg, die Somme oder gar der russische Zusammenbruch zu erklären? Vielleicht hatte man vor 1914 von „den Militärs" überhaupt zu viel erwartet. Der Krieg war eine schreckliche Lehre, die 10 Millionen Tote kostete. Auch achtzig Jahre später wird man sich davor hüten müssen, diese Opferzahlen nur einer Elite oder auch allen Eliten zuzuschreiben. Niemand hat vor 1914 auch nur annähernd geahnt, was ein technisch-industrialisierter Massenkrieg in Wirklichkeit bedeutete.

Friedrich von Bernhardis Bestseller: „Deutschland und der nächste Krieg" (1911 erschienen) hatte einen ganz anderen Krieg propagiert. Bernhardi war ein hochangesehener General, und seine Argumente wirkten um so durchschlagender, als er sich auf den Modephilosophen der Zeit schlechthin berief: Friedrich Nietzsche. Dieser propagierte angeblich ebenfalls den Krieg als schöpferisches Chaos, aus dem der Übermensch, der Herrenmensch (natürlich deutscher Nation) hervorgehen werde und müsse. Diese grobe Verhunzung der Nietzscheschen Philosophie führt zur Frage, welchen Anteil denn die wissenschaftlichen und kulturellen Eliten am Versagen des Kaiserreiches hatten.

## Wissenschaftliche und kulturelle Elite im Wilhelminismus

Lassen wir jene, die den völkischen Chauvinismus, den Rassismus, die Rassen-„hygiene", den Antisemitismus, den Antifeminismus predigten beiseite: auch in rückschauender Betrachtung sind sie nicht zu welcher „Elite" auch immer zu zählen – Houston Steward Chamberlain, Jörg Lanz von Liebenfels, Hans Blüher, Max von Gruber, Ludwig Langemann, ein Schullehrer aus Kiel, und wie sie alle hießen, waren schon zeitgenössisch die Verderber der Nation, Inkarnationen des Bösen im Menschen; ihr Einfluß so überaus verhängnisvoll, daß es alle Eliten nur beleidigen könnte, wollte man auch sie zu ihnen zählen. Ich behaupte: Besäßen sie nicht eine fatale historische Menetekelfunktion, so wären sie einer „damnatio memoriae" antiken Zuschnitts zu überantworten.[39]

Problematisch wird es in der breiten Grauzone zwischen diesem indiskutablen Milieu und einigen „Leuchten der Wissenschaft" – man denke beispielsweise an Max Weber, Werner Sombart, Heinrich von Treitschke, Friedrich Ratzel, Philipp Lenard, kurzum jene wissenschaftlichen „Trendsetter", die entscheidend dazu beitrugen, das Reich als mächtig, modern und fortschrittlich erscheinen zu lassen, obwohl ihre Lehren von atavistischen, oft auch aggressiven Elementen durchtränkt waren – sei es, daß Max Weber die Deutschen zur Weltreichsbildung, Sombart die Frauen in Reservate treiben

39 Daß dies nicht der Fall ist, machen gerade die Arbeiten einer jüngeren Historikerinnengeneration deutlich, für die stellvertretend genannt werden sollen: Planert, Ute: Antifeminismus im Kaiserreich. Diskurs, soziale Formation und politische Mentalität, Göttingen 1998; Omran, Susanne: Frauenbewegung und ‚Judenfrage' Diskurse um Rasse und Geschlecht nach 1900, Frankfurt/New York 2000; Grießhaber-Weniger, Christl: Rasse und Geschlecht. Hybride Frauenfiguren in der Literatur um 1900, Köln u. a. 2000; Bublitz, Hannelore/Hanke, Christine/Seier, Andrea: Der Gesellschaftskörper. Zur Neuordnung von Kultur und Geschlecht um 1900, Frankfurt/New York 2000.

wollten, Treitschke alles Unglück den Juden zuschob, Ritter und Ratzel den Deutschen eine geopolitische Zukunft einredeten,[40] Lenard gar eine „deutsche Physik“ propagierte. Den Nobelpreis hatte er schon 1905 erhalten.

Die Wissenschaft war im Kaiserreich zu einem Popanz geworden. Kein Staat heimste mehr Nobelpreise ein als Deutschland, keiner meldete mehr Patente an, keiner verstand es besser, aus einer Diskriminierung ein Markenzeichen zu machen: „Made in Germany“ bezog auch Technik, Medizin und Industrie ganz allgemein in das elitäre Bewußtsein der Zeit mit ein; ob Daimler, Benz, Bosch, Virchow, Sauerbruch oder Harnack: Die Wissenschaft und die von ihr profitierende Industrie mit der Elektro- und Chemieindustrie bald an der Spitze, bildeten ein elitäres Substrat, dem immer wieder neue „Heroen“ entwuchsen; Karl Alois Schenzingers in Millionenauflage verbreitete Romane („Anilin“, „Metall“) haben das in den dreißiger Jahren des 20. Jahrhunderts durchaus zeittypisch beschrieben. Nicht nur der Soldat „konnte sich fühlen“, auch der Universitätsprofessor, der Klinikdirektor, der „Erfinder“ und der Industriekapitän.

So unbestritten der Anteil dieser Elite am Aufstieg Deutschlands zu einer der führenden Industrienationen vor 1914 war, so problematisch ist die Frage, ob auch diese Elite letztlich versagt hat, aber trifft eine solche Frage überhaupt das Problem? Bestimmte und bestimmt es nicht vielmehr Wissenschaft und Industrie, daß sie wertneutral ihre eigenen Interessen verfolgten, unabhängig vom gesellschaftlichen Ganzen, gar einer „historischen Verantwortung“? Was hat, um es an einem geläufigen Beispiel zu verdeutlichen, die Erfindung des Haber-Bosch-Verfahrens mit dem Ersten Weltkrieg zu tun? Daß er nach vier Wochen mangels Pulver zu Ende gewesen wäre?

Ganz so wertneutral waren wenigstens jene nicht, die schon vor dem Krieg laut darüber nachdachten, wieviel schöner es doch wäre, würden Erz und Kohle zusammengeführt, was durch die Besetzung von Longwy und Briey leicht zu machen wäre, und ein mittelafrikanisches Kolonialreich stünde der deutschen Wirtschaft und Industrie auch gut zu Gesicht, mit Marokko könne man schon einmal anfangen. Zwar sind wir inzwischen weit von jenen marxistischen Theorien entfernt, die solche Spekulationen als Beweis für die „Manipulation“ der politischen Elite durch „das“ Großkapital nehmen wollten, aber zweifellos hat es solche Pressionen gegeben, und wenn auch einige Reeder wie Ballin oder Woermann betonten, ihre Geschäfte blühten im Frieden am schönsten, man solle ihn deswegen zu erhalten suchen, die Geschäfte mit England bedürften keines politischen Backups, gab es andere, die im kommenden Krieg auch eine ökonomische Chance witterten. Aber dieser Druck war doch nicht stark genug, um das Staatsschiff wirklich in den Strudel des Krieges zu ziehen. Insofern haben diese ökonomischen und wissenschaftlichen Eliten nicht „versagt“ – aber sie hätten mehr aus ihrer gesellschaftspolitischen Verantwortung machen können, es genügte nicht, wenn das Haus Krupp reihenweise ansehnliche Arbeitersiedlungen bauen ließ.

40 Viel Material und neue Einsichten in: Diekmann, Irene/Krüger, Peter/Schoeps, Julius H. (Hrsg.): Geopolitik. Grenzgänge im Zeitgeist, 2 Bde., Potsdam 2000.

Überhaupt haben die Eliten für das Wohlergehen und die Gesundheit der Bevölkerung viel getan – sei es, daß man energisch daran ging, ansteckende Krankheiten nicht nur durch neue medizinische Entdeckungen und Erfindungen zu besiegen, sondern auch durch energische Hygienemaßnahmen wie nach der verheerenden Cholera-Epedemie 1892 in Hamburg, sei es daß ganze Architektenheere Entwürfe für „Gartenstädte" propagierten, von denen einige sogar gebaut wurden, sei es daß die Großindustrie und die Großstädte „grüne Lungen" anlegten, die finsteren Hinterhöfe und Häuser abrissen, Straßenreinigung und Beleuchtung einführten, das Verkehrsnetz verbesserten und den Verkehr beschleunigten, sich um bessere Arbeitsbedingungen in Stahlkochereien und Zechen bemühten. Von geradezu unendlicher Bedeutung wurde das Wirken von Semmelweiß, das die Mütter endlich davon erlöste, jede Geburt als „russisches Roulette" erleben zu müssen. All dies trug gewiß auch zu einer Milderung der sozialen Gegensätze bei, und das war eher das Verdienst der wilhelminischen Eliten als der Gewerkschaften und der Sozialdemokratie; daß gleichzeitig überall die Idee des Volkssports aufkam (Fußball vor allem) war auch Folge verbesserter Arbeitsbedingungen, verkürzter Arbeitszeiten, die wiederum möglich wurden, weil die Technisierung und Automatisierung voranschritten – Folge unermüdlichen Erfindergeistes.

## Fazit: „Moderne" wilhelminische Eliten?

Abschließend stellt sich die Eingangsfrage neu: Haben die Eliten des Kaiserreiches versagt, und wie wäre die deutsche Geschichte verlaufen, hätten sie Erfolg gehabt? Verständigt man sich darauf, daß die Erhaltung des Friedens das vornehmste Ziel aller Politik und allen gesellschaftlichen und auch kulturellen Bestrebens war, so läßt sich an Hand dieses gleichsam „absoluten" Maßstabes eine klare Aussage treffen. Versucht man andererseits dem „Geist der Zeiten" gerecht zu werden, in dem der Krieg keineswegs als Katastrophe begriffen wurde, so sieht die Antwort ganz anders aus. In den vergangenen Jahren hat die Wissenschaft immer mehr Beweise zusammengetragen, aus denen hervorgeht, daß die Zeitgenossen Bismarcks und Wilhelms II. tatsächlich im Frieden die „optima rerum" gesehen haben.[41] Das spiegelte sich nicht nur in zahlreichen Friedensinitiativen, wie den Haager Konferenzen, sondern auch im Wirken von Alfred Nobel, Bertha von Suttner, der Interparlamentarischen Union, zahlreicher Vereinigungen von „Friedensfreunden". Aber auch das stereotype Bild von der krieglüsternen wilhelminischen Gesellschaft[42] stimmt nicht; daß es immer kriegslüsterne Menschen gab aber ist ein anthropologisches, kein historisches Phänomen und Problem. Auch der Militarismus von unten"[43] bahnte nicht den Weg zum Krieg, sondern wollte ihn vielmehr beschwören, indem man ihn „spielte".[44] Das Volk

41 So Afflerbach, Der Dreibund (wie Anm. 34).

42 Eine von zahlreichen neueren Untersuchungen zu diesem Komplex: Lipp, Anne: Meinungslenkung im Krieg. Kriegserfahrungen deutscher Soldaten und ihre Deutung 1914-1918, Göttingen 2003.

43 Förster, Stig: Der doppelte Militarismus. Die deutsche Heeresrüstungspolitik zwischen Statussicherung und Aggression (1890-1913), Wiesbaden/Stuttgart 1985.

44 Zu dieser These: Salewski, Michael:1914 oder: Wer hat den Schwarzen Peter? in: Faber, Richard/Holste, Christine (Hrsg.): Der Potsdamer Forte-Kreis, Würzburg 2001, S. 31-50.

ist 1914 keineswegs wie ein Mann mit Begeisterung in den Krieg gezogen; selbst Tirpitz stellte nüchtern fest: „Mein Lebenswerk endet mit einem Minus."[45]

Der Kaiser, die herrschenden Häuser, die Kanzler, Staatssekretäre, die Diplomaten, Generäle haben unter diesem Gesichtspunkt tatsächlich eklatant versagt. Die übrigen Eliten verhielten sich zur Frage Krieg oder Frieden wertneutral. Das wird ihnen heute angekreidet, doch ist das unzulässig, da anachronistisch. Es gehörte einfach nicht zu den Aufgaben eines Professors, eines Bischofs, eines Erfinders, eines Managers, eines Reeders, eines Philosophen, Literaten oder Künstlers, sich in die Frage einzumischen, wie der Krieg zu verhindern sei. Daß es Persönlichkeiten wie Pinthus, Karl Kraus, Kubin und viele andere dennoch getan haben, erhebt sie weit über den Durchschnitt der Gesellschaft, und heute wollen uns diese Persönlichkeiten als die wahre Elite erscheinen.

Das Kaiserreich wird oft als „Obrigkeitsstaat" gedeutet. Das war es von seiner Verfassung her, aber die schleichende Verfassungsreform ließ dieses Bild immer öfters ins Wanken geraten. Die demokratischen und parlamentarischen Elemente in Staat, Gesellschaft und Verfassung wurden ständig gewichtiger, und damit wird die Frage nach der Rolle der Eliten eingeebnet: Wenn es letztlich der Reichstag war, der via Budget über Krieg und Frieden entscheiden konnte, dieser Reichstag aber aus einem sehr demokratischen Wahlrecht hervorgegangen war, müssen all jene, die wählten (die Frauen durften nicht wählen und blieben politisch „unschuldig"!) mit zur historisch-politischen Verantwortung gezogen werden. Es geht nicht an, wie es die Deuter des Kaiserreiches nach 1919 getan haben, alles Versagen, alle Schuld einzelnen Personen oder einzelnen Eliten aufzubürden, denn dies würde ihnen eine Bedeutung einräumen, die sie bis 1914 gar nicht mehr besaßen. Es ist schon so: den Ersten Weltkrieg und seinen Folgen hatten alle zu verantworten. Die einen mehr, die anderen weniger.

45 So in einem Brief vom 24. September 1914 an seine Frau. Michael Salewski: Tirpitz. Aufstieg, Macht, Scheitern, Göttingen 1979, S. 103

# Versagen – überall? Gesellschaftliche Eliten zwischen Weimarer Demokratie und nationalsozialistischer Diktatur

*Michael Kißener*

Die Geschichtswissenschaft ist im Kern eine „Begriffs-Wissenschaft“. Sie benötigt möglichst präzise Begriffsdefinitionen, wenn sie wissenschaftlich haltbare, valide Ergebnisse liefern möchte. Deshalb müsste eigentlich am Anfang eines Aufsatzes über die Haltung der deutschen Eliten zur Zeit des Übergangs von der Weimarer Demokratie zur Herrschaft des Nationalsozialismus zunächst eine Präzisierung des Elitenbegriffs stehen. Doch dies erscheint schwierig, nicht nur wegen der hier aufgeworfenen thematischen Weite, sondern weil die Eingrenzung und Differenzierung des Begriffs in der einschlägigen soziologischen, politologischen oder auch historischen Fachliteratur durchaus umstritten ist.[1]

## Versagen überall

Und dennoch ist eine wissenschaftlich angemessene Auseinandersetzung mit dem Thema möglich. Denn ganz gleich welche Gesellschaftsgruppen für die 1930er Jahre mit welchen Methoden auch immer als „Elite“ identifiziert werden, ganz gleich ob ein sozialwissenschaftlich oder ein normativ-werthafter Elitenbegriff angewandt wird, ganz gleich ob die „Macht-“ oder die „Funktionseliten“ im Blickfeld liegen, ob wir offene oder geschlossene Elitenverbände betrachten,[2] immer scheint das Ergebnis, zieht man die einschlägige Literatur zu Rate, gleich zu bleiben: die deutschen Eliten haben in ihrer ganz überwiegenden Mehrheit „versagt“, insofern sie den demokratischen Weimarer Rechtsstaat nicht hinlänglich vor dem Angriff des Totalitarismus geschützt, sondern der unheilvollen gesellschaftlich-politischen Entwicklung sogar noch Vorschub geleistet haben. Die Tatsache des 30. Januar und des 5. März 1933 scheinen dieser Blickweise hinlängliche Evidenz zu verleihen.

Bei der „alten“, 1918/19 entthronten Machtelite, dem preußisch-deutschen Adel, mag dies zunächst nicht weiter verwunderlich sein, stellte doch die Revolution einen weit tieferen Einschnitt für diese „alte Elite“ dar als es das Jahr 1945 werden sollte. Schon 1920 verabschiedete der deutsche Adelstag einen Arierparagraphen, der den Zugang zur Deutschen Adelsgenossenschaft beschränkte. Der nach wie vor insbesondere auf dem

1 Für unseren Zusammenhang jedenfalls scheint nach wie vor Gültigkeit zu besitzen, was Axel Seeberg 1957 anlässlich der Eröffnung eines Vortrages über „Das Elite-Problem heute“ festgestellt hat: „Ich darf damit beginnen, dass ich darauf verzichte, Ihnen eine exakte Definition des Begriffs Elite zu geben. Ich bezweifle, ob eine solche Definition im Sinne einer chemisch reinen Formel überhaupt gegeben werden kann. Unter dem Oberbegriff Elite werden heute so viele Erscheinungen zusammengefasst, dass es nicht leicht ist, die Grenzen genau abzuzeichnen.“ Vgl. Seeberg, Axel: „Das Elite-Problem heute“, in: Jahrbuch der Rankegesellschaft 3 (1957), S. 9.

2 Kaufmann, Franz-Xaver: Elite, in: Görres-Gesellschaft (Hrsg.): Staatslexikon. Recht, Wirtschaft, Gesellschaft, Bd. 2, 7. Auflage, Freiburg u. a. 1986, Sp. 218-222.

Lande in Preußen politisch starke Adel konnte auf dem Höhepunkt der Staatskrise in den Jahren 1930 bis 1933 über die landwirtschaftlichen Interessenverbände und den Immediatzugang zum Reichspräsidenten Paul von Hindenburg, einem Standesgenossen, weit über seine gesellschaftliche Bedeutung hinaus unheilvollen, die Republik zerstörenden politischen Einfluss ausüben. Als die Demokratie gestürzt war, engagierten sich viele Adelige in Hitlers neuer Eliteorganisation, der SS, um Macht und Einfluss zu sichern: 18,7 % der Obergruppenführer der SS sollten 1938 dem Adel zugehören![3]

Wichtiger noch als den Adel, weil im Zentrum der Exekutivmacht stehend, mag man die Militärelite Deutschlands ansehen. Doch auch hier wird man seit Jahren gesicherten Erkenntnissen zufolge von einer überwiegend dem Weimarer Staat gegenüber reservierten Haltung ausgehen müssen, die auf Revanche für den Versailler Friedensvertrag zielte. Zu diesem Zweck waren immer größere Teile der Militärelite bereit, sich in eine Allianz mit dem Nationalsozialismus zu begeben, dem man am ehesten eine Revision der Ergebnisse des Ersten Weltkrieges zutraute.[4]

Wer auf die Elite in der Wissenschaft hoffte, wurde ebenso enttäuscht. Die große Mehrheit der deutschen Professorenschaft der Weimarer Republik sympathisierte mit der republikfeindlichen Rechten. Demokratie und Parlamentarismus waren für sie mehrheitlich keine Werte, für die es sich einzutreten lohnte.[5] Schon im November 1933 bekannten sich 300 Hochschullehrer unter Führung der Universitätsrektoren von Berlin (Eugen Fischer), Freiburg (Martin Heidegger) und Göttingen (Friedrich Neumann) in pathetischem Gestus zu Adolf Hitler.[6] Wie die Professoren, so die „Nachwuchselite", die Studenten: In Erlangen und Greifswald besaß der Nationalsozialistische Deutsche Studentenbund (NSDStB) schon 1929 im ASTA die Mehrheit. Breslau, Gießen, Rostock, die TH Berlin, Jena und Königsberg folgten diesem Beispiel ein Jahr später.[7] Hier bildete sich jene neue, oft stark antisemitisch ausgerichtete Elite für die nationalsozialistische Diktatur heran, die ab 1933 dann aufstieg und kaltblütig-technokratisch die nationalsozialistische „Ideologie" Wirklichkeit werden ließ.[8]

3 Zollitsch, Wolfgang: Adel und adelige Machteliten in der Endphase der Weimarer Republik. Standespolitik und agrarische Interessen, in: Winkler, Heinrich August (Hrsg.): Die deutsche Staatskrise 1930-1933 (Schriften des Historischen Kollegs, Kolloquien; Bd. 26), München 1992, S. 239-256, hier S. 240 ff, 255. Vgl. auch Thamer, Hans-Ulrich: Verführung und Gewalt. Deutschland 1933-1945 (Die Deutschen und ihre Nation; Bd. 5), Berlin 1986, S. 366 f.

4 Messerschmidt, Manfred: Die Wehrmacht im NS-Staat. Zeit der Indoktrination, Hamburg 1969, S. 488; Müller, Klaus-Jürgen: Deutsche Militär-Elite in der Vorgeschichte des Zweiten Weltkrieges, in: Broszat, Martin/Schwabe, Klaus (Hrsg.): Die deutschen Eliten und der Weg in den Zweiten Weltkrieg, München 1989, S. 226-290, hier S. 227 ff.

5 Heiber, Helmut: Universität unterm Hakenkreuz Teil 1. Der Professor im Dritten Reich. Bilder aus der akademischen Provinz, München u. a. 1991, S. 31 f.; Schwabe, Klaus: Deutsche Hochschullehrer und Hitlers Krieg (1936-1940), in: Broszat, Martin/Schwabe, Klaus (Hrsg.): Die deutschen Eliten und der Weg in den Zweiten Weltkrieg, München 1989, S. 291-333, hier S. 294.

6 Seidler, Eduard: Die akademische Elite und der neue Staat, in: Die Elite der Nation im Dritten Reich. Das Verhältnis von Akademien und ihrem wissenschaftlichen Umfeld zum Nationalsozialismus (Acta Historica Leopoldina; Bd. 22), Halle 1995, S. 15-28, hier S. 17.

7 Thamer, Verführung und Gewalt (wie Anm. 3), S. 165 f.

8 Vgl. Herbert, Ulrich: Vernichtungspolitik. Neue Antworten und Fragen zur Geschichte des 'Holocaust', in: Herbert, Ulrich (Hrsg.): Nationalsozialistische Vernichtungspolitik 1939-1945. Neue Forschungen und Kontroversen, Frankfurt am Main 1998, S. 9-66, hier S. 41-44.

In einer außenpolitisch so prekären Lage wie der der Weimarer Republik kam auch der Elite in der deutschen Diplomatie eine gesteigerte Bedeutung zu. Zweifellos hätte eine erfolgreiche Revision der außenpolitischen Belastungen der jungen Demokratie erheblich geholfen. Dies strebten die deutschen Diplomaten auch an, doch, soweit wir dies heute wissen, ohne Interesse für den neuen demokratischen Rechtsstaat, mit innerer Distanz und dem Rückzug in eine formale Loyalität gegenüber dem Staat, ganz gleich welche Verfassung er besaß.[9]

Die gleiche innere Distanz ließe sich für die regional allerdings genau zu differenzierende höhere Verwaltungsbeamtenschaft konstatieren,[10] insbesondere aber wohl auch für den Sonderbereich der Justiz. Schon Zeitgenossen wie der preußische Innenminister Albert Grzsinski,[11] der bayerische Landtags- und Reichstagsabgeordnete Wilhelm Hoegner[12] oder der Heidelberger Dozent Emil Julius Gumbel, der 1921/22 ein Aufsehen erregendes Buch über justiziell nicht aufgearbeitete politische Morde in der Revolutionszeit veröffentlicht hatte,[13] sahen in der reaktionären, republikfeindlichen Haltung der Justiz sogar eine der größten Gefährdungen der ersten deutschen Demokratie. „Unter dem Schutze der richterlichen Unabhängigkeit hat sich in der deutschen Republik eine Justiz erhalten, die sich als ein obrigkeitsstaatlicher Fremdkörper im sozialen Volksstaat darstellt",[14] urteilte denn auch Reichsjustizminister Gustav Radbruch aus Verärgerung über politisch nachsichtige Urteile gegenüber der republikzerstörenden Rechten. Kein Geringerer als der Politologe Karl Dietrich Bracher hat dies nach eingehender wissenschaftlicher Analyse der Weimarer Republik im Nachhinein auch bestätigt: „Man wird schließlich sagen müssen, dass die Justiz in der Weimarer Republik mitgewirkt hat nicht nur an dem Scheitern dieser Republik, sondern geradezu an ihrer Überwältigung durch autoritäre und totalitäre Bewegungen. Insofern ist es durchaus berechtigt, die Weimarer Justiz zu einem guten Teil als Voraussetzung und Quellgrund des ‚Dritten Reiches' zu betrachten."[15]

---

9 Krüger, Peter: Die deutschen Diplomaten in der Zeit zwischen den Weltkriegen, in: Hudemann, Rainer/ Soutou, Georges-Henri (Hrsg.): Eliten in Deutschland und Frankreich im 19. und 20. Jahrhundert. Strukturen und Beziehungen; Bd. 1, München 1994, S. 281-291, hier S. 291.

10 Vgl. hierzu beispielhaft die Differenzierungen, die Michael Ruck: Korpsgeist und Staatsbewusstsein. Beamte im deutschen Südwesten 1928 bis 1972 (Nationalsozialismus und Nachkriegszeit in Südwestdeutschland; Bd. 4), München 1996 im Hinblick auf die badische und württembergische Verwaltungselite herausgearbeitet hat.

11 Martiny, Martin: Integration oder Konfrontation? Studien zur Geschichte der sozialdemokratischen Rechts- und Verfassungspolitik (Schriftenreihe des Forschungsinstituts der Friedrich-Ebert-Stiftung; Bd. 122), Bonn 1976, S. 210. Zu Grzesinski siehe neuerdings Kolb, Eberhard (Hrsg.): Grzesinski, Albert: Im Kampf um die deutsche Republik. Erinnerungen eines Sozialdemokraten, München 2001.

12 Hoegner, Wilhelm: Die verratene Republik, München 1958, S. 261.

13 Gumbel, Emil Julius: Zwei Jahre politischer Mord, Berlin 1921, Vier Jahre politischer Mord, Berlin 1922, S. 147 f. Nachlese und Ergänzung in: Gumbel, Emil Julius.: „Verräter verfallen der Feme". Opfer / Mörder / Richter 1919-1929, Berlin 1929.

14 Zitiert nach Majer, Diemut: Blind auf dem rechten Auge, in: DIE ZEIT vom 14. Februar 1986, S. 70. Vgl. auch Kuhn, Robert: Die Vertrauenskrise der Justiz (1926-1928). Der Kampf um die 'Republikanisierung' der Rechtspflege in der Weimarer Republik, Köln 1983, S. 44.

15 Bracher, Karl Dietrich: Vorwort, in: Hannover, Heinrich/Hannover-Drück, Elisabeth: Politische Justiz 1918-1933, Frankfurt am Main 1966, S. 12 f.

Selbst dann, wenn man den Blick von den staatlichen oder staatsnahen Funktionseliten ab- und gesellschaftlichen Eliten, wie z. B. der Ärzteschaft, zuwendet, wird das Bild nicht besser. Radikalisiert durch den Ersten Weltkrieg, der den Wert des individuellen menschlichen Lebens in den Augen vieler relativiert hatte, fasziniert von den in ganz Europa und Amerika eifrig rezipierten eugenischen Lehren, die aktive Bevölkerungspolitik zum Schutz der „höherwertigen" Erbanlagen einer Bevölkerung propagierten, zugleich aber bei einem erheblichen Ärzteüberschuss in wirtschaftlich schwieriger Lage, geriet auch die medizinische Elite früh in den Sog antidemokratischer, radikaler Strömungen.[16] In den NS-Ärzteorganisationen fanden sich große Teile der Medizinelite der Republik, hoffend, dass ihnen in Hitlers Staat ein bedeutender Platz als Wächter der „Volksgesundheit" zukommen werde – ein besserer Platz als in der Republik, wo krisengeschüttelte Krankenkassen nach Quoten über die Niederlassung der Ärzte bestimmten, die dann doch kaum jemand erreichte.[17]

Als besonders schwerwiegend stellt sich endlich auch das „Versagen" der Führungskreise der deutschen Wirtschaft dar: das von Hitlers Wirtschaftsberater Hans Keppler und dem Kölner Bankier Kurt Freiherr von Schroeder am 4. Januar 1933 initiierte Treffen Hitlers mit v. Papen war Teil der unmittelbaren Vorgeschichte der nationalsozialistischen Machtergreifung ebenso wie die Eingabe von 15 Vertretern der Wirtschaft an den Reichspräsidenten, in der nach dem Rücktritt v. Papens eine führende Beteiligung der NSDAP bei der Regierungsneubildung gefordert wurde. Neben dem ehemaligen (bis 1930) und zukünftigen (ab 1933) Reichsbankpräsidenten Hjalmar Schacht gehörten namhafte Vertreter der rheinisch-westfälischen Schwerindustrie wie Thyssen, Reusch, Vögler und einige Bankiers zu dieser Gruppe.[18] Wenn auch heute die keineswegs nur in der DDR-Literatur propagierte Verschwörungstheorie, welche ein Bündnis der deutschen Großindustrie mit der Hitlerbewegung als eigentliche Ursache für das Scheitern Weimars ansieht, als widerlegt gelten kann,[19] so ist doch die zunehmend antidemokratische Haltung führender Wirtschaftskreise und ihre auf eine autoritäre Umgestaltung der Republik zielende Politik oft genug betont, mithin eine erhebliche Mitverantwortung auch der Wirtschaftseliten am Untergang von Weimar konstatiert worden.[20]

Es ist vor diesem Hintergrund kaum verwunderlich, dass in den vergangenen Jahrzehnten nicht nur die Konstatierung des „Versagens" der Eliten die geschichtswissenschaftliche Diskussion über das Ende der Weimarer Republik bestimmt hat, sondern weitergehend auch die Hypothese, ob am Ende geradezu ein „Bündnis der Eliten",[21]

16 Kater, Michael: Ärzte als Hitlers Helfer, Hamburg, Wien 2000, S. 41 ff. und Seidler, Eduard: Geschichte der Medizin und der Krankenpflege, 6. Auflage, Stuttgart 1993. S. 22 f.

17 Vgl. Seidler, Geschichte der Medizin (wie Anm. 16), S. 233; Frewer, Andreas: Medizin und Moral in Weimarer Republik und Nationalsozialismus, Die Zeitschrift „Ethik" unter Emil Abderhalden, Frankfurt am Main u. a. 2000, S. 34-27.

18 Broszat, Martin: Die Machtergreifung. Der Aufstieg der NSDAP und die Zerstörung der Weimarer Republik (Deutsche Geschichte der neuesten Zeit), 4. Auflage, München 1993, S. 156 ff.

19 Turner, Henry Ashby Jr., 'Alliance of Elites' as a cause of Weimar's collaps and Hitler's triumph?, in: Winkler, Heinrich August (Hrsg.): Die deutsche Staatskrise 1930-1933 (Schriften des Historischen Kollegs; Kolloquien; Bd. 26), München 1992, S. 204-214.

20 Gessner, Thomas: Die Weimarer Republik (Kontroversen um die Geschichte), Darmstadt 2002, S. 103.

21 Fischer, Fritz: Bündnis der Eliten, Frankfurt am Main 1979.

vielleicht gar ein Komplott die Katastrophe von Weimar herbeigeführt habe. Und weit darüber hinaus: Ist ein solches „Bündnis" der Eliten mit dem Nationalsozialismus vielleicht auch verantwortlich zu machen für die Judenverfolgung[22] und die Entfesselung des Zweiten Weltkrieges?[23]

Solche Pauschalurteile sind in der neueren Forschung überwiegend zurückgewiesen worden,[24] aber es bleibt durchaus die vor allem von Hans Mommsen vertretene Sicht, konservative Elitengruppen hätten „maßgeblich dazu beigetragen",[25] Hitler an die Macht zu bringen und den Hitlerstaat dann in Gang zu halten.

## Die Bedeutung der Eliten

Die Hypothese von einer solchen maßgeblichen Verursachung des Untergangs der Weimarer Demokratie durch die deutsche (konservative) Elite setzt freilich, wenn sie richtig sein soll, zwei wesentliche, allerdings meist unausgesprochene Grundannahmen voraus. Zum einen müsste eine hinlängliche Kontingenz der wie auch immer zu definierenden Elitengruppen feststellbar sein, die sie zu intentionalem, koordiniertem Handeln befähigt hat. Zum anderen müsste dieses Handeln unter den Bedingungen der Weimarer Massendemokratie eine Bedeutung erlangt haben, die alle anderen denkbaren Wirkfaktoren bei weitem übertrifft. Beide Annahmen lassen sich nach dem derzeitigen Stand der Forschung jedoch nicht bestätigen.

Dass das Scheitern der Weimarer Republik sich nicht eindimensional begründen lässt, sondern vielmehr nur aus einer komplizierten Konzentration unterschiedlichster Krisen, die zeitlich zusammenwirkten, erklärbar ist, gilt den meisten Weimar-Forschern heute als unbestreitbare Erkenntnis. Nur eines, so stellt Horst Möller[26] nicht anders als etwa Ian Kershaw fest,[27] ist sicher: dass jeder eindimensionale Erklärungsversuch für das Ende von Weimar verfehlt wäre. Wirtschaftskrise, Gesellschaftskrise, Verfassungskrise, Regierungskrise, die Krise des Parteiensystems und des Parlamentarismus und eine Legitimationskrise an der Spitze wie an der Basis – all diese Erscheinungen wirkten am Ende der Republik zusammen. Die gesellschaftlichen Eliten waren in der Weimarer Massendemo-

22 Büttner, Ursula: Die deutsche Bevölkerung und die Judenverfolgung 1933-1945, in: Büttner, Ursula (Hrsg.): Die Deutschen und die Judenverfolgung im Dritten Reich, Hamburg 1992, S. 67-88, hier S. 79.

23 Broszat, Martin: Der Zweite Weltkrieg: Ein Krieg der „alten" Eliten, der Nationalsozialisten oder der Krieg Hitlers?, in: Broszat, Martin/Schwabe, Klaus (Hrsg.): Die deutschen Eliten und der Weg in den Zweiten Weltkrieg, München 1989, S. 25-71, hier S. 26.

24 Schulz, Gerhard: Bemerkungen zur Wegscheide zwischen parlamentarischer und autoritärer Entwicklung in der Geschichte der Weimarer Republik oder Kershaw, Ian: Der 30. Januar 1933: Ausweg aus der Staatskrise und Anfang des Staatsverfalls, beide in: Winkler, Heinrich August (Hrsg.): Die deutsche Staatskrise 1930-1933 (Schriften des Historischen Kollegs; Kolloquien; Bd. 26), München 1992, S. 39-47 bzw. 277-284.

25 Mommsen, Hans: Regierung ohne Parteien. Konservative Pläne zum Verfassungsumbau am Ende der Weimarer Republik, in. Winkler, Heinrich August (Hrsg.): Die deutsche Staatskrise 1930-1933 (Schriften des Historischen Kollegs, Kolloquien; Bd. 26), München 1992, S. 1-18, hier S. 18. Vgl. auch Wirsching, Andreas: Die Weimarer Republik. Politik und Gesellschaft (Enzyklopädie Deutscher Geschichte; Bd. 58), München 2000, S. 50.

26 Möller, Horst: Weimar. Die unvollendete Demokratie (Deutsche Geschichte der neuesten Zeit), 4. Auflage, München 1993, S. 206.

27 Gessner, Die Weimarer Republik (wie Anm. 20), S. 97.

kratie in all diese Krisenvorgänge einbezogen und letztlich ebenso unvermögender Teil des allgemeinen gesellschaftlichen Dissenses wie beispielsweise die Arbeiterbewegung, die Gewerkschaften und die sozialistischen Parteien und viele andere. Deren Schwäche und ruhmloses Ende versetzte gerade ausländische Beobachter wie den französischen Botschafter André Francois Poncet in fassungsloses Erstaunen: „[...] alles, was in Deutschland außerhalb der nationalsozialistischen Partei existierte", so berichtete er im Juli 1933 nach Paris, sei „zerstört, zerstreut, aufgelöst, angegliedert oder aufgesaugt [...] Einer nach dem anderen mussten sich die Kommunisten, die Juden, die Sozialisten, die Gewerkschaften, die Mitglieder des ‚Stahlhelms', die Deutschnationalen, die Frontkämpfer des ‚Kyffhäuserbundes', die Katholiken in Bayern und im Reich und die evangelischen Kirchen unter sein Gesetz beugen." Und an anderer Stelle: „Deutschland wird sich in die Knechtschaft gestürzt haben, ohne eine Klage zu erheben und ohne einen Protest laut werden zu lassen. Die deutsche Demokratie hat nichts retten können, nicht einmal ihr Gesicht."[28]

Einen überragenden, als intentional und entscheidend zu definierenden Anteil an der Staatskrise hatten die deutschen Eliten in ihrer Gesamtheit also jedenfalls nicht. Es fragt sich sogar, ob sie angesichts von 43,9 % der Stimmen für die NSDAP bei der letzten einigermaßen freien Wahl vom 5. März 1933 und weiteren 12,3 % der Stimmen für die KPD, mithin weit über 50 % der Wählerschaft, die jedenfalls keine Demokratie mehr wollte, je eine realistische Chance gehabt hätte, die Republik zu schützen und sie über die vielfältigen, vor allem wirtschaftlichen Krisen mit ihren zwangsläufigen Radikalisierungstendenzen zu retten. Vieles spricht dagegen, am meisten die innere Verfasstheit der deutschen Eliten in der Weimarer Republik. Denn ganz gleich welche Elitengruppe man betrachtet – das Wesensmerkmal der Weimarer Eliten war gerade nicht ihre innere Kontingenz, sondern vielmehr umgekehrt ihre innere Schwäche und Fragmentierung:

- Die alte Adelselite wies nur auf dem preußischen Lande einigen Zusammenhalt und weitgehend übereinstimmende politische Vorstellungen auf. Im Süden Deutschlands etwa war die Haltung des Adels gegenüber der Republik wesentlich positiver und gegenüber Hitler wesentlich reservierter.[29]
- Im Militär zeigte sich die Generalität und das Offizierskorps dienstgrad- und altersmäßig fragmentiert. Schon Generaloberst Beck bemerkte die „Dekomposition" des preußisch-deutschen Offizierskorps, was gleichermaßen den Einbruch nationalsozialistischer Werthaltungen möglich machte wie es andererseits Distanz und Resistenz gegenüber politischer Vereinnahmung ermöglichte.[30]

---

28 Quellenabdruck bei Becker, Josef und Ruth (Hrsg.): Hitlers Machtergreifung. Dokumente vom Machtantritt Hitlers 30. Januar 1933 bis zur Besiegelung des Einparteienstaates 14. Juli 1933, München 1983, S. 219, 365.

29 Zollitsch, Adel und adelige Machteliten (wie Anm. 3), S. 245, 255.

30 Kroener, Bernhard R.: Generationserfahrungen und Elitenwandel. Strukturveränderungen im deutschen Offizierskorps 1933-1945, in: Hudemann, Rainer/Soutou, Georges Henri (Hrsg.): Eliten in Deutschland und Frankreich im 19. und 20. Jahrhundert. Strukturen und Beziehungen; Bd. 1, München 1994, S. 219-233, hier S. 228, 232.

– Ähnlich in der Diplomatie: in der Kaiserzeit unterlassene Strukturreformen des diplomatischen Korps führten nach 1918 unter den deutschen Diplomaten zu tiefgreifender Desorientierung und Verunsicherung, ja zur Unfähigkeit, die eigene Rolle im demokratischen Rechtsstaat und in einer pluralen Gesellschaft überhaupt definieren zu können. Die Folge auch hier: eine starke Fragmentierung. Einige wenige Anhänger der Republik, ein großes Heer von Entschlusslosen waren hier genauso zu finden wie entschiedene Gegner der Republik und Anhänger der Monarchie.[31]

Besonders deutlich tritt diese Elitenfragmentierung im Vergleich mit Frankreich hervor: dort gab es sowohl im Militär wie im diplomatischen Dienst eine gezielte Elitenrekrutierung, die den gesellschaftlichen Veränderungen Rechnung trug und zur Homogenität der jeweiligen Elitengruppen beitrug. Dort gab es allerdings auch seit langem eine Bürgergesellschaft mit politisch engagierten Bürgern, die es in Deutschland nach dem Ende des Kaiserreiches erst aufzubauen galt.[32]

Selbst bei der in einschlägiger Literatur gerne als monolithischer, reaktionärer Block betrachteten deutschen Justiz zeigt sich diese Fragmentierung neueren Forschungen zufolge deutlich.[33] Da die Justiz bis 1935 Ländersache blieb und Richter anders als die sonstige Beamtenschaft nur dem Gesetz und ihrem Gewissen, nicht aber der Weisung vorgesetzter Behörden unterworfen waren (und sind), bildeten sich auch dort durchaus unterschiedliche Haltungen gegenüber der Republik aus. Während in manchen ostdeutschen Gerichten unter fadenscheinigsten Gründen die rechtsextremen Feinde der Demokratie geschont, eine Verunglimpfung der nationalen Symbole zugelassen und der extremistische Straßenterror nur unwillig bekämpft wurden,[34] hatte im Westen eine allmähliche Demokratisierung des Richterkorps bereits erste Erfolge zu verzeichnen, war ein demokratischer Wandel in den Führungsetagen etwa der badischen Justiz bereits zu spüren, als die nationalsozialistische „Machtergreifung" erfolgte. Im badischen Justizministerium selbst, in der Führung der meisten Landgerichte und in der Generalstaatsanwaltschaft waren 1932/33 Anhänger der Republik tätig, das Engagement der badischen Richter für die demokratischen Parteien im Landtag war, gemessen an der Gesamtzahl der planmäßig angestellten Richter, so hoch wie nirgendwo sonst in der Republik und fast die Hälfte von ihnen gehörte demokratischen Parteien an.[35] Vor diesem Hintergrund führte die badische Regierung unter Staatspräsident Josef Schmitt (Zentrum) einen

31 Krüger, Die deutschen Diplomaten (wie Anm. 9), S. 282 f., 285.

32 Bock, Hans Manfred: Kulturelle Eliten in den deutsch-französischen Gesellschaftsbeziehungen der Zwischenkriegszeit, in: Hudemann, Rainer/Soutou, Georges Henri (Hrsg.): Eliten in Deutschland und Frankreich im 19. und 20. Jahrhundert. Strukturen und Beziehungen; Bd. 1, München 1994, S. 73-91, hier S. 75, Kroener, Generationserfahrungen (wie Anm. 30), S. 233; Krüger, Die deutschen Diplomaten (wie Anm. 9), S. 282 f.; Kaelble, Hartmut: Nachbarn am Rhein. Entfremdung und Annäherung der französischen und deutschen Gesellschaft seit 1880, München 1991, S. 140 f.

33 Kißener, Michael: Zwischen Diktatur und Demokratie. Badische Richter 1919-1952 (Karlsruher Beiträge zur Geschichte des Nationalsozialismus; Bd. 7), Konstanz 2003. Regionale Differenzen in der Haltung der Verwaltungsbeamtenschaft weist Ruck, Korpsgeist und Staatsbewusstsein (vgl. Anm. 10) nach.

34 Bundesminister der Justiz (Hrsg.): Im Namen des deutschen Volkes. Justiz und Nationalsozialismus. Katalog zur Ausstellung des Bundesministers der Justiz, Köln 1989, S. 36.

35 Kißener, Zwischen Diktatur und Demokratie (wie Anm. 33), S. 120-128.

überaus mutigen Kampf gegen den politischen Extremismus, insbesondere der politischen Rechten, bis zur letzten Minute der Republik.[36]

Nimmt man dies alles zusammen, so wird man wohl zweifellos von einer Mitverantwortung der deutschen Eliten für das Scheitern der ersten Demokratie auf deutschem Boden sprechen müssen, das Ausmaß eines solchen „Versagens“ aber regional und sektoral genau zu differenzieren haben. Erklärbar wird dieses Scheitern nicht durch ein Komplott der Eliten, sondern vielmehr durch ihre Schwäche, ihre Orientierungslosigkeit und Fragmentierung – eine Erkenntnis, die wohl das stärkste Argument für eine zielgerichtete Elitenbildung gerade auch in einer demokratischen Gesellschaft ist.

## Die Entstehung einer neuen, einer „Gegenelite“ im Widerstand

Es wäre allerdings deutlich zu kurz gegriffen, bei diesem Resümee stehen zu bleiben und nicht auch die andere Seite der Fragmentierung der deutschen Eliten zu beleuchten: die Entstehung einer wenn auch noch so kleinen „Gegenelite“ (Hans Mommsen)[37] im deutschen Widerstand.[38] Sie hat den Untergang der Weimarer Republik ebenso wenig wie die Verbrechen des Nationalsozialismus aufhalten können. Viele Mitglieder dieser Gegenelite haben sich erst mühsam aus anfänglicher Kooperation mit dem Regime zum Widerstand durchringen müssen. Auch waren ihre Zukunftsvorstellungen nicht durchgängig demokratisch geprägt oder gar eine Vorwegnahme des Grundgesetzes. Aber durch ihre Bereitschaft, Verantwortung gegen das verbrecherische Regime und eine jubelnde Mehrheit des Volkes selbst in Kriegszeiten wahrzunehmen und sogar das eigene Leben für eine Wendung der Verhältnisse zum Besseren einzusetzen, hat diese Gegenelite den Neuanfang nach 1945 in politischer wie gesellschaftlicher Hinsicht erst möglich gemacht. Reduziert man den Elitebegriff auf seine Herkunft aus dem lateinischen „eligere“, so stünde recht eigentlich nur dieser kleinen Gruppe diese Bezeichnung zu.

Diese Gegenelite verteilte sich auf nahezu alle Funktionsbereiche staatlicher und gesellschaftlicher Art. Selbst aus dem tendenziell republikfeindlichen Adel und dem Militär erwuchs eine neue Elite, die über Standesgrenzen und politische Gegensätze hinweg in der Zurückweisung des nationalsozialistischen Totalitarismus zu gemeinsamem verantwortlichem Handeln vorstieß. Die Verschwörung des 20. Juli 1944 ist hierfür das wohl glänzendste Beispiel. Der Hitlerattentäter Claus Schenck Graf von Stauffenberg und seine mitbeteiligten Brüder stammten bezeichnenderweise aus dem südwestdeutschen Adel, aber auch aus dem preußischen Adel rekrutierte sich der militärische Wider-

36 Brandel, Hermann: Staatliche Maßnahmen gegen den politischen Radikalismus in Baden 1930-1933, Diss. jur. Heidelberg 1976. Zu den ebenso aufopferungsvollen Bemühungen der Sozialdemokratie um den Schutz der Republik siehe Pyta, Wolfram: Gegen Hitler und für die Republik. Die Auseinandersetzung der deutschen Sozialdemokratie mit der NSDAP in der Weimarer Republik (Beiträge zur Geschichte des Parlamentarismus und der politischen Parteien; Bd. 87), Düsseldorf 1989.

37 Mommsen, Hans: Bürgerlicher (nationalkonservativer) Widerstand, in: Benz, Wolfgang/Pehle, Walter H. (Hrsg.): Lexikon des deutschen Widerstandes, Frankfurt am Main 1994, S. 55-67, hier S. 56.

38 Siehe hierzu demnächst grundlegend: Scholtyseck, Joachim, Les élites dans la résistance allemande, in: Marcot, Francois (Hrsg.): La résistance miroir de l'oppression, erscheint 2004.

stand: Henning von Tresckow oder Peter Graf Yorck von Wartenburg sind nur zwei von vielen hier zu nennenden Beispielen. Zwar misslang das Attentat und der Umsturzversuch schon wenige Stunden nachdem er begonnen hatte, doch bleibt nicht nur der Versuch, Deutschland vom Tyrannen zu befreien, das bleibende Verdienst der Verschwörer, sondern auch die mit großen Mühen und unter schwierigsten Umständen erfolgte Zusammenführung vor allem einer jungen militärischen Führungselite auf Obristenebene, nachdem sich die ältere Generalität zumeist nicht zu gemeinsamem verantwortlichem Handeln hatte durchringen können. Dass weit darüber hinaus in den Kreis der Mitverschwörer auch Zivilisten und Politiker unterschiedlichster weltanschaulicher Ausrichtung einbezogen wurden, signalisiert jenen Ansatz zur Überwindung der Elitenfragmentierung, die für die Weimarer Zeit so kennzeichnend war.[39]

Auch in der Elite der Wissenschaft gab es solche Bemühungen: die sog. Freiburger Kreise sind hier das vielleicht wichtigste Beispiel. Dort hatte sich um die Nationalökonomen Walter Eucken, Constantin von Dietze und Adolf Lampe sowie um den Historiker Gerhard Ritter ein Kreis von Gleichgesinnten geschart, die nicht nur für die Zeit nach Hitler geplant hatten, sondern sich auch für das Attentat vom 20. Juli 1944 hatten in Dienst nehmen lassen. Würdenträger der evangelischen Landeskirche in Württemberg wie der katholischen Kirche der Erzdiözese Freiburg finden sich ebenso in diesem Kreis. Einem Wort Peter Steinbachs zufolge, nach dem in Zeiten der Diktatur die „Elite des Anstands im Gefängnis sitzt", waren auch sie schließlich in die Hände der Gestapo gefallen, konnten ihrem Henker aber noch kurz vor Ende des Krieges entkommen.[40]

Aus der desorientierten Elite der deutschen Diplomatie, die im Dritten Reich zunehmend an Einfluss verlieren sollte, erwuchsen dem deutschen Widerstand herausragende Ideengeber und Kontaktleute zum Ausland. So etwa der Diplomat Adam von Trott zu Solz[41]oder der Vortragende Legationsrat Hans Bernd von Haeften.[42] Beide standen in Verbindung mit dem „Kreisauer Kreis", jener Gemeinschaft führender Köpfe, die der Rechtsanwalt Helmuth James Graf von Moltke auf seinem Gut in Kreisau zusammengeführt hatte.[43] Hier wurden Pläne für die Zeit nach Hitler diskutiert. Den Hitlerattentäter Stauffenberg beriet und unterstützte Trott zu Solz auf seinem Fachgebiet.

Was für den diplomatischen Dienst galt, galt auch für die Führungsetagen von Verwaltung und Justiz, denen zu Unrecht eine völlige, ja willige Unterwerfung unter die Diktatur nachgesagt wird. Der Vormundschaftsrichter Lothar Kreyssig aus Brandenburg an der

39 Vgl. Hoffmann, Peter: Widerstand – Staatsstreich – Attentat. Der Kampf der Opposition gegen Hitler, 4. Auflage, Zürich 1985. Ders.: Claus Schenck Graf von Stauffenberg und seine Brüder, 2. Auflage, Stuttgart 1992.

40 Siehe hierzu mit weiterführenden Literaturhinweisen Ott, Hugo: Der „Freiburger Kreis", in: Lill, Rudolf/ Kißener, Michael (Hrsg.): 20. Juli 1944 in Baden und Württemberg. (Portraits des Widerstands; Bd. 3), Konstanz 1994, S. 125-153.

41 Trott zu Solz, Clarita: Adam von Trott zu Solz. Eine Lebensbeschreibung, (Schriften der Gedenkstätte Deutscher Widerstand; Bd. 2), Berlin 1994.

42 Haeften, Barbara von: „Nichts Schriftliches von Politik". Hans Bernd von Haeften [1905-1944]. Ein Lebensbericht, München 1997.

43 Schwerin, Franz Graf von: Helmuth James Graf von Moltke: Im Widerstand die Zukunft denken. Zielvorstellungen für ein neues Deutschland, Paderborn u. a. 1999.

Havel,[44] der sich mutig weigerte, an den nationalsozialistischen Euthanasieverbrechen mitzuwirken, war keineswegs der einzige Jurist,[45] der sich zu einer solchen Haltung durchrang. In der neueren Forschung zur Verwaltungsgeschichte des 20. Jahrhunderts sind immer wieder Fälle mutigen Eintretens gegen den Unrechtsstaat aufgedeckt worden, die zwar nicht in aktiven Widerstand mündeten, wohl aber Menschenleben gerettet haben oder die nationalsozialistische Machtentfaltung im Verantwortungsbereich von Führungskräften der Verwaltung begrenzt haben.[46]

Schutz der Patienten und das Weiterleben eines humanen medizinischen Arbeitsethos, damit auch einer antitotalitären Grundhaltung, beflügelten auch das Verhalten einiger Ärzte im Dritten Reich. Das wegen seiner politischen Implikationen wohl bekannteste Beispiel sind die Jungmediziner Hans Scholl, Willy Graf, Christoph Probst und Alexander Schmorell in der Widerstandsgruppe „Weiße Rose".[47] Doch sie waren keineswegs die einzigen Mediziner, die Widerstand leisteten. Gerade das nationalsozialistische „Euthanasieprogramm hatte seit seinem Beginn immer wieder das Gewissen einzelner Mediziner angestoßen und sie zu risikoreichem, anordnungswidrigem Verhalten veranlasst.[48]

Und schließlich wird man, um auch das letzte Beispiel erneut aufzugreifen, einigen Angehörigen der wirtschaftlichen Führungselite die Qualität einer Gegenelite zubilligen können. Eines der wohl glänzendsten Beispiele dafür stellt die nunmehr gründlich untersuchte Stuttgarter Firma Bosch dar,[49] die unter ihrem charismatischen Firmengründer Robert Bosch zu einem regelrechten Zentrum von Widerstandsaktivitäten im Deutschland Adolf Hitlers wurde. Bosch, der schon in der Weimarer Republik das ihm Mögliche zur Stabilisierung der Demokratie getan hatte – durch Spenden an demokratische Parteien, durch Förderung der Bekämpfung des Antisemitismus, durch Unterstützung der Aussöhnung zwischen Deutschland und Frankreich –, er und sein liberal gesinnter Nachfolger Hans Walz[50] verhalfen im Dritten Reich vielen Juden zur Flucht, beschäftigten Carl Friedrich Goerdeler, den Koordinator des zivilen Widerstands und waren selbst in die Attentatsvorbereitungen des 20. Juli verwickelt. Sie stellen damit ein Beispiel politisch verantwortlichen Unternehmertums dar, das weit über das Ende des Dritten Reiches hinaus wirkte.

Eine solche Wirkung war nicht allen Angehörigen der Gegenelite des Dritten Reiches vergönnt, bezahlten doch die meisten ihr Ausscheren aus der gleichgeschalteten Volksgemeinschaft mit dem Tode. Dort aber, wo diese Gegenelite diesem Schicksal entrinnen konnte, wie etwa in den Freiburger Kreisen, beeinflusste sie maßgeblich auch die Nach-

---

44 Weiß, Konrad: Lothar Kreyssig – Prophet der Versöhnung, Gerlingen 1998.

45 Müller, Ingo: Furchtbare Juristen. Die unbewältigte Vergangenheit unserer Justiz, München 1987, S. 201.

46 Kißener, Zwischen Diktatur und Demokratie (wie Anm. 33), S. 225-240 und 247-253.

47 Lill, Rudolf (Hrsg.): Hochverrat? Neue Forschungen zur „Weißen Rose" (Portraits des Widerstands; Bd. 1), Konstanz 1999; Kißener, Michael/Schäfers, Bernhard (Hrsg.): „Weitertragen". Studien zur „Weißen Rose". Festschrift für Anneliese Knoop-Graf zum 80. Geburtstag, Konstanz 2001.

48 Beispiele siehe bei Lifton, Robert Jay: Ärzte im Dritten Reich, Stuttgart 1988. S. 91-102.

49 Scholtyseck, Joachim: Robert Bosch und der liberale Widerstand gegen Hitler 1933-1945, München 1999.

50 Kißener, Michael: Hans Walz (1883-1974), in: Lächele, Rainer/Thierfelder, Jörg (Hrsg.): Wir konnten uns nicht entziehen. 30 Portraits zu Kirche und Nationalsozialismus in Württemberg, Stuttgart 1998, S. 119-138.

kriegsentwicklung. So fußt etwa die Soziale Marktwirtschaft nicht zuletzt auf der „Freiburger Schule der Nationalökonomie“, die mit den Namen der Freiburger Widerstandsprofessoren aufs engste verbunden ist. Aber auch jene, die sich weit weniger exponierten und im zweiten oder dritten Glied des Widerstands Nonkonformität übten, entfalteten in ihrem Verantwortungsbereich nach 1945 Wirkung. Es wäre gewiss übertrieben, den Erfolg der zweiten deutschen Demokratie der Ausstrahlung dieser Gegenelite des Widerstands, die nun oft in einflussreiche Stellungen der deutschen Nachkriegsdemokratie aufrückte, zuzuschreiben, doch sollte ihr Einfluss, wie regionale Studien zeigen, auch nicht voreilig unterschätzt werden.[51]

51 Vgl. beispielhaft für die Justiz Kißener, Zwischen Diktatur und Demokratie (wie Anm. 33), S. 263 ff.

# Überzeugungen und Verführungen. Schriftsteller in der Diktatur

*Günther Rüther*

Wer sich mit der Stellung und dem Auftrag der Intellektuellen in der Gesellschaft oder – wie in diesem Beitrag – mit der Rolle der Schriftsteller im Nationalsozialismus und SED-Sozialismus beschäftigt, dem drängen sich nachfolgende Fragen auf. Sind Intellektuelle, insbesondere die Schriftsteller, in der Diktatur stärker gefährdet als andere? Was unterscheidet sie im Kreis der geistigen Elite, zu dem sie zählen, von anderen Intellektuellen, oder ganz allgemein, vom Leben des Lokomotivführers, des Facharbeiters, des Finanzbeamten, des Arztes oder des Vermessungsingenieurs? Welchen Verführungen sieht sich der Intellektuelle in der modernen Diktatur, dem Nationalsozialismus und Kommunismus ausgesetzt? Welchen Stellenwert haben die Intellektuellen für totalitäre Regime? Julien Benda nennt sie in seinem Buch: „Der Verrat der Intellektuellen", die „clercs", die „Verteidiger ewiger und interessefreier Werte".[1] Über welche Möglichkeiten verfügen Intellektuelle, um sich dem Zauber der Ideologie zu entziehen und den Verlockungen der Macht zu widerstehen?

## Die Intellektuellen und die anderen

Intellektuelle sind nicht besser oder schlechter als andere Menschen, aber ihnen fällt in der Gesellschaft eine andere Aufgabe zu. Sie besteht vor allem darin, Distanz zur Macht zu wahren und Macht in Zweifel zu ziehen. In der Diktatur ist die geschilderte Aufgabe für den Intellektuellen schwieriger als in einer freiheitlichen Gesellschaftsordnung. Es ist vor allem deshalb schwieriger, weil in der Diktatur die Freiheit des Wortes nichts gilt und an seine Stelle das Regelwerk der Zensur tritt. Es ist auch gefährlicher. In der Diktatur gibt es keine Rechtsstaatlichkeit, die eine der zentralen Grundvoraussetzungen für eine freiheitliche Demokratie darstellt. Der Intellektuelle, der in einer Diktatur die Freiheit des Wortes für sich in Anspruch nimmt, schwebt ständig in der Gefahr, dafür hart bestraft zu werden, wie viele Beispiele aus beiden deutschen Diktaturen des 20. Jahrhunderts belegen.

Distanz zur Macht zu wahren und sie in Zweifel zu ziehen, ist für den Intellektuellen in der Diktatur deshalb besonders geboten, wenn er sich nicht den Verführungen der Macht aussetzen will und weil er in der totalitären Gesellschaftsordnung noch zu den wenigen verbleibenden Instanzen zählt, die aus ihrem Selbstverständnis heraus dazu berufen sind, die zeitlosen Werte Gerechtigkeit, Wahrheit und Vernunft zu verteidigen.[2]

In dem Maße, wie Intellektuelle diesen universellen Werten Geltung verschaffen, zügeln sie die Macht. Sie setzen den Sprachregulierungen und interessegeleiteten Ver-

1 Benda, Julien: Der Verrat der Intellektuellen, München 1978, S. 13.
2 Benda, Verrat (wie Anm. 1), S. 75 ff.

lautbarungen der Despoten Einsichten entgegen, die dem angestrebten Deutungs- und Meinungsmonopol des Staates zuwiderlaufen. Den Zeitgenossen geben sie ein Beispiel. Sie zeigen ein moralisches Verhalten, das keine Rücksicht auf die Folgen nimmt. Die Bereitschaft, Position zu beziehen und etwaige Konsequenzen hinten anzustellen, verlangt Charakterstärke, Mut und Zivilcourage. „Zivilcourage zum Beispiel“, schreibt Hilde Domin, „diesen Mut den kein Tier hat / Mit-Schmerz zum Beispiel / Solidarität statt Herde / Fremd-Worte / heimisch zu machen im Tun“.[3] Diese Eigenschaften sind selten! Gerade sie aber legitimieren vor den anderen die herausgehobene Stellung des Intellektuellen nicht nur innerhalb der geistigen Elite, sondern auch darüber hinaus. Es sind nicht die Intelligenz, das Talent, die Ausbildung, die berufliche Funktion, sondern vor allem die Bereitschaft, die Macht des geschriebenen oder gesprochenen Wortes einzusetzen und auf diese Weise öffentlich Position gegen die Verlautbarungen der Herrschenden zu beziehen.[4] Deshalb umgarnen Diktaturen die Intellektuellen. Sie wollen sie auf ihre Seite ziehen und für ihre Ziele als glaubwürdige Instanzen mit öffentlicher Geltung einsetzen. Je bedeutender das Ansehen und je bekannter der Intellektuelle in der Gesellschaft ist, desto größer ist das Interesse der Despoten an ihnen. So wurden Martin Heidegger, Karl Schmidt, Ernst Jünger und Gustav Gründgens u. a. von den Nationalsozialisten umworben, Bertolt Brecht, Manfred von Ardenne, Thomas und Heinrich Mann von den SED-Funktionären.

Der Intellektuelle steht auf einer Stufe mit allen anderen Menschen. Da es zu seinem Selbstverständnis gehört, die Dinge nicht so hinzunehmen, wie sie gerade sind, sondern sie zu analysieren, zu problematisieren und sie in Frage zu stellen, führt er zwangsläufig ein anderes Leben.[5] Er steht häufig im Gegensatz zu der herrschenden Meinung.

## Der Schriftsteller als „Vorzeige-Intellektueller“

Unter den Intellektuellen nehmen die Schriftsteller eine Sonderstellung ein. Sie sind die Spezialisten für das Wort[6] und aufgrund ihrer beruflichen Stellung ungebundener als andere. Sie müssen weniger Rücksicht nehmen. Pflichten und Loyalitäten gegenüber einem Arbeitgeber, (z. B. dem Staat), die zu Abhängigkeiten führen können, kennen sie nicht. Sie fühlen sich vor allem sich selbst verantwortlich und keinem anderen. Von daher entsprechen sie in geradezu beispielhafter Weise der klassischen Definition von Karl Mannheim als „sozial freischwebende Intelligenz“.[7] Aus diesem Selbstverständnis heraus schreiben und handeln Schriftsteller seit dem 18. Jahrhundert. In Deutschland ist vor diesem Hintergrund vor allem auf Jean Paul und Gottfried Ephraim Lessing zu ver-

3 Domin, Hilde: Gesammelte Gedichte, Frankfurt am Main 1987, S. 335.
4 Vgl. Gehlen, Arnold: Das Engagement der Intellektuellen gegenüber dem Staat, in: Merkur 18 (1964), S. 401-413.
5 Gasset, Ortega y: Der Intellektuelle und der Andere, in: Bergsdorf, Wolfgang (Hrsg.): Die Intellektuellen. Geist und Macht, Pfullingen 1982, S. 15-26, hier S. 23 ff.
6 Jäger, Georg: Der Schriftsteller als Intellektueller. Ein Problemaufriss, in: Hanuschek, Sven (Hrsg.): Schriftsteller als Intellektuelle. Politik und Literatur im Kalten Krieg, Tübingen 2000, S. 1-25, hier S. 3.
7 Mannheim, Karl: Ideologie und Utopie, Frankfurt am Main 1952, S. 135.

weisen, die in bis dahin nicht gekanntem Maße thematische Freiheit, soziale und wirtschaftliche Unabhängigkeit und öffentliche Anerkennung als Gelehrte, Kritiker und Interpreten ihrer Zeit gewannen. Als freie Schriftsteller wurden sie zu den Exponenten einer neuen Bildungselite, die sich als Katalysator kritischer Öffentlichkeit begriff und journalistisch tätig wurde.[8]

Es ist kein Zufall, dass der Begriff des Intellektuellen von einem Schriftsteller in die öffentliche Debatte eingebracht worden ist. Emile Zolas Offener Brief an den Staatspräsidenten in Frankreichs dritter Republik, der auch an Plakatsäulen angeschlagen und in der Tageszeitung „Aurore“ unter dem Titel „J'accuse!“ veröffentlicht wurde, verhalf dem modernen politisch denkenden und handelnden Intellektuellen zum Durchbruch.[9] Zolas öffentliches Engagement für den zu Unrecht verurteilten jüdischen Hauptmann Alfred Dreyfus, dem Hochverrat und Spionage für das Deutsche Reich vorgeworfen wurde, charakterisiert folgende Merkmale:

- Ein international angesehener Schriftsteller kämpft gegen die Institutionen des Staates: den Präsidenten, die Justiz und die Armee.
- Er handelt im Namen „ewiger und interessefreier Werte“. Seine danach oft wiederholten Worte: „La verité est en marche et rien ne l'arrête.“ gewinnen programmatische Bedeutung für das Selbstverständnis des modernen Intellektuellen.
- Er wendet sich an die breite Öffentlichkeit und nutzt dafür die modernen Kommunikationsmittel.
- Er sucht die Solidarisierung mit anderen Intellektuellen, um eine öffentliche Kampagne loszutreten.
- Er übernimmt die Verantwortung für sein Handeln.

Emile Zola wurde zu einem Jahr Gefängnis verurteilt und floh ins Exil nach London.

## Der Schriftsteller in der Diktatur – fünf Optionen des Verhaltens

Nachfolgend sollen die Möglichkeiten aufgezeigt werden, die der Schriftsteller gegenüber der Macht im Nationalsozialismus und DDR-Sozialismus hatte. Grundsätzlich betrachtet stehen dem Schriftsteller in der Diktatur idealtypisch fünf Optionen des Verhaltens offen. Diese gelten, bei einigen Unterschieden, für die Diktatur in der Zeit des Nationalsozialismus gleichermaßen wie im SED-Sozialismus:

- Der Schriftsteller identifiziert sich mit der Macht und engagiert sich für sie. In diesem Fall tritt er vorbehaltlos für die Ziele der Diktatur ein. In der Regel nimmt er als Mitglied der staatstragenden Partei, der NSDAP oder der SED, wichtige Funktionen in der Kulturbürokratie oder im Schriftstellerverband ein, um dem Regime zu dienen. Er bezieht öffentlich Position. Er tut dies in seinen literarischen Werken, in Vorträgen oder in Wahrnehmung eines öffentlichen Amtes.

---

8 Jäger, Georg: Autor, in: Killy, Walther (Hrsg.): Literaturlexikon (Bd. 13), Gütersloh 1992, S. 66-72.

9 Vgl. Sontheimer, Kurt: Die Dreyfus-Affaire. Geburtsstunde des modernen Intellektuellen, in: Politische Meinung 301 (1994), S. 37-43; Jäger, Der Schriftsteller als Intellektueller (wie Anm. 6), S. 14 ff.

- Der Schriftsteller arrangiert sich mit der Macht. Er wahrt eine gewisse Distanz, indem er nicht der Partei beitritt. Er verzichtet darauf, öffentlich gegen das Regime Stellung zu beziehen. Zur Übernahme eines Amtes ist er in gewissem Umfang bereit, versucht aber, dieses mit dem Schein der Unabhängigkeit zu zieren und nutzt deshalb Entscheidungsspielräume aus, soweit sie sich eröffnen. Seine literarischen Arbeiten weichen auf Themen aus, die unpolitischer Natur sind und keine Konflikte mit der Macht erwarten lassen.

Der Schriftsteller gerät in Konflikt mit der Macht, weil er das herrschende Regime ablehnt und für eine andere Gesellschaftsordnung eintritt. Die drei weiteren Optionen sind dann:

- Er wählt den Weg des geringsten Widerstandes und begibt sich in die Innere Emigration. Dies bedeutet für ihn, dass er sich politischer Stellungnahmen enthält und keine Ämter annimmt. In seinen literarischen Arbeiten lotet er die Grenzen der Zensur aus. Er wählt Themen und Stoffe, die keinen unmittelbaren Bezug zur Gegenwart haben, aber dennoch Grundprobleme menschlichen Lebens ansprechen. Diese lassen häufig unmittelbare Rückschlüsse auf die herrschenden Verhältnisse zu. Es entstehen aber auch Texte ohne jeden politischen Kontext. Zu denken ist hier etwa an die Naturlyrik, die allerdings in augenfälligem Kontrast zur offiziellen Sprachwelt in der Diktatur steht. Die radikalste Option in der Inneren Emigration besteht darin, auf Veröffentlichungen zu verzichten und „für die Schublade" zu schreiben. Der Schriftsteller in der Inneren Emigration führt ein Leben im Schatten der Macht, die er duldet.
- Der Schriftsteller als Dissident oder Oppositioneller hat in der modernen Diktatur nur wenige Möglichkeiten, sich der Macht zu widersetzen. Ihm ist der Zugang zu den Medien verstellt, die gleichgeschaltet sind. Lediglich über die Auslandspresse kann er Position beziehen. Die Menschen in der Diktatur erreicht er auf diesem Wege nur in geringer Zahl. Seinen literarischen Arbeiten wird häufig ein ähnliches Schicksal zuteil. Sie scheitern im Einzelfall an der Zensur oder an einem generellen Berufsverbot. Selbst der durch sein öffentliches Ansehen in gewissem Umfang geschützte Schriftsteller lebt in der ständigen Gefahr, verhaftet zu werden. Den Auftrag als „sozial freischwebende Intelligenz" kann er – wenn überhaupt – nur in eingeschränktem Maße erfüllen.
- Er entzieht sich der unmittelbaren Einflussnahme der Diktatur und geht ins Exil. Dies geschieht in der Regel dann, wenn die Gefahr besteht, politisch verfolgt zu werden. Der Verlust der Heimat bedeutet zugleich die Trennung von seinen Lesern. Bücher eines Autors, der im Exil lebt, haben kaum eine Chance, von der Zensur genehmigt zu werden. Aufgrund bestehender Sprachbarrieren und des geringen Bekanntheitsgrades besteht oft auch nicht die Möglichkeit, sich neue Leserkreise im Ausland zu erschließen. Die Chance, aus dem Exil heraus für eine Veränderung der politischen Verhältnisse in der Heimat zu kämpfen, ist gering. Sie eröffnet sich nur wenigen international anerkannten Schriftstellern. Für die meisten ist das Leben im Exil, ähnlich wie das Leben in der Inneren Emigration, von politischer Ohnmacht gegenüber der Diktatur gekennzeichnet. Allerdings galt dies für Autoren aus der DDR, die in die Bundesrepublik übersiedelten, nicht in gleichem Maße. Sie befanden sich streng genommen

nicht im Exil. Zwar verloren auch sie im Allgemeinen ihre Leser, da sie jedoch im deutschen Kultur- und Sprachraum blieben, gelang es ihnen eher, ein neues Publikum zu finden. Sie konnten auch leichter politischen Einfluss ausüben. Dies lag an der spezifischen Situation der Teilung Deutschlands und der Einbettung der beiden deutschen Staaten in je eine totalitäre und freiheitliche Gesellschaftsordnung.

## Die Wirkungsmöglichkeiten des Schriftstellers in der Diktatur

Die vorgestellte Typologisierung offenbart, dass die Wirkungsmöglichkeiten im Nationalsozialismus und im SED-Sozialismus für die Schriftsteller eng begrenzt waren. Dies galt besonders dann, wenn sie eine kritische Haltung gegenüber dem herrschenden Regime einnahmen. Die Romane von Werner Bergengrün „Der Großtyrann und das Gericht" (1935) und von Ernst Jünger „Auf den Marmorklippen" (1939) gehörten zu den Publikationen im Dritten Reich, die als mutig zu bezeichnen sind. Sie lassen eine kritische Deutung des Nationalsozialismus zu, auch wenn diese als ausgesprochen maßvoll und keineswegs eindeutig zu bezeichnen ist. Dennoch fanden der „Großtyrann" und die „Marmorklippen" eine weite Verbreitung durch hohe Auflagen im nationalsozialistischen Deutschland. Bergengrün wurde von der NSDAP als politisch unzuverlässig eingeschätzt und 1937 aus der Reichsschrifttumskammer ausgeschlossen. Mit einer Sondergenehmigung durfte er jedoch weiter publizieren.[10] Mit dem Roman „Am Himmel wie auf Erden", der nach einer hohen Startauflage zu Beginn der vierziger Jahre nicht mehr erscheinen konnte, legte er ein weiteres regimekritisches Werk vor, das von vielen Zeitgenossen ebenso wie der „Großtyrann" als Widerstandsbuch gedeutet wurde.[11] Tausenden von Lesern erschienen die „Marmorklippen" als eine gegen das Dritte Reich gerichtete Erzählung, in der einzelne Figuren Ähnlichkeiten zur Führungsriege der NSDAP aufweisen. Trotz ihrer Doppelbödigkeit wird deutlich, dass Jünger „die NS-Aktivisten für eine gemeine Verbrecherbande und ihren Terror für ein illegitimes und schändliches Betreiben" hielt.[12]

Gemessen an diesen Beispielen sind viele Lyrik- und Prosatexte von Autoren aus der DDR in ihrer Kritik am real existierenden Sozialismus konkreter. Allerdings wurde auch hier der offene Bruch mit dem Regime und der Idee des Sozialismus vermieden. Mit der Überwindung der Aufbauliteratur der 50er Jahre, die aus der Doktrin des sozialistischen Realismus erwachsen war und im „Bitterfelder Weg" eine Fortsetzung fand, griffen Schriftsteller in der zweiten Hälfte der 60er Jahre in zunehmendem Maße die Probleme des Alltags in der real existierenden Gesellschaft auf. Zu nennen sind hier beispielsweise: Christa Wolf: Nachdenken über Christa T., 1968; Erich Loest: Es geht seinen Gang oder Mühen in unserer Ebene, 1978; Franz Fühmann: Säienzfiktschn, 1981; Volker Braun:

10 Denk, Friedrich: Die Zensur der Nachgeborenen. Zur regimekritischen Literatur im Dritten Reich, Weilheim 1996, S. 374 f.

11 Denk, Zensur der Nachgeborenen (wie Anm. 10), S. 379 ff.

12 Kiesel, Helmuth: Zwischen Kritik und Affirmation. Ernst Jüngers Auseinandersetzung mit dem Nationalsozialismus, in: Rüther, Günther (Hrsg.): Literatur in der Diktatur. Schreiben im Nationalsozialismus und DDR-Sozialismus, Paderborn 1997, S. 163-172, hier S. 164.

Hinze-Kunze-Roman, 1983 oder Günter de Bruyn: Neue Herrlichkeit, 1985. Diese Arbeiten suchten zwar nicht den offenen Konflikt mit dem SED-Staat, sie trugen dennoch zum aufrechten Gang der Bürger bei. Sie stärkten sein Selbstbewusstsein. Indem sie gesellschaftliche Probleme aufzeigten, stellten sie die Problemlösungskompetenz des nach seinem Anspruch allzuständigen Staates in Frage. Eine in diesem Sinne emanzipatorische Literatur erschien im Nationalsozialismus nicht.

In beiden deutschen Diktaturen fehlte eine Dissidentenliteratur, weil der Schriftsteller seine Aufgabe als „sozial freischwebende Intelligenz" mit letzter Konsequenz nicht wahrnehmen konnte. Maßgeblich war dafür bereits der Zwang, der Reichsschrifttumskammer bzw. dem Schriftstellerverband der DDR anzugehören und mit der Zensur zu leben. Damit waren die Entwicklungs- und Wirkungsmöglichkeiten der Schriftsteller bereits wesentlich eingeschränkt. Dennoch haben im Nationalsozialismus Schriftsteller aufbegehrt und massive Repressionen ertragen müssen. Zu erwähnen sind hier vor allem Ricarda Huch, Elisabeth Langgässer, Fritz Reck-Malleczewen, Ernst Wiechert, Ehm Welk, Reinhold Schneider u. a.m.. Dies gilt auch für Erich Loest, Peter Huchel, Hans-Joachim Schädlich, Uwe Johnson, um nur einige Namen zu nennen, in der damaligen DDR.

### *1. Schriftsteller über Kollegen*

Darf man von einem Schriftsteller erwarten, dass er Folter und Haft auf sich nimmt, um den ewigen Werten der Freiheit, Gerechtigkeit und Vernunft gemäß zu handeln? Legt man hier ganz strenge Maßstäbe an, so hätten die Schriftsteller in beiden deutschen Diktaturen dieses Schicksal ertragen oder schweigen müssen.

- Alfred Andersch vertrat rückblickend die Auffassung, dass die deutsche Literatur während des Dritten Reiches, „sobald sie den Namen einer Literatur noch behaupten kann", identisch gewesen sei „mit Emigration, mit Distanz, mit Ferne von der Diktatur".[13]
- Radikaler formulierte es Gottfried Benn als Autor der Inneren Emigration bereits 1937 in einem Brief: „Ich betrachte ausnahmslos u. alles, was ich irgendwo aus deutschem Hirn gedruckt sehe von vornherein für allerletzten Dreck. Was heute die Lizenz der Schriftsteller u. Lektoren passiert, muß Dreck sein".[14]
- Thomas Mann schrieb in der Auseinandersetzung mit Walter von Molo aus dem amerikanischen Exil 1945: „Es mag Aberglaube sein, aber in meinen Augen sind Bücher, die von 1933 bis 1945 in Deutschland überhaupt gedruckt werden konnten, weniger als wertlos und nicht gut in die Hand zu nehmen. Ein Geruch von Blut und Schande haftet ihnen an: sie sollten alle eingestampft werden".[15]

13 Zitiert nach Lämmert, Eberhard: Beherrschte Literatur. Vom Elend des Schreibens unter Diktaturen, in: Rüther (Hrsg.), Literatur in der Diktatur (wie Anm. 12), S. 21.

14 Schröder, Jürgen: „Wer über Deutschland reden und richten will, muss hier geblieben sein". Gottfried Benn als Emigrant nach innen, in: Rüther (Hrsg.), Literatur in der Diktatur (wie Anm. 12), S. 131-144, hier S. 136 f.

15 Mann, Thomas: Warum ich nicht nach Deutschland zurückgehe. Antwort auf einen Brief Walter von Molos in der deutschen Presse, in: Kurzke, Hermann/Stachorski, Stephan (Hrsg.): Thomas Mann. Essays 1945-1955 (Bd. 6), Frankfurt am Main 1997, S. 33-42, hier S. 37.

Aus allen drei Positionen spricht gelebte Erfahrung. Alfred Andersch zog sich als gerade 20-Jähriger, der aufgrund seiner Mitarbeit in einer kommunistischen Jugendorganisation einige Wochen im Konzentrationslager Dachau inhaftiert war, völlig aus dem politischen Leben zurück. Er schrieb: „Der Ausweg, den ich wählte, hieß Kunst [...]. Der Preis, den ich für die Emigration aus der Geschichte bezahlte, war hoch; [...] Ich brachte dieses Kunststück fertig. Ich antwortete auf den totalen Staat mit der totalen Introversion".[16] Doch Andersch hielt diese „totale Introversion" nicht durch. Noch 1943 stellte er einen Aufnahmeantrag in die Reichsschrifttumskammer, um endlich als Schriftsteller publizieren zu können. Dem Suhrkamp Verlag legte er drei Erzählungen vor. Der Reichswehr diente er sich als Kriegsberichterstatter für eine Propagandakompanie an.[17]

Gottfried Benn huldigte zunächst der nationalsozialistischen Bewegung. Er unterstützte sie auch literarisch, bis er 1935 als Militärarzt in der Reichswehr tätig wurde. Die Reichswehr erschien ihm als die „aristokratische Form der Emigrierung", wie er in einem Brief an F.W. Oelze bereits im November 1934 festhielt.[18] Nach 1937 verzichtete er darauf, im nationalsozialistischen Deutschland zu veröffentlichen, im Jahr darauf erfolgte sein Ausschluss aus der Reichsschrifttumskammer. Er schrieb aber fortan Texte, die ihn „direkt ins KZ" hätten führen können.[19] Unter den Autoren, die den Weg der Inneren Emigration gewählt haben, gab es außer Gottfried Benn niemanden, der es trotz Schreibverbot in Lyrik, Prosa und Essays so unverhüllt wagte, mit dem nationalsozialistischen Regime abzurechnen und dabei sein Leben zu riskieren.[20]

Thomas Manns Diktum zeigt die Verletzung, die ihm die Auseinandersetzung um Exil und Innere Emigration im Nachkriegsdeutschland zugefügt hat.[21] Es zeigt aber auch, wie tief nach zwölf Jahren Exil der Graben zu den in Deutschland lebenden Autoren geworden ist. Sieht man von persönlichen Betroffenheiten ab, so wird man anerkennen müssen, dass auch im Dritten Reich eine Literatur von Rang gedruckt worden ist. Schließlich sind auch Thomas Manns eigene Arbeiten während dieser Zeit fertiggestellt und publiziert worden. Dies gilt vor allem für „Die Geschichten Jaakobs" und „Der junge Joseph", die zwischen 1933 und 1934 bei S. Fischer erschienen sind. „Joseph in Ägypten" wird 1936 als dritter Band der Joseph-Tetralogie in Wien publiziert, ist aber von dort aus auch für die deutschen Leser erhältlich. Für das Niveau der Literatur aus dieser Zeit sprechen auch ihre zum Teil beachtlichen Auflagen in der Nachkriegszeit. Vor allem wird die pauschale Kritik von Benn und Mann denen nicht gerecht, die eine regimekritische Literatur geschrieben, sich im aktiven Widerstand befunden haben oder in Gefängnissen und Lagern inhaftiert gewesen sind.

16 Lämmert, Beherrschte Literatur (wie Anm. 13), S. 20 f.
17 Denk, Zensur der Nachgeborenen (wie Anm. 10), S. 438
18 Schröder, „Wer über Deutschland ..." (wie Anm. 14), S. 139.
19 Schröder, „Wer über Deutschland ..." (wie Anm. 14), S. 139.
20 Schröder, „Wer über Deutschland ..." (wie Anm. 14), S. 140.
21 Grunenberg, Antonia: „Und was tatest du?". Schriftsteller und politische Macht nach 1945. Zum Streit zwischen Thomas Mann und Walter von Molo, in: Langguth, Gerd (Hrsg.): Autor, Macht, Staat. Literatur und Politik in Deutschland, Düsseldorf 1994, S. 110-130, hier S. 117.

*2. Die DDR-Literatur im Urteil der Feuilletons*

Gleichermaßen abzulehnen ist auch das pauschale Diktum, die DDR-Autoren kennzeichne ein familiäres, fast intimes Verhältnis zu ihrem Staat.[22] Sie seien im Grunde verlässliche Komplizen der staatlichen Macht gewesen, wie es im Literaturstreit zu Beginn der 90er Jahre in deutschen Feuilletons die Runde machte.[23] Natürlich hat es diese Komplizenschaft in großer Zahl gegeben. Stellvertretend für viele ist Hermann Kant zu nennen, der über Jahrzehnte als einflussreichster Mann an der Spitze des Schriftstellerverbandes der DDR agierte. Eine pauschale Verurteilung wird dem Stellenwert der DDR-Literatur jedoch nicht gerecht. Sie verkennt ihr literarisches und ästhetisches Niveau und übersieht die Anerkennung, die sie gerade auch im Westen Deutschlands in den Jahren der Teilung aus diesem Grund gefunden hat. Zudem ist sie für viele Menschen in der DDR eine wichtige Orientierungshilfe und seelische Stütze gewesen.

Die Kritiken blenden aus, welche Wirkungsmöglichkeiten der Schriftsteller im Nationalsozialismus und SED-Sozialismus tatsächlich gehabt, welche Kompromisse und Gefährdungen er auf sich genommen hat. Die Forderung, zu schweigen oder offen Widerstand zu leisten, fasst zu kurz. Sie wird den tatsächlichen Verhältnissen in der Diktatur nicht gerecht. Sie unterstellt, dass es in beiden Diktaturen nur literarisch-ästhetische Ausdrucksformen gab, die das herrschende Regime radikal in Frage stellten oder stützten. Die Rezeption regimekritischer Bücher von Lesern und Rezensenten spricht dagegen. Verrat oder Widerstand, Lüge oder Wahrheit, diese vermeintlichen Alternativen suggerieren, dass es kein Dazwischen gab. Und doch spielte sich gerade das Leben in beiden Regimen zwischen diesen beiden gegensätzlichen Polen ab. Entscheidend für die Beurteilung war vielmehr, wo sich der Einzelne in diesem Magnetfeld positionierte. Dies darf jedoch nicht darüber hinwegtäuschen, dass viele Schriftsteller Verrat geübt und ein unmittelbares Bündnis mit der totalitären Macht eingegangen sind. Dies gilt für die blinden „Mitläufer“ gleichermaßen wie für die engagierten Parteigänger beider Regime.

## Überzeugungen und Verführungen

Ein erheblicher Teil der geistigen Elite hat in beiden deutschen Diktaturen versagt. Dies trifft auch für die Schriftsteller zu. Bereits im Zuge der Machtergreifung Hitlers kam es im März und Oktober 1933 zu Loyalitätserklärungen für den neuen Reichskanzler. Etwa einhundert Schriftsteller beteiligten sich daran. Unter ihnen fanden sich anerkannte Namen wie Rudolf Binding, Oscar Loerke, Walter von Molo, Ernst Barlach, Bruno Frank, Rudolf Alexander Schröder, Jakob Wassermann und Gottfried Benn. Jedoch fehlten viele renommierte Autoren, z. B. Werner Bergengrün, Gerhart Hauptmann, Karl Zuckmayer, Hermann Hesse, Heinrich und Thomas Mann. Auch wenn derartige Loyalitätserklärungen nach dem von den Nationalsozialisten propagandistisch ausgenutzten

22 Vgl. dazu Schirrmacher, Frank: „Dem Druck des härteren, strengeren Lebens standhalten“, in: Franfurter Allgemeine Zeitung vom 2. Juni 1990.

23 Vgl. Anz, Thomas (Hrsg.): Es geht nicht um Christa Wolf. Der Literaturstreit im vereinten Deutschland, München 1991.

Reichstagsbrand, dem Ermächtigungsgesetz und der „Gleichschaltung“ der gesellschaftlichen Kräfte heute nur schwerlich nachzuvollziehen sind, darf daraus nicht auf eine intensive Bindung an den Nationalsozialismus geschlossen werden. Für einige Unterzeichner war es nicht mehr als eine flüchtige, erbetene Referenz an die neue Macht. Und doch ist es eine Geste, die der Weimarer Republik von den Intellektuellen, von wenigen Ausnahmen abgesehen, verweigert worden ist.

Letztendlich blieb der Kreis derjenigen, die ihre literarische Arbeit aus Überzeugung in den Dienst des Dritten Reiches stellten, klein. Ihre Bücher erreichten aber z. T. erhebliche Auflagen.[24] Zu den nationalsozialistischen Parteigängern und aktiven Mitläufern gehörten u. a. Hanns Johst, Baldur von Schirach, Hans-Friedrich Blunck, Hans Baumann, Curt Langenbeck und – mit gewissen Einschränkungen – auch Hans Grimm. Ihre Werke sind heute bedeutungslos.

Demgegenüber konnte die sowjetische Besatzungszone und spätere DDR viele namhafte Schriftsteller für sich gewinnen. Sie reisten zum größten Teil aus dem Exil in die SBZ bzw. spätere DDR, um am Aufbau eines sozialistischen Deutschlands mitzuwirken. Zu den bekanntesten Namen zählen Bertolt Brecht, Anna Seghers, Johannes R. Becher, Arnold Zweig, Erich Weinert, Franz Fühmann, Stefan Heym, Stephan Hermlin, Erich Arendt und viele andere mehr. Sie handelten in dem Glauben, als Antifaschisten und Gegner des Kapitalismus am Aufbau eines besseren Deutschlands mithelfen zu können. Als Sozialisten sahen sie ihre natürliche Heimat in der SBZ/DDR.

Beide Diktaturen, so gegensätzliche Ziele sie im einzelnen auch verfolgten, kennzeichnete eine totalitäre Ideologie, die sich auch ihrerseits wieder grundlegend unterscheidet. Obwohl die zerstörerischen Kräfte beider Weltanschauungen hinlänglich bekannt gewesen sind und ihre politischen Akteure alles andere als zu überzeugen wussten, hinderte es Schriftsteller nicht, sich in ihren Dienst zu stellen. Worin liegen die Ursachen für diesen Verrat?

### *1. Schriftsteller und Ideologien*

Schriftsteller sind anfällig für Ideologien, weil sie mit der politischen Wirklichkeit, in der sie leben, selten zufrieden sind. Dies hat sich in der weit verbreiteten Ablehnung der Weimarer Republik trotz ihrer liberalen Verfassung und ihres fortschrittlichen Regierungssystems in bestürzender Weise gezeigt.[25] Ihnen ist ein Hang zum Prinzipiellen, verbunden mit der Hoffnung eigen, es könne eine Gesellschaftsordnung aus einem Guss geben. Der demokratische Parteien- und Verfassungsstaat mit seinen komplizierten politischen Prozessen entspricht diesem Ideal häufig nicht. Die hier institutionell verankerte Ausbalancierung der Macht erscheint vielen nicht als Stärke sondern als Schwäche. Doch gerade diese Schwäche ist es, die Freiheit und Gerechtigkeit sichert.

24 Vgl. Ketelsen, Uwe-K.: Literatur und Drittes Reich, Schernfeld 1992, S. 95 und Sarkowicz, Hans: Die literarischen Apologeten des Dritten Reiches. Zur Rezeption der vom Nationalsozialismus geförderten Autoren nach 1945, in: Thunecke, Jörg (Hrsg.): Leid der Worte. Panorama des literarischen Nationalsozialismus, Bonn 1987, S. 435-459, hier S. 439; Sarkowicz nennt u. a. Wilhelm Pleyer, Will Vesper und Hermann Burte.

25 Vgl. Laqueur, Walter: Weimar. Die Kultur der Republik, Frankfurt am Main 1976.

Dem liberalen Parteien- und Verfassungsstaat gegenüber steht der radikale Ordnungsstaat. Seine Ideale sind Macht und Gehorsam. Die Begründung für die Notwendigkeit des Handelns sucht er in der Ideologie.

Der Nationalsozialismus hat vor und nach der Machtergreifung keine Zweifel an seiner Entschlossenheit aufkommen lassen, die Weimarer Republik zu überwinden. Die Schriftsteller erfuhren dies unmittelbar im Zuge der nationalsozialistischen Machtergreifung mit der Stigmatisierung, Ausgrenzung und Verfolgung vieler Kollegen, insbesondere derjenigen jüdischen Glaubens. Die Bücherverbrennungen im Mai 1933 wurden zum schrecklichen Zeugnis eines ideologischen Rigorismus. Er verdeutlichte, was das Dritte Reich von den Schriftstellern und deren Literatur hielt. Es ging dem Regime „um Idole für die Masse und um Leitbilder für die zu züchtende Elite".[26] In der Literatur suchte man sie nicht. Sie galt als suspekt, weil sie immer nur einen begrenzten Leserkreis erreicht, ihre Wirkung sich der direkten Kontrolle entzieht, Leser und Autor auf undurchdringliche Weise miteinander kommunizieren und das rationale Element der Sprache, die Urteilskraft des einzelnen stärkt und nicht betäubt.[27] Die Literatur erfuhr als Medium der Massenbeeinflussung keine nennenswerte Anerkennung. Die Aufmerksamkeit galt der Architektur, der Musik und dem neuen Medium, dem Film.

Die Geringschätzung der Literatur trug dazu bei, dass sich eine spezifische nationalsozialistische Literatur kaum entwickelte und von ihr „nur sehr begrenzt gesprochen werden kann".[28] So waren es nur wenige Autoren von Rang, die sich von der nationalsozialistischen Ideologie blenden ließen. Zu ihnen zählt Gottfried Benn, der in „Lebensweg eines Intellektuellen" 1934 selbstgerecht formulierte, er habe in seiner Ausbildung in der Kaiser-Wilhelm-Akademie für das militärärztliche Bildungswesen die „Härte des Geschehens, Verantwortung im Urteil, Sicherheit im Unterscheiden von Zufälligem und Gesetzlichem, vor allem aber die tiefe Skepsis, die Stil schafft"[29] gelernt. Welche grandiose Selbsttäuschung! In dem 1950 erschienenen Prosaband „Doppelleben" hat er zu seinen Verstrickungen Stellung bezogen. Seine Rechtfertigung lässt sich darauf reduzieren, dass er als Schriftsteller und Arzt die politischen Zusammenhänge nicht hinlänglich durchschaut habe. Offensichtlich hat er sich vom Auftreten der neuen Macht, wie andere auch, faszinieren lassen und ihren Feldzug gegen den Geist in Kauf genommen, bis er erkannte und sich abwandte.

Im Gegensatz zum Nationalsozialismus setzte der Kommunismus auf die Intellektuellen, in besonderer Weise auch auf die Schriftsteller. In Scharen wandten sie sich dem SED-Staat zu. Sie machten sich zu Anwälten seiner Ideologie und ließen sich von einer Utopie leiten, die den Menschen ein klassenloses, repressionsfreies Zusammenleben verspricht. In sehnsüchtiger Erwartung dieser neuen Gesellschaftsordnung nahmen sie nach dem Nationalsozialismus eine weitere Diktatur in Kauf. Ein vermeintlich großes Ziel vor

26 Hartung, Günter: Deutschfaschistische Literatur und Ästhetik. Gesammelte Studien, Leipzig 2001, S. 241.
27 Vgl. Hartung, Deutschfaschistische Literatur (wie Anm. 26), S. 280 und 305 f.
28 Frühwald, Wolfgang: Bilder des Todes. Zur nationalsozialistischen Literatur und ihren Opponenten, in: Rheinische Vierteljahrsblätter (1995), S. 181-193, hier S. 185.
29 Benn, Gottfried: Doppelleben. Zwei Selbstdarstellungen, Stuttgart 1984, S. 20.

Augen waren sie bereit, Opfer auf sich zu laden. Sie opferten sich der Macht, auch wenn dies ihrem Selbstverständnis als freie Schriftsteller und ihren genuinen künstlerischen Interessen zuwider lief.

Der SED-Staat band die Schriftsteller von Anfang an in den Aufbau einer „neuen, besseren Gesellschaftsordnung“ ein, indem er ihnen, ausgehend vom Lehrgebäude des Marxismus/Leninismus, einen antifaschistischen, politischen Gesamtauftrag zuwies. Er übertrug ihnen zugleich eine Schlüsselstellung im Prozess der Entnazifizierung und der revolutionären Umerziehung der Gesellschaft. Als Reflex auf die Schreckensherrschaft des Nationalsozialismus schienen Geist und Macht zu einem Bündnis bereit. Aus der Auseinandersetzung mit dem Dritten Reich und dem Aufbau einer sozialistischen Gesellschaftsordnung erwuchs eine gemeinsame moralische Verpflichtung für Literatur und Politik.

Dieses Bündnis stand von Anfang an auf tönernen Füßen. Die Schriftsteller wurden nicht zu Partnern sondern zu Erfüllungsgehilfen der Politik. Sie gab die Inhalte vor, sie bestimmte die Form der Literatur. Mit der Formulismuskampagne und der Doktrin des sozialistischen Realismus griffen die Sowjetische Militäradministration und die SED gemeinsam unmittelbar in den künstlerischen Schaffensprozess ein. Der damit einhergehende Verzicht auf künstlerische Freiheit wurde stillschweigend in Kauf genommen, obwohl die Mechanismen der Zensur ähnlich weitreichend waren wie im nationalsozialistischen Deutschland. Mit dem Expressionismus, der literarischen und künstlerischen Moderne brandmarkte die Zensur Epochen, die auch im Nationalsozialismus stigmatisiert worden sind. Sie verschonte auch international anerkannte Künstlerpersönlichkeiten wie Pablo Picasso, Jean Paul Sartre oder Bertolt Brecht nicht.

### 2. *Zur Anziehungskraft der sozialistischen Ideologie*

Im wesentlichen sind es nachfolgende Bedingungsfaktoren, welche die besondere Anziehungskraft des SED-Sozialismus auf die Schriftsteller im Vergleich zum Nationalsozialismus erklären können:

- Die nationalsozialistische Ideologie bietet im Vergleich zur sozialistischen kaum intellektuelle Anreize. Sie ist dumpf und hohl. Ihr Antisemitismus und Rassismus negieren das Grundprinzip der menschlichen Freiheit. Sie verstoßen gegen die Menschenrechte und das Gleichheitsprinzip. Demgegenüber fasziniert die auf dem Marxismus fußende sozialistische Ideologie, weil sie den Freiheitsgedanken betont. Sie prophezeit eine klassenlose Gesellschaft, ohne Repression und Ausbeutung, in der allen Menschen ein glückliches Leben versprochen wird.
- Die schrecklichen Erfahrungen mit der nationalsozialistischen und stalinistischen Diktatur führten nicht zu einer Neubesinnung und kritischen Reflexion des eigenen Standortes. Vielmehr wurde in der sozialistischen Weltanschauung stärker als zuvor die radikale Alternative zur kapitalistischen Welt gesehen. Der Antifaschismus entwickelte sich zum Gründungsmythos der SBZ/DDR. Er verführte Intellektuelle mehr als das Volk, weil sie die Welt verändern wollten.
- Die westliche Welt, allen voran die Vereinigten Staaten von Amerika, erschien als eine

dem Nationalsozialismus verwandte imperialistische Gesellschaftsordnung, obwohl die USA im Bündnis mit der Sowjetunion Hitler-Deutschland besiegt haben. Sie misstrauten einer Wirtschaftsverfassung, in der die Fabriken und Banken Privatpersonen und nicht dem Staat gehören, weil sie glaubten, dies müsse zu Repression und Verelendung der Massen führen. Sie erkannten nicht die Chancen, dass eine auf dem Wettbewerb fußende Wirtschaft Wohlstand für alle schaffen kann. Sie konnten oder wollten nicht sehen, dass es der Industriearbeiterin in Chicago besser ging als in Wolgograd, weil sie an die Überlegenheit des Sozialismus glaubten. Die Fehlannahme, dass die Ökonomie die Ursache allen Übels im Westen ist, verleitete sie zu einer Staatsgläubigkeit und Legitimierung staatlicher Gewalt, ohne die darin liegenden Gefahren einer erneuten totalitären Herrschaft zu sehen.

- Die sowjetische Militäradministration und wenig später die SED hofierten die Schriftsteller und suchten die Nähe zu ihnen. Einem Wort Stalins folgend wurden sie zu „Ingenieuren der menschlichen Seele". Ihnen fiel der volkspädagogische Auftrag zu, nationalsozialistisches Gedankengut zu verbannen und die Grundlage für eine bessere sozialistische Gesellschaftsordnung zu legen. Sie avancierten damit zum zentralen Bindungsglied zwischen Staat und Volk. Die Staatsführung nahm nahezu geschlossen an ihren Kongressen teil. Sie verlieh großzügig Preise und garantierte hohe Auflagen der Bücher. Damit zeichnete sie die Schriftsteller in besonderer Weise aus und wertete sie auf.
- Die erlittene Ohnmacht der Schriftsteller im Nationalsozialismus und im Exil schlug um in eine relative Machtstellung, solange sie ihren Auftrag als revolutionäre Volkserzieher in den Dienst der Staatspartei und deren Ideologie stellten. Die sozialistische Ideologie verführte Schriftsteller, weil sie nicht der politischen Praxis und ihren konkreten Erfahrungen glauben mochten, sondern stattdessen lieber auf eine Utopie setzten, die in letzter Konsequenz der „conditio humaine" entgegenstand. Der Marxismus machte blind und behinderte seine Anhänger zu sehen, „was sich vor ihren eigenen Augen, in ihrer eigenen geschichtlichen Periode und manchmal sogar mit ihrer eigenen Hilfe abspielt".[30]

## Schlussbetrachtung

Die Ideologien des Nationalsozialismus und des SED-Sozialismus fanden bei den Schriftstellern Zustimmung, obwohl es nicht an Mahnungen fehlte. So warnte Thomas Mann bereits in „Deutsche Ansprache" 1930 vor der nationalsozialistischen Ideologie. Er beklagte die „Abkehr vom Vernunftglauben" und die Hinwendung zum Irrationalismus, zu den „Kräften des Unbewussten" und den Geist, der „das Mütterlich-Chthonische, die heilig gebärerische Unterwelt, als Lebenswahrheit" feiert.[31]

30 Popper, Karl R.: Die offene Gesellschaft und ihre Feinde (Bd. 2), Tübingen 1992, S. 177.

31 Mann, Thomas: Deutsche Ansprache. Ein Appell an die Vernunft, in: Kurzke, Hermann/Stachorski, Stephan (Hrsg.): Thomas Mann. Essays 1926-1933 (Bd. 3), Frankfurt am Main 1994, S. 259-279, hier S. 266.

Wie seine aufklärerischen Worte fanden auch die bitteren Erfahrungen Arthur Koestlers mit dem Kommunismus in der Sowjetunion kein Gehör. In seinem Roman „Sonnenfinsternis", der bereits 1946 in deutscher Sprache erschien, schilderte er sie. Bezeichnend für viele Intellektuelle ist das Bekenntnis von Robert Havemann. Koestler stellte es späteren Ausgaben seines Buches voran: „Ich las im Jahr 1945 das Buch Arthur Koestlers 'Darkness at Noon'. Ein Offizier der US-Army hatte es mir geliehen. Alles Verleumdung, gemeine raffinierte Lügen von Renegaten – das war mein Urteil. Bis im Jahre 1956 der XX. Parteitag der KPdSU kam. Unter den Stößen dieses Erdbebens brach das Bauwerk meines Glaubens zusammen".[32]

32 Koestler, Arthur: Sonnenfinsternis, Frankfurt am Main 1979, S. 7.

# Elitenabbruch, Elitenwechsel und Elitenkontinuität nach 1945

*Horst Dähn*

## Einleitende Bemerkungen

Bereits im Zweiten Weltkrieg trafen die Hauptmächte der Anti-Hitler-Koalition USA, Sowjetunion und Großbritannien grundlegende Entscheidungen im Blick auf die Gestaltung eines militärisch besiegten, vom NS-Regime befreiten Deutschlands.[1] Die Planungen und schließlich Beschlüsse sahen vor, ein territorial verkleinertes Deutschland (Abtrennung östlicher Gebietsteile und ihre Unterstellung unter polnische und sowjetische Verwaltung) zunächst in drei,[2] später in vier Besatzungszonen[3] aufzuteilen sowie für die Zonen und gesondert für Berlin ein Besatzungs- und Kontrollregime zu errichten.

Wenige Wochen nach Kriegsende übernahmen die Regierungen der vier Siegermächte (USA, Sowjetunion, Großbritannien, Frankreich) mit den vier Berliner Erklärungen vom 5. Juni 1945 „die oberste Regierungsgewalt in Deutschland, einschließlich aller Befugnisse der deutschen Regierung, des Oberkommandos der Wehrmacht und der Regierungen, Verwaltungen oder Behörden der Länder, Städte und Gemeinden".[4] Mit diesem Rechtsakt war verbunden die Kompetenz der Besatzungsmächte, alle noch vorhandenen Strukturen der NS-Partei- und Staatsbürokratie sowie des Wirtschafts-, Sicherheits- und Militärapparates aufzulösen und alle NS-Gesetze aufzuheben. Im Abkommen von Potsdam, völkerrechtlich korrekt „Mitteilung über die Drei-Mächte-Konferenz",[5] vom 2. August 1945 werden hierzu zentrale Absprachen getroffen.[6]

Aber das Ziel zu verwirklichen, den Nationalsozialismus „mit Stumpf und Stiel" auszurotten, hieß nicht nur, die institutionellen und normativen Grundlagen des NS-Regimes zu vernichten. Es hieß auch, wie in der Drei-Mächte-Mitteilung festgestellt – und zuvor schon im Jalta-Abkommen formuliert –, „Kriegsverbrecher und alle diejenigen, die an der Planung oder Verwirklichung nazistischer Maßnahmen, die Greuel

1 Graml, Hermann: Die Alliierten und die Teilung Deutschlands. Konflikte und Entscheidungen 1941-1948, Frankfurt am Main 1985.

2 Londoner „Protokoll zwischen den Vereinigten Staaten von Amerika, dem Vereinigten Königreich und der Sowjetunion betr. Die Besatzungszonen in Deutschland und die Verwaltung in Groß-Berlin" vom 12. 09. 1944, abgeschlossen von den Vertretern der 3 Mächte in der Europäischen Beratenden Kommission (European Advisory Commission) sowie das Londoner EAC-„Abkommen über das Kontrollsystem in Deutschland" vom 12. 11. 1944.

3 Beschluß der Konferenz von Jalta (4.-11. 02. 1945), Frankreich eine eigene Besatzungszone aus Gebieten der amerikanischen und britischen Zone zuzuteilen.

4 Deuerlein, Ernst: Die Einheit Deutschlands. Ihre Erörterung und Behandlung auf den Kriegs- und Nachkriegskonferenzen 1941-1949. Darstellung und Dokumentation, Frankfurt am Main/Berlin 1957, S. 241-245, hier S. 242.

5 Frankreich war nicht zur Potsdamer Konferenz eingeladen worden.

6 Deuerlein, Ernst: Potsdam 1945. Quellen zur Konferenz der „Großen Drei", München 1963, S. 350-368, hier S. 354-355.

oder Kriegsverbrechen nach sich zogen oder als Ergebnis hatten, teilgenommen haben, [...] zu verhaften und dem Gericht zu übergeben".[7] Diese politischen Vorgaben der Siegermächte zur – wie Wolfgang Zapf schreibt – „politischen Eliminierung" der Nazi-Elite[8] (Elitenabbruch) – wurden noch im Jahr 1945 mit dem Prozess gegen die Hauptkriegsverbrecher vor dem Internationalen Militärtribunal in Nürnberg umgesetzt.[9] Hier wurden die Spitzen der NS-Machtelite, repräsentiert durch Namen wie Hermann Göring, Rudolf Heß, Joachim von Ribbentrop, Wilhelm Keitel, Alfred Rosenberg, Hans Frank, Wilhelm Frick (Politische Elite), Friedrich Flick, Alfried Krupp von Bohlen und Halbach, Carl Krauch (Wirtschaftselite), Herbert Klemm, Franz Schlegelberger, Heinrich Lammers, Erhard Milch, Karl Dönitz, Erich Raeder (Verwaltungs- und Militärelite) abgeurteilt. Das Strafmaß lag zwischen Freispruch und Todesstrafe.

Nicht zu vergessen sind in diesem Zusammenhang zwölf unter amerikanischer Verantwortung in Nürnberg durchgeführte Nachfolgeprozesse gegen hohe NS-Funktionsträger in Justiz, Ärzteschaft, Industrie, Wehrmacht, Diplomatie und Beamtenschaft – insgesamt fast zweihundert Personen.[10] Weitere Prozesse gegen deutsche Kriegsverbrecher fanden statt vor amerikanischen, sowjetischen, britischen und französischen Militärgerichten in den einzelnen Besatzungszonen und darüber hinaus in der Sowjetunion, Italien und weiteren europäischen Staaten.

Von der strafrechtlichen Verfolgung und Aburteilung einzelner zur NS-Machtelite zählender Positionsinhaber (Elitenabbruch) ist deutlich zu unterscheiden die politische Säuberung, auch als „Entnazifizierung" bezeichnet. Bei diesem anspruchsvollen Vorhaben ging es den vier Besatzungsmächten um einen Elitenwechsel zunächst im öffentlichen Dienst, bald aber auch in anderen Teilen der Gesellschaft (insbesondere der Wirtschaft). Dabei wird später noch zu zeigen sein, dass die mit dem Elitenwechsel verbundenen gesellschaftspolitischen Zielsetzungen der westlichen Besatzungsmächte auf der einen und der sowjetischen auf der anderen Seite – in Zusammenarbeit mit den jeweiligen deutschen Instanzen – grundlegend divergierten.

## Zum Elitebegriff

In der sozialwissenschaftlichen Eliteforschung wird unterschieden zwischen einem engen und einem weiter gefassten Elitebegriff. Mit dem ersten ist derjenige der „Macht-

7 Deuerlein, Potsdam 1945 (wie Anm. 6), S. 355.
8 Zapf, Wolfgang: Wandlungen der deutschen Elite. Ein Zirkulationsmodell deutscher Führungsgruppen 1919-1961, München 1965, S. 162-164.
9 Steinbach, Peter: Der Nürnberger Prozeß gegen die Hauptkriegsverbrecher., in: Ueberschär, Gerd R. (Hrsg.): Der Nationalsozialismus vor Gericht. Die alliierten Prozesse gegen Kriegsverbrecher und Soldaten 1943-1953, Frankfurt am Main 1999, S. 32-44.
10 Zu den Nürnberger Nachfolgeprozessen siehe die diversen Beiträge von Wolfgang U. Eckart, Friedhelm Kröll, Rudolf Wassermann, Johannes Tuchel, Klaus Drobisch, Bernd Boll, Beate Ihme-Tuchel, Detlev Scheffler, Ralf Ogorreck/Volker Rieß, Rainer A. Blasius und Wolfram Wette, in: Ueberschär, Der Nationalsozialismus (wie Anm. 9), S. 73-216.

elite", mit dem zweiten derjenige der „Funktionselite" gemeint.[11] Der Begriff der Machtelite liegt beispielsweise der noch immer relevanten Untersuchung von Wolfgang Zapf über die „Wandlungen der deutschen Elite" zugrunde. Nach seiner Definition sind Eliten und Führungsgruppen „alle Positionsinhaber mit gesamtgesellschaftlicher Entscheidungs- oder Einflußmöglichkeit".[12] Im einzelnen lassen sich diese Positionsinhaber verschiedenen Teil- bzw. Funktionseliten zuordnen, als da sind: Politische Eliten, Verwaltungseliten, Wirtschaftseliten. Politische Eliten werden repräsentiert durch Minister, Länderchefs, Parteiführer, Verwaltungseliten durch oberste Juristen, Staatssekretäre, Botschafter, Generale, Wirtschaftseliten durch Verbandsführer und Großunternehmer. Daneben benennt Zapf noch weitere hochrangige Positionsinhaber, die sich den Sektoren Gewerkschaften (Gewerkschaftsführer), Kirchen (Kirchenführer: evangelische und katholische Bischöfe), Kultur (Kultusminister, Kulturfunktionäre) und Kommunikation (Chefredakteure, Intendanten) zurechnen lassen.[13] Zapf macht in diesem Kontext deutlich, dass es sich hier um ein Tableau ausgewählter Positionsinhaber handelt. Sein Anliegen zielt auf eine Analyse der Wandlungen der Führungsgruppen im 20. Jahrhundert in drei Regimen (Weimarer Republik, NS-Zeit und frühe Bundesrepublik). Wissenschaftlich valide Aussagen sind aber nur möglich, wenn die Zahl der untersuchten Positionen bzw. Positionsinhaber einen bestimmten Umfang nicht überschreitet. Zapf untersucht rund dreihundert der Machtelite zugehörige Positionen.

In diesem Beitrag wird mit einem weiter gefassten Elitebegriff gearbeitet, den Zapf auch für legitim hält. Er betont, es sei „nicht unvernünftig, den höheren Verwaltungsdienst geschlossen der Elite zuzurechnen".[14] Die Führungsgruppe „Verwaltung" reicht demnach vom Minister über den Staatssekretär, Ministerial- und Regierungsdirektor bis hinunter zum Regierungsrat. Zu den Räten gehören dann ebenfalls der Studienrat, der Schulrat etc. Diesen Rängen in anderen Sektoren vergleichbar wären: im Militär der Major, in der Geistlichkeit der Pfarrer, in Parteien und Gewerkschaften der Bezirkssekretär, in Wirtschaftsunternehmen der Unternehmer mit fünfzig Beschäftigten.

## Die „Entnazifizierung" – ein adäquates Instrument zur Ersetzung der totalitären NS-Elite durch eine demokratische Elite?

*Der politische Säuberungsprozess in der amerikanischen Zone*

Im Mittelpunkt der Analyse der Entnazifizierungspolitik der Besatzungsmächte stehen aus inhaltlichen wie aus räumlichen Gründen die amerikanische und die sowjetische

11 Siehe dazu beispielsweise Dahrendorf, Ralf: Gesellschaft und Demokratie in Deutschland, München 1965, S. 277-279.

12 Zapf, Wandlungen (wie Anm. 8), S. 36.

13 Zapf, Wandlungen (wie Anm. 8), S. 71. Lewis J. Edinger präsentiert ein ähnliches Eliten-Tableau. Er unterscheidet zwischen der „Political Elite", der „Administrative Elite", der „Interest Group Elite" (zu der er neben der „Big Business Elite" auch die Gewerkschafts- und die Kirchenführer zählt) und der „Communications Elite". Edinger, Lewis J.: Post-totalitarian Leadership. Elites in the German Federal Republic, in: The American Political Science Review LIV (1960), S. 58 – 82, hier S. 62-63.

14 Zapf, Wandlungen (wie Anm. 8), S. 72.

Zone und hierbei der Schwerpunkt Verwaltung.[15] In allen vier Zonen lassen sich verschiedene Entwicklungsphasen unterscheiden.[16]

In einer ersten Phase (Mai bis Ende Juni 1945) beschränkte sich in der US-Zone die Entnazifizierungspraxis auf die Entlassung von Teilen der Verwaltungselite (Behördenleiter, Landräte, Bürgermeister) durch örtliche Militärkommandanten, eine Praxis, die – noch – nicht der Ende April 1945 erlassenen grundlegenden Besatzungsdirektive JCS 1067 (Endfassung vom 26. April 1945) entsprach. Sie bestimmte: „*Alle* (Hervorhebung, H.D.) Mitglieder der Nazipartei, die nicht nur nominell in der Partei tätig waren, *alle*, die den Nazismus oder Militarismus aktiv unterstützt haben, und *alle* anderen Personen, die den alliierten Zielen feindlich gegenüberstehen, sollen entfernt und ausgeschlossen werden aus öffentlichen Ämtern und aus wichtigen Stellungen in halböffentlichen und privaten Unternehmungen [...]“.[17]

Nachdem bereits in den nachfolgenden Wochen (Ende Juni bis Anfang August 1945) eine umfängliche Verhaftungs- und Entlassungswelle (Verhaftung von rd. 80.000 Personen, Entlassung von 70.000 Personen als NS-Aktivisten) stattfand, erging am 7. Juli 1945 eine weitere, die Direktive JCS 1067 umsetzende Direktive (USFET-Direktive),[18] die für die weitere Säuberungspraxis von erheblicher Bedeutung war. Diese Rechtsnorm sah fünf Empfehlungsstufen vor, wobei hier zwei Hauptgruppen von Personen, die Schlüsselpositionen im NS-Herrschaftsapparat (NSDAP und Vorfeldorganisationen sowie staatliche Bürokratie, Justiz und Wirtschaftsverwaltung) bekleideten, in den Blick zu nehmen sind: zum einen die Kategorie der Entlassungspflichtigen („mandatory removal“) und zum andern der Personenkreis, deren Entlas-

15 Spezialuntersuchungen zur Entnazifizierung in den Bereichen Justiz, Schule und Kirchen liegen vor von: Amos, Heike: Justizverwaltung in der SBZ/DDR. Personalpolitik 1945 bis Anfang der fünfziger Jahre, Köln u. a. 1996; Rössler, Ruth-Kristin: Aspekte der Personalentwicklung und der Personalpolitik in der Justiz der Sowjetischen Besatzungszone und der frühen DDR, in: Hübner, Peter (Hrsg.): Eliten im Sozialismus. Beiträge zur Sozialgeschichte der DDR, Köln u. a. 1999, S. 131-145. Hauptabschnitte zur politischen Säuberung in den Bereichen Justiz und Schule enthält die Arbeit von Helga A. Welsh. Welsh, Helga A.: Revolutionärer Wandel auf Befehl? Entnazifizierungs- und Personalpolitik in Thüringen und Sachsen (1945-1948), München 1989. Siehe dazu auch Vollnhals, Clemens: Evangelische Kirche und Entnazifzierung 1945-1949. Die Last der nationalsozialistischen Vergangenheit, München 1989; Seidel, J. Jürgen: Aus den Trümmern 1945. Personeller Wiederaufbau und Entnazifizierung in der Sowjetischen Besatzungszone Deutschlands. Einführung und Dokumente, Göttingen 1996.

16 Der Analyse der Entnazifizierungspolitik in der amerikanischen und sowjetischen Zone liegen die Periodisierungsschemata von Clemens Vollhals zugrunde; Vollnhals, Clemens (Hrsg. in Zusammenarbeit mit Thomas Schlemmer): Entnazifizierung. Politische Säuberung und Rehabilitierung in den vier Besatzungszonen 1945-1949, München 1991.

17 In Auszügen abgedruckt in: Vollnhals, Entnazifizierung (wie Anm. 16), S. 98-100, hier S. 99. Die Originalfassung der Direktive JCS 1067 (Directive of the United States Joint Chiefs of Staff to the Commander-in-Chief of the United States Forces of Occupation regarding the Military Government of Germany) ist fast vollständig abgedruckt in: Ruhm von Oppen (Hrsg.): Documents on Germany under Occupation 1945-1954, London 1955, S. 13-27, hier S. 17

18 Zur Entstehungsgeschichte der United States Forces European Theater (USFET)-Direktive vom 7. Juli 1945 siehe Niethammer, Lutz: Die Mitläuferfabrik. Die Entnazifizierung am Beispiel Bayerns, Berlin-Bonn 1982, S. 147-150 (zuerst erschienen unter dem Titel „Entnazifizierung in Bayern. Säuberung und Rehabilitierung unter amerikanischer Besatzung“, Frankfurt am Main 1972).

sung empfohlen, aber nicht zwingend vorgeschrieben war.[19] Zur ersten Gruppe zählten einmal die Personen, die im Verdacht standen, „Kriegsverbrechen begangen zu haben", „alle Mitglieder der NSDAP, die vor dem 1. 5. 1937 (Reichsbeamtengesetz) eingetreten waren", „alle Amtsträger der NSDAP und der ihr angeschlossenen Organisationen" (Führer der HJ, des BDM, des NS-Studentenbundes etc.), „alle Offiziere und Unteroffiziere der Waffen-SS, der SA", „alle Mitglieder der SS unabhängig vom Rang", sowie ferner alle Positionsinhaber der Verwaltungselite (Spitzenbeamte in den früheren Reichsministerien bis hinunter zur Referentenebene, Bürgermeister in den Kommunen), alle Generalstabsoffiziere und NS-Führungsoffiziere, mittlere und hohe Amtsträger in der Wirtschaft („Inhaber von Positionen im Reichsnährstand bis herab zum Kreisbauernführer, in den Wirtschaftsverbänden bis herab zum Gauwirtschaftsberater, das obere Management von Unternehmen [...] sowie die Wehrwirtschaftsführer").[20] Dominierten unter den „mandatory removals", wie Niethammer zu Recht feststellt, „deutlich die bürokratischen Eliten gegenüber den militärischen und wirtschaftlichen",[21] so gehörten zur zweiten, der zur Entlassung empfohlenen Gruppe vor allem die Angehörigen der militärischen und wirtschaftlichen Funktionseliten: also die Berufsoffiziere der Reichswehr und der Wehrmacht, Junker sowie das industrielle Management (vom Generaldirektor bis zum Bürochef). Hinzu kamen noch folgende Gruppen: alle Parteigenossen (auch nach 1937) und Angehörige der SA (nach 1933), alle Freiwilligen der Waffen-SS und Anwärter der SS, die Unterführer der HJ und des BDM. Selbst die Zugehörigkeit zu den regimetreuen Deutschen Christen und zur Deutschen Glaubensbewegung konnte pauschal als Entlassungsgrund angesehen werden.

Die zuvor im Ansatz schon erkennbare Ausdehnung der politischen Säuberungspraxis auf die Wirtschaft erfuhr mit dem US-Militärgesetz Nr. 8 vom 26. September 1945 noch eine Verstärkung. Darin heisst es: „Die Beschäftigung eines Mitglieds der NSDAP oder einer der ihr angeschlossenen Organisationen in geschäftlichen Unternehmungen aller Art in einer beaufsichtigenden oder leitenden Stellung oder in irgendeiner anderen Stellung als der eines gewöhnlichen Arbeiters ist gesetzeswidrig."[22] Das hier erkennbare völlige Fehlen eines differenzierten Kriterienkatalogs in Bezug auf Entlassungsgründe zeigt an, dass die ursprüngliche Zielplanung, die personelle Säuberung, nämlich die Ersetzung der totalitären NS-Macht- und Funktionseliten durch demokratische Funktionseliten, ganz in den Hintergrund getreten war. Die zur Verfügung stehenden statistischen Angaben beispielsweise aus Hessen zeigen, dass jedoch in der Praxis die Entlas-

19 Der Einstufungsgruppe 1 („mandatory removal") folgen die Gruppen 2 und 3, von mir als zweite Hauptgruppe belasteter Personen bezeichnet. Zur Kategorie 2 („discretionary, adverse recommendation") zählten die Personen, über deren Entlassung der zuständige Kontrolloffizier der Militärregierung entschied und die Special Branch (für die Umsetzung der Entnazifizierungsrichtlinien zuständige Sonderabteilung der Militärregierung) die Entlassung empfahl. Die Kategorie 3 („discretionary, no adverse recommendation") umfasste die Personen, über deren Entlassung der zuständige Offizier der Militärregierung ebenfalls zu befinden hatte, die Special Branch aber keine förmliche Empfehlung abgab. Niethammer, Die Mitläuferfabrik (wie Anm. 18), S. 152.

20 Niethammer, Die Mitläuferfabrik (wie Anm. 18), S. 153.

21 Niethammer, Die Mitläuferfabrik (wie Anm. 18), S. 154.

22 Abgedruckt in: Vollnhals, Entnazifizierung (wie Anm. 16), S. 100-101, hier S. 100.

sungszahlen im Bereich der privaten Wirtschaft erheblich geringer ausfielen als im Sektor des öffentlichen Dienstes. Bis zum 1. Mai 1946 wurden 26,4 Prozent aller leitenden Angestellten in der Privatwirtschaft aus ihren Stellungen entfernt, während im öffentlichen Dienst von immerhin 34.060 Beamten 19.502 Beamten (57 Prozent) entlassen wurden. Die Entlassungsziffern für die anderen Gruppen des öffentlichen Dienstes liegen bei 9.925 (34 Prozent) von 29.003 Angestellten und 2.580 (15 Prozent) von 16.747 Arbeitern.[23]

Mit dem „Gesetz zur Befreiung von Nationalsozialismus und Militarismus" („Befreiungsgesetz") vom 5. März 1946 ging die Verantwortung für die politische Säuberung in deutsche Hände über. Die Oberaufsicht über die Durchführung blieb allerdings bei der Militärregierung. Beiläufig sei erwähnt, dass das „Befreiungsgesetz" in geänderter Fassung im Frühjahr 1947 in der französischen Zone Rechtskraft erlangte[24] und bis zum Ende des Jahres eine Vorbildfunktion für eine gesetzliche Regelung in der britischen Besatzungszone[25] besaß. Die wenige Wochen zuvor ergangene Kontrollrats-Direktive Nr. 24 vom 12. Januar 1946,[26] inhaltlich weitgehend identisch mit der USFET-Direktive, die eine gemeinsame Entnazifizierungspolitik der vier Mächte vorsah, konnte allerdings in der Praxis in allen Besatzungszonen kein einheitliches Vorgehen bewirken.

Die Autoren des Befreiungsgesetzes formulierten mit dem Artikel 1 ein sehr anspruchsvolles Ziel: „Zur Befreiung unseres Volkes von Nationalsozialismus und Militarismus und zur Sicherung dauernder Grundlagen eines deutschen demokratischen Staatslebens im Frieden mit der Welt werden alle, die die nationalsozialistische Gewaltherrschaft aktiv unterstützt oder sich durch Verstöße gegen die Grundsätze der Gerechtigkeit und Menschlichkeit oder durch eigensüchtige Ausnutzung der dadurch geschaffenen Zustände verantwortlich gemacht haben, von der Einflußnahme auf das öffentliche, wirtschaftliche und kulturelle Leben ausgeschlossen und zur Wiedergutmachung verpflichtet."[27] Allerdings – und das ist das Neue an der geplanten deutschen Entnazifizierungspraxis – sollte Schuld nicht mehr ausschließlich schematisch, d. h. durch Einstufung in Formalbelastungskategorien festgestellt werden, sondern durch Feststellung individueller Schuld. Im Artikel 2 des „Befreiungsgesetzes" heisst es deutlich: „Die Beurteilung des Einzelnen erfolgt in gerechter Abwägung der individuellen Verantwortlichkeit und der tatsächlichen Grundhaltung."[28]

---

23 Kropat, Wolf-Arno: Hessen in der Stunde Null 1945-1947. Politik, Wirtschaft und Bildungswesen in Dokumenten, Wiesbaden 1979, S. 243.

24 Siehe hierzu Grohnert, Reinhard: Die Entnazifizierung in Baden 1945-1949. Konzeptionen und Praxis der „Epuration" am Beispiel eines Landes der französischen Besatzungszone, Stuttgart 1991.

25 Lange, Irmgard (Bearb.): Entnazifizierung in Nordrhein-Westfalen. Richtlinien, Anweisungen, Organisation, Siegburg 1976; ferner Krüger, Wolfgang: Entnazifiziert! Zur Praxis der politischen Säuberung in Nordrhein-Westfalen, Wuppertal 1982.

26 Die Kontrollratsdirektive Nr. 24 vom 12. 01. 1946 trägt den Titel „Entfernung von Nationalsozialisten und Personen, die den Bestrebungen der Alliierten feindlich gegenüberstehen, aus Ämtern und verantwortlichen Stellungen".

27 Gesetz zur Befreiung von Nationalsozialismus und Militarismus vom 5. März 1946, Textausgabe, 2. Aufl., Stuttgart 1947, S. 6.

28 Gesetz zur Befreiung (wie Anm. 27), S. 6.

In der praktischen Umsetzung dieser normativen Vorgaben wurde nach folgender Prozedur verfahren: Alle über 18jährigen Personen hatten einen Fragebogen auszufüllen: er diente den öffentlichen Klägern der Spruchkammern dazu, eine vorläufige Einstufung der Betroffenen in fünf Kategorien vorzunehmen: (I) Hauptschuldige, (II) Belastete (NS-Aktivisten, Militaristen, Nutznießer), (III) Minderbelastete, (IV) Mitläufer und (V) Entlastete. Daraus folgt, in den Gruppen I und II finden wir Teile der NS-Partei-, Verwaltungs- und Militärelite. Für die Angehörigen dieser Funktionseliten hatte die Einstufung gravierende Konsequenzen. Sie unterlagen einem vorläufigen Beschäftigungsverbot, was bedeutete, dass sie nur in „gewöhnlicher Arbeit" tätig sein durften.

Über die Einstufung der Betroffenen entschieden die Spruchkammern, zusammengesetzt aus Vertretern der politischen Parteien, auf der Grundlage gerichtsähnlicher Konfliktregeln (Erforschung der Wahrheit von Amts wegen, die Vernehmung von Zeugen u. a.). Allerdings lag die Widerlegung der Schuldvermutung (Beweislast) bei den Betroffenen. Die Spruchkammern setzten „Sühnemassnahmen" fest. Die Palette der Urteile, „Sprüche" genannt, umfassten bis zu zehn Jahre Arbeitslager und vollständiger Vermögenseinzug für Hauptschuldige, bis zu fünf Jahre Arbeitslager und teilweiser Vermögenseinzug für Belastete. Für Minderbelastete waren folgende Sühnemassnahmen vorgesehen: Verbot während einer höchstens dreijährigen „Bewährungsfrist" eine leitende Tätigkeit in der Wirtschaft auszuüben, ausgenommen die Leitung von Kleinbetrieben „mit weniger als zehn Arbeitnehmern", Kürzung der Bezüge bzw. der Ruhegehälter bei Beamten, „einmalige bzw. laufende Sonderbeiträge" an einen Wiedergutmachungsfonds. Gegen die Entscheidungen der Spruchkammer konnte Berufung bei der Berufungskammer eingelegt werden, der ein zum Richteramt befähigter Jurist vorsass.

Die in diesem Kontext entscheidende Frage aber lautet: Hat die auf der Grundlage des „Befreiungsgesetzes" erfolgte Entnazifizierungspraxis zu dem intendierten Ergebnis geführt, individuelle Schuld gerade der als „belastet" eingestuften Personen festzustellen, entsprechende „Urteile" zu fällen, um auf diese Weise einen Beitrag zum Elitenwechsel zu leisten? Von einem tiefgreifenden Elitenaustausch kann nur in einem begrenzten Maße die Rede sein. Die wesentliche Ursache hierfür lag in einer großzügigen Interpretation der gesetzlichen Bestimmungen durch die Spruchkammern. Von den während der amerikanischen Säuberungsphase als „mandatory removal", also als entlassungspflichtig, eingestuften 40.900 Personen (darunter die führende Verwaltungsschicht) und weitere zur Entlassung empfohlene 16.339 Personen (darunter die wirtschaftliche und militärische Elite) wurden lediglich 5.187 Personen „als Hauptschuldige oder Belastete zu einem Berufsverbot von mindestens 5 Jahren" verurteilt. „Über 3/4 von ihnen", so schreibt Niethammer, „wurden aber durch Einstellung des Verfahrens oder durch die Einreihung in die Gruppen Mitläufer und Entlastete von allen bzw. fast allen Diskriminierungen entbunden."[29] Als Kriterien für die in den Urteilen erkennbare Milde sind zu nennen die Beurteilung der Gesamtpersönlichkeit mittels Entlastungszeugnissen („Persilscheine") oder auch das „Recht" auf politischen Irrtum.

29 Niethammer, Die Mitläuferfabrik (wie Anm. 18), S. 545.

Diese Tendenz zu milden Urteilen verstärkte sich noch im selben Jahr 1947, als mit dem 1. Änderungsgesetz zum Befreiungsgesetz vom 7. Oktober 1947 NS-Aktivisten (Gruppe II) nunmehr als „Mitläufer" eingestuft werden konnten und dementsprechend „bestraft" wurden. Das 2. Änderungsgesetz vom 25. März 1948 ermöglichte schließlich die Herabstufung aller Belasteten mit wenigen Ausnahmen zu „Mitläufern"; nur Hauptschuldige wurden noch mit einem Beschäftigungsverbot belegt.

Fragt man nach dem Sozialprofil der Spruchkammerbetroffenen in Bayern, so zeigt sich folgendes Bild: Die rund 950.000 Personen umfassende Gruppe entspricht etwa einem Zehntel der Erwerbspersonen in diesem Land. Der Anteil der entnazifizierten Arbeiter umfasste lediglich rund 3 Prozent der Arbeiterschaft von 1939. „Dagegen", so Niethammer, „wurde etwa ein Sechstel der Selbständigen, 1/3 der Angestellten und jedenfalls mehr als die Hälfte der Beamten einem Spruchkammerverfahren unterworfen."[30] Gewiss waren die Beamten am stärksten von der politischen Säuberung betroffen. Allerdings zeigen Statistiken aus der US-Zone, dass bereits nach wenigen Jahren der allergrößte Teil der entnazifizierten öffentlich Bediensteten beispielsweise in den bayerischen Ministerien wieder eingestellt wurden.[31] Für die Verwaltungselite, also hohe Beamte (auch ohne gleichzeitige Positionen im früheren NS-Parteiapparat), stellt Niethammer fest, dass sie „durch besondere politische und Qualitätsanforderungen von einer Fortsetzung ihrer Tätigkeit häufig abgehalten"[32] wurden.

Auch andere Teileliten, wie etwa hohe Militärs, verloren nicht aufgrund von Spruchkammerentscheidungen ihre Stellung. Arbeitslos wurden sie aufgrund der von den Siegermächten betriebenen Entmilitarisierungspolitik. Sie sahen sich gezwungen, sich einen zivilen Beruf zu suchen. Kulturelle Eliten, Künstler, Schriftsteller, Filmschaffende u. a. wurden zumeist nicht mit einem dauernden Berufs- bzw. Publikationsverbot belegt; Verbote wurden nur dann in letzter Instanz bestätigt, wenn diese Teileliten sich sehr eng mit der Kulturpolitik des NS-Regimes identifiziert hatten. Die wirtschaftlichen NS-Eliten wurden, zumal bei fehlender NSDAP-Zugehörigkeit vom Befreiungsgesetz kaum erfaßt, sieht man von einzelnen Positionsinhabern wie den Wehrwirtschaftsführern, Leitern von „Reichs- und Gauwirtschaftskammern" u. a. ab, und von den Spruchkammern abgeurteilt. In den Fällen, in denen Angehörige dieser Teileliten für einige Zeit aus ihren Positionen entfernt waren, konnten sie nach wenigen Jahren (ca. Mitte 1948) ihre Betriebe wieder übernehmen, waren sie dann durch „Spruch" der Kammern als „Mitläufer" oder als „entlastet" eingestuft worden.

*Der politische Säuberungsprozess in der sowjetischen Besatzungszone*

Von Modifikationen (Bildung von Formalbelastungskategorien, Organisation und Ablauf der Spruchkammerverfahren, Zeitpunkt der Bildung deutscher Säuberungsausschüsse etc.) abgesehen – teilweise auch bezogen auf das Ergebnis, verlief der politische

30 Niethammer, Die Mitläuferfabrik (wie Anm. 18), S. 553.
31 Niethammer, Die Mitläuferfabrik (wie Anm. 18), S. 531.
32 Niethammer, Die Mitläuferfabrik (wie Anm. 18), S. 557.

Säuberungsprozess in der britischen und französischen Besatzungszone[33] in ähnlicher Weise; gleichwohl gibt es ein Entnazifizierungsgefälle, das durch die „schärfste Durchführung in der amerikanischen und mildeste in der französischen Zone“[34] charakterisiert ist. Völlig andere Resultate zeigte die Entnazifizierung in der SBZ. Auch hier durchlief der politische Säuberungsprozess wie in den Westzonen mehrere Phasen. Aber sehr rasch sollte deutlich werden, dass die Akteure, die KPD/SED und die sowjetische Besatzungsmacht, inhaltlich weitergehende politische Zielsetzungen verfolgten. Stand im Mittelpunkt der Entnazifizierungspolitik der westlichen Besatzungsmächte das ursprüngliche Ziel, die NS-Machtelite und die NS-Funktionseliten durch demokratische Eliten (von den Nazis aus dem Amt entferntes Verwaltungspersonal, neues, nicht NS-belastetes Fachpersonal) zu ersetzen, so verfolgten die Kommunisten das Ziel, mit Hilfe der politischen Säuberungspolitik einen strukturellen Systemwandel herbeizuführen.

Prima facie verlief die Entwicklung ähnlich wie in den Westzonen. Einzelne Phasen und Kurswechsel lassen sich unterscheiden. Während der von April bzw. Mai bis zum Sommer 1945 andauernden ersten Phase kann von einer systematischen Entnazifizierungspolitik noch nicht gesprochen werden. Die „Säuberung“ beschränkte sich auf die Entmachtung von Verwaltungseliten („Entnazifizierung der Verwaltungsspitzen“) sowie der „Verhaftung aktiver NSDAP-Funktionäre und Gestapospitzel“ durch die britische und amerikanische Besatzungsmacht in den zeitweilig (bis zum 30. Juni 1945) von ihren militärischen Einheiten besetzten westlichen Randzonen der SBZ und dem übrigen von der Roten Armee besetzten Gebiet der SBZ.

Auf lokaler Ebene wurde das Ziel des politischen und strukturellen Umbaus der Gesellschaft schon sehr früh deutlich. Die „Richtlinien für die Arbeit der deutschen Antifaschisten in dem von der Roten Armee besetzten deutschen Gebiet“ vom 5. April 1945,[35] ein von der KPD-Führung im Auftrag des ZK der KPdSU (B) erstelltes Papier, deuten dies an. Die Bürgermeister von Städten und Gemeinden sollten von den örtlichen Kommandanten ernannt und die Abteilungsleiter der Verwaltungen mit politisch zuverlässigen „Antifaschisten“, also Kommunisten und sodann auch Sozialdemokraten, besetzt werden. Zeitlich parallel dazu bildeten sich in Städten Antifa-Komitees – sie gab es auch in Städten in den Westzonen –, zusammengesetzt aus Kommunisten, Sozialdemokraten, Angehörigen des antifaschistischen Bürger- und Kleinbürgertums. Sie betrieben mit wohlwollender Unterstützung der Sowjetischen Militärverwaltungen ebenfalls eine aktive Säuberungspolitik in Verwaltung, Polizei und Volksbildung und widmeten sich darüber hinaus der Bewältigung tagespolitischer Aufgaben (z. B. Wiederingangsetzung der Gas-, Strom- und Wasserversorgung etc.).

33 Einen guten Überblick zur Entnazifizierungspolitik in der britischen und französischen Zone bietet nach wie vor Fürstenau, Justus: Entnazifizierung. Ein Kapitel deutscher Nachkriegspolitik, Neuwied/Berlin 1969, S. 103-133 und S. 134-147.

34 Fürstenau, Entnazifizierung (wie Anm. 33), S. 230.

35 Die „Richtlinien“ sind abgedruckt in: Erler, Peter/Laude, Horst/Wilke, Manfred (Hrsg.): „Nach Hitler kommen wir“. Dokumente zur Programmatik der Moskauer KPD-Führung 1944/45 für Nachkriegsdeutschland, Berlin 1994, S. 380-386, hier S. 382-385.

Mit der Errichtung von Landes- und Provinzialverwaltungen im Juli 1945 begann die zweite Phase der Entnazifizierung; sie dauerte bis Jahresende 1946. Unterschiedliche Landesgesetze und -verordnungen normierten die politische Säuberung auf den Feldern der öffentlichen Verwaltung, Schule und Hochschule. So bestimmte beispielsweise ein „Reinigungsgesetz" für das Land Thüringen vom 23. Juli 1945, dass Angehörige von NS-Teileliten (Verwaltung, Kultur) wie Beamte vom Regierungsdirektor an aufwärts, alle Landräte, Oberbürgermeister, Rektoren von Universitäten, die vom 1. April 1933 an der NSDAP angehörten, zu entlassen seien.[36] „Alte Kämpfer", also alle NSDAP-Mitglieder, die vor dem 1. April der Partei beigetreten waren, werden unabhängig von ihrer beruflichen Stellung (Beamte, Angestellte, Arbeiter) und ihrer Position aus dem öffentlichen Dienst entlassen.[37] Nominelle Parteimitglieder durften unter der folgenden Voraussetzung im öffentlichen Dienst verbleiben: Sie hatten sich „durch Leistung und Haltung besonders zu bewähren und in und außer Dienst sowie in Umschulungskursen ihre vorbehaltlose Verbundenheit mit der neuen Demokratie zu beweisen."[38] Auch im Land Sachsen sowie in der Provinz Sachsen,[39] die ebenfalls die Unterscheidung zwischen aktiven Nazis und nominellen Parteimitgliedern kannten, galt die Regelung, dass nominelle PGs gegen Auflagen nicht aus der öffentlichen Verwaltung entlassen wurden.

In anderen Ländern und Provinzen der SBZ fielen die Entnazifizierungsregelungen zum Teil erheblich drastischer aus. Dies trifft vor allem auf Mecklenburg und die Provinz Brandenburg[40] zu; alle Mitglieder der NSDAP galten als generell entlassen. Im Land Sachsen und in der Provinz Sachsen galt, wie auch in Thüringen, das Prinzip, dass leitende Positionen ausschließlich von Personen eingenommen werden konnten, die nie der NSDAP oder einer ihrer Gliederungen angehörten; ansonsten galten für das Ausscheiden aktiver Nazis aus öffentlichen Ämtern weitere Kriterien wie: Länge der Mitgliedschaft (Thüringen), Funktionen in der Partei und in den ihr angeschlossenen Verbänden (Thüringen, Land Sachsen, Provinz Sachsen), Mitgliedschaft in der SS, Gestapo und SD (Provinz Sachsen, Thüringen). Die unterschiedlichen deutschen Säuberungsregelungen resultieren aus dem Umstand, dass der sowjetischen Entnazifizierungspolitik keine einheitlichen Ausführungsbestimmungen für die Länder und Provinzen in der SBZ zugrundelagen.

In Anbetracht der unterschiedlich intensiven und nach Auffassung der Besatzungsmacht teilweise zu moderaten Entnazifizierungspraxis der Provinzial- bzw. Landesverwaltungen schalteten sich im September/Oktober 1945 SMAD und die SMA der Länder und Provinzen in die Säuberungspolitik ein. Aufgrund einer Anordnung beispielsweise der SMA Sachsen vom 27. Oktober 1945 erging am 3. November 1945 eine neue Ver-

36 § 3 „Gesetz über die Reinigung der öffentlichen Verwaltung von Nazi-Elementen" des Landes Thüringen. Abgedruckt in: Welsh, Helga: Revolutionärer Wandel (wie Anm. 15), S. 181-182, hier S. 181.

37 § 2 „Gesetz über die Reinigung ..." (wie Anm. 36), S. 181.

38 § 10 „Gesetz über die Reinigung ..." (wie Anm. 36), S. 182.

39 Nach der Landtagswahl im Oktober 1946 lautet die Bezeichnung „Provinz Sachsen-Anhalt" und seit dem 26. Juli 1947 „Land Sachsen-Anhalt" (SMAD-Befehl Nr. 80).

40 Gemäss Befehl Nr. 180 der SMAD erhielt die Provinz Brandenburg am 21.07.1947 den Status des „Landes Brandenburg".

fügung der Landesverwaltung, in der es heisst: „Bis zum 15. November 1945 sind alle noch im öffentlichen Dienst beschäftigten ehemaligen Mitglieder der NSDAP zu entlassen."[41] Diese rigide Forderung war nicht durchsetzbar, sollte der Verwaltungsapparat angesichts fehlenden qualifizierten Fachpersonals nicht zusammenbrechen. Dennoch zeigten die aufgrund der SMA-Anordnungen verschärften deutschen Entnazifizierungsregelungen am Ende des Jahres 1946 insgesamt deutliche Erfolge, wie an statistischen Erhebungen beispielsweise aus Sachsen, Sachsen-Anhalt und Thüringen zu ersehen ist.

Der Schwerpunkt der Entnazifizierungspraxis lag dabei auf der Gruppe der Angestellten in leitenden Positionen, mithin also auf der Verwaltungselite. Ende 1946 arbeiteten in den Ministerien des Landes Thüringen noch 10,6 Prozent und in den nachgeordneten Dienststellen immerhin noch 23,6 Prozent Parteigenossen.[42] Für das Land Sachsen lagen die Werte noch niedriger. Von den 58.336 Angestellten der Landesregierung und den ihr nachgeordneten Dienststellen gehörten noch 5,9 Prozent (3.415 Personen) der NSDAP an. Unter den 40.048 Angestellten im öffentlichen Dienst befanden sich noch 2.810 (7 Prozent) politisch belastete Mitarbeiter, von den 12.314 Arbeitern im öffentlichen Dienst waren nur noch 363 (3 Prozent) als politisch belastet einzustufen. Von den 2.280 Landräten, Oberbürgermeistern und Ratsherren im Land Sachsen gehörten nur 10 (0,4 Prozent) der NSDAP an.[43] Auch in der Provinz Sachsen-Anhalt lag der Anteil der im Apparat der Regierung sowie in den ihr unterstellten Behörden beschäftigten NSDAP-Mitglieder bei nur noch 5 Prozent.

Mit der dritten vom Dezember 1946 bis zum August 1947 währenden Entnazifizierungsphase erfuhr dieses Politikfeld eine neue normative Grundlage sowie eine neue organisatorische Grundlage. Die bereits am 12. Januar 1946 vom Alliierten Kontrollrat verabschiedete Direktive Nr. 24, die die Grundlage für das „Befreiungsgesetz" in der US-Zone bildete, definierte und kategorisierte den Personenkreis ehemals aktiver Nationalsozialisten (insgesamt 99 Kategorien). Die Direktive legte fest, alle politisch belasteten Personen aus ihren leitenden Stellungen in öffentlichen und halböffentlichen Ämtern sowie aus industriellen und landwirtschaftlichen Unternehmen zu entfernen. Angehörige der Partei-, Verwaltungs-, Militär- und Wirtschaftselite sollten ausnahmslos entlassen werden. Die Direktive enthielt weiterhin Richtlinien über die Entlassung weiterer Personenkreise, z. B. ehemalige Offiziere der Wehrmacht und der Reichswehr, aber auch Personen, die, wenngleich früher selbst nicht Mitglied der früheren NSDAP, das NS-Regime gefördert hatten.

Die Ursachen für die Umorientierung in der Entnazifizierungspolitik waren zum einen außenpolitisch begründet. Die sowjetische Seite wollte auf der für den März 1947

41 „Verfügung der Landesverwaltung Sachsen betr. Entlassung aller beschäftigten ehemaligen Mitglieder der NSDAP zum 15. 11. 1945" vom 3. November 1945, in: Welsh, Revolutionärer Wandel (wie Anm. 15), S. 1-180, hier S. 180S. 179-180, hier S. 179.

42 Meinicke, Wolfgang: Die Entnazifizierung in der sowjetischen Besatzungszone 1945 bis 1948, in: Zeitschrift für Geschichtswissenschaft 32 (1984), S. 968-979, hier S. 974.

43 Wille, Manfred: Entnazifzierung in der Sowjetischen Besatzungszone Deutschlands 1945-1948, Magdeburg 1993, S. 132.

angesetzten Außenministerkonferenz der vier Siegermächte in Moskau wegen der bisherigen Nichtberücksichtigung der Direktive keine Angriffsflächen für eine angeblich unzureichende politische Säuberung in der SBZ bieten. Zum andern bot die Anwendung der Direktive der SMAD die Möglichkeit, die deutschen Verwaltungen in den einzelnen Ländern und Provinzen zu einer Vereinheitlichung der verschiedenen Säuberungsgrundsätze zu veranlassen. Im November 1946 erging eine Order der SMAD, die Entnazifizierung auf der Grundlage der Kontrollratsdirektive Nr. 24 zu intensivieren und weiterzuführen. Mit dieser Aufgabe wurden Kreiskommissionen vor Ort betraut, geleitet von den Oberbürgermeistern und Landräten; als ihre Stellvertreter fungierten die mehrheitlich der SED angehörenden Leiter der Personalreferate. Die Personalabteilungen der Landes- und Provinzialverwaltungen hatten bis zur Schaffung der Kommissionen allein die Entnazifzierung betrieben. Als zentrale Kontroll- und Berufungsinstanzen wirkten die Landesentnazifizierungskommissionen. Zu ihren weiteren wichtigen Aufgaben zählte die „politische Säuberung der Ministerien und Dienststellen der Landesregierung und der leitenden Stellen der nachgeordneten Organe".[44]

Die Umsetzung der Direktive führte zu einer erneuten Überprüfung aller Beschäftigten in öffentlicher Verwaltung, Justiz, Bildung, Wirtschaft. Ausnahmeregelungen, die Parteimitgliedern vor allem im Bereich der Wirtschaft eine Weiterbeschäftigung ermöglichten, traten zum 1. Januar 1947 außer Kraft. Tausende mußten nun wieder vor den insgesamt 262 Entnazifizierungskomissionen erscheinen. Angesichts der schleppenden und schematischen Bearbeitung der Fälle sowie in Anbetracht der Tatsache, dass Sach- und Fachverstand beim Aufbau neuer Verwaltungen und in der Wirtschaft dringend benötigt wurde, bemühten sich die Parteileitungen von SED, LDPD und CDU, genauer der „Gemeinsame Ausschuß der Einheitsfront der antifaschistisch-demokratischen Parteien Deutschlands", in einem Schreiben vom 17. Februar 1947 an die sowjetische Militärverwaltung (z. H. von Generalleutnant Makaroff), mittels Ausführungsbestimmungen die Direktive zu spezifizieren und also eine schematische Entnazifizierung zu vermeiden. In der Begründung heisst es: „Seit Dezember 1946 hat aber nunmehr eine Säuberung großen Ausmaßes eingesetzt, der die Direktive Nr. 24 des Kontrollrates in Deutschland vom 12. Januar 1946 zugrunde liegt. Eine schematische Durchführung dieser Direktive, wie sie vielfach zu beobachten ist, würde das Ausscheiden vieler Fachkräfte und Spezialisten in Wirtschaft und Verwaltung zur Folge haben. Dieser Umstand erfüllt die Einheitsfront mit ernster Sorge für die Sicherung und den Fortbestand des in der Ostzone erreichten wirtschaftlichen Fortschrittes."[45]

Im Rahmen der vierten und letzten Phase der Entnazifizierungspolitik (August 1947 bis Februar 1948) erging der Befehl Nr. 201 der SMAD vom 16. August 1947. An Neuerungen brachte der Befehl – er stellte die Entnazifzierung erstmals auf eine einheitliche Rechtsgrundlage für alle Bereiche des öffentlichen und wirtschaftlichen Lebens und in

44 Wille, Entnazifizierung (wie Anm. 43), S. 139; Vgl. ferner Welsh, Revolutionärer Wandel (wie Anm. 15), S. 69-72.

45 Abgedruckt in: Suckut, Siegfried: Blockpolitik in der SBZ/DDR 1945-1949. Die Sitzungsprotokolle des zentralen Einheitsfront-Ausschusses. Quellenedition, Köln 1986, S. 199.

allen Ländern der SBZ – die Rehabilitierung aller nominellen PGs: „Den ehemaligen Mitgliedern der Nazipartei, die sich nicht durch Verbrechen gegen den Frieden und die Sicherheit anderer Völker oder durch Verbrechen gegen das deutsche Volk selbst vergangen haben, wird nicht nur das aktive, sondern auch das passive Wahlrecht gewährt."[46] Eine weitere Neuerung betraf die Organisation der Entnazifizierungsverfahren. Die alten Kommissionen wurden aufgelöst. Die Entnazifizierung auf den Gebieten der Verwaltung und Wirtschaft wurde neuen Kommissionen auf Kreis- und Landesebene, in denen, wie schon in den früheren Kommissionen die Kommunisten dominierten, übertragen. Ihnen wurde das Recht übertragen, ehemals aktive Nationalsozialisten, die sich nicht strafbar gemacht hatten, zu überprüfen und bestimmte Sühnemaßnahmen festzulegen (fristlose Entlassung bzw. Gewerbeentzug, ganze oder teilweise Entziehung von Vermögenswerten). Mit dem Befehl Nr. 35 vom 26. Februar 1948 gab die SMAD das offizielle Ende der Entnazifizierung bekannt. Bis zum 10. März 1948 hatten die Entnazifizierungskammern ihre Tätigkeit zu beenden. Da sie angesichts des enormen Zeitdrucks ihre Aufgabe nicht zu erfüllen vermochten (140.000 Fälle waren bis zum 10. März abgeschlossen worden, 155.000 Fälle hatten zur Entscheidung vorgelegen), mußten die nicht erledigten Fälle eingestellt werden – ein Faktum, das einer Amnestie für ehemals aktive NSDAP-Mitglieder gleichkam.

Die Besonderheit des Entnazifizierungsprozesses in der SBZ im Vergleich zu demjenigen in den Westzonen lag nicht auf dem Felde des Umfangs der Entlassungen, sondern auf dem der Rehabilitierung. Die politisch Verantwortlichen in der SBZ sowie die Besatzungsmacht nutzten von Anfang an die Entnazifizierung als Instrument, einen tiefgreifenden politischen und sozioökonomischen Wandel, einen Elitenwechsel herbeizuführen. Dies wird z. B. sehr deutlich in dem schon erwähnten SMAD-Befehl Nr. 201, in dem es heisst: „In der sowjetischen Besatzungszone wurde vom Augenblick der bedingungslosen Kapitulation Deutschlands an eine große Arbeit geleistet zur Säuberung der öffentlichen Behörden, der staatlichen und der wichtigen Privatunternehmen von ehemaligen aktiven Faschisten, Militaristen und Kriegsverbrechern und zur Ersetzung dieser Personen durch Menschen, die fähig sind, bei der demokratischen Umgestaltung in Deutschland im Interesse des deutschen Volkes behilflich zu sein."[47] Kommunisten besetzten die politisch einflußreichen Positionen im Staats-, Verwaltungs- und Sicherheitsapparat, ebenso wie in den Bereichen von Bildung, Erziehung und Kultur. Bereits im gleichen Jahr nahm die SED in allen Ländern der SBZ, sowie auf allen Verwaltungsebenen mit 43,6 Prozent der Mitarbeiter eine Vorrangstellung ein gegenüber den anderen politischen Parteien (CDU und LDPD), die auf knapp 12 Prozent kamen; der Anteil der parteilosen Staatsangestellten (44,7 Prozent) überwog zwar noch zu jener Zeit; aber da die SED-Mitglieder die politischen Schaltstellen besetzten, war ihre Vormachtstellung zu jener Zeit bereits gesichert. Mit diesen parteipolitischen Veränderungen war zugleich ein

46 Befehl Nr. 201: Richtlinien zur Anwendung der Direktiven Nr. 24 und 38 des Kontrollrats vom 16. August 1947, in: Welsh, Revolutionärer Wandel (wie Anm. 15), S. 187-188, hier S. 187.
47 Befehl Nr. 201 (wie Anm. 46), S. 187.

sozialstruktureller Wandel verbunden, kamen die Mitglieder der SED doch aus den bisher sozial unterprivilegierten Schichten (Arbeiter, Handwerker, kleine Angestellte). Sie stellten das Rekrutierungspotenzial für die neuen Macht- und Funktionseliten in allen Bereichen des staatlichen und gesellschaftlichen Lebens.

## Resümee

In den Westzonen führte die seit dem Ausgang der vierziger Jahre erkennbare breite Rehabilitierungspraxis dazu, dass ehemalige NSDAP-Mitglieder wieder in den öffentlichen Dienst zurückkehrten. Die Funktionseliten in den Westzonen und in der frühen Bundesrepublik rekrutierten sich aus Kräften des bürgerlich-demokratischen Parteienspektrums der Weimarer Republik, aus in der NS-Zeit politisch passiven Parteilosen und ehemaligen PGs.[48] Kann somit im Blick auf die Westzonen eher von einer Elitenkontinuität denn von einem Elitenwechsel gesprochen werden, so fand in der SBZ ein gravierender Elitenwechsel statt. Zwar sah das von der Provisorischen Volkskammer am 9. November 1949 beschlossene „Gesetz über den Erlaß von Sühnemaßnahmen und die Gewährung staatsbürgerlicher Rechte für die ehemaligen Mitglieder und Anhänger der Nazipartei und Offiziere der faschistischen Wehrmacht“ vor, dass für politisch rehabilitierte ehemalige NSDAP-Mitglieder bei „fachlicher Eignung“ eine Wiedereinstellung in den öffentlichen Dienst möglich sei – ausgenommen die Bereiche der inneren Verwaltung (Polizei) und der Justiz; allerdings gab es keinen Anspruch darauf. So darf vermutet werden, dass frühere PGs auch in der öffentlichen Verwaltung zumal in Leitungspositionen keine wesentliche Rolle spielten.

48 Siehe auch Edinger, Post-totalitarian Leadership (wie Anm. 13), S. 68-69.

# Vom Nutzen des Elitenimports im Postkommunismus

*Jerzy Máckòw*

## Eliten und Institutionalisierung der Demokratie

In Bezug auf die postkommunistischen politischen Systeme wird oft zwischen der „Institutionalisierung" und der „Konsolidierung" der Demokratie unterschieden. Da aber in der Praxis der institutionelle Aufbau eines neuen politischen Systems (Aufbau von demokratischen Strukturen) und die Verinnerlichung seiner Spielregeln durch politische Eliten und das Volk parallel und nicht nacheinander stattfinden, ist es geboten, unter der Institutionalisierung sowohl den strukturellen als auch den kulturellen Wandel zu begreifen. In diesem Sinne stellt die Konsolidierung einen Teil der Institutionalisierungsprozesse dar.[1]

Es scheint, als wäre die Demokratie in den neuen Bundesländern längst institutionalisiert. An diesem Eindruck ändern die Besonderheiten der ostdeutschen Demokratie wenig: die außergewöhnliche Stärke der PDS und eine schwächere Bindung der Wähler an die Parteien als in Westdeutschland. Diese Besonderheiten zeigen allerdings, dass die neuen Bundesländer – obwohl längst in die gesamtdeutsche Bundesrepublik inkorporiert – immer noch in vielerlei Hinsicht anderen postkommunistischen Gesellschaften ähneln. Im gesamten postsozialistischen Raum gehören nämlich die Stärke der postkommunistischen Parteien und der hohe Anteil der Wechselwähler zu den auffälligen Merkmalen der neuen politischen Systeme. Insofern wäre die Annahme, die Einführung der Institutionen der Bundesrepublik Deutschland auf dem Territorium der ehemaligen DDR habe die ostdeutsche Gesellschaft von ihren totalitären Wurzeln abgekoppelt, falsch.

Wie die Gesellschaften der anderen postkommunistischen Demokratien (nicht der postkommunistischen Autoritarismen wie Russland, die Ukraine oder Belarus) ist jene der neuen Bundesländer sowohl posttotalitär als auch westlich. Sie verbindet den Pluralismus der (wenn auch immer noch schwachen) westlichen Zivilgesellschaft mit der Gewöhnung an den Paternalismus des Staates. Daraus resultiert eine Spannung, die letztendlich auf einen sehr schnell vollzogenen Strukturwandel zurückgeht, der noch keinen tiefen und breiten Kulturwandel nach sich ziehen konnte. In Zeiten des politischen und gesellschaftlichen Systemwechsels sind derartige Spannungen normal und unvermeidbar. Sie zeigen an, dass dieser Wechsel tatsächlich stattfindet, und sind aus diesem Grund nicht zu beklagen.

Die Eliten stellen jene aus verschiedenen Gruppen zusammengesetzte gesellschaftliche Schicht dar,[2] in der die Spannungen des Systemwechsels manifest werden. Die Eliten sind einerseits, wie jede andere Gruppe, Schicht oder Klasse, ein Teil der Gesellschaft, die

1 Siehe dazu auch Máckòw, Jerzy: Wandel des kommunistischen Totalitarismus und postkommunistische Systemtransformation, in: ZPol 4 (1999), S. 1347-1380, hier S. 1364.

2 Für gewöhnlich – so auch in diesem Aufsatz – werden unter „politischen Eliten" jene Personen verstanden, deren gesellschaftliche Position es erlaubt, Einfluss auf politische Entscheidungen zu nehmen („Positionsansatz").

von deren Wandlungsprozessen ergriffen werden. Infolgedessen verändern sich ihre Zusammensetzung, Struktur und auch häufig ihre Größe. Andererseits treffen die Eliten Entscheidungen, die sich auf die gesamte Gesellschaft auswirken. „Irgendwie" wirkt sich der Elitenwandel auf die Qualität der von ihnen im Systemwechsel getroffenen Entscheidungen aus.

Die Eliten werden meistens unter dem Gesichtspunkt ihrer Zirkulation (Rotation) bzw. der Reproduktion (Kontinuität, Beständigkeit) analysiert. Jeder Systemwechsel erfordert ein bestimmtes Maß sowohl an Elitenzirkulation als auch an Elitenreproduktion. Die Kontinuität der Eliten garantiert die Funktionsweise der gesellschaftlichen Systeme auch in der Zeit des Systemumbruchs. Sie sorgt zugleich für die Nutzung des „Herrschaftswissens" über die Verfahren und Abläufe des alten Systems für den Systemwandel. Die Elitenzirkulation wiederum gewährleistet die notwendige Legitimität des neuen Systems, die nur dann generiert werden kann, wenn neue, mit dem alten Regime nicht verbundene Menschen in die Elitenpositionen einrücken. Es wird zumindest die Hoffnung gehegt, dass diese neuen Führungskräfte das notwendige Wissen darüber mitbringen, wie das neue System aussehen und funktionieren sollte.

Eine gelungene postkommunistische Demokratisierung setzt einen kompletten Systemwechsel voraus. Alle Institutionen und die sie stützenden Handlungsmuster des sozialistischen Systems sollen verändert werden. Insofern kann die posttotalitäre Systemtransformation erst dann als vollzogen betrachtet werden, wenn nach dem Systemwechsel ausschließlich die Menschen dieselben bleiben. Aber auch sie dürfen nicht die gleichen sein. Sie sollen neues, mit den neuen Institutionen kompatibles Wissen, Gewohnheiten und Erwartungen haben. Im besonderen Maße gilt dies für die Eliten.

Angesichts eines so tief greifenden Systemwechsels liegt die Vermutung nahe, dass nur eine extreme Elitenzirkulation zum Gelingen des Systemwechsels beitragen kann. Denn das kommunistische System produzierte Eliten, die weder das für das demokratisch-marktwirtschaftliche System notwendige Wissen mitbrachten noch politische Loyalität gegenüber einer Demokratie entwickeln konnten. Gegen diese Vermutung muss freilich eingewandt werden, dass im Totalitarismus keine professionellen, demokratischen Gegeneliten entstehen durften, die die Eliten des alten Systems hätten ablösen können. Die einzige – wenn auch nur theoretische – Möglichkeit eines weitgehend vollständigen Elitenwechsels würde im Import von neuen Eliten liegen. Sieht man von Emigranten ab, über die man am Anfang der Systemtransformation noch hätte annehmen können, dass sie nach dem Kommunismus in ihre Heimatländer zurückkehren würden, gab es ausschließlich im Falle der DDR ein großes Reservoir von „Import-Fachkräften". In der Tat stellt die Gesellschaft der „neuen" Bundesländer die einzige im Postkommunismus dar, in der der Eliten-Import eine sehr wichtige Rolle gespielt hat. Die Besonderheiten der ostdeutschen Eliten vor dem Hintergrund der Entwicklung in den anderen postkommunistischen Gesellschaften herauszuarbeiten, ist die Aufgabe dieses Aufsatzes.

Eine solche vergleichende Sicht der ostdeutschen Eliten ist in der Elitenforschung selten. Es überwiegen Untersuchungen, die Vergleiche der Elitenrotation und Elitenkontinuität in den neuen Bundesländern mit ähnlichen Prozessen nach dem Zweiten Weltkrieg in der DDR und in der Bundesrepublik Deutschland anstellen. Diese Perspektive, die z. B. von Hoffmann-Lange vertreten wird,[3] vermag zwar die Vereinheitlichung der gesamtdeutschen Eliten nach den „nationalen Umbrüchen" zu erfassen, doch ist sie teleologisch: Sie geht von der Annahme aus, „das Deutsche" verbinde die Eliten im Osten und Westen des Landes so stark, dass mittel- und langfristig die eklatanten gesellschaftlichen Unterschiede zwischen beiden verschwinden werden. Dagegen verspricht der Vergleich mit den anderen postkommunistischen Gesellschaften, nicht die nationalen Ähnlichkeiten der West- und der Ostdeutschen hervorzuheben, sondern jene Unterschiede zu verdeutlichen, die die postkommunistischen ostdeutschen Eliten von den demokratischen westdeutschen Eliten absondern. Darüber hinaus sagt dieser Vergleich einiges über die postkommunistische Systemtransformation aus, die in den neuen Bundesländern unter besonderen Vorzeichen verläuft.

## Das sozialistische Erbe der DDR-Eliten

Das Erbe der DDR-Eliten, mit dem bis zum Einigungsvertrag noch die sich erneuernde DDR, und danach das wiedervereinigte Deutschland konfrontiert worden ist, wog im Vergleich zu den so genannten liberalen kommunistischen Gesellschaften – wie Polen oder Ungarn – besonders schwer. Die Funktionselite der DDR zeichnete sich durch eine außergewöhnliche Ideologisierung und Kompatibilität mit dem sozialistischen System aus.[4] Dieser Sachverhalt hing einerseits damit zusammen, dass der kommunistische deutsche Staat auf den Nationalismus als latente Legitimation lediglich ansatzweise zurückgreifen konnte. Angesichts der Existenz eines nationalen deutschen Staates westlich der Elbe hatte die DDR nur als ein sozialistischer Staat und als eine „sozialistische Nation" eine Existenzberechtigung. Alle Versuche der „Nationalisierung der DDR" (etwa durch offizielle Würdigung von Friedrich dem Großen bzw. Martin Luther) vermochten zwar die Gesellschaft dem Staat näher zu bringen. Letztendlich waren sie aber außerstande, dem sozialistischen Staat eine hinreichende Legitimationsbasis zu verschaffen, was nicht zuletzt im rapiden Staatsverfall des Jahres 1990 sichtbar wurde.

Andererseits bewirkte die jahrzehntelange Praxis der Flucht und des Verkaufs von „Republikflüchtigen" und Dissidenten eine ideologische Homogenisierung der Gesellschaft. Von diesem Hintergrund verwundert es nicht, weshalb die schwachen Widerstandskreise der DDR mehrheitlich sozialistisch geprägt waren. Diese ideologische Last trug dazu bei, dass in der DDR keine politische Gegenelite zur sozialistischen Nomenklatura-Elite entstand: „Eine systemkritische Gegenelite hat sich zwar in der Bürger-

3 Siehe etwa Hoffmann-Lange, Ursula: Eliten, in: Nohlen, Dieter (Hrsg.): Lexikon der Politik, Bd. 3, S. 83-90. Vgl. auch Hoffmann-Lange, Ursula: Elite Transformation and Democratic Consolidation in Germany after 1945 and 1989, in: Higley, John/Pakulski, Jan/Wesolowski, Wlodzimierz (Hrsg.): Postcommunist Elites and Democracy in Eastern Europe, London u. a. 1998, S. 141-162.

4 Schneider, Eberhard: Die politische Funktionselite der DDR. Eine empirische Studie zur SED-Nomenklatura, Opladen 1994

rechtsbewegung und der SPD kristallisieren, sich aber erst unter einigermaßen demokratischen Verhältnissen etablieren können, also bereits nach der „Wende". Zunächst stieg eine neue Generation in die politische Elite von SED und Block-Parteien nach dem 18. Oktober in ein Vakuum auf, das entstand, als die alte Elite aus SED und Block-Parteien ohne nennenswerten Widerstand ihre Positionen räumte. Die Herrschaft der SED implodierte nicht etwa deshalb, weil revolutionäre Führungsfiguren der Basisbewegung oder der SPD sowie der sonstigen neuen Parteien die SED-Herrschaft gestürzt oder ihre Exponenten abgesetzt hätten, wenngleich sie z. T. am zur Implosion führenden Entzug von Massenloyalität (oder Massen-Angst) mitgewirkt hatten; entscheidend waren die innerparteilichen Ablösungen in den etablierten Parteien und die Öffnung des politischen Systems für die neuen Organisationen."[5] Insofern ähnelte die DDR mehr der Sowjetunion (Russland) als Polen. Der gescheiterte August-Putsch des Jahres 1991 enthauptete sozusagen die politische Führung der Sowjetunion, mit der Folge, dass das Regime in sich zusammenbrach und so den schnellen Zerfall der Sowjetunion einleitete. In Polen dagegen konnte der Staat gerettet und reformiert werden, weil die antisozialistischen Gegeneliten an der Spitze einer organisierten Massenbewegung die Führung des kommunistischen Parteistaates zu systemsubversiven Reformen zu zwingen vermochten.

Das faktische Fehlen einer politischen Gegenelite in der DDR drückte sich nicht zuletzt in Unterwanderung der Dissidentenbewegung durch die staatlichen Sicherheitsdienste aus. Vom Ausmaß dieses Phänomens zeugt die Tatsache, dass die bekanntesten Vertreter der während des Umbruchs im Jahre 1989 gegründeten Parteien im Laufe des Jahres 1990 wegen der Vorwürfe der Zusammenarbeit mit der Stasi zurücktreten mussten: Schnur (Demokratischer Aufbruch), Kirchner (CDU), de Maizière (CDU), Böhme (Ost-SPD). Kaum auszumalen, welche Folgen diese Entwicklung für die Institutionalisierung der Demokratie in Ostdeutschland gehabt hätte, wenn für die Bevölkerung die Wiedervereinigung nicht wichtiger gewesen wäre als die Demokratisierung der DDR. Jedenfalls zeigt die Erfahrung anderer postkommunistischer Staaten, dass derartige Enthüllungen ausgerechnet in der ersten Phase der Systemtransformation zu gravierenden Legitimationsdefiziten der neuen politischen Klasse und somit auch des politischen Systems, die diese aufzubauen trachtet, führt.

Zum typisch postkommunistischen Erbe der DDR-Eliten gehört auch Inkompetenz – begriffen als fehlendes Wissen über und fehlende Erfahrung im Umgang mit dem Verfassungs- und Rechtsstaat sowie mit dem Markt. Bereits im Mai 1990 begannen erste von Fachleuten aus der Bundesrepublik durchgeführten Kurse für das Verwaltungspersonal der DDR. „Das Urteil [der westdeutschen Experten, J.M.] über den Qualifikationsstand des ostdeutschen Personals [war dabei] vernichtend und reicht[e] auf der Qualifikationsskala von 0 bis minus 10, wie es ein Praktiker ausdrückte".[6]

5 Derlien, Hans-Ulrich: Regimewechsel und Personalpolitik. Beobachtungen zur politischen Säuberung und zur Integration der Staatsfunktionäre der DDR in das Berufsbeamtentum, Bamberg 1991, S. 18.

6 Derlien, Regimewechsel (wie Anm. 5), S. 48.

Hans-Ulrich Derlien führt diese „strukturelle Inkompetenz" der DDR-Bürokratie auf die Tatsache zurück, dass in der DDR die Personalallokation nicht an Ausbildungsinhalte geknüpft war:

1) Das bürokratische Personal der DDR war weitgehend durch die Ausbildungseigenarten der Kaderverwaltung der DDR geprägt.
2) Die Ausbildungspläne der Verwaltung in der DDR waren geheim und auf einem akademisch jämmerlichen Niveau.
3) Ausbildungsinhalt war primär Ideologie.
4) Für die innere Verwaltung gab es keine Regelqualifikation; juristisch wurde nicht ausgebildet.

Es wurden dagegen Parteihochschulen bzw. Akademien für Staats- und Rechtswissenschaften besucht. Vielfach wurde im Fernstudium gearbeitet, häufig erst nach Beginn der beruflichen Laufbahn. Aufstiegskriterien waren Parteilichkeit und Systemloyalität.[7] Derlien spricht in diesem Zusammenhang von „politisierter Inkompetenz".[8] Nicht nur Verwaltungseliten waren von solchen Defiziten befallen. Hanjo Gergs, Christopher Hausmann und Markus Pohlmann diagnostizieren bei den ökonomischen Eliten der DDR eine „trainierte Inkompetenz".[9] Die Kernproblematik des ostdeutschen Elitenwandels lässt sich folgendermaßen auf den Punkt bringen: Wenn das Erbe des kommunistischen Systems in der DDR nicht zuletzt hinsichtlich der Qualität der Eliten so schwerwiegend war, verhinderte vielleicht die Inkorporation der DDR in die Bundesrepublik Deutschland, die einen Elitentransfer von West nach Ost implizierte, das Scheitern der demokratischen Institutionalisierung in Ostdeutschland, das zu Zuständen wie in Russland, Albanien oder Bulgarien hätte führen können?

Die Folgen der Volkskammerwahlen im März 1990 sowie das Schicksal der am 12. April des gleichen Jahres gebildeten Regierung de Maizière scheinen diese Vermutung zu bestätigen. Der zunehmenden Unregierbarkeit Ostdeutschlands, die sich nicht zuletzt im faktischen Zerfall der Regierung im Juli-August 1990 manifestierte, konnte nur mit dem schnellen Vollzug der Einheit Deutschlands entgegengewirkt werden. Zieht man die völlig desolate ökonomische Lage der DDR der Jahre 1989/90 mit in Betracht, muss schon verwundern, dass jemand die folgende These formulieren kann: „The basis of democratic consolidation in eastern Germany was the modernization sequence [during the GDR-period], not west German influence through reunification. Without that modernization sequence, it would have been impossible to achieve democratic consolidation so rapidly, even with the massive aid and influence that the reunified Germany expended on eastern Germany during the 1990s."[10]

7 Derlien, Regimewechsel (wie Anm. 5), S. 42-46.

8 Derlien, Regimewechsel (wie Anm. 5), S. 42 ff.

9 Siehe etwa Gergs, Hanjo/Hausmann, Christopher/Pohlmann, Markus: Political and economic elites in the transformation process in eastern Germany, in: Best, Heinrich/Becher, Ulrike (Hrsg.): Elites in Transition. Elite Research in Central and Eastern Europe, Opladen 1997, S. 203-248, S. 201 ff.

10 Welzel, Christian: Elite Change and Democracy's „Instant Success", in: Higley, John/Lengyel, Gyorgy (Hrsg.): Elites after State Socialism. Theories and Analysis, Lanham/Boulder/New York/Oxford 2000, S. 103-122, S. 118.

## Der „sofortige Demokratisierungserfolg“ nach Welzel

Will man vor dem verhängnisvollen Erbe der DDR-Eliten nicht die Augen verschließen, dann muss man sich schon außergewöhnliche Argumente einfallen lassen, um die Behauptung zu begründen, dass die gelungene Demokratisierung Ostdeutschlands zum beträchtlichen Teil auf die Qualität der in der DDR sozialisierten Eliten zurück geht.

Solche Argumente glaubt Christian Welzel gefunden zu haben, und er bringt sie in die Elitenforschung mit bemerkenswerter Beharrlichkeit ein. Er unterscheidet zwischen zwei Modellen der demokratischen Konsolidierung. Nach dem ersten Modell ist es notwendig, dass „die Elitenunterstützung [für die Demokratie, J.M.] zur Massenunterstützung erweitert wird, und dass die taktische Verständigung der Eliten in ein normativ untermauertes Engagement in demokratischen Institutionen vertieft wird“.[11] Dieses Modell treffe auf die DDR nicht zu. Dort sei die Demokratisierung dagegen nach dem Modell des „sofortigen Erfolges“ verlaufen: Die Demokratie sei konsolidiert gewesen, sobald sie eingeführt worden sei. Die Basis dieses „sofortigen Erfolgs“ wäre von der im kommunistischen System stattgefundenen sozioökonomischen Modernisierung vorbereitet gewesen, die für die Verbreitung der „civic culture“ sowie demokratischer Werte wie auch für die Entstellung der „civil society“ verantwortlich gewesen wäre. Welzel fasst zusammen: „democratic consolidation in East Germany should be dated from the first free parliamentary elections in March 1990, not from German reunification more than half a year later, in October 1990. Reunification meant national unity for all German citizens, but democratic consolidation in East Germany was achieved by the efforts of the citizens living there and it existed before reunification“.[12] Sofortige Konsolidierung der Demokratie in Ostdeutschland sei möglich gewesen, weil die in der kommunistischen Ära erfolgten Modernisierungsprozesse die „gebildete Dienstklasse“ („educated service class“) hervorgebracht hätten, der eine „bürgerliche Kompetenz“ attestiert werden könne. Sobald sich die Chancen zum Systemwechsel geboten hätten, wäre diese Kompetenz der Demokratie zugute gekommen. Als eine Art Beweis der besonderen Demokratiefähigkeit der Post-DDR-Eliten beruft sich Welzel auf die Ergebnisse der empirischen Eliten-Untersuchungen aus dem Jahre 1995, die besagen, dass die Mitglieder der *„educated service class“* in Ostdeutschland (denen in West-Deutschland durchaus ähnlich) in etwa zwei Mal häufiger als die restlichen Bürger liberale Orientierungen vertreten.[13] Die Angehörigen der DDR-Elite bekennen sich zudem häufiger zur direkten Demokratie als dies bei den westdeutschen Eliten der Fall ist, die wiederum stärker das repräsentative Element befürworten.[14]

Die Thesen Welzels sind sehr hilfreich, weil deren Widerlegung einige nicht nur in den neuen Bundesländern populäre Mythen zerstört, die die „demokratische Reife“ der DDR-Gesellschaft und insbesondere der DDR-Eliten betreffen. Vor allem kann die im kommunistischen Totalitarismus erfolgte Modernisierung nicht allen Ernstes mit der

11 Welzel, Elite Change (wie Anm. 10), S. 103.
12 Welzel, Elite Change (wie Anm. 10), S. 104.
13 Welzel, Elite Change (wie Anm. 10), S. 115.
14 Welzel, Elite Change (wie Anm. 10), S. 115 ff.

Modernisierung pluralistischer Gesellschaften gleichgesetzt werden. Beispielsweise dürfen statistische Daten über das Bildungsniveau in der DDR und in der Bundesrepublik nicht ohne weiteres nebeneinander gestellt werden, weil die Bildungssysteme beider Staaten nicht gleichartig waren. Über unterschiedliche Erwartungen an Lernende und Lerninhalte hinwegzusehen, ist ebenso falsch wie die Annahme absurd ist, dass diese statistischen Daten die „bürgerliche Kompetenz“ der Hochschulabsolventen anzeigen. Es stimmt zwar, dass die Funktionäre des kommunistischen Parteistaates in allen sozialistischen Staaten ein höheres Bildungsniveau als der Rest der Bevölkerung aufwiesen. Doch diese Aussage steht mit jener Behauptung, wonach diesen Profiteuren des alten Systems eine besonders ausgeprägte „civic competence“ zukommt, in keinerlei kausalem Zusammenhang.

## DDR-Modernisierung als Basis der „bürgerlichen Kompetenz“?

Keine seriöse Analyse der Eliten in Demokratisierungsprozessen wird mit dem Stichwort „Modernisierung“, die angeblich die Eliten automatisch „demokratietauglich“ macht, auskommen. Hoffmann-Lange betont in diesem Zusammenhang explizit die Bedeutung der gesellschaftlichen Voraussetzungen der Demokratie, wobei sie die angeblich entscheidende Bedeutung der Modernisierung für die Konsolidierung der Demokratie relativiert: „While modernization can be considered as a necessary precondition of democratization, it is by no means a sufficient one“.[15] Zugleich verweist sie auf die Tatsache, dass im Gesellschaftssystem die soziale Struktur und die politische Ordnung eine jeweils „partielle Unabhängigkeit“ aufweisen. Gerade deshalb fällt den Eliten bei der Demokratisierung eine wichtige Rolle zu: „Democratization can thus be considered as resulting from an agreement among different elites which may either gradually evolve or come about as an elite settlement to end a long lasting social, economic, or political crisis.“

Ferner weist Hoffmann-Lange indirekt darauf hin, dass ein neues politisches System nicht vom Anfang an als „konsolidiert“ angesehen werden kann: weder die dem Systemwechsel vorangegangene Modernisierung noch die internen Absprachen der Eliten garantieren den Demokratisierungserfolg. Vielmehr entscheidet sich diese Frage nach dem Regimewechsel, wenn politische Akteure auftauchen, die die früheren Absprachen nicht zu beachten brauchen: „the period following an elite settlement, i.e. period of consolidation, is crucial for its survival. At the elite level, successful democratic consolidation requires the formation of a „consensually unified elite“ whose members accept the democratic rules of the game, engage in restrained partnership, and display a fairly high degree of structural elite integration. [...] While it is obvious that this cannot be achieved without at least partial replacement of the predemocratic elites, not much is known about the specific patterns of elite transformation that are more or less conducive to democratic consolidation.“[16]

15 Hoffmann-Lange, Elite Transformation (wie Anm. 3), S. 141. Dort auch das folgende Zitat.
16 Hoffmann-Lange, Elite Transforamtion (wie Anm. 3), S. 142.

Darüber hinaus: Zieht man vergleichbare statistische Daten aus den anderen sozialistischen Staaten in Betracht, wird deutlich, dass im gesamten kommunistischen Machtbereich „statistische Modernisierungssprünge“ nichts Außergewöhnliches waren. Diese Daten bestätigen zudem, dass unter den Angehörigen der Nomenklatura viele Menschen mit Hochschulabschluss zu finden waren. Die Modernisierung im Rahmen eines Systems, das keine Konkurrenz im wirtschaftlichen Bereich und keinen Pluralismus in Politik und Gesellschaft erlaubte, stellte insofern keineswegs eine besondere Erfahrung der DDR samt ihrer Eliten dar. Trotzdem haben nach dem Zusammenbruch des Kommunismus modernisierte („statistisch gesehen“) Länder wie Russland, Bulgarien, Albanien, Belarus – um nur einige zu nennen – im Gegensatz zu den neuen Bundesländern keinen bemerkenswerten Demokratisierungserfolg erzielen können.

Aber auch jene Gesellschaften, die ähnlich der DDR durch die kommunistische Modernisierung grundlegend verändert worden sind, aber zugleich – anders als die DDR – noch in der kommunistischen Zeit eine nennenswerte politische Gegenelite zur Nomenklatura hervorbrachten (etwa Polen in den achtziger Jahren oder Litauen während der späten Perestrojka), erlebten nach dem Zusammenbruch des Kommunismus Probleme mit der Institutionalisierung („Konsolidierung“) der Demokratie. Sie konnten zwar früher als die DDR Gründungswahlen zum Parlament („founding elections“) durchführen. Doch ihre Demokratien weisen bis heute Schwächen etwa hinsichtlich der Effizienz des Staates und des Aufbaus von Parteiensystemen auf.

Weder diese Erscheinungen noch die von ihnen aufgeworfenen Fragen können analytisch erfasst werden, wenn von der absurden Position ausgegangen wird, dass die Demokratie „konsolidiert“ werden kann, noch bevor ihre Grundinstitutionen aufgebaut worden sind. In der Transformationsforschung wird nicht von ungefähr davor gewarnt, „founding elections“ für den Beweis der Demokratiefähigkeit zu halten. Alle in Betracht gezogenen Kriterien der Konsolidierung der politischen Systeme basieren auf der Annahme, dass Demokratie selbst dann nicht binnen einiger Monate nach dem Zusammenbruch des alten Regimes fest verankert werden kann, wenn die historischen und gesellschaftlichen Voraussetzungen für die Demokratisierung außergewöhnlich günstig sind.

Was schließlich die „liberalen“, auf den Vorstellungen von plebiszitärer Demokratie beruhenden Einstellungen der DDR-Eliten angeht, so belegen sie die demokratische Reife der ostdeutschen Eliten kaum. Die Utopieanhänglichkeit stellt statt dessen das Gegenteil von Reife dar. Insofern wirft die Unterschätzung der repräsentativen Demokratie innerhalb der ostdeutschen Eliten wieder die Frage auf, ob nicht der Elitenimport aus dem Westen der Republik die demokratische Institutionalisierung in den neuen Bundesländern stärkt.

Alles in allem: Die Institutionalisierung der Demokratie in Ostdeutschland geht offenbar in erster Linie auf die Spezifika des Wiedervereinigungsprozesses und nicht auf die Modernisierung während der kommunistischen Ära zurück. In diesem Zusammenhang ist ausdrücklich der Elitentransfer aus Westdeutschland zu nennen.

## Elitenloyalität, Elitenprofessionalität und Elitenrotation

Die den demokratischen Verfahrenskonsens akzeptierende Elite bzw. das von Eliten an den Tag gelegte „Ethos der Einheit in Vielfalt“[17] – mit diesen Kategorien wird in der Elitenforschung untersucht, ob die politische Elite des jeweiligen Landes zur Demokratisierung beiträgt oder nicht. Diese Perspektive setzt voraus, dass die Eliten ihre Einstellungen gegenüber und Erwartungen an die Politik ändern können. Die Träger und Profiteure des alten Systems müssen die Spielregeln des neuen Systems glaubwürdig akzeptieren und gewissenhaft anwenden können. Darin kommt die Loyalität gegenüber dem neuen System zum Ausdruck.

Nach dem Kommunismus ist die Loyalität der neuen-alten politischen Eliten bzw. alten-neuen Verwaltungseliten gegenüber dem neuen System einfacher zu erreichen als deren Professionalität. Dies unterscheidet den Elitenwandel in den postkommunistischen Ländern von jenen Konstellationen, die für die Elitenzirkulation nach dem Nationalsozialismus oder zu Beginn der Weimarer Republik typisch waren. Damals musste um die demokratische Loyalität der zutiefst antidemokratischen Eliten geworben bzw. gekämpft werden. Hätten die Eliten auch eine demokratische Gesinnung aufgewiesen, wären sie in der Weimarer Republik imstande gewesen, die rechtsstaatliche Demokratie zu stabilisieren. Die Besatzung und das erlebte Inferno des Zweiten Weltkrieges trugen entscheidend dazu bei, dass die westdeutschen Eliten nach dem Zweiten Weltkrieg dem Nationalsozialismus ihre Unterstützung entzogen und sich gegenüber der Demokratie loyal verhielten. Zugleich hat ein gutes Jahrzehnt des Nationalsozialismus offenbar die Professionalität der Verwaltungseliten nicht gänzlich zerstört. Dagegen zeichneten sich die kommunistischen Verwaltungen durch eine – vom Standpunkt der westlichen Bürokratien aus betrachtet – geradezu absolute Inkompetenz aus.

Dieses schonungslose Urteil kann aber ausschließlich vor dem Hintergrund des spezifischen Zusammenhangs des Elitenwandels im wiedervereinigten Deutschland ausgesprochen werden. Die DDR-Nomenklatura zählte zwar nicht zu den auf die Demokratie am besten vorbereiteten, doch brachte sie gewiss nicht die im Ostblock schlechtesten Voraussetzungen für den demokratischen Wandel mit. Trotzdem konnten es sich am Ende der kommunistischen Herrschaft ausschließlich die Deutschen leisten, die Kompetenz der DDR-Bürokratie nach jenen Standards zu messen, die für etablierte westliche Demokratien typisch sind.

Dieser spezifisch deutsche Zusammenhang des Umgangs mit dem Erbe der DDR-Eliten besteht einerseits in der Überführung Ostdeutschlands in die Staatsstrukturen der Bundesrepublik und andererseits im Vorhandensein des mit diesen Strukturen kompatiblen Ersatzreservoirs der Eliten. In den übrigen postkommunistischen Ländern konnte man es sich nicht leisten, die „geerbten“ Eliten in Kategorien der „politisierten Inkompetenz“ zu bewerten. Solch eine Bewertung hätte angesichts des Fehlens von Ersatzeliten

17 Higley, John/Lengyel, Gyorgy: Elite Configurations after State Socialism, in: Higley, John/Lengyel, Gyorgy (Hrsg.): Elites after State Socialism. Theories and Analysis, New York u. a. 2000, S. 1-21, S. 19.

und der Notwendigkeit, die bestehenden Strukturen des kommunistischen Parteistaates in einen westlichen Verfassungs- und Rechtsstaat umzuwandeln (und nicht einfach abzuschaffen) bedeutet, dass man von vornherein die Systemtransformation hätte aufgeben müssen. Vielmehr musste man auf das mitgebrachte „Fachwissen" der Nomenklatura setzen, wie unbefriedigend dies auch immer sein mochte. Die Option des Beitritts zu einem demokratischen Strukturgebilde wurde aus selbstverständlichen Gründen gar nicht in Betracht gezogen.

In diesem Sinne pflegte Stefan Kisielewski, ein mittlerweile verstorbener großer polnischer Publizist, noch in den achtziger Jahren seine Freunde aus dem antikommunistischen Widerstand provokativ zu fragen, wer denn den Kommunismus umbauen soll: Wisse es nicht doch derjenige am besten, der eine Uhr vorsätzlich zerstört hat, wie das Uhrwerk repariert werden kann?[18] Sicher ginge die Annahme zu weit, ausschließlich die Nomenklaturisten wären in der Lage, das sowjetsozialistische System professionell umzuwandeln. Darüber hinaus: Wenn sie tatsächlich über entsprechende Kenntnisse verfügten, dürfte man ihnen trotzdem nicht allein diese wichtige Aufgabe anvertrauen. Aber die entgegen gesetzte Prämisse, die besagt, dass nur der vollständige Elitenwechsel das Gelingen der Systemtransformation garantiert, stellt sich aus der Perspektive der allermeisten postkommunistischen Staaten ebenso falsch wie naiv dar.

Erst vor dem Hintergrund der unterschiedlichen Aufgaben, die vor den Eliten in den neuen Bundesländern und in den anderen postkommunistischen Staaten stehen, ist die bekannte These der Elitenforschung zu verstehen: Gelungene Demokratisierung erfordert eine Kombination des Elitenwandels und der Elitenkontinuität.[19] Zwar ist die Neigung verständlich anzunehmen, dass die hohe Elitenzirkulation der Elitenreproduktion vorzuziehen ist. Doch wenn man tatsächlich als Ergebnis der Transformation die rechtsstaatliche Demokratie (und nicht die abstrakte „Gerechtigkeit" oder die „Abrechnung mit den Profiteuren des alten Systems") haben will, muss man sich bei der Einschätzung der vollzogenen Elitenzirkulation den spezifischen Gegebenheiten und Möglichkeiten des jeweiligen Landes zuwenden.

Der Wandel der ostdeutschen Eliten erfolgte sowohl noch in der DDR als auch nach deren Beitritt zum Geltungsbereich des Grundgesetzes der Bundesrepublik. In der ersten Phase waren die Ähnlichkeiten mit der Elitenzirkulation in den anderen postkommunistischen Staaten verblüffend. In der Zeit der „Götterdämmerung" (dem Sturz der politischen Führung des kommunistischen Staates) konnte jeder Funktionär des alten Regimes der spontanen, für gewöhnlich unsystematischen „Säuberung" zum Opfer fallen. Zeitgleich wurden erstmals freie Parlamentswahlen abgehalten, die einen beinahe kompletten Abgeordnetenwechsel nach sich zogen. Ein erster Vergleich zwischen der Volkskammer, gewählt im März 1990, und dem polnischen Parlament, das im Juni 1989 gewählt worden war, verdeutlicht diese Ähnlichkeiten: Im frei (wenn auch noch nicht

18 Ähnlich gesehen von Solga, Heike: Der Elitenimport nach Ostdeutschland. Transformationstypen und Veränderungen in der Elitenrekrutierung„ in: Diewald, Martin/Meier, Karl Ulrich (Hrsg.): Zwischenbilanz der Wiedervereinigung. Strukturwandel und Mobilität im Transformationsprozess, Opladen 1996, S. 89-109, S. 91 f.

19 Hoffmann-Lange, Elite Transformation (wie Anm. 3), S. 142.

demokratisch) gewählten polnischen „Kontrakt-Sejm" der Jahre 1989-1991 konnten lediglich 9,1 Prozent der Abgeordneten auf eine Parlamentserfahrung zurückblicken.[20] In der ersten (und einzigen) frei gewählten Volkskammer waren es noch weniger: nur 3 Prozent. Diese Tendenz war für alle Gründungswahlen in Mitteleuropa typisch.[21]

In der zweiten Phase – nach der Wiedervereinigung – kam es in den neuen Bundesländern zu einem großen Elitentransfer aus der „Alt-Bundesrepublik". Der Import von Führungskräften aus den alten Bundesländern fand sowohl auf der Landes- als auch auf der Kommunalebene statt; in den Landesministerien waren es in erster Linie die Justizminister. Übrigens: die Ressentiments gegen den Elitenimport für den Justizbereich waren in Ost-Deutschland eher schwach. Insgesamt kamen von 52 Ministern der ostdeutschen Landesregierungen im Jahre 1991 14 aus dem Westen. Einen anderen akuten Mangelbereich stellten ostdeutsche Beamten und Richter dar. Bereits Ende März 1991 schätze der damalige Bundesinnenminister Schäuble, dass im Osten etwa 10.000 Beamte des Bundes und der Gemeinden (ohne Landespersonal) tätig waren.[22]

Mitte der neunziger Jahre konnte man bereits erste Bilanzen ziehen. Heike Solga stellte fest: „Nur 20 % des Führungspersonals der durch die Treuhand privatisierten Betriebe kommt aus Ostdeutschland. [...] In den Parteien finden sich nur wenige ostdeutsche Politiker in Spitzenfunktionen [...] Mit der Evaluierung des akademischen Personals wurde das in Ost-Deutschland zur Verfügung stehende Personal als Fachpersonal für Neubesetzungen drastisch reduziert. Von Neubesetzungen und der zusätzlichen Einrichtung von Lehrstühlen an den Universitäten und Hochschulen profitierten vor allem westdeutsche Wissenschaftler. Angeführt sei hier nur das [folgende] Beispiel [...]: Von den 38 Lehrstühlen „neuen Rechts" im Fach Soziologie, die Ende 1993 besetzt waren, kamen 33 Professoren aus Westdeutschland und nur 5 aus Ostdeutschland, wobei letztere alle nur auf eine C-3 Professur berufen wurden. [...] Gleiche Phänomene sind auch im administrativen Bereich zu finden. So kamen im Januar 1993 von der 258 Richtern an den Arbeitsgerichten 143 aus Westdeutschland und nur 72 aus Ostdeutschland, 43 waren so genannte Leihbeamte aus Westdeutschland."[23]

Es fällt auf, dass in dieser Aufzählung jene Elitensektoren genannt werden, die von erwähnten Kompetenzdefiziten am stärksten betroffen waren. Gerade angesichts dieser Defizite wird es aber am ostdeutschen Beispiel unübersehbar, welch eine entscheidende Bedeutung der fachliche Elitenimport für die ostdeutsche Systemtransformation hatte. Man kann im Nachhinein die Hypothese wagen, dass ausgerechnet der Elitenimport an „Schaltstellen der Macht" und in den durch den totalitären Staat besonders ausgemergelten Bereichen den Erfolg der Demokratisierung absicherte. Diese Absicherung machte es offenbar darüber hinaus möglich, den mit dem kommunistischen System nicht eng verbundenen Dilettanten Aufstiegschancen zu bieten, die gewiss nicht kleiner waren als jene in den „gewöhnlichen" Transformationsländern.

20 Wesolowski, Wlodzimierz: Partie: nieustanne klopoty, Warszawa 2000, S. 104.
21 Gergs/Hausmann/Pohlmann, Political and economic elites (wie Anm. 9), S. 222 f.
22 Vgl. dazu Derlien, Regimewechsel (wie Anm. 5), S. 54 ff.
23 Solga, Der Elitenimport nach Ostdeutschland (wie Anm. 18), S. 104.

Die die Ostdeutschen betreffenden Ergebnisse der so genannten „Potsdamer Eliten-Studie", in der die wichtigen Sektoren der gesamtdeutschen Eliten untersucht wurden (Politik, Business, Gewerkschaften, Staatsverwaltung, Medien, Kultur), zeigen, dass diese Chancen durchaus wahrgenommen worden waren. Zwar gaben Mitte der neunziger Jahre ganze 45 Prozent der Mitglieder der ostdeutschen Elite an, während der DDR-Zeit der SED oder den „Block-Parteien" angehört zu haben. Doch haben die allermeisten von ihnen ihr erstes Amt erst nach 1990 bekleidet.[24] Insofern scheint die Elitenzirkulation in den neuen Bundesländern größer ausgefallen zu sein als anderswo im Postkommunismus, selbst wenn man Vergleiche mit jenen postkommunistischen Ländern zieht, deren Nomenklatura-Erbe als nicht so schwerwiegend wie in der ehemaligen DDR angesehen wird.

Neuere Untersuchungen polnischer und ungarischer Eliten zeigen, dass in etwa die Hälfte der Nomenklatura-Eliten von 1988 im Jahre 1993 ihren Eliten-Status beibehalten konnte, wenngleich eine große Wanderung innerhalb der Eliten-Sektoren stattfand: vor allem hin zur Wirtschaft, wobei die Funktionäre des kommunistischen Parteiapparats und der „Kultur-Nomenklatura" von Top-Posten faktisch entfernt worden sind.[25] Zieht man zur Überprüfung zusätzlich Russland als ein Land heran, dessen negatives Nomenklatura-Erbe gleichermaßen stark wie in Ostdeutschland ins Gewicht fiel, wird deutlich, wie erfolgreich sich die neuen Bundesländer von der Last dieses Erbes befreit haben, geben doch manche Untersuchungen die Reproduktionsraten der russischen Nomenklatura mit 80 Prozent an.[26]

## Schlusswort

In den neuen Bundesländern ist man bekanntlich geneigt, den gewaltigen Elitenimport aus der „alten" Bundesrepublik in Kategorien der „Kolonisierung" zu betrachten. Wahrscheinlich hat die Übernahme der Schlüsselposten besonders in der ostdeutschen Verwaltung durch westdeutsche Beamte und Politiker zu einer weiteren Entmündigung der ostdeutschen Bürger beigetragen. Der Vergleich der Elitenreproduktion und der Elitenzirkulation in den neuen Bundesländern einerseits und in anderen postkommunistischen Staaten andererseits zeigt jedoch, dass offenbar ausgerechnet der Zustrom von kompetenten Eliten aus dem Westen die Aufstiegschancen für die durch das kommunistische System unbelasteten bzw. wenig belasteten Bürger eröffnete. Insofern sind die nachvollziehbaren Ressentiments gegenüber der Vormachtstellung der Westdeutschen im wiedervereinigten Deutschland als ein Preis dafür zu sehen, dass sich die ostdeutschen Eliten den Aufsteigern gegenüber aufgeschlossener gezeigt haben als die Eliten anderer postkommunistischer Gesellschaften.

---

24 Vgl. dazu Welzel, Elite Change (wie Anm. 10), S. 114 f.

25 Higley/Lengyel, Elite Configurations (wie Anm. 17), S. 10.

26 Szelényi, Iván/ Szelényi, Szonja: Circulation or reproduction of elites during the postcommunist transformation of Eastern Europe. Introduction, in: Special Issue of „Theory and Society" 24 (1995), S. 615-638, hier S. 623.

# Eliten. Fortschritt oder Stagnation – Blockieren Eliten notwendige politische Entscheidungen?

*Detlef Grieswelle*

Die Frage, ob die Eliten in der Bundesrepublik Deutschland eine wirkliche Auslese und gute Führung darstellen oder Spitzenkräfte sind, die den Herausforderungen der Gegenwart eher schlecht als recht gewachsen erscheinen, stellt sich heute in besonderem Maße, weil unser Gemeinwesen vor dem Hintergrund beachtlich gewachsener Aufgaben mehr denn je auf die Leistungen der Eliten, speziell im Feld der Politik, und ihre Beiträge zu grundlegenden Reformen angewiesen ist. Die Kluft, die sich in vielen Funktionsbereichen mit Elitebedarf zwischen Erwartung und Erfüllung auftut, wird heute angesichts gewachsener Anforderungen an Führungsqualität signifikant deutlich. Eliten werden zu Problemeliten, die zu Lösungen der großen Probleme wenig beisteuern und eher Beharrungstendenzen und Besitzstandsmentalitäten der Bevölkerung bestätigen oder gar verstärken, statt innovative Prozesse zu befördern.

Zur Klärung der aufgeworfenen Fragen[1] bedarf es zunächst einer kurzen begrifflichen Vorbemerkung. Eliten im weitesten Sinne sind jene Personen oder Gruppen, die aufgrund ihrer Qualifikation und ihres Leistungsbeitrags in Institutionen und Organisationen der Politik, Wirtschaft, Wissenschaft, Kultur oder eines anderen Bereichs hohe und höchste Stellungen einnehmen und entscheidend Einfluss in ihren Handlungsfeldern ausüben, entweder formell, auf der Basis von Positionsmacht, oder mehr informell, ohne genau definiertes Über- und Unterordnungsverhältnis. Der Begriff der Elite zielt hier auf Führungspersonen, die in der sachkompetenten Wahrnehmung von Funktionen von großer Wichtigkeit sind, in herausragender Weise Macht und Einfluss haben und von denen überdurchschnittliche Leistungen erwartet werden.

Eliten im engeren Sinne nehmen in umfassender Weise Einfluss und wirken an Entscheidungen gesamtgesellschaftlicher Tragweite mit, vor allem im Rahmen von Regierungen, Parteien, Arbeitgeberverbänden, Gewerkschaften, Kirchen und so fort. Wir schließen uns hier der klassischen Definition Dreitzels an: „Eine Elite bilden diejenigen Inhaber der Spitzenpositionen in einer Gruppe, Organisation oder Institution, die auf Grund einer sich wesentlich an dem (persönlichen) Leistungswissen orientierenden Auslese in diese Positionen gelangt sind, und die kraft ihrer Positions-Rolle die Macht oder

1 Wegweisende Literatur zum Thema: Dreitzel, Hans Peter: Elitebegriff und Sozialstruktur, Stuttgart 1962; Zapf, Wolfgang: Wandlungen der deutschen Elite, München 1965; Herzog, Dietrich: Politische Führungsgruppen, Darmstadt 1982; Glotz, Peter/Süssmuth, Rita/Seitz, Konrad: Die planlosen Eliten, München 1992; Beyme, Klaus v.: Die politische Klasse im Parteienstaat, Frankfurt am Main 1993; Hoffmann-Lange, Ursula: Eliten, Macht und Konflikt in der Bundesrepublik, Opladen 1992; Höfer, Max A.: Elite Panel, in: Capital 10 (1996), S. 175 – 182; Rudorf, Reginald: Kopflos. Die Vertreibung der Eliten, München 1996; Bürklin, Wilhelm/Rebenstorf, Hilke u. a.: Eliten in Deutschland. Rekrutierung und Integration, Opladen 1997; Greiffenhagen, Martin: Politische Legitimität in Deutschland, Gütersloh 1997; Papcke, Sven: Gesellschaft der Eliten: zur Reproduktion und Problematik sozialer Distanz, Münster 2001.

den Einfluss haben, über ihre Gruppenbelange hinaus zur Erhaltung oder Veränderung der Sozialstruktur und der sie tragenden Normen unmittelbar beizutragen."[2]

Die Definition der Eliten erfolgt vor dem Background der umfassenden Frage, warum Eliten nur wenig zur Auflösung des vielbeschworenen Problemstaus in Deutschland und zur Erneuerung unserer Gesellschaft beitragen und nur unzureichend innovative Werte, Ideen und Lösungskonzepte, vor allem in der Politik, gegenüber der öffentlichen und veröffentlichten Meinung vertreten. Die gesellschaftskritischen Schlagworte wie „Stagnation", „Reformstau", „Schlusslicht Deutschland", „Notwendigkeit von Strukturreformen" und „Abbau von Besitzständen" verweisen neben vielen anderen Faktoren auch auf die unabdingbare Aktivität von Eliten. Von der Beschaffenheit des Führungspersonals hängt die Zukunftsfähigkeit der ganzen Gesellschaft ab, Mittelmaß der Eliten kann nicht mehr einfach, im Stile Enzensbergers[3] – süffisant – ironisch hingenommen werden, sondern wird zum Problem, auf das in spektakulärer Weise vor Jahren der Ex-Bundespräsident Herzog hingewiesen hat.

Die Klage über den Stillstand in der Gesellschaft insgesamt, vor allem jedoch in der Politik, fand ihren markanten Ausdruck in der Rede Herzogs vom 26. April 1997: „Durch Deutschland muss ein Ruck gehen. Wir müssen Abschied nehmen von liebgewordenen Besitzständen. Alle müssen Opfer bringen."[4] Herzog beklagt den Verlust wirtschaftlicher Dynamik, die Erstarrung der Gesellschaft, eine unglaubliche mentale Depression. Es bestehe eine Tendenz, alles Bestehende erhalten zu wollen, koste es, was es wolle. Eine von Ängsten erfüllte Gesellschaft werde unfähig zu Reformen und damit zur Gestaltung der Zukunft. Veränderungen gingen nur mit quälender Langsamkeit voran, es fehle an Schwung zur Erneuerung, an Bereitschaft, Risiken einzugehen, eingefahrene Wege zu verlassen, Neues zu wagen. Es gebe kaum eine Anstrengung zur Reform, die nicht sofort als „Anschlag auf den Sozialstaat" unter Verdacht gerate. Mit Akribie zeichnet Herzog den Debattenstil nach, der in der Politik Entscheidungen verhindere, und fasst seine grundsätzlichen Überlegungen wie folgt zusammen: „In Zeiten existenzieller Herausforderung wird nur der gewinnen, der wirklich zu führen bereit ist, dem es um Überzeugung geht und nicht um politische, wirtschaftliche und mediale Macht – ihren Erhalt oder auch ihren Gewinn. [...] Unsere Eliten dürfen den notwendigen Reformen nicht hinterherlaufen, sie müssen an ihrer Spitze stehen! Ich meine, wir brauchen einen neuen Gesellschaftsvertrag zu Gunsten der Zukunft. Alle, wirklich alle Besitzstände müssen auf den Prüfstand, alle müssen sich bewegen. Wer nur etwas vom anderen fordert – je nach Standort von den Arbeitgebern, den Gewerkschaften, dem Staat, den Parteien, der Regierung, der Opposition –, der bewegt gar nichts".

Grundlegende Reformen zu entwickeln und zu ihrer Durchsetzung beizutragen, wird hier zu Recht als wesentliche Aufgabe der Eliten gesehen, und zwar nicht nur der politischen, sondern auch anderer Führungsgruppen in Verbänden, Wirtschaft, Gewerk-

2 Dreitzel, Elitebegriff (wie Anm. 1), S. 71.
3 Enzensberger, Hans Magnus: Mittelmaß und Wahn, Frankfurt am Main 1988.
4 Herzog, Roman: Aufbruch ins 21. Jahrhundert. Rede des Bundespräsidenten am 26. April, in: Bulletin des Presse- und Informationsamts der Bundesregierung 33 (1997), S. 353 – 357; siehe für Zitate S. 357 und S. 354.

schaften, Medien, Wissenschaft, Kirchen. Lösungen dürfen und können nicht nur von den politischen Eliten erwartet werden, ihre Chancen zur Innovation sind begrenzt. Die Fortentwicklung vor allem unserer wirtschaftlichen und sozialen Systeme ist ganz wesentlich auf die konzeptionellen Lösungsansätze sowie die Handlungsfähigkeit und -bereitschaft vieler Personen angewiesen. Qualifikation, Leistungsfähigkeit, Repräsentations- und Führungskraft, persönliches Ansehen sind Ressourcen der Eliten, um bei der Gestaltung grundlegend neuer Strukturen mitzuwirken. Eliten haben dabei insbesondere Verantwortung zu tragen für das Ganze in Staat und Gesellschaft. Die Beiträge der Eliten müssen hier immer stärker eingefordert werden, um die vielfältigen Herausforderungen zu bewältigen.

Einige Entwicklungstendenzen und daraus resultierende Aufgaben seien kurz genannt: Vereinigung beider Teile Deutschlands und insbesondere die Gestaltungsaufgabe der inneren Einheit mit den damit verbundenen Finanztransfers und deren Auswirkungen auf die staatlichen Haushalte und die der Träger der Sozialversicherung; Defizite im Bereich der Beschäftigung und anhaltend hohe Arbeitslosigkeit; Folgen für Einnahmen und Ausgaben in der sozialen Sicherung; internationale Herausforderungen in Folge der Globalisierung für die Wettbewerbsfähigkeit der Wirtschaft und den Standort Deutschland sowie die Bewahrung der Grundlagen unserer sozialen Sicherung; beträchtliche Zunahme der Staats-, Steuer- und Abgabenquote, der Sozialleistungsquote sowie der Beiträge in der gesetzlichen Sozialversicherung, Probleme der Finanzierbarkeit der sozialen Sicherungssysteme und Belastungen für Wirtschaftswachstum und Beschäftigung; beachtliche Zunahme der Verschuldung öffentlicher Haushalte von Bund, Ländern und Kommunen; Tendenzen zu mangelhafter Beweglichkeit unserer gesellschaftlichen Ordnung und geringer Nutzung von Flexibilitätschancen bei der Gestaltung unseres Gemeinwesens; veränderte Wertvorstellungen in unserer Gesellschaft, z. B. zu Geschlechterbeziehungen, Lebensformen wie Ehe und Familie, Bedeutung von Arbeit und anderen Lebensbereichen, Bindungsbereitschaft an Gemeinschaften und Institutionen, Selbstverwirklichungswünschen; Wandel sozialer Strukturen, z. B. von Lebensformen, Haushaltsgrößen, Einkommens- und Vermögensverteilung, Berufsgruppen und Bildungsabschlüssen, Wirtschaftssektoren und Erwerbsbiographien; Zunahme sogenannter atypischer Beschäftigungsformen mit beachtlichen Folgen für die Systeme sozialer Sicherung; zunehmende soziale Ausgrenzung und Randständigkeit von Gruppen der Bevölkerung, insbesondere unter Alleinerziehenden, Familien und Kindern; demographischer Wandel: Rückgang der Geburten, steigende Lebenserwartung, Verschiebungen im Altersaufbau der Bevölkerung, mit Auswirkungen z. B. auf Erwerbspersonenpotenzial, Kapitalbildung, Innovationsfähigkeit der Gesellschaft und Finanzierung der sozialen Sicherungssysteme.[5]

Der Bedarf an Führung und Orientierung im Sinne gesamtgesellschaftlicher Verantwortung ist in Zeiten vielfältigen Wandels, der fast alle Bereiche unserer Gesellschaft

5 Für soziale Wandlungstendenzen und Herausforderungen für eine langfristorientierte und nachhaltige Politik siehe Grieswelle, Detlef: Gerechtigkeit zwischen den Generationen. Solidarität, Langfristdenken, Nachhaltigkeit in der Wirtschafts- und Sozialpolitik, Paderborn u. a. 2002.

betrifft, enorm hoch; dennoch wird zu seiner Befriedigung wenig beigesteuert, vor allem durch die Eliten, die in besonderem Maße gefordert sind, weil von ihnen am ehesten Konzepte und Lösungen erwartet werden dürfen. Die Erörterung der Frage, warum unsere Eliten in Deutschland beachtliche Defizite zeigen in der Wahrnehmung von Verantwortung, verlangt die Diskussion verschiedener Faktoren: Die reichen von den klimatischen und institutionellen Voraussetzungen für die Elitebildung und dem Fehlen notwendiger Humanressourcen über Selektionsmechanismen bei der Auswahl von Eliten bis hin zu strukturellen Eigenheiten heutiger Führungsgruppen und ihren vorherrschenden Selbstverständnissen und Handlungslogiken. Zentrale Aufmerksamkeit erfordert die politische Führung im engeren Sinne, soweit strukturelle Probleme einerseits und Einstellungen sowie Motivationen andererseits Tendenzen der Blockade und mangelnde Innovationsbereitschaft bedingen.

Im Anschluss an die Diskreditierung von Führung und Elite im Nachkriegsdeutschland in Folge der Erfahrungen mit dem Nationalsozialismus, einer eher egalitär gestalteten und sich begreifenden Gesellschaft in der Aufbauphase, einer Radikalkritik der 68er an Leistungswerten und Elitebildung mit beträchtlichen Auswirkungen auf Selbstverständnisse in der Gesellschaft der Bundesrepublik Deutschland entwickelten sich Tendenzen zu einer starken Zurückhaltung, die Notwendigkeit von Eliten offen zu bekennen und ihre Herausbildung zu verlangen. Es fehlte weitgehend ein zur Elitenrekrutierung und -förderung erforderliches gesellschaftlich-politisches Klima, damit Leistung hohe Anerkennung erfahren konnte, Verantwortungs- und Risikobereitschaft betont und Eliten als conditio sine qua non begriffen wurden, um gesellschaftlichen und wirtschaftlichen Fortschritt zu erreichen. Die Bundesrepublik war als nivellierte Mittelstandsgesellschaft egalitärer als viele andere westliche Staaten, mit beachtlicher Kritik an sozialer Auslese. Vielfach wurde Demokratie als unvereinbar mit Elitenbildung angesehen, Forderungen richteten sich eher auf Ziele wie Mitbestimmung, sozialen Ausgleich und Chancengleichheit; entsprechend mangelte es und mangelt es bis heute an der Förderung herausragender Begabungen und spezifischer Institutionen und Maßnahmen zur Elitenbildung. Und Bildungsinstitutionen, speziell die Universitäten, sind kaum noch attraktiv für Spitzenkräfte aus dem Ausland, besondere Begabungen aus dem eigenen Land setzen sich vielfach ins Ausland ab.

Die Erziehungsinstitutionen in Deutschland müssten sich also der Idee der Elite mehr verpflichtet fühlen, um Begabung fördern zu können. Der Verzicht auf hohe Leistungsniveaus und die Nivellierung von Lehr- und Erziehungsinhalten behindern die Effizienz unseres Gemeinwesens, indem das für den gesellschaftlichen und wirtschaftlichen Fortschritt unabdingbare Führungspersonal nicht gewonnen wird. Die Einsicht in die Notwendigkeit von Eliten darf bezüglich der Gestaltung gesellschaftlicher Institutionen nicht folgenlos sein. Vor allem ist stärker als bisher auf Begabtenförderung in Schulen und spezifische Einrichtungen für die Ausbildung von Eliten zu setzen.

Dabei ist in solchen Eliteschulen auch auf eine Erziehung über die Vermittlung von speziellen Kenntnissen hinaus Wert zu legen; es ist z. B. nicht angebracht, dass die Universitäten sich in Deutschland auf fachspezifische Bildung konzentrieren und auf breites

Allgemeinwissen sowie erzieherische Aufgaben im weiteren Sinne fast vollständig verzichten. Das auch deshalb, weil in anderen Ländern die Lage oft ganz anders ausschaut. Neben der beruflichen Ausbildung sind eine breit angelegte Erziehung und die Vermittlung eines sozialen Habitus bei der Nachwuchspflege und der Reproduktion von Führungsschichten von nicht zu unterschätzender Bedeutung in Ländern Westeuropas und in Nordamerika. Bei der Auslese werden neben fachwissenschaftlichen Leistungen auch interdisziplinäre Fähigkeiten und charakterliche Qualitäten sowie bestimmte gesellschaftliche Haltungen berücksichtigt.

Der Verweis auf solche Bildungsmängel trägt auch zum besseren Verständnis dazu bei, warum Eliten in Deutschland sog. segmentierte oder segregierte Eliten darstellen. D. h., sie sind vor allem Experten in Teilbereichen der Gesellschaft, so in Wirtschaft, Wissenschaft, Kultur, Politik mit herausragenden fachspezifischen Kenntnissen und Handlungslogiken. Moderne Gesellschaft gewinnt ihre Stabilität zwar gerade auch durch den Verzicht auf allzu große Harmoniebestrebungen und durch die Integration der einzelnen und Gruppen in Teilidentitäten; hierin liegt aber auch eine gewisse Gefahr, dass es nur noch segmentierte Eliten gibt, die also in speziellen Gebieten wirken und Vorbild sind, aber keine darüber hinausgehende Ausstrahlungskraft besitzen. Ein allzu enger Begriff von Eliten als Experten für Fachbereiche und Vertreter spezifischer Interessen wird nicht den Bedürfnissen unserer Gesellschaft an Gemeinwohlorientierung und Gemeinsinn gerecht. Was Elite ausmachen sollte, ist vielmehr ihre Fähigkeit, in Systemen und Zusammenhängen zu denken und auf die Gestaltung gesamtgesellschaftlicher Ordnung Einfluss zu nehmen. Zur Wahrnehmung dieser übergreifenden, ganzheitlichen Verantwortung sind Führungspositionen in großen Organisationen von Vorteil, vor allem sind aber darüber hinaus umfassende sprachliche Fähigkeiten, argumentative Fertigkeiten und Überzeugungskraft gefordert. Wahrnehmung von Verantwortung, die sich nicht im engeren Feld des Fachlich-Funktionalen erschöpft, ist auf kommunikative Ressourcen im besonderen Maße angewiesen, vor allem bezüglich der Kooperation mit anderen Eliten. Und von nicht zu unterschätzender Bedeutung ist auch die Wahrnehmung einer Vorbildfunktion, beispielsweise durch hervorragende Eigenschaften, Haltungen und Tugenden, die dann nicht nur gelebt, sondern auch einer breiten Öffentlichkeit vermittelt werden müssen, um Anerkennung von Positionen, persönliche Reputation und Akzeptanz für Entscheidungen zu finden und geistige Führung ausüben zu können. Führung hat sich auf das ganze Spektrum „kulturellen Kapitals" zu beziehen: Breite Bildung und vielfältige Begabungen und Interessen, umfassende Verantwortung, soziales Engagement, Moral und geistige Haltungen, gesellschaftliche Einbindung durch Gemeinsinn, Glaubwürdigkeit und Vertrauen in einer räsonierenden Öffentlichkeit. Den Problemen, vor denen unsere Gesellschaft steht, wird ein Elitebegriff nach dem kleinsten gemeinsamen Nenner nicht gerecht.

Eine Elite hat sich insbesondere den schwierigen Gemeinschaftsaufgaben zu stellen und nicht nur Spezialistentum und Teilinteressen zu verfolgen. Die Politik darf mit den Herausforderungen, z. B. in Folge der Globalisierung, nicht alleingelassen werden, während Unternehmen die engen Interessen der Aktionäre verfolgen. Die Politiker bleiben dann auf ihren nationalen Problemen sitzen, ganz im Sinne von Jürgen E. Schrempp: „Ich habe mit Deutschland ja sowieso nicht viel am Hut."[6] Vor allem die ökonomische Elite der Unternehmer und Manager im „Big Business" der Großbetriebe läuft Gefahr, die Verpflichtungen für Staat und Gesellschaft aus dem Auge zu verlieren und einseitig auf den wirtschaftlichen Erfolg und „shareholder-values" zu setzen. Die Loyalitäten der ökonomischen „Superclass" sind zunehmend international statt national, regional oder lokal; die Masse der Menschen der eigenen Nation stellt immer weniger einen wichtigen Orientierungsrahmen dar, was langfristig zu Gefahren für den sozialen Zusammenhalt und die Demokratie führen kann. Eine Befragung deutscher TOP-Führungskräfte[7] durch das Institut für Demoskopie Allensbach führte zu einer eindeutigen Bewertung, dass die wirtschaftlichen Eliten ihre umfassende Führungsverantwortung kaum wahrnehmen. Vor allem mangelt es an einer produktiven Zusammenarbeit zwischen Politik und Wirtschaftsführern. Die Durchlässigkeit zwischen Wirtschaft und Politik ist gering, vor allem die Wirtschaft entzieht sich umfassender Verantwortung, wie die mangelnde Bereitschaft zeigt, Abgeordnetenmandate und Regierungspositionen einzunehmen. Die Allensbach-Untersuchung demonstriert, dass die Kommunikation untereinander zu wünschen übrig lässt. Es bereitet sicherlich kolossale Schwierigkeiten, eine Gesellschaft zu führen, wenn der Informationsaustausch in der Führungsebene mangelhaft ist. Auf einer Tagung des Bankenverbandes tadelte auch Altbundeskanzler Helmut Schmidt die wirtschaftliche Elite: „Ihr Einfluss auf die politische Klasse, mit der sie unzufrieden ist, lässt zu wünschen übrig. Man kann es als Abstinenz bezeichnen, oder auch als Feigheit."[8] Sich nur für die eigenen Interessen stark zu machen, das sei zu wenig. Der verbreiteten Resistenz der Politik gegenüber ökonomischer Rationalität muss jedenfalls begegnet werden.

In Deutschland gibt es vor allem keine relativ kohärente Klasse der Machtelite, beispielsweise aus Führern der Wirtschaft, des Militärs und der Politik, die sich auszeichnet durch ein ausgeprägtes Zusammengehörigkeitsgefühl, gemeinsame Interessen und Ideale, gleichartige Herkunft, ähnliche Bildungswege und Zugehörigkeiten zu gesellschaftlichen Vereinigungen und insbesondere durch einen intensiven Austausch von Führungspersonal, sondern eine pluralistische Elite, wo die Macht auf verschiedene Machtzentren verteilt ist und die Teileliten sich weitgehend in Schach halten, indem sie ihr Veto gegen wichtige politische Entscheidungen einlegen, die ihren Gruppeninteressen schaden könnten. In einem solchen pluralistischen System von Teileliten, die um Einfluss ringen, sind politische Reformen viel schwerer durchsetzbar als bei homogeneren Strukturen.

Den Mängeln im Verhalten der Eliten korrespondieren ihre Selbstverständnisse. Eliten fühlen sich zumeist als spezialisierte Führungsgruppen in einer Vielfalt von Eliten, ohne großen Zusammenhalt der verschiedenen Leistungsspitzen, sie verstehen sich vor

6 Höfer, Elite Panel (wie Anm. 1), S. 175.
7 Höfer, Elite Panel (wie Anm. 1), S. 176.
8 Höfer, Elite Panel (wie Anm. 1), S. 180.

allem als professionalisierte Funktionseliten. Ansonsten zeigen Eliten tendenziell wenig Elitebewusstsein, beträchtliche Skepsis gegenüber Machtausübung, wenig gemeinsames Ethos für die Repräsentation unseres Gemeinwesens. Alle diese Faktoren tragen dazu bei, dass die Gestaltungskraft der Eliten im Sinne gesellschaftlich übergreifender Entscheidungen schwindet und es insbesondere an notwendigen riskanten strukturellen Neuerungen mangelt.[9]

Der Fortschritt wird andererseits aber auch behindert durch starke Verflechtungen zwischen Eliten, z. B. zwischen Politik und Gewerkschaften, wie die Zusammensetzung des Bundestages zeigt, zwischen Politik und Ministerialbürokratie sowie zwischen dieser und speziellen Gruppeninteressen, so in Bereichen wie Arbeitsrecht und Gesundheit; die Politik gerät nicht selten in Bedrängnis, ja in Abhängigkeit, notwendige Innovationen werden blockiert durch mächtige Verbände, die insbesondere für die Sozial- und Arbeitsmarktpolitik ihre Vetostrukturen aufgebaut haben.

Die Aufgabe der Politik, Ideen und Interessen zu integrieren und auf dieser Basis Politik zu gestalten und Akzeptanz zu finden, ist durch zahlreiche Entwicklungen gefährdet. Weniger Wählerstimmen, wachsende Wahlenthaltungen, weniger Stammwähler, Stagnation oder gar Schrumpfen der Mitglieder und verbreitete Kritik und Parteienverdrossenheit signalisieren den Verlust an integrativer Kraft. Die Schwierigkeiten der Integration haben natürlich auch zu tun mit den großen Herausforderungen durch den deutschen Einigungsprozess und die verschiedenen Entwicklungstendenzen, vor allem im Bereich der Altersstruktur der Bevölkerung. Die Zeiten eines beachtlich wachsenden Wohlstands sind schon seit längerem vorbei, die Anspruchshaltungen großer Bevölkerungsteile jedoch weiterhin hoch. Die Erwartungen der Bürger sind in vielen Politikbereichen sogar gewachsen. Die Aporien der Integration haben natürlich auch mit dem Wertewandel in der Bevölkerung der Bundesrepublik Deutschland zu tun. Alte Milieus (kirchlich-religiöse, sozialdemokratisch-gewerkschaftliche) verloren an Bedeutung für die politische Orientierung. Es bildeten sich vielfältige Lebensstile mit sehr verschiedenen Einstellungen und Interessen der Menschen und zum Teil neuen Orientierungen heraus.

Die Führungsfähigkeit der Politik darf sich heute nicht mehr vor allem darin beweisen, dass die Wählerschaft in Zielgruppen aufgeschlüsselt und zahlreiche Einzelinteressen befriedigt werden. Die Verlockung, Konzessionen an Gruppenforderungen zu machen, ist zwar recht groß, weil diese gewährten gruppenspezifischen Vorteile von den Begünstigten deutlich wahrgenommen und häufig entsprechend stimmenwirksam belohnt werden, die Wohlfahrtsverluste zu Lasten der Allgemeinheit gehen und hier wenig Aufmerksamkeit und Widerspruch erfahren; eine solche Gefälligkeits- und Wunscherfüllungspolitik bedeutet langfristig wachsende Ansprüche der mannigfachen Interessengruppen, Überforderung von Staat und Wirtschaft, mangelnde Gesamtsicht der Probleme und unzureichende Erfüllung der Aufgaben des Gemeinwesens.

Die Gewinnung von Mehrheiten trotz der Vielfältigkeit der Interessen der Bevölkerung kann nur durch überzeugende Führungsqualität erfolgen, die Interessen im Zaum

9 Höfer, Elite Panel (wie Anm. 1), S. 182.

hält, indem nicht in Fragmenten gedacht wird, sondern in Konzepten, die auf das Ganze und langfristige Ziele ausgerichtet sind. Solche Orientierungen sind insbesondere dann erforderlich, wenn Parteien und Regierungen ihren Wählern etwas zumuten müssen, um Probleme wirksam zu lösen. Wurden über Jahre hinweg Gruppenwünsche befriedigt und Vorteile auch an jene am Wohlstand reichlich teilhabende Bevölkerungskreise eingeräumt, die dann alles Erreichte als ehernen Besitzstand absichern, sind bei den Reformen, die gewisse Einschränkungen bzw. nur den Verzicht auf Zuwächse bedingen, hohe ordnungspolitische Begründungsleistungen für den politischen Erfolg notwendig. Die Parteien mit ihren Integrationsschwierigkeiten und großen Empfindlichkeiten hinsichtlich möglicher Wählerverschiebungen glauben häufig, jedenfalls was die Führungspersonen angeht, der Bevölkerung nichts oder möglichst wenig zumuten zu dürfen, fürchten den geringsten Widerstand in der Gesellschaft und ergreifen nur unzulänglich die Initiative, wichtige Aufgaben in Angriff zu nehmen. Tun sie es, dann zumeist in Richtung eines gemeinsamen Minimums, der Pluralität der vertretenen Interessen bzw. einer breit gestreuten Verteilung der in der Regel bescheiden gehaltenen Lasten.

Die These von einem Orientierungsdefizit der Politik nimmt in den Medien breiten Raum ein, wie vor allem die Leitartikel überregionaler Tageszeitungen ausweisen. Eingefordert werden programmatische Angebote, überzeugende Gedanken, ideengeleitete Reformen, klare Linien, ordnungspolitisch konsequente Entwürfe, Verantwortung für zukünftige Generationen; die kritischen Termini sind Profillosigkeit, unscharfe Konturen, Armut an Gedanken, anspruchsloser Interessenpragmatismus, Populismus, programmatische Erschöpfung, wenig Orientierung in die Zukunft. Nach Auffassung dieser Kritiker fehlt es der Politik an übergreifenden Zielen, an Koordination und Zusammenschau, um Prioritäten zu setzen und programmatische Widersprüche zu eliminieren; Politik zerfällt in eine Summe von schwer nachvollziehbaren Einzelentscheidungen und Gruppenkompromissen. Die vielfältigen Interessen und Werte sind so kaum zu integrieren, und damit ist auch nicht der politischen Gestaltung und den Parteien sowie der Regierung Identität zu verleihen. Ohne solche Orientierung ist kaum die Motivation von Mitgliedern, Anhängern und Wählern, schon gar nicht in der Form begeisternden Engagements, zu erreichen.

Politische Führung wird so immer mehr zur Instanz für Kompromisse, zum Ausgleich von Interessen, die Gruppen in die politische Arena werfen; Politiker sind dann weniger Impulsgeber und Gestalter als Moderatoren der Interessen, wobei Mittel und Verfahren bisweilen wichtiger zu sein scheinen als die Qualität der Ergebnisse. Man sammelt die auseinanderstrebenden Interessen und bildet Kompromisse mit möglichst breiter Akzeptanz, anstatt die Interessen mit eigenen Ideen zu integrieren. Reformen scheitern oder geraten zu unzulänglichen Teillösungen, stellen keineswegs dauerhafte Strukturreformen dar.

Konrad Adam[10] betont mit Recht, die Aufgabe der Parteien, an der politischen Willensbildung mitzuwirken, beinhalte nicht, sich einfach an Wünschen und Absichten von

10 Adam, Konrad: Der Weg in die Knechtschaft, in: Frankfurter Allgemeine Zeitung vom 10. Mai 1997, S. I.

Wählermeinungen auszurichten, sondern selbst Probleme kenntlich und sie zu öffentlichen Themen zu machen, eigene Vorstellungen von Lösungen zu entwickeln, sie nach außen als die richtigen zu vertreten; Politik müsse vom Nachfrage- zum Angebotsdenken übergehen, also aktiv für eigene Vorstellungen bei anderen werben. Die Forderung deutlicher, langfristig angelegter und einigermaßen stabiler Grundrichtungen hat natürlich zu tun mit der Verbesserung der Glaubwürdigkeit von Politik; diese hängt wesentlich davon ab, inwieweit die Politik eine gewisse Konsistenz sowie Konstanz und so Transparenz und Berechenbarkeit auszeichnen und sie nicht allzu sehr Gruppeninteressen, kurzfristigen Zielen und Stimmungen nachgibt. Zusammengefasst gilt, mehr denn je muss politische Führung in staatsmännischer Verantwortung ihren Schwerpunkt finden, nicht in parteipolitischem Denken und parteipolitischem Machterhalt.

Politischen Eliten müssen dabei bessere Chancen eröffnet werden für Führungs- und Gestaltungsfähigkeit, und hier ist über ein breites Spektrum zur besseren Regierbarkeit der Bundesrepublik nachzudenken, auch über Verfassungskorrekturen. Der Immobilismus in der Politik resultiert ja auch aus zahlreichen Schwierigkeiten bezüglich rascher und problemlösender Entscheidungen. Bei uns sind politische Entscheidungen durch eine ganze Reihe von grundlegenden Strukturen, die auf Machtverteilung und Abstimmungsprozesse abzielen, erschwert, beispielsweise durch das Verhältniswahlrecht mit der Konsequenz kleiner Parteien und dem Zwang zur Koalitionsbildung, durch die große Bedeutung von Interessengruppen in einem sich als Konsensdemokratie verstehenden Gemeinwesen sowie durch den Föderalismus mit den starken Mitwirkungsrechten der Länder. Permanent wird in der Bundesrepublik Deutschland gewählt und die Wahrnehmung staatspolitischer Verantwortung erschwert. Nachzudenken ist vor allem über Wahlrechtsänderungen, eine Verlängerung der Legislaturperioden, eine Zusammenlegung von Wahlterminen, Veränderungen im föderalistischen System mit einer klareren Trennung der Kompetenzen und Verantwortlichkeiten. Führungsfähigkeit in der Politik und insbesondere das Interesse anderer Eliten für Politik erfordern produktives Nachdenken über grundlegende Systemschwierigkeiten und ihre Reduzierung. Fragen mangelhafter Steuerungsfähigkeit in der Politik müssen gelöst werden, um substanzielle Veränderungen zu ermöglichen und nicht nur pfadabhängige Reformschritte und „Stückwerksarbeit".

Restriktionen für politische Führungsqualität glaubt Peter Glotz[11] vor allem in grundlegenden Kommunikationsstörungen zu erkennen, die unser politisches System langsam, zäh und schwer beweglich machen. Erstens gibt es nach Glotz eine „Erfahrungsverdünnung" in den politischen Parteien durch Abschirmung der Binnenkommunikation vom Zeitgespräch der gesamten Gesellschaft. Nur „Zeitreiche", die über große Zeitbudgets verfügen, können sich der Parteiarbeit widmen und sich auf lange Fristen für den parteiinternen Aufstieg einstellen: „Das ist einer der Gründe, warum die politischen Parteien derzeit von unten her austrocknen". Der Zeitmangel ist häufig beruflich bedingt,

11 Glotz, Peter: Die politische Krise als Kommunikations-Krise, in: Aus Politik und Zeitgeschichte B 36/37 (1997), S. 3-5, hier S. 4 und 5.

bestimmte Berufe und soziale Schichten bleiben weitgehend ausgeschlossen: Freiberufler, Unternehmer, Manager, Spitzenbeamte oder andere Erwerbstätige in anspruchsvollen Berufen können nicht die Zeit und Energie aufbringen, um sich am Binnenleben einer Partei zu beteiligen. Folge der Selektionsprozesse ist, dass Lehrer, Angestellte der Kommunen, Beamte etc. dominieren und die lebensnahen und praktischen Erfahrungen der „Zeitarmen" nicht oder unzulänglich in Kommunikationsprozesse eingespeist werden. Die finanzielle Attraktivität von Mandaten und Ämtern für die „Zeitreichen" verstärkt den selektiven Trend: „Die Unfähigkeit der 'real existierenden' politischen Parteien, rasch auf neue Entwicklungen zu reagieren, liegt also in einer Verkapselung in ihrer Binnenkommunikation, die wiederum auf einer allzu engen Selektion ihrer Mitgliedschaft bzw. Aktivbürgerschaft beruht". Es ist außerdem für Kandidaten, die Führungspositionen übernehmen wollen, in der Regel wichtiger, innerparteilichen Gruppen zu gefallen als der Mehrheit der Bevölkerung, was zu einer weiteren beträchtlichen Kluft zwischen dem Zeitgespräch in den Parteien und dem in der Gesellschaft führt.

Um sich von den Wählern nicht allzu sehr zu entfernen, müssen sich nach der Auffassung von Glotz die Parteien auf andere Weise den Wählern nähern: durch den „Spitzenkandidaten, Helden, die Verkörperung". Zentrales Auswahlkriterium für Spitzenleute ist ihre Medien-, insbesondere Fernsehtauglichkeit, wobei die persönliche Ausstrahlung aufgrund von Merkmalen wie Aussehen, Charme, Pathos, Unterhaltsamkeit etc. entscheidend ist. Das Medium des Fernsehens stellt geradezu auf diese Qualitäten ab. Mit solchen Hauptdarstellern wird eine sachgerechte Politik häufig erschwert. Das gilt selbst für den Fall, dass die medienwirksamen Darsteller über Wissen und Sachkompetenz verfügen, weil sie Publicitygesichtspunkten allzuviel Bedeutung zumessen und „mit autoritären Kraftakten die demokratische Meinungsbildung ihrer Partei konterkarieren". Die dritte Kommunikationsstörung liegt nach Glotz in der Kommunikationsverweigerung politischer Parteien in Deutschland; die Diskurskultur ist von zahlreichen Tabus bestimmt. Glotz nennt als Beispiel die PDS, aber auch in wichtigeren Themenbereichen wie Nation, Zuwanderung, Ausländer, Bevölkerungspolitik, Lage im Osten Deutschlands sind viele solche Verweigerungen auszumachen.

Glotz deutet ein wesentliches Handicap an, das der Führungsauswahl in der Politik. Ein Ansatz, der Schwierigkeiten bei der zukünftigen Gestaltung des Gemeinwesens Herr zu werden, besteht ja in der Rekrutierung geeigneten politischen Personals. Gefordert sind seitens der politischen Eliten insbesondere die Fähigkeiten, in Zusammenhängen zu denken, die mannigfaltigen Interessen und Werte sinnvoll zu integrieren, wenn nötig, gegen den Strom zu schwimmen, Abstand zu halten zu partiellen Forderungen und kurzlebigen Stimmungen, Mut zu Neuerungen und die hierfür notwendige Durchsetzungs- und Begründungskraft zu haben. All dies setzt eine gewisse geistige und soziale Unabhängigkeit voraus. Besitzt diese Qualität in der Regel jener Typus von Berufspolitiker, der aus den Parteigliederungen der Schüler, Jugend und Studenten kommend, in jungen Jahren bereits Parteifunktionen übernimmt, in kommunale oder Länderpositionen einrückt und alsbald Berufspolitiker wird, der wenig Erfahrungen, z. B. berufliche, gesammelt hat und in hohem Maße von der Partei abhängig wird? Wer in den großen Parteien etwas werden will, hat sich in der Regel von unten nach oben hochzudienen; die „Ochsentour“ gilt als Befähigungsnachweis. Wer auf das Wohlwollen seiner Partei angewiesen ist, um sich und seine Familie ernähren zu können, bietet schlechte Voraussetzungen für kritisches und vor allem selbstkritisches Verhalten. Die stärkere Öffnung der Parteien für „Quereinsteiger“, gestandene Frauen und Männer, berufserfahren und unabhängig, wäre ein Ansatz, um die personellen Handlungsbedingungen für die Bewältigung der großen Zukunftsaufgaben zu verbessern. In der Personalauslese der Volksparteien haben sich Mechanismen entwickelt, welche den zur Anpassung an herrschende Gruppennormen neigenden Kandidaten bevorzugen, „Haussozialisation und Stallgeruch“ in den Vordergrund stellen, Berufs- und Lebenserfahrung, fachliche Kompetenz und differenzierte Weltsicht zweitrangig werden lassen gegenüber stereotypem Tendenz- und Interessendenken. Letzteres ist auch die große Gefahr bei „Quotierungen“, wenn also Kandidaten nach ihrer Zugehörigkeit zu gesellschaftlichen oder parteipolitischen Gruppierungen aufgestellt werden; natürlich haben Volksparteien auf die Repräsentation der mannigfaltigen Meinungen und Interessen zu achten, aber die Beachtung dieses Prinzips darf ja die wichtigeren Fähigkeiten und Fertigkeiten nicht an den Rand drängen. Besonders problematisch ist es, wenn die Zusammensetzung von Parlamenten und Regierungen in der Weise einseitig ist, dass bestimmte Gruppen überwiegen, z. B. solche, die sich innerhalb der Parteien zu allererst spezifischen Untergruppen („Seilschaften“) zurechnen, die sehr enge Interessen vertreten (Gewerkschaftsfunktionäre, Beamtenvertreter), die – wie die Lehrer – den Kontakt zur praktischen Lebenswelt verloren haben bzw. ihn nie hatten.

Weiterhin ist folgender Gesichtspunkt zu beachten: Der moderne demokratische Staat hat keine übergeordnete, zentrale Stellung mehr und an Möglichkeiten der Steuerung verloren. Die gesellschaftlichen Subsysteme folgen weitgehend eigenen Gesetzen und zeigen ein hohes Maß an Divergenzen qua spezifischer Rationalitäten, Relevanzen und Steuerungsmechanismen. Nichtsdestotrotz wird der Staat für vieles, ja für fast alles verantwortlich gemacht und durch diese legitimatorischen Zumutungen der Bevölkerung zunehmend überlastet. Selbst eine Abgabe von Verantwortung durch Entstaatlichungs- und Deregulierungsstrategien führt nicht zu einer entsprechenden Reduzierung staatlicher Legitimationserfordernisse. Der demokratische Parteienstaat hat sich in regelmäßigen Intervallen in Wahlen zu rechtfertigen, vor allem durch sozialstaatliche Leistungen, was schon kleinere und noch mehr größere Veränderungen erschwert und eine kurzfristige Orientierung der Politik befördert, anstatt wichtige Zukunftsprobleme aufzugreifen und präventiv zu lösen. Aber auch hinsichtlich der gegenwartsbezogenen Politik bestehen beachtliche Legitimationsprobleme, insbesondere bezüglich arbeitmarkt- und sozialpolitischer Gestaltung. „Über die wachsende Leistungsabhängigkeit moderner politischer Systeme gibt es keinen Zweifel.“[12] Die Bevölkerung der Bundesrepublik Deutschland, allerdings mehr im Osten als im Westen, weist der Wohlfahrt den ersten Rang unter den politischen Legitimationsfaktoren zu, entsprechend hängen poli-

12 Greiffenhagen, Politische Legitimität (wie Anm. 1), S. 310.

tische Erfolge ganz wesentlich von wohlfahrtsstaatlichen Bedingungen ab. „Der moderne Staat ist ‚Daseinsvorsorge-Staat' und wird es bleiben. Dabei hat Deutschland als das klassische Land der Traditionslosigkeit eine Vorreiterrolle eingenommen [...]. Alle politischen Kulturforscher sind sich einig darin, dass die rasche Demokratisierung Westdeutschlands nach dem Zweiten Weltkrieg zum nicht geringen Teil auf das sog. Wirtschaftswunder zurückzuführen ist."[13]

Gerät die hohe politische Unterstützungsfunktion des Wohlfahrtsstaates, die zum großen Teil aus der Bedeutung des Faktors soziale Sicherheit für die Lebenszufriedenheit zu erklären ist, in Gefahr, dann ist auch mit politischen Legitimationseinbrüchen zu rechnen. Der Stolz auf den Sozialstaat ist in Westdeutschland ständig gewachsen. Die Akzeptanz des Wohlfahrtsstaates ist „ungebrochen und erhöht sich in den Kernbereichen sozialstaatlicher Sicherung eher noch [...] Einschränkungen betreffen allenfalls einzelne Bereiche und insgesamt die Dimension 'Intensität' wohlfahrtsstaatlicher Leistungen, nicht aber Kernbereiche der 'Extensität' des Wohlfahrtsstaates, d. h. die Sicherung immer zahlreicherer Lebensbereiche",[14] das meint Greiffenhagen. In einer Phase der Notwendigkeit beachtlicher sozialstaatlicher Einschnitte verlieren die politischen Führungen eine ganz wichtige Basis ihrer Rechtfertigung, die sozio-ökonomische Legitimierung. Politische Legitimationsprobleme der Führungsgruppen erwachsen insbesondere auch aufgrund von Schwierigkeiten im Prozess des Zusammenwachsens beider Teile Deutschlands. Die Belastungen der Politik durch die Aufgabe der inneren Einheit erschweren eine zukunftsfähige Gestaltung des gesamten Gemeinwesens in hohem Maße.

Reformen sind ohne Bereitschaft zum Abbau zahlreicher Besitzstände nicht durchzuführen. Konsequenter Weise bedarf es vor dem Hintergrund ausgeprägten Besitzstandsdenkens geradezu einer Rhetorik des Besitzstandsabbaus, um mit guten Argumenten Reformen begründen und durchsetzen zu können.[15] Die Unbeweglichkeit der politischen Führung entspricht in hohem Maße der Besitzstandsmentalität und dem Beharrungswillen der Bürger. Das Bewusstsein, es könne nicht so weitergehen wie bisher und Reformen seien unabdingbar, ist zwar in der Öffentlichkeit weit verbreitet, aber wenn die Veränderungsvorschläge konkret werden und spezifische Interessen berühren, schrumpft die Innovationsbereitschaft beachtlich. Wenn es darum geht, ob einerseits Besitzstände gewahrt oder andererseits zugunsten künftigen Wohlstands in Frage gestellt werden sollen, votieren die Interessengruppen und Betroffenen zumeist für das Erstere. Steuer-, Renten-, Gesundheits- und Arbeitsmarktreformen demonstrieren, wie Politik, Verbände und Bürgergruppen die eigenen Interessen vor das am Gemeinwohl ausgerichtete Handeln stellen.

Glaubwürdiges Argumentieren und Akzeptanz von Reformen sind auch deshalb erschwert, weil das Vertrauen in die Politiker heute einen Tiefststand erreicht hat.

13 Greiffenhagen, Politische Legitimität (wie Anm. 1), S. 310.
14 Greiffenhagen, Politische Legitimität (wie Anm. 1), S. 173.
15 Vgl. für politische Rhetorik und Argumentationslehre: Grieswelle, Detlef: Politische Rhetorik. Macht der Rede, öffentliche Legitimation, Stiftung von Konsens, Wiesbaden 2000.

Beklagt werden in der Bevölkerung vor allem mangelhafte Kompetenz politischer Führung, Überversorgungen von Abgeordneten und Ministern, insbesondere was die Alterssicherung betrifft, übermäßige Parteienorientierung der Politiker, geringe Mitwirkungschancen von Bürgern, Wählern, Parteimitgliedern, moralische Defizite der Politiker. Hat die drastische Verschlechterung der Wertschätzung des politischen Personals noch nicht zu einer Glaubwürdigkeitskrise unserer demokratischen Ordnung geführt, so hat es doch die politische Klasse heute schwer, meinungsbildend Einfluss zu nehmen und für politische Programme Akzeptanz zu finden. Das hat wesentlich damit zu tun, dass sich nicht nur bei intellektuellen Kritikern der Eindruck verstärkt hat, die Politik sei machtbesessen auf Wahlerfolge aus, aber machtvergessen bei der Wahrnehmung inhaltlicher und konzeptioneller Führungsaufgaben.

Wenn Reputation nicht mehr oder nur begrenzt als Medium eingesetzt werden kann, um für Innovationen und damit verbundene Zumutungen an die Bevölkerung Akzeptanz zu finden, dann sind die Thematisierung anstehender gesellschaftspolitischer Probleme und noch mehr deren Lösung gefährdet. Die geringe Glaubwürdigkeit der politischen Klasse in der Meinung der Bürger macht es besonders schwer, die Bevölkerung auf neue Wege zu führen. So formen die Politiker dann weniger die Bevölkerungspräferenzen, als dass sie den Einstellungen ihrer Wähler entsprechen. Politiker verhalten sich vor allem um so responsiver, je näher der Wahltermin rückt. Weiterhin wissen sich die Politiker häufig mehr den ideologischen und materialen Zielen ihrer Partei verpflichtet als der Aufgabe, für notwendigen gesellschaftlichen Wandel auch die erforderlichen Veränderungen des politischen Bewusstseins der Bevölkerung herbeizuführen. Neben der hohen Responsivität auf Wähler und Parteimitglieder bleibt dann bisweilen nur jener Modus von Politik, durch symbolische Handlungen den Bürgern ein Gefühl zu vermitteln, repräsentiert zu werden.

Zentrale Aufgabe der Eliten muss es sein, die Auffassung zu bekämpfen, als handele es sich bei den Herausforderungen in Deutschland vor allem um vorübergehende Konjunkturkrisen und nicht um tieferliegende Strukturprobleme, die langfristige Zielorientierung, neue Prioritäten, grundsätzlich andere Weichenstellungen, innovative und kalkulierbare Rahmenbedingungen und entsprechende Entscheidungen erfordern. Die Wahrheit darf nicht verschwiegen werden, dass wir drei Jahrzehnte über unsere Verhältnisse gelebt haben und tiefe Einschnitte in unsere wohlfahrtsstaatliche Sicherung notwendig sind. Die Übel erst dann ernsthaft zu bekämpfen, wenn der Problemdruck so groß ist, dass eine Notlage vorliegt, kann für das verantwortliche politische System und sogar für unsere demokratische Ordnung höchst gefährlich werden.

# III. Funktionseliten in der modernen Wissensgesellschaft

# Entscheidungslabyrinthe in der Wissens- und Industriegesellschaft

*Axel Görlitz/Oliver Sigrist*

## Moderne Herausforderungen der Völkergemeinschaft

Gesellschaftssysteme lassen sich idealtypisch nach der vorherrschenden Produktivkraft kennzeichnen. So gründete sich die Produktion gesellschaftlichen Wohlstands, von der Produktivkraft Arbeit jeweils abgesehen, in der Agrargesellschaft bis zum 19. Jahrhundert auf Grund und Boden, in der Industriegesellschaft des 20. Jahrhunderts auf Kapital, und gründet sich die Produktion in der Wissensgesellschaft des ausgehenden 20. und beginnenden 21. Jahrhunderts auf Wissen. Realtypisch handelt es sich bei der gegenwärtigen bundesrepublikanischen Gesellschaft um eine Wissens- und Industriegesellschaft, weil Kapital und Wissen Bedingungen gesellschaftlichen Wohlstands sind.

Diese Kennzeichnung impliziert eine politische Organisation, die dem Wandel der Produktivkräfte, nicht zuletzt auch der Produktivkraft Arbeit, ebenso Rechnung trägt wie dem Wandel gesellschaftlicher Teilsysteme, neben Wirtschaft etwa Umwelt oder Technik. Dazu müsste sich diese Organisation ebenfalls wandeln, weil anderenfalls politische Organisationsstruktur und gesellschaftlich-institutionelles Arrangement auseinanderdriften. Den gesellschaftlichen Wandel charakterisieren beispielsweise der Umbau von Werten, Sozialbeziehungen, Technologien, Arbeitswelten usw. Demgegenüber blieb die politische Organisationsstruktur, die Mitte des 20. Jahrhunderts eingeführt wurde, im Wesentlichen unverändert. Indizien dafür, dass politische Organisationsstruktur und gesellschaftliches Arrangement auseinanderdriften, sind beispielsweise die bis zur Untragbarkeit anwachsenden politischen Folgekosten für soziale Disprivilegierung und Deprivation, etwa wegen Arbeitslosigkeit, Krankheit oder Altersarmut. Als Grund für solches Auseinanderdriften wird das Unvermögen politischer Eliten angeführt, die politische Organisation innovativ so umzustrukturieren, dass die Folgekosten längerfristig auf ein tragbares Maß zurückgesteuert werden könnten.

Nach gängigem Politikverständnis greift das politische System Anforderungen aus anderen gesellschaftlichen Subsystemen auf und reagiert darauf mit allgemein verbindlichen Entscheidungen. Versteht man gesellschaftlich folgenreiche, von gewohnten Schemata abweichende Regelungen von Tätigkeiten und Prozessen als soziale Innovation, kann man weiter mit der Enquete-Kommission „Schutz des Menschen und der Umwelt" technische, soziale, wirtschaftliche und institutionelle Innovationen unterscheiden.[1] Institutionelle Innovationen zielen dann auf Veränderungen im Staatswesen ab, wofür synonym der Begriff „Reform" verwendet wird.[2] Politischen Eliten sind damit

1 Vgl. dazu Deutscher Bundestag (Hrsg.): Abschlussbericht der Enquete-Kommision „Schutz des Menschen und der Umwelt", Bonn 1998.

2 Gillwald, Katrin: Konzepte sozialer Innovation, WZB-discussion-papers der Querschnittsgruppe „Arbeit & Ökologie", Berlin 2000, S. 6 (Online-Version: http://skylla.wz-berlin.de/pdf/2000/p00-519.pdf, Stand vom 01. 11. 2003).

Entscheidungen angesonnen, die organisatorische, strukturelle und prozedurale Anpassungen an „neue" Herausforderungen nach sich ziehen.

Solche Entscheidungen sind von den Eliten in allen Staatsgewalten gefordert. So hat man an die Bundes- und vor allem die Bundesverfassungsrichter ebenso große Erwartungen wie an die Verwaltungsspitzen. Die größte Erwartung richtet sich allerdings an die Legislative. Vor allem hier müssten die allgemein verbindlichen Innovationsentscheidungen, die eben auch für die anderen Gewalten verbindlich und bindend sind, getroffen werden. Der gegenwärtig institutionalisierte Entscheidungsprozess könnte allerdings solchen Entscheidungen eher entgegenstehen.

## Politikverflechtung

Dieser Ablauf ist so organisiert, dass der politische Willensbildungsprozess das institutionelle Arrangement einzelner Gebietskörperschaften überschreitet und die Akteure in ein Mehrebenensystem aus horizontal wie vertikal verorteten Körperschaften einbindet. Die Willensbildungsverschränkung von und zwischen Kommunen, Ländern und Bund hat Fritz. W. Scharpf als Politikverflechtung bezeichnet.[3] Deshalb griffe man auch zu kurz, wollte man unter diese Begrifflichkeit nur den bundesstaatlichen Gesetzgebungsprozess mit einem Fokus auf die Funktion des Bundesrates als Vertretung der Länderinteressen subsumieren. Eben sowenig genügt „nur" ein Blick auf die verfassten Arrangements, vielmehr macht es Sinn, zwischen formeller und materieller Politikverflechtung zu trennen.

*Formelle Politikverflechtung* ist dann anzunehmen, wenn explizit die Beteiligung von zwei oder mehr Gebietskörperschaften an der Entscheidungsfindung vorgesehen ist, etwa die Beteiligung der Länder an der Bundesgesetzgebung oder der Nationalstaaten an der EU-Richtliniensetzung. Hier kann davon ausgegangen werden, dass sich die Entscheidungsträger der Reichweite eines „Einigungszwanges" bewusst sind und rechtlich fixierte Arenen bestehen, in denen die Entscheidungsfindung stattfindet. Eine Exit-Option für die Entscheidungsbeteiligten gibt es hier regelmäßig nicht.

Von *materieller Politikverflechtung* kann man dann sprechen, wenn die „Outcomes" der politischen Entscheidung benachbarte oder übergeordneten Ebenen treffen, jedoch von den Akteuren der mittelbar betroffenen Ebenen nicht ohne weiteres beeinflusst werden können. So entfalten z. B. wegen des – im Maastrichter Vertrag beschlossenen – Wachstums- und Stabilitätspaktes die Kreditaufnahmen von Kommunen und Ländern mittelbare Wirkungen für den Bund, da sich die vereinbarte Neuverschuldungsgrenze aus der Kreditsumme aller von Gebietskörperschaften gemachten Schulden errechnet. Weil keine offizielle Politikarena zur Abarbeitung solcher nichtintendierter Effekte zur Verfügung steht, knüpfen die Akteure häufig eigene Kommunikationsnetzwerke, um gebietsübergreifende Wirkungen der Entscheidungen von

3 Vgl. dazu Scharpf, Fritz W./Reissert, Bernd/Schnabel, Fritz: Politikverflechtung. Theorie und Empirie des kooperativen Föderalismus in der Bundesrepublik, Kronberg/Ts. 1976.

Gebietskörperschaften ohne die Restriktionen, die ein „Zwangsverhandlungssystem" auferlegt, abzufangen.

Formelle wie materielle Politikverflechtung setzen damit auf Kooperation als Willensbildungsprinzip. Im ersten Fall figuriert ein verfassungsmäßiges Regelwerk, im zweiten Fall ein informelles Netzwerk das kooperative Entscheidungssystem. Die Frage ist, wie sich dieses Entscheidungssystem auf die Entscheidungsfindung auswirkt. Ob es sich auswirkt, ist dagegen keine Frage; der Neo-Institutionalist Arend Lijphart[4] hat überzeugend demonstriert, dass die Art der Konfliktregelung in einer Konsensdemokratie als institutionelles Arrangement staatlichen Handelns die politische Entscheidungsfindung mitbestimmt. Dieses Arrangement muss deshalb näher betrachtet werden.

**Kooperativer Bundesstaat**

Föderative Staaten wie die Bundesrepublik ordnet Lijphart[5] dem Demokratietyp „Verhandlungsdemokratie" zu, weil auf vielen Politikfeldern Einspruchsmöglichkeiten bzw. Zustimmungserfordernisse eine Kooperation zwischen Bund und Ländern nach sich ziehen. Zwar gilt im Bundestag wie im Bundrat das Mehrheitsprinzip, aber ebenso gilt, dass ohne die jeweils andere Institution keine verbindliche Entscheidung zu Stande kommen kann.

Die Verfassung der Bundesrepublik Deutschland verquickt zudem das föderative System mit einer parlamentarischen Demokratie. Im föderalen Bundesstaat kooperieren deshalb dieselben Parteien, die in der parlamentarischen Demokratie um die politische Willensbildung konkurrieren, auf unterschiedlichen Ebenen des Entscheidungsprozesses. Das hat einen positiven und einen negativen Aspekt.[6] Positiv ist, dass die Parteien eine Arena eröffnen, in der „Konflikte zwischen Bund und Ländern im Vorfeld der offiziellen Verfahren ausgetragen werden können". Negativ wirkt, dass die Kooperation zwischen Bund und Ländern durch die Konkurrenz zwischen den Parteien behindert wird.

Die Parteibindung schlägt auch auf die einzelnen Akteure dieser Kooperationsprozedur durch. Zur Kennzeichnung unterschiedlicher Akteurskompetenzen unterscheidet Scharpf „Generalisten" von „Spezialisten".[7] Spezialisten sind Personal von Fachverwaltungen, das tendenziell sektorale Interessen vertritt und sich an fachlichen Normen orientiert. Generalisten sind Regierungsmitglieder oder politische Beamte, die zwar auch das Interesse ihrer jeweiligen Gebietskörperschaft berücksichtigen, aber in parlamentarischen Regierungssystemen Parteiinteressen eine bedeutende Rolle zuweisen, weil sie auf das Vertrauen ihrer Partei angewiesen sind. Politikverflechtung kann dann zur Verflech-

4 Lijphart, Arend: Patterns of Democracy. Government Forms and Performance in Thirty-Six Countries, New Haven/London 1999.

5 Lijphart, Patterns of Democracy (wie Anm. 5), S. 243 ff.

6 Benz, Arthur: Reformpromotoren oder Reformblockierer? Die Rolle der Parteien im Bundesstaat, in: Aus Politik und Zeitgeschichte, B 29-30, Bonn 2003, S. 32-38, hier S. 33 f. Dort auch das folgende Zitat.

7 Scharpf/Reissert/Schnabel, Politikverflechtung (wie Anm. 3), S. 273.

tungsfalle werden, wenn sich Ländervertreter – in der Regel Generalisten – bei Abstimmungen im Bundesrat nicht an den spezifischen Belangen ihrer Länder, sondern vorrangig am Interesse ihrer Parteien orientieren. Herrschen in Bundestag und Bundesrat unterschiedliche Mehrheitsverhältnisse, kann von der Bundesratsmehrheit wegen der Zustimmungsbedürftigkeit vieler Gesetze der Gesetzgebungsprozess blockiert werden. Roland Lhotta weist in diesem Zusammenhang darauf hin, dass „Regieren in den Vordergrund rückt und als Grundvoraussetzung für Reformfähigkeit gehandelt wird – mit erkennbaren Folgen für die Positionierung des Bundesrates zwischen Kontrolle und Mitregierung".[8] Wegen der großen Zahl (mehr als 60 Prozent) von Gesetzen, die der Zustimmung des Bundesrats bedürfen, wird der Bundesrat faktisch zu einer „zweiten Kammer" und der Vermittlungsausschuss zu einer Nebenregierung. Der daraus resultierende Zwang zur Konsensbildung verschafft den politischen Akteuren auf Bundes- und Länderebene Vetopositionen. Der Rolle des „Veto-Players" immanent ist ein Anstieg von Entscheidungskosten und eine „Verwässerung" der Gesetzgebung.[9] Der Einigungszwang zwischen Bundestag und Bundesrat setzt den Bundesrat in die Lage, das Zustandekommen von Gesetzen zu verhindern wie beispielsweise 1997 im Falle der von der Regierung Kohl eingebrachten Steuerreform.

Blockade ist nicht die einzige strategische Option, über die ein von der Oppositionsmehrheit dominierter Bundesrat verfügt. Aus der Tatsache, dass der Bundesrat kontinuierlich mit Gesetzentwürfen des Bundestages befasst ist, erwächst die Möglichkeit, im Vermittlungsausschuss zu einer „Einigung über Zeit" oder einer „Einigung über Themen" zu kommen. Bei der „Einigung über Zeit" vertrauen die Akteure darauf, dass bei einer späteren Abstimmung näher an ihrem Interessensschwerpunkt entschieden wird, weil der aktuell erzielbare Kompromiss eher die Interessen der Gegenpartei berücksichtigt, während unter einer „Einigung über Themen" die Verknüpfung an sich unterschiedlicher und unabhängiger Politikbereiche in einer Entscheidungsrunde verstanden wird. Geht man von rational handelnden Individuen aus und setzt dabei voraus, dass der erzielbare Nutzen für Individuen Reflexionsgrundlage des Handelns ist, dann können solche Einigungen als „suboptimal" bezeichnet werden. Nur selten sind nämlich Kompromisse ausschließlich sachbezogene Einigungen und verursachen deshalb nichtintendierte Kosten.

Weder die kompromisstypische Verknüpfung unterschiedlicher Problembereiche noch die Rücksicht auf Parteiinteressen lassen erwarten, dass der ausgehandelte Kompromiss die dem Problem angemessenste Sachlösung ist. Das Ergebnis solcher Entscheidungsfindungsverfahren wird deshalb häufig als „fauler" Kompromiss qualifiziert, dem die Betroffenen zustimmen, um eine bestehende Machtbalance aufrechtzuerhalten. Die Partei, welche die größeren Zugeständnisse gemacht hat, kann die ausgehandelte Lösung bei nächster Gelegenheit in Frage stellen, um sich in einer neuen Entscheidungsrunde in

8 Lhotta, Roland: Zwischen Kontrolle und Mitregierung. Der Bundesrat als Oppositionskammer?, in: Aus Politik und Zeitgeschichte, B 43, Bonn 2003, S. 16-22, hier S. 16.

9 Tsebelis, George: Decisionmaking in political systems: Veto players in presidentialism, parliamentarism, multicameralism and multipartyism, in: British Journal of Political Science 25 (1995), S. 289-325, hier S. 310.

eine strategisch bessere Position zu bringen. Gerhard Lehmbruch charakterisiert das Problem, das sich durch den Parteienwettbewerb im Bundesrat bei gegensätzlichen Mehrheiten in den Kammern manifestiert, als Effektivitätslücke des Regierens.[10] Andererseits erschweren es sowohl finanzielle Abhängigkeiten armer Länder vom Bund als auch aus unterschiedlichen Parteien zusammengesetzte Regierungskoalitionen in den Ländern, den Bundesrat für parteipolitische Interessen zu instrumentalisieren.[11]

Jedoch werden sogenannte Nebenwahlen – Kommunal- und Landtagswahlen, die von den Wählern als zweitrangig eingeschätzt werden – dazu genutzt, Unzufriedenheit mit der Politik der Bundesregierung zu dokumentieren und seit 1994 häufig der jeweiligen großen Oppositionspartei im Bund zur Regierungsmehrheit in den Ländern zu verhelfen. Profitierte in den 90er Jahren die SPD in den Ländern, so konnte die CDU nach dem Regierungswechsel 1998 ihre Position in den Landtagen deutlich verbessern und dort wiederholt der SPD die Oppositionsrolle zuweisen. Da in Deutschland rein rechnerisch pro Jahr vier Landtagswahlen stattfinden, registriert jede Bundesregierung im Laufe einer Legislaturperiode immer wieder Unterstützungsentzug durch die Wähler, der gleichbedeutend mit einem Unterstützungszuwachs für die jeweilige Bundesoppositionspartei in den Ländern ist. Unterstützungsentzug wie -zuwachs beeinflussen als ein in parlamentarischen Demokratien zentrales Entscheidungskalkül die politische Entscheidungsfindung in den Kammern.

## Parteienwettbewerb

Ein typisches Produkt der deutschen Bundestags-, aber auch der Landtagswahlen sind Koalitionsregierungen. Verhältniswahlrecht und Fünfprozentklausel machen in Deutschland eine Mehrheit unwahrscheinlich, die es ermöglicht, ohne Koalitionspartner zu regieren. Eine Konsequenz ist, dass bereits in Koalitionsverhandlungen Kompromisse über die zukünftige Regierungspolitik geschlossen werden. Das Standardformat ist die „kleine Koalition" aus Kanzlerpartei und Juniorpartner. Obwohl der „großen Koalition" beträchtlichere Problemlösungs- und Innovationskompetenz zugetraut wird und Reformvorhaben deshalb auf eine breitere Unterstützung zählen könnten, gibt es für die großen Parteien gute Gründe gegen ein Zusammengehen.

So wird angenommen, dass große Koalitionen radikalen (Protest-)Parteien Wähler zutreiben, weil sich zahlreiche Wähler durch die Einbindung der Volksparteien in die Regierung nicht länger repräsentiert fühlen. Obwohl es als Leistung der Volksparteien angesehen wird, uneinheitliche Wählerschichten zu integrieren, besteht Gefahr, dass sich ein Teil der Wähler desintegriert fühlt. Kleine Parteien wie FDP, Bündnis90/Die Grünen und PDS müssen – verglichen mit den Volksparteien CSU/CSU und SPD – nur die spezifischen Interessen ihrer eigenen, meist homogeneren Klientel berücksichtigen. Hinzu

10 Gerhard Lehmbruch: Parteienwettbewerb im Bundesstaat. Regelsysteme und Spannungslagen im Institutionengefüge der Bundesrepublik Deutschland. 2., erw. Aufl., Opladen 1998, hier S. 179.

11 Helms, Ludger: Deutschlands „semisouveräner Staat" Kontinuität und Wandel parlamentarischer Regierung in der Bundesrepublik, in: Aus Politik und Zeitgeschichte, B 43, Bonn 2003, S. 3-8, hier S. 6.

kommt, dass Koalitionsregierungen bloß dann gebildet werden, wenn eine einzelne Partei keine Parlamentsmehrheit erreicht, die zur Regierungsbildung ausreicht. Nutzen maximierende Akteure gehen diejenige Koalition ein, die ihnen den größten Gewinn bringt. Gewinnerwartungen definieren sich als „Policy-Seeking", also der Chance zur Verwirklichung des eigenen politischen Programms, und als „Office-Seeking", d. h. der Chance auf möglichst viele Regierungsämter. Große Koalitionen nötigen deshalb einmal zum Abgleich unterschiedlicher Programme und weiter zur Ämtervermehrung. Hinzu kommt, dass der „Juniorpartner" in großen Koalitionen zur konfliktträchtigen Profilierung gegen die Kanzlerpartei neigt oder mittelfristig eine kleine Koalition anstrebt. Koalitionsregierungen verhalten sich also in der Regel eher restaurativ, sei es, weil Zugeständnisse an den Koalitionär den gemeinsamen Nenner verkleinern, sei es, weil Konflikte zwischen den Koalitionären den Status quo zementieren.

Ohne die „Volksparteien" SPD und CDU/CSU sind hierzulande im Allgemeinen keine Reformen möglich. Beide Parteien stehen vor dem Dilemma, die Erwartungen ihrer jeweiligen breiten und heterogenen Wählerschaft befriedigen zu müssen und gleichzeitig Stimmverluste zu vermeiden. Siegfried Franke bewertet den Parteienwettbewerb mit dem Konzept der „Verlustfunktion".[12] Demnach manifestiert sich Machtgebrauch trotz aller Versuche, die Forderungen unterschiedlicher Wählerschichten zu erfüllen, für viele Wähler als Links- oder Rechtsdrift. Deshalb entziehen diese Wähler bei der nächsten Wahl häufig „ihrer" Partei zugunsten der anderen Volkspartei die Stimme und vergrößern die Wechselwählerschaft.

Auf der Agenda der Volksparteien finden sich deswegen Anliegen, „denen eine hohe Wählerbeweglichkeit anhaftet. Die damit verbundenen Interessen können durchaus mit dem langfristigen Interesse an einer effizienten Umgestaltung bestehender gesellschaftlicher Regelsysteme, also mit notwendigen Wirtschaft- und Sozialreformen einhergehen. Der Regelfall ist dies aber nicht."[13] Regelfall ist vielmehr die Besitzstandswahrung, die den Volksparteien eher ein „Durchwursteln" als ein Umsteuern angeraten sein lässt.

Wählerwechsel wird nicht nur durch Identifikationsdefizite, sondern auch durch ökonomische Nutzenkalküle begünstigt.[14] Wähler taxieren zwischen und vor Wahlen die Einkommenswirksamkeit politischer Entscheidungen. Für die Beurteilung der Leistungsfähigkeit von Parteien spielt also die wirtschaftliche Performanz eine gewichtige Rolle. Wähler favorisieren Parteien, die allgemeine Prosperität erwarten, und lehnen Parteien ab, die dabei Kollisionen mit ihren individuellen Interessen befürchten lassen. Da gesamtwirtschaftliche Umsteuerung häufig einzelwirtschaftliche Einkommen mindert, bedrohen Reformvorhaben, die Wählergruppen als für sich nachteilig bewerten, mit Unterstützungsentzug. Entziehen die Wähler aus wirtschaftlichen

12 Franke, Siegfried F.: Wählerwille und Wirtschaftsreform, in: Aus Politik und Zeitgeschichte, B 18-19, Bonn 2003, S. 22-31 , hier S. 26.
13 Franke, Wählerwille (wie Anm. 12), S. 28.
14 Hilmer, Richard: Wer gewinnt die Bundestagswahl?, in: Der Bürger im Staat 52 (2002), S. 4-9, hier S. 8 f.

Beweggründen[15] nicht nur einer Partei, sondern dem politischen System ihre Unterstützung, kann die Demokratie insgesamt Schaden leiden.

## Europäische Union

Die Entscheidungsfindung der politischen Organe hat aber nicht nur eine nationale, sondern auch eine supranationale Dimension. Vor allem die EU bestimmt den Entscheidungsprozess mit. Weil es sich bei der Europäischen Union weder um einen Staat noch um eine Internationale Organisation handelt, wird sie in der EU-Forschung üblicherweise als ein „politisches System sui generis" charakterisiert.[16] In diesem System ist die Problemverarbeitung unter „Zwang zum Konsens" ein hervorstechendes Kennzeichen des politischen Willensbildungsprozesses. Der Willensbildungsprozess ist auf EU-Ebene als Verflechtungssystem und unter Einbezug der nationalen Ebene als Mehrebenensystem strukturiert.

Dabei zeigt sich, dass hier intergouvernmentale mit intragouvernmentalen Beziehungen verknüpft sind. Wie im deutschen findet sich auch im europäischen Mehrebenensystem keine „hinreichend durchsetzungsfähige zentrale Institution, die Konflikte entscheiden kann"[17] Deshalb gibt es eine große Anfälligkeit für Blockaden, falls in Verhandlungen Verteilungskonflikte zwischen parlamentarisch kontrollierten Regierungen ausgetragen werden. Auch wenn den Verhandlungspartnern an gemeinsamen Entscheidungen gelegen ist, versuchen alle, eigene Interessen so weit wie möglich durchzusetzen. Überwiegt das Eigeninteresse das Interesse an der kollektiven Entscheidung, ist die Blockadegefahr groß. Das lässt sich damit erklären, dass im europäischen Entscheidungsprozess die Akteure gleichzeitig in verschiedene Arenen eingebunden und damit den häufig unvereinbaren Logiken dieser Arenen verpflichtet sind. Im Gegensatz zur deutschen Politikverflechtung ist allerdings die Koppelung der Arenen eher schwach ausgeprägt. Benz verwendet zur Beschreibung der europäischen Mehrebenenpolitik den Begriff „lose gekoppelte Verhandlungssysteme",[18] die dadurch gekennzeichnet sind, dass einzelne Arenen den Kontext für Verhandlungen anderer Arenen bilden, deren Prämissen jedoch nicht determinieren. Zur Abwendung eventueller Blockaden haben die Akteure deshalb die Wahlmöglichkeit, auf die Anwendung von Macht zu verzichten und statt dessen Einfluss per Kommunikation auszuüben.

Die Verträge der Europäischen Union schreiben in ausgewählten Politikfeldern vorrangige Entscheidungskompetenzen der EU mit der Folge fest, dass EU-Richtlinien für die Einzelstaaten bindend sind. Daraus resultiert für die Einzelstaaten die Chance, der

15 Vgl. hierzu Gabriel, Oscar W.: Politische Unterstützung, in: Greiffenhagen, Martin/Greiffenhagen, Sylvia (Hrsg.): Handwörterbuch zur politischen Kultur der Bundesrepublik Deutschland, Wiesbaden 2000, S. 477-482, hier S. 482.

16 In diesem Sinne Bergmann, Jan: Recht und Politik der Europäischen Union, Grevenbroich 2001, S. 13 ff.

17 Benz, Arthur: Entflechtung als Folge von Verflechtung, Theoretische Überlegungen zur Entwicklung des europäischen Mehrebenensystems, in: Grande, Edgar/Jachtenfuchs, Markus (Hrsg.): Wie problemlösefähig ist die EU? Regieren im europäischen Mehrebenensystem, Baden-Baden 2000, S. 141-163, hier S. 155.

18 Benz, Entflechtung (wie Anm. 17), S. 157.

Entgrenzung von Politik, d. h. einer neuen, nicht mehr territorial gebundenen Form von Herrschaft, entgegenzuwirken: „Entgrenzung geht mit der Verringerung politischer Steuerungsfähigkeit des Staates einher, weil die Reichweite seines Handelns territorial begrenzt, die Adressaten seiner Politik aber transnational beweglich oder gar exterritorial verankert sind."[19] Die Bündelung „nationaler" Entscheidungskompetenzen bei der EU figuriert somit ein staatenübergreifendes Steuerungszentrum, das die Exit-Optionen von Adressaten schmälert.

Für die deutsche Bundesregierung ergeben sich aus der EU-Mitgliedschaft mindestens zwei strategische Optionen. Zum einen eröffnet sich mit den EU-Richtlinien eine Legitimationsressource für national schwer legitimierbare politische Programme, weil Richtlinien in nationales Recht transformiert werden müssen. Zum anderen eröffnet das EU-Mehrebenensystem eine Politikgenerierungsressource, weil Politikinhalte, die sich auf der nationalen Ebene nur schwer programmieren lassen oder wegen ihrer begrenzten Reichweite in mancher Hinsicht leer laufen, auf die europäische Ebene transferiert werden können. Die europäische Integration schränkt den Handlungsspielraum von nationalen Regierungen also einerseits ein, eröffnet aber andererseits Optionen, die ohne die Einbindung in die EU nicht zur Verfügung stünden.

## Globalisierung

Neben der nationalen und der supranationalen lässt sich schließlich auch noch eine internationale Dimension des politischen Entscheidungsprozesses identifizieren. Das gängige Kürzel dafür ist „Globalisierung". Darunter wird die Zunahme grenzüberschreitender Aktivitäten privater Akteure verstanden.[20] Aktivitäten von Privatunternehmern auf globalen Märkten erhöhen den wechselseitigen Konkurrenzdruck mit der Folge, dass Kostensenkung eine Voraussetzung erfolgreicher Konkurrenz ist. Da für Unternehmer Steuern oder Sozialabgaben Kosten sind, sehen sich die Staaten in den Globalisierungswettbewerb involviert. Die Forderung nach Senkung solcher Kosten wird nämlich oft mit einem Verweis auf eine Exit-Option untermauert, etwa mit der Drohung, massiv Arbeitsplätze ins kostengünstigere Ausland zu verlagern. Auch wenn es keine empirisch abgesicherten Belege dafür gibt, dass von dieser Option Gebrauch gemacht wurde und etwa wegen zu hoher Staatsabgaben tatsächlich Arbeitsplätze verlagert wurden,[21] reagiert die Politik gleichsam im Umkehrschluss mit der politisch folgenreichen Unterstellung, kostengünstige Standortbedingungen verbürgten gesamtwirtschaftliche Prosperität. So etabliert sich neben der Konkurrenz von Unternehmen um Marktanteile eine Konkurrenz von Staaten um Standortvorteile.

---

19 Vgl. Jachtenfuchs, Markus/Kohler-Koch, Beate: Regieren im dynamischen Mehrebenensystem, in Diess. (Hrsg.): Europäische Integration, Opladen 1996, S. 15-44, hier S. 22.

20 Siehe Schirm, Stefan A.: Globale Märkte, nationale Politik und regionale Kooperation in Europa und den Amerikas, Baden-Baden 1999, vgl. hier insbesondere S. 24.

21 Siehe Kinkel, Steffen/Jung Erceg, Petra/Lay, Gunther: Auslandsproduktion – Chance oder Risiko für den Produktionsstandort Deutschland? Fraunhofer ISI, PI-Mitteilung Nr. 26, Karlsruhe 2002, S. 1 (Online-Version: http://www.isi.fhg.de/publ/downloads/pi-mitteilungen/pimitt26.pdf, Stand vom 18. 12. 2003).

Dieser Wettbewerb der Staaten realisiert sich vor allem als Deregulierung sozial- und umweltpolitischer Standards. Für „Globalisierungsoptimisten“ trägt Deregulierung zur Entstehung eines globalen Marktes bei, der allen Wettbewerbern die gleichen Chancen einräumt, Globalisierungsgewinne abzuschöpfen.[22] „Globalisierungspessimisten“ befürchten dagegen ein „race to the bottom“ in dem Sinn, dass die schwächsten Gesellschaften und die Schwächsten einer Gesellschaft mit den Kosten belastet und so zu den „Verlierern“ der Globalisierung gestempelt werden.[23]

Kein Staat kann sich folglich den Globalisierungswirkungen entziehen. Für die bundesrepublikanische Politik stellt sich deshalb die Aufgabe, trotz des Globalisierungsdrucks für „die Sicherung und Finanzierung der Rechts- und Sozialordnung und anderer 'Öffentlicher Güter' zu sorgen. Diese geraten teilweise durch den globalen Beschleunigungsdruck in Gefahr. Und ihre Finanzierung gestaltet sich schwieriger.“[24] Weiter formulieren die Autoren des Enquete-Kommissions-Berichts „Globalisierung der Weltwirtschaft“: „In der Gefährdung bzw. Vernachlässigung öffentlicher Aufgaben [...] liegt vielleicht die wichtigste Gefahr einer Globalisierung, welche sich hauptsächlich um die Mehrung der privaten Güter durch die globale Effizienzsteigerung dreht.“[25]

Als Instrumente zur Finanzierung von öffentlichen Aufgaben und Gütern stehen hierzulande vornehmlich Steuern und Abgaben zur Verfügung. Die allgemeine Staatstätigkeit wird über Steuern finanziert, während Transferleistungen in der Regel von öffentlichen Versicherungssystemen erbracht werden, die sich aus Abgaben, also zweckgebundenen Einnahmen, finanzieren. Nun sind es gerade Steuern und Abgaben, die durch die Globalisierungs-Rhetorik der Unternehmen unter Druck geraten. Zudem haben aber andere nationale Finanzierungs- und Gestaltungsinstrumente durch die transnationale wirtschaftliche Verflechtung ihre Wirksamkeit eingebüßt. So misslingt z. B. auf einem globalen Finanzmarkt die Ankurbelung der Wirtschaft über „Deficit-Spending“, weil vor allem ausländische Investoren, die sich an kurzfristigen Gewinnerwartungen orientieren, ihr Engagement in einem Staat rasch beenden, sobald die staatlichen Subventionen und Aufträge auslaufen.

Globalisierungstheoretiker nehmen deshalb an, dass zwischenstaatliche Interdependenzen die Handlungs- und Steuerungskapazität der Nationalstaaten beeinträchtigen.[26] Als Gründe dafür werden der Standortwettbewerb der Nationalstaaten, der Vorrang der – die Privatwirtschaft begünstigenden – Rahmenbedingungen oder die Wirkungseinbuße traditioneller Steuerungsinstrumente benannt.

---

22 Rodrik, Dani: Globalisation, Social Conflict and Economic Growth, in: The World Economy, 21/2 (1998), S. 143-156.

23 Vgl. dazu Ohmae, Kenichi: The End of the Nation State. The Rise of Regional Economics, New York 1995; Falk, Richard: Predatory Globalization. A Critique, Cambridge 1999.

24 Deutscher Bundestag (Hrsg.): Schlussbericht der Enquete-Kommission Globalisierung der Weltwirtschaft, Opladen 2002, hier S. 55 f.

25 Ebenda, hier S. 56.

26 Roller, Edeltraud: Leistungsprofile von Demokratien. Eine theoretische und empirische Analyse für westliche Demokratien, 1974-1995, in: Fuchs, Dieter/Roller, Edeltraud/Wessels, Bernhard (Hrsg.): Bürger und Demokratie in Ost und West. Studien zur politischen Kultur und zum politischen Prozess, Wiesbaden 2002, S. 547-571, hier S. 547.

## Fazit

Politikverflechtung ist also kein Phänomen, das sich auf Deutschland beschränkt. Gleichwohl wird die bundesrepublikanische Variante, insbesondere die Verschränkung zwischen Bundestag und Bundesrat, als systemspezifischer Nachteil geortet. Hauptgrund dafür dürfte sein, dass der föderative Bundesstaat auf Kooperation und Konsens, die parlamentarische Demokratie dagegen auf Konfrontation und Konflikt gründet.

Vorteile von Kooperation und Konsens kann man darin sehen, dass durch die Einbindung konfligierender Parteien die Legitimation politischer Entscheidungen nachhaltig erhöht und damit diffuse Unterstützung mobilisiert wird. So vergrößert sich die Chance auf innovative Entscheidungen dann, wenn der soziale Problemdruck eine kooperative Lösungssuche erzwingt. Das ist beispielsweise der Fall, wenn Parteien den Vorwurf fürchten müssen, sich der Beantwortung einer Schicksalsfrage entzogen zu haben. Die politische Agenda, die sodann konsensuell abgearbeitet wird, enthält in der Regel Problemwahrnehmungen und Lösungskonzepte aller beteiligten Parteien. Abweichungen von der eigenen Programmrhetorik verstehen sich als unausweichlicher Preis für den gefundenen Konsens und exkulpieren so vor der eigenen Wählerschaft. Aber auch das alltägliche Regierungsgeschäft funktioniert trotz oder wegen aller Kooperationsnotwendigkeiten in der Regel recht gut, wie Zeiten mit parteipolitisch unterschiedlich besetzten Kammern demonstrieren. Hinzu kommt, dass sich zur Vermeidung von Entscheidungsblockaden auch jenseits des institutionellen Rahmens Entscheidungsstrukturen ausbilden. Mit informellen Netzwerken, die unterschiedliche Arenen verbinden, haben sich die Akteure „neue Institutionen zur Entscheidungssteuerung geschaffen."[27]

Nachteile von Kooperation und Konsens sind also Blockademöglichkeiten, aber auch die Gefahr suboptimaler Entscheidungen. Deshalb wird „Politikentflechtung" empfohlen.[28] Dazu sollen Kompetenzen von der Bundesebene auf die Länderebene verlagert und der „kooperative Föderalismus" soll in einen „Wettbewerbsföderalismus" transformiert werden. Vom institutionalisierten Wettbewerb zwischen den Ländern erhofft man sich mehr Effizienz bei der politischen Entscheidungsfindung, weil eine klare Aufgabentrennung zwischen den unterschiedlichen Ebenen durch politikfeldspezifische Bundes- wie Länderkompetenzen die Länder in die Lage setze, für „ihre" Politikfelder ohne Einigungszwang gemeinsame Regelungen zu treffen. Ein derartiger Föderalismus verstünde sich als Zusammenschluss gleichberechtigter und eigenständiger Staaten und machte obsolet, was Michael W. Braun als „schleichende Entmachtung der Landtage, steigende exekutive Politikverflechtung und [...] Tausch landespolitischer

27 Korte, Karl-Rudolf: Was kennzeichnet modernes Regieren?, in: Aus Politik und Zeitgeschichte, B 5, Bonn 2001, S. 3-13, hier S. 9.

28 Gerhard Lehmbruch: Parteienwettbewerb im Bundesstaat. Regelsysteme und Spannungslagen im Institutionengefüge der Bundesrepublik Deutschland. 2., erw. Aufl., Opladen 1998, hier S. 179 ff; Scharpf, Fritz W.: Föderale Politikverflechtung. Was muß man ertragen – was kann man ändern? in: Morath, Konrad (Hrsg.): Reform des Föderalismus. Beiträge zu einer gemeinsamen Tagung von Frankfurter Institut und Institut der deutschen Wirtschaft Köln. Bad Homburg 1999, S. 23-36 (Online-Version: http://www.mpi-fg-koeln.mpg.de/pu/workpap/wp99-3/wp99-3.html).

Autonomie gegen bundespolitische Blockademöglichkeiten via Bundesrat"[29] kritisiert. Erhielten die Länder mehr Kompetenzen, dann müssten umgekehrt die Mitwirkungsmöglichkeiten der Länder an der Bundesgesetzgebung beschnitten werden.

Damit wird deutlich, inwieweit institutionelle Kontexte die Handlungskorridore politischer Eliten formen, also derjenigen Akteure, die den politischen Entscheidungsprozess maßgeblich beeinflussen können.

Wie gezeigt wurde, führt die horizontale Politikverflechtung zwischen Bund und Ländern immer wieder zu Zwangsverhandlungssituationen. Schnappt dann die Verflechtungsfalle zu, werden Handlungsoptionen reduziert. Wird die Falle mit Hilfe von informellen Netzwerken umgangen, erweitern sich die Handlungsoptionen so sehr, dass es sogar zu innovativen Entscheidungen kommen kann. Informelle institutionelle Kontexte eröffnen demnach häufig größere Entscheidungsspielräume als formelle institutionelle Kontexte. Hauptgründe dafür sind, dass Eliten in nichtverfassten Entscheidungsgremien konkrete Konflikte von sich wegverlagern und diffuse Loyalität für sich mobilisieren können.

Aber auch formelle institutionelle Kontexte verkleinern in Zwangsverhandlungssituationen nur die Entscheidungsspielräume von Eliten, lassen sie aber nicht verschwinden. Stehen die Eliten in Konkurrenz, etwa um Wählergunst, können Entscheidungsblockaden Ungunst erzeugen, wenn landläufig Entscheidungsbedarf konstatiert wird. Besteht keine Konkurrenz wie im Falle der Regierungschefs im EU-Ministerrat, führt selbst das Einstimmigkeitsprinzip selten zu Blockaden, weil Sach- die Prestigegesichtspunkte überlagern.

„Global Governance" eröffnet den hiesigen politischen Eliten zudem neben der nationalen und der supranationalen noch eine internationale Entscheidungsebene, auf der es in formellen Entscheidungsarrangements wie der UN oder in (weitgehend) informellen Entscheidungsarrangements wie der WTO um die politische Bewältigung globaler Herausforderungen geht. Würden so aus Wettbewerbs- am Ende Verhandlungsstaaten, wäre das vernetzte Mehrebenensystem mit seinen spezifischen Entscheidungsstrukturen allumfassend: „The context of policy making is changing. More than before, solutions for pressing problems cannot be found within the boundaries of sovereign policies. As established institutional arrangements often lack the power to deliver the required or requested policy results on their own, they take part in transnational, polycentric networks of governance in which power is dispersed."[30]

---

29 Hier zitiert nach: Bauer, Michael W.: Deutscher Föderalismus und Politikberatung, in: Beiträge zur Ad-hoc-Gruppe „Politikberatung" im Rahmen des DVPW-Kongresses 2003, S. 1 (als Onlineversion unter: http://www.dvpw.de/data/doc/ad-hocBeratung.pdf, Stand: 10. 12. 2003).

30 Hajer, Maarten: Policy without Polity? The Challenge for Policy Analysis, in: HIS Newsletter 11 (2003), S. 5.

# Intuition oder Verstand – Wie entscheiden Führungseliten? Eine Analyse aus neurobiologischer Sicht

*Wolfgang Walkowiak*

## Einleitung

Führungskräften, seien es nun Politiker, Unternehmer, Wirtschaftsmanager, Offiziere etc., steht heutzutage eine zuvor nie gekannte Fülle von Informationsmöglichkeiten zur Verfügung. Hierzu gehören insbesondere EDV-gestützte Datenbanken und Kompetenznetzwerke sowie EDV-gestützte Analysen und Prognosen. „Experten" und „Kommissionen" können die Entscheidungsträger im Zweifelsfall unterstützen. Wird dieses komplexe Detailwissen von diesen tatsächlich genutzt? Basieren Entscheidungen faktisch auf rationalen bzw. logischen Schlussfolgerungen oder spielen vielleicht noch andere Kriterien eine wichtige, wenn nicht gar größere Rolle? Oder, wie Berthold Beitz es einmal formulierte „Zum Kopf gehört immer auch der Bauch!"

Schauen wir uns einige Beispiele an: Ende 2003 fand im Deutschen Museum Bonn eine Podiumsdiskussion unter Beteiligung einer Unternehmensberaterin, eines Geschäftsführers eines mittelständischen Unternehmens, eines Psychologen und eines Neurowissenschaftlers zu der Frage „Wie entscheidet die Wirtschaft – mit dem Kopf oder mit dem Bauch?" statt. Zur Verblüffung des versammelten Auditoriums herrschte weitgehend Einigkeit darüber, dass viele Entscheidungen in der Wirtschaft „Bauchentscheidungen" seien. So führt beispielsweise eine Unternehmensstruktur, welche die emotionalen Bedürfnisse der Mitarbeiter berücksichtigt, letztendlich zu besseren Leistungen als eine ausschließlich an vermeintlich rationalen Argumenten orientierte Organisation des Betriebes. Bei Personalentscheidungen werden zwar die Einstellungskriterien vor den Gesprächen mit Bewerbern im Vorhinein festgelegt, die endgültige Entscheidung erfolgt aber oft intuitiv nach dem ersten Eindruck.

Aber nicht nur im Kleinen fallen Entscheidungen aus dem Bauch heraus. Wie die aktuellen Diskussionen um die Belebung des Arbeitsmarktes, der Reform der Krankenversicherung oder der Vereinfachung des Steuersystems zeigen, so bedienen sich die Politiker zunehmend des Rates von Expertenkommissionen. Obwohl einerseits die Ausgangsinformationen, die den Kommissionen zur Verfügung stehen, und andererseits die Zielvorgaben mehr oder weniger identisch sind, werden unterschiedliche Lösungsvorschläge unterbreitet, welche wiederum heftig diskutiert werden. Bei der Umsetzung in Gesetzesvorlagen schließlich spielt die vermeintliche oder tatsächliche Akzeptanz der Betroffenen eine große Rolle. Was übrig bleibt, ist oft eine Mischung aus dem rational erklärbaren Notwendigen und dem gefühlsmäßig Machbaren.

Warum tun wir uns in Wirklichkeit so schwer, scheinbar rationale und allseits akzeptierte Lösungen auch tatsächlich umzusetzen? Welche Rolle spielen Egoismen – auch oder gerade bei Führungseliten? Wollen wir nicht anders oder können wir nicht anders?

Wie autonom sind Menschen in ihren Entscheidungen, was beeinflusst ihre Entscheidungen? Insbesondere im Hinblick auf die z. Z. intensiv diskutierten Erkenntnisse der Neurowissenschaften bietet sich eine Analyse von Entscheidungsprozessen aus neurobiologischer Sicht an. Empirische Befunde der multidisziplinären Kognitionsforschung, zu deren Leitdisziplinen u. a. die Psychologie und Neurowissenschaften gehören, erbrachten in den letzten Jahren völlig neue Einsichten in die Leistungen und die Organisation menschlichen Verhaltens und der zugrunde liegenden neuronalen Mechanismen. Daher erscheint eine Betrachtung aus der Sicht der Kognitionswissenschaften auch im Hinblick auf Eliten sinnvoll und hilfreich.

## Überlegungen zu den Determinanten kognitiver Leistungen

Die klassische Vorstellung von der Arbeitsweise des Gehirns ging von folgenden Annahmen aus: Signale (Informationen) gelangen über die Oberfläche der Sinnesorgane in das Gehirn und werden über die Sinneskanäle zunächst in ein eher bildhaftes (ikonisches) Gedächtnis übertragen (Abbildung 1). Über das Kurzzeitgedächtnis gelangen die Informationen in das Langzeitgedächtnis, wo sie gespeichert werden und prinzipiell zu jeder Zeit abrufbar sind. Zwischen dem Kurz- und Langzeitgedächtnis befindet sich eine zentrale Bewertungs- und Selektionsinstanz, so dass nur ein Teil der eingehenden Informationen verarbeitet und abgelegt wird. „Erkennen" wäre demnach ein mehr oder weniger hierarchisch organisierter Einbahnstraßen-Prozess, bei dem wichtige Merkmale (z. B. des Gesichtes einer bekannten Person, das könnte die Großmutter sein) extrahiert werden. In der Tat wurden solche Merkmalsdetektoren postuliert und als „Großmutter-Neuronen" bezeichnet.

*Abbildung 1: „Einbahnstraßenmodell" der Informationsverarbeitung im Gehirn.*

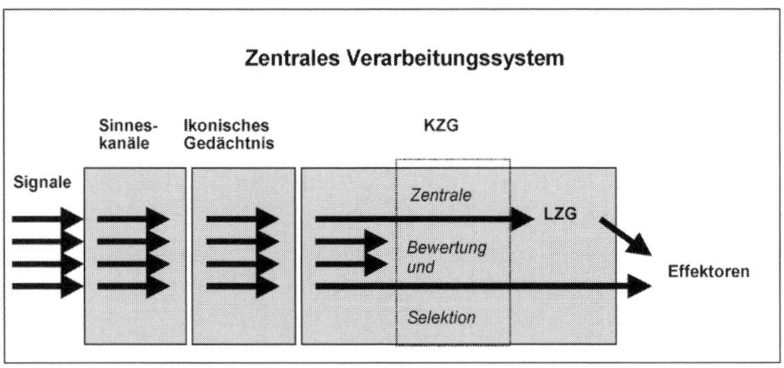


Die Handlungsplanung und -ausführung sollten ebenfalls hierarchisch bewerkstelligt werden. Kommandoneuronen als zentrale Instanz („Papstzellen" bzw. „pontifical cells") würden demnach einen Befehl generieren, der über verschiedene Stationen an die Exekutive (Motoneuronen und Muskulatur) weitergeleitet würde. Gespeicherte Information aus dem Langzeitgedächtnis kann beim Prozess der Kommando-Generierung bzw. Abwägung verschiedener Alternativen herangezogen werden.

Ähnliche Vorstellungen hat im Prinzip bereits C. E. Shannon[1] 1948 in seine Informationstheorie einfließen lassen (Abbildung 2). Shannon ging von der Aufgabe aus, in einem technischen System Information von einem Sender an einen Empfänger möglichst störungsfrei zu übertragen. Die Information wird von dem Sender kodiert, die Botschaft zum Empfänger übertragen und von diesem dekodiert, so dass die ursprüngliche Bedeutung wieder hergestellt werden kann. Störungen im Übertragungskanal gilt es zu minimieren. In technischen Systemen lassen sich diese Annahmen recht gut umsetzen, da der Konstrukteur dieser Systeme sowohl die Bedeutung der Botschaft und den Code kennt, als auch den Sender und den Empfänger konstruiert hat. Kommunikation im Sinne von Informations- bzw. Bedeutungsübertragung sowie Handlungsplanung und Entscheidungsfindung beim Menschen wären demnach sehr einfach und sollten relativ fehlerfrei erfolgen. Jeder Lehrer z. B. kann jedoch über andere Erfahrungen mit seinen Schülern berichten. Eheleute beschweren sich über das Unverständnis ihrer Partner. Selbst auf höchster Ebene beklagen sich Fachleute beispielsweise über die „Beratungsresistenz" von Politikern.

*Abbildung 2: Das Modell der Shannon'schen Informationstheorie.*

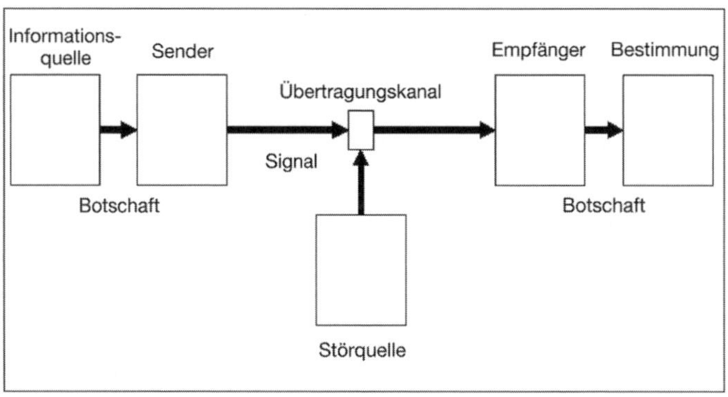


Die direkte Übertragung des klassischen Modells auf biologische Systeme scheint also nicht problemlos möglich. Als Konstrukteur für Sender und Empfänger könnte man zwar die Natur bzw. Evolution ansehen. In der Evolution erworbene Eigenschaften werden allerdings nur über die Gene an die Nachfahren weitergegeben. In allerletzter Konsequenz würde das bedeuten, dass Verhalten sehr starr, d. h. angeboren, also ausschließlich über die Gene determiniert ist. Dies trifft in der Tat auf bestimmte Organismen auch weitgehend, jedoch längst nicht auf alle zu. Zu bedenken ist nämlich, dass sich jeder komplexe Organismus in einem multifaktoriellen Prozess der Selbstorganisation

1 Shannon, Claude E.: The Bell System Technical Journal 27 (1948), S. 379-423, S. 623-656.

aus einer befruchteten Eizelle entwickelt. Falls die Gene diesen Prozess nicht bis ins letzte Detail determinieren, so müssen weitere Faktoren die Entwicklung beeinflussen. Um welche Faktoren es sich handelt, soll weiter unten ausgeführt werden.

Wie ist nun menschliches Verhalten, wie sind die kognitiven Leistungen des Menschen einzuordnen? Um diese Frage zu beantworten ist ein Blick auf die Daten der Gestalt- und Experimentalpsychologie sowie der Neurobiologie äußerst aufschlussreich. Auf einzelne spezifische Tests kann hier nicht eingegangen werden, daher mag folgende Liste mit einigen Erkenntnissen genügen:

1. Erkennen ist kontextabhängig.
2. Wahrnehmen ist ein aktiver Prozess.
3. Wahrnehmen ist abhängig von Aufmerksamkeit.
4. Wahrnehmen ist abhängig vom Vorwissen.
5. Das Gehirn ergänzt.
6. Das Gehirn arbeitet nach dem Kausalitätsprinzip.
7. Das Gehirn erzeugt Bedeutung.
8. Erkennen basiert auf Annahmen (internen Regeln).

Wie aber erlangt das Gehirn als verhaltenssteuernde Instanz, das wie der restliche Körper auch ein Produkt der Selbstorganisation ist, sein Regelwerk? Es können hauptsächlich drei Faktoren benannt werden, die den Phänotypus unseres Gehirns (seine Konnektivität) primär bestimmen: (1) genetische und (2) epigenetische Ereignisse sowie (3) individuelle Lernprozesse.

1. *Die genetische Ausstattung*: Diese wurde im Laufe der Evolution der Spezies Mensch erworben. Eine Reihe von Faktoren hat die Evolution unseres „biologischen Erbes“ beeinflusst. Selektion des Erbgutes einer Population durch die Umwelt, welche im Laufe der Erdgeschichte starken Wechseln unterworfen war, führte zu Anpassung der Spezies an diverse ökologische Nischen. Naturkatastrophen haben aber auch wiederum andersartige Entwicklungen begünstigt. Da die genetische Evolution nicht umkehrbar ist, tragen wir in unserem Erbgut die Historie der biologischen Entwicklung in uns. Dies bedeutet auch, dass mit zunehmender Komplexität des Organismus funktionelle wie auch ontogenetische Kopplungen zwischen den diversen Strukturen auftreten. Dies schafft evolutionäre Randbedingungen, die die Entwicklung einer Art nicht beliebig werden lässt. Neben der Selektion durch die Umwelt(en) spielt die innerartliche oder sexuelle Selektion eine große Rolle für die Evolution der Arten. Derart selektierte Merkmale können sogar dann stabilisiert werden, wenn sie als Handicap im Bezug zur Umwelt wirken, bieten sie doch bei der Partnerwahl große Vorteile.

   Der Prozess der Evolution verhindert jedoch, dass Bedeutungsgenerierung völlig willkürlich erfolgt. Die individuelle Geschichte der Evolution jeder Art schafft so intrinsische Randbedingungen (interne Selektionsfaktoren), die nicht, wie von der evolutionären Erkenntnistheorie postuliert, ausschließlich durch externe (natürliche) Selektion entstanden sind. Gehirne, und damit unsere Erkenntnisstrukturen, sind daher im Sinne der synthetischen Evolutionstheorie nicht angepasst. Eine derartige

Betrachtungsweise des Gehirns schafft zunächst eine ganze Reihe von Problemen. Auf die möglichen Konsequenzen des biologischen Ursprungs unseres kognitiven Apparates weist E.-M. Engels[2] hin:

a) Unsere kognitive Kompetenz ist ein Produkt der phylogenetischen Anpassung und als solches unter einem bestimmten Selektionsdruck entstanden. Ihre Funktion ist durch die Selektionsbedingungen bestimmt.
b) Unsere kognitive Kompetenz erweist sich zwar als nützlich für die Realisation bestimmter Vollzüge des Menschen, ist aber nicht aufgrund dieser Funktion selektioniert worden, sondern stellt das Nebenprodukt einer anderen Anpassung dar, die unter einem bestimmten Selektionsdruck entstanden ist.
c) Unsere kognitive Kompetenz hat ihre Funktion gewechselt. Sie ist unter einem anderen Selektionsdruck entstanden als dem, durch den sie zur Zeit beibehalten wird.
d) Unsere kognitive Kompetenz ist neutral, d. h. weder nützlich noch schädlich.
e) Unsere kognitive Kompetenz ist in gewisser Hinsicht schädlich, wirkt sich jedoch nicht auf den Reproduktionserfolg der damit ausgestatteten Individuen aus, da der Schaden durch andere Merkmale des Menschen, die positive Wirkung haben, kompensiert wird.
f) Unsere kognitive Kompetenz ist schädlich und beeinflußt den Reproduktionserfolg der damit ausgestatteten Individuen.
g) Es gibt verborgene Potentiale der kognitiven Kompetenz beim Menschen, die nicht zum Vorschein kommen können, da der hierfür erforderlich Selektionsdruck fehlt.

2. *Epigenetische Einflüsse*: Bei der Befruchtung der Keimzellen kommt es zur Rekombination von Allelen der jeweiligen Gene. Das daraus resultierende Ausmaß der genetischen Variation ist so groß, dass mit Ausnahme von eineiigen Zwillingen oder Mehrlingen die jeweilige Kombination absolut individuell ist. Gene kodieren allerdings nicht direkt das Verhalten, sondern „nur“ die Bildung von Proteinen, einer Gruppe von Molekülen, aus welchen der Organismus und natürlich auch das Gehirn aufgebaut werden und welche die Stoffwechselprozesse steuern.
   Das menschliche Genom umfasst nach neueren Schätzungen etwa 40.000 Gene. Es ist einleuchtend, dass diese relativ geringe Zahl nicht die Komplexität des ausgereiften Gehirns ausschließlich determiniert. Vielmehr legen die Gene sozusagen den Grundbauplan, das Gerüst, fest. Aufbauend darauf bestimmen komplexe Entwicklungsschritte, die zum Teil aktivitäts- und umgebungsabhängig sind, die endgültige Ausformung der Gehirnstrukturen und der neuronalen Verbindungen. Zu den wichtigsten Entwicklungsschritten gehören die Neuronen-Proliferation, die Wanderung der gebildeten Zellen an ihren endgültigen Ort im Gehirn, die Aggregation der Neuronen zu funktionalen Verbänden („neuronalen Netzen“), die neuronale Differenzierung, der selektive Zelltod während der Entwicklung, die Bildung der

2 Engels, Eve-Marie: Erkenntnis als Anpassung? Frankfurt am Main 1989.

Verbindungen der Nervenzellen untereinander und die Formation und Stabilisierung der Kontaktstellen der Nervenzellen (Synapsen).[3] Wie bedeutsam äußere Faktoren für diesen Prozess der Selbstorganisation sind, zeigen die Wirkungen von Stoffwechselgiften wie Alkohol oder Nikotin, aber beispielsweise auch von Stresshormonen der Mutter, welche die Blut-Plazenta-Schranke passieren können.

Zum Zeitpunkt der Geburt weist das Gehirn einen Überschuss an Nervenzellen auf, der postnatal gezielt abgebaut wird. Dieser Prozess ist nach dem zweiten bzw. dritten Lebensjahr weitgehend abgeschlossen. Die Dichte der Synapsen nimmt jedoch im Laufe der Kindheit zu. Bestimmend für die endgültige Ausdifferenzierung ist die aktive Einbeziehung der Neuronen in Hirnfunktionen. Die ersten drei Lebensjahre haben also einen maßgebenden Einfluss auf die Persönlichkeitsentwicklung. Eine zweite wichtige Periode ist die Pubertät, in der unter dem Einfluss von Sexualhormonen Umstrukturierungsprozesse stattfinden.

In jüngster Zeit mehren sich die Befunde, dass das Gehirn auch in späteren Lebensabschnitten noch erstaunlich wandlungsfähig ist. Nervenzellen können – wenn auch in geringem Maße – neu gebildet werden. Die Synapsen, aber auch Fortsätze der Nervenzellen, können abhängig vom Gebrauch schrumpfen oder wachsen. Diese lebenslange Plastizität des Gehirns gewährleistet die Anpassung an verschiedene Situationen und die Speicherung von Gelerntem.

3. *Lernen und Gedächtnis*: Das menschliche Gehirn ist ein System, das auf Lernen optimiert ist, es kann gar nicht anders, als zu lernen. Lernen ist die Fähigkeit des Nervensystems, selektiv und individuell erworbene Information aus der Umwelt zu speichern und im Gedächtnis abrufbar zur Verfügung zu haben. Die aus dem Lernen resultierenden Verhaltensänderungen befähigen einen Organismus, auf Situationen besser oder schneller adäquat reagieren zu können, als es bei einer starren genetischen Festlegung möglich wäre. Aus neurobiologischer Sicht basiert Lernen auf einer spezifischen (biochemischen und/oder strukturellen) Veränderung der Übertragungseigenschaften von Synapsen. Trotz der verschiedenen Formen des Lernens sind die molekularbiologischen Mechanismen relativ einheitlich.

   Wenn man von einfachen Formen des Lernens wie Habituation und Sensitisierung absieht, so ist Lernen stets durch die neue Assoziation von zuvor ungekoppelten Ereignissen oder Sachverhalten charakterisiert. Durch Lernen entstehen also neue Bedeutungen für den Organismus, das Gehirn ist in diesem Sinne also kein bedeutungsverarbeitendes sondern ein *bedeutungsgenerierendes* System. Einfachste Formen des assoziativen Lernens sind die klassische bzw. Pawlow'sche Konditionierung, die mehr oder weniger automatisch, d. h. ohne aktive Beteiligung des Lernenden passiert, und die operante (instrumentelle) Konditionierung, die eine aktive Mitwirkung voraussetzt. Zu den höheren Formen des assoziativen Lernens werden das Orientierungslernen, das beobachtende Lernen und das spielende Lernen gerechnet. Die höchste und schwierigste Form des Lernens ist sicher das einsichtige Lernen, bei dem

3 Edelman, Gerald M.: Neural Darwinism – The theory of neural group selection, Oxford 1989.

intern kognitive Ereignisse zu neuen Assoziationen bzw. Bedeutungen (Einsichten) verknüpft werden. Eine Sonderform des Lernens stellt sicherlich das Prägungslernen dar.

Ähnlich wie das Lernen lässt sich auch das Gedächtnis in verschiedene psychologische Kategorien differenzieren. Zwei Hauptgedächtnissysteme werden gegenüber gestellt: das deklarative, relationale oder explizite Gedächtnis und das nichtdeklarative, prozedurale oder implizite Gedächtnis. Zum deklarativen Gedächtnis gehören das episodische Gedächtnis, welches die Erinnerungen an konkrete Ereignisse speichert, und das autobiographische Gedächtnis, das für die Personen- (Ich-)bezogenheit zuständig ist, also die individuelle raumzeitliche Geschichte bewahrt. Das Wissens- und Fachgedächtnis hingegen speichert Fakten und Wortbedeutungen, hat Anteil an einem „überindividuellen" Wissen. Kennzeichnend für Inhalte des deklarativen Gedächtnisses ist, dass sie im Prinzip schnell und flexibel abrufbar, detailreich, dem Bewusstsein unmittelbar zugänglich und damit erklärbar sind. Im Gegensatz hierzu erfolgen nichtdeklarative Gedächtnisleistungen unbewusst. Das Abrufen der Inhalte, welche wenig detailliert sind, erfolgt langsam und unflexibel, d. h. nur in dem Zusammenhang, in dem sie erworben wurden. Das nichtdeklarative Gedächtnis speichert Konditioniertes, Fertigkeiten und Gewohnheiten und leistet einen wichtigen Beitrag zur Kategorisierung des Erlernten. In einem besonderen Zusammenhang mit Handlungsplanung und Entscheidungsfindung steht das emotionale Gedächtnis.

## Das Gehirn

Der Aufbau des Gehirns soll hier nur soweit besprochen werden, wie er für das Verständnis der Funktionen nötig ist. Bei der äußeren Betrachtung fällt insbesondere die Hirnrinde, der Neokortex, auf, die sich ich in vier große Bereiche gliedern lässt (Abbildung 3): Hinterhauptslappen (Occipitallappen), Scheitellappen (Parietallappen), Schläfenlappen (Temporallappen) und Stirnlappen (Frontallappen, der beim Homo sapiens sehr groß ausgebildet ist). Traditionell wird der Neokortex als der Sitz der höheren Funktionen (Wahrnehmung, Denken, Handlungsplanung, soziale Kompetenz etc.) angesehen.

*Abbildung 3: Schematische Aufsicht auf die linke Hälfte des menschlichen Gehirns. Verschiedene sensorische und motorische Areale sind hervorgehoben.*

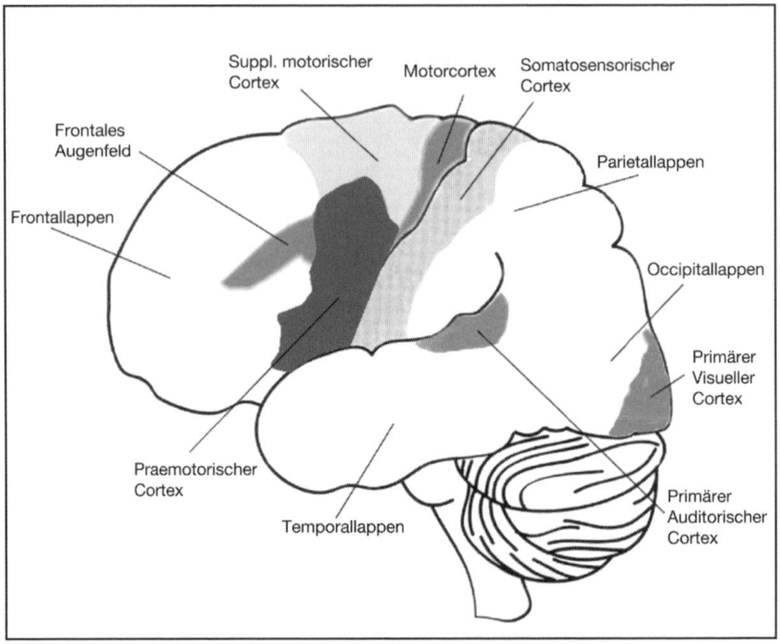


Neben der Hirnrinde spielen aber auch andere Teile des Gehirns eine große Rolle. In einen Medianschnitt (Abbildung 4) durch das Gehirn erkennt man zunächst die Anteile der Großhirnrinde, die innen an der medianen Hemisphärenfläche liegen. Darunter befinden sich die Strukturen des Stammhirns sowie das Kleinhirn, der Thalamus und der Hypothalamus. Nicht nur für die Bewegungssteuerung wichtig ist das Striatum, welches zu den Basalganglien gehört. Ventral hiervon liegt der Nucleus accumbens, eine wichtige Struktur, die zum „Belohnungssystem" des Gehirns gerechnet wird. Blickt man auf die Innenseite des Schläfenlappens, so erkennt man kleine Ausbuchtungen in diesem Bereich. Bei der einen handelt es sich um den Hippokampus („Seepferdchen" aufgrund seiner S-förmigen Struktur), der sehr wichtig für die Bildung von Gedächtnisinhalten ist, und bei der anderen um die die Amygdala (den „Mandelkern"). Ebenso wie der Hippokampus ist auch der Mandelkern Teil des sogenannten „Limbischen Systems" unseres Emotionalhirns.

Die Basalganglien, aber vor allem auch diese zuletzt genannten Strukturen des limbischen Systems sind außerordentlich intensiv mit der Hirnrinde verbunden. Das heißt, dass jene Passagen, die sich teilweise noch in den Lehrbüchern finden, wonach der Kortex „wie ein Reiter auf einem zügellosen Pferd" reitet, nämlich auf dem Emotionalhirn, nicht stimmen. Vielmehr unterhält das Emotionalhirn mit dem Kortex die stärksten Kopplungen, die es überhaupt zwischen Hirnarealen gibt. Schon anatomisch lässt sich daher aufzeigen, dass das Frontalhirn, der Stirnlappen, diejenige Instanz ist, die so viel an

Informationen aus den anderen Hirnbereichen erhält wie möglich. Das ist eine wichtige Voraussetzung für das Verständnis der Funktion des Stirnhirns. Es stehen also die Strukturen des limbischen Systems in einem komplexen Schleifensystem untereinander in Verbindung, sind aber ebenfalls auch mit den Strukturen der Großhirnrinde in engem Kontakt.

*Abbildung 4: Schematischer Medianschnitt durch das menschliche Gehirn.*

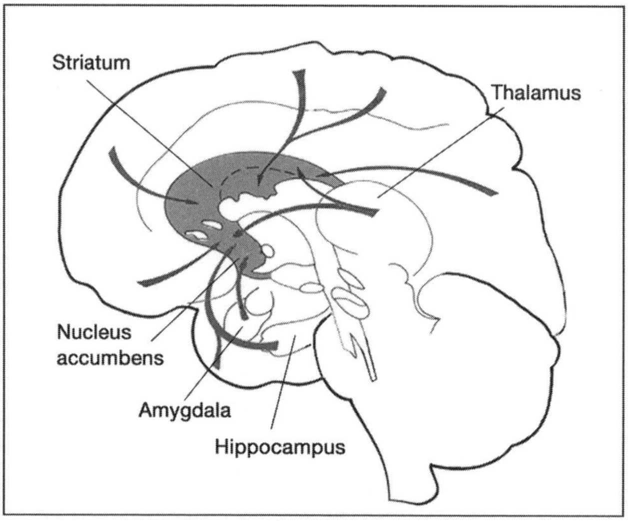


Umweltsignale werden über die Peripherie unseres Körpers wahrgenommen: Lichtsignale über die Augen, Schallsignale über das Ohr, Tast- und Temperatursignale über die Haut, chemische Signale über die Nase und die Zunge. Die Aufgabe dieser Sinnesorgane besteht in nichts anderem, als die physiko-chemischen Ereignisse in unserer Umwelt in körpereigene physiko-chemische Ereignisse, nämlich die Aktionspotentiale, umzuwandeln. Interessanterweise gibt es keine visuellen Aktionspotentiale und auch keine auditorischen, akustischen Aktionspotentiale, sondern sie sind alle gleich und sie haben auch dieselben physikalisch-chemischen Ursachen. Man spricht daher von dem *universellen neuronalen Code*. Das ist eine wesentliche Voraussetzung dafür, dass die verschiedenen Hirnteile überhaupt miteinander kommunizieren können. Dazu kommen die zentralen Verarbeitungsschritte, wobei natürlich wiederum Aktionspotentiale als Signale generiert werden. Das Gehirn beobachtet sozusagen nur die Fläche der Sinnesorgane von innen. Es hat nicht die Möglichkeit einer „Dritte-Person-Perspektive", es kann sich nicht selbst und gleichzeitig die Umwelt beobachten. Vielmehr nimmt das Gehirn die Umwelt nur über diese Aktionspotentiale wahr. Das gleiche gilt übrigens auch für jene Sinnesorgane, die in unserem Körper angelegt sind, denn diese machen ebenfalls nichts anderes, als eine Umwandlung der Ereignisse im Körper in solche Formen von Aktionspotentialen. Wie aber codiert das Gehirn die scheinbar völlig gleichartigen Informationen, die sich wie

Maschinengewehrsalven oder ein Motorrad anhören? Wie weist es ihnen Bedeutung zu?

Eine Lösung wird u. a. durch ein topologisches Prinzip, das „Ortsprinzip", erreicht. Die einlaufenden Informationen werden nicht beliebig im Gehirn abgelegt, sondern an definierten Stellen (Abbildung 3). Es ist zwar richtig, dass die Topologie durch „Lernen" variiert wird, doch unter normalen Bedingungen lässt sich feststellen, dass die visuelle Information immer am Hinterhauptslappen ankommt, eine akustische Erregung im primären auditorischen Kortex, Information über den Körper im somato-sensorischen Kortex. Von den primären sensorischen Arealen werden die neuronalen Eingänge in einem hierarchischen, aber auch hochgradig parallelen Prozess weiterverarbeitet. Für einzelne Anteile der Signale existieren definierte Verarbeitungswege und Zentren (Abbildung 5).

Neue Bedeutung wird auch generiert, ohne dass Außenreize eine Rolle spielen. Innere Zustände der Erregung im Gehirn können nämlich bei neuronalen Koinzidenzdetektoren dazu führen, dass neue Synapsen geknüpft oder synaptische Stärken verändert werden. Eine besondere Bedeutung bei der Selbstrepräsentation kommt dem Scheitellappen zu. Wie sich gezeigt hat, bewirken Schädigungen in diesem Areal hochgradige Störungen des mentalen Selbst, des „ICH".

*Abbildung 5: Verarbeitungswege in der Hirnrinde.*

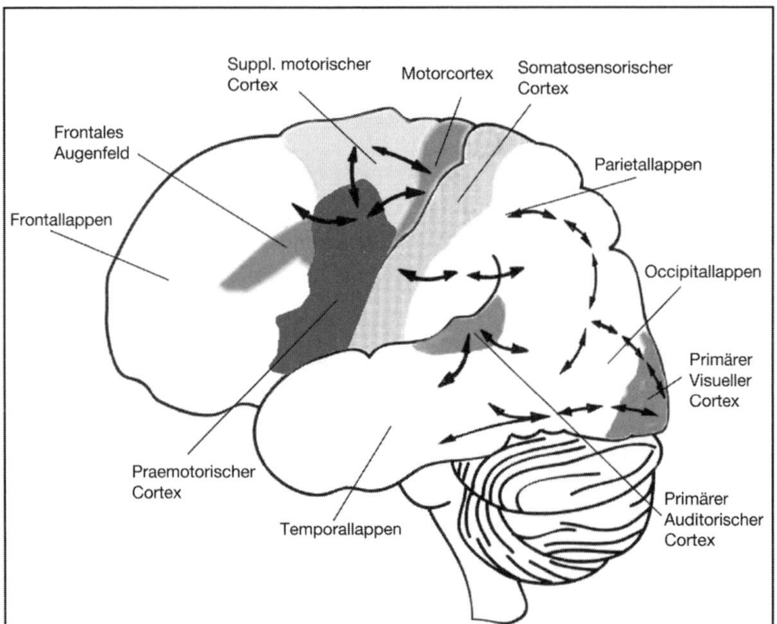


Eine Topologie existiert auch für die Motorik. Die Muskeln werden angesteuert vom Motorkortex, die Sprachgenerierung erfolgt im Stirnlappen, dem sogenannten Broca-Areal (nach Pierre P. Broca, 1824-1880), das „Denken" wird im präfrontalen Kortex initiiert. Bekannt ist, dass auch andere kognitive Leistungen vor allem im Stirnhirn zusammen mit dem Frontallappen assoziiert sind, etwa das Arbeitsgedächtnis. Diese primären Hirnrindenareale sind überdies miteinander wechselseitig verschaltet und vor allem der Stirnlappen erhält Informationen aus all diesen Arealen ebenso wie der Scheitellappen (Abbildung 6). Tatsächlich werden diese beiden Bereiche als „Assoziationsbereiche" des Gehirns bezeichnet, die sehr wichtig sind für die höheren kognitiven Leistungen.

*Abbildung 6: Reziproke Verschaltung des Präfrontalen Kortex mit Assoziationsarealen*

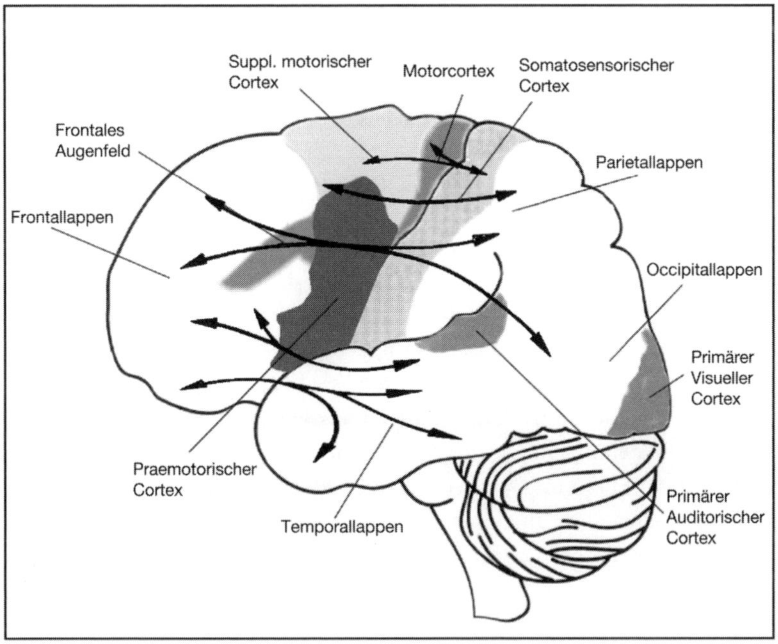


All diese Systeme sind rückgekoppelt. So greift die Aufmerksamkeitssteuerung schon bei den Sinnesorganen an, und in all unsere Bewertungen und Bedeutungsgenerierungen fließt das ein, was wir bereits gelernt haben. Das heißt, Information aus dem Langzeit- und Kurzzeitgedächtnis wird immer wieder neu abgeglichen, um unser Verhalten zu generieren. Das oben skizzierte Einbahnstraßenmodell der Informationsverarbeitung im Gehirn (Abbildung 1) muss also im Sinne von Varela[4] zu einem informationserarbeitenden System umgedeutet werden (Abbildung 7).

4 Varela, Francisco J.: Kognitionswissenschaft – Kognitionstechnik. Eine Skizze aktueller Perspektiven, Frankfurt am Main 1990.

*Abbildung 7: Modifiziertes Modell der Informations(v)erarbeitung im Gehirn*

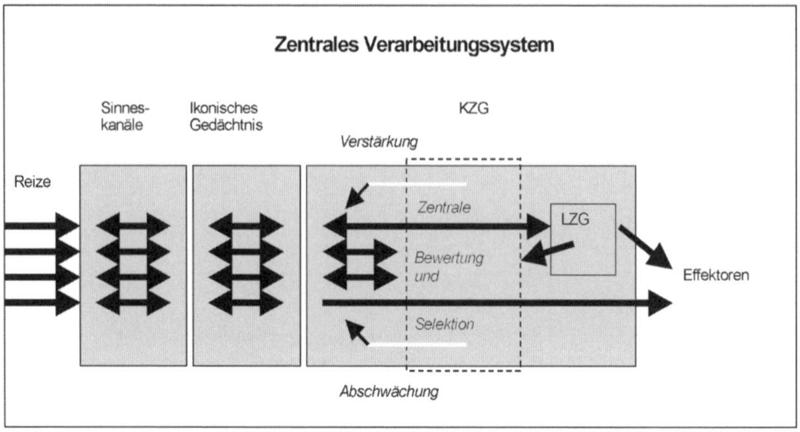


## Entscheidungsfindung, Handlungsplanung und Gehirn

Menschen haben subjektiv das Gefühl, dass sie Urheber ihrer Gedanken sind, dass das „ICH" die Instanz ist, welche Entscheidungen bewusst trifft und Handlungen willentlich (aus freiem Willen) ausführt. Damit unterscheiden sich Willkürhandlungen kategorial von solchen, die von außen aufgezwungen werden, wie z. B. Reflexe. Gedanken und Willensakte erscheinen uns in einem engen zeitlichen Zusammenhang zu stehen, wobei der mentale Akt der Handlung stets voranzugehen scheint. Da wir gewohnt sind, kausal zu denken, liegt es nahe anzunehmen, dass der Gedanke die Ursache für unsere Handlungen ist. Wird diese Interpretation aber von den neueren Befunden der Kognitionsforschung gestützt?

Ein Experiment, das bezüglich der Willensfreiheit für viel Furore sorgte, stammt von Benjamin Libet, einem amerikanischen Psychologen, das Anfang der 1980er Jahre publiziert wurde.[5] Bereits in den 1970er Jahren ist von Kornhuber und Deecke ein bestimmter Potentialanteil im Elektroenzephalogramm (EEG) aufgefallen, der einige hundert Millisekunden bis zu einer Sekunde bevor Handlungen ausgeführt werden, generiert wird: das „Bereitschaftspotential".

Die Experimentalpsychologen haben dieses Bereitschaftspotential für viele Versuchsansätze herangezogen. Zumeist wurde eine Versuchsperson gebeten, einen Bildschirm zu beobachten und sich ein Muster anzuschauen. Der Proband sollte dann beim Wechsel des Musters oder beim Auftauchen eines Signals einen Taster betätigen. Dabei hat man dann die Reiz-Reaktionsbeziehungen erfasst. Benjamin Libet erweiterte dieses Experiment, denn nun sollte die Versuchsperson nicht reflexhaft auf das Erscheinen eines

5 Benjamin Libet u. a.: Time of conscious intention to act in relation to onset of cerebral activity, in: Brain 106 (1983), S. 623-642.

Musters reagieren, sondern selbst bestimmen, wann sie den Finger bewegt und den Knopf drückt. Dazu wurde ein Punkt in Kreisbahn auf einem Oszillographenbildschirm dargestellt und die Versuchsperson konnte sich entscheiden, wann sie die Taste drücken wollte. Sie sollte sich merken, wann sie die Entscheidung getroffen hat.

Das Interessante daran war, dass Libet durch die Beobachtung des Bereitschaftspotentials gleichsam „vorhersagen" konnte, wann diese Entscheidung fiel, bevor offensichtlich die Versuchsperson die Entscheidung in ihrem Bewusstsein registriert hatte. Das Bereitschaftspotential war nämlich *stets* registrierbar *bevor* die Versuchsperson glaubte, ihre Entscheidung getroffen zu haben. Das Bereitschaftspotential ging dem Willensakt im Durchschnitt 350-550 ms (im Minimum 150 ms und im Maximum 1025 ms) voraus. Daraus resultiert die Schlussfolgerung aus der Dritte-Person-Beobachtung, dass neuronale Prozesse vorangehen, bevor die Entscheidung ins Bewusstsein der Versuchsperson gelangt. Libet war selbst sehr erschrocken über dieses Ergebnis und räumte noch ein „Vetorecht" ein, aber selbst das Veto muss natürlich vom Gehirn generiert werden und löst nicht das generelle Problem dieses Experiments.

Dieses oft zitierte und sehr kontrovers beurteile Experiment steht aber nicht alleine da. Vielmehr stützen Haggard und Eimer[6] in einem ähnlichen, aber weitergehenden und komplexeren Experiment die Daten von Libet. Auch Sie kommen zu dem Schluss, dass die neuronalen Prozesse vorausgehen und Grundlage für das Gefühl des Willensaktes im Bewusstsein der Versuchsperson sind. Unterstützt werden diese Ansichten auch durch Ergebnisse bei Hirnstimulationsexperimenten und Messungen mit den neuen Bildgebenden Verfahren. Auch aus der Psychologie und Psychopathologie mehren sich die Befunde, welche den freien Willen als Illusion beziehungsweise als Konstrukt unserer Wahrnehmung einstufen.[7] Alles was im Bewusstsein auftaucht (unsere Wahrnehmungen, Gedanken und Gefühle) wird einem ganz bestimmten Bewusstseinszustand, dem ICH, zugeordnet bzw. angeeignet. Diese ICH-Aneignung geschieht praktisch automatisch, ist aber nicht frei von Fehlern. Der „freie Wille" scheint also ein Gefühl zu sein, das es uns erlaubt, unsere eigenen Handlungen zu verfolgen und die Folgen unseres Handelns zu erkennen und daraus zu lernen. Es stellt die Verbindung zwischen Gedanken und Aktion her, ist aber selber nicht die Ursache für das Handeln.

Was aber bedeutet es dann, wenn jemand sagt: „Ich habe mich bewusst für oder gegen etwas entschieden!" Was ist überhaupt „Bewusstsein"? Bewusstsein ist ein Zustand, den nur das Individuum erfahren kann, der also nur aus der Erste-Person-Perspektive erlebbar ist. Bewusstsein ist kein einheitlicher mentaler Prozess. Kognitionsforscher erkennen vielmehr verschiedene Stufen des Bewusstseins bzw. viele verschiedene Formen des Bewusstseins. Eine grobe Einteilung findet sich bei Roth:[8]

---

6 Haggard, Patrick/Eimer, Martin: On the relation between brain potentials and the awareness of voluntary movements. Exp. Brain Res. 116 (1999), S. 129-133.

7 Wegner, Daniel M.: The Illusion of Conscious Will, Cambridge 2002.

8 Roth, Gerhard: Fühlen, Denken, Handeln – Wie das Gehirn unser Verhalten steuert, Frankfurt am Main 2001.

1) Wahrnehmung von Vorgängen in der Umwelt und im eigenen Körper
2) Mentale Zustände (Denken, Vorstellen, Erinnern)
3) Emotionen, Affekte, Bedürfniszustände
4) Erleben der eigenen Identität und Kontinuität
5) „Meinigkeit" des eigenen Körpers
6) Autorschaft und Kontrolle der eigenen Handlungen und mentalen Akte
7) Verortung des Selbst und Körpers in Raum und Zeit
8) Realitätscharakter von Erlebtem und Unterscheidung zwischen Realität und Vorstellung

Edelmann[9] unterscheidet zwischen einem „einfachen" und einem „komplexen" Bewusstsein, weist aber darauf hin, dass je nach Betrachtungsweise beliebig viele Bewusstseinszustände existieren. Gestützt auf verhaltensorientierte und kognitive Beobachtungen sowie neuro-biologische Analysen kommt Damasio ebenfalls zu einer Trennung des Bewusstseins in ein „Kernbewusstsein" und ein „erweitertes" Bewusstsein.[10] Fakt ist, dass bewusste Zustände nur dann auftreten, wenn bestimmte Hirnareale aktiv sind. Eine zentrale Rolle kommt dabei dem Kortex zu.

Erste Erkenntnisse über die Funktion des Gehirns erlangte man zunächst durch unfall- oder kriegsbedingte Verletzungen der Großhirnrinde, durch das Studium der Folgen von Schlaganfällen und Hirntumoren. Die Einführung der Elektroencephalographie (EEG) erlaubte es, zunächst recht grob, physikalisch messbare Zustände des Gehirns z. B. während der Durchführung bestimmter, auch kognitiver Aufgaben nichtinvasiv zu erfassen. Zusätzliche Einsichten ließen sich durch Experimente gewinnen, die während Hirnoperationen mit Einverständnis der Patienten durchgeführt wurden. Einen großen Durchbruch bedeutete die Einführung der bildgebenden Verfahren, der Positronen-Emissions-Tomographie (PET) und funktionellen Magnet-Resonanz-Encephalographie (fMRI). Sie erlauben die räumliche Erfassung und damit topographische Zuordnung der Hirnaktivitäten in einer hohen räumlichen oder auch zeitlichen Auflösung. Durch diese Verfahren können die Gehirne von wachen Probanden während der Ausführung von komplexen kognitiven Leistungen, aber auch in verschiedenen emotionalen Situationen beobachtet werden. Somit wird es möglich, psychische oder geistige Phänomene zu erfassen und parallel dazu die in dem Gehirn ablaufenden Aktivitäten darzustellen.

Es ist mittlerweile gelungen, nicht nur eine Reihe von Hirnregionen zu identifizieren, die an Prozessen wie Denken, Handlungsplanung und Entscheidung beteiligt sind, sondern auch den Ablauf dieser Prozesse besser zu verstehen. So weiß man heute, dass ein sehr komplexes neuronales Netzwerk involviert ist, welches nicht nur kortikale sondern auch subkortikale Areale umfasst.[11] Besondere Bedeutung unter den Kortexarealen kommt dem Stirnlappen, genauer dem präfrontalen Kortex zu. Er erhält Eingänge von nahezu allen anderen Kortexarealen. In ihm wird Denken initiiert, Aufmerksamkeits-

9 Edelman, Gerald M.: Göttliche Luft, vernichtendes Feuer. Wie der Geist im Gehirn entsteht, München 1995.
10 Damasio, Antonio R.: Ich fühle, also bin ich. Die Entschlüsselung des Bewusstseins, München 1999.
11 Roth, Gerhard: Aus Sicht des Gehirns, Frankfurt am Main 2003.

steuerung und sinnvolle Planung von Handlungen sowie soziale Kompetenz setzen einen intakten präfrontalen Kortex voraus. Im Zuge der Ausführung von Handlungen werden dann andere kortikale Areale aktiv, der supplementäre motorische Kortex und schließlich der Motorkortex (Abbildung 8).

*Abbildung 8: Stark vereinfachtes Schema der an Entscheidungsfindung, Handlungsplanung und -ausführung beteiligten Strukturen.*

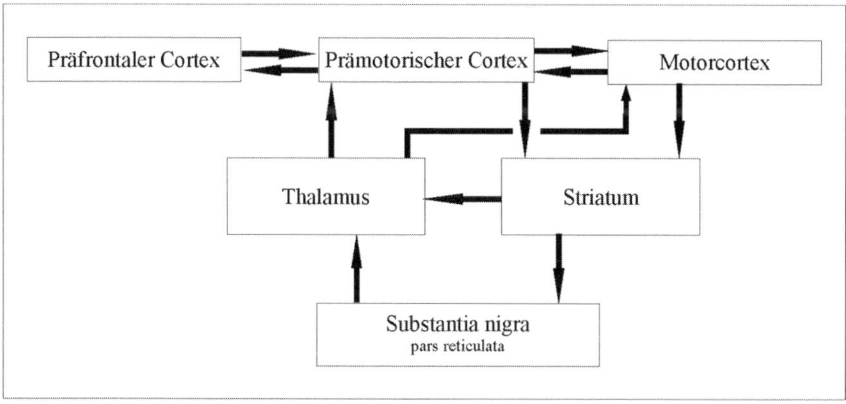


Sowohl spontan auftretende endogene neuronale Aktivität als auch von außen kommende Ereignisse werden geprüft. Dazu werden die aktuellen Ereignisse mit Gedächtnisinhalten verglichen, welche aus dem Langzeitgedächtnis in das Kurzzeitgedächtnis, also in den präfrontalen Kortex geladen werden. In diese Bewertungsprozesse sind die Basalganglien, das Limbische System, das „Emotionalhirn", und der Thalamus eingebunden, durch welche die Erregung in mehreren Schleifen läuft. Diese Prozesse laufen zum großen Teil unbewusst ab, erst wenn die Erregung den supplementären Motorkortex erreicht, ist das Resultat dem Bewusstsein zugänglich.

Ohne die Aktivität des Kortex erleben wir keine bewussten Zustände, können wir keine Entscheidungen treffen. Damasio[12] weist aber darauf hin, dass ohne die Einbeziehung von Gefühlen ebenfalls keine Entscheidungsprozesse sinnvoll ablaufen können. Er unterscheidet primäre Gefühle von sekundären Gefühlen. Primäre Gefühle sind unbewusste Reaktionen, die mehr oder weniger automatisch in angenehmen oder unangenehmen Situationen entstehen. Unter Beteiligung des Limbischen Systems werden durch den Hypothalamus vegetative Funktionen des Körpers aktiviert (z. B. Erhöhung der Herz- und Atmungsfrequenz und der Schweißproduktion). Diese Reaktionen werden über Rückkoppelungsschleifen an den somatosensorischen Kortex gemeldet, so dass wir die Reaktionen regelrecht „erfühlen". Auch Gedanken, Erinnerungen bzw. Assoziationen können solche Reaktionen auslösen, die als sekundäre Gefühle bezeichnet werden. Störungen dieses Systems stören nicht die Fähigkeit, logisch abzuwägen. Patienten

12 Damasio, Antonio R.: Descartes' Irrtum. Fühlen, Denken und das menschliche Gehirn, München 1995.

mit entsprechenden Läsionen im Frontalhirn behalten ihre Intelligenz, lösen manche Aufgaben sogar besser als vor den Hirnschädigungen. Ihre Fähigkeit zur sinnvollen Handlungsplanung und zu sozial verträglichem und moralisch kompetentem Verhalten geht aber verloren.

Entscheidend ist also, dass in Entscheidungsprozesse nicht nur der Kortex, sondern auch basale Hirnanteile, insbesondere das Limbische System, sowie der gesamte Körper einbezogen sind. Dies führt zwangsläufig zu einer gesamtheitlichen Betrachtungsweise des „ICH“, das Ich ist eine Systemeigenschaft.

## Zusammenfassung und Schlussbetrachtung

Folgt man der Prämisse, dass menschliches Verhalten vom Gehirn gesteuert wird, so muss man die biologischen Randbedingungen berücksichtigen. Unser Gehirn ist ein Produkt der natürlichen Selektion. Es entsteht in einem Prozess der Selbstorganisation, bei dem genetische und epigenetische Mechanismen zum Tragen kommen. Individuelle Erfahrung (Lernen) wirkt modifizierend innerhalb des genetisch vorgegebenen Rahmens. Kulturelle Einflüsse greifen in die Reifungs- und Lernprozesse ein. Genau wie andere einfache physikalische Reize sind auch soziale Einflüsse sehr wichtig für die Reifung des Gehirns und der Persönlichkeitsstruktur.

Die Welt des bewussten Erlebens ist innig mit dem Wirken des Gehirns verflochten. Jede Form der Wahrnehmung ist ein Konstrukt unseres Gehirns, das Gehirn konstruiert unsere Wirklichkeit. Dies gilt aber nicht nur für die von außen kommenden Signale, sondern auch für die Selbstrepräsentation, die Generierung des mentalen Selbst, des „ICH“.

Kognitive Leistungen und Emotionen sind untrennbar miteinander verbunden. Erst die Fähigkeit, unsere Erfahrungen mit positiven bzw. negativen Bewertungen zu versehen, ermöglicht es uns, schnell, kompetent und sozial verträglich zu entscheiden. In diesem Punkt unterscheiden sich auch „Eliten“ nicht vom „normalen“ Menschen. Sie besitzen sicherlich den Vorteil des größeren Wissens und möglicherweise der größeren Intelligenz. Dennoch können auch Eliten nur in dem biologisch vorgegebenen Rahmen wirken. In diesem Sinne hat also Berthold Beitz vollkommen recht, wenn er sagt: „Zum Kopf gehört immer auch der Bauch!“

# Von der Verantwortung der Unternehmer.[1]

*Berthold Leibinger*

## I.

Von Unternehmern soll die Rede sein. Und davon, welche Rolle sie für die Zukunft unseres Gemeinwesens spielen. Dass ihr Tun und Lassen für die wirtschaftliche Zukunft unseres Landes wichtig ist, steht außer Frage. Hier geht es aber darum, ein wenig tiefer zu schürfen.

Jenseits rein ökonomischer Wertung haben die Unternehmer durch ihr Verhalten und durch die Maximen, die ihr Handeln bestimmen, Bedeutung für den Weg, den unsere Gesellschaft nimmt. Es geht also um den geistigen Beitrag, den Unternehmer leisten (oder leisten sollten) und um ihre gesellschaftliche Verantwortung.

Unternehmer rechnen sich gewöhnlich der Elite zu. Ob sie von der Mehrzahl unserer Zeitgenossen ihr zugerechnet werden, ist eine andere Frage. Wenn wir aber „Elite" als einen kleinen Kreis herausgehobener Persönlichkeiten sehen, die durch Wissen und Tun in einem „Lebenssektor" bestimmend sind, gehören die Unternehmer zur Elite.

## II.

Über Eliten zu sprechen, ist in diesen Tagen nicht nur legitim, sondern sogar erwünscht. Vor zehn oder gar zwanzig Jahren war dies anders. Die Pichtsche „Bildungskatastrophe" – die Behauptung, dass den „unteren" Schichten der Zugang zur höheren Bildung verwehrt sei – und der Ruf nach „Chancengleichheit" bestimmten die Diskussion. Von Eliten und deren Notwendigkeit oder gar ihrer Förderung wollte man damals nichts wissen. Im Gegenteil – das Gefühl tiefer Befremdung herrschte vor, sogar in der wissenschaftlichen Beschäftigung mit dem Phänomen: „Wer heute von Elite spricht, verursacht ein Gefühl des Unbehagens: dem Elitebegriff ist eine Fragwürdigkeit eigen, die zum Misstrauen allen gegenüber wird, die mit ihm operieren."[2]

Die „Gesamtschule" war das Modell der Zukunft. Wenn alle Schüler den gleichen Weg gingen, würde man auch alle Begabungen finden und fördern können und käme so zur gerechten Nutzung aller Möglichkeiten. Ein nobler Gedanke, dem freilich auch die Gefahr innewohnte, dass man nach dem kleinsten gemeinsamen Nenner strebt und das Gesamtniveau senkt. Der sozialdemokratische hessische Kultusminister in den 70er-Jahren, Ludwig von Friedeburg, einer der Protagonisten der Gesamtschule, wischte zerfurchten und besorgten Gesichts alle Einwände beiseite, beklagte das klassenerhaltende System der gegliederten Schule, bestehend aus Hauptschule, Realschule und Gym-

1 Diesem Beitrag liegt ein Vortrag zu Grunde, den der Autor anlässlich der Verleihung des Preises „Soziale Marktwirtschaft" der Konrad-Adenauer-Stiftung in der Paulskirche in Frankfurt am Main am 19. 11. 2003 gehalten hat.

2 Dreitzel, Hans Peter: Elitebegriff und Sozialstruktur. Eine soziologische Begriffsanalyse. Stuttgart 1962, S. 43.

nasium, führte die Gesamtschule in Hessen ein und schickte seine Kinder nach Salem, einer Lehranstalt, die sich dem Gedanken der Elite-Ausbildung durchaus verbunden weiß. Viele Gedanken der 70er- und 80er-Jahre sind verweht. Inzwischen ist man sich in Gesellschaft und Politik von „rechts" bis „links" einig, dass wir Eliten brauchen. Stellvertretend für viele sei Edelgard Bulmahn zitiert, unsere gegenwärtige Bildungsministerin, die kürzlich sagte, ich zitiere: „Tatsache ist doch, dass wir – Gesellschaft und Wirtschaft – eine *Leistungselite* brauchen."[3]

Diese Erkenntnis wurde durch die Bundesregierung zu Beginn des Jahres 2004 zum nationalen Ziel erweitert. Um die Leistungseliten zu züchten, fordert die Führung der Sozialdemokratischen Partei Deutschlands die Einrichtung von „Eliteuniversitäten" in Deutschland.[4] Unter Regie der gegenwärtigen Bundesregierung, versteht sich. Dass dabei aber die „alten" Universitäten in ihrer Bedeutung vermindert und der Einfluss der Länder auf die Bildungspolitik reduziert würde, liegt auf der Hand. Darum soll es aber hier nicht gehen.

Wir wollen also eine „Leistungselite". Wer durch besondere Leistung in Wirtschaft und Gesellschaft herausragt, ist in diesem Sinn Elite. Diese Definition scheint mir zu eng. Es gibt sicher Wissenseliten, auch Eliten im sozialen Bereich und im kirchlichen Leben. Menschen, die sich durch besondere Qualität aus der Gruppe in der Gesellschaft, zu der sie gehören, herausheben, sind so gesehen „Elite". Auch die Unternehmer gehören dann zur Elite. Eliten hat es, wenn man dieser Definition folgt, wohl immer schon gegeben, denn die Menschen sind nun einmal unterschiedlich. Aber die Reduzierung auf ein Definitionsmerkmal genügt wohl nicht. Der „Leistungselite" haftet der Makel der Selbstbezogenheit an. Mit der Leistung muss sich Zusätzliches verbinden – berufsübergreifende Interessen, sichere Wertevorstellungen, Einsatz für das Gemeinwohl, zum Beispiel. Die Zugehörigkeit zur Elite ist ebenso durch Haltung wie durch Leistung bestimmt. Elite in diesem Sinn ist eine geistige Lebensform.

## III.

Genügt die Elite unserer Wirtschaft diesen Ansprüchen? Ist man bereit, über das Berufliche hinaus Besonderes zu leisten? Denkt man in unserer Gesellschaft und in unserer Zeit genügend über solche Dinge nach? Haben Unternehmer überhaupt die Aufgabe, über die Beurteilung und Wirkung, die ihr Tun erzeugt, zu reflektieren? Ist denn nicht der wirtschaftliche Erfolg das Maß aller Dinge für Unternehmer, dem sich alles andere in Rang und Wichtigkeit unterzuordnen hat?

3 Bulmahn, Edelgard: Elitenförderung ist Begabtenförderung. Rede anläßlich der Fachtagung des Forums Bildung „Finden und Fördern von Begabungen" vom 06. 03. 2001. http://www.bmbf.de/pub/mr-20010306.pdf.
4 So geschehen mit der Verabschiedung eines Strategiepapiers zur Umsetzung der zweiten Phase der Agenda 2010 bei der Klausurtagung der SPD in Weimar am 06. 01. 2004.

## IV.

Die Zeiten sind nicht danach, wird man sagen, dass sich Unternehmer um gesellschaftliche, ethische, religiöse und andere „weiche" Themen kümmern können. Überall in der Wirtschaft haben wir mit großen Problemen zu kämpfen. Im internationalen Wettbewerb, und das ist bei den Gegebenheiten, die wir unter dem Stichwort „Globalisierung" zusammenfassen, immer der Fall, haben wir vielfach das Nachsehen. Die Anstrengungen, die der tägliche Kampf fordert, sind so groß, dass wenig Kraft für Zusätzliches bleibt.

Dies ist alles richtig. Der Hinweis der Unternehmer, sie seien zu beschäftigt, um sich über grundlegende gesellschaftliche Fragestellungen Gedanken zu machen, greift jedoch zu kurz. Dazu ist ihre Rolle für das Wohl und Wehe des Landes zu wichtig.[5]

Allein in den mittelständischen Unternehmen sind 20 Millionen Arbeitnehmer, das ist ein Viertel der Bevölkerung Deutschlands, beschäftigt. Dazu kommen noch 1,5 Millionen Auszubildende.[6] Die überwiegende Zahl der mittelständischen Betriebe wird durch die Inhaber geführt. Das Bild, das sie und ihre Familien für die Mitarbeiter abgeben, bestimmt die Meinung Vieler über das Wesen der Wirtschaft.

Großunternehmen werden meist durch angestellte Manager geführt. Deren mediale Präsenz ist ungleich größer als die der Mittelständler, die allenfalls durch einige Vorzeigefiguren, durchaus auch solcher mit negativem Beispiel, bekannt werden. Die Manager aber bestimmen das Bild der Wirtschaft für die Allgemeinheit. Nicht nur ihre Gehälter und Abfindungen, selbst im Versagensfall sind diese üblich, auch die in Interviews und Talkshows offenbar werdende Gedankentiefe oder der Mangel derselben haben in weiten Teilen unserer Gesellschaft ein wenig vorteilhaftes Bild der Wirtschaft entstehen lassen. Der Anspruch der Unternehmer, zur Elite zu gehören, ist daher häufig nur schwer nachvollziehbar. Dies gilt für beide – angestellte Unternehmer und Eigentümerunternehmer. Selten wird ein positives Bild vermittelt.

## V.

Welche Rolle die Wirtschaft für das Denken und Fühlen der Menschen spielt, wird in den neuen Bundesländern besonders deutlich. Dabei geht es nicht nur um materielle Sicherheit. Die kann eine funktionierende Wirtschaft geben, sie kann aber auch durch staatliche Subventionen – wenigstens einigermaßen – gewährleistet werden. Berufliche Erfüllung, Freude an der eigenen Leistung, Lebenserfolg und Lebenssinn werden durch Arbeit vermittelt. Sie sind eine wesentliche Voraussetzung für eine zufriedene und glückliche Bevölkerung. Bei 15 bis 20 Prozent Arbeitslosen wird man nur wenig Begeisterung für die Wirtschaft erzeugen können.

5 Bereits 1962 hat Rolf Dahrendorf auf die Bedeutung der Wirtschaft für die Gesellschaft hingewiesen: „Die unbekannteste Führungsgruppe der deutschen Gesellschaft der Bundesrepublik, die ihr zugleich mindestens äußerlich das Gepräge gibt, ist die wirtschaftliche Oberschicht." Dahrendorf, Rolf: Eine neue deutsche Oberschicht?, in: Die neue Gesellschaft 9 (1962), S. 18-31, hier S. 25.

6 Quelle: Institut für Mittelstandsforschung, Bonn 2002.

Eine der größten Schwierigkeiten, die dem Wiederaufbau einer starken und breit fundierten Wirtschaft in den neuen Bundesländern entgegensteht, ist das Fehlen eines industriellen Mittelstands. Man hat den Mittelstand bei der Einrichtung der sozialistischen Ordnung systematisch benachteiligt, entmutigt und schließlich vertrieben. Die Grundlagen einer freiheitlichen wirtschaftlichen Ordnung, nämlich die Belohnung des Einzelnen nach seiner Leistung, der dadurch ermöglichte Erwerb von Eigentum, die Weitergabe von Eigentum innerhalb der Familie, waren nicht systemgerecht. Dazu kam eine systematische Erziehung der Menschen zum abhängigen Denken. Fehlende Anreize einerseits und falsche Erziehungsziele andererseits führten zu einem Staatswesen, das 1989 nicht nur bankrott, sondern zugrunde gerichtet war.

Straßen, Flughäfen, Telefonleitungen kann man schnell modernisieren. Auch die Wohnungen und Häuser kann man mit Farbe versehen. Aber die Befindlichkeit der Menschen zu ändern, die Neigung und den Mut, das „Schicksal" in die eigene Hand zu nehmen, bedarf geduldiger Bemühung.

Dabei war in den neuen Bundesländern eine gute technische Ausbildung häufig gegeben. Aber es fehlte die Quintessenz, jenes zusätzliche Element, von dem die Alchimisten glaubten, dass es dazugehöre, wenn man aus Blei Gold machen wollte. Die Voraussetzung, die aus Wissen Produkte und aus Produkten Märkte und Arbeitsplätze entstehen lässt. Und das Ganze auf dem Hintergrund einer einstmals florierenden und starken Wirtschaft in Sachsen oder Thüringen! Dort stand die Wiege des deutschen Maschinenbaus, dort wurden Automobile und Flugzeuge, die wirklich Weltmaßstab hatten, gebaut – durch erfindungsreiche und fleißige Menschen.[7]

Wenn die Vorzeichen nicht stimmen, geht die wirtschaftliche Rechnung nicht auf. Der Sozialismus hat durch eine dem Wesen der Menschen nicht gerecht werdende Ordnung wirtschaftlich ein miserables Ergebnis erzielt. Es waren aber die „Vorzeichen", der falsche geistige Ansatz, der dem Debakel zu Grunde lag.

## VI.

Im Westen Deutschlands, in dem Land, in dem einst das Wirtschaftswunder stattfand, steht dort alles zum Besten? Wohl kaum. Wir sind mit unserer wirtschaftlichen Situation in Deutschland zutiefst unzufrieden. Im Grunde bedarf dies keiner intensiven Erläuterung. Überall sind wir zurückgefallen, in der Wettbewerbsfähigkeit, im Wachstum, im technologischen Rang, im internationalen Ansehen, bei der Staatsverschuldung, bei der Arbeitslosigkeit. Aber das sind alles nur Symptome, Ergebnisse einer tiefer liegenden Problematik. Was liegt unserer Misere zu Grunde?

- Ist es unsere Neigung zur *Perfektion*, die vielfach bewundert wird, die aber wohl auch die Gefahr in sich birgt, dass wir zentrale Gedanken einer Zeit ad absurdum führen, so die Nation, die zentrale Idee des 19. Jahrhunderts, und heute den Sozialismus oder

7 Einen guten Überblick hierzu gibt Golle, Hermann: Das Know-How, das aus dem Osten kam. Wie das westdeutsche Wirtschaftswunder von der SED-Politik profitierte. Stuttgart/Leipzig, 2002.

richtiger, den sozialen Gedanken, die beherrschende Größe des 20. Jahrhunderts, durch einen ausufernden Sozialstaat? Dies dadurch, dass wir immer das Perfekte wollen und dann – durch die Unfähigkeit zum Kompromiss – eine Idee so aufblähen, dass sie zur Karikatur ihrer selbst wird.

- Ist es die unbeirrbare Meinung der Deutschen, dass beim Streben nach einer gerechteren Welt der Staat alles besser könne? Sodass letztlich der Einzelne für fast nichts, der Staat aber für fast alles verantwortlich sei?
- Ist es die Veränderung der Gesellschaft und die Verschiebung ihres Wertesystems? Wir waren, so meinen Psychologen, vor 50 Jahren eine *nomozentrische* Gesellschaft. Nomos steht für Gesetz und Sitte. Der Einzelne hatte seine Interessen gegenüber denen der Gesellschaft zurückzustellen – oder er fand Bestätigung und Glück darin. Wir sind heute eine *egozentrische* Gesellschaft. Jeder sucht sein persönliches, „lustorientiertes" Glück. Der Gemeinsinn ist vielfach verloren gegangen. Das Voranstellen persönlicher Interessen geht zum Beispiel so weit, dass viele Menschen keine Kinder mehr wollen, weil die so viele Unbequemlichkeiten nach sich ziehen.
- Ist es die Unfähigkeit, mit *Wohlstand* umzugehen? Dies kann man in Familien beobachten, aber auch bei Nationen. Gibt es einen Preis für den Wohlstand? Trägt das Erreichen des Ziels schon den Keim des Zerfalls in sich? „Kaum sind wir heimisch in einem Lebenskreise und traulich eingewohnt, so droht Erschlaffen", meint Hermann Hesse.
- Ist es die *Verdrossenheit*, die die Menschen in Deutschland beherrscht? 69 Prozent arbeiten – nach einer Erhebung – ohne Motivation. 16 Prozent arbeiten sogar gegen das System, und nur 15 Prozent haben Freude an der Arbeit.[8]
- Ist es der *Verlust der religiösen Bindung*, die viele die Orientierung verlieren ließ und die die Unternehmen zwingt, sogenannte Ethik-Seminare abzuhalten, in denen den Mitarbeitern jene „Koordinaten" vermittelt werden, die sie eigentlich längst haben sollten?
- Wie steht es mit den Unternehmern selbst? Darf man heute die „Gretchen-Frage" noch stellen? Wie es einer mit der Religion hält, geht doch niemanden etwas an. Vielleicht doch, denn das Erbe eines bald zweitausendjährigen christlichen Abendlands ist uns allen überkommen. Und es zu erwerben und es zu besitzen, muss uns noch immer ein Anliegen sein. Eine Elite ohne Grundüberzeugungen gibt es nicht.

Vieles mag zu unserer Situation beigetragen haben. Der Niedergang der deutschen Gesellschaft ist über viele Jahre erfolgt. Sicher ist für mich nur, dass wir Veränderung brauchen.

8 Quelle: Gallup-Studie 2002.

## VII.

Wie kommen wir aus der Misere heraus? Sicher nicht durch die Forderung, es müsse alles so werden, wie es einmal war. Dazu hat sich zu viel verändert in unserer Gesellschaft – seien wir ehrlich: vieles zum Besseren.

Meine Generation ist in deutscher Autorität erzogen und durch sie geprägt worden. „Gehorsam ist des Christen Schmuck", haben wir gelernt. Die jungen Menschen in Deutschland heute sind freier. Sie denken und handeln unabhängiger, um nur einen Aspekt zu nennen.

Nochmals: Wie kommen wir aus der Misere heraus? Sicher nur durch eine Veränderung des Denkens, die das ganze deutsche Volk erreicht. Dies geht nicht von heute auf morgen. Dies ist ein Prozess, der der Mühe bedarf. Alle, oder wenigsten viele sollen erreicht werden.

Ich beginne mit der Gruppe, um die es hier geht, mit der „Elite". Sie versteht sich vielfach als Meritokratie, als der Teil unserer Gesellschaft, der durch Verdienst, durch eigenes Verdienst, in herausgehobene Positionen gelangt ist. Was vergessen wird, ist, dass die besonderen Talente, die dazu gehören, uns – „ohn' [unser] Verdienst und Würdigkeit"[9] – zugekommen sind. Dies aber verpflichtet. Wir brauchen eine *Gemeinwohl-Pflichtigkeit der Privilegierten*. Nochmals: Elite sollte sich vor allem durch Haltung auszeichnen, um als Leitbild wirken zu können.

Damit bin ich bei meinem Feld, der *Wirtschaft*. *Wir* wählen die Führungskräfte aus. *Wir* schreiben die Firmenleitlinien. Leistung bei Führungskräften zu verlangen, ist selbstverständlich. Führung verlangt auch die Fähigkeit, Mitarbeiter für die Ziele des Unternehmens zu gewinnen und deren Einsatz abzufordern. Dies sollte ebenso zu den Auswahlkriterien für Führungskräfte gehören wie ihre Verpflichtung gegenüber dem Gemeinwohl. Die wichtigste Führungseigenschaft ist das eigene Vorbild. Deshalb ist ethisch-moralische Qualität für Führungskräfte Pflicht.

Steht in den *Firmen* alles zum Besten? Sicher nicht. Wir brauchen sicherlich eine offenere, kommunikativere Unternehmensführung. Wir müssen deutlich machen: Jeder, der uns sein wirtschaftliches Schicksal anvertraut, ist uns wichtig. Dies muss in der Unternehmensführung deutlich werden. Und dann: Wir Unternehmer brauchen wieder mehr Courage, um die selbst gewählte Aufgabe zu erfüllen.

In den *Familien* werden die entscheidenden Weichen für den Lebensweg der Kinder gestellt. Kinder sind ein Segen. Zuwendung, Zeit für Kinder ist viel wichtiger als die Erschließung immer neuer eigener Erlebniswelten. Unser Lebensziel kann nicht sein, die Sahara zu durchqueren oder das Handicap beim Golf zu senken oder ab dem 58. Lebensjahr in Florida Fische zu fangen.

Unser *Schulsystem* erhält schlechte Noten. Geld (das wir im Übrigen nicht haben) löst die Probleme nicht. Eltern und die verantwortlichen Politiker können aber die Akzente verschieben und die Ergebnisse der Schulen verbessern. Auch hier muss

9 Luther, Martin: Kleiner Katechismus. Neuhausen-Stuttgart 1998, S. 25.

Leistung abgefordert werden, und zwar unabdingbar. Nicht jeder kann alles erreichen. Das vereinte Streben nach dem kleinsten gemeinsamen Nenner bringt uns immer tiefer in den Sumpf. Aber jeder, der – nach seinen Gaben – einen Platz ausfüllt, hat Anspruch auf *Achtung*.

Auch die *Lerninhalte* müssen verschoben werden. Unser Verhältnis zu Wirtschaft und Technik bestimmt unsere Zukunft. Möglichkeiten und Wagnis müssen diskutiert, ihre Faszination vermittelt werden. Unser Tun als Teil unserer Kultur zu begreifen und die Maximen, nach denen wir uns richten müssen, verständlich zu machen, wäre ein entscheidender Beitrag. Dies können Unternehmer, durch ihr Beispiel, durchaus unterstützen. Es setzt die Bereitschaft voraus, sich in Schulen zu zeigen, mit Schülern zu diskutieren und glaubwürdig vorzuführen, wie wir in den Unternehmen handeln. Wir brauchen auch „Eliteuniversitäten", das ist unbestritten. Wir hatten auch solche. Im 19. Jahrhundert haben sich die amerikanischen und japanischen Universitäten am deutschen System orientiert. Unter Hitler und durch den Zweiten Weltkrieg haben wir einen großen Teil unserer geistigen Elite vertrieben oder vernichtet oder auf den Schlachtfeldern in Europa oder anderswo geopfert. In den letzten 60 Jahren haben wir nur in einzelnen wissenschaftlichen Bereichen den Anschluss an die Weltspitze wieder finden können. In vielen Feldern sind wir zweitrangig geworden.

Nur wenn es uns gelingt, dafür zu sorgen, dass die klügsten Köpfe des Landes die talentiertesten Studenten unterrichten, werden wir den einstigen Rang wieder erreichen können. Das kann aber nur in einem Umfeld gelingen, das durch intellektuellen Anspruch und durch geistige Freiheit gleichermaßen gekennzeichnet ist. Das Humboldtsche Ideal der Verbindung von Forschung und Lehre schafft diese Voraussetzung. Die Universitäten müssen aber die Freiheit haben und wirtschaftlich in der Lage sein, ihr Niveau selbst zu bestimmen. Die Studenten müssen dem Anspruch, den die Universität an sie stellt, genügen und auch dazu mithelfen, dass die Universitäten wirtschaftlich in der Lage sind, Elite auszubilden.

Ist das alles naiv? Nicht realisierbar? Kommt zu spät? Zum Teil wohl schon, aber wenn wir uns nicht bewegen, sinken wir immer tiefer. Und zwar mit zunehmender Geschwindigkeit.

Wer soll die Veränderung bewirken? Wer ist verantwortlich? Wer hat dies alles zu tun? Die Antwort ist einfach: *wir* – wir alle. Jeder in einem oder mehreren der angesprochenen Felder. Die Zeiten, da *man* handeln müsste, sind vorbei. *Ich* muss handeln, hic et nunc, hier und jetzt.

Die geforderten Veränderungen in unserer Gesellschaft in Ost und West können die Unternehmer nicht allein bewirken. Aber ohne ihre Mitwirkung wird es mit Sicherheit nicht gehen. Der Anspruch, den sie an sich selbst stellen müssten, erzwingt ihr Engagement. Ohne dieses setzen sie ihre eigene Zukunft aufs Spiel. Denn noch immer gilt „tua res agitur" – „Es ist Deine Sache, die Du vertrittst". Die Unternehmer haben aber eine entscheidende Rolle. Die politischen Stichworte „Wachstum", und dadurch „höheres Steueraufkommen", „Innovation", „Wettbewerbsfähigkeit" der deutschen Wirtschaft und „Arbeitsplätze" sind *ihre* Themen. Wenn die Wirtschaft unter der Führung weitblickender, engagierter und verantwortlicher Unternehmer blüht, werden sich viele Probleme, die uns plagen, lösen.[10]

Die Eigenschaften, die gefordert werden, gehen aber über ihr wirtschaftliches Geschick weit hinaus. Sie sind die Merkmale einer *Unternehmer-Elite*. Das deutsche Volk hat viele Talente und eine große Kraft. Dies beweist unser schieres bisheriges Überleben unter widrigen Umständen. Wenn wir die Fesseln lösen, auch im geistigen Sinn, können wir schnell wieder eine führende Position im internationalen Vergleich erreichen. Dabei müssen die Eliten vorangehen. Seien wir dankbar dafür, dass man ihre Notwendigkeit wieder entdeckt hat.

10 Hier sei an die Schumpetersche Definition des dynamischen Unternehmers erinnert: „Unternehmung nennen wir die Durchsetzung neuer Kombinationen und auch deren Verkörperungen in Betriebsstätten usw., Unternehmer die Wirtschaftssubjekte, deren Funktion die Durchsetzung neuer Kombinationen ist und die dabei das aktive Element sind." Der Unternehmer hat gegen Widerstände und Gewohnheiten zu kämpfen, um etwas Neues durchzusetzen. Diese Durchsetzungskraft, gerade auch bei zunächst unangenehmen Veränderungen, benötigen wir heute. Schumpeter, Joseph A.: Theorie der wirtschaftlichen Entwicklung. Eine Untersuchung über Unternehmergewinn, Kapital, Zins und den Konjunkturzyklus. Berlin, 1993, S. 115.

# Wirtschaftselite für die Zukunft? Systematische Anforderungen an Qualifikation und Anreizstrukturen

*Birgitta Wolff*

Während diese Zeilen entstehen, hat der Milchunternehmer Theo Müller gerade aus steuerlichen Gründen seinen Wohnsitz von Deutschland in die Schweiz verlegt, namhafte Manager stehen in Düsseldorf beim „Mannesmann-Prozess" wegen exorbitanter *golden handshakes* vor Gericht, und zugleich stümpert die „Elite" der deutschen Telekommunikations- und Automobilbranche an einem *non starter* namens TollCollect herum und schädigt damit die ohnehin schon gebeutelte deutsche Staatskasse. Dass der Begriff „Elite" „heute nur noch negativ besetzt"[1] sei, verkünden bereits die Provinzblätter.

Der Kanzler beschimpft Unternehmer, die aus Steuerspargründen ins Ausland umziehen, als „unpatriotisch", die ehemaligen Manager und Aufsichtsräte eines einstmals renommierten Unternehmens wie Mannesmann gelten als „Raffzähne" der Nation, und das Stichwort „TollCollect" ist zum *running joke* nicht nur unter deutschen Zynikern geworden. Warum häufen sich die Fälle, in denen deutsche Unternehmer, vor allem aber Spitzenmanager in der Öffentlichkeit in Verruf geraten? Was machen die Betroffenen, was machen möglicherweise aber auch andere Akteure falsch? Warum „versagt" die Managerelite?

Dieser Aufsatz soll einige Denkanstöße zum Umgang mit Eliten der Wirtschaft und was sie sein könnten aus Sicht von Personal- und Organisationsökonomik bieten. Zunächst wird das scheinbare Spannungsfeld zwischen persönlicher und gesellschaftlicher Wohlstandsmehrung, in dem Spitzenmanager agieren, dargestellt (Kapitel 1). Anschließend wird eine Heuristik zur besseren Problemdiagnose und Ursachenidentifikation entwickelt (Kapitel 2). Abschließend wird dargestellt, dass letztlich nicht Appelle, sondern eher Reformen der Rahmenbedingungen Lösungsansätze bieten (Kapitel 3). Mitgliedern einer potentiellen „Elite" müssen sowohl Möglichkeiten entsprechender Qualifikation und Handlungsräume als auch Anreize zur gesellschaftlich wünschenswerten Nutzung ihrer Fähigkeiten und Freiheiten geboten werden. Auf der systematischen Gestaltungsebene gibt es in Deutschland Verbesserungspotenziale.

## Persönliche und gesellschaftliche Wohlstandsmehrung?

Joseph Ackermann hat sich im Mannesmann-Prozess besonders profiliert mit der Bemerkung, Deutschland sei das einzige Land, in dem diejenigen, die Werte schaffen, vor Gericht gestellt würden. Es lohnt sich, sich diese Äußerung etwas genauer anzusehen. Damit sie Sinn macht, muss man folgende Annahmenkette nachvollziehen:

---

1 Hoffmann, Philipp: Eine Elite ohne Vorbildcharakter, in: Magdeburger Volksstimme vom 14. 02. 2004.

1. Hohe Entgelte bekommt, wer Wert schafft.
2. Wert schaffen heißt (u. a.), Aktienkurse bestimmter Unternehmen (temporär) nach oben zu bringen.
3. Wer Wert (in diesem Sinne) schafft, tut Gutes für die Allgemeinheit.
4. Wer Gutes für die Allgemeinheit tut, verdient gesellschaftliches Ansehen.

Diese Annahmekette reflektiert im Fall einer skeptischen Interpretation einige weit reichende Simplifizierungen, insbesondere in den Annahmen 1 bis 3. Erstens ist häufig nicht erkennbar, inwiefern Managerentgelte an eine Wertschöpfung gebunden sind.[2] Zweitens ist in vielen Fällen nicht durchschaubar, wie eine solche Wertschöpfung definiert und gemessen wird. Und drittens ist nicht klar, wem eine solche „Wertschöpfung" nützt. Häufig entsteht der Eindruck, dass sie zwar – falls vorhanden – den Aktionären eines bestimmten Unternehmens zu gute kommt, damit aber keinesfalls automatisch auch der Allgemeinheit. Betriebswirtschaftlicher Einzelerfolg ist nicht automatisch deckungsgleich mit volkswirtschaftlicher Wohlstandsmehrung.[3] Beispielsweise kann es auch in Nullsummen- oder Negativsummenspielen noch immer einzelne „Sieger" geben; andere verlieren dann umso mehr. Es ist, bildlich gesprochen, in Deutschland gut möglich, das eigene Tortenstück zu vergrößern, ohne eine größere Torte zu backen. Solange nicht der Kuchen insgesamt größer wird, bleibt bei sich vergrößernden individuellen Tortenstücken deshalb ein Zweifel am Wert der individuellen Aktivitäten für die Gesellschaft. Schließlich kann es sich um distributive statt um produktive Aktivitäten handeln.[4] Und erstere sind keineswegs per se wohlfahrtssteigernd.

Im Fall einer wohlwollenden Deutung reflektiert diese Annahmenkette den Geist einer protestantischen Ethik, die in Deutschland nur begrenzt Gültigkeit beanspruchen zu können scheint.[5] Vielmehr schimmert hierzulande häufig das katholische „Eher geht ein Kamel durch ein Nadelöhr..." durch: Es wird vielfach für geradezu unmöglich gehalten, auf anständige Weise sehr wohlhabend zu werden. Wer materiellen Reichtum anhäuft, bringt sich damit tendenziell eher in Verruf. Gesellschaftliches Ansehen kommt daher nicht automatisch mit materiellem Wohlstand.[6] Ansehen verleiht die deutsche Gesellschaft offensichtlich nach anderen Kriterien als materiellem Wohlstand der Betreffenden. Das sich auftuende Spannungsfeld veranschaulicht Abbildung 1.

2 Insbesondere schlecht konstruierte Aktienoptionspläne lassen an diesem Zusammenhang zweifeln, denn zum einen sind Aktienkurse manipulierbar und nicht unbedingt Indikatoren nachhaltiger Wertschöpfung, zum anderen lassen Optionspläne häufig sogenannte windfall profits, d. h. Entgelte für positive exogene Einflussfaktoren, zu. Siehe Backes-Gellner, Uschi/Lazear, Edward P./Wolff, Birgitta: Personalökonomik. Fortgeschrittene Anwendungen für das Management, Stuttgart 2001, S. 337 ff.

3 Zu den grundsätzlichen Problemen der Feststellung und Messung gesellschaftlicher Wohlfahrt vgl. auch Weimann, Joachim: Wirtschaftspolitik. Allokation und kollektive Entscheidung, 3. Auflage, Berlin u. a. 2004, S. 73 ff.

4 Vgl. dazu Baron, David P.: Business and its Environment, 3. Auflage, Upper Saddle River 2000, S. 166 ff.

5 Vgl. dazu auch Palazzo, Bettina: Interkulturelle Unternehmensethik. Deutsche und amerikanische Modelle im Vergleich, Wiesbaden 2000, S. 151 f. und 235 f.

6 Vgl. Palazzo, Interkulturelle Unternehmensethik (wie Anm. 5), S. 155.

*Abbildung 1: Spannungsfeld zwischen individueller und gesellschaftlicher Wohlstandsmehrung*

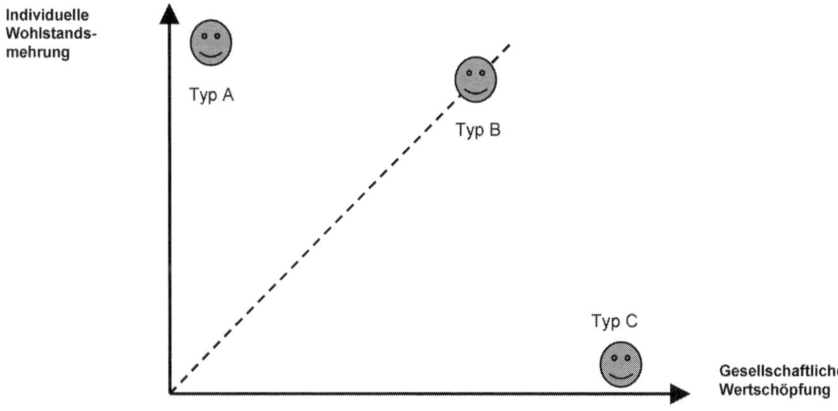


Der einleitend anekdotisch beschriebene Managertyp entspricht in der öffentlichen Wahrnehmung dem Typ A der Abbildung: Er ist erfolgreich in der Mehrung seines persönlichen Wohlstands, aber wenig erfolgreich in der wahrgenommenen gesellschaftlichen Wertschöpfung. Den Gegenpol in dieser dichotomischen Darstellung belegt Typ C, der „Mutter Teresa Typ": Dieser Typ ist erfolgreich in Punkto gesellschaftliche Wertschöpfung, deshalb hochangesehen, aber persönlich bettelarm. Die Typen A und C stellen gewissermaßen die Archetypen einer kapitalismuskritischen Logik dar, nach der man entweder „gut" oder reich sein kann. Typ C befindet sich in der Abbildung auf der 45 Grad Linie. Er repräsentiert den Typus, der zugleich erfolgreich in beiden Dimensionen ist. Zum einen könnte hier an Unternehmer des alten, patriarchisch-verantwortungsbewussten Schlages gedacht werden, den Typus, der als Stifter und Mäzen aktiv ist und Häuser für die Familien der Mitarbeiter bauen lässt – wovon noch heute ganze Straßenzüge, beispielsweise im Ruhrgebiet, Zeugnis ablegen.

Zum anderen gibt es aber auch angesehene „moderne" Unternehmer, denen es zu gelingen scheint, sich nahe der 45 Grad Linie zu positionieren. Beispielsweise ist in den U.S.A. bekannt, dass Bill Gates inzwischen über die Hälfte seines Milliarden-Vermögens für wohltätige Zwecke gestiftet hat, beispielsweise aber bei weitem nicht nur für PC-Ausstattungen in Schulen. Ted Turner hat die Schulden der U.S.A. bei der UNO mit einem Milliardenbetrag beglichen. Und George Soros macht sich mit Millionen von Dollars um die „offene Gesellschaft" in Osteuropa verdient. Vergleichbare Beispiele, wenn auch meist in kleineren Dimensionen, gibt es auch in Deutschland. So weist eine steigende Anzahl von privaten und Unternehmensstiftungen durchaus auf ein Interesse an öffentlicher Wohlstandsmehrung hin. Dem Unternehmertyp C gelingt es, nicht nur als „Raffzahn" wahrgenommen zu werden, sondern eigenen Wohlstand mit gesellschaftlichen Anliegen zu verbinden.

Unter welchen Umständen wird jemand zum A-, B- oder C-Typ? Sind es wirklich vorwiegend objektiv nicht weiter hinterfragbare persönliche Präferenzen der Betroffenen, die individuelle Handlungsmuster im Sinne von regelmäßig beobachtbaren Maximen prägen? Dies wäre die individualethische Erklärung.[7] Sie beantwortet jedoch nicht die Frage, warum in gewissen Regionen zu bestimmten Zeiten anscheinend Häufungen von A-, B- oder C-Typen auftreten – aktuell in Deutschland dem Vernehmen nach A-Typen. Nachfolgend wird aus personalökonomischer Perspektive nach einer systemischen Erklärung gesucht.

## Möglichkeiten und Anreize für eine gesellschaftliche akzeptable Wirtschaftselite

Eine andere als individualethische Erklärung der moralischen Verfassung einer Gesellschaft findet sich in der Regel- oder Institutionenethik, die auch Grundlage einer modernen Wirtschafts- und Unternehmensethik geworden ist.[8] Die Institutionenethik beschreibt individuelles Verhalten als Funktion gesellschaftlicher Regeln und Sanktionsprinzipien: Ist es individuell vorteilhaft, sich im Sinne der Gesellschaft wohlfahrtsfördernd zu verhalten, so wird der Einzelne dies tun. Gesellschaftliche Regeln sollten – im normativen Schluss – also so gestaltet werden, dass gesellschaftlich erwünschtes Handeln positiv, unerwünschtes dagegen negativ sanktioniert wird. Statt Individuen in Dilemmasituationen zwischen Eigen- und Fremdinteresse zu stürzen, sollen Regeln so gestaltet sein, dass sie eben diese Dilemmastrukturen vermeiden bzw. aufheben.[9] Elite – oder was die Gesellschaft als eine solche zu akzeptieren bereit ist – ist dann nicht folge individuellen Heldentums im Sinne von altruistischem „Wohltätertum", sondern Resultat von Anreizstrukturen, die individuell vorteilhaftes Verhalten in stärkerem Maße mit gesellschaftlich erwünschtem Verhalten zur Deckung bringen. Wie kann diese Idee für die hier vorliegende Problemstellung konkretisiert werden?

Die Personalökonomik analysiert Probleme in Leistungsprozessen – und als ein solches kann auch das „Versagen" einer vermeintlichen Elite bei der Schaffung von gesellschaftlich erwünschten Werten interpretiert werden – anhand von zwei Leitunterscheidungen. Diese sollen hier als Heuristik zur besseren Problemdiagnose vorgestellt werden.[10] Die erste ist die Unterscheidung von Koordinations- und Motivationsproblemen. „Koordinationsprobleme" bezeichnen Situationen, in denen ein Individuum eine bestimmte Aufgabe nicht erfüllen *kann*. Dies liegt daran, dass ihm zur Erfüllung der Aufgabe unabdingbare Ressourcen fehlen, z. B. materielle oder Personalressourcen, aber auch Zeit und Wissen oder Informationen. Das Individuum verfügt also schlichtweg nicht über die für eine bestimmte Leistung notwendigen Inputfaktoren. Häufig kommt hier der individuellen Qualifikation eine Schlüsselrolle zu. „Motivationsprobleme" beschreiben im Unterschied zu Koordinationsproblemen Situationen, in denen ein

7 Vgl. Palazzo, Interkulturelle Unternehmensethik (wie Anm. 5), S. 123 ff.
8 Vgl. ebenda und Homann, Karl: Vorteile und Anreize, hrsg. von Christoph Lütge, Tübingen 2002.
9 Vgl. Homann, Vorteile und Anreize (wie Anm. 8), S. 95 ff. und 155 f.
10 Vgl. etwa Wolff, Birgitta/Lazear, Edward P.: Einführung in die Personalökonomik, Stuttgart 2001, S. 51 ff.

Akteur eine Aufgabe zwar erfüllen könnte, es aber nicht *will.* Dies lässt sich damit begründen, dass die Erfüllung der gesellschaftlich wünschenswerten Aufgabe aus der persönlichen Sicht des Akteurs unattraktiv ist, weil die subjektiven Mühen und Kosten den persönlichen Nutzen aus der entsprechenden Handlung übersteigen bzw. weil ein alternativer Einsatz derselben Ressourcen einen höheren persönlichen Nutzen verspricht.

Wenn nun eine individuelle Handlung nicht die gestellte Aufgabe erfüllt, d. h. nicht das Ziel des Auftraggebers erreicht wird, so lautet die erste Frage, die der Organisationstheoretiker stellt: Kann jemand nicht oder will er nicht? Die Antwort auf diese Frage ist wichtig, weil sie den Ansatzpunkt für die entsprechende Problemlösung vorgibt. Wie in der Medizin, bietet die Diagnose die Voraussetzung für die wirkungsvolle Therapie: Wenn jemand nicht kann, aber will, so braucht er mehr oder andere Inputressourcen. Wenn jemand könnte, aber nicht will, so braucht er andere Anreize, m. a. W.: Er muss in angemessener Weise an der durch seine Handlung generierten Wertschöpfung teilhaben, so dass Wertschöpfung zum „Win-Win"-Spiel für ihn selbst und den Auftraggeber wird. Sowohl Kosten als aber auch Vorteile sind in diesem Modell keineswegs nur materiell zu verstehen. Individuelle Kosten bzw. Vorteile beschreiben alles, was für das handelnde Individuum subjektiv wahrgenommene Nutzenminderungen bzw. -zuwächse darstellt. Dies bringt eine gewisse Unschärfe ins Kalkül; häufig ist aber für den Diagnostiker relativ leicht zu identifizieren, welche von zwei Handlungsalternativen aus der Sicht eines bestimmten Akteurs vorteilhafter ist.

Als Auftraggeber in so einem Prinzipal-Agenten-Szenario ist modelltheoretisch auch „die" Gesellschaft denkbar, der Auftragnehmer wäre dann der betrachtete Akteur, in diesem Fall ein Spitzenmanager. Auch in unserem Kontext kann man also die Frage stellen: *Können* oder *wollen* deutsche Wirtschaftsführer keine „Win-Win"-Spiele mit der Gesellschaft spielen? Im Falle des Nicht-Könnens muss überlegt werden, welche Inputs ihnen fehlen. Mangelt es vielleicht an Qualifikationen oder Informationen? Oder vielleicht auch an Handlungsfreiräumen? Im Falle des Nicht-Wollens muss identifiziert werden, wodurch ggf. bestehende Fehlanreize behoben werden könnten. Wie könnten gesellschaftliche Anreizstrukturen verändert werden, damit andere Handlungsmuster auch aus der Sicht des Betreffenden relativ attraktiver werden? Abbildung 2 veranschaulicht diese erste Leitunterscheidung in den Koordinations- und Motivationsaspekt von Leistungsprozessen.[11] Beide Fragenkomplexe sind simultan und komplementär für den jeweiligen Leistungsprozess zu betrachten, ebenso wie ein gleichschenkeliges Dreieck auch nicht nur an einem Winkel oder an einer Seite verändert werden kann, ohne die Symmetrie des Ganzen zu zerstören.

11 Wolff/Lazear, Einführung (wie Anm. 10), S. 51. Diese Darstellung korrespondiert mit der „Organizational Architecture" nach Brickley, James A./Smith, Clifford W. Jr./Zimmerman, Jerold L.: Managerial Economics and Organizational Architecture, 3. Auflage, Boston etc. 2004, S. viii f., wobei dort der Anreizaspekt noch stärker im Vordergrund steht.

*Abbildung 2: Koordination und Motivation als erste Leitunterscheidung der Problemanalyse*

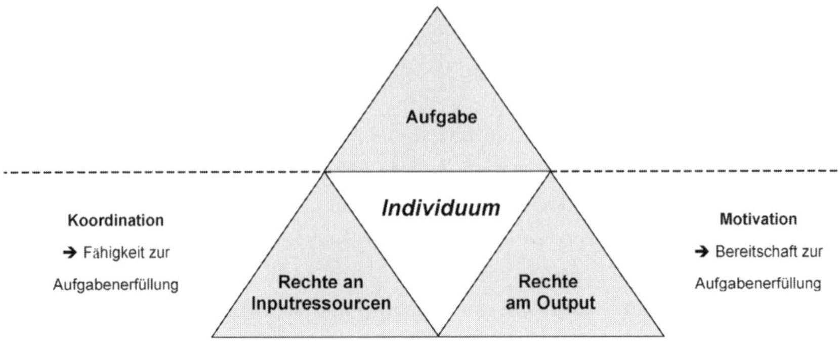


Die zweite Leitunterscheidung bezieht sich auf die Handlungsebenen. Entscheidungen von Managern stellen sich als Funktionen dar, die nicht nur endogen gestaltbare Variablen enthalten, sondern auch von exogen vorgegebenen Parametern abhängen. Die endogenen Variablen beziehen sich auf die Entscheidungsebene, die nunmehr neudeutsch „Corporate Governance" genannt wird. Exogene Parameter kommen zum einen von der Ebene der institutionellen Rahmenbedingungen, zum anderen von der Ebene der individuellen Eigenschaften.[12] Abbildung 3 veranschaulicht diesen Zusammenhang.[13]

*Abbildung 3: Drei Handlungsebenen als zweite Leitunterscheidung der Problemanalyse*

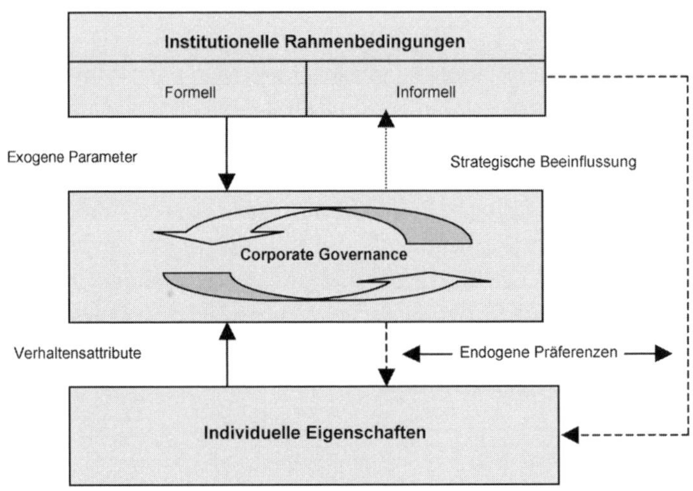


12 Für ausführliche Erläuterungen zu diesen drei Ebenen vgl. Wolff/Lazear, Einführung (wie Anm. 10), S. 47 und 53 ff.

13 Hier in Anlehnung an Williamson, Oliver E.: The Mechanisms of Governance, Oxford u. a. 1996, S. 326.

Bezogen auf die hier gestellte Frage, warum die deutsche Managerelite im Hinblick auf die Erfüllung gesellschaftlicher Ansprüche versagt, sind unter Bezugnahme auf die beiden dargestellten Leitunterscheidungen folgende Fragen zu stellen:

1. Gibt es Koordinations- und/oder Motivationsprobleme auf der individuellen Ebene? Diese lägen in den individuellen Voraussetzungen der Akteure begründet und könnten sich zum einen auf Qualifikationen und fachliche Fähigkeiten, zum anderen aber auch auf allgemeine persönliche Verhaltensdispositionen und Werthaltungen beziehen.
2. Gibt es Koordinations- und/oder Motivationsprobleme auf der Ebene der Corporate Governance? Gibt es Regeln auf der Organisationsebene, die dem Einzelnen den Zugang zu notwendigen Ressourcen verwehren, so dass er ein gewünschtes Ziel nicht erreichen kann? Oder gibt es evtl. geschriebene oder ungeschriebene Regeln im Unternehmen, die gesellschaftlich wünschenswertes Managerverhalten für diese systematisch unattraktiv machen, beispielsweise Anreizsysteme, die zu Manipulationen und kurzsichtigen Entscheidungen einladen? Solche Regeln wären letztlich von den Spitzenmanagern (weitgehend) selbst geschaffen, ergo auch selbst behebbar. Erfolgsvariablen eines Kompensationspaketes können geändert werden. Schließlich werden sie den Managern nicht von irgendwelchen Aufsichtsräten aufgezwungen, sondern ausgehandelt und von beiden Seiten unterzeichnet. Ebenso kann es auch ungeschriebene Regeln des Unternehmens bzw. Eigenschaften der Unternehmenskultur geben, die förderlich oder hinderlich für gesellschaftlich wünschenswertes Verhalten der Akteure sind. Hier ist sorgfältig zwischen werbewirksamen, aber nicht durchsetzbaren und somit wirkungslosen Absichtserklärungen einerseits und sanktionsbewehrten Unternehmensethikprogrammen andererseits zu unterscheiden.[14]
3. Gibt es Koordinations- und/oder Motivationsprobleme auf der Ebene der institutionellen Rahmenbedingungen? Hier müsste sich „die“ Gesellschaft letztlich an die eigene Nase fassen, denn die formellen (vor allem rechtliche) und informellen (vor allem kulturelle) Regeln, die individuelles Handeln in einer Gesellschaft organisieren, sind – zumindest in demokratischen Systemen – letztlich selbst implementiert. Dies gilt zum einen für Institutionen, die Koordinationsfragen betreffen, beispielsweise das allgemeine Bildungs- und Ausbildungssystem. Es gilt zum anderen aber ebenso für Institutionen, die die Motivationsfrage betreffen, beispielsweise für formelle und informelle Anreizstrukturen. Beispielsweise ist gesellschaftliche Anerkennung ein Sanktionsinstrument. Das verbale Zurückrudern einiger Beteiligter des Mannesmann-Prozesses illustriert, dass es sehr wohl trifft, von der Öffentlichkeit als „Raffzahn“ eingeschätzt zu werden. Manager müssen ihr Verhalten, soweit es bekannt wird, rechtfertigen können. Hier sind gesellschaftliche Wertvorstellungen eine Messlatte. Diese sind aus Sicht der Gesellschaft – nicht aus Sicht der Manager – endogen, d.h. sie können von und in der Gesellschaft verändert werden. Hier, wie bei der Gestaltung der formalen Rahmenbedingungen, kommt den Gestaltern der Rahmen-

14 Vgl. z. B. Baron, Business (wie Anm. 4), S. 657 ff.

bedingungen, d. h. allen voran Politikern, eine Schlüsselrolle zu. Sind Rahmenbedingungen dysfunktional, so müssen sich diejenigen, die sie beeinflussen können, dieselbe Frage gefallen lassen, wie die Manager auf der Ebene der „Corporate Governance“: Können oder wollen sie nicht anders?

## Institutionelle Rahmenbedingungen zur Förderung oder Verhinderung von Elite

Um über die Wirkungen institutioneller Rahmenbedingungen zu lernen, sind internationale Vergleiche hilfreich.[15] Gibt es Unterschiede in den „gesellschaftlichen Verfassungen“, beispielsweise zwischen den USA und Deutschland, die in einem Land Mäzenatentum und private Wohltätigkeit für Bürger (und Manager) attraktiv machen, im anderen dagegen weniger attraktiv? Gibt es spezifische Parameter, beispielsweise aus der politischen Regelungsebene, die bestimmte Verhaltensmuster systematisch provozieren? Auf diese Weise kann individuelles Verhalten organisationstheoretisch erklärt (positive Analyse) und in einem zweiten Schritt durch Modifikationen der Rahmenregelungen anders ausgerichtet werden (normative Analyse).[16]

Drei Beispiele:

1. Leicht nachvollziehbar ist der Zusammenhang zwischen der Höhe von Steuern an verschiedenen Standorten und der Wohnsitzentscheidung von Unternehmern. Wenn relativ hohen Einkommens-, Unternehmens- oder auch Erbschaftssteuern aus subjektiver Sicht keine entsprechende Leistung eines Staates gegenübersteht bzw. an anderen Standorten das wahrgenommene Preis/Leistungsverhältnis günstiger ist, so wird es eine systematische Tendenz zur Standortverlagerung geben. Ausschlaggebend ist dabei nicht die absolute oder relative Steuerhöhe, sondern das relative Preis/Leistungsverhältnis.[17] Hier liegt ein auf der Ebene der Rahmenbedingungen induziertes Motivationsproblem vor. Dies lässt sich wahrscheinlich nicht durch Beschimpfungen von „Wegziehern“ als „unpatriotisch“ lösen. Derartige Äußerungen fallen eher unter den – relativ wirkungslosen – Tatbestand dessen, was Homann in Anlehnung an Luhmann „Appellitis“[18] nennt.
2. Solange gesellschaftliche Interessengruppen bzw. deren Vertreter für Lobbyaktivitäten systematisch belohnt werden, überrascht es nicht, dass viel Energie in distributive statt in produktive Aktivitäten fließt.[19] Wird „laute“ Lobbyarbeit systematisch be-

15 In diesem Kontext sei verwiesen auf Palazzo, Interkulturelle Unternehmensethik (wie Anm. 5) und Wolff, Birgitta: Der Einfluß institutioneller Rahmenbedingungen auf den Wandel von Unternehmen, in: Edeling, Thomas/Jann, Werner/Wagner, Dieter (Hrsg.): Reorganisationsstrategien in Wirtschaft und Verwaltung, Opladen 2001, S. 119-171.

16 Für einen Anwendungsfall dieser Logik vgl. dazu Wolff, Birgitta: Multitasking zwischen Kooperation und Wettbewerb. Zur Anreizgestaltung in Universitäten, in: Titscher, Stefan/Höllinger, Sigurd (Hrsg.): Hochschulreform in Europa – Konkret. Österreichs Universitäten auf dem Weg vom Gesetz zur Realität, Opladen 2003, S. 171-182.

17 Diese Erkenntnis führt mitunter auch zu Korrekturen von Standortentscheidungen, zum Beispiel bei Boris Becker.

18 Homann, Karl: Vorteile und Anreize, hrsg. von Christoph Lütge, Tübingen 2002, S. 165.

19 Vgl. dazu Olson, Mancur: Die Logik des kollektiven Handelns, 2. Auflage, Tübingen 1985.

lohnt, z. B. durch Subventionen oder für die entsprechende Interessengruppe vorteilhafte Gesetzgebung, so bleibt es aus Sicht der Einzelnen attraktiv, Energie in distributive anstatt in produktive Aktivitäten zu investieren. Auch hier liegt also ein evident systembedingtes Motivationsproblem vor.

3. Der Exodus deutscher Studierender vor allem in die USA – selbst unter Inkaufnahme von Studiengebühren – lässt darauf schließen, dass die dort vermittelte Ausbildung als den in Deutschland verfügbaren überlegen betrachtet wird. Zu einer guten Ausbildung von Managern und Aufsichtsräten zählt u. a., dass die hier dargestellten Zusammenhänge im Spannungsfeld von eigennutz- und allgemeinnutzorientiertem Handeln mit reflektiert werden.[20] Aber welcher deutsche Aufsichtsrat beherrscht wirklich das Handwerkszeug zum Design eines Managementanreizsystems (z. B. mit Aktienoptionen), das andere als nur kurzfristige und aktienkursorientierte Handlungsanreize für Topmanager setzt? Auch Überlegungen zur „Wirtschafts- und Unternehmensethik" werden an deutschen Hochschulen noch bei weitem nicht flächendeckend angeboten.[21] Für die Ebene der Hochschulen wäre zu fragen: Können oder wollen die dortigen Akteure nicht anders? Aus Sicht der Akteure auf der Ebene der Rahmenbedingungen stellt sich diese Facette der Hochschulreformdiskussion letztlich als Koordinationsproblem dar: Eine bestimmte Ressource, in diesem Fall qualifizierte Ausbildung für Manager und Aufsichtsräte, ist an einem bestimmten Standort anscheinend nicht hinreichend verfügbar.[22] Die Hochschuldiskussion wird an anderer Stelle in diesem Band und anderswo vertieft.[23]

Die Liste der Beispiele ließe sich fortsetzen und die Diskussion jedes einzelnen analytisch vertiefen. In jedem Fall ist zu fragen: Warum wird das bestehende Motivations- oder Koordinationsproblem nicht gelöst? Betrachtet man die Ebene der Entscheider über die Rahmenbedingungen, so ist grundsätzlich jedes dieser Probleme hausgemacht oder zumindest einer Lösung zugänglich. Unterstellen wir, dass guter Wille vorhanden ist, so müssen sich Politiker also fragen: „Wie können wir es besser machen?" und das ihnen aufgegebene Koordinationsproblem lösen. Auch das Problem des Versagens einer (vermeintlichen) Elite in der Wirtschaft stellt sich somit als ein organisatorisches Gestaltungsproblem dar, indem simultan sowohl gesellschaftlich erwünschte Handlungschancen aber auch Anreize zu schaffen sind. Eine personalökonomische fundierte Analyse, wie hier im Ansatz vorgestellt, könnte dabei hilfreich sein.

20 Vgl. in diesem Sinne nochmals Baron, Business (wie Anm. 4).

21 Vgl. dazu Borghardt, Liane: Stunde der Moralisten, in: Junge Karriere 2 (2004), S. 54-55., S. 54 f.

22 Dies ist nicht die einzige Erklärung für das Versagen der deutschen Corporate Governance. Die aktuelle Diskussion um Richtlinien für die Corporate Governance illustriert die Spannweite der Probleme, zu denen beispielsweise auch Selektion nach „falschen" Kriterien und Überkreuzverflechtungen zählen, die nicht nur dazu führen, dass falsch qualifizierte Akteure in Aufsichtsgremien sitzen, sondern auch dazu, dass nicht alle motiviert sind, sorgfältig genug ihren Aufsichtspflichten nachzugehen.

23 In diesem Sinne etwa Wolff, Multitasking (wie Anm. 16).

# Über Pleiten zur Abfindung. Welche Risiken tragen Vorstände & Unternehmer?

*Peter Pulte*

## Einige einführende Betrachtungen

Die täglichen Nachrichten sind gefüllt von Meldungen über Unternehmenszusammenbrüche und sinkende Aktienkurse. Philip Holzmann muss, trotz Intervention des Kanzlers vor drei Jahren, Insolvenz anmelden, Die SchmidtBank-Krise weitet sich zur größten Privatbanken-Pleite Deutschlands aus. Die Berliner Bankgesellschaft kostet den deutschen Steuerzahler viele Milliarden. Das Kirch-Imperium wird zerschlagen.

Leidtragende dieser Wirtschaftsnachrichten sind in der Regel nicht das Management und die Aufsichtsräte, sondern die Anleger und vor allem die zigtausend Mitarbeiter, die ihren Arbeitsplatz verloren haben und nun in eine in vielen Fällen dauernde Arbeitslosigkeit hineingestoßen werden. Auf der anderen Seite glänzen börsennotierte Unternehmen in den Augen der Analysten vor allem durch diesen massiven Arbeitsplatzabbau. Dies kommt den Aktienkursen zugute.

Anders als die Eigentümer, und dazu gehören auch die Kleinaktionäre, riskieren die Vorstandsmitglieder bei ihrem Job kaum etwas, schon gar nicht das eigene Geld. Hinsichtlich des Managements und der Aufsichtsräte prägen vielmehr folgende Nachrichten die Presse: Traumgehälter für Manager, Abfindungen in Millionenhöhe, astronomisch hohe Ruhegeldzahlungen, Aktienoptionen für Manager verdoppeln das Gehalt.

Mit entsprechenden trickreichen Handhabungen werden zudem Gehaltserhöhungen „unsichtbar“ gemacht. So werden etwa Tantiemen still und heimlich in Festbeträge umgewandelt. Hiernach bleiben zwar die Bezüge der Vorstandsmitglieder konstant; die an das Fixum gebundenen Pensionsansprüche erhöhen sich aber entsprechend. Außenstehende bemerken den Vorgang nicht, da die zusätzlichen Rückstellungen im großen Pensionsposten für das Gesamtpersonal verschwinden.[1]

Ist dies alles nur ein Sturm im Wasserglas oder ist etwas aus den Fugen geraten? Ist es richtig, dass Josef Ackermann, Chef der Deutschen Bank, im Krisenjahr 2002 ein Spitzengehalt von knapp 7 Millionen Euro bekommt? Ist es richtig, das Jürgen Schrempp und seine Vorstandskollegen (Daimler-Chrysler) ihre Bezüge mehr als verdoppelten, während sich der Börsenkurs fast halbierte?[2]

Jahrzehntelang galten eherne Regeln wie etwa der Art, dass der Chef nicht mehr verdienen sollte als das 20-fache eines mittleren Angestellten. Die Vorstände der Deutschen Bank verdienten im Jahre 2002 zusammen 56,9 Mio. Euro. Ein Bankangestellter bekommt in Schnitt 30.000 Euro. Der Vorstand verdient mithin so viel, wie 1.897 „nor-

1 Managermagazin 8/2001: „In aller Stille abkassieren!“
2 Vgl. Die Zeit vom 22. Mai 2003: „Abkassierer ohne Kontrolle“.

male" Mitarbeiter. Hiernach haben Deutschlands Spitzenmanager das rechte Augenmaß für eine angemessene Bezahlung verloren. Die Vorstände kassieren still und trickreich.[3] In der Öffentlichkeit werden die millionenschweren Managergehälter in Kontrast zu den Massenentlassungen und zu den vorgesehenen und notwendigen Sozialreformen gesehen.[4]

Verschärft wird das Problem durch Aktienoptionen. Mit ihnen sollten die Interessen der Manager mit denen ihrer Auftraggeber (Anteilseigner) gleichgerichtet werden. Doch die Optionen haben nicht nur für viele Bilanzmanipulationen gesorgt, sie bieten auch ungeahnte Möglichkeiten der Selbstbedienung.[5]

Was ist los in unserer sozialen Marktwirtschaft? Haben wir einen Verfall der Sitten in der Wirtschaft? So prangerte Altbundeskanzler Schmidt die Habgier der Manager in Essen an.[6] Hierzulande habe private Habgier und Rücksichtslosigkeit, Machtgier und auch Größenwahn allzu großen Einfluss auf das Verhalten einiger Manager. Undurchsichtige Bilanz- und Finanzkunststücke und sagenhafte Selbstbereicherung seien leider ziemlich häufig und ziemlich marktgängig geworden. Es würde nach dem Motto verfahren: „Wir erwirtschaften die Rendite, aber für die Arbeitnehmer, die wir vorzeitig in Rente schicken, sei häufig bloß das Abschieben eigener Lasten auf die Allgemeinheit. Das sei zwar legal, aber durchaus unsozial und unmoralisch." Und Edmund Stoiber sieht die gesamtpolitische Tragweite solcher Exesse: „Es kann nicht sein, dass alle den Gürtel enger schnallen müssen und einige Spitzenmanager jetzt erst recht absahnen."[7] Daniel Goeudevert beklagt mithin auch den Verlust traditioneller Unternehmenskultur und die Anpassung an amerikanische Verhältnisse, wodurch die eigene Identität verloren gehe.[8]

Sobald solch kritische Stimmen laut werden, wird warnend darauf hingewiesen, dass sich Deutschland nicht von den international üblichen Gehältern abkoppeln dürfe. Der Wirtschaftsstandort Bundesrepublik sei in Gefahr, wenn in die Lohntüte der Vorstände hineinregiert würde.[9] Wenn in Deutschland keine international wettbewerbsfähigen Manager-Bezüge gezahlt werden dürften, werde die „Crème" der Unternehmensführer ins Ausland flüchten; die Debatte in Deutschland sei durch destruktiven Sozialneid geprägt.[10] Zur Festlegung von Vorstandsgehältern reiche die Kontrolle durch Aktionäre und Aufsichtsratsmitglieder der Unternehmen völlig aus.[11]

Aber nicht nur die Gehälter als solches, sondern auch die kaum vorstellbaren Abfindungshöhen sind Gegenstand der öffentlichen Kritik. So sind z. B. im Fall Mannesmann

---

3 Managermagazin vom 18. April 2002: „Die Liste der Top-Verdiener".
4 Neue Züricher Zeitung vom 30. Mai 2003: „Gläserne Taschen deutscher Manager".
5 Die Zeit vom 22. Mai 2003 (wie Anm. 2).
6 Frankfurter Allgemeine Zeitung vom 27. September 2003: „Altbundeskanzler Schmidt kritisiert Habgier der Manager".
7 Der Spiegel vom 19. Mai 2003: „Transparenz für fette Katzen".
8 WAZ vom 24. Oktober 2003: „Goeudevert: Zurück zu alten Tugenden und Moralbegriffen".
9 Die Zeit vom 22. Mai 2003 (wie Anm. 2).
10 Neue Züricher Zeitung vom 15. März 2003: „Die Deutschen als provinzielle Neidhammel?".
11 So die Erklärung Michael Rogowskis, Präsident des Bundesverbandes der Deutschen Industrie (BDI), in der Berliner Zeitung vom 17. Mai 2003: „BDI rügt Raffgier von Managern".

Abfindungen in Millionenhöhe geflossen[12] oder Hajo Neukirchen kassierte 1992 für ein einjähriges Engagement bei Hoesch 6,5 Millionen Mark Abfindung. 2,2 Millionen, weil er aus seiner Dienstvilla ausziehen sollte, weitere 2,4 Millionen Mark für den Verzicht auf das zugesicherte Auto nebst Fahrer. Dies unabhängig von der ihm zustehenden Pension von jährlich 400.000 DM.[13]

## Vorstandsgehälter und -verträge

Wie aber nun kommen diese hohen Managergehälter zustande? Die Entscheidung des Aufsichtsrates über die Struktur und Höhe der Vergütung der Vorstandsmitglieder ist zu den unternehmerischen Aufgaben des Aufsichtsrates zu rechnen, da er durch die Ausgestaltung der Anreizstruktur der Vergütung künftige unternehmerische Entscheidungen des Vorstandes steuert und mitgestaltet.[14] Der Aufsichtsrat hat bei der Entscheidung über die Struktur und Höhe der Vergütung von Vorstandsmitgliedern einen unternehmerischen Ermessenspielraum.

Die Gesamtbezüge eines Vorstandsmitgliedes müssen nach der gesetzlichen Regelung in § 87 Abs. 1 S. 1 AktG in angemessenem Verhältnis zu den „Aufgaben des Vorstandsmitglieds" und zur „Lage der Gesellschaft" stehen. Beiden Gesichtspunkten ist Rechnung zu tragen. Die Höhe der Gesamtbezüge muss im Vergleich sowohl zu den Aufgaben des Vorstandsmitgliedes als auch im Vergleich zur Lage der Gesellschaft angemessen sein. § 87 Abs. 1 AktG dient dem Schutz der Gesellschaft, ihrer Aktionäre, Arbeitnehmer und anderer Gläubiger vor sachlich ungerechtfertigten überhöhten Bezügen von Vorstandsmitgliedern. Es sei allein Sache der Unternehmen, die Vergütung festzulegen. Es sei Sache des Marktes und eine Frage von Angebot und Nachfrage, in einer sozialen Marktwirtschaft die Einkommenshöhe festzulegen.

Doch ist dem so? Die Aktionäre können nicht selbst die Gehaltsverhandlungen führen. Sie müssen darauf vertrauen, dass ihre Repräsentanten, die von ihnen gewählten Aufsichtsräte, in ihrem Interesse handeln. Die Aktionäre sind nicht bei den Gehaltsverhandlungen dabei. Sie wissen nicht, ob es andere Kandidaten gab. Sie erfahren häufig nicht einmal, wie viel ihre Manager verdienen. Ihnen bleibt verborgen, ob einzelne Aufsichtsratsmitglieder Zweifel an der Höhe der Gehälter äußern, da das Kontrollgremium streng vertraulich tagt. Doch hier liegt ein großes Problem: die Aufsichtsräte sind zum großen Teil selbst Vorstände in anderen Unternehmen. Welches Interesse sollten sie haben, Managergehälter niedrig zu halten?

Unter den Begriff der „Gesamtbezüge" fallen alle Leistungen, „die einem aktiven Vorstandsmitglied mit Rücksicht auf seine Tätigkeit für die Gesellschaft gewährt werden", die also „als Entgelt für seine Tätigkeit in den Diensten der AG angesehen werden

12 Handelsblatt vom 24. Februar 2002: „Ermittler werfen Esser Verschwörung vor"; Der Spiegel vom 24. Februar 2002: „Geben und Nehmen"; Süddeutsche Zeitung vom 24. Februar 2002: „Eine Geschichte von Geld und Gier"; Stern vom 10. April 2003: „Tatort: Chefetage".
13 Managermagazin 8/2001 (wie Anm. 1).
14 BGHZ 135, S. 244, 254 ff.; ARAG / Garmenbeck.

können". Die Vergütung kann einen festen Betrag („Fixum") und einen variablen Teil z. B. Gewinnbeteiligung („Tatieme") umfassen. Regelmäßig sehen Vorstandsverträge darüber hinaus zusätzliche Leistungen vor wie z. B. Stellung eines Dienstwagens, Betriebliche Altersversorgung, Ruhegehaltsregelungen, Darlehen und Kredite, diverse Versicherungen, Finanzberatung, Gehaltsfortzahlung bei Krankheit und Tod, Gesundheitsvorsorge, Abfindungsregelungen.[15]

Zu der Vergütung zählen auch die vergütungshalber erfolgende Einräumung von Optionen auf den Bezug von Aktien der Gesellschaft.[16]

Der vom Gesetz genannte Maßstab der „Aufgaben des Vorstandsmitgliedes" betrifft die Art der Aufgaben, die Aufgabenstellung des betreffenden Vorstandsmitgliedes, ihren Schwierigkeitsgrad und ihre Größe sowie ihre Wichtigkeit für die Gesellschaft und das Maß der Verantwortung des Vorstandsmitgliedes.[17] Die „Lage der Gesellschaft" bezeichnet die Gesamtsituation des Unternehmens (Größe des Unternehmens gemessen an Umsatz, Anzahl der Beschäftigten, die Eigenkapital- oder Aktienrendite). Aber auch eine außergewöhnlich schwierige wirtschaftliche Lage der Gesellschaft kann die Zahlung einer relativ hohen Vergütung rechtfertigen, wenn sich angesichts der Schwierigkeit einer Sanierung und des Risikos eines Fehlschlags andernfalls keine geeigneten Personen zur Gewinnung des Vorstandsamtes finden lassen.[18]

Hiernach wäre es gut möglich, eine sachlich begründete Gehaltshöhe festzusetzen. Doch neben den vorgenannten, im Gesetz stehenden Kriterien werden bei der Beurteilung der Angemessenheit der Gesamtbezüge eines Vorstandsmitgliedes aber auch besondere Fähigkeiten, Kenntnisse und Erfahrungen, die Dauer der Zugehörigkeit zur Gesellschaft, die Qualität der Aufgabenerledigung, hervorragende Tüchtigkeit und vor allem der Marktwert des Vorstandsmitglieds am Markt für Führungskräfte.[19]

Dabei wird der Marktwert durch die Art und Höhe der auf dem Markt für Führungskräfte in vergleichbaren Gesellschaften für vergleichbare Tätigkeiten gezahlten Bezüge widergespiegelt. Diese marktübliche Vergütung stellt sich nicht nur als ein neben den im Gesetz genannten Kriterien zusätzlicher Gesichtspunkt dar, sondern mittlerweile als erstrangiger Vergleich für die Beurteilung der Angemessenheit nach § 87 Abs. 1 AktG.[20] Wenn im Markt für eine vergleichbare Aufgabe in vergleichbaren Gesellschaften mithin

15 Weiterführende Literatur zum Thema: Schüller, Anette M.: Vorstandsvergütung. Baden-Baden 2002.

16 Fonk in Semler, Johannes (Hrsg.): Arbeitshandbuch für Aufsichtsratsmitglieder, 1999, Rdz. I 109 Fn. 277; Hüffer, Uwe: Kommentar zum Aktiengesetz, 4. Auflage, München 1999, § 87 Rdz. 2 a; Kallmeyer, Harald: Die AG 1999, S. 97, 100; Krieger in Hoffmann-Becking, Münchener Handbuch des Gesellschaftsrechts, Band 4, Aktiengesellschaft, München 2. Auflage 1999, § 63 Rdz. 27.

17 Hefermehl, Wolfgang, in: Geßler/Hefermehl/Eckardt/Kropff: Kommentar zum Aktiengesetz, Band II 1973/1974, § 87 Rdz. 7; Meyer-Landruht, Joachim, u. a.: Gesetz betreffend die Gesellschaften mit beschränktere Haftung (GmbH), Berlin 1987, Anm. 3.

18 Hefermehl (wie Anm. 17), Rdz. 8; Meyer-Landrut (wie Anm. 17), dort Anm. 3.

19 Hefermehl (wie Anm. 17), Rdz. 7; Hüffer, Kommentar zum Aktiengesetz (wie Anm. 16), Rdz. 2; Ders. ZHR 161 (1997), S. 214, 234; Mertens, Hans-Joachim, Das Recht des Geschäftsfübrers der GmbH, Berlin 1979, Rdz. 6.

20 Baums, Theodor: Festschrift Claussen, Köln 1997, S. 3, 20; Mertens (wie Anm. 19), Rdz. 5; Tegtmeyer, Steffan; Die Vergütung von Vorstandsmitgliedern in Publikumsaktiengesellschaften, Frankfurt am Main 1998, S. 278; Wulff, Jakob: Aktienoptionen für das Management, Köln 2000, S. 19 f.; Kramarsch, Michael, H.: Aktienbasierte Managervergütung, Stuttgart 2000, S. 57

bestimmte Leistungen ihrer Art und Höhe nach üblicherweise geboten und gezahlt würden, habe der Aufsichtsrat diese Marktdaten seinen weiteren Überlegungen als Ausgangspunkt zugrunde zu legen. Im Anschluss an die Ermittlung der marktüblichen Vergütung als wichtigster Vergleichsbasis für die Beurteilung der Angemessenheit der Gesamtbezüge eines Vorstandsmitgliedes habe der Aufsichtsrat dann unter dem Gesichtspunkt des § 87 Abs. 1 AktG zu prüfen, ob die im Gesetz genannten Beurteilungsfaktoren – Aufgabe des Vorstandsmitgliedes, Lage der Gesellschaft – eine Abweichung nach oben oder unten ermöglichen oder sogar gebieten, weil eine den Marktverhältnissen entsprechende Bezahlung sich gemessen an dem Beurteilungsmaßstab des § 87 Abs. 1 AktG gleichwohl als nicht „angemessen" im Sinne der Vorschrift erweise.[21] Wie nun der Aufsichtsrat den Marktwert ermittelt und ermitteln kann, ist nicht nachvollziehbar.

Es gilt die Regelung, dass die jährlichen Ausgaben pauschal im Geschäftsbericht ausgewiesen sein müssen, einschließlich der Abfindungen und Pensionen für ihre Vorgänger (§ 239 Abs. 1 HGB). Die tatsächlichen Zahlungen für einzelne Manager bleibt den Aktionären verborgen.

Nach § 84 AktG dürfen Vorstandsmitglieder auf höchstens fünf Jahre bestellt werden. Eine „wiederholte Bestellung oder Verlängerung der Amtszeit" ist jeweils für höchstens fünf Jahre zulässig. Dies bedarf eines erneuten Aufsichtsratsbeschlusses, der „frühestens ein Jahr vor Ablauf der bisherigen Amtszeit" gefasst werden kann.

Diese Bestimmung wird in der Praxis dadurch umgangen, dass der laufende Kontrakt bevor er regulär abläuft, einvernehmlich beendet wird und sogleich wieder neu abgeschlossen wird. Für eine „juristische Sekunde" ist das Vorstandsmitglied arbeitslos.[22]

Das Aktiengesetz gibt zwar keinen Anhaltspunkt dafür, dass der Gesetzgeber ein solches Vorgehen ausdrücklich habe ausschließen wollen. Dennoch sieht der Frankfurter Wirtschaftsrechtlicher Hans-Joachim Mertens in der Praxis der vorzeitigen Wiederbestellung in gegenseitigem Einvernehmen eine „unzulässige Umgehung des Gesetzes". Die Möglichkeit, einem späteren – und womöglich anders zusammengesetzten – Aufsichtsrat die Vorstandsmitglieder für fast eine volle Amtsperiode vorzugeben, müsse negativ bewertet werden.

Die vorgenannte Praxis wird häufig in einem anlaufenden Übernahmekampf angewendet. Das entsprechende Vorstandsmitglied soll so veranlasst werden, bei dem Unternehmen zu bleiben und die Interessen der bisherigen Eigentümer vertreten.

Damit ist dem Vorstandsmitglied aber auch für die restliche Laufzeit seines Vertrags garantiert, dass sein volles Gehalt weitergezahlt wird – samt aller etwaigen Nebenleistungen wie dem eigenen Büro, der Sekretärin und des Chauffeurs, bzw. eine hohe Abfindung für die Restlaufzeit des Vertrages ist vorprogrammiert, da die bisherigen Vorstände nur selten von den neuen Eigentümern übernommen werden.

21 Baums, Festschrift (wie Anm. 20), S. 3, 31.

22 Joachim, Jahn: Mit Rechtstricks werden Vorstände bei der Stange gehalten. Frankfurter Allgemeine Zeitung vom 17. Oktober 2001.

## Die aktuelle Diskussion

Die Debatte um die hohen Managerbezüge, die mit dem Streit um die 30 Millionen Euro Abfindung für den früheren Mannesmann-Chef Manfred Esser schon ihren Anfang fand, erlebte durch die Erhöhung der Vorstandsgehälter bei der Deutschen Telekom um 89 % im vergangenen Jahr nun einen neuen Höhepunkt.

So sind die Gesamtbezüge des Telekom-Vorstands im vergangenen Jahr von 9,2 auf 17,4 Millionen Euro gestiegen zuzüglich 1,7 Millionen Aktienoptionen, was die Empörung der Anteilseigner auslöste. Diese sehen aufgrund des Kursverfalls der T-Aktie auf immer neue Tiefststände in den vergangenen Monaten, 3,5 Milliarden Euro Verlust für das vergangene Jahr und weitere prognostizierte Verluste bis einschließlich 2004, geplante Streichungen von 20.000 Stellen in den nächsten zwei Jahren sowie einer Dividendenkürzung um 40 % auf 37 Cent ein Missverhältnis zwischen der Entwicklung des Unternehmens und der Vorstandsgehälter.

Vorstand und Aufsichtsrat hingegen wiesen derartige Vorwürfe damit zurück, dass zum einen in dem Gesamtbetrag der Vergütungen auch Abfindungen für zwei ausgeschiedene Vorstandsmitglieder enthalten seien und somit die Bezüge bei Herausrechnung der Abfindungen lediglich um etwa 50 % gestiegen sind. Außerdem blieben die Vorstandsgehälter im internationalen Vergleich absolut im Rahmen und die Erhöhung auf ein wettbewerbsfähiges Niveau sei notwendig gewesen, um ein Abwandern von Spitzenmanagern zu verhindern, so der Vorstandsvorsitzende des Aufsichtsrats Hans Dietrich Winkhaus. Des Weiteren setzte das Einkommen am Erfolg des Jahres 2000 an.

Doch finden diese Argumente bei den Kritikern wenig Verständnis. So stellte etwa der Hamburger Rechts- und Wirtschaftswissenschaftler Michael Adams in seiner Untersuchung fest,[23] dass der wirkliche Wert der Aktienoptionspläne für Vorstände, die diese zusätzlich zu Festgehalt und Bonuszahlungen erhalten, weit höher liege, als die Anleger ahnten. So berechnete er den Gesamtwert des laufenden Optionsprogramms der Deutschen Telekom mit Hilfe der finanzmathematischen „Black-Scholes-Formel", mit der sich der Barwert der Aktienoptionen beziffern lässt, auf mindestens 100 Millionen Euro.

Dabei kritisiert Adams die langjährigen Ausübungsfristen bei großen Schwankungsbreiten der Kurse und die üblich gewordene Praxis, bei der sich die Vorstände von der Hauptversammlung einfach ein neues Programm mit niedrigeren Ausübungshürden bewilligen lassen, wenn sich beim Kursverfall der Kauf selbst zum verbilligten Ausübungspreis nicht lohnt.

Da somit der tatsächliche Wert derartiger Aktienoptionsprogramme vor den Aktionären verschleiert wird, wird nun von vielen Seiten, wie z. B. der Regierungskommission „Corporate Governance" wie auch vom Deutschen Standardisierungsrat für die Rechnungslegung nach mehr Transparenz von Aktienoptionen gefordert. So seien diese als

23 Adams, Michael: „Vorstandsvergütungen – Die Fälle Mannesmann und DaimlerChrysler", erscheint in: Regulierung, Wettbewerb und Marktwirtschaft, Festschrift für Carl-Christian von Weizsäcker, Göttingen 2003.

Teil der Vergütung in der Bilanz zu verbuchen, wobei somit auch ein zusätzlicher Steuernachteil der Anleger bzgl. dieser nicht bilanzierten Kosten aufgehoben würde.

Angesichts des wachsenden öffentlichen Drucks von Aktionären, Politikern und Wirtschaftsgremien, der nicht nur auf der Hauptversammlung der Deutschen Telekom im Mai lautstark zum Ausdruck kam, entschied sich schließlich der achtköpfige Vorstand auf die 1,7 Millionen Optionen auf Aktien des Unternehmens zu verzichten und außerdem das Programm von 6,7 Millionen Optionen für 3000 Führungskräfte und Spezialisten zu halbieren.[24]

Die Krise zeigt allerdings auch bei anderen Unternehmen Wirkung, die schon vor der Telekom die Sonderbezüge von Managern gekürzt haben, nachdem sie Verluste ausgeschrieben hatten. So reduzierten beispielsweise der Elektronikkonzern Philips und das Verlagshaus Pearson die Boni für ihr Management und Hewlett-Packard setzte Gehaltskürzungen im Management durch, wohingegen der Vorstandschef von Vodafone, Chris Gent, trotz eines um mehr als 70% gefallenen Aktienkurses nicht auf Teile seiner Vergütung verzichten will.

## Aufsichtsratsvergütungen

Auch die Aufsichtsratsvergütungen nehmen im Einzelfall einen Umfang an, der in der Öffentlichkeit auf kein Verständnis mehr stößt. So vergütet beispielsweise Volkswagen ihrem Aufsichtsratschef Piech 305.000 Euro im Jahr, Daimler-Chrysler ihrem Aufsichtsratsvorsitzenden Hilmar Kopper 225.000 Euro.[25] Oder aber bei dem Aufsichtsrat des Maschinenbaukonzerns Agiv waren deren Tantieme an die Dividende gebunden und durch die außerordentlichen Verkaufserlöse bei der Zerschlagung des Konzerns erreichte die Aufsichtsratsvergütung insgesamt 6,2 Millionen Mark.[26]

## Aufgaben der Gerichte

Zukünftig sind auch die deutschen Gerichte mehr gefragt, ob bei einer nicht ordnungsgemäßen Tätigkeit als Vorstands- oder Aufsichtsratsmitglied ein strafrechtlicher Tatbestand erfüllt ist:

*Haftung des Vorstandes*

Die persönliche Inanspruchnahme von Vorstandsmitgliedern war lange Zeit in Deutschland kein Thema. Die typische Reaktion auf ein Fehlverhalten von Managern war die Beendigung ihres Dienstverhältnisses. Darüber hinaus wurden die Unternehmensleiter nicht mit ihrem persönlichen Vermögen haftbar gemacht.

24 Frankfurter Allgemeine Zeitung vom 25. Mai 2002: „100 Millionen Euro für den Vorstand der Deutschen Telekom“; Frankfurter Allgemeine Zeitung vom 27. Mai 2002: „Deutsche Telekom hält Vorstandsgehälter für angemessen“.

25 Süddeutsche Zeitung vom 14. August 2003: „Geld verdienen – leicht gemacht“.

26 Manager-magazin 8/2001: „Vertragswerk als ultima ratio“.

Diese Ausgangslage hat sich deutlich verändert. Die Managerhaftung ist ein Thema in der Öffentlichkeit geworden. Das hat dazu geführt, dass sich die Gesellschafter eines Unternehmens ihrer Anspruchsmöglichkeiten immer mehr bewusst werden. In der Industrie mehren sich bereits die Fälle, in denen Geschäftsführer persönlich in Anspruch genommen werden. Der Weg zu den Mittel- und Kleinunternehmen ist vorgezeichnet.

*Haftung des Aufsichtsrates*
Auch die Haftung des Aufsichtsrates kommt nunmehr in Betracht, wie der Fall Esser zeigt. Der Aufsichtsrat von Mannesmann muss sich mit dem Vorwurf der Untreue auseinandersetzen.

Der Straftatbestand des Betruges (§ 266 StGB) setzt nicht voraus, dass ein Täter sich durch seine kriminelle Handlung selbst bereichert hat. Bestraft werden soll, wer ein fremdes Vermögen verwaltet und es dabei zu Unrecht schädigt. So kann sich der Geschäftsführer eines Unternehmens oder der Kassenwart eines Fußballvereins auch schuldig machen, wenn er dessen Kapital durch riskante Transaktionen ganz uneigennützig verspekuliert. Dies gilt sogar, wenn er das Geschäftsvermögen nur in Gefahr bringt oder – wegen des Schutzes der Gläubiger – wenn ihm die Kapitalgesellschaft selbst gehört.

Insofern ist der Vorwurf der Untreue gegen Aufsichtsratsmitglieder nicht abwegig. Die Unternehmenskontrolleure sind Treuhänder fremden Vermögens; die Aktiengesellschaft gehört (in der Regel) weder ihnen noch den angestellten Vorständen, sondern den Aktionären. Deshalb dürfen die Aufsichtsräte das Geld aus der Unternehmenskasse nicht beliebig verteilen. Die Bezüge der Manager etwa müssen vielmehr nach § 87 AktG „in einem angemessenen Verhältnis zu den Aufgaben des Vorstandsmitglieds und zur Lage der Gesellschaft stehen" – einschließlich Ruhegehälter, Hinterbliebenenbezüge und „Leistungen verwandter Art".

## Regulierungsinitiativen

Auch von staatlicher Seite sind die Missstände gesehen worden. So will die EU die Regeln zur Kontrolle und Führung von Unternehmen („Corporate Governance") verbessern. Die Europäische Kommission hat nun Vorschläge zur Modernisierung des Unternehmensrechts und zur besseren Unternehmensführung vorgelegt.[27] Hierin fordert die Kommission europäische Mindestvorschriften und eine gemeinschaftliche Abstimmung der bestehenden „Corporate-Governance"-Kodizes. Der Aktionsplan für ein neues Unternehmensrecht (2003 bis 2005) sieht vor:[28]
- Richtlinie für verschärfte „Corporate-Governance"-Anforderungen
- Richtlinie für einen Ausbau der Aktionärsrechte

27 Vgl. dazu Frankfurter Allgemeine Zeitung vom 13. Mai 2003: „Schärfere Kontrolle der Vorstände, mehr Rechte für die Geldgeber".
28 In diesem Sinne Frankfurter Allgemeine Zeitung vom 20. Mai 2003: „Modernisierung des Unternehmensrechts".

- Empfehlung zur Stärkung unabhängiger Direktoren
- Empfehlung zu den Vergütungsverfahren für das Führungspersonal
- Richtlinie zur Verankerung des Grundsatzes der kollektiven Verantwortung des Vorstandes
- Schaffung eines Europäischen Koordinierungsforums für „Corporate Governance“
- Richtlinie zur Vereinfachung der Rechte beim freiwilligen und erzwungenen Verkauf von Aktien
- Richtlinie über mehr Transparenz bei verschachtelten Unternehmen (Pyramiden)
- Studie zur „Europäischen Privat-Gesellschaft“
- Richtlinie zur Erleichterung grenzüberschreitender Zusammenschlüsse
- Richtlinie zur Option, den Firmensitz in ein anderes EU-Land zu verlegen
- Vorantreiben weiterer europäischer Gesellschaftsformen, wie zum Beispiel Genossenschaften, Vereine und Stiftungen.

In Deutschland geht unterdessen die Diskussion über eine eigene Regelung zur Vorstandsvergütung weiter. Bundesjustizministerin Brigitte Zypries hatte im Februar ein „Zehn-Punkte-Programm“ für Anlegerschutz und Unternehmensintegrität vorgelegt. Angeregt werden darin unter anderem eine Höchstgrenze für Aktienoptionsprogramme von Vorständen und die Einführung einer Pflicht, diese mit Beispielrechnungen der Hauptversammlung zu verdeutlichen, bevor die Aktionäre darüber abstimmen. „Anreizorientierte Vergütungskomponenten“ sollen zudem ausdrücklich unter das Gebot der Angemessenheit im Aktiengesetz gestellt und die Bezüge der einzelnen Vorstände aufgedeckt werden.

Das Deutsche Aktieninstitut hat gemeinsam mit der Unternehmensberatung Towers Perrin ein Modell zur zeitgemäßen Vergütung von Aufsichtsräten börsennotierter Gesellschaften entwickelt. Erstmals werden darin unter Berücksichtigung der allgemeinen Vorgaben des Deutschen „Corporate Governance“-Kodexes konkrete Umsetzungsempfehlungen gegeben. Ziel ist es, der in jüngster Zeit gestiegenen Verantwortung und Belastung der Aufsichtsräte eine differenzierte und angemessene Vergütung gegenüber zu stellen.

Die Eckpunkte des Modells sehen eine Vergütungsstruktur zur Hälfte aus fester Vergütung und zur Hälfte aus erfolgsabhängiger variabler Vergütung vor. Letztere soll sich wiederum je zur Hälfte aus einer jährlichen sowie einer langfristigen Vergütung zusammensetzen. Für die jährliche Vergütung sollten besonders die Faktoren wie Performance-Standard, Bemessungsgrundlage und Auszahlungsfunktion beachtet werden und den Erfordernissen einer Aufsichtsratsvergütung angepasst werden. Für die langfristige Vergütung wird eine Anlehnung des um Dividenden und Kapitalmaßnahmen bereinigten Aktienkurses vorgeschlagen, die der Funktion des Aufsichtsrates als Mittler zwischen Aktionären und Unternehmensführung Rechnung trägt.[29]

Die von der Deutschen Bundesregierung beauftragte Regierungskommission hat Anfang 2002 den Deutschen „Corporate Governance“-Kodex fertig gestellt. Der Deut-

29 Presseinformation des Deutschen Aktieninstituts vom 10. Juni 2003.

sche „Corporate Governance"-Kodex stellt wesentliche gesetzliche Vorschriften zur Leitung und Überwachung deutscher börsennotierter Gesellschaften dar und enthält international und national anerkannte Standards der Unternehmensführung. Der Deutsche „Corporate Governance"-Kodex enthält drei unterschiedliche Standards, nämlich Vorschriften, die geltendes Gesetzesrecht beschreiben, Empfehlungen der Regierungskommission sowie Anregungen der Regierungskommission.

Die im Deutschen „Corporate Governance"-Kodex wiedergegebenen Gesetzesvorschriften sind als geltendes Gesetzesrecht von den Unternehmen zwingend zu beachten. Von den Empfehlungen können die Gesellschaften abweichen, sie sind dann aber verpflichtet, dies jährlich offenzulegen. Das deutsche Aktienrecht sieht in § 161 AktG vor, dass Vorstand und Aufsichtsrat der deutschen börsennotierten Gesellschaft jährlich eine Erklärung zur Beachtung der Empfehlungen der Regierungskommission abgeben müssen. Von den Anregungen des Deutschen „Corporate Governance"-Kodex können die Unternehmen auch ohne Offenlegung abweichen.

Im Hinblick auf die Vorstands- und Aufsichtsratsbezüge sind folgende Beschlüsse der Regierungskommission von Bedeutung:

- Offenlegung der Vorstandsbezüge: Die Unternehmen sollen künftig die individuellen Vergütungen aller Mitglieder des Vorstands und des Aufsichtsrats ausweisen und dabei auch die Bestandteile der Vergütungen detailliert aufschlüsseln. Der Wert der Aktienoptionen soll offengelegt werden.
- Transparenz der Bezüge: Unternehmen sollen die Grundzüge ihres Vergütungssystems auf ihrer Internetseite in allgemein verständlicher Form darstellen. Darüber hinaus informiert der Aufsichtsrat die Hauptversammlung über die Grundzüge des Vergütungssystems und etwaige Veränderungen.
- Aktienoptionen: Aktienoptionen und vergleichbare Vergütungen sollen sich an relevanten und anspruchsvollen Vergleichsgrößen orientieren.
- Begrenzung der Vorstandsbezüge: Bei außerordentlichen, nicht vorhergesehenen Entwicklungen soll eine Begrenzungsmöglichkeit für Aktienoptionen als Bestandteil der Vorstandsgehälter vereinbart werden.[30] Zu denken wäre auch an eine gesetzliche Höchstgrenze („caps") für die variablen Bestandteile der Bezüge.[31]
- Selbstbehalt bei D&O Versicherungen: Der Deutsche „Corporate Governance"-Kodex empfiehlt, in Haftpflichtversicherungen, die ein Unternehmen für seine Vorstands- und Aufsichtsratsmitglieder abschließt (sog. „Directors and Officers Liability Insurances", kurz D&O-Versicherungen) einen angemessenen Selbstbehalt vorzusehen.
- Aufsichtsratsvergütungen: Der Deutsche „Corporate Governance"-Kodex empfiehlt, dass die Mitglieder des Aufsichtsrats neben einer festen auch eine erfolgsorientierte Vergütung erhalten sollen.

30 So ein Vorschlag der Cromme-Kommission, Managermagazin.de vom 22. 5. 2003: „Gedeckelte Optionen, offene Lohntüten".

31 In diesem Sinne etwa vorgesehen im Zehn-Punkte-Programm der Bundesregierung, Managermagazin.de vom 13. 5. 2003: „Die Reichen laufen uns schon lange weg ins Ausland".

## Weitergehende Überlegungen

Die Überlegungen zur Reform und Offenlegung der Vorstandsbezüge sind richtig, ob sie allerdings ausreichend sind, ist fraglich. Wenn nicht, so muss sich der Gesetzgeber direkt einschalten und die Kodexregeln verpflichtend im Gesetz festschreiben und womöglich noch weitergehende Reglungen treffen. Hierbei müsste und kann noch an folgendes gedacht werden:[32]

1. Um dem Missbrauch mit horrenden Abfindungen vorzubeugen, könnte die Regelung getroffen werden, dass ein Vorstandsmitglied zwar einerseits mehr als heute verdient, er andererseits aber auch nur noch einen Einjahresvertrag bekommt.[33]
2. Es darf nicht nur der Personalausschuss über die Vorstandsvergütung entscheiden, vielmehr ist hierfür der Gesamtaufsichtsrat zuständig. Der Personalausschuss hat allenfalls die Vergütungsvorschläge zu erarbeiten. Gegebenenfalls sollte sogar die Hauptversammlung die Bezüge der Vorstandsmitglieder bestimmen, wie dies beispielsweise bereits in Großbritannien der Fall ist.[34]
3. Die Berechtigung des Aufsichtsrates, bei Verschlechterung in den Verhältnissen der Gesellschaft die Vorstandsbezüge angemessen herabzusetzen (§ 87 Abs. 2 AktG) muss zu einer Pflicht zur Vergütungsüberprüfung umgewandelt werden.
4. Zukünftig könnten die Vorstandsgehälter an die Entwicklung von Löhnen oder Börsenkursen gebunden sein.[35]
5. Staatlich festgelegte Höchstgrenzen der Absetzung der Vorstandsvergütungen von der Steuer, so wie dies in den USA der Fall ist, wo Gehälter, die eine Million Dollar übersteigen, nur noch abgesetzt werden können, wenn sie leistungsbezogen gezahlt und von einem unabhängigen Kontrollausschuss des Unternehmens abgesegnet wurden.[36]
6. Bei der Feststellung der Angemessenheit der Bezüge von Vorstandsmitgliedern sollten als Kriterien weniger kurzfristige Faktoren wie z. B. Jahresabschlüsse, als viel mehr Fragen der langfristigen Entwicklung des Unternehmens herangezogen werden.
7. Aktienoptionsprogramme für Vorstandsmitglieder sollten an langfristigen Kriterien orientiert werden; die Ausgabe von Aktien mit einer langfristigen Veräußerungssperre verbunden sein.
8. Die Altersversorgung von Vorstandsmitgliedern muss an bestimmte Anwartschaftszeiten gekoppelt sein, bzw. in einem bestimmten Verhältnis zur zeitlichen Dauer der Vorstandstätigkeit stehen.
9. Vertragserneuerungen von Vorständen vor dem gesetzlich vorgeschriebenen Jahr von Vertragsablauf sollten nur in besonderen Situationen möglich sein.

---

32 Vgl. dazu auch die einschlägigen Vorschläge des Deutschen Gewerkschaftsbundes (DGB) in seiner Publikation „Angemessene Vorstands- und Aufsichtsratsvergütungen" (Berlin 2003).

33 So der entsprechende Vorschlag des Bayer-Konzernchefs Manfred Schneider, Managermagazin 8/2001 (wie Anm. 26).

34 Frankfurter Allgemeine Zeitung vom 19. Mai 2003: „Aktionäre bremsen Gehaltsexzesse".

35 Der Spiegel vom 19. Mai 2003 (wie Anm. 7).

36 Die Zeit vom 22. Mai 2003 (wie Anm. 5).

10. Vorzeitig ausscheidende Vorstände erhalten ihren Vertrag ausbezahlt; Abgangsentschädigungen und andere Bonbons sind die Ausnahme, nicht die Regel.

**Das Unternehmervorbild**

Aber nicht nur die Regeln zur Führung und Kontrolle von Unternehmen, sondern allgemein die Managementkultur gehört auf den Prüfstand. Die überwiegende Zahl der kleinen und mittleren Betriebe wird von Unternehmern geführt, oft gemeinsam mit Familienangehörigen. Hier haftet der Unternehmer noch mit seinem ganzen Vermögen. Selbst wenn er eine Kapitalgesellschaft gebildet hat, verlangen die Banken in der Regel zusätzlich eine Absicherung durch das Privatvermögen.

Aber es wird auch eine andere Managementkultur gelebt: Die Identifikation mit dem Betrieb, der persönliche Einsatz für die Firma. Die Wettbewerbsposition, die Finanzierungsmöglichkeiten und die Unternehmensstrategie werden hier über die Persönlichkeit der Unternehmerin oder des Unternehmers entschieden.

Bei Unternehmen, deren Eigentümer und Vorstände nicht identisch sind, wird darüber gestritten, welche der beiden Managementkulturen die bessere Lösung sei: Das „rheinische" oder das „angelsächsische Modell". Verkürzt: der deutscher Konsenskapitalismus oder der amerikanischer „shareholder value"-Ansatz. Die wesentlichen Unterschiede liegen im Blickwinkel, aus dem man ein Unternehmen betrachtet. In den angelsächsischen Ländern steht der „shareholder" für einen am Kapitalmarkt orientierten Managementstil. Zielgruppen guter Unternehmensführung sind zufriedene Aktionäre, Aufsichtsräte und Analysten. In Kontinentaleuropa werden die „stakeholder" stärker betont: Die Mitarbeiter und der Einfluss durch Mitbestimmungsgesetze, aber auch Banken als wichtigste Quelle der Unternehmensfinanzierung spielen eine wichtigere Rolle.

Bei dieser Zweiteilung findet eine Unternehmensführung keine Berücksichtigung, die das Unternehmen als ein soziales Gebilde versteht, das auch dem Gemeinwohl verpflichtet ist und deren Führung auch von ethischen Grundsätzen bestimmt ist. Diese Grundidee ist die einer an Werten orientierten Unternehmerschaft. Der Unternehmer, dessen Wort und Handschlag gilt, hat schon immer den Kunden in den Mittelpunkt gestellt. Seine Methode: nüchtern kalkulieren, hart verhandeln, pünktlich liefern, sauber abrechnen. Um aber nicht nur verlässlicher Geschäftspartner und fairer Arbeitgeber, sondern auch erfolgreicher Unternehmer zu sein, spielen drei weitere Aspekte eine wichtige Rolle: Der Unternehmer denkt und handelt langfristig, nicht selten über Generationen hinweg. Er engagiert sich selbstverständlich für das Gemeinwesen, ohne dafür besondere Anerkennung zu beanspruchen. Und die Firma ist ihm im Zweifel wichtiger als die eigene Person. In einer freiheitlichen und sozialen Wirtschafts- und Gesellschaftsordnung erfüllt der Unternehmer so nicht nur eine unverzichtbare wirtschaftliche Funktion, sondern er trägt gleichzeitig für die Erhaltung und ständige Fortentwicklung dieser Ordnung ein hohes Maß ethischer Verantwortung – d. h. über den Bereich des eigenen Unternehmens hinaus.

Dieses Leitbild für eine an Werten orientierte Unternehmensführung sollte auch für

Vorstandsmitglieder gelten, die nicht am Kapital ihrer Gesellschaft beteiligt sind. Dieses Unternehmerbild ist ein wichtiger Beitrag zu einem Aspekt der „Corporate Governance"-Debatte, der bislang noch zu wenig beachtet wurde: Gesetze, Regeln und Strukturen für Aufsichtsräte und Vorstände, „boards" und „committees" sind das eine – die Werte, nach denen Unternehmen geführt werden, das andere. Die zunehmende Verrechtlichung des Wirtschaftslebens kann aber nicht den Mangel an Moral und ethischen Grundsätzen kompensieren.

## Ausblick

Ob mit den vorgenannten Regelungen und Reformüberlegungen der Selbstbedienungsmentalität der schwarzen Schafe in den Vorstandsetagen wirksam entgegengewirkt werden kann, bleibt allerdings zweifelhaft. Lücken und Umgehungstatbestände wird es wahrscheinlich immer geben. Auch ist es ein ordnungspolitisches Armutszeugnis, Fehlentwicklungen immer nur mit dem Gesetzbuch zu korrigieren. Notwendig ist die Rückkehr zur Ethik und zu moralischen Grundsätzen in der Wirtschaft, die getragen sind von Verantwortung gegenüber den Aktionären und den Arbeitnehmern. Dies beinhaltet dann auch eine wohlverstandene Bescheidenheit. So und nicht anders wird es möglich sein, auch von den Arbeitnehmern die Bereitschaft zu erwarten, in der Zukunft die notwendigen Einschnitte (Kürzung von Weihnachtsgeld und Urlaubsgeld, Reform der Sozialversicherungszweige) hinzunehmen. Die Anteilseigner sind aufgefordert, zukünftige Manager auch unter dem Gesichtspunkt der moralischen Integrität zu bestellen.

# Politische Elite unter Medieneinfluss: Politikerimages in der Mediengesellschaft – Eine strukturfunktionale Beschreibung

*Jochen W. Wagner*

„Die Gesellschaft ist immer eine dynamische
Einheit zweier Faktoren, der Eliten und der Massen."
(*José Ortega y Gasset*, Aufstand der Massen, 1930)

Eliten sind Projektionsfläche der Einschätzungen und Bewertungen, aber auch Hoffnungen der „Massen" (Nicht-Elite). Eigenschaftszusprechungen von Eliten können sowohl induktiv, vom Individuum auf die Gruppe, als auch deduktiv, von der Gruppe auf einzelne Mitglieder, erfolgen. Diese Zuweisungen sind zwar nicht statisch, unterliegen aber, einmal gefestigt, einem nur langsamen Wandlungsprozess.

In modernen „Mediendemokratien"[1] bilden die Bürger in ihrer Funktion als Rezipienten die Nichtelite, die den größten Teil ihrer Information aus dem Konsum von Massenmedien bezieht. Politiker, eine trotz aller innersystemischen Differenzierungen von großer Homogenität geprägte Gruppe,[2] zählen hingegen zu den bekanntesten Eliten der Gesellschaft. Dafür stehen insbesondere die täglich in allen Medien präsenten Vertreter der Spitzenpolitik.

Der funktionale Ansatz bedingt die Frage nach dem Einflussgrad der Massenmedien im Imagegenierungs- und Darstellungsprozess der politischen Elite in der medienzentrierten Demokratie Deutschlands und den Konsequenzen, die sich daraus für die betroffenen Politiker ergeben.

## Politische Eliten in der Mediendemokratie

Eliten sind per Definition eine Minderheit, der im Gesellschaftssystem eine exponierte Stellung zukommt. Diese Position kann auf drei Arten erreicht werden: als „Machtelite", aufgrund eines besonderen Einflusses, als „Funktionselite", aufgrund einer besonderen Leistung, und als „Wertelite", aufgrund eines besonderen Ansehens.[3] Bereits in den 70er Jahren beschreibt Roth am Gesellschaftsmodell Deutschlands die Elitenkommunikation als einen Prozess vielfältiger Interaktionen mit vertikalen und horizontalen Ordnungs-

1 Schatz, Heribert/Rössler, Patrick/Nieland, Jörg-Uwe (Hrsg.): Politische Akteure in der Mediendemokratie. Politiker in den Fesseln der Medien?, Wiesbaden 2002.

2 Vgl. hierzu Scheuch, Erwin K.: Elitenkonfigurationen in Deutschland, in: Hradil, Stefan/Imbusch, Peter: Oberschichten – Eliten – Herrschende Klassen, Opladen 2003, S. 147-174, hier S. 168.

3 In diesem Sinne etwa Kaina, Viktoria: Elitenvertrauen und Demokratie. Zur Akzeptanz gesellschaftlicher Führungskräfte im vereinten Deutschland, Wiesbaden 2002, S. 30 f; ebenso Pfetsch, Frank: Von der liberalen Elitentheorie zur Theorie einer europäischen Zivilgesellschaft, in: Merkel, Wolfgang/Busch, Andreas (Hrsg.): Demokratie in Ost und West, Frankfurt am Main 1999, S. 496-519, hier S. 501 f / Schäfers, Bernhard: Elite, in: Aus Politik und Zeitgeschichte, B.10/2004, S. 3-8, hier S. 5.

und Kommunikationsstrukturen.[4] Eine systemische Horizontal/vertikal-Integration der Eliten konstatiert auch Hoffmann-Lange; die horizontale Integration meint hierbei die Orientierung einer Elite an anderen Eliten, die vertikale Integration bezeichnet die Responsivität einer Elite gegenüber einer Nichtelite.[5]

Die Elitenforschung der politischen Kommunikation begann erst in den 90er Jahren auf der Basis des ursprünglich sozialwissenschaftlichen Verständnisses der politischen Elite als einer „zahlenmäßig kleine[n] Gruppe der mächtigsten Personen einer Gesellschaft [...], deren Macht institutionalisiert und an Positionen oder Funktionen gebunden ist“[6] mit Studien zu Beziehungen von Eliten und Massenkommunikation.[7] Zwar wurde der Forschungsbestand seitdem kontinuierlich erweitert, ein fächerübergreifender Bedarf am Eliten-Diskurs besteht jedoch auch weiterhin.[8] Nach herrschendem Grundkonsens steht der Elitenbegriff für zwei Personenkreise: Personen, die über politische Macht verfügen, indem sie allgemein verbindlich entscheiden (enge Begriffsdefinition), und Personen, die regelmäßig und maßgeblich das Handeln dieser Eliten beeinflussen, indem sie gesellschaftliche Macht ausüben (weite Begriffsdefinition).[9]

Das Erkenntnisinteresse bezieht sich im Folgenden auf die Elite im engeren Sinne, d. h. Inhaber von Führungspositionen und Entscheidungsträger benachbarter Systeme und Sektoren (Wirtschaft, Medien, Wissenschaft etc.) werden ausgeklammert. Unter dem Begriff der „politischen Elite“ werden nachfolgend diejenigen subsumiert, die als gewählte Personen hauptberuflich eine politische Tätigkeit ausüben.[10] Die weitere Spezifizierung orientiert sich an den Ausführungen von Arnims, der Politiker in zwei Gruppen differenziert: (1) Die „normalen Berufspolitiker“, für die es, solange das eigene Amt/Mandat bestehen bleibt, wenig Unterschied macht, ob ihre Partei die Wahl gewinnt, da sie kaum in den Entscheidungsprozess eingebunden sind und (2) die „Spitzenpolitiker“, die bei einem Wahlsieg die Führungsämter und -positionen einnehmen und somit zwangsläufig stärker am Sieg ihrer Partei interessiert sind.[11] Daher wird für die hier betrachtete Gruppe der politischen Elite die Begriffsbezeichnung „Spitzenpolitiker“ im Sinne des elitären Berufspolitikers verwendet.

4 Roth, Dieter: Zum Demokratieverständnis von Eliten in der Bundesrepublik, Frankfurt am Main 1976, S. 40.

5 Vgl. Hoffmann-Lange, Ursula: Eliten, Macht und Konflikt in der Bundesrepublik, Opladen 1992, S. 34-39.

6 Vgl. Imbusch, Peter: Konjukturen, Probleme und Desiderata sozialwissenschaftlicher Elitenforschung, in: Hradil/Imbusch, Oberschichten (wie Anm. 2), S. 11-34, hier S. 18.

7 Vgl. stellvertretend dazu Bentele, Günter/Haller, Michael (Hrsg.): Aktuelle Entstehung von Öffentlichkeit. Akteure – Strukturen – Veränderungen, Konstanz 1997; siehe auch Jäckel, Michael/Winterhoff-Spurk, Peter (Hrsg.): Politik und Medien. Analysen zur Entwicklung der politischen Kommunikation, Berlin 1994 sowie Kurp, Matthias: Lokale Medien und kommunale Eliten, Opladen 1994.

8 Vgl. Krais, Beate: Die Spitzen der Gesellschaft. Theoretische Überlegungen, in: dies. (Hrsg.): An der Spitze. Von Eliten und herrschenden Klassen, Konstanz 2001, S. 7-62, hier S. 9.

9 Vgl. Hoffmann-Lange, Ursula/König, Thomas: Politische Eliten, in: Jarren, Otfried/Sarcinelli, Ulrich/Saxer, Ulrich (Hrsg.): Politische Kommunikation in der demokratischen Gesellschaft, Opladen 1998, S. 450-455, hier S. 453 und Kaina, Elitenvertrauen (wie Anm. 3), S. 26.

10 Dies beinhaltet sowohl vom Wähler per Stimmrecht gewählte, als auch von und aus der Partei gewählte Personen, wie z. B. den Generalsekretär oder Parteivorsitzenden. Auf eine Diskussion der Bezeichnungen „politische Elite“ und „politische Klasse“ soll verzichtet werden. Zur Debatte vgl. Borchert, Jens: Politik als Beruf. Die politische Klasse in westlichen Demokratien, in: ders. (Hrsg.): Politik als Beruf. Die politische Klasse in westlichen Demokratien, Opladen 1999, S. 7-38.

11 Vgl. Arnim, Hans Herbert von: Das System. Die Machenschaften der Macht, München 2001, S. 85 f.

Aufgrund ihrer strukturell hervorgehobenen Stellung im demokratischen Willensbildungs- und massenmedialen Vermittlungsprozess stehen Spitzenpolitiker im Zentrum der öffentlichen Aufmerksamkeit. Im Spannungsverhältnis von öffentlicher Meinungsbildung und zentralen gesellschaftlichen Entscheidungsprozessen ist eine permanente Medienpräsenz unvermeidlich. Der Vermittlungsprozess spielt sich dabei zwar zwischen den Systemen Politik, Medien und Öffentlichkeit ab, da der gesamtgesellschaftliche Kommunikationsraum aber nicht exakt entlang der Sektorgrenzen verläuft, sondern Interpenetration erlaubt, kommt der horizontal gleichgestellten medialen Akteurselite (Journalisten) eine zumindest ebenbürtige Akteursrolle zu. Dabei ordnet sich der Prozess den strukturellen Bedingungen der Mediendemokratie unter, in der die „Handlungslogik der Medien sowie die Interdependenzen und Interpenetrationen zwischen Journalismus und politischem System für den Verlauf des politischen Prozesses, ja für politischen Erfolg oder Misserfolg“[12] maßgeblich sind.

Die der Medienkonformität geschuldete, strukturelle Offenheit von Teilen der politischen Elite kommt daher eher „der horizontalen Eliteintegration als der vertikalen Integration von Elite und Nicht-Elite zugute“.[13] Demnach ist ein Großteil des hier betrachteten politisch-elitären Kommunikationsprozesses primär auf die benachbarte Medienelite, also vornehmlich die Journalisten, ausgerichtet, die letztlich als „gatekeeper“[14] über den (Nachrichten-)Wert von Informationen entscheiden.[15] „Zweifelsohne verlangt die 'Aufmerksamkeitsökonomie' der Mediengesellschaft mitunter von Spitzenpolitikern und solchen, die es werden wollen, vom vermeintlich engen Pfad politischer Inhalte, Überzeugungen, Ideologien und sonstigen 'Wahrheiten' abzuweichen und kommunikationsstrategisch vorzugehen. Sei es (nur) zur persönlichen Imagepflege, sei es, um im Dickicht politischer Kommunikation und Öffentlichkeit Akzente zu setzen oder Meinungen zu bilden und Interessen anzumelden.“[16]

## Faktoren der Imagekonstruktion und -vermittlung

Die Zugehörigkeit zur allgemeinen politischen Elite inkorporiert, mit Ausnahme des passiven Berufsimages, nicht *per se* ein mediengeprägtes Image.[17] Spitzenpolitikern kommt hierbei, bedingt durch ihre exponierte Stellung und Funktion, eine *Basismedien-*

12 Kamps, Klaus: Politisches Kommunikationsmanagement in der Mediengesellschaft. Zur Professionalisierung der Politikvermittlung, in: Hirscher, Gerhard/Korte, Karl-Rudolf (Hrsg.): Information und Entscheidung. Kommunikationsmanagement der politischen Führung, Wiesbaden 2003, S. 197-210, hier S. 208 f.

13 Hoffmann, Jochen: Inszenierung und Interpretation. Das Zusammenspiel von Eliten aus Politik und Journalismus, Wiesbaden 2003, S. 62.

14 Journalisten fungieren als Steuerungselement („Türöffner“) zwischen Politik und Medien. Sie sorgen dafür, dass nur bestimmte, nach medialen Nachrichtenfaktoren interessante Informationen an die Öffentlichkeit gelangen. Vgl. Eichhorn, Wolfgang: Agenda-Setting-Prozesse. Eine theoretische Analyse individueller und gesellschaftlicher Themenstrukturierung, München 1995, S. 147.

15 Vgl. Tenscher, Jens: Politik für das Fernsehen – Politik im Fernsehen. Theorien, Trends und Perspektiven, in: Sarcinelli, Ulrich (Hrsg.): Politikvermittlung und Demokratie in der Mediengesellschaft, Bonn 1998, S. 184-208, hier S. 191.

16 Kamps, Politisches Kommunikationsmanagement (wie Anm. 12), S. 198.

17 Eine begrenzte Imagezusprechung resultiert aus dem Rekrutierungsprozess der politischen Eliten. Bei der seit Jahrzehnten unveränderten Standardkarriere deutscher Spitzenpolitikern via Ochsentour durch die Partei bil-

*aufmerksamkeit* zu. Da in der modernen Politik neben reinen Sachthemen auch zunehmend persönliche Attribute eine Rolle spielen, muss der Politiker auch *menschlich* wirken. In der vom Fernsehen dominierten Mediendemokratie heißt das, sich medienkonform zu verkaufen und auf eine positive Darstellung zu achten.[18]

Das Image eines Politikers bzw. dessen Gesamtbeurteilung durch die Bürger ist ein Konglomerat verschiedener Facetten seiner (medienvermittelten) Einzeleigenschaften.[19] Diese müssen nicht mit der Realität übereinstimmen, da es sich um subjektive Eindrücke anderer Personen von ihm und keine unverfälschte Wiedergabe seines realen Charakters handelt.[20] Bei der Imagekonstruktion kommt es auf Seiten der politischen Akteure darauf an, bestehende fiktive bzw. öffentlich unterstellte Meinungen über einen bestimmten Politiker zu identifizieren und positiv zu beeinflussen. Durch ihren symbolhaften Charakter reduzieren Images dabei komplexe persönliche wie politische Zusammenhänge auf eindimensionale Gebilde.[21] Sie wirken dadurch identitätsstiftend und erzeugen einen hohen Wiedererkennungseffekt.[22] Wichtigste Imagekomponente aus Sicht der Bürger ist dabei der Charakter des Politikers, gefolgt von seiner Sach- und Durchsetzungskompetenz.[23]

Bei der Image-Bildung handelt es sich folglich um eine Reduktion und Simplifizierung von Persönlichkeitsaspekten; es gilt: „Images verdichten Information, aber sie verdichten nicht maßstabgetreu."[24] An dieser Stelle eröffnen sich Möglichkeiten einer aktiven Steuerung. Trotz teils fehlender direkter Zugangsmöglichkeiten zum Rezipien-

---

den sich zwangsläufig determinierende Bewertungsmuster bei den Bürgern heraus. Vgl. König, Berthold: Wer wird Politiker? – Die Lust, ganz oben zu sein, in: Winterhoff-Spurk, Peter/Jäckel, Michael (Hrsg.): Politische Eliten in der Mediengesellschaft. Rekrutierung – Darstellung – Wirkung, München 1999, S. 57-64, hier S. 60 f. Die politische Karriereforschung in Deutschland steht jedoch erst am Anfang und kann hierzu noch keine ausreichenden Aussagen liefern. Vgl. dazu etwa Borchert, Jens: Die Bekämpfung der Unsicherheit. Politikerkarrieren und Karrierepolitik in der Bundesrepublik Deutschland, in: Politische Vierteljahresschrift 44 (2003), S. 148-173, hier S. 149.

18 Vgl. Dörner, Andreas: Wahlkämpfe – eine rituelle Inszenierung des „demokratischen Mythos", in: Dörner, Andreas/Vogt, Ludgera (Hrsg.): Wahl-Kämpfe. Betrachtungen über ein demokratisches Ritual, Frankfurt am Main 2002, S. 16-42, hier S. 19.

19 Der Forschungsbestand zu Politikerimages ist generell dünn und konzentriert sich in Deutschland zumeist auf Wahlkämpfe. Aus diesem Grund werden im vorliegenden Fall Charakteristika des Elitenimage von Politikern aus dem Bestand der Wahlkampfforschung entnommen. Vgl. stellvertretend Brettschneider, Frank/Anderson, Christopher J.: The Likable Winner Versus the Competent Loser. Candidate Images and the German Election in 2002, in: German Politics & Society 21 (2003), S. 95-118; ebenso Brettschneider, Frank: Medien als Imagemacher? Bevölkerungsmeinung zu den beiden Spitzenkandidaten und der Einfluß der Massenmedien im Vorfeld der Bundestagswahl 1998, in: Media Perspektiven 19 (1998), S. 392-401.

20 Vgl. Brettschneider, Frank: Spitzenkandidaten und Wahlerfolg. Personalisierung – Kompetenz – Parteien, Wiesbaden 2002, S. 134.

21 In diesem Sinne Greger, Volker: Politische Kompetenz oder persönliche Sympathie? Kandidaten-Images und Parteienbewertungen im NRW-Landtagswahlkampf, in: Sarcinelli, Ulrich/Schatz, Heribert (Hrsg.): Mediendemokratie im Medienland. Inszenierungen und Themensetzungsstrategien im Spannungsfeld von Medien und Parteieliten am Beispiel der nordrhein-westfälischen Landtagswahl 2000, Opladen 2002, S. 201-252, hier S. 207.

22 Vgl. Winterhoff-Spurk, Peter: Medienpsychologie. Eine Einführung, Stuttgart 1999, S. 124.

23 Siehe etwa Hoffmann, Jochen: „Kinder – Inder – Clementinen". Ein Blick aus der Akteursperspektive auf Themenrahmungen und Image-Building im nordrhein-westfälischen Landtagswahlkampf 2000, in: Sarcinelli/Schatz (Hrsg.): Mediendemokratie (wie Anm. 21), S. 119-154, hier S. 141.

24 Hesse, Kurt R./Gelzleichter, Astrid: Images und Fernsehen, in: Bentele, Günter/Rühl, Manfred (Hrsg.): Theorien öffentlicher Kommunikation. Problemfelder, Positionen, Perspektiven, München 1993, S. 409-434, hier S. 416.

ten können über mediale Imagevermittlung konkrete Vorstellungen bei diesem etabliert werden.[25] Diese Einflussnahme zeigt teilweise massive Auswirkungen, denn aus der „Interaktion der Persönlichkeit des Politikers und dessen Darstellung in den Medien fügt sich ein Image beim Zuschauer, das durchaus 'Starqualitäten' – in Krisenzeiten sogar charismatische Züge – erreichen kann".[26]

Jeder Bürger verfügt in seiner Imagebewertung über eigene Kriterien, die sich zu einem subjektiven Gesamtbild des Politikers formen.[27] Da individuelle Einschätzungen von Zugang, Art und Dauer der Informationsbeschaffung determiniert sind, führt der Medienkonsum dazu, dass zwar unterschiedliche Images unter den Wählern existieren, diese aber in den relevanten Grundstrukturen, wie Führungsqualität, Durchsetzungsstärke und Moral des betreffenden Politikers, nur minimal differieren.[28] Die Massenmedien reflektieren, betonen und bewerten dabei die im Prozess befindlichen Bilder der Politiker.[29] Da visuell unterstützte, plakative und personalisierte Aussagen vom Rezipienten unbewusst mit bestimmten Personen assoziiert werden, leisten Darstellungen im Fernsehen den wichtigsten Beitrag zur Imagebildung.[30]

Die Bevorzugung des Fernsehens seitens der politischen Akteure ist dabei auf dessen strukturbedingte Medienlogik zurückzuführen, denn Kompetenzzuschreibungen und Persönlichkeitsmerkmale können über das Fernsehen leichter vermittelt werden als komplexe Sachthemen und langwierige Prozesse der politischen Entscheidungsfindung.[31] So setzen Wahlkampfplaner gezielt auf kandidatenspezifische Images und betonen solche persönlichen Aspekte, die eine positive Beurteilung in der Wählerschaft annehmen lassen.[32] In der Bundesrepublik verbinden sich Themenorientierungen, Kandidatenimages und Parteienwahrnehmungen in der Wahlentscheidung der Bürger zwar weitaus stärker miteinander als in anderen Staaten, was die Wirkung von Individualimages abschwächt.[33] Dennoch übt bereits die Existenz eines positiven Images

25 Vgl. Schweda, Claudia/Opherden, Rainer: Journalismus und Public Relations. Grenzbeziehungen im System lokaler politischer Kommunikation, Wiesbaden 1995, S. 66.

26 Winterhoff-Spurk, Peter: Politiker in der Mediengesellschaft. Eine Annäherung aus medien-psychologischer Perspektive, in: Winterhoff-Spurk/Jäckel (Hrsg.), Politische Eliten (wie Anm. 17), S. 9-30, hier S. 22.

27 Bekanntheitsgrad und Image können bis zu einem gewissen Grad über Internet bzw. private Homepages beeinflusst werden. Zwar wird diese Möglichkeit bisher nur in Wahlkampfzeiten intensiv genutzt, Studien zeigen aber, dass fast alle Bundes- und Landtagsabgeordnete das Internet als eigene Präsentationsform nutzen. Vgl. Döring, Nicola: Politiker-Homepages zwischen Politik-PR und Bürgerpartizipation, in: Publizistik. Vierteljahreshefte für Kommunikationsforschung 48 (2003), S. 25-46.

28 Vgl. Brettschneider, Spitzenkandidaten (wie Anm. 20), S. 135.

29 Vgl. Kindelmann, Klaus: Kanzlerkandidaten in den Medien. Eine Analyse des Wahljahres 1990, Opladen 1994, S. 18 f. Siehe auch Schütz, Astrid: Selbstdarstellung in der Politik. Techniken und ihre Wirkung, in: Winterhoff-Spurk/Jäckel (Hrsg.), Politische Eliten (wie Anm. 17), S. 105-120, hier S. 105.

30 Vgl. Brettschneider, Frank: Candidate-Voting. Die Bedeutung von Spitzenkandidaten für das Wählerverhalten in Deutschland, Großbritannien und den USA von 1960-1998, in: Klingemann, Hans-Dieter/Kaase, Max (Hrsg.): Wahlen und Wähler. Analysen aus Anlass der Bundestagswahl 1998, Wiesbaden 2001, S. 351-400, hier S. 399; Holtz-Bacha, Christina: Parteien und Massenmedien im Wahlkampf, in: Alemann, Ulrich v./Marschall, Stefan (Hrsg.): Parteien in der Mediendemokratie, Wiesbaden 2002, S. 42-56, hier S. 45.

31 Vgl. Hesse/Gelzleichter, Images und Fernsehen (wie Anm. 24), S. 409.

32 Vgl. dazu Schmitt-Beck, Rüdiger: Laufen, um auf der Stelle zu bleiben. „Postmoderne" Kampagnenpolitik in Deutschland, in: Nullmeier, Frank/Saretzki, Thomas (Hrsg.): Jenseits des Regierungsalltags. Strategiefähigkeit politischer Parteien, Frankfurt am Main 2002, S. 109-132, hier S. 124 f.

33 Vgl. dazu Brettschneider, Frank: Wählerverhalten in vergleichender Perspektive. Deutschland – USA – Großbritannien, in: Politik im Netz (www.politik-im-netz.com), 3 (2002), 10 Druckseiten, hier S. 8.

einen „erheblichen Einfluß auf die Wahlentscheidung spezifischer Wählergruppen“[34] aus.

Verantwortlich für die Medienfixierung der Politiker ist ebenso deren Position als Randgruppe im Kommunikationssystem, die durch die spezifische Sozialisation in der Mediendemokratie bzw. typische Motiv- oder Interessenlagen charakterisiert ist.[35] Neben ihrer Akteursrolle sind sie, reduziert man ihre Mediennutzung auf die Individualebene, ebenfalls Medienrezipienten. Grundgedanke ist hierbei, dass „Politiker schließlich auch nur Menschen und als solche natürlich Mediennutzer sind“,[36] wobei die Wirkung ungleich höher ist. Der Profilierungsdruck wird hierbei nicht primär von Seiten der Medien erzeugt, ausschlaggebend ist vielmehr die Relevanzeinschätzung der Politiker selbst, besonders im Hinblick auf das Massenmedium Fernsehen.[37] „Politiker sind ja Medieninhalten viel massiver ausgesetzt als jeder von uns. [...] Darüber hinaus reagieren Politiker auf dieses Medienecho ganz anders als normale Rezipienten. Politiker wollen von den Medien positiv dargestellt werden und treffen bestimmte Entscheidungen möglicherweise nur, weil sie einen bestimmten Medientenor erzielen wollen.“[38]

Die Fokussierung der Medien auf Themenagenden hat einen indirekten Priming-Effekt zur Folge, bei dem durch *issue*-bezogene Medienpräsenz von Politikern gleichzeitig verstärkt Wahrnehmungsmuster vermittelt werden, die deren Image prägen.[39] So wirkt die weit reichende Thematisierungsfunktion der Medien nicht nur auf der kognitiven Ebene der Rezipienten, sondern beeinflusst ebenfalls indirekt deren Einstellungen.[40] Eine Untersuchung deutscher Wahlen bestätigt, dass Vorstellungen über die Persönlichkeit der Spitzenkandidaten einen größeren Einfluss auf die individuelle Wahlentscheidung besitzen als Vorstellungen von deren spezifisch politischen Kompetenzen.[41] Hinzu kommt, dass Emotionen nicht nur in der Politikgestaltung eine wichtige Rolle spielen, sondern sowohl ein Aufmerksamkeitskriterium der Medien sind, als auch als bedeutender Faktor in das Bewertungsschema der Bürger einfließen und somit elementarer

34 Winterhoff-Spurk, Medienpsychologie (wie Anm. 22), S. 125.

35 Einige Autoren sehen nicht nur systembedingte Gründe für die Medienfixierung der Politiker, sondern unterstellen ihnen auch spezifische Persönlichkeitsstrukturen, wie Narzissmus als nicht unbedeutendes Motiv für die Berufswahl, eine durch diverse Vergünstigungen des Amtes gestützte Absicherungsmentalität oder das vornehmliche Interesse an Macht, Posten und Geld. Vgl. Arnim, Das System (wie Anm. 11), S. 34; König, Wer wird Politiker? (wie Anm. 17), S. 59; siehe ebenso Winterhoff-Spurk, Politiker in der Mediengesellschaft (wie Anm. 26), S. 18.

36 Scherer, Helmut: Wer reden will, muss hören. Die kommunikative Rolle politischer Akteure in der vernetzten Gesellschaft, in: Schatz, Heribert/Rössler, Patrick/Nieland, Jörg-Uwe (Hrsg.): Politische Akteure in der Mediendemokratie, Wiesbaden 2002, S. 129-146, hier S. 134.

37 Vgl. Hoffmann, Inszenierung (wie Anm. 13), S. 32.

38 Brosius, Hans-Bernd: Medienwirkung, in: Bentele, Günter/Brosius, Hans-Bernd/Jarren, Otfried (Hrsg.): Öffentliche Kommunikation. Handbuch Kommunikations- und Medienwissenschaft, Wiesbaden 2003, S. 128-151, hier S. 144.

39 Vgl. Iyengar, Shanto/Kinder, Donald R.: News That Matters. Agenda-Setting and Priming in a Television Age, Chicago 1987, S. 6 f.

40 Vgl. Bonfadelli, Heinz, Medienwirkungsforschung, I. Grundlagen und theoretische Perspektiven, Konstanz 1999, S. 228.

41 Vgl. Kepplinger, Hans Mathias: Hat das Fernsehen die Wahl entschieden? Eine vergleichende Analyse der TV-Berichterstattung in den Jahren 1990, 1994 und 1998, in: Die politische Meinung 43 (1998), S. 14-22, hier S. 16.

Bestandteil der Imagegenerierung sind.[42] Aufgrund des gesamtgesellschaftlichen Wertewandels („Enthierarchisierung")[43] gewinnt das persönliche Kandidatenimage gegenüber tradierten Parteieinschätzungen weiterhin an Bedeutung, auch für den Wahlkampf.[44]

Gerade für Wahlkämpfe gilt jedoch zu beachten, dass Imagegenerierung ein eher langfristiger Prozess ist und Eigenschaftswahrnehmungen der Bevölkerung in hohem Maß von politischer Laufbahn und bisherigem Verhalten des Kandidaten geprägt werden.[45] Vor allem in der Bundesrepublik sind langfristige Einstellungen des Wählers zur Person des Politikers auch weiterhin von Relevanz.[46] Da Images letztlich auf die Akzeptanz der Bürger und somit auf die Legitimierung durch Wahlen abzielen, sind sie ebenfalls Teil des demokratischen Willensbildungsprozesses.[47]

Der für die Imagedarstellung besonders wichtigen personenzentrierten Medienlogik kommt die konstante Personalisierungstendenz der etablierten Parteistrukturen entgegen.[48] So ist der Übergang der in den 80er Jahren dominierenden Volkspartei, mit einem ausgeglichenen Verhältnis von Kandidaten- und Organisationspräferenz, zur wahlprofessionellen Partei, mit dem einzelnen Kandidaten als wichtigster Ressource, weitgehend abgeschlossen.[49] Von Beyme setzt die Organisationsform der „Profi-Partei" explizit mit dem neuen Typ des Berufspolitikers bzw. der vorherrschenden Personenpräferenz gleich.[50]

Mit dem stimulus-determinierten und dem rezipienten-determinierten Ansatz existieren zwar konkurrierende Modelle zur Imagewahrnehmung,[51] doch dürften diese für die praktische Gestaltung der Imagevermittlung von untergeordneter Bedeutung sein. Denn unabhängig von wissenschaftlichen Erklärungsansätzen vertreten Medien und Politiker die Ansicht, dass der Selbstdarstellung in der Berichterstattung eine dominante Rolle zukommt, und handeln entsprechend. Die Medienmacht bei Imagegenerierung und -vermittlung wird somit erst möglich, weil „allgemein der Glaube herrscht, dass

42 Vgl. Schierl, Thomas: Gefühle und Politik. Kommunikatives Handeln in der Politik, in: Abromeit, Heidrun/Nieland, Jörg-Uwe/Schierl, Thomas (Hrsg.): Politik, Medien, Technik. Festschrift für Heribert Schatz, Wiesbaden 2001, S. 226-244, hier S. 239.

43 Vgl. dazu Beck, Ulrich: Das Zeitalter der Nebenfolgen und die Politisierung der Moderne, in: Beck, Ulrich/Giddens, Anthony/Lash, Scott (Hrsg.): Reflexive Modernisierung. Eine Kontroverse, Frankfurt am Main 1996, S. 19-112, hier S. 23.

44 Vgl. Eith, Ulrich: Zur Ausprägung des politischen Wettbewerbs in entwickelten Demokratien. Zwischen gesellschaftlichen Konflikten und dem Handeln politischer Eliten, in: Eith, Ulrich/Mielke, Gerd (Hrsg.): Gesellschaftliche Konflikte und Parteiensysteme, Wiesbaden 2001, S. 17-33, hier S. 29.

45 Vgl. Greger, Politische Kompetenz (wie Anm. 21), S. 208.

46 Vgl. etwa Ohr, Dieter: Wird das Wahlverhalten zunehmend personalisierter, oder: Ist jede Wahl anders? Kandidatenorientierungen und Wahlentscheidung in Deutschland von 1961 bis 1998, in: Klein, Markus/Jagodzinski, Wolfgang/Mochmann, Ekkehard/Ohr, Dieter (Hrsg.): 50 Jahre Empirische Wahlforschung in Deutschland. Entwicklung, Befunde, Perspektiven, Daten, Wiesbaden 2000, S. 272-308, hier S. 274.

47 Kaina, Elitenvertrauen (wie Anm. 3), S. 66.

48 Tenscher, Jens: Professionalisierung der Politikvermittlung. Politikvermittlungsexperten im Spannungsfeld von Politik und Massenmedien, Wiesbaden 2003, S. 82.

49 Vgl. Grabow, Karsten: Abschied von der Massenpartei. Die Entwicklung der Organisationsmuster von SPD und CDU seit der deutschen Wiedervereinigung, Wiesbaden 2000, S. 29.

50 Vgl. dazu weiterführend Beyme, Klaus von: Funktionswandel der Parteien in der Entwicklung von der Massenmitgliederpartei zur Partei der Berufspolitiker, in: Gabriel, Oscar W./Niedermayer, Oskar/Stöss, Richard (Hrsg.): Parteiendemokratie in Deutschland, 2. Aufl., Bonn 2001, S. 315-339, hier S. 329.

51 Vgl. Brettschneider, Spitzenkandidaten (wie Anm. 20), S. 135 f.

Medienpräsenz die Stimmung des Wählers beeinflussen kann".[52] Für die Praxis ist daher die ausschlaggebende Handlungsmaxime: Wenn alle danach handeln, funktioniert es. „Soweit die Spitzenakteure des politischen Systems auf die Grundgleichungen der Mediendemokratie setzen, Publizität gleich Erfolg, fügen sie sich den Gesetzen der medialen Produktionszeit als vermeintlich unumgehbarer Bedingung für die Gewinnung der Publikumsgunst."[53]

## Professionalisierung als Königsweg?

In einer Umfrage unter Bundes-, Landes- und Europaparlamentariern zu deren Amtsführung und Mandatsauffassung kam Patzelt 1994 zu dem Ergebnis, dass die deutschen Abgeordneten um vieles besser sind als ihr Ruf.[54] Er kritisierte jedoch sowohl den Bürger, der *fossilisierte Vorurteile* über Politiker pflegt, als auch die Medien, die ihrer Informations- und Bildungsfunktion nicht ausreichend nachkommen, und den Abgeordneten, die sich nicht zu dem bekennen, was sie sind, „nämlich Berufspolitiker [...] und Persönlichkeiten voller Ehrgeiz".[55] Auf Basis der „Potsdamer Elitenstudie" von 1995 konnte Kaina zwar keine Vertrauenskrise der Bevölkerung im Hinblick auf die Führungselite erkennen, fand jedoch „eindeutige Belege für Unzufriedenheit mit den Mitgliedern der gesamtdeutschen Führungsschicht, insbesondere mit den Eliten der Politik".[56]

Angesichts der jüngsten Ereignisse wie Spendenaffären, Klüngelwirtschaft, Beraterverträge etc. hat sich am grundsätzlichen Stil der Medienberichterstattung und vor allem am Bild der Bürger über Spitzenpolitiker wenig geändert.[57] Eine jüngst veröffentlichte Emnid-Umfrage ergab, dass Parteien und Politiker weiterhin ein schlechtes Ansehen besitzen.[58] Abgeordnete von Bundestag und Landtagen sind der Personenkreis, der am häufigsten mit Korruption in Zusammenhang gebracht wird; mehr als zwei Drittel der Bundesbürger teilen sehr häufig bzw. häufig diese Auffassung. Die Umfrage kam zu dem Ergebnis, dass bereits die Vermutung, es existiere eine Affäre, die Wahrnehmung der Bürger entscheidend und vor allem dauerhaft prägt. Von den Medien stark beachtete wissenschaftliche Publikationen, die solche Annahmen stützen, forcieren und festigen dabei die herrschende Meinung.[59]

---

52 Liessmann, Paul: Die Kanäle der Macht. Herrschaft und Freiheit im Medienzeitalter, in: ders. (Hrsg.): Die Kanäle der Macht. Herrschaft und Freiheit im Medienzeitalter, Regensburg 1991, S. 7-14, hier S. 11.

53 Meyer, Thomas: Mediokratie. Die Kolonisierung der Politik durch die Medien, in: Liessmann (Hrsg.), Kanäle der Macht (wie Anm. 52), S. 114-130, hier S. 123.

54 Vgl. Patzelt, Werner J.: Deutschlands Abgeordnete. Profil eines Berufsstandes, der weit besser ist als sein Ruf, in: Zeitschrift für Parlamentsfragen 27 (1996), S. 462-502, hier S. 499.

55 Patzelt, Deutschlands Abgeordnete (wie Anm. 54), S. 502.

56 Kaina, Elitenvertrauen (wie Anm. 3), S. 266.

57 Vgl. dazu Vester, Michael: Krise der politischen Repräsentation? Spannungsfelder und Brüche zwischen politischer Elite, oberen Milieus und Volksmilieus, in: Hradil/Imbusch: Oberschichten – Eliten – Herrschende Klassen (wie Anm. 2), S. 237-272, hier S. 261 f.

58 Vgl. dazu die repräsentative TNS-Emnid-Umfrage zur „Korruption und Bestechlichkeit in Deutschland" vom Dezember 2003 (veröffentlicht am 8. Januar 2004) im Auftrag von Verlag Reader's Digest (vgl. http://www.readers-digest.de/presse/magazin/detail.mb1, 21. 02. 2004).

59 Vgl. dazu stellvertretend Arnim, Hans Herbert von: Politik Macht Geld. Das Schwarzgeld der Politiker – weißgewaschen, München 2001.

Im Übrigen steht die Wirtschaftselite in der öffentlichen Meinung und Medienberichterstattung vor ganz ähnlichen Imageproblemen.[60] So verursachen beispielsweise Erhöhungen von Managergehältern oder zweifelhafte Abfindungen regelmäßig negative Reaktionen.[61] Ob politische Eliten *per se* schlechter bewertet werden als benachbarte Eliten, lässt sich aufgrund der hier nur exemplarisch aufgeführten Daten nicht bestätigen, die Anzeichen deuten jedoch darauf hin, dass es sich eher um ein strukturelles Kommunikationsproblem von Eliten handelt.[62] Damit bietet sich für Spitzenpolitiker prinzipiell der gleiche Lösungsweg an, den auch Unternehmen beschreiten, um der Kommunikationsmalaise entgegenzuwirken: die Nutzung externen Sachverstands und gezielte Imageberatung.

Die Politik reagiert auf die Vorherrschaft der Massenmedien in der Themensetzung, indem sie versucht, sich deren Selektionskriterien anzupassen.[63] Somit ist es eine logische Konsequenz, wenn sie zur Optimierung ihrer kommunikativen Aktivitäten Experten wie Meinungsforscher, PR-, Werbe- und Marketingspezialisten rekrutiert.[64] Die Imageberatung fügt sich dabei in den Professionalisierungstrend des politischen Kommunikationsmanagements ein. Die konkrete Einbindung der Imageberatung erfolgt jedoch zeitlich verzögert, da die Professionalisierung zuerst den Parteistrukturen folgt, bevor sie auf einzelne Politiker erweitert wird.

Erfolgreiche Anpassungsversuche sind dort zu finden, wo sich Erfolg und Geld-/Mitteleinsatz am direktesten und anschaulichsten darstellen: in Wahlkämpfen. Die Kampagnenplanung stützt sich zur Imagevermittlung seit den 80er Jahren zunehmend auf externen Sachverstand und Kenntnisse der politischen Kommunikationsforschung.[65] Um das gewünschte Kandidatenimage zu implementieren, werden Wahlkampfbotschaften mittlerweile explizit für bestimmte Zielgruppen konzipiert, mit der Absicht, dass der Wähler am Ende „nur dieser Person zutraut, die versprochene Dienstleistung wirklich erfüllen zu können".[66] Dabei hat sich die Imagebildung im Rahmen der fortschreitenden Annäherung der Parteien an professionelle Kommunikationsspezialisten soweit fortentwickelt, dass die Spitzenkandidaten heutiger Wahlkämpfe von deren Imagebuilding-

60 Siehe etwa Hartmann, Michael: Klassenspezifischer Habitus oder exklusive Bildungstitel als soziales Selektionskriterium?, in: Krais (Hrsg.), An der Spitze (wie Anm. 8), S. 157-210.

61 Aktuelle Studien des Medien Tenor zeigen, dass der Prozess um zweifelhafte Abfindungen bei der Übernahme von Mannesmann durch Vodafon zu einer durchgängig negativen Berichterstattung in Presse und Fernsehen führte und deutsche Bankvorstände pauschal negativ beurteilt wurden. Vgl. dazu etwa Medien Tenor: Medieninhaltsanalyse. Das Medien-Image der Deutschen Bank in deutschen Medien, http://www.medientenor.de/aktuelles/Deutsche_Bank_230104.pdf, 12.02.2004)

62 Politische Eliten scheinen jedoch sensibler – oder zumindest öffentlich wirksamer – auf negative Berichterstattung zu reagieren. So zeigt eine Medien Tenor-Analyse, dass die „Bild Zeitung" 2003 und Anfang 2004 weniger kritisch über den Bundeskanzler berichtete als z. B. „Focus", „Die Zeit" und „Stern", obwohl dessen subjektiver Eindruck ein anderer war. Vgl. dazu weiterführend Medien Tenor: http://www.medien-tenor.de/aktuelles/SPD_0204.pdf, 13.02.2004.

63 Vgl. Sarcinelli, Ulrich: Politik als „legitimes Theater"? Über die Rolle des Politischen in der Mediendemokratie, in: Vorgänge 41 (2002), S. 10-22, hier S. 11.

64 Vgl. Kamps, Politisches Kommunikationsmanagement (wie Anm. 12), S. 205.

65 Vgl. Hetterich, Volker: Von Adenauer zu Schröder – Der Kampf um Stimmen. Eine Längsschnittanalyse der Wahlkampagnen von CDU und SPD bei den Bundestagswahlen 1949 bis 1998, Opladen 2000, S. 152. Siehe ebenso Schulz, Winfried: Politische Kommunikation, in: Bentele/Brosius/Jarren (Hrsg.), Öffentliche Kommunikation (wie Anm. 38), S. 458-480, hier S. 463.

66 Gerster, Martin: Botschaften und Bilder. Messages und Images in Wahlkampagnen, in: Berg, Thomas (Hrsg.): Moderner Wahlkampf. Blick hinter die Kulissen, Opladen 2002, S. 97-114, hier S. 106.

Techniken längst abhängen.[67] „Weil die Wähler immer weniger zwischen Programmen unterscheiden können, interessieren sie sich dafür, wovon sie etwas verstehen: ob jemand seine Frau betrügt oder betrunken Auto fährt. Politik wird vom Image bestimmt, das wie ein Brioni-Mantel an- und ausgezogen werden kann."[68]

Als Folge des drohenden Steuerungsverlusts in der medialen Themensetzung wird der politischen PR seit den 90er Jahren auch im alltäglichen Politikgeschäft Rechnung getragen. So wird auf der elementaren, „organisationsbezogenen Ebene der stetige Ausbau einer medienorientierten politischen Öffentlichkeitsarbeit"[69] vorangetrieben; Abteilungen für Öffentlichkeitsarbeit gehören in politischen Institutionen zur Grundausstattung, parteinahe Stiftungen bieten Medien- und Interviewtraining bis hinunter zur Kreisebene an, etc.[70]

Waren Professionalisierungsbestrebungen anfänglich noch an den Parteistrukturen orientiert, so eröffnet sich seit der vergangenen Legislaturperiode mit dem wachsenden Engagement von persönlichen Imageberatern ein Feld, in dem Spitzenpolitiker auch zu wahlkampffreien Zeiten gezielt ihr persönliches Image zu verbessern suchen. Anfangsschwierigkeiten sind dabei nicht ausgeschlossen: Wer erinnert sich nicht an den Versuch Scharpings im Sommerloch 2001 „sein staubtrockenes Image"[71] mit einer Fotostrecke im Boulevardmagazin „Bunte" aufzubessern? Erst langsam scheint der Öffentlichkeit bewusst zu werden, wie selbst-verständlich *Personality* und *Image Consultants* im Politikgewerbe etabliert sind. So bestätigt der Medien- und PR-Berater des Bundesfinanzministers, Schmidt-Deguelle, dass Fernseh- und Interviewtraining, Rede- und Kommunikationsschulungen seit den 90er Jahren bei allen Spitzenpolitikern üblich sind.[72]

Im Rahmen der Imagekonstruktion und -vermittlung lässt sich somit feststellen, dass die „Genese von Vermittlungsexperten zwar ein wahlkampfspezifisches, jedoch vor allem ein Wahlkämpfe überdauerndes Phänomen moderner politischer Kommunikation"[73] geworden ist. Verantwortlich hierfür ist die spezielle Wirkungsweise der politischen PR, die aufgrund ihrer Strukturen das Individuum besser in Szene setzen kann als eine Gruppe oder komplexe Themen.[74] Der Erfolg der Imagevermittlung hängt dabei vor allem von der Fähigkeit ab, Aufmerksamkeitsregeln und Nachrichtenwertkriterien des Mediensystems zu antizipieren und für die eigenen Zwecke einzu-

67 Vgl. dazu Saxer, Ulrich: Massenmedien als Wahlkommunikatoren in längerfristiger Perspektive. Ein Forschungsüberblick, in: Bohrmann, Hans/Jarren, Otfried/Melischek, Gabriele/Seethaler, Josef (Hrsg.): Wahlen und Politikvermittlung durch Massenmedien, Wiesbaden 2000, S. 31-46, hier S. 37 f.

68 Der Spiegel: Im Reich der Rosenkrieger, Nr. 9, 25. 02. 2002, S. 144.

69 Hoffmann, Inszenierung (wie Anm. 13), S. 32.

70 Vgl. dazu weiterführend Mertens, Michael: Bundeskanzleramt und Bundespresseamt. Das Informations- und Entscheidungsmanagement der Regierungszentrale, in: Hirscher/Korte (Hrsg.), Information (wie Anm. 12), S. 52-78, hier S. 59.

71 Kamps, Politisches Kommunikationsmanagement (wie Anm. 12), S. 197.

72 Vgl. Schmidt-Deguelle, Klaus Peter: Mehr als nur reaktives Handeln. Die Praxis der Medienberatung, in: Nullmeier/Saretzki (Hrsg.): Jenseits (wie Anm. 32), S. 99-108, hier S. 103.

73 Tenscher, Professionalisierung (wie Anm. 48), S. 55.

74 Vgl. Falter, Jürgen W./Römmele, Andrea: Professionalisierung bundesdeutscher Wahlkämpfe, oder: Wie amerikanisch kann es werden?, in: Berg (Hrsg.), Moderner Wahlkampf (wie Anm. 66), S. 49-64, hier S. 51.

setzen.[75] „Je nachdem, ob ein Politiker ein gutes oder schlechtes Image hat, steigen oder sinken die Chancen, als Sieger aus der Wahl hervorzugehen. Politiker und deren Berater werden deshalb nicht müde, am Image zu arbeiten."[76]

## Schlussbetrachtung – Politik ist nichts, Image ist alles?

Das Image bundesrepublikanischer Spitzenpolitiker setzt sich überwiegend aus medienvermittelten Faktoren zusammen, wobei die politische Imagekonstruktion den allgemeinen Generierungsregeln medienpräsenter Eliten folgt. Journalisten, als Vertreter der Medienelite, greifen dabei bewertend und kommentierend in den Prozess ein und prägen bzw. beeinflussen die Wahrnehmung der Images in hohem Maß. Um im massenmedialen Vermittlungsprozess einen Teil der Steuerungskompetenz zu behalten, passen sich die Politiker dessen Logiken an.

Trotz aller potentiellen und tatsächlichen Einflussnahmen der medialen Akteure besteht in der Imagegenerierung und -vermittlung jedoch noch kein *Primat der Medien*. Hauptsächlich zwei Aspekte sprechen dagegen:

(1) Spitzenpolitiker verfügen über eine nicht zu unterschätzende Machtposition: Sie können Medienvertretern den Zugang zum inneren Zirkel verweigern. Wer sich nicht an Vereinbarungen hält, wird nicht mehr eingeladen und erhält keine Interviews; Kohl *strafte* so den „Spiegel", Schröder die „Bild Zeitung".[77]

(2) Das Politikerimage bleibt in der parlamentarischen Demokratie der Bundesrepublik aufgrund der systembedingten, (noch) überwiegend parteigeprägten Bewertungskriterien der Bürger weitgehend in den Gesamtimagerahmen der Partei eingeordnet. Die bestehenden Images entstammen mehrheitlich dem politischen System, rein taktisch motivierte kurzfristige Generierungen zu Wahlen sind derzeit noch eingeschränkt.

Die Frage, warum Politikerimages nachhaltig negativ konnotiert sind, erklärt sich zumindest teilweise mit der hohen Medienaufmerksamkeit für Skandale und Affären der politischen Elite, die das Imageempfinden der Bürger dauerhaft prägen.

Dennoch, Spitzenpolitikerimages wirken! Sie beeinflussen die Wahlentscheidung der Bürger und prägen deren Haltung zum politischen System und dessen Akteuren. Das Image des einzelnen Politikers kann dabei durch professionelle Vermittlung zeitweise vom allgemeinen Image der politischen Elite bzw. der jeweiligen Partei entkoppelt werden. Bisher scheinen sich die professionell kreierten Images zwar nicht positiv auf das Gruppenimage der politischen Elite auszuwirken, Individualaffären und individuelle Imageschädigungen wirken im induktiven Sinne jedoch sehr wohl negativ auf das Gesamtimage der politischen Elite.

---

75 Neben finanzieller Ausstattung und Know-how spielt auch die Position des Politikers eine Rolle: Amtsträger verfügen über das für Medien und Öffentlichkeit interessante Herrschaftswissen und den so genannten Amtsbonus. Demgegenüber können Mitglieder der Opposition unbefangener mit populären Kommentaren auf Medienfang gehen. Vgl. Wilke, Jürgen/Reinemann, Carsten: Kanzlerkandidaten in der Wahlkampfberichterstattung. Eine vergleichende Studie zu den Bundestagswahlen 1949-1998, Köln 2000, S. 101.

76 Gerster, Botschaften (wie Anm. 66) S. 105.

77 Mertens, Bundeskanzleramt (wie Anm. 70), S. 66.

# Eliten in Verbänden.
# Gedanken zu Auswahl, Aufgaben und Kompetenzen von Führungspersonen in Verbänden

*Dieter Witt / Hilmar Sturm*

## Einführung

Von Verbänden ist die Rede, in einem Sammelband über Eliten. Gibt es denn überhaupt Eliten in Verbänden? Robert Michels hat schon 1911 gemeint feststellen zu können, dass in entscheidenden Funktionen von Verbänden (zumindest der Arbeiterbewegung) nicht systematisch die Führer mit dem weitesten Horizont gelangten.[1] Doch woran misst sich, wer zum Mittelmaß gehört, wer darunter oder darüber einzustufen wäre? Und liest man nicht häufig, die Eliten der Gesellschaft seien in mehr oder weniger geschlossenen, verborgen einflussreichen Verbänden organisiert, man denke an die Freimaurer und Studentenverbindungen (früher) oder Rotary und Lions Clubs (heute)?

In Verbänden sammeln sich Interessen und Engagement, die an der Gestaltung der Wirklichkeit mitwirken, sammeln sich die Aktiven der Gesellschaft, sozusagen eine Aktivitätselite. Viele Verbände sind eine Auswahl (das ist das deutsche Wort für Elite) derer, die sich (auch unbezahlt) für irgendetwas engagieren, sich mit anderen zusammentun und irgendetwas Erkennbares wollen: tun wollen, haben wollen, erreichen wollen.

Der „Korporatismus", die starke Stellung von Verbänden, wird oft als ein bestimmender Zug der deutschen Gesellschaft und Politik angesehen.[2] Verbände und in Verbänden organisierte Interessen bestimmten die deutsche Politik in schon schädlichem Maße, heißt es. Insbesondere die Gewerkschaften, die Unternehmensverbände und die politischen Parteien stehen seit längerem sowie aktuell in der Kritik, auch wegen der Auswahl ihres Führungspersonals.

Zumindest in *einem* Sinne haben auch Verbände Eliten: ihre „Funktionäre", diejenigen, die sie und durch sie die Gesellschaft (mit)gestalten und (mit)prägen. Die herausgehobene Stellung ist ein Kriterium für einen solchen *empirischen* Elitebegriff: Elite ist, wer tatsächlich ausgewählt ist, wer „oben", „außerhalb" des Allgemeinen steht. Hier fragt sich, welches die empirischen Kriterien für diesen Realtypus sein sollen: Macht und Einfluss entziehen sich weithin der objektiven Ermittlung und Messung; wer *tatsächlich,*

---

1 „Ihr Gesichtskreis gewann an Präzision, aber verlor an Weite und Größe." Michels, Robert: Zur Soziologie des Parteiwesens in der modernen Demokratie, Stuttgart 1989 [erstmals: Leipzig 1911], hier S. 165; auch an anderen Stellen schildert und analysiert er oligarchische und bürokratische Tendenzen von Verbänden. Siehe im vorliegenden Band auch den Beitrag von Elmar Wiesendahl. Zur Frage, ob es auf Dauer und nicht nur zufällig tatsächlich Eliten auf elitären Positionen gibt, immer noch unterhaltsam und nachdenkenswert: Peter, Laurence J./Hull, Raymond: Das Peter-Prinzip oder Die Hierarchie der Unfähigen, Reinbek 1992 [erstmals: New York 1969 als „The Peter Principle"]. Darin wird – sehr kurz gesagt – argumentiert, jeder werde aufgrund seiner Bewährung auf einem Posten so lange befördert, bis er auf dem letzten schließlich überfordert sei.

2 Aus der Fülle der Literatur sei ein Werk herausgegriffen: Eschenburg, Theodor: Herrschaft der Verbände?, 2. Auflage, Stuttgart 1963 [erstmals erschienen 1955].

zum Beispiel als „graue Eminenz", und in welchem Maße Einfluss ausübt – und auf wen, das ist auch in der Geschichtswissenschaft eines der Hauptprobleme. Positionen und Ämter, Titel und Gehalt können beispielsweise als Indikatoren für den Realtypus der Einfluss- und Funktionselite dienen, da sie objektiv fassbare Phänomene sind.

Von diesem *empirischen* Elitenbegriff ist der *normative* zu trennen. Er definiert diejenigen Personen oder Gruppen als Elite, die nach bestimmten Werturteilen für „gut" erachtet werden, also nach Kriterien der Moral, des Wissens, des Könnens, der Leistung, der Kreativität etc. In einer pluralistischen Gesellschaft wird es nur wenige oder nur sehr unkonkrete Werte geben, nach denen eine Mehrheit oder sogar die Allgemeinheit ihre Eliten definiert. Zudem sind Werturteile, gerade beim Thema „Elite", schwer zu begründen und nicht im heutigen Wissenschaftsverständnis abzuleiten. Man müsste ein Wertsystem axiomatisch setzen. Dazu ist die Betriebswirtschaftslehre nicht berufen, deren Sichtweise im Weiteren im Vordergrund steht.

Darüber hinaus kann es in Verbänden auch Leistungseliten von Nichtfunktionären geben, wie etwa im Sport, die Leistungen einzelner Mitglieder organisieren. Dann handelt es sich um eine spezifische Leistungselite. Gerade im Sport kann man sehen, dass deren „politischer" (das heißt auch verbandspolitischer) Einfluss oft in keinem Verhältnis zu ihren Leistungen steht.

In diesem Beitrag wird das Thema „Eliten" unter verschiedenen Aspekten behandelt, und dabei wird nicht durchgehend derselbe Elitenbegriff verwandt. Ziel des Beitrags ist es, das Thema „Eliten" vorwiegend aus der Sicht der Verbandsführung zu diskutieren und aus einer größeren empirischen Erhebung Schlüsse auf die Eliten in Verbänden zu ziehen, bis hin zu Konsequenzen für das Verbandsmanagement.

## Verbände

Unter Verbänden (im engeren Sinne) verstehen wir private Organisationen oder Betriebe, die bedarfswirtschaftlich orientiert, haushaltsweise geführt und von unbestimmten Mitgliedern getragen sind.[3] Verbände können Eliten bilden und fördern, sie haben ihre Eliten. Diese Funktionen sind jedoch unterschiedlich verteilt zwischen den verschiedenen Verbänden. Nach einer Klassifikation von Schwarz beispielsweise sind zu unterscheiden soziale (d. h. karitative), soziokulturelle, politische, religiöse und Wirtschaftsverbände.[4] Diese Verbände haben sehr unterschiedliche Ziele und damit sehr verschiedene Wertgrundlagen; sie werden jeweils ganz andere Gruppen von Individuen als „Elite" sehen, und auch intern werden sie verschiedene Menschentypen zu ihren Eliten machen. Allgemeingültige Aussagen zu Eliten in Verbänden sind wegen ihrer Vielseitigkeit daher begrenzt.

3 Näheres hierzu bei Witt, Dieter/Seufert, Gernot/Emberger, Hannes: Typologisierung und Eigenarten von Verbänden, in: Zeitschrift für öffentliche und gemeinwirtschaftliche Unternehmen 19 (1996), S. 414-427.

4 Vgl. Schwarz, Peter: Management in Nonprofit Organisationen, Bern u. a. 1992, S. 17 f.

Nur wenige Daten über Verbände aus ökonomischer Sicht wurden bisher erhoben. In der amtlichen Statistik kommen sie so gut wie überhaupt nicht vor. Selbst über die Zahl der Vereine in Deutschland bestehen sehr unterschiedliche Zahlenangaben. Es werden genannt 350.000, 544.701 oder 659.400 Vereine in Deutschland.[5] Unter ihnen können Vereine sein, die seit Jahren inaktiv sind, und solche, die kaum Mitglieder haben. Im Jahr 2002 waren in der Lobby-Liste des Deutschen Bundestages 1.746 Verbände eingetragen. Eine Zählung der Deutschen Gesellschaft für Verbandsmanagement ergab rund 8.500 Verbände mit hauptamtlicher Geschäftsführung.[6] Diese Zahlen sagen aber noch nichts über die inneren Strukturen und den tatsächlichen Einfluss von Verbänden – und damit ihrer Eliten – aus.

Um Einblick in die ökonomische Situation in Deutschland bemüht, hat das Seminar für Vereins- und Verbandsforschung an der Technischen Universität München in Freising (SVV) in den Jahren 1996/97 eine größere empirische Erhebung vorgenommen.[7] Sie sollte einen Überblick über allgemeine Merkmale von Verbänden aus betriebswirtschaftlicher Sicht geben, erlaubt aber auch einige Aussagen und begründete Vermutungen über Verbandseliten. Es handelte sich um einen fünfseitigen Fragebogen mit 47 Fragekomplexen, der an 2.345 Verbände, vorwiegend Wirtschaftsverbände, versandt worden war. Die eigentliche Stichprobe, das heißt der Rücklauf, enthielt Fragebögen von 492 Verbänden (21 %). Darin befanden sich zu 23 % Bögen von sozial-karitativen Verbänden, zu 47 % von Wirtschafts-, zu 18 % von soziokulturellen und zu 12 % von politischen Verbänden. Eine ähnlich umfangreiche Erhebung zum Verbandsmanagement ist weder vorher noch nachher bekannt geworden. Soweit im Folgenden Daten ohne weitere Quellenangaben dargestellt werden, entstammen sie dieser Erhebung.

## Zur Wahl und „Aus-Wahl" der Auserwählten in Verbänden

Die Frage, welche Verbände „auserwählt" werden und in Staat, Gesellschaft und Wirtschaft eine besondere Rolle spielen, ist vorwiegend eine politologische und soziologische. Sie soll hier nicht weiter betrachtet werden. Die Frage des inneren Aufbaus, der Verfassung oder Organisation von Verbänden gehört zum Fachgebiet der Betriebswirtschaftslehre. So kann auch sie Antworten beitragen zu der Frage, wie Eliten in Verbänden – und durch die Verbände in der Gesellschaft – tatsächlich ausgewählt werden und möglicherweise auf bessere Weise ausgewählt werden könnten oder sollten. Schon vor Jahren

5 Vgl. Deutscher Bundestag – 14. Wahlperiode: Drucksache 14/8900 vom 3. Juni 2002 (Bericht der Enquete-Kommission „Zukunft des bürgerschaftlichen Engagements"), S. 30. Die erste Zahl ist die Antwort der Bundesregierung auf eine dementsprechende große Anfrage der CDU/CSU-Fraktion. Die mittlere Zahl „fasst die Angaben der 600 örtlichen Vereinsregister zusammen", das heißt hier sind die eingetragenen Vereine gezählt worden. Zusätzlich werden – auf welcher Grundlage auch immer – 500.000 nicht eingetragene Vereine geschätzt. Die letzte Zahl beruht auf einer Expertise des Bundesministeriums für Familie, Frauen, Senioren und Jugend.

6 Persönliche Mitteilung von Herrn Wolfgang Lietzau, Deutsche Gesellschaft für Verbandsmanagement e. V. (DGVM), Bonn. Grundlage ist eine Datenbank der DGVM.

7 Witt, Dieter/Lakes, Beate/Emberger, Hannes/von Velsen-Zerweck, Burkhard/Seufert, Gernot: Stand des Managements in Verbänden: Ergebnisse der Verbändeerhebung 1996/97, Gesamtauswertung, Freising 1998.

wurde konstatiert, „daß Verbandsdemokratie nicht mehr als weitestmögliche Entscheidungsbeteiligung der Mitglieder definiert ist, sondern nur noch als Methode der Führungsrekrutierung."[8] Diese bleibt immerhin wichtig, auch wenn sie nur ein Aspekt einer weitergehenden Demokratie wäre.

Verbände sind zum größten Teil in der Rechtsform des eingetragenen oder des nicht eingetragenen Vereins nach den §§ 21-79 des Bürgerlichen Gesetzbuches (BGB) organisiert. Dieses schreibt nur vor, dass sie einen Vorstand haben (§ 26). Er muss nicht einmal demokratisch gewählt sein (§ 27 i. V. m. § 40 BGB). Dennoch ist die Wahl der Regelfall. Auch andere Gremien und Personen werden gewählt, zum Beispiel Beiräte, (Fach-) Ausschüsse, Regionalvertreter. Wesentlich für unser Thema sind die Fragen nach den Kriterien der Wahl, dem Wahlkörper, den Wahlverfahren, den Wahlämtern und deren Amtszeit sowie den Kompetenzen und Aufgaben. All diese Punkte unterliegen im Wesentlichen der Satzungsfreiheit des einzelnen Vereins, soweit sie überhaupt geregelt sind, und sind nicht in allgemeinen Formeln zu fassen. In den meisten Fällen sind die Gewählten ehrenamtlich tätig.[9]

Ausgewählt, wenn auch häufig nicht gewählt, werden in vielen Verbänden zudem hauptamtliche Mitarbeiterinnen und Mitarbeiter, die mehr oder weniger offensichtlich zur Elite des Verbandes gehören: etwa soweit sie zur Geschäftsführung zählen – neben dem ehrenamtlichen Vorstand oder Präsidium. Manchmal sind die Geschäftsführer Teil des Vorstands, dann werden sie in der Regel auch gewählt. Wo nicht, werden sie vom Vorstand ausgewählt und ernannt. Bei der Elite dieser Art ist die „Auswahl" im Sinne von Personalauswahl zu verstehen. Wird hier nach den oben genannten Kategorien „erlesen", so ergibt sich wiederum ein uneinheitliches Bild, das zudem unscharf ist mangels empirischer Daten: Von einer professionellen Personalauswahl mit Stellenausschreibung, Auswahlverfahren mit Assessment Center über die Inanspruchnahme von Personalvermittlern („Headhunter") bis zur relativ informellen, spontanen und eher intuitiven, bisweilen auch durch Beziehungen vorgeprägten Einstellung von Personen existieren wohl alle denkbaren Vorgehensweisen der Personalauswahl.

Hier stellt sich die grundsätzliche Frage, ob man bei der Personalauswahl bereits erkennbar einer (Leistungs-, Wissens- o. ä.) Elite angehörende Personen auswählt oder aber solche Personen, die man für entwicklungsfähig zur künftigen Elite hält. Es dürfte auch eher selten sein, dass die Position und insbesondere die Aufgaben und Kompetenzen eines Verbandsgeschäftsführers sich vollständig auflisten und abgrenzen lassen, so dass allgemeine Fähigkeiten und Kenntnisse sowie Entwicklungsfähigkeit Merkmale sind, die als Kriterien der Personalauswahl in Verbänden beachtet werden sollten.

Im Laufe der Zeit entsteht durch die hauptamtliche, das heißt intensivere Arbeit der Geschäftsführer häufig eine Fach- und Wissenselite, die nicht selten mit jener der

8 Teubner, Gunther: Organisationsdemokratie und Verbandsverfassung, Tübingen 1978, S. 91.
9 Die Übergänge vom Ehrenamt zur Erwerbstätigkeit stellt u. a. dar: Stanienda, Roland: Verständnis, Bewertung und Analyse des Ehrenamts. Dissertation in Vorbereitung.

gewählten Vorstände konfligiert. Die vom Vorstand berufenen Personen wachsen durch die ständige und tiefe Beschäftigung mit den Verbandsfragen möglicherweise über diesen hinaus, bis zu dem Punkt, an dem das Präsidium weitgehend den Vorgaben der Geschäftsführung folgt und vorwiegend repräsentative Funktionen ausübt. Auch dazu lassen sich keine allgemeingültigen Aussagen treffen.

Empirie auf diesem Gebiet ist deshalb schwierig, weil die persönliche Sichtweise des Ausfüllenden im Vordergrund stehen kann, ohne dass dies dem Fragebogen zu entnehmen wäre. Bezüglich der Erhebung des SVV ist anzunehmen, dass der Fragebogen sowohl von Ehrenamtlichen als auch von Hauptamtlichen ausgefüllt werden konnte. Wichtig erscheint jedoch die Feststellung, dass es in Verbänden damit zweierlei Arten von formalen oder Positions-Eliten geben kann, die *gewählten* und die *bestellten,* und dass deren Verhältnisse zueinander unterschiedlicher Natur sein können. In immerhin 59 % der Verbände der Stichprobe in unserer Verbändeerhebung (siehe 2.) waren die Aufgabenbereiche zwischen ehren- und hauptamtlicher Führung nur ungefähr oder überhaupt nicht getrennt. Dennoch hatte in 42 % der Verbände die hauptamtliche Führung eine hohe Autonomie gegenüber dem ehrenamtlichen Vorstand, in 53 % immerhin noch teilweise und nur in 5 % keine Autonomie. Nach der Erhebung ist die Autonomie des Hauptamtes in den Wirtschaftsverbänden viel größer als bei den politischen und den soziokulturellen Verbänden. Das korreliert stark mit dem Faktum, dass in Wirtschaftsverbänden die Zuständigkeiten häufiger genauer getrennt und damit geklärt sind (in 52 % exakt, in 39 % ungefähr, in 10 % nicht; bei den politischen Verbänden: in 19 % exakt, in 61 % ungefähr, in 19 % nicht).

Die Eliten in *Unternehmensverbänden* werden oft aus den Eliten in Unternehmen oder in „der Wirtschaft“ ausgewählt. Es sind regelmäßig Manager aus den höchsten Ebenen oder Unternehmer, die beispielsweise die Spitzenpositionen im Bundesverband der Deutschen Industrie oder bei der Bundesvereinigung der Deutschen Arbeitgeberverbände einnehmen. Ebenso werden die *(staats)politischen* Eliten fast ausnahmslos in Verbänden – Parteien, Gewerkschaften und anderen Verbänden – herangebildet, organisiert und auch großteils ausgewählt.[10] Dennoch begründen die Positionen in den jeweiligen Verbänden nicht allein, wohl nicht einmal vorrangig, die Elitenzugehörigkeit, sondern die Position in einem Unternehmen oder im Staat selbst, das heißt im Parlament, in einem Amt oder Ministerium. Diese staatlichen Positionen werden jedoch häufig über den Weg im Verband errungen, auch wenn eine solche Karriere oder Auswahl einer gewissen demokratischen Legitimierung bedarf. Doch auch der umgekehrte Weg ist möglich. Die enge Verknüpfung von Staat und Verbänden ist in Deutschland auch außerhalb der politischen Verbände sichtbar, zum Beispiel am „hohen Anteil öffentlicher Gelder an der

10 Der Parteienkritiker Hans Herbert von Arnim hat errechnet, dass etwa 66-83 % der Abgeordnetenmandate bereits vor der Wahl vergeben sind – nicht durch die Wähler, sondern durch die Parteiapparate; vgl. z. B. von Arnim, Hans Herbert: Wahl ohne Auswahl. Die Parteien und nicht das Volk bestimmen die Abgeordneten, in: Die Welt vom 21. August 2002, S. 9 (siehe auch. http://www.hfv-speyer.de/VONARNIM/Wahl%20ohne%20Auswahl.htm).

Finanzierung"[11] der Verbände. Darüber hinaus gibt es Netzwerke, die nicht formal als Verbände institutionalisiert sind und dennoch oder gerade dadurch großen Einfluss ausüben können.[12] Diese verbinden Staat, Wirtschaft und Dritten Sektor personell und informell.

## Die (Nicht-)Einigkeit der Verbandseliten

Bei der Erörterung des Verhältnisses von haupt- und ehrenamtlich tätigen Verbandseliten wurde schon die Frage nach Übereinstimmung oder Dissens gestellt. Diese Frage kann auch auf andere Untergliederungen der Verbände angewandt werden. Sind die Eliten in deutschen Verbänden in ihren grundsätzlichen Ansichten homogen oder heterogen? Gleichen Verbände heterogene Interessen in sich aus oder bündeln sie homogene Interessen? Die *Wirtschaftsverbände* haben nicht nur im Durchschnitt die klarsten Kompetenzverteilungen zwischen Haupt- und Ehrenamt, sondern auch die größte Einigkeit zwischen Teilen des Gesamtverbandes (etwa zwischen Landesverbänden): Nur 39 % geben unterschiedliche Auffassungen an. Bei den *politischen* Verbänden waren dies 58 %, im Gesamtdurchschnitt der befragten Verbände 51 %. Ein Grund dafür könnte sein, dass das Interesse von Unternehmen eines Wirtschaftszweiges relativ wenig Dimensionen und Differenzen aufweist, weniger als die vielen Interessen in sozialen Verbänden, wo 72 % der Antwortenden Differenzen der Auffassungen zwischen verschiedenen Verbandsteilgliederungen angegeben haben. Wenn Einigkeit stark macht, dann wäre es wenig verwunderlich, wenn Wirtschaftsverbände sich im politischen Diskurs und in politischen Entscheidungen öfter oder mit höherem Gewicht durchsetzen könnten. Denkbar ist jedoch auch, dass nicht nur quasi natürlich gleichlaufende Interessen, sondern auch effizientere Organisationsstrukturen, Abstimmungs- und Entscheidungsprozesse in Wirtschaftsverbänden zu der größeren Einigkeit beitragen. Wenn dies so wäre, dann sollten manche andere Verbände versuchen, von den Wirtschaftsverbänden zu lernen, denn in allen Verbänden bis auf die sozialen werden die Auffassungsdifferenzen tendenziell häufiger als negativ gesehen (alle Verbände: negativ 53 %, positiv 47 %).

---

11 Seibel, Wolfgang: Der Nonprofit Sektor in Deutschland, in: Badelt, Christoph (Hrsg.): Handbuch der Nonprofit Organisation, Stuttgart 1997, S. 19-34, hier S. 28 und 29. Seibel stellt die enge Verbindung von Staat und Drittem Sektor so dar: „Diese Verknüpfung erfolgt im wesentlichen durch Netzwerke von Reputations- und Machteliten" (S. 29). 68 % aller Einnahmen des Dritten Sektors stammten demnach aus öffentlichen Mitteln. Hier ist vor allem aber an Entgelte für soziale Leistungen zu denken, die etwa an die Verbände der Freien Wohlfahrtspflege flossen, weniger an Zuschüsse. Denn gleichzeitig ist im internationalen Vergleich das Spendenaufkommen in Deutschland nicht geringer als in den wichtigen anderen Ländern in Europa. Siehe auch Triesch, Günter/Ockenfels, Wolfgang: Interessenverbände in Deutschland, München u. a. 1995, S. 128 ff.

12 Zum Verhältnis von Netzwerken und Verbänden siehe: Roßkopf, Karin: Wissensmanagement in Nonprofit-Organisationen. Theoretische Grundlegung und praktische Gestaltung von Verbänden als lernende Netzwerke. Dissertation in Vorbereitung.

## Elitenförderung im Verband

Häufig wird beklagt, Verbände würden nur noch schwer oder gar nicht Nachwuchs auch für (ehrenamtliche) Führungspositionen finden. In manchen Fällen ist die Klage berechtigt, doch häufig ist auch nicht erkennbar, in welcher Weise der Nachwuchs gefördert und die Besetzung von Positionen längerfristig geplant und verfolgt wird.

Führungsnachwuchsförderung hat zur Grundlage stets eine Personalplanung. Eine formelle Personalplanung ist erst ab einer gewissen Mitarbeiterzahl notwendig und zweckmäßig, wenn auch beim kleinsten Verein der Vorstand so etwas wie einen Personalplan „im Kopf haben“ sollte, das heißt einigermaßen durchdachte Vorstellungen über die Besetzung der wichtigen Positionen in der Zukunft. Von den in der Verbändeerhebung 1996/97 des SVV befragten Verbänden hatten jedoch auch einige der größeren keinen Personalplan (wobei dieser Begriff relativ weit verstanden werden kann). 43 % der Verbände mit 11 bis 100 hauptamtlichen Mitarbeitern gaben nicht an, einen Personalplan zu führen, desgleichen 11,4 % der Gruppe mit 101 bis 1.000 und erstaunlicherweise 45,5 % derjenigen mit über 1.000 hauptamtlichen Mitarbeitern (wobei deren Gesamtzahl in der Stichprobe relativ gering war). Auf die Zahl der ehrenamtlichen Mitarbeiter bezogen ergibt sich ein ähnliches Bild: Verbände mit 11 bis 100 Ehrenamtlichen hatten zu 82 % keinen Personalplan, mit 101 bis 1.000 Ehrenamtlichen zu 44,3 % nicht und solche mit über 1.000 ehrenamtlichen Beschäftigten immerhin noch zu 27,5 % nicht. Dabei hatten nur 23,6 % der befragten Verbände keine Probleme, ehrenamtliche Mitarbeiter zu finden. Bei den Wirtschaftsverbänden waren es 31,8 %, aber auch hier fanden 45,5 %, dass die Bereitschaft zum Ehrenamt sinke oder gesunken sei.

Es bestünde also deutlicher Bedarf an einer systematischen Heranbildung und Heranziehung des ehrenamtlichen Nachwuchses, der in Wirtschaftsverbänden fast immer Führungsnachwuchs ist. (In karitativen Verbänden dagegen wären auch viele einfachere Tätigkeiten vorhanden, die auf ehrenamtliche Mitarbeiter warten.) Dazu gehört neben einer Art „Laufbahn“, die die ausgewählten Personen immer näher an ihre künftigen verantwortungsvollen Aufgaben heranführt – und ihnen mit mehr Verantwortung auch mehr Interesse vermitteln kann, die Fort- und Weiterbildung. Wenn es nicht selbstverständlich ist, dass der (Eliten-) Nachwuchs kommt, dann sollte er gezielt und systematisch geworben, gewonnen und herangebildet werden. Für ihre ehrenamtlichen Mitarbeiter bieten aber Fort- und Weiterbildung als Motivationsinstrument nur 22,6 % der befragten Verbände (nur 8,2 % der Wirtschaftsverbände, aber 38,3 % der politischen Verbände). Hier wäre differenzierter zu untersuchen, ob eine solche Fort- und Weiterbildung in stärkerem Ausmaß überhaupt von den Betroffenen gewünscht und für erforderlich gehalten würde. Aufstiegsmöglichkeiten spielten nur bei 3,4 % der Verbände für ihre Ehrenamtlichen eine motivierende Rolle. Das lässt auf geringe Aktivitäten der Elitenförderung schließen – und auf eher kurzfristige Führungsnachwuchsplanung und -entscheidungen. In den Wirtschaftsverbänden, die wir hier vor allem betrachten, werden nur von 0,4 % Aufstiegsmöglichkeiten als Motivationsinstrument für Ehrenamtliche gesehen (dagegen von 9,4 % für Hauptamtliche).

Sind in Wirtschaftsverbänden die höheren Positionen so unattraktiv, oder wird die Auswahl dafür nicht längerfristig geplant? Ist eine solche Planung nicht möglich oder nicht nötig? Möglicherweise haben die Verbandsfunktionäre schon vorher hohe Positionen in Unternehmen inne.

Ein Anreiz zur Nachwuchsplanung und -förderung von ehrenamtlichem Nachwuchs könnte eine in der Satzung bestimmte Amtszeitbegrenzung sein (auf eine bestimmte Zahl von Jahren oder Wahlperioden). Sie vermeidet den nicht seltenen Fall, dass Personen über die Zeit hinaus, in der sie neue Ideen und Kraft einbringen, eine Position besetzen und so den nachstrebenden Kräften, pointiert gesagt, den Weg versperren, diese damit demotivieren und die Heranbildung von Nachwuchs nahezu verhindern. Abzuwägen ist eine solche Klausel gegen die Erfahrung, dass manche Vorstände durchaus über längere Zeiträume hinweg einen Verband erfolgreich führen können.

## Anforderungen an Verbandseliten

Es wurde bereits darauf hingewiesen, dass die Aufgaben von Verbandsgeschäftsführern sich kaum in einer klassischen Stellenbeschreibung fassen lassen. Ähnliches gilt für die Anforderungen, die an ehrenamtliche Vorstandsmitglieder zu stellen sind. Dennoch sei versucht, einige wesentliche Kompetenzen zu skizzieren, die eine Verbandselite aus personalwirtschaftlicher Sicht haben sollte. Zu den Aufgaben von Verbandseliten gehören Führung nach innen und Vertretung nach außen. Die Führung nach innen beinhaltet die Interpretation der Verbandsziele und ihre Operationalisierung in einer Strategie und Taktik, den Umgang mit Mitgliedern und Mitarbeitern, die Sammlung, Austarierung und Vereinigung von Interessen und Sichtweisen, die Gestaltung von betrieblichen Strukturen und Prozessen. Nach außen gilt es, Politik und Öffentlichkeit sowie andere Verbände zu informieren und zu beeinflussen. Nicht nur die Öffentlichkeit verlangt ein gewisses Maß an Redlichkeit und Verantwortung, also eine Wertelite. Die Frage ist jedoch, ob nicht manchmal ein gewisses Maß an Unehrlichkeit und Durchtriebenheit der Positionseliten den Verbandsinteressen zumindest kurzfristig mehr nützt. Hier zeigt sich exemplarisch der innere Widerspruch, der sich aus verschiedenen Begriffen und Sichtweisen von „Elite“ ergibt: Was einen Verbandsführer aus der Moralelite ausschließt, könnte ihm Zugang zur Erfolgs- und Einflusselite verschaffen.

Die Verbandselite steht zwischen der Elite von Unternehmen und der Politik, mit Aufgaben beider in je eigener Mischung, wie der Dritte Sektor zwischen den beiden anderen Sektoren der Wirtschaft steht. Man kann daher auf vielfältigste Literatur und Denkhaltungen zum Themenbereich Führung – Verantwortung – Auswahl – Politik zurückgreifen, von der klassischen Antike angefangen über Max Webers „Politik als Beruf“ bis zu modernen Theorien, in denen sich umfangreiche Kataloge dessen finden, welche Anforderungen an eine Verbandselite gestellt werden sollten. Diesen Aufgaben und Anforderungen entsprechen im besten Falle passende Qualifikationen, Eigenschaften der auszuwählenden oder ausgewählten Personen. Mit dem Wort „Person“ ist schon angedeutet, dass dazu auch Eigenschaften gehören, die sich nicht messen und solche, die sich kaum in Worte fassen lassen.[13]

Unsere Zeit verlangt auch von ehrenamtlichen Verbandseliten „Professionalität". Doch gibt es eine Professionalität ohne Profession, das heißt ohne Beruf, ohne Berufsbild? Zum Beruf gehört nach heutigem allgemeinem Sprachgebrauch, dass er hauptamtlich und dauerhaft ausgeübt wird. Professionalität bedeutet also häufig nur noch soviel wie eine dem Stand der Technik und des Wissens entsprechende Handlungsweise; das Wort „professionell" beinhaltet insofern Bedeutungen wie „gut" und „modern". Die Vorstellungen davon ändern sich aber relativ häufig und sind interindividuell unterschiedlich. Sach- oder Fach-, Methoden-, Sozial- und Selbstkompetenz sind geläufige und entsprechend inhaltsarme Kategorien der Beschreibung dessen, was von Personen in den verschiedensten Funktionen erwartet wird; gefüllt werden sie je nach Beurteiler, Weltbild und Theorie mit recht verschiedenen Erwartungen.

Wenn sich Elite dadurch auszeichnet, dass sie neue wissenschaftlich fundierte Betriebsführungsmethoden anwendet, dann sind die Führungen vieler Verbände nicht unbedingt als Eliten zu bezeichnen. Das, was heute als „professionell" gilt, ist in vielen Verbänden nicht Standard, aber die Frage bleibt offen, ob das Professionelle auch das Erfolgversprechende, Rationelle und Sinnvolle ist, gerade angesichts so mancher Moden, wie sie in der Betriebswirtschaftslehre in den letzten Jahren aufkommen und verschwinden. Die befragten Verbandsführungen selbst sahen Verbesserungsbedarf vor allem in der Öffentlichkeitsarbeit, im langfristigen strategischen Denken, in der Motivation zur ehrenamtlichen Arbeit und bei Finanzen und Kapital. Nur wenige sahen Verbesserungsbedarf im Rechnungswesen und der Statistik. Von außen ergibt das ein seltsames Bild, denn die Fragen zu letzterem Sachbereich ergaben Antworten, von denen der Betriebswirt auf großen Verbesserungsbedarf schließt; Statistik und Rechnungswesen sind gerade in größeren Organisationen eine notwendige Basis für langfristige Planungen – nicht nur bei Personal und Finanzen.

Es kann nicht mehr als sicher gelten, dass Verbandsführungseliten zugleich als „Verantwortungseliten" gesehen werden – nicht nur für den Verband selbst, sondern auch für Staat, Gesellschaft und übergreifende, sogar globale menschliche Gemeinschaften. Wem verantwortlich sind Verbandsführungskräfte? Wofür tragen sie die Verantwortung, und in welcher Weise, das heißt, woran zeigt es sich, dass sie die Verantwortung real tragen? Verantwortung ist ein schwieriger, ein offener Begriff. Um ihn zu fassen, müsste auf bestimmte Werte zurückgegriffen werden. In einer Zeit der Individualisierung und des Pluralismus wird es jedoch wenige Werte geben, die allgemein anerkannt werden. Hilfsweise könnte man die Wertewelt des Grundgesetzes heranziehen, die auch formal durch einen breiten Konsens unterstützt ist. Schon aus Gründen langfristigen Erfolgs des Verbandes selbst ist zu fordern, dass Verbandseliten sich durch Verantwortungsgefühl aus-

13 „Person" wird häufig von „per-sonare", hindurchtönen, abgeleitet; übertragen wird damit dem Wort Person die Bedeutung eines Höheren, einer unsterblichen Seele, eines Geistigen, ja Göttlichen beigelegt, das sich durch den sichtbaren Menschen ausdrückt.

zeichnen, das durch langfristiges und umfassendes, übergreifendes, das Ganze sehendes Denken und Wollen gekennzeichnet ist. Verbände brauchen nicht nur effiziente und durchsetzungsfähige Eliten, sondern auch „Reflexionseliten", die Interessen nicht nur durchfechten, sondern auch zugunsten des Gemeinwohls abwägen und wenn nötig zurückstellen können.

Voraussetzung für Führung ist *Autorität* als Eigenschaft der Beziehung zwischen Personen. Autorität an sich gibt es nicht, sie wirkt sich nur gegenüber bestimmten Personen in ihrer bestimmten Weise aus. Autorität kann aus formaler Position fließen, das hieße dann Positionsmacht. Diese erscheint jedoch zu Recht im Schwinden begriffen. „Eine wahre Legitimation der Führungsfunktion kann in heutiger Zeit ausschließlich durch die Geführten selbst erfolgen."[14] Das heißt, Führung – und damit Elite – entsteht durch *Anerkennung* durch die Geführten. Diese erhält, wer fachliche Fähigkeiten hat, Verantwortung übernimmt, prosozial eingestellt ist, das heißt auch: nicht autoritär auftritt, aber selbstsicher, wofür ein gewisses Lebensalter eine gute Grundlage darstellt.

## Abgehobene Eliten

Woher wissen die Verbandseliten eigentlich, was sie tun sollen, welche Verbandspolitik sie betreiben sollen? Sind sie alle visionäre Führungspersönlichkeiten, die den Mitgliedern zeigen, wo es langgeht? Oder sehen sie sich eher als „Dienstleister" oder „Vollstrecker" des Mitgliederwillens? Wenn ja, woher kennen sie diesen Willen?

Hier ergaben sich in unserer Verbändeerhebung teilweise deutliche Unterschiede zwischen den Verbandstypen: Es ist interessant zu sehen, dass die politischen Verbände unserer Stichprobe sich nur zu 57 % als Dienstleister verstanden, jedoch 94 % der Wirtschaftsverbände (die soziokulturellen Verbände lagen bei 82 %, die sozialen bei 89 %). Als Beispiel oder Indiz dafür, wie offen die Eliten gegenüber den Nicht-Eliten sind, wie sehr sie sich auf diejenigen ausrichten, die sie „tragen" und um derentwillen Verbände existieren, sei die Frage näher betrachtet: Wie planen die Verbände, das heißt ihre Eliten, ihr Leistungsangebot (das sich vorrangig an die Mitglieder wendet)? Zwei Drittel aus der Stichprobe machen dazu Umfragen unter Mitgliedern und Klienten, davon einige jedoch nur selten, ein Drittel nie. Umfragen sind am häufigsten bei Wirtschaftsverbänden, am seltensten bei politischen Verbänden. Bei diesen wird offenbar davon ausgegangen, dass der verbandsinterne demokratische Willensbildungsprozess, der einen ihrer Hauptzwecke darstellt, genügend gut vor sich geht und von genügend vielen Mitgliedern mitbetrieben wird.

Es könnten sich auch zwei verschiedene Rollenmodelle der Eliten daraus erkennen lassen: Während in politischen Verbänden die Eliten ihre Aufgabe so verstehen, dass sie politische Ziele vorgeben und durchzusetzen versuchen sollen, dabei aber die Mitglieder

14 Häufig sind auch Äußerlichkeiten (Körpergröße, Aussehen) Kriterien, an denen sich Geführte orientieren, vgl. Ludwig Wiesenbauer: Führung durch Autorität, in: Zeitschrift Führung + Organisation 4 (1991), S. 267-272, hier S. 267.

als Mitwirkende im politischen Prozess voraussetzen, sehen Eliten in Wirtschaftsverbänden sich möglicherweise in einer ähnlichen Rolle wie Unternehmer, die bei ihren Kunden erfragen, mit welchen Produkten und Produktvariationen sie eine größere Zufriedenheit und Nachfrage auslösen können, ohne den Kunden damit Mitentscheidungsrechte einzuräumen – oder um Mitentscheidungsansprüchen zuvorzukommen. So sehen auch nur 53 % der politischen Verbände die Zufriedenheit der Mitglieder oder Klienten als wichtiges Kriterium für den Erfolg ihres Verbandes; sie werden sich wohl an der realen Durchsetzung ihrer Ziele im politischen Prozess orientieren und an der Zustimmung der Öffentlichkeit oder Wähler. 90 % der Wirtschaftsverbände halten die Mitgliederzufriedenheit dagegen für ein wichtiges Erfolgskriterium ihrer Arbeit. Auch Dienstleistungen für Mitglieder spielen in Wirtschaftsverbänden eine wesentlich größere Rolle: 65 % sehen in der Inanspruchnahme solcher Dienstleistungen ein Erfolgskriterium; bei politischen Verbänden sind das nur 38 %. Auch daraus ließe sich der Schluss ziehen, dass Wirtschaftseliten stark auf die Vertretung konkreter Einzelinteressen ausgerichtet sind, während politische Eliten tendenziell umfassendere Ziele verfolgen. Letztere sehen in einer Wandlung zu unternehmensähnlichen Organisationsformen nur zu – immerhin – 52 % eine sinnvolle Zukunft, während es 70 % der Wirtschaftsverbände tun. Dennoch bleibt festzustellen, dass zumindest 1996/97 das Unternehmen für eine große Mehrheit (63 % aller Verbände in der Stichprobe) eine vorbildliche, anzustrebende Organisationsform war. Ob das heute, nach dem Zusammenbrechen der „New Economy“ und mancher Träume von in den Himmel wachsenden Bäumen noch der Fall wäre, bliebe zu untersuchen und darf begründet bezweifelt werden.

In nicht wenigen Veröffentlichungen werden die realen Funktions- oder Einflusseliten Deutschlands eher kritisch gesehen, beispielsweise als überaltert oder für Kritik und Neues unempfänglich. Ein Indiz für Offenheit oder Abgehobenheit ist der Umgang mit Vorschlägen und Beschwerden in einem Verband. Auch hierzu gab es in der Verbändeerhebung Fragen und Antworten, die herangezogen werden können. Insgesamt gaben nur 8 % der Verbände an, viele Vorschläge und Beschwerden zu bekommen, 65 % aber, nur wenige zu erhalten. Nur 12 % der Verbände gaben an, Vorschläge und Beschwerden systematisch zu erfassen und auszuwerten, in anderen Worten ein Beschwerdemanagement zu betreiben, und das obwohl 60 % der Aussage zustimmten, solche Kontakte hätten sie schon oft auf gute Ideen gebracht. Es scheint, dass weite Teile der Verbandseliten *keinen großen Wert* auf Beratung und Kritik „von unten“ legen. Die Qualität von Vorschlägen und Beschwerden wird in verschiedenen Verbandstypen durchschnittlich überraschend verschieden eingeschätzt: 17 % der politischen, aber nur 7 % der Wirtschaftsverbände gaben an, diese brächten meist keine konstruktiven Verbesserungen (Durchschnitt aller Verbände: 10 %).

Die Verbände insgesamt stufen sich selbst – durch ihre Eliten, die die Fragebögen ausgefüllt haben dürften – auf einer Skala von 1 (demokratisch) bis 4 (hierarchisch) mit dem Durchschnittswert von 1,8 als eher demokratisch ein. Die Unterschiede zwischen den Verbandstypen waren hier graduell, doch sahen sich die politischen (1,5) demokratischer als die sozialen Verbände (2). Zur Demokratie gehört offensichtlich nicht unbedingt die

Offenheit für Vorschläge und Beschwerden; es genügen wohl formale Entscheidungsprozesse und Wahlen. Die Wirtschaftsverbände lagen ziemlich genau im Gesamtdurchschnitt.

## Wie üben Verbandseliten Interessenvertretungen aus?

Häufig wird die – oft diffuse – Befürchtung geäußert, Verbände, insbesondere Wirtschaftsverbände, nähmen auf unsichtbare, aber wirkungsvolle Weise Einfluss auf Entscheidungen der Politik, die Eliten planten also unter der Hand, was im Gemeinwesen geschehen solle. In der Tat wurde in unserer Umfrage der *persönliche Kontakt* in der Beurteilung der Verbandseliten selbst als effizientester Weg der politischen Interessenvertretung ermittelt. Presse- und Medienarbeit galt auch noch als effizient, weniger dagegen aufmerksamkeiterregende Veranstaltungen. Die konservativeren Verbände halten den persönlichen Kontakt für effizienter; die sich selbst als eher „revolutionär" sehenden Verbände meinen, offensivere, öffentlichkeitswirksamere Strategien seien wirksamer. Das überrascht nicht, denn es ist davon auszugehen, dass reale Positions- oder Funktionseliten tendenziell konservativ sind. Schließlich haben sie ihre Position bereits inne, sind also Funktionselite, und wollen die Position in der Regel nicht verlieren zugunsten einer neuen, innovativeren und andere Ziele verfolgenden Elite; für ihre Ansprechpartner in Politik und Verwaltung gilt möglicherweise das Gleiche. Zudem sind politische Verbände auf öffentliche Bekanntheit und Unterstützung angewiesen und damit auf das Erregen öffentlicher Aufmerksamkeit; viele von ihnen brauchen Wählerstimmen. Wirtschaftsverbände hingegen scheinen es tatsächlich relativ häufig für angemessener zu halten, wenn ihre Informationen und Einflussversuche nicht zu sehr an die Öffentlichkeit getragen werden; sie können ihren Einfluss vielleicht auch leichter im Gespräch mit Politikern und Beamten ausüben, die sich von ihnen oft beraten lassen.

Was kann abschließend zu Eliten in Verbänden festgehalten werden? Unbestritten ist, dass in der Politologie und Soziologie viel über den Einfluss von Verbänden sowie bei der Besetzung von Positionen im Staat gearbeitet und veröffentlicht wurde. Eliten in Verbänden wurde jedoch weniger Aufmerksamkeit geschenkt als den Eliten in Staat und Unternehmen. Insbesondere aus Sicht des Managements (also vor allem des Personalmanagements) erscheinen die Verbände, ihr Führungspersonal und ihr Führungsnachwuchs empirisch wie theoretisch noch wenig untersucht. Die Frage, ob und wie Verbände (und welche Instanzen und Personen in Verbänden) Führungspersonal systematisch heranziehen und auswählen, ist dabei ebenso interessant wie die, was für ein Management die Eliten in Verbänden betreiben und auf welcher Grundlage sie dies tun.

Zu den Gründen für diese wenig intensive Befassung mit Verbandseliten aus betriebswirtschaftlicher Sicht dürfte die Tatsache zählen, dass Verbände allzu oft (noch) nicht als Objekt der Betriebswirtschafts- und Managementlehre aufgefasst werden, da sie nicht erwerbsorientiert sind. Weiterhin sind Verbände zu vielgestaltig und daher zu schwer zu fassen; Allgemeines über sie lässt sich kaum aussagen, Vergleiche hinken meist. Außerdem werden Verbände (und der ganze Dritte Sektor) von manchen Ökonomen als lediglich akzidenteller Teil des Gesellschaftssystems vorgestellt und gelten daher als uninteressant. All dies darf nicht davon abhalten, in diesem Feld tätig zu werden und damit möglicherweise auch dem Verbändestaat Deutschland auf lange Sicht einen Dienst zu erweisen. Auch die Eliten in Verbänden prägen das gesellschaftliche Leben mit. Deshalb sollte ihre Auswahl und ihre Entwicklung größere wirtschaftswissenschaftliche Beachtung finden.

# IV. Bildungs- und Forschungsstandort Deutschland

# Die Besten gehen – zur Attraktivität des Bildungs- und Forschungsstandortes Deutschland

*Hermann Kühnle*

## Eine Antwortsuche als Geschichte von Aufenthalten

Die Diskussion um die Qualität des Forschung- und Bildungsstandortes Deutschland dauert nunmehr seit Jahren an. Eingebettet in die seit fast zwei Jahrzehnten anhaltende, in sehr negativem Unterton geführte Standortdebatte könnte man sie als artikulierten Zweckpessimismus, als Dauerthema zur Kritik an den jeweils regierenden politischen Parteien oder aber als maßlose Übertreibung, die persönliche und berufliche Entscheidungen Einzelner dramatisiert, abtun.

Erhebungen zum Thema, welche die Standortsituation tiefer analysieren und beispielsweise Migrationsbewegungen der Bildungs- und Forschungselite mit verlässlichen Zahlen hintersetzen, müssen jedoch schrillen Alarm auslösen.[1] Die tatsächliche Lage ist mindestens so schlimm wie die empfundene Stimmung, eher noch schlechter. Die Abwanderung der Höchstqualifizierten steht nicht etwa bevor, sie ist in vollem Gange, da in Deutschland keine Aussicht auf ein Klima für Innovation und Leistung zu bestehen scheint. Immer mehr hochqualifizierte Menschen verlassen Deutschland, weil es sich offenbar jenseits unserer Grenzen besser lebt.

Wirtschaft und Globalisierung stellen jeden Standort auf die Probe. Daher gilt es, auch in Deutschland die Standortbedingungen für Bildung und Forschung rasch und durchgreifend so zu gestalten, dass Begabungen nicht ab-, sondern zuwandern. Denn der Wettbewerb um die besten Köpfe verschärft sich.[2] Globalisierung wirkt eben nicht nur in Form der Freizügigkeit des Aktienkapitals, sondern besonders auch des „Humankapitals". Wissenschaftler, Krankenschwestern, Gastronomen, Ärzte und Handwerker wissen längst, dass man in anderen Ländern Europas besser bezahlt wird.[3]

Bei der in zunehmendem Maße wissensorientierten wirtschaftlichen Entwicklung kann eine derart negative Wanderungsbilanz – insbesondere bei hochqualifizierten Fachkräften und Spitzenwissenschaftlern – nicht ohne Auswirkungen auf die wirtschaftliche Wettbewerbsfähigkeit der Bundesrepublik Deutschland bleiben. Der entstandene Schaden ist enorm, die dauerhafte Schwächung der Innovationskraft der Nation direkt

---

1 Backhaus, Beate/Ninke, Lars/Over, Albert: BRAIN DRAIN – BRAIN GAIN, in: Gesellschaft für Empirische Studien (Hrsg.): Eine Untersuchung über internationale Berufskarrieren, Kassel 2002, S. 27 ff; Bürklin, Wilhelm/Rebenstorf, Hilke u. a.: Eliten in Deutschland – Rekrutierung und Integration, Opladen 1997.

2 Vgl. etwa Erhardt, Manfred: Hochschule in der Wissensgesellschaft – Zwischen Ökonomisierung und Bildungsauftrag. Vortrag 10. Haniel-Forum 3. Mai 2002, Franz Haniel-Akademie, Duisburg-Ruhrort, http://www.haniel-stiftung.de.

3 Der Ministerpräsident des Landes Baden-Württemberg warnt insbesondere vor weiteren Steigerungen der Abwanderung: Teufel, E.: „Ingesamt sind im vergangenen Jahr 2002 120 000 junge Leute ausgewandert, 10 Prozent mehr als im Vorjahr 2001". VDI nachrichten 34 (2003), S. 4.

spurbar, der Zustand nicht länger hinnehmbar. Und die jungen Forscher? Cum tacent, clamant! Kaum zu glauben, dass selbst aussichtsreiche Nachwuchswissenschaftler hier schon resignieren, bevor ihre Karriere überhaupt begonnen hat.[4] Erst kommt der Zorn, dann die Abwanderung. Zahlreiche junge Menschen mit guter, akademischer Ausbildung sehen in Deutschland für sich keine Zukunft – jeder siebente Student in speziellen Technologiebranchen, der in Deutschland promoviert wird, wandert in die Vereinigten Staaten aus.

Der internationale Ruf unserer deutschen Hochschulen kann so schlecht nicht sein, wenn in den Vereinigten Staaten, wo man sich ja schon seit langer Zeit der besten Köpfe aus der ganzen Welt bedient, jeder dritte ausländische postdoc und jeder fünfte Professor in den Naturwissenschaften aus Deutschland kommt.[5] Mit ihnen ist offenbar durchaus Staat zu machen. Leider nicht mehr bei uns in Deutschland. Das Potential ist also vorhanden – die sich ergebenden Chancen werden vertan. Selbst wenn die deutschen Universitäten – wie viele andere europäische Universitäten auch – auf vielen Gebieten leistungsfähiger sind als beispielsweise die amerikanischen, vermögen sie nicht die Anziehungskraft zu entfalten, die ihnen auf Spezialgebieten Schlüsselpositionen sichert. Die Vereinigten Staaten verfügen über eine Reihe solcher Zentren, an denen auch flexible Karrieremöglichkeiten, ausgeprägtes Entrepreneurklima und hohe Lebensqualität anzutreffen sind, weshalb sich u. a. 60 Prozent der DFG geförderten deutschen Auslandsstipendiaten für einen Aufenthalt in den Vereinigten Staaten entscheiden.[6]

Dieser bundesdeutsche „Brain-Drain" bleibt erwartungsgemäß jenseits unserer Grenzen nicht unbemerkt. So ist sich die European Economic Advisory Group mit ihren neun renommierten europäischen Wirtschaftswissenschaftlern einig, dass Deutschland dringend gegenlenken, die Besteuerung von Spitzeneinkommen neu bewerten und die Hürden für Unternehmertum drastisch verringern müsse. Darüber hinaus besteht unter den Berufenen aus Politik und Wirtschaft kein Zweifel, dass Deutschland von „bürokratischem Muff" zu befreien sei, damit jenes dringend erforderliche Forschungs- und Arbeitsklima entstehen könne, in dem Leistung, Eigenverantwortung, Mut und Kreativität gesellschaftlich und finanziell belohnt, statt durch Bürokraten, Bedenkenträger und Neider behindert oder diskreditiert wird.[7]

Während wir im Ausland mit viel Aufwand um Hochqualifizierte werben, wandern unsere eigenen Eliten Jahr für Jahr in Scharen ab. Auch durch großzügigere Zuwanderungsregelungen lässt sich, wie die Ergebnisse der „Green Card"-Regelung beweisen, rein gar nichts bereinigen, denn hochqualifiziertes Personal wird erst dann zu uns kommen, wenn die eigenen deutschen Eliten hier nachweislich gute Perspektiven für sich erkennen und vor Ort gebotene Chancen in Erfolge verwandeln; ganz abgesehen von der unterentwickelten Toleranz gegenüber anderen Kulturen oder den finanziellen Be-

4 Spiewak, M.: Flucht der Forscher, in: Die Zeit vom 17. Mai .2001, S. 15.
5 Rau, Johannes: Vortrag des Bundespräsidenten zum 52. Hochschulverbandstag, 8. April 2002, Koblenz.
6 Second European Report on S&T Indicators 1997, S. 643.
7 Vgl. Tänzer, Klaus: Sozialstaat Deutschland: Oase rückwärtsgerichteter Bedenkenträger. Bürokratie, Verkrustung, Vollkaskomentalität und Gleichmacherei vertreiben die Eliten, in: Celler Blickpunkt 3 (2003), S. 3.

lastungen, die Sozial- und Rentensysteme mit sich bringen. Junge, kreative, dynamische Wissenschaftler kehren der BRD zunehmend den Rücken. Sie finden anderswo bessere Bedingungen – und mehr gesellschaftliche Anerkennung.[8] Die Besten verlassen uns. Es gilt, dringender denn je, endlich zu Bedingungen zu kommen, die dieses Potential hier halten und zur Entfaltung bringen.

## Eliten haben es schwer – „Scientia est potentia" (Francis Bacon)

Was – so beteuern alle – in Deutschland zur Zeit mehr denn je gefragt ist, sind eigenständig denkende, ihre Möglichkeiten und Zukunftsperspektiven nüchtern einschätzende, dabei zugleich dynamische, hoch intelligente Menschen, für die es gilt, dauerhaft Perspektiven und Bindungen zu erzeugen und sie darüber hinaus zu Beiträgen für das Allgemeinwesen zu gewinnen. Da dies nur sehr unzureichend und in abnehmendem Maße zu gelingen scheint, lohnt ein genauerer Blick auf die Erwartungshaltung und Motivlage des zu umwerbenden Personenkreises.

Erste Einblicke geben von jungen Forschern unterbreitete „Defizitlisten".[9] Stichpunktartig ergeben sich eine Reihe von Übereinstimmungen:
- zu unbewegliche Berufsbilder,
- zu starre Organisationen und Arbeitsbedingungen,
- mangelnde Akzeptanz und Durchsetzungsfähigkeit von Querschnittsaktivitäten und interdisziplinären Errungenschaften,
- Widerstände gegen Neues, die höher sind als anderswo,
- satte, wenig experimentierfreudige Führungskräfte,
- eine zu staatsnahe Gesellschaft (hohe Staatsquote) mit Schwierigkeiten für private Initiativen, eigene Existenzen und persönliche Freiräume,
- Konsensmechanismen in Institutionen und Gesellschaft, ungeeignet Innovationskonflikte auszutragen und dadurch zum Erfolg zu führen.

Darüber hinaus drückt das allgemeine Leistungsklima auf die Motivation.

Der Elitebegriff ist in Deutschland – aus der Historie erklärbar – leider negativ belegt. Elitäres Wirken hat daher mit besonderen und intensiven Widerständen zu kämpfen. Hochbegabte junge, hochmotivierte Akademiker und Studenten sehen sich bereits an den Universitäten vielfach angefeindet, und damit in ihrer Entwicklung von Beginn an stark beeinträchtigt. Besonderen Widerständen sind Spitzenleute im Osten Deutschlands ausgesetzt. Sie haben nicht nur gegen die negativ besetzte Elitenbegrifflichkeit anzukommen. Vielmehr ist dort ein verbreitetes Phänomen, Personen, die durch Spitzenleistungen erkennbar herausragen, als „unsolidarisch" zu brandmarken und mittels „Entzug der Solidarität" kalt zu stellen.

8 So beispielsweise Jörg Schönbohm: Konservative Reformer braucht das Land. Rede des Stellvertretenden Ministerpräsidenten des Landes Brandenburg auf dem 13. Brandenburgtag der Jungen Union, Brandenburg, 23. November 2002.

9 In diesem Sinne etwa Bürklin/Rebenstorf u. a., Eliten in Deutschland (wie Anm. 1), S. 110 ff.

Des Weiteren wird in zahlreichen Studien darauf hingewiesen, dass in Deutschland eigenverantwortlich denkenden, nach Spitzenleistungen strebenden und auch sonst Verantwortung übernehmenden Personen der Aufstieg durch die starren und etablierten Strukturen und Interessenorganisationen weitestgehend misslingt. Übergeordnetes Bewusstsein für Qualität, Spitzenleistung, internationale Konkurrenzfähigkeit und damit einher gehende fachbezogene Konzentration wird von den etablierten Interessengruppen kaum ausreichend honoriert. Hoch im Kurs dagegen stehen Angepasstheit, die Unter- und Einordnung in Zielsetzungen von Interessengruppen, Verbänden und anderen Non Government Organisations. Belohnt wird Konsens und Bewahrung.

Resultat: Es werden weiterhin diejenigen in Entscheiderpositionen aufsteigen, die mit dem Erhalt ihrer selbst bzw. ihrer Organisationen mehr beschäftigt sind als dem dringend notwendigen Wandel bzw. den unbedingt einzuleitenden Entwicklungen für neue Möglichkeiten und Chancen. Diese Positionseliten entwickeln in der Folge ein erheblich höheres Beharrungsvermögen als dies in Anbetracht der düsteren Lage zuträglich ist und unterlassen es, den nachrückenden High Potentials Visionen und Perspektiven aufzuzeigen, deren Umsetzung motivierend und attraktiv ist und Anstrengungen auch im Sinne der Allgemeinheit rechtfertigen. Vielmehr sitzen in den entscheidenden Positionen viele Bedenkenträger und kaum Innovatoren oder unternehmerische Denker. Konfliktfreudige Entscheider und den Wandel gestaltende, mit Weitblick agierende, Gesamtverantwortung tragende Persönlichkeiten gelangen eben in Deutschland eher selten in Spitzenpositionen.

Diverse Beispiele aus anderen Ländern im Vergleich, wie den USA oder Frankreich bzw. Großbritannien, legen es deshalb in sehr jungen Jahren schon nahe, den Blick von der deutschen Heimat abzuwenden und wenigstens einen längeren Aufenthalt oder aber wesentliche Karriereschritte im Ausland zu absolvieren. Der Teil, der nicht derart weitreichende Konsequenzen ziehen mag, findet sich dann mit den Gegebenheiten ab; Hobbys bis hin zu Spitzenleistungen im privaten Winkel kennzeichnen den Exodus nach innen.

## Enttäuschte Erwartungen

Neben wesentlichen Kritikpunkten an den Gegebenheiten in Deutschland wurden in speziellen Erhebungen auch Erwartungshaltungen herausgearbeitet. Auffallend häufig werden hierbei die Verwirklichung eigener Ideen, die Umsetzung eigener Konzepte und die Möglichkeit der Eigenverantwortlichkeit und des Freiraums zum Experimentieren als kritische Punkte genannt. Dabei kommen bei den Befragungen die ausländischen, insbesondere aber die US-amerikanischen, Institutionen zu deutlich besseren Bewertungen als die entsprechenden deutschen Einrichtungen. Derartige Vorstellungen könnten auch hier in Deutschland erfüllt werden, zum Beispiel in einem Umfeld von Gründer- und Unternehmergeist sowie dazu passenden Rahmenbedingungen ebenso wie daran angepasste Führungsmodelle in öffentlichen und privaten Forschungsstrukturen.

Weitere Präferenzen bestehen hinsichtlich der folgenden Vorstellungen über ein global orientiertes Umfeld, eine internationale Einbindung, die Vergleichbarkeit deutscher mit internationalen Abschlüssen und der individuellen Weiterentwicklungschancen.

Bezüglich dieser Punkte ist in Deutschland noch einiges zu tun: so ist die Möglichkeit des Vergleichs deutscher zu internationalen Abschlüssen bei weitem noch nicht sichergestellt und die Einbindung internationaler Facharbeitskräfte noch längst nicht so weit entwickelt wie in den angelsächsischen oder skandinavischen Ländern bzw. anderen europäischen Regionen. Selbst einige Staaten Mitteleuropas erfüllen derlei Erwartungen in weit höherem Maße. Insbesondere dieser Problemkomplex wiegt aufgrund der geringen Aussicht auf kurzfristige Lösbarkeit schwer und dürfte sicher häufig den Ausschlag für die Entscheidung zur Abwanderung geben.

An dritter Stelle zu nennen bleibt das unmittelbare familiäre und persönliche Umfeld, bei dem insbesondere im Falle der Familiengründung, der Kindererziehung und -förderung sowie den Berufschancen für die Ehepartner das in Frage kommende Ausland mit deutlich besseren Bewertungen abschneidet. Dieses geben zumindest die Promoventen deutscher Herkunft in den USA, Großbritannien, Frankreich oder anderen Staaten zu bedenken. Hierin könnten Ansatzpunkte für lokale Modelle liegen. Beträchtliches Unzufriedenheitspotential resultiert auch aus der technologischen Leistungsfähigkeit Deutschlands, die, nicht nur nach Einschätzung der Abwanderer, hinter der anderer großer Forschungsnationen zurückbleibt. Innovationsschwächen, strukturelle Verkrustungen sowie zu spät erkannte oder unbesetzte Technologiesektoren lassen die Rückstände leicht belegen.

Regelmässig werden diese von der Politik auch eingeräumt und ebenso regelmässig melden sich Vertreter der dafür (seit Jahrzehnten) zuständigen oder sich zuständig fühlenden öffentlichen Institutionen und Einrichtungen,[10] unter deren jahrzehntewährender „hoheitlicher" Begleitung wir in die derzeitig miserable Forschungsposition geraten sind, völlig unbefangen zu Wort und versichern, dass die nächste Budgetsteigerung die Lösung des Problems bringen wird. Unterbleibt dann der Budgetzuwachs in erwarteter Höhe, führt man sich auf, als sei die gesamte (weiterhin voll gewährte!) Förderung entzogen und verfällt in Drohgebärden.[11]

10 Diese von der öffentlichen Hand betriebenen Strukturen präsentieren sich der erstaunten Öffentlichkeit in jüngerer Zeit gar als eigenständige Interessengruppen, die sich auf gleicher Stufe mit Industrievereinigungen und Wirtschaftsverbänden sehen, um der Politik Aufgaben zuzuweisen und so den Staat auf die Linie eigendefinierter Ziele zu bringen. Sollte sich ein derartiger Mechanismus wirksam etablieren, so verstärkt er die ohnehin vorhandene Neigung, sich als Selbstzweck zu sehen und sich seinen Auftrag gegenüber der Allgemeinheit selbst zu definieren. Jüngstes Beispiel für solches Rollenverständnis ist die „Gemeinsame Position der Allianz der Wissenschaftsorganisationen zur Neuordnung der Forschungsfinanzierung und des Hochschulbaus" vom 22. Juli 2003, durch die Politik und Staat öffentlich Belehrungen zu gesamtstaatlicher Verantwortung für Forschung und deren Finanzierung zuteil werden (http:// www.helmholtz.de/de/Aktuelles/Pressemitteilungen/ Helmholtz-PM_22.07.03_Gemeinsame_Position_der_ Allianz_der_Wissenschaftsorganisationen.html).

11 So der Finanzvorstand der FhG, Grossner, Pressemitteilung vom 14. April 2003, Fraunhofer-Gesellschaft: Gebremstes Wachstum (anlässlich einer Bugdetstraffung von 22 Millionen EURO, ca. 2 Prozent (!) des Gesamtbudgets): „Wenn die angewandte Forschung einen Beitrag zur Überwindung der wirtschaftlichen Probleme leisten soll, dann muß sie auch gefördert werden. Ansonsten müsste die Fraunhofer-Gesellschaft den Schwerpunkt ihrer Tätigkeiten auf kurzfristige Produkt- oder Prozessoptimierungen verschieben". WWW Stand 2003-08 http://www.fraunhofer.de/german/press/ pi/index.html.

Angesichts derlei statischer Mechanismen und eigennütziger Machtgefüge sind tiefgreifende Reformen unausweichlich, wenn Deutschland nicht weiterhin durch Abwanderung seiner Talente zum Aufbau von Technologiespitzenpositionen ausschließlich in anderen Ländern beitragen will. US-Ökonomen führen beispielsweise Aufstieg und Vormachtstellung ihrer Biotech Industrie einigermaßen verwundert zu einem beträchtlichen Anteil auf den europäischen Talentzustrom an ihre Forschungszentren zurück.[12]

Aber statt zu reformieren beruhigt man mit Bestandsaufnahmen und Kennzahlvergleichen,[13] durchgreifende Maßnahmen unterbleiben – insbesondere die dringend erforderliche Debatte über Strukturveränderungen und den überfälligen Rückzug des Staates aus Innovation und Forschung zugunsten echten Forschungswettbewerbs entfällt oder wird gar bewusst umgangen. Dabei ist bekannt: Unter den attraktivsten Migrationszielen für deutsche Forscher werden regelmäßig diejenigen Länder genannt, bei denen bereits an den Hochschulen der Anteil privat finanzierter Forschung nennenswert bis erheblich ist und die über eine privat-wirtschaftlich organisierte, wettbewerbsgetriebene Forschungslandschaft in beträchtlichem Umfang verfügen.

Die Summe der Defizite der nationalen Forschungs- und Bildungslandschaft in Deutschland, wie auszugsweise ausgeführt, rechtfertigen in der Tat wenig Hoffnung auf kurzfristig greifende Verbesserungen. Ob bewusst verschaukelt oder nur in bester Absicht und wider besseres Wissen hingehalten – für hausgemachte Probleme und Karrieresackgassen haben junge begabte Forscher ein ausgeprägtes Gespür. Sie gewinnen zur Zeit weder den Eindruck, dass diese Sachverhalte breit zur Kenntnis genommen werden – die Probleme also erkannt sind –, noch können sie in diesen Punkten auf einen handlungs- und durchsetzungsfähigen Staat setzen, der die Fehlentwicklungen stoppt und beherzt umsteuert. Sie suchen ihre Chancen zunehmend außerhalb Deutschlands.

## Die Leistungsträger selbst – „Animum debes mutare, non caelum" (Seneca)

Auch die „Besten" haben hinsichtlich einiger Qualitäten noch an sich zu arbeiten. Es ist nicht alles die „Bringschuld" anderer, was die Wege zum Erfolg ebnet. Wille und Entschlossenheit zu intelligentem Verhalten innerhalb der Gegebenheiten gehören dazu – ebenso wie Geschick und Ausdauer zur Schaffung eigener Freiräume und zur Erschließung von Chancen. So vermisst man bei hochmotivierten, hochbegabten und durchsetzungsfähigen Köpfen oft das Vertrauen in die eigene Kraft und Durchsetzungsfähigkeit.

Selbst bei diesem Personenkreis ist festzustellen, dass Ausbildungsziele, Freiräume für Selbstverwirklichung, Stoßrichtung der Innovation sowie die Einbindung in Fachgebiete bzw. Personengruppen überwiegend unter der Perspektive späterer Arbeitnehmertätigkeit stehen. Richtschnur jeden Handelns ist überwiegend die Frage: Wer könnte

12 Zucker, Lynne/Darby, Michael/Brewer, Marilynn: Intellectual Human Capital and the birth of US Biotechnology Enterprises, NBER Working Paper Series, 1996.

13 Report of the Federal Government on Research 2000. Bundesministerium für Bildung und Forschung (BMBF), Bonn 2001.

später an welchen von mir erarbeiteten Qualifikationen, Innovationen und dem durch mich dargestellten Potential (im Sinne eines Arbeitgebers) interessiert sein und welche Chancen könnte er mir eröffnen? Geradezu unterstützt wird diese Einstellung durch die nahezu ausschließlich auf solche Perspektiven ausgerichteten Ausbildungswege an den Universitäten und Hochschulen. Viel zu selten trifft man auf das hinreichende Selbstvertrauen, sich eigenständig (d. h. im Sinne von Existenzgründungen und beruflicher Selbstständigkeit etc.) und unabhängig (d. h. außerhalb herkömmlicher Beschäftigungsverhältnisse und Großunternehmensstrukturen) hervorragende Berufs-, Karriere- und Zukunftsperspektiven zu erarbeiten. Auch scheint die Bereitschaft zu autodidaktischen Anstrengungen zu wünschen übrig zu lassen, so dass es mitunter an der Spezialisierungsqualifikation fehlt.[14]

Die Option, sich aus der Hochschule heraus direkt in Selbständigkeit und unternehmerische Verantwortung zu begeben und auf seine eigenen Kräfte und Durchsetzungsfähigkeiten am Markt zu vertrauen, ist offenbar kein attraktives Modell, und was noch schwerer wiegt, in den Karriereüberlegungen meist gar nicht enthalten. Allzu leicht lässt man sich entmutigen durch Neidkultur oder das doch in weiten Kreisen schlechte Image des Unternehmers und zeigt zu wenig „Biss“ und Willen dafür, sich den eigenen Weg freizukämpfen und gegen Widerstände und Störungen abzusichern.

## Spitzenkräfte halten

Angesichts der Erkenntnis, dass nennenswerte oder gar grundlegende Veränderungen der Situation in Deutschland vorerst ausbleiben werden, liegt es auf der Hand, zunächst nach Lösungen zu suchen, die lokal – also in kleineren Wirkungsbereichen – gangbar sind. Ohne gleich alle Probleme der Republik auf einen Ruck lösen zu müssen, können zumindest im persönlichen Umfeld Strukturen geschaffen und Kulturen entwickelt werden, die für die Leistungselite echte Angebote darstellen. In diesem Sinne können Freiräume im deutschen Hochschulwesen ebenso wie Gestaltungsmöglichkeiten im privaten Forschungssektor geschaffen und genutzt werden.

Auch in der Unternehmenslandschaft zeigen sich Veränderungen. So ergibt die Durchsicht von Personalwunschlisten führender Großunternehmen zweifelsfrei, dass für die wichtigen internationalen Aktivitäten genau eben jene Individuen gefragt sind, für die eigenständiges Denken, Querschnitts- und Projektmanagementfähigkeiten, Tätigkeiten in fremden Sprach- und Kulturräumen, Kreativität und Aufgeschlossenheit für Neues selbstverständlich sind. Hierdurch bieten sich auch für Forschung und

14 Pressemitteilung der Humboldt-Stiftung vom 11. April 2003; Zwischenauswertung über Erfolg der höchstdotierten Wissenschaftspreise Deutschlands „Wolfgang Paul- und Sofja Kovalevskaja-Preise“: Von einigen Preisträgern wurde allerdings kritisiert, dass sie ihre Arbeitsgruppen auch deshalb international besetzen müssen, weil es schwer sei, adäquat qualifizierte Mitarbeiter in Deutschland zu finden. „In unserer Arbeitsgruppe sind wir dazu übergegangen, die Mehrzahl der Studenten zu Beginn für ein halbes Jahr zur Weiterbildung nach Moskau zu schicken“, erklärte etwa Paul-Preisträger Alexei Khokhlov, der an der Universität Ulm an Flüssigkristallen und Makromolekülen forscht. Vgl. dazu http://www.avh.de/de/aktuelles/presse/pn/index_archiv.htm.

Bildung zusätzliche Gestaltungsräume, die neben den eingefahrenen Karrierepfaden liegen. So könnte etwa die duale Ausbildung in Deutschland, in aller Welt hochgeschätzt, weiterentwickelt und in die Hochschullandschaft hinein ausgedehnt werden. In jedem Fall muss der Schneeballeffekt gestoppt werden, der seit vielen Jahren zu verzeichnen ist, nach dem aus positiven Erfahrungen im Zusammenhang mit der Einstellung talentierter europäischer (und speziell deutscher) Kräfte etwa US-Firmen in steigender Anzahl weitere Zuwanderer rekrutieren,[15] ohne dass deutsche Firmen gleichziehen. Mit einigem Geschick lassen sich so etwa auch im privaten Sektor hochwertige Forschungsqualifizierungs- und, damit im Gleichklang, Praxisangebote entwickeln. Sie können bewirken, dass sich zumindest einige der Besten bei uns entfalten und ihre Lebensplanung mit und in Deutschland vollziehen.

Dazu ist den persönlichen Interessen und Hintergründen sowie vor allem den Erwartungen an persönliche/berufliche Vorstellungen mit Vermittlung von tragfähigen Perspektiven zu entsprechen. Wichtig ist ferner, das bei dem oben diskutierten Personenkreis stets vorhandene Bedürfnis nach Auseinandersetzung mit der Forschungswelt in ihrer Vielfalt und Globalität aufzugreifen. Im Folgenden seien dazu einige Gedanken skizziert.

## Ideen und Tatendrang aufgreifen

Das Aufzeigen von verlässlichen langfristigen Optionen ist ein Grundelement der Förderung. Gerade in entscheidenden Lebenszeitabschnitten sind die angesprochenen Personen aus völlig berechtigten Motiven heraus stark darauf bedacht, klare Vorstellungen über ihr zukünftiges Berufsleben, ihre Karrieremöglichkeiten und die sich daraus ergebenden Erfolgschancen mit entsprechenden Verdienstmöglichkeiten vor Augen zu haben und im persönlichen Umfeld mittel- bis langfristige Optionen zu sehen. Dabei bieten (Firmen-) Ausgründungen und private Forschung reichhaltige Möglichkeiten. Dort werden Projekte vorangetrieben, die etwa an konkreten Marktbedürfnissen ausgerichtet sind und die Effizienz ist weitaus größer als bei universitärer Forschung bzw. bei außeruniversitären Einrichtungen. Die Kosten für einen F&E Mitarbeiter sind zur Universität vergleichbar und im Vergleich mit außeruniversitären öffentlichen Einrichtungen wesentlich niedriger, die Qualität ist höher, da die Arbeiten in die zentralen Forschungsthemen für neue Produkte oder Verfahren einfließen.[16] Der Übergang zur Industrieforschung ist fließend; daraus ergeben sich weitere Karrierepfade für junge Forscher bei Auftraggebern und Kunden.

15 Lambert, Richard D.: Foreign Students Flows and the Internationalization of Higher Education. American Council on Education/Series on Higher Education, 1992.

16 Auch auf diesem Sektor bestehen beträchtliche Handlungsbedarfe, insbesondere bei der Gleichstellung privater Forschung. Sie ist nicht nur wegen geringerer öffentlicher Förderung, sondern zusätzlich durch Steuern und Abgaben im Wettbewerb benachteiligt. Öffentliche Institutionen sind in Deutschland von der Umsatzsteuer befreit, während die privaten Forschungsfirmen mit dem Höchstsatz von 16 Prozent belegt sind.

Private Forschung eröffnet auf diese Weise Spielräume für den Einzelnen. Die Attraktivität technologie-orientierter Start-Up's und forschungsintensiver Unternehmen ist gerade für Hochschulabgänger deshalb sehr hoch und stellt eine wichtige Möglichkeit zur dauerhaften Bindung hochqualifizierter Forscher an den Standort dar.

Sicher ist es nicht leicht, solche Verlässlichkeit der Perspektiven innerhalb privat betriebener Strukturen zu vermitteln, hierin unterscheiden sie sich von staatlichen Strukturen. Wohl aufgrund der Neuheit des Modells mangelt es hierzulande an zugkräftigen Erfolgsbeispielen, die die Nachweise der Gleich- oder Höherwertigkeit im Vergleich zur Abwanderungsalternative glaubhaft und handfest zu erbringen gestatten.

Ein zentraler Indikator für Stabilität von Ausgründungen und jungen Unternehmen ist deren Eigenkapitalausstattung, die in Deutschland weitestgehend nur durch private Einlagen auf ausreichendem Niveau gehalten werden kann. Der Kapitalmarkt zeigt sich aufgrund sichererer Anlagemöglichkeiten, z. B. im abschreibungssubventionierten Immobiliensektor, weitestgehend desinteressiert. Kleinen F&E-Firmen macht dies den Eintritt in große Forschungsaufträge unter Vergaberisikogesichtspunkten schwer. Beklagenswert niedrig ist auch das öffentliche Ansehen dieser kleinen Hightech Firmen, bieten sie doch vorerst nur wenigen hochqualifizierten Mitarbeitern Beschäftigung in einer Zeit, in der offenbar ausschließlich breite Arbeitsplatzangebote wahrgenommen werden. Welche Leistungen hinter den vorangetrieben Arbeiten stehen wird nicht honoriert, ja stößt vielmehr auf Unverständnis oder gar Neid.

Steckt hinter den vorangetriebenen Innovationen größeres Potential, so gesellt sich hierzulande alsbald die öffentliche Forschung gestützt durch z. T. millionenschwere Förderprogramme zu den Imitatoren, flacht die Innovationsspitzen völlig ab und tritt unbesteuert und hochsubventioniert als Konkurrenz auf.[17]

## Die Welt ist hier

Arbeitet man mit hochmotivierten Spitzenkräften, so spielt sich die Tätigkeit, insbesondere im Forschungsgeschehen, in einem internationalem Kontext, d. h. mit Fachkollegen aus anderen Ländern und Kontinenten, ab. Dies ist an den eventuellen Wunschforschungsstätten (wie etwa Princeton, Stanford, Cambrigde etc.) nicht grundsätzlich anders als an gut funktionierenden Leistungseinheiten in Deutschland. Mancher Nachteil, der in Deutschland ohne Zweifel für Höchstbegabte und Talente besteht, kann so abgemildert oder ausgeglichen werden.

17 Beispielsweise haben sich auf Spezialgebieten der Grafischen Datenverarbeitung auf der Grundlage einiger Querschnittstechnologien im Informatiksektor in der Gegend um die Firmensitze der F&E Einheiten des Verfassers bescheidene regionale Märkte aufgetan, die Ausgangsbasis für die weltweite Geschäftsfelderschliessung bilden könnten. Anstatt nun den Wettbewerb ungestört gedeihen zu lassen, schickt sich nun eine Bundesforschungsinstitution an, mit 50 Mio? aus Steueraufkommen vollsubventioniert und steuerbefreit auf diesem Markt tätig zu werden. Dies wird das Aus für voraussichtlich ca. 200 erwerbswirtschaftlich betriebene high – tech Arbeitsplätze bedeuten, die das Preisdumping nicht überstehen oder einen besseren Standort (auch im Ausland) finden werden.

International angelegte Projekte unter regem Austausch mit ausländischen Forschungsinstitutionen und deren Spitzenforschern bilden hierfür die unabwendbare Voraussetzung. Innerhalb eines solchen Kontextes lässt sich meist rasch und dauerhaft die Erkenntnis vermitteln, dass die in solchem Umfeld betriebenen Arbeiten an jedem beliebigen anderen Ort auf der Welt kaum anders laufen, als hier in Deutschland, – ja an unseren deutschen Zentren im Vergleich auch einige Vorzüge bestehen.

„Die Welt hereinzuholen" ist eine Option, die für Spitzenleute reizvoll ist. Sie stellt hohe Anforderungen: Weltweit angelegte Forschungsarbeiten, internationale Personalrekrutierung und damit globale Wettbewerbsfähigkeit.

Die sich bei der Einlösung dieser Punkte einstellende Problemfülle ist enorm. Sie beginnt beim für den Eintritt in den weltweiten Forschungsmarkt erforderlichen geeigneten vielseitigen Personal, setzt sich fort bei Markteintrittsfinanzierung, bewegt sich weiter um die Einreise- und Zuwanderungsformalitäten für ausländische Spitzenkräfte bis hin zur Suche angemessenen Wohnraums und der Sorge um die Sicherheit[18] der Personen. Hier liegt ein gehöriges Stück harter Arbeit, das nicht entmutigen oder abschrecken darf, denn viele Hürden werden auf diesen Gebieten in jüngerer Zeit merklich niedriger.

Der Ansatz: „Die Welt hereinholen", zeigt sich insbesondere in Verbindung mit privaten Strukturen auch als bestens geeignet, eine weitaus höhere Anzahl von Abwanderern mit sehr guten Aussichten wieder nach Deutschland zurückzuholen, denn für zahlreiche Rückkehrwillige sind die Türen verschlossen, weil der öffentliche Bereich in Deutschland bei weitem nicht alle aufnehmen kann und der völlig unterentwickelte private Forschungssektor viel zu wenige attraktive Angebote bereithält.

Gelänge in Deutschland der Aufbau privater, exzellenter Forschungszentren, ggf. auch in Zusammenarbeit mit öffentlichen Strukturen, so könnte der „Brain-Drain" rasch zu einer „Brain-Circulation" werden, so die klare Erkenntnis der Hauptnutzniesser des derzeitigen Zustandes; US-Experten jedenfalls treibt infolge der starken Abhängigkeit der US-Spitzenforschung von stetiger Qualifiziertenzuwanderung ernsthaft die Sorge um, Deutschland könnte auf diesem Wege rasch beträchtliche Anteile der abgewanderten Talente wiedergewinnen und empfehlen gar flankierende Maßnahmen.[19] In Deutschland hingegen zeigen sich keinerlei Anstrengungen zur Wahrung dieser Chancen.

## Steigerung der Lebensqualität und Beachtung persönlicher Lebensverhältnisse

Wege in die berufliche Selbständigkeit, die Beteiligung an Ausgründungsprojekten bis hin zu Angeboten von Leitungspositionen in neu gegründeten Einheiten sind weitere

---

18 Als ein Problembeispiel sei eine durch einen meiner spin-outs unterstützte Wohnraumanmietung für drei Spitzenforscher aus Osteuropa angeführt: Kurz nach Einzug der Kollegen im neuen Heim erging die dringende Bitte der Hausverwaltung an uns, zur Werterhaltung der Immobilie, insbesondere aber im Interesse der persönlichen Sicherheit der Mieter von der Beschriftung der Klingeln und Briefkästen (durch offenkundig ausländische/osteuropäische Namen) unter allen Umständen abzusehen.

19 Johnson, Jean M./Regets, Mark: International Mobility of Scientists and Engineers to the US – Brain Drain or Brain Circulation? NSF Issue Brief 98-316, June 22, 1998.

attraktive Modelle. Fließende Übergänge zu universitären Strukturen mit parallel wahrnehmbaren akademischen Höherqualifizierungsangeboten bieten zusätzliche Anreize.

Bei Teamauswahl und Personalentwicklung können Vorstellungen zur Lebensführung sowie die private/familiäre Situation voll einbezogen werden. Dazu zählen insbesondere die Möglichkeit zur Ausübung von Hobbys und Einführung angepasster Arbeitsformen und Arbeitszeitmodelle bei gleichzeitiger Übernahme weiterreichender Verantwortung und die Wahrnehmung von Aufgaben des öffentlichen Lebens. Darüber hinaus ist es sicher nicht uninteressant, mit der Aussicht auf Anteile an der neu gegründeten Firma einzusteigen. Die Beteiligung im Rahmen von späteren Kapitalerhöhungen zu vereinbaren ist dabei nur eine Möglichkeit, die jedoch auf Grund der Besteuerung von Unternehmensgewinnen teuer ist.

Beim Zusammenstellen passender Angebotspakete und Anlaufvorbereitungen prallt man auf die Standortrealität Deutschland in ihrer Gesamtheit: Überregulierungen der Arbeitszeiten und Tarifstrukturen, kinder- und familienabgewandtes Klima, kaum glaubliche Anfangs- und Dauerbelastungen in der Selbstständigkeit für den Staat etc. Ein attraktives Angebot kann eigentlich nur Zustandekommen, wenn der Standort verkehrsseitig gut an die internationalen Zentren angebunden ist und gleichzeitig in den betroffenen Forschungssektoren eine „Szene überkritischer Masse“ aufweist.

Darüber hinaus sind geeignete Bildungs- und Unterbringungsvoraussetzungen für Kinder sowie Betätigungsfelder für die Familienangehörigen Voraussetzung. Für eine langfristige Entscheidung zu Gunsten eines solchen Modells ist hohe Lebensqualität am Standort unterstellt. Dabei ist klar, dass man mit der Westküste der Vereinigten Staaten nicht mithalten kann; allerdings sollte eine breitere Palette von Voraussetzungen, auf deutsche Verhältnisse und Lebensart zugeschnitten, in Zugriff sein. Schiere Appelle an disziplinierten Patriotismus und lohnende Heimatverbundenheit tun es jedenfalls nicht.

Können in dieser Art geeignete Bündel geschnürt werden, so kann Deutschland unter zugegebenermaßen erschwerten Bedingungen auch für internationale Spitzenforscher attraktiv sein und bleiben. Andernfalls muss für Leistungsträger die individuelle Chancen-/Risikenabschätzung zwingend ergeben, dass die Wahrscheinlichkeit des persönlichen Scheiterns bei besseren Chancen und besseren Rahmenbedingungen im Ausland geringer ist.

## Zusammenfassung

Der Forschungs- und Bildungsstandort Deutschland bereitet schon seit längerer Zeit Sorge. Die zutage tretenden Schwächen stehen in ursächlichem Zusammenhang mit massiver Abwanderung der Leistungselite aus unserem Land. Junge, kreative, dynamische Leute kehren Deutschland zunehmend den Rücken. Sie finden anderswo bessere Bedingungen – und mehr gesellschaftliche Anerkennung. Die Fülle der zu lösenden Probleme lässt leider keine kurzfristige Bereinigung der Schwierigkeiten erwarten.

Im vorliegenden Beitrag wird neben einer Skizze der Lage aus der Sichtweise der Leistungseliten deshalb versucht, in Deutschland umsetzbare Modelle aufzuzeigen, die in einem lokalen Rahmen erfolgreich sein können. Hier bieten sich beispielsweise privat betriebene Forschungs- und Bildungsstrukturen – auch in Verbindung mit Ausgründungen und Wirtschaftsbetrieben in besonderer Weise an. Der Beitrag kann keine prinzipiellen Lösungen zum Stopp der Elitenabwanderung anbieten. Vielmehr setzt er sich zum Ziel, einige aus der Arbeit mit Leistungseliten gewonnenen Erfahrungen als Vorschläge in die laufenden Diskussionen einzubringen.

# Harvard und Oxford in Deutschland? Anmerkungen zu den Elite-Universitäten in Großbritannien und den USA

*Reiner Pommerin*

Niemand käme wohl auf die Idee, sich seinen Blinddarm von jemandem entfernen zu lassen, der lediglich als Pfadfinder einmal ein Taschenmesser geschliffen hat. Doch wer im Kontext der lebhaften Diskussion über die Einführung von Elite-Universitäten in der Bundesrepublik Deutschland nur häufig genug die Namen amerikanischer oder britischer Elitehochschulen wie Harvard, Princeton, Yale oder Cambridge und Oxford als mögliche Vorbilder im Munde führt, scheint schon dadurch seine Kompetenz in Bildungs- und Hochschulfragen ausreichend unter Beweis gestellt zu haben. Dabei dürfte sich eine solche Kompetenz zumeist schon als nicht vorhanden erweisen, wenn nur nach der genauen geographischen Lage dieser Hochschulen in ihren jeweiligen Ländern gefragt werden würde. Politiker, die diese klangvollen Namen nutzen, verfügen im übrigen wohl nur höchst selten über eigene Studien- oder Lehrerfahrungen an diesen Elite-Universitäten. Doch das bloße *name dropping* ist „in", und es und verschafft Respekt.[1]

So mancher deutsche Hochschullehrer reibt sich allerdings überrascht die Augen: Die Forderung nach Förderung einer Elite erhebt ausgerechnet ein Kanzler aus eben jener politischen Partei, die bisher eher für Nivellierungsprozesse als für ihr Interesse an Eliten- oder Begabtenförderung bekannt war. Einzelne deutsche Anstrengungen in Richtung einer Eliteförderung durch Spezialstudiengänge sind bei den selbsternannten Bildungsexperten jedenfalls unbekannt.[2]

Im Folgenden werden daher einige persönliche Beobachtungen zu Elite-Universitäten in Großbritannien und den USA wiedergegeben. Die an der Harvard University, Vanderbilt University und Oxford University gemachten eigenen Erfahrungen erheben natürlich in keinerlei Weise den Anspruch, die gesamte Breite und Wirklichkeit der Elite-Universitäten in beiden Staaten auch nur ansatzweise zu erfassen.

## Elitenausbildung in Großbritannien

In Europa kann Großbritannien mit Stolz für sich reklamieren, dass es im Verhältnis zu seiner Einwohnerzahl die meisten Ehrungen und Preise in der Wissenschaft auf sich zieht.[3] Und obgleich die Pubs in diesem Land bereits um 23 Uhr schließen, geben auch

1 Vgl. dazu weiterführend Stucke, Andreas: Mythos USA – Die Bedeutung des Arguments „Amerika" im hochschulpolitischen Diskurs der Bundesrepublik, in: Uwe Schimank/Erhard Stölting (Hrsg.): Die Krise der Universitäten. Leviathan Sonderheft 20 Wiesbaden 2001.

2 Pommerin, Reiner: Reif machen für die Welt! Gedanken zur Ausbildung einer Elite für internationale Aufgaben, in: WeltTrends, Heft 28, Oktober 2000, S. 87-92.

3 Vgl. dazu Reba N. Soeffer: Discipline and Power, The University, History, and the Making of an English Elite. Stanford 1994.

die Studenten aus der Bundesrepublik den britischen Universitäten den Vorzug vor allen anderen europäischen Universitäten.[4] Dies liegt nicht allein an der in Deutschland vorhandenen Sprachkompetenz in der englischen Sprache.

Großbritannien verfügt vor allem über eine ganze Reihe von international renommierten Elite-Universitäten, die das Hochschulsystem des Landes dominieren. Unter ihnen sind Cambridge University, Oxford University, University College London, Imperial College of Science, Technology and Medicine sowie die London School of Economics die auch wohl im Ausland bekanntesten Hochschulen. Aus ihnen rekrutiert sich nach wie vor nicht nur ein großer Teil der britischen Führungsschicht.

Großbritannien hat 71 Universitäten, 17 unabhängige Schulen und Institute sowie 44 *Higher Education Colleges*. Alle britischen Hochschulen werden alle vier Jahre evaluiert.[5] Dabei werden Forschung und Lehre von der die Finanzen gebenden Institution des Staates, der *HEFCE*, bewertet und erhalten sodann die entsprechenden Finanzmittel. Die Ergebnisse der staatlichen Evaluation führen zur Erstellung von Ranglisten in den Medien und beeinflussen auf diese Weise die Wünsche künftiger britischer Studenten. Der Umfang der Berichte, die für die Evaluierung notwendig sind, scheinen jedoch die Lehrenden inzwischen fast mehr zu belasten als ihre eigentliche Tätigkeit in Forschung und Lehre. Daher wird an einer Verschlankung dieses Berichtswesens gearbeitet.

In Großbritannien existiert kein Rechtsanspruch auf einen Studienplatz. Ein Berechtigungsnachweis für die Zulassung zum Studium wie das Abitur in Deutschland ist in Großbritannien unbekannt, denn jede britische Universität wählt sich ihre Studenten selbst aus. Die Verfahren dazu sind nach Studienfach und Universität unterschiedlich. Ohne Unterschied ist allerdings allen britischen Hochschulen gleich, dass sie Studiengebühren, die *tuition fees*, erheben. Nichteuropäische Studierende bezahlen höhere Gebühren, für britische oder europäische Studenten sind sie gleich hoch. „Studieren zum Nulltarif" wie in Deutschland ist also nicht möglich. Weitere Ausgaben für Wohnen, Essen, Bücher und Arbeitsmaterialien sind wie in Deutschland fällig.

Nun ist die Tatsache, dass eine gute Ausbildung Geld kostet in Großbritannien allerdings nicht neu. Sie bestimmt vielmehr schon seit Jahren den britischen Bildungsalltag. Das Staatsschulsystem ist längst korrumpiert, in Oxford und Cambridge hat nur eine Drohung des Staates dazu geführt, dass nicht mehr wie bisher über 50 Prozent aller Studierenden aus Privatschulen, aus den *Public Schools*, kommen. Etwa acht Prozent der britischen Eltern schickt seine Kinder schon nicht mehr in die staatlichen sondern in diese private Schulen, die Stiftungsschulen mit unterschiedlich großen Stiftungsvermögen sind. Nicht zuletzt zeichnen gerade diese Schulen für das positive Abschneiden Großbritanniens im Pisa Test verantwortlich.

---

4 Neben dem Internet und persönlichen Kontakten ihrer deutschen Hochschullehrer nutzen viele deutsche Studenten zur ersten Information für ein Studium in Großbritannien u. a. Insa Näth: Studieren in Großbritannien und Irland. Frankfurt am Main 2000.

5 Zur britischen Hochschulpolitik generell vgl. weiterführend John Brennan/Tarla Shah: Hochschulpolitik in Großbritannien, in: Leo Goedegebuure u. a.: Hochschulpolitik im internationalen Vergleich. Gütersloh 1993, S. 162-193.

Für einen Internatsplatz, also einen Platz an einer der 550 *Boarding-Schools*, sind zwischen 15.000 und 27.000 Pfund pro Jahr fällig. Solche Summen bringen keineswegs nur Wohlhabende auf. Die Familien, die nicht über entsprechende Finanzmittel verfügen, verschulden sich und arbeiten viele Jahre in erster Linie dafür, dass ihre Kinder über die Privatschule die Aufnahme möglichst in die Elite-Universitäten schaffen. Wohl einmalig in der Welt dürfte allerdings eine Förderung schwacher Schüler staatlicher Schulen sein: Seit 1996 erhalten schwache Schüler von Staatsschulen in den Räumen von Fußballklubs der britischen Liga gemeinsam mit dem Staat geförderte Nachhilfestunden in Lesen, Schreiben und Rechnen.

Inzwischen senden auch etwa 3.000 deutsche Familien ihr Kind in britische Privatschulen. Dort treffen sie zudem – wie später an der britischen Elite-Universität – auf Mitschüler aus aller Welt. Schon in der Schule entstehen Netzwerke, die im Zeitalter der Globalisierung hohen Stellenwert besitzen. Gerade diese auch an den britischen und amerikanischen Universitäten geknüpften Kontakte und Netzwerke werden von den späteren Arbeitgebern zunehmend positiv bewertet. Spielen diese persönlichen Kontakte und Erfahrungen doch für die Entscheidungsträger im *global village* eine nicht unwesentliche Rolle.

Stipendien für begabte Kinder und solche mit herausragenden Leistungen existieren übrigens bereits an diesen Privatschulen. Sechsmal im Jahr gibt es Zeugnisse, und jeder Schüler weiß stets, wo er innerhalb seiner Leistungsgruppe rangiert. Die Nachmittage sind zudem mit einer Fülle von künstlerischen, kulturellen und sportlichen Aktivitäten gefüllt, die später an den Elite-Universitäten weitergeführt werden. Auch die Betreuung durch den persönlichen Tutor weiß der spätere Student schon aus der Privatschulzeit zu schätzen. Die strikte Schuldisziplin scheint den jungen Menschen, wer hätte das gedacht, nicht einmal zu schaden! Ausgang gibt es zumeist nur am Samstag von 19 bis 21 Uhr, am Vormittag war natürlich noch Unterricht.

Die Wahl der Lehrveranstaltungen fällt dem Studenten an den Hochschulen Großbritanniens leicht, hat er doch – wie aus der Schulzeit gewohnt – ein fest aufgebautes *core curriculum* zu absolvieren. Der Student in Deutschland genießt hingegen bisher die „akademische Freiheit“ und hat die ihn häufig überfordernde Qual der Wahl. Das britische System ist verschult, modular und straff aufgebaut sowie mit Hilfe des *Credit Accumulation and Transfer Scheme* durchsichtig und überschaubar.[6] Das *European Credit Transfer System* ist übrigens ziemlich ähnlich strukturiert. Zu Fragen über das Studium steht dem Studenten in Cambridge oder Oxford ebenso wie zur Vorbereitung auf die Inhalte der Kurse der höheren Semester ein Tutor zur Verfügung. Diese nehmen ihre Aufgabe, so zumindest meine Erfahrung, mehr als ernst, und sie investieren viel Zeit und Mühe in die ihnen anvertrauten Studierenden.

Das wissenschaftliche und tägliche Leben der Universitäten von Oxford und Cambridge bestimmen die Colleges, denen die Studierenden angehören. Manche Colleges

6 Zur akademischen Freiheit in Großbritannien vgl. Robert Berdahl: Academic Freedom, Autonomy and Accountability in British Universities, in: Studies in Higher Education 15 (1990), S. 169-180.

sind geradezu ehrwürdige Institutionen. So nennen in Oxford University College das Jahr 1249 und Balliol College das Jahr 1263 als Gründungsdatum.[7] Andere Colleges sind jüngeren Ursprungs: Das ebenfalls in Oxford angesiedelte St Antony's College ist zwar gerade erst 54 Jahre alt, genießt international jedoch schon seit vielen Jahren einen herausragenden Ruf.[8] In allen Colleges wird studiert, gelehrt, gewohnt, gemeinsam gegessen, finden Abendveranstaltungen statt, befinden sich Bibliotheken und die Büros oder Wohnräume auch vieler der Dozenten. Sportliche Aktivitäten werden groß geschrieben.[9] Und so finden sich Sportarten wie Rudern, Kricket sowie Rugby nicht nur an den Elite-Universitäten wie Cambridge, Oxford oder London School of Economics (LSE).

Darüber hinaus bereichern etwa Theaterzirkel und Musizieren den studentischen Alltag. Den Debattierclubs der Elite-Universitäten haben sich schon viele Berühmtheiten gestellt, wobei sie nicht selten von den künftigen Berühmtheiten unter den Studierenden eloquent vorgeführt werden. Der Student an britischen Elite-Universitäten nimmt eben nicht nur spezifisches Fachwissen auf hohem Niveau von renommierten Wissenschaftlern auf, sondern es werden ihm gleichzeitig eine ganze Reihe nützlicher und wichtiger Dinge für das spätere Leben vermittelt.

Der sorgfältig aus Bewerbern aus aller Welt ausgesuchte Studierende begegnet an den britischen Elite-Universitäten seinen akademischen Lehrern und direkten Tutoren nicht wie an der deutschen Massenuniversität höchst selten, sondern sehr häufig. Die britischen Elite-Universitäten haben etwa 65 Prozent weniger Studenten als die deutschen Hochschulen, verfügen aber über das Zehn- bis Zwanzigfache der finanziellen Mittel einer deutschen Hochschule. So ist die Relation Professor-Student vorbildlich und der Kontakt und Umgang zwischen Lehrenden und Lernenden entsprechend eng und vertraut. Deutsche Professoren und Professorinnen tragen, anders als in Großbritannien, eher zur Bereicherung des Büroklatsches bei, wenn sie gemeinsam mit einer Studierenden essen, vom gemeinsamen Besuch einer kulturellen Veranstaltung in der Universitätsstadt ganz zu schweigen.

In Wartelisten muss sich der „Oxbridge-Student" jedenfalls nicht eintragen, wenn er einen seiner akademischen Lehrer sprechen will. Die umfassenden Öffnungszeiten der Bibliotheken sind verglichen mit den Öffnungszeiten an deutschen Universitäten schlichtweg unvorstellbar. Unvorstellbar aber mag allerdings für viele vom europäischen Kontinent auch sein, dass in der Bodleian Library, Oxfords Universitätsbibliothek, kein einziges Buch entliehen werden kann. Professoren und Studierende lesen in den Lesesälen, wobei sie sich übrigens zwangsläufig erneut wieder begegnen. Doch schöne Bibliotheken allein, so zeigen die deutschen Erfahrungen, sind noch nicht alles, es muss eben wie in Oxford und Cambridge auch ausreichend Geld zur Anschaffung von neuen Büchern vorhanden sein.

---

7 Zur Geschichte dieses traditionell stets auch von deutschen Studenten besuchten Colleges vgl. John Jones: Balliol College: A History. 2nd ed. Oxford 1997.
8 Vgl. dazu Christine S. Nicholls: The History of St Antony's College, Oxford, 1950-2000. Oxford 2000.
9 Vgl. dazu Richard Holt: Sport and the British: A Modern History. Oxford 1993.

Und gelesen wird viel an britischen Elite-Universitäten. Während des akademischen Jahres von Oktober bis Juni/Juli, welches in drei *terms* unterteilt ist, sind von den Studierenden eine ganze Reihe von *papers* zu erarbeiten. Der akademische Betreuer nimmt jedes dieser Referate mit jedem einzelnen Studenten in aller Ruhe auseinander. Der Leistungsdruck unter den aus aller Welt kommenden Studierenden ist hoch. Und der akademische Lehrer bewundert stets aufs Neue, dass seine Studierenden trotz aller *papers* und trotz langer *reading lists* immer noch Zeit finden, altersgemäße Dinge zu tun und das sogenannte studentische Leben durchaus nicht zu kurz kommen lassen.

System und Kosten zwingen wohl auch zu einem straffen und konzentrierten Studium. Wessen Eltern jahrelang nicht in Urlaub fahren können, weil sie das Geld für das Studium ihres Kindes aufbringen müssen, der bummelt nicht herum oder „verweilt" ein paar Jahre an einer Hochschule. Die überwiegende Zahl der Studienanfänger in Großbritannien, sie sind zumeist 18 oder 19 Jahre alt, erstrebt als akademischen Abschluss den Erwerb des Bachelor. Daran schließt sich bereits das Berufsleben an. Nur ein Viertel der britischen Studierenden bleibt weiter an der Universität, um den Master of Arts, MA, oder den Master of Science, MSc, oder gar den Doktortitel zu erwerben.

## Elitenausbildung in den USA

Das amerikanische Schul- und Hochschulsystem wird von der Elitevorstellung geradezu geprägt und durch die Elitenförderung auch finanziell bestimmt.[10] Es sind die Eliteschulen und die Elite-Universitäten welche die begabtesten Schüler und Studierenden sowie die Masse der Finanzmittel auf sich ziehen können.

Selbstverständlich haben auch die Universitäten in den USA das Recht, ihre Studierenden selbst auszuwählen. Ein bloßes *Highschool-Diploma* allein reicht für die Zulassung zum Studium nicht, auch die Noten sind wichtig. In Elite-Universitäten kommen noch Aufnahmetests und Aufnahmegespräche hinzu. Spezielle private Vorbereitungskurse für die Aufnahmetests vor den *College Boards* und vor allem für den *Scholastic Aptitude Test* sind nicht unüblich. Zunächst ist es diese Auswahlmöglichkeit, die einen ganz wesentlichen Beitrag zur Qualität der Studenten an diesen Hochschulen erbringt.

Natürlich kann auch in den USA derjenige besser die Aufnahmeklippe an einer Elite-Hochschule überspringen, der von einer der exklusiven und teuren amerikanischen Privatschulen kommt. An dieser ist er in einem kleinen Klassenverband von erstklassigen Lehrern individuell auf den Schulabschluss vorbereitet worden. Dass er oder sie dabei auch noch die für das weitere Leben als wichtig angesehenen Verhaltensweisen erwirbt und künstlerische, musische und sportliche Veranlagungen gefördert werden, ist selbstverständlich.[11] Die staatlichen Schulen vermögen weder mit der Finanzausstattung, noch mit der Qualität der Lehre, noch mit der individuellen Betreuung des einzelnen Schülers

10 Zu einer Übersicht über die Entwicklung amerikanischer Hochschulen vgl. Brubacher John S./Rudy, Willis: A History of American colleges and universities, 1636-1876. 3rd ed., rev. and enlarged, New York 1976.

11 Zu Fragen der Frauenförderung vgl. weiterführend Metz-Göckel, Sigrid: Frauenuniversitäten. Initiativen und Reformprojekte im internationalen Vergleich. Opladen 1997.

an den privaten Schulen, den *charter schools*, mitzuhalten. So arbeiten in den USA wie in Großbritannien viele Familien in erster Linie dafür, ihre Kinder auf eine dieser Schulen und danach möglichst auf eine der Elite-Universitäten schicken zu können. Etwa ein Viertel aller amerikanischen Eltern misstraut inzwischen dem Leistungsniveau der staatlichen Schulen und sendet seine Kinder an die privaten Highschools. Diese kosten pro Jahr zwischen 7.000 und 9.000 Euro. An den staatlichen Colleges liegen die Kosten pro Studienjahr etwa bei 3.500 US-Dollar, Harvard verlangt etwa 40.000 US-Dollar.

Hat man es geschafft, den Nachwuchs dort zu etablieren, so kleben Väter und Mütter stolz die Aufkleber mit Namen wie Harvard, Stanford, Princeton, Vanderbilt oder Yale auf die Heckscheibe oder an die Stoßdämpfer ihrer Fahrzeuge. Neben der Nachricht, mein Sohn oder meine Tochter hat es an eine dieser Elite-Universitäten geschafft, soll dieser Aufkleber zugleich signalisieren: Auch wir haben es geschafft, wir können uns das teure Studium eines Kindes an einer Elite-Universität erlauben. Einen Aufkleber mit der Aufschrift: „Ich bin stolzer Vater (Mutter) eines an der Universität in Dresden (Bonn, Köln, etc) studierenden Kindes" wird man sich wohl selbst in kühnsten Träumen in Deutschland nicht vorstellen können. Die zahlreichen Mütter und Väter in der Bundesrepublik, deren Söhne oder Töchter bereits an ausländischen Elite-Universitäten studieren, erwähnen dies zumeist nicht.[12]

Die Studiengebühren an einer amerikanischen Elite-Universität erreichen leicht die Höhe von 30.000 Dollar pro Jahr und mehr, plus Lebenshaltungskosten versteht sich. Die *tuition fees* erreichen also für deutsche Verhältnisse geradezu astronomische Größe. Wer diese Gebühren aufbringen kann, wird allerdings nicht deshalb automatisch als Student aufgenommen. Reichtum allein bringt den Bewerber nicht durch den Aufnahmetest, denn über mangelnde Begabung vermag auch Geld nicht hinwegzutäuschen. So teilte die Harvard University der Tochter einer berühmten amerikanischen Familie, von der schon viele Familienmitglieder in Harvard studierten, freundlich aber bestimmt mit, dass für diese Tochter eine Aufnahme leider nicht möglich sei. Die auffallend begabte Tochter eines Eskimos aus dem Norden Alaskas verfügt zwar nicht über Reichtum, erhält jedoch ein Stipendium. Interessante Talente und Begabungen werden an den amerikanischen Elite-Universitäten stets gesucht und gefördert. An den großen Staatsuniversitäten vermittelt das Talent im Football, Basketball oder einer anderen Sportart einen Studienplatz auch dann, wenn es dieser Studentensportler nicht zu großen akademischen Würden bringen wird.

Natürlich gibt es auch herausragende staatliche Universitäten in den USA, die zu den Elite-Universitäten zu zählen sind, hier sei nur Chapel Hill in North Carolina erwähnt.[13] Sie haben durchaus mit deutschen Hochschulen vergleichbare Probleme. So hat der Staat

---

12 Eine kompetente und vergleichende Übersicht zum den Hochschulen in den USA und in Großbritannien bietet unter anderem Breining, Helmbrecht (Hrsg.): Das britische und das amerikanische Hochschulsystem. Bildungskonzepte und Wissenschaftspolitik. Münster u. a. 2001.

13 Einen ersten Eindruck der großen Vielfalt der Hochschulen in den USA bieten immer noch Lovejoy, Clarence E.: Lovejoy's college guide. A complete reference book to about 3600 American colleges and universities. New York 1976 und Murray, James J.: American Universities and Colleges. 2. Vols. New York 2001.

Kalifornien kürzlich seinen Hochschuletat um über 400 Millionen Dollar gekürzt und die Studiengebühren um 40 Prozent angehoben. Das wird die Stanford University in Kalifornien mit ihrem großen Stiftungsvermögen natürlich weitaus weniger treffen als die dortigen Staatsuniversitäten. Eine ganze Reihe von Staaten der USA verfügen über Elite-Universitäten. Ihre Zahl ist an der Ostküste allein schon deshalb größer, weil hier die Besiedlung älter ist und damit die historischen Wurzeln tiefer liegen. Für einen Staat wie Massachusetts, in dem nicht nur Harvard, MIT und Boston University sondern eine ganze Reihe von Elite-Hochschulen liegt, ist die Bildungsindustrie längst zu einem wesentlichen Wirtschaftsfaktor geworden. Die Studenten kommen natürlich nicht nur aus den USA, sondern sie kommen aus aller Welt. Längst finden sich in den unterschiedlichen Führungsschichten auf allen Kontinenten Absolventen amerikanischer Elite-Universitäten und nicht nur in vielen amerikanischen Städten existiert ein Harvard-, Princeton- oder Yale-Club.

Auch in den USA ist wie in Großbritannien zumeist bereits der Bachelor-Abschluss die wesentliche Qualifikation für den Einstieg ins Berufsleben. Es ist auch mehr der amerikanische als der britische Bachelor, der eine Art Vorbild für den deutschen BA abgibt, enthält er doch mehr allgemeinbildende Studienanteile. Das bedeutet, dass der amerikanische Bachelor keineswegs berufsspezifisch ist. Er führt lediglich in die Berufswelt ein. Doch haben der Master-Degree und die Promotion an einer Elite-Universität durchaus ihren eigenen Wert.

Weit früher als in der Bundesrepublik ist die Notwendigkeit des lebenslangen Lernens sowie dessen Bedeutung für die Hochschulen als Stätten der Weiterbildung erkannt worden. So ist eine Unterbrechung der Karriere in der Lebensmitte und die Erlangung eines Master Abschlusses an einer Elite-Universität längst Gewohnheit geworden. Dem Studenten in Harvard begegnet die frühere Mitarbeiterin aus dem *White House Staff* ebenso wie der israelische Brigadegeneral oder der beurlaubte Mitarbeiter eines großen Industrie-Konzerns.

Auch die Betreuungsrelationen an den Elite-Universitäten der USA sind wie an den zuvor erwähnten Hochschulen in Großbritannien höchst unterschiedlich zum deutschen System. Wenn es um „Klasse" statt „Masse" geht, kann sich der einzelne Hochschullehrer weitaus intensiver mit dem einzelnen Studenten befassen und ihn stützen, anregen und motivieren. Ähnliches gilt für die Summe, die für den einzelnen Studenten verwandt werden kann. Sie ist an einer Elite-Hochschule weitaus größer als an einer staatlichen Universität. „Man power", Lehrende, Ausstattung, Labor oder Bibliothek, etc. sind an den amerikanischen Elite-Universitäten Weltklasse. An den „normalen" Hochschulen in den USA lassen sie allerdings manchmal durchaus zu wünschen übrig. Aber, dort soll zumeist auch nicht geforscht werden.

Allerdings verzeichnen selbst die amerikanischen Elite-Universitäten einen Mangel an einheimischen Kandidaten für die Spitzenforschung. Dieses Manko kann allerdings durch den Import qualifizierter jüngerer Promovierter, zum Beispiel aus Deutschland, wo sie keinen Arbeitsplatz an den Hochschulen finden, ausgeglichen werden.

Vertreter der amerikanischen Industrie, des Handels, der Wirtschaft sowie der Banken tauchen regelmäßig im *Harvard Faculty Club* auf, um sich gleich vor Ort auf Talentsuche zu begeben. Das hochschulinterne Ranking einer Abschlussklasse ist ihnen bekannt und so umwerben häufig gleich mehrere Interessenten einen besonders qualifizierten Absolventen. Der wiederum weiß, dass er als Absolvent einer Elite-Universität ein höheres Anfangsgehalt beziehen wird und damit das eventuell bei einer Bank aufgenommene Geld für die Studiengebühren auch schneller zurückzahlen kann. Im Übrigen wird dem Studenten einer Elite-Universität schon weil er dort Aufnahme gefunden hat, offensichtlich leichteren Herzens ein solcher Bildungskredit eingeräumt. Das Risiko des Misserfolgs, eines Studienabbruchs, hält sich offensichtlich in kalkulierbaren Grenzen.

Die Tradition der engen Bindung der Ehemaligen an ihre Alma Mater ist in den USA ausgeprägt. Dies zeigt sich im Funktionieren des Netzwerkes bei Einstellungen ebenso wie bei den für deutsche Verhältnisse unglaublich hohen Spenden der *alumni* für ihre Universität. Allerdings hat diese Spendenbereitschaft tiefe historische Wurzeln, und sie wird zudem von entsprechenden Gesetzen gefördert. Millionen von Dollar fließen auf diese Weise in die Elite-Universitäten und geben ihnen neben der steten Modernisierung der Ausstattung die Möglichkeit einer schnellen materiellen und personellen Reaktion auf neue Entwicklungen in Forschung und Lehre. Schon allein auf dieser Schiene ist der Kontakt zwischen Unternehmen und Forschungsinstituten an den Universitäten höchst lebendig. Wer sich persönlich noch zu Lebzeiten ein Denkmal setzen will, darf dies zudem gern mit dem Bau eines natürlich nach ihm benannten Gebäudes, Labors oder einer Bibliothek tun. Lehrenden und Lernenden kommt dies zugute.

## Harbard und Oxford in der Bundesrepublik?

Der Vorschlag, die gewiss mangelhafte Förderung von Eliten in der Bundesrepublik durch Schaffung von Elite-Universitäten nach dem Vorbild Großbritanniens und der USA zu beheben, trüge weder den Traditionen noch den föderalen Strukturen in der Bundesrepublik Deutschland Rechnung. Fraglich ist zudem, ob sich dafür wirklich politische Mehrheiten finden lassen, von der Frage der Kosten angesichts der schon so deutlichen defizitären finanziellen Förderung „normaler" Universitäten einmal ganz abgesehen.

Eine Hierarchisierung der Hochschulen in der Bundesrepublik erscheint wenig sinnvoll. Ganze Hochschulen oder ganze Fakultäten finanziell besser zu stellen als andere, ist schon deshalb unsinnig, weil es in erster Linie einzelne Wissenschaftsbereiche sind, die aus der deutschen Massenuniversitätslandschaft herausragen. Sie ragen allerdings nicht für alle Ewigkeit heraus. Vielmehr wechseln solche Wissenschaftsbereiche in einer miteinander konkurrierenden Hochschulwelt von Zeit zu Zeit von einer Universität zu einer anderen Universität. Schön wäre es aber dennoch, wenn solche Wissenschaftsbereiche und Zentren für Exzellenz sowie Graduiertenkollegs durch eine besondere finanzielle Förderung des Bundes gestärkt würden.

Der Verfasser dieses Beitrags hat einen Studiengang, der Umgang mit Komplexität und Interdisziplinarität, zwei modernen Fremdsprachen, interkultureller Schulung, internationaler Erfahrung, Eigenverantwortung und Teamfähigkeit umfasst, an der TU Dresden ins Leben rufen können.[14] Doch hat dieser Studiengang mit seinen handverlesenen dreißig Studenten, die pro Jahr aus hunderten Bewerbern ausgewählt werden und den BA und MA erwerben, bisher keine Bereitschaft von Land oder Bund zu einer Förderung nach sich gezogen. Mit Erlassen und Gesetzen allein lassen sich keine Eliten schaffen oder fördern. In erster Linie entscheidet die Leistung über das internationale *standing*, ein nationales *ranking* reicht nur zu Beginn aus. Wer Eliten fördern will, der darf aber die Breitenarbeit nicht vernachlässigen.

Die deutschen Universitäten leiden vor allem an einer chronischen Unterfinanzierung und an einer staatlicher Gängelung. Bleibt diese Unterfinanzierung wie sie ist, wird die für eine Eliteförderung notwendige breite Basis nicht entsprechend ausgebildet werden können. Studiengebühren dürfen künftig kein Tabuthema mehr bleiben, denn ohne Studiengebühren wird es weder eine Förderung der Breite noch der Spitzenbegabungen geben. Alle Hochschulen müssen ihre schmalen Finanzmittel durch solche Gebühren aufbessern können. Die Höhe der Mitteleinwerbung bei der DFG oder der sonstigen Drittmittel allein ist im übrigen noch kein Indikator für die Qualität der Ausbildung an einer Hochschule.[15] Ausgaben für die Lehre und Forschung, dies sollte allen Politikern deutlich gemacht werden, sind keine Subventionen!

So lange in der Bundesrepublik Deutschland schon der Begriff „Elite" tabuisiert und die Förderung von Eliten völlig unnötigerweise immer noch als frontaler Angriff auf eine breit angelegte Allgemeinbildung verstanden werden, wird sich wenig ändern. Dabei ist eine Förderung von Begabungen bei gleichzeitiger Sicherung der Chancengleichheit und der Vermeidung einer sozialen Selektion durchaus möglich. Mit einer „bloßen" Kopie amerikanischer oder britischer Elite-Universitäten kann die Bundesrepublik Deutschland diesem Anspruch jedoch nicht gerecht werden. Vielmehr sind eigene Überlegungen und Anstrengungen gefordert. Von deren Erfolg hängt für die Zukunft Deutschlands weitaus mehr ab als gemeinhin angenommen wird.

---

14 Vgl. dazu weiterführend etwa Pommerin, Reiner: Globalisierung und Universitäten. Der Studiengang International Relations/Internationale Beziehungen, in: Aus Politik und Zeitgeschichte, Beilage zur Wochenzeitung „Parlament", B26 (2002), S. 27-30.

15 Zum Verhältnis von Forschung und Lehre vgl. Schimank, Uwe/Winnes, Markus: Beyond Humboldt? The Relationship between Teaching and Research in European University Systems, in: Science and Public Policy 27 (2000), S. 397-408.

# Wertebildung und Eliteförderung

*Eva-Maria Matthes*

## Knappe Begriffserklärungen

Wenden wir uns zunächst dem Begriff der Elite zu. Dieser ist schillernd und wurde und wird sehr unterschiedlich verwendet. Es finden sich Unterscheidungen wie „Machteliten", „Werteliten", „Leistungseliten", „Funktionseliten" und damit verbundene Theorien, auf die hier allerdings nicht mehr eingegangen werden muss (s. voranstehende Beiträge in diesem Band). Unter Elite soll im Folgenden – mit Blick auf unsere demokratische Gesellschaft – eine soziale Gruppe verstanden werden, die sich durch hohe Qualifikationsmerkmale sowie durch eine besondere Leistungsfähigkeit und Leistungsbereitschaft auszeichnet, in dieser Weise die gesellschaftliche Wirklichkeit in zentralen Bereichen (z. B. Wissenschaft, Politik, Verwaltung, Wirtschaft, Kultur) prägt und deren Entwicklung maßgeblich mitbestimmt.

Versuchen wir nun den Begriff „Wert" näher zu bestimmen: Das Wort „Wert" ist mehrdeutig. In der abendländischen Tradition war an Stelle von „Werten" lange von „Gütern" die Rede. Erst durch die im 19. Jahrhundert entstandene Wertphilosophie wurde der „Wert" von der Seinsebene abgelöst. Werte werden nun nicht mehr als ein Seiendes im Sinne von Gütern verstanden, sondern als Wertschätzungen des Subjekts, durch die den Phänomenen eine Geltung zugeschrieben wird. Werte werden verstanden als Maßstäbe und Standards, die für Einschätzungen (im Sinne des Wertschätzens) erforderlich sind. Werte sind also „Konzepte des Vorziehenswürdigen", „Kriterien für Wahlentscheidungen", „innere Führungsgrößen für menschliches Handeln". Werte entstehen im Umgang mit sich selbst (ich-bezogene Werte), im Umgang mit anderen (soziale Werte) und im Umgang mit der natürlichen und der kulturellen Umwelt (sachliche Werte). Diejenigen Werte, die mit überdauernden Menschheitsidealen wie Freiheit, Gleichheit, Gerechtigkeit, Gemeinwohl und Mitmenschlichkeit im Zusammenhang stehen und der selbstverantwortlich handelnden Person Entscheidungskriterien für das, was als böse oder gut gilt, abgeben, können als ethische Werte bezeichnet werden.[1]

Werte werden durch Lebens- und Sozialisationserfahrungen erlernt und sind durch Lern- und Bildungshilfen beeinflussbar. Werte bzw. Wertungen unterliegen als historische Phänomene epochal- und lebensgeschichtlichen Wandlungen. Jede Gesellschaft bedarf bestimmter grundlegender, übereinstimmender Wertüberzeugungen. Welche sind dies in unserer Gesellschaft?

---

1 Vgl. Mauermann, Lutz: Leitgedanken zu einem erziehungswirksamen Unterricht, in: Mauermann, Lutz/Nickmann, Gerhard/Stadler, Hermann (Hrsg.): Wertklärung und Wertorientierung, Donauwörth 1981, S. 11-22, hier S. 13.

## Wertegrundlagen unserer Gesellschaft

Die Wertegrundlagen unserer Gesellschaft basieren auf den geistigen Errungenschaften von Antike, Christentum, Humanismus und Aufklärung. Eckpfeiler sind der Glaube an die Freiheit und die Vernunft des Menschen, gedacht als in ihm vorhandene Potentiale. Zentral ist die „Behauptung von der Individualität jedes einzelnen Menschen als letztem Wert und letztem Ziel jeder [menschlichen; E. M.] Ordnung".[2] Pierre Frieden spricht in diesem Zusammenhang von einem „humanistischen Personalismus, der den Menschen [...] betrachtet als ein der Gesellschaft, dem Staate, der Wirtschaft transzendentes und personales Wesen und der ihm ein eigenes, metaphysisches und moralisches Sein und Ziel zuschreibt, das sich in Freiheit und eigener Zweckhaftigkeit bewegt und entfaltet."[3]

Diese Wertegrundlagen haben Eingang gefunden in unser Grundgesetz, welches Josef Isensee m. E. zu Recht als den ethischen „Grundkonsens der Nation" bezeichnet hat.[4] Nun taucht im Grundgesetz allerdings der Begriff „Wert" oder „Grundwert" nicht auf. Es bindet mit dem als unrevidierbar bestimmten Art. 1 alle staatliche Gewalt an die Unantastbarkeit der Menschenwürde und verpflichtet sie, diese Würde zu achten und zu schützen. Es bezeichnet unverletzliche und unveräußerliche Menschenrechte als die Grundlage der Gemeinschaft und entwickelt von daher einen Katalog von Grundrechten, die die staatlichen Organe als unmittelbar geltendes Recht binden und somit für sie und die in ihnen tätigen Gesellschaftsglieder selbst Richtschnur, Maßstab und Schranke des Handelns bilden. Die Würde der Person und ihre Grundrechte sind also das zentrale Thema des Grundlegungsteils der Verfassung: „Die Grundrechte gewährleisten die Möglichkeit freier Entfaltung, gleicher Behandlung, gerechten Ausgleichs, sozialer Sicherung. Als Bedingungen solcher Möglichkeiten sind sie rechtliche, staatlich garantierte Tatbestände. Ob sie inhaltlich ausgefüllt, lebendig ergriffen werden, das entscheidet sich im konkreten Vollzug der Grundwerte, die in ihnen als ihre ethischen Elemente gleichsam angesiedelt, in sie eingestiftet sind."[5] Bei dem Grundgesetz handelt es sich also nicht um eine wertindifferente Ordnung, vielmehr ist mit ihm ein klarer ethischer Anspruch verbunden, das Grundgesetz stellt den Orientierungsrahmen für ethisches Handeln in unserer Gesellschaft dar.

Diese Auffassung wird in Urteilen des Bundesverfassungsgerichts eindrücklich bestätigt: So heißt es etwa in dem Urteil vom 23. Oktober 1952 zur Feststellung der Verfassungswidrigkeit der „Sozialistischen Reichspartei": Unserer freiheitlich-demokratischen Grundordnung „liegt letztlich nach der im Grundgesetz getroffenen verfassungspolitischen Entscheidung die Vorstellung zugrunde, daß der Mensch in der

2 Schulze, Hagen: Die Wiederkehr Europas, Berlin 1990, S. 48.

3 Frieden, Pierre: Europa als Bildungsidee und Erziehungsziel, in: Kind und Jugendlicher in der Gemeinschaft, hrsg. v. Leopold Prohaska, Wien 1957, S. 125-141, hier S. 135 f.

4 Isensee, Josef: Demokratischer Rechtsstaat und staatsfreie Ethik, in: Essener Gespräche zum Thema Staat und Kirche, hrsg. v. Krautscheidt, Joseph u. Marré, Heiner, Bd. 11, Münster 1977, S. 92-120, hier S. 94.

5 Vgl. Schwan, Alexander: Grundwerte der Demokratie. Orientierungsversuche im Pluralismus, München 1978, S. 49-49; dort auch das genannte Zitat, S. 49.

Schöpfungsordnung einen eigenen selbständigen Wert besitzt und Freiheit und Gleichheit dauernde Grundwerte der staatlichen Einheit sind. Daher ist die Grundordnung eine wertgebundene Ordnung. Sie ist das Gegenteil des totalen Staates, der als ausschließliche Herrschaftsmacht Menschenwürde, Freiheit und Gleichheit ablehnt."[6] Diese genannten Grundwerte sehe „das Grundgesetz innerhalb der staatlichen Gesamtordnung [...] als fundamental" an. Entscheidend ist, dass die genannten Werte nicht unbestimmt sind, jedoch so allgemein bleiben, dass sie von verschiedenen weltanschaulichen Sinnhorizonten aus begründet und ihre Verwirklichung von unterschiedlichen weltanschaulichen und politischen Positionen aus betrieben werden kann. Der genannte Wertekonsens behindert nicht Wertverwirklichung in pluralistischer Spannung. Er steht jedoch auch einer Haltung des „anything goes" entgegen.

Die bisherigen Ausführungen sind zwangsläufig ziemlich abstrakt geblieben, sie sollen nun als Haltungsanforderungen an eine demokratische Elite konkretisiert werden.

## Über welche Werte bzw. Wertehaltungen muss eine demokratische Elite – idealtypisch gedacht – verfügen?

Zunächst muss sich eine demokratische Elite darüber im Klaren sein, dass ihr Status ein erworbener, kein angeborener, angestammter ist, dass sich Demokratie und Elite nur dann nicht ausschließen, wenn Eliten sich nicht abschließen und ihre Macht zu zementieren versuchen, sondern immer wieder ihre besondere Qualität und Leistungsbereitschaft unter Beweis stellen und ihr Einfluss ein davon abhängiger bleibt.

Angehörige einer demokratischen Elite müssen von der Gleichwertigkeit aller Menschen überzeugt sein und auf dieser Basis jeden Menschen gleichermaßen würdevoll behandeln und allen Diskriminierungen von Menschen entgegentreten. Elitäres, sich allen anderen überlegen fühlendes, auf andere herabschauendes Denken und Handeln ist einer demokratischen Elite ebenso unangemessen wie autoritäres Handeln pädagogischen Autoritätspersonen. Demokratische Eliten müssen darum bemüht sein, allen Menschen gesellschaftliche Teilhabechancen zu sichern; sie müssen sich hierbei an der Kategorie der Gerechtigkeit orientieren.

Eine demokratische Elite bedarf eines Gemeinsinns, Angehörige derselben dürfen nicht – unter *Über*betonung der Selbstbestimmung und -entfaltung – einer hedonistischen Einstellung verfallen bzw. nur an die Durchsetzung eigener Interessen denken. Das Gemeinwohl muss eine bewusste ethische Kategorie im Denken demokratischer Eliten darstellen, reine Besitzstandswahrung muss als unverantwortlich empfunden werden.

Demokratische Eliten müssen sich im besonderen Maße für Kontinuität und Weiterentwicklung von Kultur und Gesellschaft verantwortlich fühlen und verantwortungsbewussten Einsatz zeigen. Eliten bleiben nur dann glaubwürdig, wenn sie Verantwortung

6 Entscheidungen des Bundesverfassungsgerichts, hg. von den Mitgliedern des Bundesverfassungsgerichts, Bd. 2, Tübingen 1953, S. 12; dort auch das folgende Zitat.

für ihr Tun und Lassen übernehmen und auch für die Konsequenzen ihres Handelns geradestehen. Zur Elite gehören zu wollen, verlangt nicht fehlerfrei und perfekt zu sein, wohl aber Fehler einzugestehen und produktiv damit umgehen zu können. Demokratische Eliten müssen bereit sein, sich der öffentlichen Kontrolle zu unterziehen.

Angehörige einer demokratischen Elite müssen sich als Anreger und Initiatoren gesellschaftlicher Reformen verstehen, aber auch als Hüter kultureller Traditionen und als Mahner gegenüber kurzfristigen Zeitgeisterscheinungen und Moden. Sie müssen eigene begründete Wertentscheidungen treffen und eine Wachheit für letzte Fragen zeigen.

Eine demokratische Elite darf nie nur an ökonomisch-technischem Fortschritt interessiert sein, sondern muss sich der Dialektik der Aufklärung bewusst sein und nach dem Sinn und dem Wert menschlichen Tuns fragen – im Blick auf die lebenden wie auf die zukünftigen Generationen. Eine demokratische Elite muss darum bemüht sein, immer wieder diese Fragen betreffende öffentliche Diskurse anzuregen, einer Privatisierung und Entpolitisierung zentraler gesellschaftlicher Fragestellungen entgegenzuwirken. Hierfür bedarf sie eines reflektierten politischen Bewusstseins.

Angehörige einer demokratischen Elite müssen über die Fähigkeit verfügen, sich in die Perspektive Anderer zu versetzen und deren Beweggründe und Motive verstehend nachzuvollziehen, wenn auch nicht unbedingt – etwa um den Preis der Selbstaufgabe – zu tolerieren bzw. zu akzeptieren. Sie müssen eine verständliche, differenzierte Sprache sprechen und um die verschiedenen Bedeutungsdimensionen einer Nachricht wissen. Die Sprache darf nicht monologisch strukturiert, sondern muss dialogfördernd angelegt sein. Formen friedlicher Konfliktaustragung und -lösung müssen vorgelebt werden.

An dieser Stelle will ich innehalten und zunächst einmal selbstkritisch eingestehen: indem man Postulate in die Welt setzt, schafft man noch keine Realitäten. Dennoch denke ich, dass es unverzichtbar ist, gewünschte Werthaltungen zu benennen und darüber in einen Austausch einzutreten. Menschen bedürfen der Orientierung für ihr Handeln, sie bedürfen explizit gemachter regulativer Ideen, einer Haltung der Gleichgültigkeit gilt es, sich zu widersetzen.

### Was können Universitäten zur Wertebildung einer demokratischen Elite beitragen?

Folgende Postulate sind einer näheren Behandlung dieser Frage voranzustellen:
a) Sie müssen sich der Idee der Bildung durch Wissenschaft verpflichten.
b) Sie müssen sich darum bemühen, ein Zusammengehörigkeitsgefühl, eine „corporate identity" zu entwickeln.
c) Die Vergabe von Stipendien und ähnlichen Privilegien muss an gesellschaftlich-politisches Engagement gekoppelt werden.

Zu a) In seiner Abhandlung „Über die innere und äußere Organisation der höheren wissenschaftlichen Anstalten in Berlin" formulierte Humboldt: „Sobald man aufhört, eigentlich Wissenschaft zu suchen, oder sich einbildet, sie brauche nicht aus der Tiefe des Geistes heraus geschaffen, sondern könne durch Sammeln extensiv aneinandergereiht werden, so ist Alles unwiederbringlich und auf ewig verloren; verloren für die Wissenschaft [...] und verloren für den Staat. Denn nur die Wissenschaft, die aus dem Innern stammt und in's Innere gepflanzt werden kann, bildet auch den Charakter um, und dem Staat ist es ebenso wenig als der Menschheit um Wissen und Reden, sondern um Charakter und Handeln zu tun."[7] Wissenschaftliches Arbeiten soll zu Erkenntnissen führen, die für die einzelnen Individuen eine geistige Horizonterweiterung ermöglichen, die eine weltaufschließende Wirkung für sie haben und sie auf werteorientiertes Handeln einstimmen. Wissenschaft muss sich also zweckfreier Grundlagenforschung widmen dürfen und existentielle Fragen zum Thema machen. Die Universitäten müssen sich somit dagegen wehren, nach der Verwertbarkeit und dem unmittelbaren praktischen Nutzen ihrer Forschungsergebnisse bewertet zu werden bzw. müssen einer entsprechenden Bewertung mit souveränem Selbstbewusstsein entgegentreten. Unter Wissenschaft versteht Humboldt einen – immer offenen, nie abgeschlossenen – Prozess des Suchens nach Zusammenhängen, Antwortversuche auf existentielle Fragestellungen, getragen von den Prinzipien der Sachbezogenheit, der Anstrengung des Begriffs und der Intersubjektivität. Unverzichtbar ist in diesem Zusammenhang die Beibehaltung des Prinzips der Einheit von Forschung und Lehre. Aktuellen Tendenzen der Hochschulpolitik, sog. „Forschungs- und „Lehrprofessuren" zu schaffen, ist vor diesem Hintergrund eine klare Absage zu erteilen.

Bildung durch Wissenschaft bedeutet: die Prinzipien der Wissenschaft als solcher werden die Prinzipien des wissenschaftlichen Denkens und Urteilens, mit anderen Worten: des intellektuell-geistigen Verhaltens des Menschen. Das immer wieder missachtete, aber dennoch als Anspruch bestehende Ethos der Wissenschaft, ihr Ringen um Wahrheit und Gemeinwohlbezogenheit, soll für das Handeln der Individuen prägend werden.

An der auf Ausbildung ausgerichteten Massenuniversität lässt sich zugegebenermaßen Bildung durch Wissenschaft sehr schwer realisieren. Dennoch ist m. E. die Idee der Bildung durch Wissenschaft für die Universität so konstitutiv, dass sie nicht aufgegeben werden kann, ohne der Universität ihr spezifisches Profil und somit schließlich auch ihre Daseinsberechtigung zu rauben. Zu überlegen ist, wie sich Bildung durch Wissenschaft heute noch verwirklichen lässt. Mittelstraß gibt folgende Antwort: Wo Wissenschaft als Teil einer Lebensform begriffen werde, „d. h. wo Wissenschaft nicht nur als Beruf, Gewerbe, als ein Produktionsprozeß, sondern auch als Teil des Wesens dessen begriffen wird, der sie betreibt, verlieren im Medium Wissenschaft und Universität Bildung und Ausbildung den Anschein, Gegensätze zu sein, und könnte [...] die Humboldtsche Idee einer Bildung durch Wissenschaft auch heute noch ihre eigentümliche Wirklichkeit gewinnen."[8] Vielleicht ist die Position des Erziehungswissenschaftlers Ulrich Herrmann

7 Humboldt, Wilhelm von: Über die innere und äußere Organisation der höheren wissenschaftlichen Anstalten in Berlin (1810?), in: Humboldt, Wilhelm von: Gesammelte Schriften, Bd. 10, hrsg. v. Bruno Gebhardt, Berlin 1903, S. 250-260, hier S. 253.

8 Mittelstraß, Jürgen: Die unzeitgemäße Universität, Frankfurt am Main 1994, S. 104.

die realistischere bzw. realisierbarere Alternative: Er empfiehlt, dass die „Universitäten in Deutschland [...] heute verstärkt solche Orte und Formen von Wissenschaft pflegen, die im Massenbetrieb der Wissenschaft unterzugehen drohen: in Graduiertenkollegs, in interdisziplinären Zentren und Sektionen, in Forschergruppen, in Sonderforschungsbereichen". Er fährt fort: „Dieser Dialog ist die eigentliche Herausforderung für die Professoren und die Studierenden. Und er ist für alle Beteiligten die Quelle aller wissenschaftlichen Bildung."[9] Es sind die Werthaltungen der Sachlichkeit, des offenen Dialogs, des wechselseitigen Interesses, der Einsicht in die Begrenztheit bzw. Ergänzungsbedürftigkeit eigenen Denkens und Tuns, die hier zur Entfaltung kommen können. Die – in jüngster Zeit viel diskutierten – in Bayern sich in Planung befindlichen Elitestudiengänge sollten sich diesen Kriterien verpflichtet wissen!

Wertebildung hat jedoch auch ihren Ort an der Universität als Ganzer. Hierfür bedarf es der Entwicklung eines gruppenübergreifenden Zugehörigkeitsgefühls zu einer Institution, für deren Weiterentwicklung es sich einzutreten lohnt.

Zu b) Trotz der Umwandlung der Ordinarienuniversität in eine Gruppenuniversität im Zuge der 68er-Bewegung zerfallen die deutschen Universitäten m. E. tendenziell in nebeneinander existierende Gruppen von Hochschullehrern, wissenschaftlichen Mitarbeitern, Studierenden und wissenschaftsstützendem Personal, die häufig eher gegeneinander denn miteinander arbeiten. Das Wissen um Geschichte, Strukturen und aktuelle Herausforderungen der Universitäten ist nicht zuletzt – allerdings nicht nur! -bei den Studierenden erschreckend gering. Dies zeigt unter anderem auch die äußerst niedrige studentische Wahlbeteiligung bei Hochschulwahlen. Eine Identifikation mit ihrer Alma Mater erfolgt nur bei wenigen Studierenden. Einführungsveranstaltungen der verschiedenen Disziplinen sollten deshalb auch einen kurzen Überblick über Geschichte und aktuelle Herausforderungen der Universität enthalten und die Studierenden über ihre Mitwirkungsmöglichkeiten an der Universität informieren. Dass sich zu diesem Zweck Dozierende selbst mit ihrer Universität in historischer und aktueller Perspektive beschäftigen müssten, dürfte kein Schaden sein. Generell muss der Austausch aller Angehörigen der Universität über aktuelle Probleme und Entwicklungsziele verstärkt werden, um ein Bewusstsein für die Verantwortung aller zu erzielen. Hier sehe ich auch einen Auftrag an die jeweilige Hochschulleitung, entsprechende Gesprächsforen zu schaffen und über diese gezielt zu informieren. Diese Gesprächsforen können der Profilbildung der jeweiligen Universität dienen.

Wenn ich auch davor warnen möchte, ohne Berücksichtigung der jeweils unterschiedlichen Rahmenbedingungen und spezifischer Universitätstraditionen, das US-amerikanische Hochschulsystem – oder Versatzstücke desselben – der bundesrepublikanischen Hochschullandschaft überstülpen zu wollen,[10] scheinen mir die Bemühungen amerikanischer Universitäten um Identitätsstiftung nach dem Vorbild der „corporate

9 Herrmann, Ulrich: Bildung durch Wissenschaft? Mythos „Humboldt", in: Pädagogische Rundschau 54 (2000), S. 487-506, hier S. 501.

10 Vgl. dazu Breinig, Helmbrecht/Gebhardt, Jürgen/Ostendorf, Berndt (Hrsg.): Das deutsche und das amerikanische Hochschulsystem. Bildungskonzepte und Wissenschaftspolitik, Münster 2001.

identity" tendenziell durchaus nachahmenswert zu sein. Wenn an den Universitäten auch eine Wertebildung erfolgen soll, müssen wir zukünftig unsere Universitäten auch als Lebensort verstehen und entsprechende studentische Initiativen unterstützen bzw. anregen. Preise für studentisches Engagement, wie dieses Jahr erstmals an der Universität Augsburg verliehen, scheinen mir in die richtige Richtung zu weisen. Generell gilt: Die Gewährung bzw. die Zuschreibung von Verantwortung hat für die Wertebildung eine eminente Bedeutung.

Zur Zeit verbringen viele Studierende – zumal an den durchschnittlichen Massenuniversitäten – nur wenige Stunden an der Universität, sie geben an ihr sozusagen nur ein Gastspiel, das eigentliche Leben der Studierenden findet außerhalb statt, die Universität bleibt ihnen fremd. Zu dieser problematischen Entwicklung hat auch beigetragen, dass im Zuge der 68er-Bewegung eine radikale Ablehnung universitärer Rituale und Symbole erfolgte, die zu deren fast vollständiger Abschaffung führte. Inzwischen ist man sich der Bedeutung jener für Identifikationsprozesse und Zugehörigkeitsgefühle jedoch wieder bewusster geworden. Wie soll etwa ein Verbundenheitsgefühl von Universitätsabsolventen mit ihrer Alma Mater entstehen, wenn sie ihre Abschlusszeugnisse sang- und klanglos im Prüfungsamt ausgehändigt oder mit der Post zugeschickt bekommen, wie dies Jahrzehnte lang der Fall war? Seit einigen Jahren haben viele Universitäten und Fakultäten feierliche Verabschiedungen ihrer Absolventinnen und Absolventen eingeführt, die bei diesen auf große Resonanz stoßen. Sicher ist es auch unverzichtbar, verstärkt am Aufbau eines Alumniwesens an deutschen Universitäten zu arbeiten, also die ehemaligen Studierenden an ihre Alma Mater zu binden mit der Perspektive, dass sie sich für ihr Gedeihen in Gegenwart und Zukunft mit verantwortlich fühlen.

Kritisch muss angeführt werden, dass die deutschen Massenuniversitäten mit ihren äußerst schlechten Betreuungsverhältnissen in den Massenfächern sich sowohl mit Eliteförderung als auch mit Wertebildung sehr schwer tun. Das persönliche, auch namentliche Ansprechen der Studierenden und ihre individuelle Betreuung sind nicht zu unterschätzende Faktoren für die Steigerung von Leistungsbereitschaft und Wertebewusstsein. Alle Dozierenden sind aufgefordert, durch ihre Art des Umgangs und ihr Kommunikationsverhalten zur Wertebildung beizutragen. In jeder Lehrveranstaltung stellt sich die Aufgabe, das dialogische, aufeinander bezogene Sprechen einzuüben und kontroverse Meinungen offen und fair auszutragen. Die zu behandelnden wissenschaftlichen Inhalte sollten stets auch auf ihre Wert- und Sinndimension befragt und in den Bedeutungshorizont menschlicher Grundfragen gestellt werden.

Die Universität Augsburg, die hier als Exempel genommen werden soll, hat in den Jahren 2001/02 den Versuch gemacht, ihr Zusammengehörigkeitsgefühl zu verstärken. Hierfür wurde auf die vom Centrum für angewandte Politikforschung in Kooperation mit der Bertelsmann-Stiftung entwickelte Idee der „Gemeinsinn-Werkstatt" zurückgegriffen. Sie integriert verschiedene Methoden der Organisationsentwicklung und wird gegenwärtig bundesweit in unterschiedlichen Institutionen durchgeführt. Unter Federführung und mit großem Engagement des Lehrstuhls meiner Pädagogikkollegin Hildegard Macha wurde ab Dezember 2001 das Konzept der „Gemeinsinn-Werkstatt" für die

Universität Augsburg organisiert, deren zentrales Element ein dreitägiges Werkstattforum vom 2.-4. Mai 2004 in der umgebauten Uni-Mensa war, an dem 75 Vertreter aus allen Gruppen der Universität teilnahmen. Diese hatten im Werkstattforum die Möglichkeit, in einen intensiven Gedankenaustausch zu treten, ihre bisherigen Erfahrungen mit der Universität einzubringen, empfundene Defizite und Probleme zu beschreiben sowie gemeinsame Interessen zur Weiterentwicklung der Universität zu artikulieren. Aus der „Gemeinsinn-Werkstatt" gingen zehn Projektgruppen hervor, die wohl allerdings – nach meinem Kenntnisstand – unterschiedlich effektiv weiterarbeiteten. Bei allen zutage getretenen Schwierigkeiten der „Gemeinsinn-Werkstatt" – so war z. B. die Gruppe der Professoren kaum vertreten – scheint sie mir mit ihrem Anliegen doch in die richtige Richtung zu weisen: Möglichkeiten der Zusammenarbeit jenseits bürokratischer Hürden und Hierarchien zu schaffen, Ansätze einer Kultur des „runden Tisches" an der Universität zu etablieren und somit Berührungsängste und Kommunikationsschwierigkeiten zwischen den einzelnen Gruppen abbauen zu helfen. Allerdings stellte sich auch bei dieser Veranstaltung das Transfer-Problem. Wie rettet man entsprechende Anstöße und Impulse in den universitären Alltag? Hier werden oft die kleineren Schritte die wirkungsvolleren sein, wenngleich sie weniger spektakulär sind und weniger Aufmerksamkeit einbringen.

Zu c) Gezielte Eliteförderung an der Universität sollte sich nicht auf den Nachweis überdurchschnittlicher wissenschaftlicher Leistungen beschränken, sondern auch gezeigte Gemeinwohlorientierung zu einem Auswahlkriterium machen. Die verschiedenen Stiftungen gehen hier m. E. mit gutem Vorbild voran. So heißt es etwa auf der Homepage der Konrad-Adenauer-Stiftung: „Die Herausbildung zukünftiger Führungskräfte und Leistungseliten, die sich sozial oder politisch engagieren und sich in ihrem Handeln am christlich-demokratischen Menschenbild orientieren, zählt seit 1965 zu den wichtigsten Aufgaben der Konrad-Adenauer-Stiftung. Wir fördern dabei unabhängig von Herkunft, Familie, Religion und Geschlecht. Maßstab für die fachliche Qualifikation eines Stipendiaten sind die bis zum Zeitpunkt der Bewerbung erbrachten und während der Förderung zu erbringenden Leistungen. Sie sollen einen klar überdurchschnittlichen Abschluss des Studiums oder der Promotion erwarten lassen. Mit guten Noten allein ist es allerdings nicht getan. Wir erwarten Toleranz und Aufgeschlossenheit; Kreativität und Bereitschaft zum Dialog auch mit anderen Religionen – und vor allem ein fundiertes persönliches Ethos" (eingesehen am 13.06.03). Die Friedrich-Naumann-Stiftung nennt auf ihrer Homepage ebenfalls die drei Förderungsvoraussetzungen: „die wissenschaftliche Begabung", „die Persönlichkeit des jungen Menschen" und „ein gesellschaftliches und politisches Engagement aus liberaler Grundhaltung" (eingesehen am 13.06.03). Auf der Internetseite der Studienstiftung des deutschen Volkes heißt es: „Von den Bewerbern [um ein Stipendium; E. M.] wird erwartet, dass sie sich durch *Leistung, Initiative und Verantwortung* auszeichnen, dass sie darüber hinaus Aktivitäten und vitale Interessen, die sich nicht auf das Studienfach beschränken, entwickelt haben und weiter ausbauen. Keine Rolle bei der Auswahl spielen: wirtschaftliche und soziale Aspekte, politische Überzeugungen, Weltanschauung, Konfession, Geschlecht" (eingesehen am 13. 06. 03).

In diesen Verlautbarungen spiegeln sich von mir bereits genannte Erwartungen an eine demokratische Elite wider: Herkunftsunabhängigkeit, Bereitschaft zu Leistung, Verantwortungsübernahme und gesellschaftlicher Initiative, persönliches Wertebewusstsein und Gemeinwohlorientierung.

M. E. ist es dringend nötig, das Stipendienwesen an deutschen Universitäten auszubauen und für die Auswahl der Bewerberinnen und Bewerber die oben genannten Kriterien zu Grunde zu legen.

Begrüßenswert und unverzichtbar finde ich auch, dass die Stiftungen eine Vielzahl von Veranstaltungen im Bereich der politischen Bildung für ihre Stipendiaten anbieten, denn zu einer demokratischen Elite gehört ein Wissen um die Grundlagen, Verfahrensweisen sowie aktuellen Herausforderungen der Demokratie.

Nur eine politisch aufgeklärte, vom Wert der Demokratie überzeugte Elite kann sich und andere vor totalitären Versuchungen schützen.

# Von anderen lernen.
# Private Universitäten – Ein Modell für Deutschland?

*Max Kaase*

## Zur konzeptionellen Verankerung

In Kapitel 31 eines Buches, das um das Thema „Elite" kreist, sind definitorische Bemerkungen zum Elitebegriff nicht mehr notwendig. Für einen Beitrag, der von Bildung und Wissenschaft handelt, reicht es aus, Eliten *individuell* im Sinne eines herausragenden Leistungspotentials bzw. herausragender Leistungen einer Person in Forschung und Lehre bzw. vergleichbaren Leistungen in anderen gesellschaftlichen Bereichen im nationalen wie internationalen Vergleich zu begreifen. *Institutionell* handelt es sich dann bei Eliteuniversitäten um solche Anstalten, die nach zu definierenden Leistungskriterien national wie international Spitzenleistungen insgesamt oder in bestimmten Disziplinen erbringen.

Die Frage der Qualität und Leistungsfähigkeit des deutschen Bildungs- und Hochschulwesens beschäftigt Bildungspolitiker, Bildungsinstitutionen und die Öffentlichkeit seit Dekaden, wenn auch mit unterschiedlicher Intensität (ein gutes Thematisierungsbeispiel ist die 2002 durch die PISA-Studie angeschobene Debatte).[1] Nicht zuletzt die These von Georg Picht in den sechziger Jahren von einer bevorstehenden Bildungskatastrophe in Deutschland beförderte enorme Veränderungen des Bildungsverhaltens und in der Zahl der Hochschulen: studierten an deutschen Hochschulen im Wintersemester 1960/61 rund 247.000 Personen, so waren es zehn Jahre später etwa 422.000 und 1980/81 rund eine Million.[2] Zwar wuchs auch die Zahl der Hochschulen von 149 im Jahr 1960 über 172 im Jahr 1969 auf 235 im Jahr 1979, um dann bis zur deutschen Vereinigung mehr oder weniger zu stagnieren,[3] dennoch wurde das Wachstum der Studierendenzahlen nicht von einem vergleichbaren Wachstum der Ressourcen begleitet: bezogen auf das Basisjahr 1970 (=100), lag der Index der Studierendenzahlen 1990 bei 259, derjenige der räumlichen Studienplätze bei 172 und – besonders signifikant – der Index der Stellen für wissenschaftliches Personal bei 129.[4] Die Hoffnung der siebziger Jahre, den „Studentenberg zu untertunneln" und danach wieder zu „normalen" Verhältnissen zurückzukehren, erwies sich als Illusion. Vielmehr wird seither und bis zum heutigen Tag die Unterausstattung der Hochschulen mit Ressourcen beklagt, mit den bekannten Folgen wie z. B. übervollen Lehrveranstaltungen und hohen Studienabbrecherquoten. Und all dies geschah in dem deutschen Hochschulwesen, das noch zu Beginn des 20. Jahrhunderts weltweit als exemplarisch und nachahmenswert angesehen wurde.

---

1 Siehe dazu etwa Fahrholz, Bernd/Gabriel, Sigmar/Müller, Peter (Hrsg.): Nach dem Pisa-Schock. Plädoyers für eine Bildungsreform, Hamburg 2002.
2 Statistisches Bundesamt: Datenreport 2002, S. 69.
3 Hochschulrektorenkonferenz: Hochschulkompass; www.hrk.de.
4 Peisert, Hansgert/Framhein, Gerhild: Das Hochschulsystem in Deutschland, Bonn 1994, S. 65.

Nun folgt Kritik nicht immer rational nachvollziehbaren Maßstäben. Im deutschen Falle jedoch musste überraschen, wie gleichsinnig diese Kritik erfolgte und wie problemlos sie mit objektiven wie subjektiven Daten belegbar war. Wie ein roter Faden zog sich etwa die Sorge um die Zukunft des deutschen Hochschulwesens durch die Empfehlungen und Stellungnahmen des Wissenschaftsrates, in dem bekanntlich Wissenschaftler gleichberechtigt mit Vertretern der Regierungen von Bund und Ländern wissenschaftspolitisch zusammenwirken. (Wie erfolgreich der Wissenschaftsrat auf diesem Feld war, ist eine Frage, der hier nicht weiter nachgegangen werden soll.)

Eine der Leerformeln, die im deutschen bildungspolitischen Diskurs seit jeher eine große Rolle gespielt hat, war, dass in diesem an materialen Rohstoffen armen Land Bildung der entscheidende immaterielle Rohstoff sei und nur er auf mittlere bis lange Sicht die Sicherung des hohen Lebensstandards der deutschen Bürger gewährleisten könne. Die Schlussfolgerung aus dieser Betrachtung liegt an sich auf der Hand: In das Bildungswesen muss großzügig investiert werden. Wie das aber so mit den Sonntagsreden ist: den Worten sind bis heute kaum Taten gefolgt, und wenn jüngst (im Oktober 2003) Peter Gruss, der Präsident der Max-Planck-Gesellschaft, sogar vorgeschlagen hat, einen Teil der Goldreserven der Bundesrepublik mit der ausdrücklichen Zweckbindung Wissenschaft zu veräußern und damit *zusätzliche* Ressourcen zu erschließen, dann wirft das ein bezeichnendes Licht auf den Stand der Dinge hierzulande.

Allerdings ist in den letzten Jahren ein wenig Bewegung in das hoch immobile, durch Gesetze und Verwaltungsbestimmungen eingemauerte Hochschulsystem gekommen. Man kann sehr unterschiedliche Gründe für diese Veränderung aufführen, doch dürfte nicht zu bezweifeln sein, dass die mit dem Niedergang des Kommunismus als politischer Alternative zur pluralistischen Demokratie und technologischen Innovationen wie dem Internet in Gang gekommene wachsende Internationalisierung von Handels- und Kommunikationsbeziehungen zu der genannten Dynamisierung sehr beigetragen hat.[5]

Dieser Beitrag liegt nicht nur in der größeren Durchlässigkeit von physischen Grenzen zwischen Nationen und Erdteilen. Vielmehr sind so internationale Vergleichsprozesse befördert worden, über die Menschen, Organisationen und Institutionen, zum Teil durch persönliche Erfahrung und zum Teil medial vermittelt, in ihrer Attraktivität und Leistungsfähigkeit nationale Grenzen überschreitend bewertet werden. Und diese Beobachtung gilt nicht zuletzt für das Wissenschaftssystem, das sowohl individuelle Lebenschancen als eben auch die internationale Wettbewerbsfähigkeit von Gesellschaften entscheidend beeinflusst, wie zahlreiche OECD-Publikationen immer wieder belegen.[6]

Ein Aspekt der Internationalisierung ist die Erweiterung der Europäischen Union in Breite und Tiefe. Im Bildungsbereich drückt sich diese Entwicklung besonders prägnant im sog. Bologna-Prozess aus (so genannt nach dem Ort des Treffens der europäischen Bildungsminister im Juni 1999; auf diesem Treffen wurden entscheidende Schritte in die

5 Siehe auch Schaumann, Fritz: Private Hochschulen in Deutschland vom Nischendasein zum Benchmarking in: Fahrholz, Bernd/Gabriel, Sigmar/Müller, Peter (Hrsg.): Nach dem Pisa-Schock. Plädoyers für eine Bildungsreform, Hamburg 2002, S. 212-219, hier S. 215.

6 In diesem Sinne vgl. zuletzt etwa OECD: Education at a Glance in: OECD Indicators, 2003.

Richtung der Harmonisierung der europäischen Bildungsabschlüsse begonnen; für Einzelheiten siehe die im Zusammenhang mit der Bologna-Nachfolgekonferenz in Berlin im September 2003 gemeinsam von BMBF, DAAD, HRK und KMK 2003 vorgelegte Dokumentation, die einen knappen Überblick über die Problemlage gibt).[7] Für die Bundesrepublik ist dieser Prozess von besonderer Bedeutung, weil er die Hochschulen veranlasst, vor allem Bachelorstudiengänge neu einzurichten,[8] eine mit großen Herausforderungen und zahlreichen Fragen verbundene Entwicklung.

Die mit der geforderten Berufsorientierung der Bachelorstudiengänge verbundene Verschulung und Distanz zur Forschung macht das Humboldtsche Ideal der Verbindung von Forschung und Lehre noch illusionärer, als es das ohnehin schon war. Und die Qualität der Forschung in Europa im Verhältnis vor allem zu den USA ist das große Thema, das der Kommissar für Forschung Philippe Busquin mit seinem 2000 vorgelegten Bericht „Hin zu einem europäischen Forschungsraum" in die Diskussion gebracht hat. Anhand einer Reihe von Vergleichsdaten zum europäischen und amerikanischen Forschungssystem kommt die Europäische Kommission dabei zu einem für Europa niederschmetternden Ergebnis, demgegenüber das formulierte Ziel, Europa bis 2010 an die Weltspitze wissenschaftlicher Innovationen zu bringen, wie ein unerfüllbarer Traum erscheint.

Auch in Deutschland kann die Situation der Forschung keinesfalls zufriedenstellen. Über die Frage der Ressourcen für die Forschung, also z. B. die unzureichende Finanzausstattung der Deutschen Forschungsgemeinschaft oder der Max-Planck-Gesellschaft, soll hier nicht lamentiert werden; die Situation spricht ohnehin für sich selbst. Zu erwähnen ist aber das Strukturelement, dass sich in einem schleichenden Prozess die Forschung zunehmend aus den Universitäten in außeruniversitäre Einrichtungen verlagert hat, deren Verbindung zu den Hochschulen zwar angestrebt wird, aber nicht leicht zu realisieren ist. Diese Situation wird verschärft durch die unzureichende horizontale und vertikale Differenzierung des Hochschulsektors, der eine den USA vergleichbare Tiefengliederung des Hochschulwesens noch nicht einmal in Ansätzen erkennen lässt. Hinzu kommen die bereits weiter vorne angesprochenen Unflexibilitäten gesetzlicher und administrativer, aber auch motivationaler Art, die es den Hochschulen schwer machen, kurzfristig für richtig gehaltene Veränderungen, z. B. im Sinne von Schwerpunktbildungen, zu realisieren. Schließlich sind auch die Karrierewege für junge Forscher in Deutschland außerordentlich beschwerlich, so dass die jüngst veröffentlichte Zahl von etwa 22.000 deutschen Nachwuchswissenschaftlern, die zur Zeit in den USA arbeiten (und von denen sicherlich nicht wenige dort ihre berufliche Karriere weiterführen werden) nicht besonders überraschen kann, wohl aber erschrecken muss.

Versucht man, die hier nur skizzenhaft dargestellten Entwicklungen zusammenzufassen, so steht Deutschland vor ganz außerordentlichen Herausforderungen zur

7 Vgl. dazu BMBF, DAAD, HRK und KMK (Hg.). Von Bologna nach Berlin: Eine Vision gewinnt Kontur, Berlin 2003.

8 Siehe dazu Wissenschaftsrat: Empfehlungen zur Einführung neuer Studienstrukturen und -abschlüsse (Bakkaleureus / Bachelor – Magister / Master) in Deutschland, in: Beschäftigungssystem – Hochschulausbildung – Studienreform: Stellungnahme und Empfehlungen, Köln 2000, S. 99-149.

Umstrukturierung seines Bildungssystems. Im Folgenden wird nun ein Element des Umstrukturierungsprozesses besonders thematisiert: die Rolle privater Hochschulen.

## Private Hochschulen in Deutschland

Wenn man überhaupt von der Entwicklung eines privat verfassten Hochschulsektors in Deutschland sprechen kann, ist diese jüngeren Datums. Der aktuelle Hochschulkompass der Hochschulrektorenkonferenz (www.hrk.de) weist unter den 332 insgesamt aufgelisteten deutschen Hochschulen 52 als privat *und* staatlich anerkannt aus, das sind 15,7 Prozent. Darunter befinden sich 13 Universitäten und 38 Fachhochschulen (die Aufstellung der HRK weist eine kleine rechnerische Inkonsistenz auf). Hinzu kommen noch 44 kirchliche staatliche Hochschulen = 13,3 Prozent, sodass sich der private Hochschulensektor von insgesamt 96 Institutionen rein quantitativ mit 19 Prozent als durchaus bedeutsam darstellt.

Einmal abgesehen davon, dass für den Fokus dieses Beitrags – wissenschaftliche Spitzenleistungen vor allem in der Forschung – private Fachhochschulen und kirchliche Hochschulen außer Betracht bleiben können und werden, relativiert sich das gezeichnete institutionelle Bild ganz extrem, sobald man die Zahl der Hochschulen verlässt und zu der Kategorie der Studierendenzahlen übergeht. Von den im Hochschulkompass für Deutschland insgesamt ausgewiesenen Studierendenzahlen 2003 von rund 1,893 Millionen entfallen nämlich 1,834 Millionen (= 96,8 Prozent) auf staatliche, 24.237 (= 1,3 Prozent) auf staatlich anerkannte kirchliche und 35.131 (= 1,9 Prozent) auf staatlich anerkannte private Hochschulen, von denen wiederum 4.284 Studierende (= 0,3 Prozent) auf die im Hochschulkompass ausgewiesenen 13 privaten staatlich anerkannten Universitäten entfallen. Mit anderen Worten: Rein quantitativ betrachtet sind die privaten Universitäten im deutschen Hochschulsystem bis heute (selbst wenn die Zahlen inzwischen etwas höher liegen als im Hochschulkompass ausgewiesen – so z. B. für die International University Bremen nicht 352, sondern knapp 600 Studierende) eine quantité négligeable.

Je nachdem, welche Auflistung man befragt, wird man für private Hochschulen in Zahl und nach Studierenden auch deutlich höhere Werte erhalten. Der Grund hierfür ist, dass eine Reihe solcher Hochschulen ohne staatliche Anerkennung operiert. Diese aber ist wiederum die rechtliche Grundlage für das Recht, Hochschulprüfungen abzunehmen und Hochschulgrade zu verleihen. Der Wissenschaftsrat hat in seinen Empfehlungen zur Akkreditierung privater wissenschaftlicher Hochschulen die Voraussetzungen für eine staatliche Anerkennung in Anlehnung an die Regelungen des Hochschulrahmengesetzes herausgearbeitet[9] und gleichzeitig auf die Strukturvielfalt der Initiativen zur Gründung privater Hochschulen hingewiesen. Besonders wichtig und gleichzeitig chancen- wie voraussetzungsreich ist die Möglichkeit privater Hochschulen, auch an der Gemeinschaftsaufgabe Hochschulbau, d. h. der Mitfinanzierung ihrer Investitionsausgaben

9 Wissenschaftsrat: Empfehlungen und Stellungnahmen 2000 Bd. I, Köln 2001, S. 204-206.

durch Bund und Länder, teilzuhaben. Hierfür ist Bedingung der Antrag des Sitzlandes, die jeweilige (private) Hochschule in die Anlage zum Hochschulbauförderungsgesetz (HBFG) aufzunehmen.

Solche Verfahrensaspekte sind hier kurz angesprochen worden, um zu zeigen, dass die staatliche Anerkennung für eine private Hochschule – die übrigens, so der Wissenschaftsrat,[10] von den Bundesländern sehr unterschiedlich gehandhabt wird – nicht leicht zu erhalten und für Institutionen wie Studierende durchaus folgenreich ist. Die Akkreditierung von privaten Hochschulen durch den Wissenschaftsrat stellt nun eine weitere, noch höhere Qualitätshürde dar.

Ausgehend nicht zuletzt von der beginnenden Einführung neuer Studienabschlüsse (Bachelor, Master) in Deutschland zielte Akkreditierung zunächst auf die Qualitätssicherung von Studienprogrammen und -abschlüssen. Zu diesem Zweck ist eine Reihe von Akkreditierungsagenturen und ein diese koordinierender und beaufsichtigender Akkreditierungsrat geschaffen worden. In der genannten Wissenschaftsratempfehlung geht es jedoch um die Akkreditierung von *Hochschulen*, ebenfalls im Interesse der Qualitätssicherung. Der Wissenschaftsrat hat hiermit den Sitzländern privater Hochschulen das Angebot gemacht, „das wissenschaftliche Niveau privater Hochschulen durch eine neutrale Institution begutachten zu lassen".[11] Wichtig im Sinne der Ausübung eines gewissen Maßes an staatlicher Kontrolle über den privat verfassten Hochschulsektor ist hierbei, dass das Akkreditierungsverfahren nur mit Zustimmung des Sitzlandes der privaten Hochschule eingeleitet werden kann.

Die Überlegungen und Empfehlungen des Wissenschaftsrates sollen hier nicht weiter erörtert werden. Sie sind in einiger Ausführlichkeit behandelt worden, um zu zeigen, dass die Gründung privater Hochschulen keine triviale Angelegenheit ist und gerade dann, wenn von ihnen Spitzenleistungen in der Forschung wie etwa von den großen privaten Universitäten in den USA erwartet werden, für sie vorab die Sicherung von Qualitätsstandards durch entsprechende Strukturvorgaben unabdingbar ist.

Anders als in Deutschland hat sich die Mischung von privat und staatlich verfassten Hochschulen in den USA in einem langen zeitlichen Prozess herausgebildet und ist von zahlreichen Rahmenbedingungen abhängig gewesen. Dies wird besonders deutlich, wenn man den in erheblichem Maße auf private Spenden zurückgreifenden Aufbau eines hohen Kapitalstocks im Auge hat, aus dessen Zinsen ein Teil der Ausgaben einer Hochschule finanziert werden kann. Vor diesem Hintergrund sind die Gründungszeitpunkte und Mittelherkunft privater staatlich anerkannter Universitäten in Deutschland von besonderem Interesse. Solche privaten Bildungsinvestitionen setzen große Vermögen, begünstigende Stiftungsgesetze und nicht zuletzt auch die Motivation voraus, sich mit solchen Investitionen an der Schaffung von Kollektivgütern wie dem eines leistungs- und konkurrenzfähigen Bildungssystems zu beteiligen.

10 Wissenschaftsrat, Empfehlungen (wie Anm. 9), S. 208.
11 Wissenschaftsrat, Empfehlungen (wie Anm. 9), S. 218.

Da eine detaillierte Analyse der Finanzierung der laut Hochschulkompass privaten, staatlich anerkannten Universitäten in Deutschland nicht vorliegt und in diesem Beitrag auch nicht geleistet werden konnte, sollen zumindest kurz Zeitpunkt der Gründung und die Breite der in diesen Hochschulen angebotenen Lehrprogramme angesprochen werden. Die älteste Gründung ist die European Business School Oestrich-Winkel (1971); ihr folgte die Universität Witten-Herdecke mit deutlichem Zeitabstand (1982) und die Wissenschaftliche Hochschule für Unternehmensführung in Vallendar (1984). Der größte Teil der privaten Gründungen erfolgte jedoch erst nach 1997, ein Beleg dafür, dass private Universitäten eine sehr junge Erscheinung im deutschen Hochschulwesen sind. Bedenkt man ferner, dass – wie gesagt – zur Zeit lediglich 0,3 Prozent der in Deutschland Studierenden dies an privaten Universitäten tun, so ergibt sich eine weitere Relativierung.

Hinzu kommt, dass die privaten Universitäten mit der Ausnahme von Witten-Herdecke und der International University Bremen, über die gleich berichtet werden soll, nur über ein sehr enges Fächerspektrum, in der Regel mit einem Schwerpunkt im Bereich Betriebswirtschaftslehre/Management, verfügen. Erwähnt werden muss auch, dass, wie aus einer Analyse des Stifterverbands für die Deutsche Wissenschaft[12] hervorgeht, zahlreiche private Hochschulen in Leistung und Angebot kaum oder nur wenig überzeugen. Ob damit aber die Option, in Deutschland private Universitäten zu gründen, bereits nachhaltig diskreditiert ist, soll im folgenden kurz am Beispiel der International University Bremen erörtert werden.

## Die International University Bremen (IUB)

Folgt man der Überschrift dieses Kapitels – „Von anderen lernen“ –, so verdankt sich die IUB unter anderem der Bereitschaft der Landesregierung der Freien Hansestadt Bremen und nicht zuletzt der Universität Bremen, über eine Kooperation mit einer amerikanischen Universität mit dem Ziel nachzudenken, auf einem attraktiven Gelände im Norden Bremens eine Niederlassung einer amerikanischen Universität oder eine ähnliche Innovation zu installieren. Schon in dieser Phase spielten die aktuelle Kritik am deutschen Hochschulsystem und Überlegungen, was man aus der Struktur des amerikanischen Hochschulsystems lernen könnte, eine Rolle.[13] Durch einen persönlichen Kontakt eines Bremer Hochschullehrers mit einem amerikanischen Kollegen an der Rice University in Houston, Texas, kam es zu einem intensiven Gedankenaustausch zwischen der Rice University und der Landesregierung Bremen, um die Optionen einer privaten Hochschulgründung in Bremen zu erörtern.[14]

12 Stifterverband für die Deutsche Wissenschaft: Private internationale Hochschulen in Deutschland: Profile und Bewertungen, Erweiterter Sonderdruck aus „Wirtschaft & Wissenschaft“ 1. Quartal 2002, Essen 2002.

13 Lüst, Reimar: Laßt uns von Amerika lernen, Die Zeit vom 3. Mai 1996, S. 3.

14 Für Einzelheiten siehe Boles, John B: The History of International University Bremen: From Idea to Reality, 1997-2001, in: Wells, Raymond O. (Hrsg.): The Founding of International University Bremen: Perspectives for the Twenty-first Century, Bremen 2003, S. 112-158.

Zwischen dem Beginn dieser Diskussion im Herbst 1997 und der offiziellen Gründung der IUB am 11. Februar 1999 wurden sehr unterschiedliche Konzepte erörtert, wie eine solche Neugründung ins Werk zu setzen sei. Besonders wichtig ist hierbei, dass der Gedanke, die IUB als eine Niederlassung von Rice zu etablieren, nach einigen Überlegungen zugunsten einer genuinen Neugründung aufgegeben wurde, deren Konturen jedoch in enger Kooperation mit Rice entwickelt wurden.

Diese Entwicklung muss und soll hier nicht im einzelnen beschrieben werden.[15] Wichtig sind einige Eckpunkte, die in diesen Beratungen fixiert wurden und heute (November 2003) noch Gültigkeit besitzen. Die IUB sollte:

- eine Forschungsuniversität werden;
- in zwei Schools (Fakultäten) ein relativ breites Fächerspektrum der Ingenieur- und Naturwissenschaften wie auch der Geistes- und Sozialwissenschaften umfassen, wobei als Schwerpunkt etwa zwei Drittel der Professoren und Studierenden den erstgenannten Fächern zugerechnet werden sollten;
- das volle Spektrum von Abschlüssen (Bachelor, Master, PhD) anbieten;
- Studiengebühren (seit Beginn des Lehrbetriebs 2001 15.000 Euro pro Jahr für die Bachelor-Studienprogramme plus 400 Euro pro Monat für Unterbringung und Verpflegung) erheben, die jedoch von einem großzügigen, sozial nicht selektiven Stipendienprogramm begleitet sind (need-blind admission);
- als Unterrichts- und Verkehrssprache durchgängig Englisch nutzen;
- ihre Studierenden und Hochschullehrer überwiegend aus dem Ausland rekrutieren (bei den Studierenden ist dies mit rund 80 Prozent Ausländeranteil gelungen; bei den Hochschullehrern besteht hier noch deutlicher Nachholbedarf);
- eine Universität sein, in der die Bachelor-Studierenden auf dem Campus in Residential Colleges wohnen;
- eine Vorreiterrolle in der Anwendung und Nutzung moderner Informationstechnologien für Forschung und Lehre anstreben.

Die akademischen Ziele der neuen Universität lassen sich in kristallisierter Form am besten dem im Februar 1999 vor der Gründung in Bremen verabschiedeten Mission-Statement entnehmen: „International University Bremen is a highly selective, private institution for the advancement of education and research. Its academic programs and cultural environment prepare graduates for international leadership and global citizenship. Multinational students, faculty, and researchers of distinction, with educational partners around the world, collaborate in learning, creating, and disseminating information and new knowledge."[16]

Nachdem der Senat der Freien Hansestadt Bremen am 29. September 1998 die Unterstützung der IUB-Gründung beschlossen hatte, sprach der Bremer Senator für Bildung und Wissenschaft ein Jahr später die staatliche Anerkennung der IUB aus (sie ist inzwi-

15 Siehe dazu auch Kaase, Max: Die International University Bremen (IUB) – ein deutsches Hochschulexperiment, in: Kimmich, Dorothee/Thumfart, Alexander (Hrsg.): Universität ohne Zukunft?, edition suhrkamp 2304, Frankfurt am Main 2004, S. 183-202, und Schaumann, Private Hochschulen (wie Anm. 5).

16 Boles, History (wie Anm. 12), S. 137.

schen bis 2010 verlängert worden). Damit war ein wichtiger Schritt zur Qualitätssicherung vollzogen worden. Noch wichtiger ist jedoch, dass das Land bereits im Juni 1999 den Wissenschaftsrat gebeten hatte, zu seinen Anträgen auf Aufnahme der IUB in das Hochschulverzeichnis des Hochschulbauförderungsgesetzes und auf Akkreditierung der IUB als Institution Stellung zu nehmen. Beide Stellungnahmen wurden vom Wissenschaftsrat im Laufe der Jahre 2000 und 2001 beraten und im November 2001 positiv beschieden.[17]

Zwar hätte die IUB auch ohne diese beiden Voten ihre Aufbauarbeit fortsetzen können, doch wäre sie in ihrem wissenschaftlichen Anspruch unglaubwürdig gewesen und hätte auf einen zentralen Anreiz verzichten müssen, qualifizierte Hochschullehrer zu gewinnen, eine angesichts des Umstandes, dass die IUB ihren Professoren lediglich Fünfjahresverträge (mit Verlängerungsoption) als Angestellte anbietet, ohnehin hinreichend schwierige Aufgabe.

Die bisherigen Ausführungen zur IUB und ihren akademischen Gestaltungsprinzipien von Exzellenz, Internationalität, Unabhängigkeit und Transdiziplinarität sowie der diesen Kriterien entsprechenden Rekrutierung von Wissenschaftlern und Studierenden sind die eine Seite der IUB-Medaille. Die bisherigen externen positiven Bewertungen durch Wissenschaftsrat, Stifterverband und die Gewinnung von beachtlichen Drittmitteln nach einem Aufbau 2001 mit ca. 25, 2002 mit ca. 40 und 2003 mit ca. 60 Professoren haben das Gründungskonzept der IUB bisher bestätigt. Ein erster „harter“ Test wird im Sommer 2004 anstehen, wenn die mehr als 100 Studierenden der ersten Kohorte in einem der 14 von der IUB angebotenen Bachelor-Studienprogramme (10 in den Ingenieur- und Naturwissenschaften und vier in den Geistes- und Sozialwissenschaften) graduieren werden und dann entweder ihre Studien in Graduiertenprogrammen fortsetzen oder in eine Berufstätigkeit überwechseln wollen (hinzu kommt übrigens noch die im Augenblick – November 2003 – laufende Akkreditierung dieser 14 Programme durch eine Akkreditierungsagentur; auch der Wissenschaftsrat wird sich 2006 erneut zur Entwicklung der IUB äußern). Noch ist es zu früh, um ein endgültiges Urteil darüber abzugeben, ob die IUB – wie sie es glaubt – ihren Exzellenz-Anspruch in Forschung und Lehre tatsächlich bereits eingelöst hat und in diesem Aspekt zumindest eine ernsthafte Konkurrenz zu den staatlichen Hochschulen darstellt. Spätestens an dieser Stelle muss jedoch auch die andere Seite der IUB-Medaille in den Blick geraten – die Frage nach ihrer Finanzierung.

Eine essentielle Voraussetzung für die Gründung der IUB war die Bereitschaft des Landes Bremen, die Gründung mit einem Betrag von (abgezinst ca. 215 Millionen DM) aus Investitionssondermitteln als Anschubfinanzierung zu unterstützen. Es bedarf keiner Diskussion, um festzuhalten, dass ohne diese Anschubfinanzierung diese Gründung nicht möglich gewesen wäre. Bisher sind Investitionen vor allem für Gebäudeumbau – das Gelände von ca. 30 Hektar mit zahlreichen Gebäuden hat die IUB käuflich erworben – und die Erstellung von Laboratoriumsgebäuden in Höhe von rund 86 Mill. Euro getätigt worden, die erfolgreich zur HBFG-Finanzierung angemeldet worden sind.

17 Wissenschaftsrat: Empfehlungen und Stellungnahmen 2001, Köln 2002, S. 87-159; S. 161-240.

Hinzu kommen noch einmal nicht-HBFG fähige Investitionen (vor allem für die drei Colleges) von ca. 30 Mill. Euro, die etwa zur Hälfte aus Spenden finanziert worden sind. Das bedeutet einen Investitionsaufwand der IUB bisher von ca. 120 Mill. Euro, von denen sie rund die Hälfte selbst zu tragen hatte.

Die jährlichen Betriebsausgaben der IUB werden aus fünf Quellen finanziert: a) der Rendite aus dem Kapitalstock, b) Spenden, c) Studiengebühren, d) Overheads auf eingeworbene Drittmittel und e) Transferaktivitäten. Insgesamt benötigt ceteris paribus die IUB einen Kapitalstock von ca. 250 Mill. Euro, um zusammen mit den anderen Einnahmequellen ihre Geschäftstätigkeit als gemeinnützige GmbH finanzieren zu können. Dieser Kapitalstock ist Ende 2003 noch nicht annähernd erreicht, ein klarer Hinweis darauf, dass private Universitäten mit hohem wissenschaftlichem Anspruch in Forschung und Lehre in Deutschland nicht ohne vor allem finanziell günstige Rahmenbedingungen errichtet und betrieben werden können. Es fehlt eben vor allem an der privaten Förderungskultur, ohne welche die privaten Universitäten in den USA nicht vorstellbar wären.

## Private Universitäten – ein Modell für Deutschland?

Jüngst haben Barthold und Spoun[18] die Ergebnisse einer Befragung der Absolventen von sechs privaten Universitäten mit einem sehr positiven Befund veröffentlicht. Das spricht zwar für die Qualität der Ausbildung (und vermutlich guter Kanäle in die Wirtschaft), kann aber angesichts des wirtschaftswissenschaftlichen Schwerpunkts der sechs Hochschulen nicht sonderlich überraschen.

Eine Gegenüberstellung mit der Situation der Absolventen staatlicher Universitäten wäre jedoch schon deswegen nicht zulässig, weil die beiden Universitätstypen sich auf zahlreichen zentralen Dimensionen voneinander unterscheiden, darunter nicht zuletzt der Ressourcenausstattung, wie sie z. B. in dem an der IUB gegebenen Betreuungsverhältnis von acht Studierenden auf einen Hochschullehrer zum Ausdruck kommt.

Betrachtet man die Situation der deutschen Hochschulen nicht aus der Beteiligtenperspektive, sondern makroskopisch unter der Prärogative des gesamtstaatlichen Interesses, dann kann eine private Universität durchaus als Modell für die Veränderungen gelten, die im deutschen Hochschulwesen erforderlich sind:

- Die Ressourcenausstattung der Hochschulen und Hochschullehrer hat so zu erfolgen, dass Hochschulleitung und Hochschullehrer ihren Dienstaufgaben nachkommen können. Zusatzressourcen sind grundsätzlich über die Einwerbung von Drittmitteln sicherzustellen. Dies setzt voraus, dass insbesondere die Deutsche Forschungsgemeinschaft über ausreichende Mittel verfügt, um qualitativ hochwertige Anträge auch fördern zu können.
- Die Lehrbelastung der Hochschullehrer in Bezug auf die Studierendenzahlen und die Zahl der durchzuführenden Lehrveranstaltungen ist so zu gestalten, dass qualifizierte

18 Barthold, Hans-Martin/Spoun, Sascha: Private Unis im Karrieretest, in: Hochschulanzeiger Nr. 68, 2003.

Hochschullehrer eine realistische Chance haben, Spitzenleistungen in der Forschung zu erbringen.

- Die administrativen und rechtlichen Rahmenbedingungen sind so zu verändern, dass die Hochschulen in Deutschland national und international in einen wirklichen Wettbewerb in Bezug auf Spitzenleistungen zueinander treten können.
- Es werden Studiengebühren auch unter dem Gesichtspunkt des Beitrages zur Kostendeckung der Ausbildung erhoben. Um soziale Selektivität zu vermeiden, hat diesen Gebühren ein Unterstützungssystem als Mischung von Stipendien und Zugang zu Krediten zur Finanzierung des Studiums gegenüberzustehen.
- Alle Bewerber für einen Studienplatz werden in einem differenzierten Verfahren auf ihre Qualifikation überprüft, bevor sie zum Studium zugelassen werden.
- Die Studierenden werden in studienbegleitenden Prüfungen kontinuierlich in ihren Leistungen kontrolliert und durch ein Betreuungssystem nicht nur beraten, sondern auch frühzeitig auf Leistungsdefizite mit Ratschlägen zu deren Beseitigung hingewiesen. Dem entspricht das Ausbildungsziel der IUB, mindestens 90 Prozent jeder Studierendenkohorte zu dem angestrebten akademischen Abschluss zu führen. Dies gilt übrigens auch für den Studienerfolg ausländischer Studierender, die z. B. an der TH Aachen nach einer dort durchgeführten Studie lt. Bericht der Süddeutschen Zeitung vom 3. November nach acht Jahren erst eine Abschlussquote von 20 Prozent erreichen.
- Gleichzeitig erfolgt eine regelmäßige Bewertung der Lehrleistungen der Hochschullehrer durch die Studierenden mit dem Ziel, eventuelle Schwachstellen zu identifizieren und zu beseitigen.

Diese Liste könnte und sollte eigentlich noch fortgeführt werden; dies soll hier jedoch aus Platzgründen und auch deswegen unterbleiben, weil die daraus abzuleitende Botschaft so klar ist. Private Hochschulen in Deutschland sind eine Chance, weil sie, befreit von administrativem Ballast, zeigen können, dass wissenschaftliche Spitzenleistungen auch in einem privaten, aber auf Qualitätsmaßstäbe geprüften Umfeld entstehen können. Gleichzeitig zeigen sie in einer Kontrastbetrachtung zu den staatlichen Hochschulen, an welcher Stelle angesetzt werden muss, um diese national wie international wettbewerbsfähig zu halten oder zu machen. Dass es daran in den letzten Jahren so sehr gemangelt hat, ist auch, aber bei weitem nicht nur den staatlichen Hochschulen anzulasten. Und vielleicht hat ja auch der schlichte Umstand der Existenz privater Hochschulen in Deutschland und die diesen Einrichtungen gewidmete öffentliche Aufmerksamkeit mit dazu beigetragen, dass Wissenschaftsadministrationen, Hochschulleitungen, Hochschullehrer und Wissenschaftspolitiker aller Couleur den staatlichen Hochschulen zunehmend – wenn auch bei weitem nicht ausreichend – Handlungsspielräume eröffnen, von denen man vor zehn Jahren noch nicht zu träumen gewagt hätte.

So bleibt als Fazit, dass angesichts der schwierigen Rahmenbedingungen für private Universitäten in Deutschland dieses Element der dringend erforderlichen Differenzierung des deutschen Hochschulwesens realistischerweise nicht als Modell für Deutschland gelten kann, jedenfalls nicht auf absehbare Zeit. Dass sie Eliteeinrichtungen werden können und Spitzenleistungen in Forschung und Lehre erbringen können, steht nach dem bisher gesagten außer Frage. Also Modell für Deutschland jetzt (noch) nicht, wohl aber ein Stachel im Fleisch von Routine, Behäbigkeit und politischen heiligen Kühen, welche die staatlichen Hochschulen zur Zeit daran hindern, ihr Leistungspotential im internationalen Wettbewerb zu schärfen und auszuschöpfen.

## Wie „bildet“ man Eliten? Möglichkeiten der Förderung von Eliten in der Schule

*Claudia Solzbacher*

### Einleitende Betrachtungen

„Ein Schulmeister hat lieber zehn notorische Esel als ein Genie in seiner Klasse, und genau betrachtet, hat er ja recht, denn seine Aufgabe ist es nicht, extravagante Geister heranzubilden, sondern gute Lateiner, Rechner und Biedermeier“, so Hermann Hesse in seinem schulkritischen Roman „Unterm Rad“.[1] Hesses Schulkritik bezog sich auf den vermeintlichen Gegensatz „Individualität und Schule“, und war gespeist von dem großen Autonomiebewußtsein eines besonders Begabten, vielleicht Hochbegabten. Für die Dichterkollegen seiner Zeit war die Förderung von Individualität besonders von Künstlern aber mehr als blosses Eingehen auf eine einzelne individuelle Begabung. Die Künstler galten darüber hinaus als „Meldeinstrumente“, Seismographen, die infolge ihrer Empfindsamkeit Essentielles über Phänomene der Zeit mitteilen könnten.

Nicht zuletzt aufgrund dieser literarischen Schulkritik der Wende zum 20. Jahrhundert wurde das Thema „künstlerische Hochbegabung und gesellschaftliche Elitefunktion“ sehr bald breit in der Gesellschaft diskutiert.[2] Bis heute werden Hochbegabung und Elite häufig in einem Atemzug genannt. Ob dies seine Berechtigung hat, und wie und ob die Förderung besonders Begabter oder anderer potentieller zukünftiger Eliten in und durch Schule geleistet werden könnte, ist Thema dieses Beitrags.

Im deutschen Sprachgebrauch ist von Elite überwiegend in einem „normativ-werthaften Sinn“ die Rede: „Zur Elite werden Personen gerechnet, die sich durch hervorragende Fähigkeiten und Leistungen auszeichnen, und daher besonders für Positionen mit hoher Verantwortung geeignet erscheinen.“[3] Dem Wortsinn nach ist im „Elite“-Begriff das Qualitätsmoment bereits enthalten.

Da sich moderne, pluralistische Gesellschaften aber nicht nur hinsichtlich der Vielfalt der Funktionen, sondern auch hinsichtlich der Vielfalt der Wertmaßstäbe unterscheiden, stehen Erziehung und Bildung zukünftiger Eliten in und durch Schule vor der Herausforderung, aus eher generalisierenden Definitionen Qualifikationen und Kompetenzen abzuleiten, die dann in schulische Konzepte überführt werden können. Ohne eine solche Operationalisierung lassen sich keine speziellen Förderkonzepte für Eliten identifizieren.

Generell ist fraglich, ob ausschließlich auf Eliten zielende Förderprogramme machbar oder wünschenswert sind. Die Hochbegabtenforschung gibt durchaus Anlass zu der

1 Hesse, Hermann: Unterm Rad, Frankfurt am Main 1972 [Erstausgabe 1904/05], S. 115.
2 Vgl. dazu Solzbacher, Claudia: Literarische Schulkritik des frühen 20. Jahrhunderts, Frankfurt am Main 1993.
3 Vgl. dazu Görres-Gesellschaft (Hrsg.): Staatslexikon Recht, Wirtschaft, Gesellschaft, Bd. 2, Freiburg 1986, S. 218.

Vermutung, dass Konzepte zur Förderung besonders Begabter der Gesamtheit der Klasse bzw. der Schule zugute kommen können.[4]

Integrative Ansätze können also für Hochbegabte ebenso sinnvoll sein, wie für die Leistungsfähigkeit der gesamten Klasse, getreu dem Motto der Hochbegabungsförderung: „Die steigende Flut hebt alle Schiffe“. Warum ist dies für das Thema Eliteförderung in der Schule von Bedeutung?

## Gibt es „die“ Elite?

Der Begriff der „Elite“ wird unterschiedlich definiert bzw. unterschiedlich interpretiert. Aber auch, wenn unterschiedliche Zuschreibungen mit diesem Begriff verbunden sind, so scheint man doch in der Regel grob von drei Bereichen auszugehen, in denen sich Elite manifestiert: „Funktionselite“, „Leistungselite“, „Machtelite“.

Dabei erfolgt die Rekrutierung von Eliten in verschiedenen Phasen: innerhalb der Sozialisation, innerhalb des Aufbaus von „Karrieren“, innerhalb der Übernahme bestimmter Spitzenpositionen. Für die Schule kann nur die Phase der Sozialisation von Bedeutung sein, mit dem Ziel, „Leistungseliten“ auszubilden, von denen man sich erhofft, dass diese auch einmal geeignet seien, „Funktionselite“ und „Machtelite“ zu bilden. Eng verbunden mit dem Begriff der Leistungselite ist der Begriff der „Werteelite“, der für die Auslese der jeweils „Besten“ einer Gesellschaft stand und mitunter noch steht, die in ihren persönlichen Eigenschaften und ihrem Lebensstil die höchsten Werte des Gemeinwesens in exemplarischer Weise verkörpern.[5] „Demgegenüber verzichtet der Begriff der Funktionselite auf die nicht unproblematische und von subjektiven Werturteilen geprägte Annahme, es existiere eine Gruppe geistlich, sittlich oder sozial höherwertiger Individuen in einer Gesellschaft.“[6]

Die klassischen und geschlossenen Modelle der Eliteforschung haben sich durch die neuen Demokratieformen der immer besser gebildeten und informierten Massen überholt. Durch die Vielzahl der Interessenverbände, die Beteiligung der Massen am gesellschaftlichen und politischen Entscheidungsprozess, muss der Begriff der Elite in einer offenen Gesellschaft immer neu definiert werden: Was sind Eliten, wer zählt dazu und welche Funktionen übernehmen sie in demokratischen Gesellschaften?

Trotz aller Meinungsverschiedenheiten und unabhängig von politischer Couleur oder religiösem Selbstverständnis kristallisieren sich bei der Sichtung moderner Abhandlungen zum Thema zwei Begriffe als untrennbar mit der Aufgabe und Funktion von Elite verbunden heraus: Verantwortung und Vorbild.

---

4 Renzulli, Joseph S./Reis, Sally M./Stedtniz, Ulrike: Das schulische Enrichment Modell SEM. Begabungsförderung ohne Elitebildung, Aarau/Schweiz 2001.

5 Vgl. dazu Schelsky, Helmut: Die Arbeit tun die anderen, Opladen 1975.

6 Bürklin, Wilhelm: Die Potsdamer Elitestudie von 1995: Problemstellungen und wissenschaftliches Programm, in: Bürklin, Wilhelm/Rebensdorf, Hilke u. a. (Hrsg.): „Eliten in Deutschland“, Opladen 1997, S. 11-34, hier S. 16; dazu auch Glotz, Peter/Süssmuth, Rita/Seitz, Konrad: Die planlosen Eliten. Versäumen wir Deutschen die Zukunft?, München 1992.

Wenn dies so ist, so kann man festhalten, dass die meisten Menschen im Laufe ihres Lebens beide Funktionen an dem einen oder anderen Platz einmal erfüllen werden müssen. Insofern hat die pädagogische Beschäftigung mit diesem eher soziologischen oder politischen Begriff durchaus für das Gros der Schüler und Schülerinnen eine Bedeutung. Potentiell kann jeder Schüler und jede Schülerin eines Tages einer so definierten Elite angehören, und derartig breit und umfassend muss die Pädagogik deshalb auch über Eliteförderung nachdenken.

Man muss also die Begriffe Verantwortung und Vorbild operationalisieren (d. h. für Schule „kleinarbeiten“) und aus gesellschaftspolitischen und persönlichkeitsfördernden Gründen über Chancengerechtigkeit bei der Rekrutierung von Eliten nachdenken. Denn Menschen in Führungspositionen wird es in jeder Gesellschaft zu jeder Zeit geben. Aber wenn wir heute um die Konturen einer „neuen Elite“ ringen, dann meinen wir doch nicht irgendwelche Eliten, sondern eine „Wissens- und Verantwortungselite“.

Fest steht: Nachdem in Deutschland in den letzten 30 Jahren die Diskussion um den Elitebegriff mit ideologischer Schärfe und sehr kritisch geführt wurde, scheinen sich jetzt politische Parteien, Wirtschaftsvertreter und Interessenverbände darin einig zu sein, dass angesichts immer komplexerer und schneller funktionierender Lebens- und Arbeitswelten „Eliten“ ihre Existenzberechtigung haben. Dabei wird besonders hervorgehoben, dass es zunehmend wichtig sei, dass es eine Gruppe von Menschen gebe, die in der Lage sei, über ihr Fachgebiet hinauszublicken und das eigene Handeln selbstkritisch zu reflektieren.

Angesichts weltweiter Zusammenarbeit und der Notwendigkeit, Folgen technischer Entwicklung genau abzuschätzen, wird der Ruf nach Menschen zunehmend lauter, die in der Lage sind, Probleme zu lösen und über vernetztes Wissen verfügen. Mit der Betonung des „Rohstoffes Geist“, auf dem ganz wesentlich die Wertschöpfung in der Informations- und Wissensgesellschaft beruhe, wird die Diskussion um Eliten in die Nähe des fast ebenso umstrittenen Themas „Hochbegabung“ gerückt. Von der Qualität unseres Bildungssystems, von unseren Leistungen in Wissenschaft und Forschung, von der Innovationskraft und Kreativität unserer Jugend hänge, wie niemals zuvor, künftig Wohlstand, soziale Sicherheit, ja Freiheit und Demokratie ab.

Aktuelle Studien beschreiben neue Herausforderungen: In Anbetracht der Tatsache, dass wir es in der Regel mit sehr komplexen Problemen zu tun hätten und wir uns in einer Informations- und Wissensgesellschaft befänden, wo wir das Problem des „information overload“ hätten, sei im Prinzip jeder Einzelne überfordert. Konsens und Konflikt seien heute entscheidende Rahmenbedingungen für Elitehandeln. Die Kooperations- und Kompromissfähigkeit der deutschen Führungsschicht wurde in der Vergangenheit dadurch erleichtert, dass es innerhalb der Führungsschicht ein hohes Maß an Konsens über grundlegende Werte und Verfahrensregeln gab.[7] Mit einem System, das die Problemkomplexität einer Informations- und Wissensgesellschaft aufweise, könne man jedoch nur durch kommunikative Vernetzung umgehen. Insofern verlangten die neuen Anforderungen an die modernen Eliten vorrangig kommunikative und moderierende

7 Vgl. dazu Bürklin, Potsdamer Elitestudie (wie Anm. 6).

Kompetenz. Zu einer solchen „Interaktionskompetenz" komme die Entscheidungskompetenz hinzu, die sich mehr oder minder darauf reduziere, dass derjenige, der letztlich die Verantwortung trage, sich die Vor- und Nachteile zu den verschiedenen Themen anhöre und dann aus eigener Abwägung irgendwann das Zünglein an der Waage spiele.

Heute scheint, deutlicher als früher, nicht mehr über Eliten als Einzelpersonen gesprochen zu werden, sondern über Eliten als „Elite-Netzwerke", als Kommunikationsverbünde von Führungspersonen in verschiedenen gesellschaftlichen Bereichen. So wichtig Konfliktmanagement und Kommunikationsfähigkeit unbestritten sind – läuft die Verpflichtung zur Verantwortungsübernahme in einem solchen Ansatz nicht Gefahr, in einem derartigen „Diskurs" stecken zu bleiben bzw. zu verwässern? Wer verantwortet denn noch was auf welchen Entscheidungsgrundlagen?

## Was bedeutet Verantwortung?

„Verantwortlichkeit setzt neben Freiheit die Geltung von praktischen Gesetzen bzw. Regeln voraus."[8] Ohne Freiheit gibt es keine Verantwortung und ohne Gesetze und Regeln gibt es keine Verantwortungsinstanz, keinen Maßstab zur Beurteilung der Handlungen des Verantwortlichen.

Der Satz „Die Person A übernimmt Verantwortung" besagt, dass A sich durch einen Akt freiwilliger Selbstbindung zur Verantwortlichkeit verpflichtet. Personen können gegenüber anderen Personen oder Personengruppen verantwortlich sein. Man kann verantwortlich sein gegenüber einer Sache oder für Handlungen bzw. für die Wirkung eigener Handlungen. In der Regel wird das Wort „verantwortlich" also im normativen Sinn verwendet.[9] Wenn im Zusammenhang mit Eliten von Verantwortung bzw. Verantwortungsübernahme gesprochen wird, ist in der Regel immer Verantwortung vor jemandem und für etwas gemeint. Damit wird eine hohe fachliche, in der Regel aber auch moralische Qualität vorausgesetzt. In diesem Zusammenhang meint Verantwortung, Verantwortung für andere, die als grundlegende Fähigkeit jedoch auch die Verantwortung für sich selbst voraussetzt. Damit hat Verantwortung auch eine Schnittstelle zu modernen Autonomiedebatten. Gemeint ist, soziale Verantwortung oder Verantwortung für das Gemeinwesen, so problematisch diese auch zu beschreiben ist. Somit ist Verantwortung immer werteorientiert.

Wer oder was ist aber die Instanz, an der sich Verantwortung bereits in der Schule orientiert? Längst diskutiert doch eine breite Öffentlichkeit das, was Hans Jonas damals „das Versagen traditioneller Ethik" genannt hat, das heute als Werterelativismus wahrgenommen wird.[10]

---

8 Vgl. dazu Görres-Gesellschaft (Hrsg.): Staatslexikon Recht, Wirtschaft, Gesellschaft, Bd. 5, Freiburg 1986, S. 591.

9 Vgl. dazu Görres-Gesellschaft (Hrsg.), Staatslexikon (wie Anm. 8), S. 590 ff.

10 Näheres bei Jonas, Hans: Das Prinzip Verantwortung. Versuch einer Ethik für die technologische Zivilisation, Frankfurt am Main 1979; Ders: Technik, Ethik, Medizin. Zur Praxis des Prinzips Verantwortung, Frankfurt am Main 1985; vgl. dazu auch den Beitrag von Eva Matthes in diesem Band.

Warum sollen wir tun, was dem Gemeinwesen oder gar der Welt nützt? Martin Buber und Dietrich Bonhoeffer zum Beispiel konnten ihre Überlegungen zur Verantwortung auf einer christlichen Ethik begründen. Hier ist der Rechenschaftsfordernde eindeutig festgelegt. Wie sieht es aber mit der sozialen Verantwortung und damit einhergehend zum Beispiel der politischen Verantwortung in einem säkularisierten Staat aus? In jedem Fall sind hier Rechtsverhältnisse ausschlaggebend. Aber denken wir die Verantwortungsübernahme von Elite auf der Ebene der Legalität? Viel eher schweben uns doch moralisch integre Führungspersönlichkeiten oder politische Eliten vor, die ihr Tun auf Legitimität gründen und Verantwortung übernehmen, weil etwas richtig ist, nicht weil es im Gesetz steht.

Hinzu kommt für schulische Bildung und Erziehung eine weitere Problematik: Wieweit reicht individuelle Verantwortlichkeit? Anders gefragt: hat Verantwortung nicht immer bestimmte Zuständigkeitsbereiche? Verantwortung und Verantwortungsübernahme benötigen ein Anwendungsfeld. Das heißt aber umgekehrt: Universalistischen Verantwortungsforderungen kann man nicht individuell genügen.[11]

Es geht also bei der Übernahme von Verantwortung auch immer um die Ermittlung von Zuständigkeitsbereichen. Picht veranschaulicht die Problematik an der „Struktur und Verantwortung der Wissenschaft im 20. Jahrhundert". Hier sei ein Subjekt von Verantwortung für zukünftige Geschichte besonders schwierig auszumachen. Der Begriff der individualistisch verstandenen Verantwortung sei durch die Entwicklung von Wissenschaft, Politik und Gesellschaft faktisch ad absurdum geführt.[12] Der Spielraum individueller Entscheidungen und individueller Verantwortung sei begrenzt durch kollektive Prozesse, durch ökonomische Entwicklung und durch den Gang der Politik. „Kein Einzelner kann sich heute mehr anmaßen, einen Zusammenhang, von dessen Aufklärung vermutlich unsere ganze Zukunft abhängen wird, selbst in seinen elementarsten Gegebenheiten noch zu übersehen."[13] Damit wird eine weitere wichtige Voraussetzung für Verantwortungsübernahme, nämlich Wissen, zu einer nicht hinreichenden Bedingung.

Kann man Verantwortung also lernen? Insgesamt gilt, dass Schule, wenn sie zur Verantwortung erziehen oder bilden will, folgende Fragen lösen muss:

- Die Kompetenz- und Machtfrage: Wer ist das Subjekt der Verantwortung? Wer trägt die Verantwortung wofür?
- Die Orientierung an humanen Beziehungen und Sachaufgaben: Was heißt human und sachgerecht zugleich?
- Die Orientierung an Wertmaßstäben: Wo gibt es eine Verbindung zu humanen und allgemein menschlich nachvollziehbaren Ansprüchen?
- Welches Wissen ist nötig, um Verantwortung übernehmen zu können?
- Wo gibt es Handlungssituationen, in denen ich Verantwortung einüben kann?

---

11 Vgl. dazu Picht, Georg: Wahrheit – Vernunft – Verantwortung. Philosophische Studien, Stuttgart 1969; Jonas, Das Prinzip der Verantwortung ; Bonhoeffer, Dietrich: Ethik, DBW 6, München 1992.

12 Picht, Wahrheit (wie Anm. 11), S. 345.

13 Picht, Wahrheit (wie Anm. 11), S. 349.

- Wie kann ich in der Schule Verantwortungsübernahme durch Reflexion zu einer Art „Haltung“ generieren?

## Der Weg zu einer besseren Elite führt nur über eine bessere (Aus-)Bildung möglichst vieler Menschen

Das bisher Dargestellte legt nahe: Die Zugehörigkeit zur Elite ist nicht in jedem Fall eine dauerhafte Eigenschaft einer Person, sondern Ausdruck ihres jeweiligen Status bzw. ihres jeweiligen Tätigkeitsfeldes. Innerhalb dieses Status werden von der einzelnen Person jedoch sehr wohl Eigenschaften verlangt, die in der Regel mit Verantwortungsbewusstsein, Engagement, Kreativität und Problemlösekompetenz umschrieben werden. Diese Fähigkeiten gilt es, durch Schule zu fördern und zu fordern und zwar begabungsangemessen und chancengerecht.

Gerade weil die durch Bildung und Ausbildung zu entwickelnden persönlichen Qualifikationen und Leistungen bei der Herausbildung gesellschaftlicher Eliten eine entscheidende Rolle spielen, genügt gerade nicht die bestmögliche Förderung von potentiell als zukünftige Eliten erachteten Gruppen. Um es an einem Beispiel des Sports zu verdeutlichen: Erst die Förderung des Breitensports erhöht die Wahrscheinlichkeit, überhaupt eines Tages die richtigen Spitzensportler auswählen zu können. Dies auf Bildung übertragen gilt besonders angesichts der verheerenden PISA-Ergebnisse zur Verteilung von Bildungschancen in Deutschland.

Wenn die Auswahl von Eliten nicht auf die Angehörigen einer Elite beschränkt bleiben sollen – und dies ist das konstitutive Merkmal offener, freier Systeme –, dann führt der Weg zu besserqualifizierten und leistungsfähigeren Eliten nur über die bestmögliche Ausbildung und Bildung möglichst vieler Menschen.[14]

Es ist wichtig zu betonen, dass hiermit nicht einer häufig als Gegenpol zur Elite herangezogenen „Gleichmacherei“ das Wort geredet werden soll. Im Gegenteil: Individuell angemessene Förderung schließt die Förderung von besonders Begabten und Hochbegabten unbedingt mit ein, ja ermöglicht sie erst. Moderne Hochbegabungsdefinitionen machen allerdings auch deutlich, dass nicht alle ehedem als hochbegabt Diagnostizierte (z. B. qua Intelligenztest) einmal potentiell zu einer wie immer gearteten Elite gezählt werden können. Verantwortungsübernahme und hohe Leistungserbringung setzen vielfältige Persönlichkeitsmerkmale voraus und es ist sehr umstritten, inwieweit diese immer mit einem überdurchschnittlichen IQ einhergehen.[15]

Eine Bildung von und für Eliten muss sich davor hüten, selbstreferentielle Systeme zu schaffen oder zu erhalten und Kinder und Jugendliche bereits frühzeitig zu bestimmten „Funktionen“ heranbilden zu wollen, d. h. für bestimmte Verwendungssituationen

---

14 Vgl. dazu Lüthje, Jürgen: Wie werden Eliten gebildet? Plädoyer für eine bestmögliche Bildung aller, in: Forschung und Lehre 4 (1997), S. 178-179, hier S. 178 f.

15 Solzbacher, Claudia/Heinbokel, Annette (Hrsg.): Hochbegabte in der Schule – Identifikation und Förderung, Münster 2002.

heranzuziehen.[16] Man muss Kindern und Jugendlichen aber sehr wohl die Möglichkeit geben, sich auf der Grundlage einer guten Schulbildung in möglichst vielen „Verwendungssituationen“ und persönlichen Herausforderungen ihren Begabungen entsprechend optimal beweisen zu können.

Möglicherweise verhält es sich mit dem Begriff „Elite“ ähnlich wie mit dem Begriff „Wissensgesellschaft“. Auch er kann immer nur für einen Teil der Gesellschaft als angemessen und berechtigt gelten. Für den Teil nämlich, der in der Lage ist, die Hoffnungen, die sich um diesen Begriff ranken, weitestgehend zu erfüllen. Die Überlegungen, die zu der Bezeichnung „Wissensgesellschaft“ geführt haben, gehen davon aus, dass Wissen als ein wichtiger Produktionsfaktor an Bedeutung gewinnt und die Gesellschaft in hohem Ausmaß verändern wird. Deshalb beziehen sich die meisten Analysen auf den Zusammenhang von Wissen und wirtschaftlichem Wachstum.[17] Walther Zimmerli schlägt deshalb vor, eher von einer „Wissenstechnologie-Gesellschaft“ zu sprechen, denn damit würde zugleich das Hauptproblem benannt: „Nicht mehr das in sich autonome und kognitiv autarke Individuum zählt, sondern dieses allein in seiner technologischen Verknüpfung zu anderen Individuen und zu externen Wissensbeständen. Nicht, dass wir zu viel intern gespeichertes Wissen hätten, ist das Problem der sogenannten Wissensgesellschaft, sondern, dass wir zu viele und zu viele komfortable Zugangsmöglichkeiten zu allzu viel extern gespeichertem Wissen haben. Wir wissen zu wenig über das Viele, das wir nicht wissen; wir wissen aber zu viel über das Wenige, das wir wissen.“[18]

In einer solchen Situation wird die potentielle Verantwortungsübernahme durch Eliten somit durch eine weitere Eigenschaft bestimmt, nämlich durch Mut, den Mut in einer immer unüberschaubareren Welt, in einer „Risikogesellschaft , Verantwortung zu übernehmen. Spätestens an dieser Stelle wird deutlich, dass auf Schulen hier durchaus wichtige Aufgaben zukommen. Es geht eben bei der Diskussion um Eliten nur zum Teil um die Verhinderung von Vermassung und Verdummung der deutschen Universitätsausbildung, es geht nur bedingt um Selektion, sondern es geht auch darum, für eine breite Masse eine möglichst frühzeitige optimale Förderung vorzuhalten, die eben auch den bis hierhin ausgebreiteten Kriterien von Eliteförderung genügt. Wie könnte diese aussehen?

16 Hartmann, Michael/Kopp, Johannes: Elitenselektion durch Bildung oder durch Herkunft? Promotion, soziale Herkunft und der Zugang zu Führungspositionen in der deutschen Wirtschaft, in: Kölner Zeitschrift für Soziologie und Sozialpsychologie 53 (2001), S. 436-466; Hartmann und Kopp gehen z. B. in einer Studie von 2001 am Beispiel der Wirtschaftselite der Frage nach, ob die soziale Herkunft eine wichtige eigenständige Rolle für die ungleiche soziale Rekrutierung der deutschen Eliten spielt oder ob sie nur vermittelt wird durch die ungleichen Bildungsbeteiligungen der verschiedenen Bevölkerungsschichten? Das Ergebnis ist eindeutig: Die Chancen, eine Führungsposition in der Wirtschaft zu erreichen, sind für Promovierte, die aus dem gehobenen oder dem Großbürgertum stammen, um 50 bis 100 % größer, als für die Promovierten aus der Arbeiterklasse oder den Mittelschichten. Die soziale Herkunft stellt somit einen wesentlichen eigenständigen Faktor der sozialen Auslese dar. Vgl. ebenso Bürklin, Wilhelm/Rebensdorf, Hilke u. a.(Hrsg.): „Eliten in Deutschland“, Opladen 1997, S. 11-43.

17 Stehr, Nico: Wissen und Wirtschaften. Die gesellschaftlichen Grundlagen der modernen Ökonomie, Frankfurt am Main 2001; vgl. ebenso Solzbacher, Claudia: Aufwachsen in der „Wissensgesellschaft“: Zwischen Hoffnung und Gefährdung, in: Solzbacher, Claudia (Hrsg.): Kindheit zwischen Mythos und Realität, Münster 2001, S. 70-89.

18 Zimmerli, Walther: Wenn sich die Welt ändert, müssen sich die Eliten ändern, in: Universitas 56 (2001), S. 599-609, hier S. 600.

Fassen wir zur Beantwortung dieser Fragen noch einmal zusammen: Der Begriff der Verantwortung bezieht sich grundsätzlich gesehen auf gesamtmenschliche Handlungs- oder Verhaltensverhältnisse. Wenn wir Verantwortung zuschreiben oder übernehmen, dann konstruieren wir einen auf die Person bezogenen ethisch verbindlichen Zusammenhang von Wollen, Tun und Haltung. Dieser Zusammenhang begründet unser Verständnis von personaler Identität, Freiheit und Mündigkeit, der Fähigkeit zu selbstständigem Leben.[19]

## Persönlichkeitsbildung und Lernkompetenzförderung

Damit wird deutlich, dass Verantwortungsübernahme keine Fähigkeit ist, die mit der Verleihung von Abschlusszeugnissen gleichsam „vom Himmel fällt". Verantwortungsübernahme erfordert Wissen und Können.

Es ist ebenfalls deutlich geworden, dass sich die Bildung potentieller Eliten nicht alleine an kognitiven und wissenschaftlichen Kriterien orientieren kann. Elitebildung ist immer Persönlichkeitsbildung. Bildung als allgemeine Menschenbildung heißt zuerst und vor allem, die Individualität in jenen Zustand von Selbstständigkeit zu bringen, ohne den humane Lebensführung nicht möglich ist.

Bildung hat es folglich also nicht zuerst mit der Gesellschaft – was immer das sein mag – oder mit Gruppen zu tun, sondern mit dem Individuum und dessen Möglichkeiten für eine persönliche Lebensführung. Wobei diese Selbstständigkeit dann allerdings immer zur gesellschaftlichen Wirklichkeit, ihren Bedingungen, Möglichkeiten und Formen in Beziehung treten muss.[20] Geißler beschreibt Selbstständigkeit als oberstes Bildungsziel, die für ihn untrennbar verbunden ist mit Assimilation und Kritikfähigkeit, Engagement und Mitbestimmung, Reflexion und Verantwortung. Zu Assimilation und Kritikfähigkeit gehört das Verhältnis der Individualität zur Kultur in ihrer historisch-gesellschaftlichen Ausprägung, von der das Individuum in Folge seiner sozialen Gebundenheit abhängig ist und bleibt. Mit Engagement und Mitbestimmung wird das Verhältnis der Individualität zur historisch-gesellschaftlich geformten Kultur verbunden, in der der Einzelne als verantwortliche Person hineinwirken soll. Reflexion und Verantwortung bezieht sich auf das Verhältnis der Individualität zu den Bedingungen ihrer eigenen Persönlichkeit.[21] Hier hat Geißler bereits weitaus mehr im Blick als die bloße Kanonorientierung der bisherigen Diskussion um Allgemeinbildung. Er beschreibt als Grundlage für Persönlichkeitserziehung bereits Kompetenzen, die neben den gleichbleibend wichtigen fachlichen Qualifikationen unbedingt noch zusätzlich erworben werden müssen, wenn Persönlichkeitserziehung gelingen soll.

19 Fauser, Peter: Verantwortung als pädagogisches Problem. in: Stiftung Brandenburger Tor der Bankgesellschaft Berlin (Hrsg.): Jugend übernimmt Verantwortung. Ergebnisse Jugendwettbewerb 1999/2000. Dokumentation des Symposiums „Verantwortung lernen", Berlin 2000, S. 77-104, hier S. 86.

20 Geißler, Erich E.: Allgemeinbildung in einer freien Gesellschaft, Düsseldorf 1977, S. 59.

21 Geißler, Allgemeinbildung (wie Anm. 20), S. 60.

Die Vertreter der Schulpädagogik führen seit den 70er Jahren immer wieder heftige Debatten um die Einführung von Schlüsselqualifikationen oder – wie sie später genannt wurden – Kompetenzen. Mit den internationalen Vergleichsstudien TIMSS und PISA hat sich die Kompetenzorientierung als Qualitätsmerkmal von Bildung weitestgehend durchgesetzt. Dabei greifen die Studien auf die anglo-amerikanische Tradition zurück, Lernziele als Kompetenzen zu beschreiben, nicht zuletzt, um sie damit eher operationalisierbar bzw. überprüfbar zu machen.[22] Spätestens seit PISA wird die Entwicklung von Kompetenzen als zentrale bildungspolitische Aufgabe angesehen.

## Beispiele aus der Praxis

*Persönlichkeitsentwicklung durch Kompetenzentwicklung*

Inwieweit ist Persönlichkeitsentwicklung auch Kompetenzentwicklung? Dies soll im Folgenden am Beispiel des Projektes „Lernkompetenzförderung in der Schule" der Bertelsmann-Stiftung vorgestellt werden.[23] Die Autoren des Projekts haben es sich zur Aufgabe gemacht, in den Schulen des „Netzwerks innovativer Schulen Deutschland" gelungene Konzepte von Lernkompetenzförderung zu sichten und zu systematisieren.

Die Arbeitsdefinition, die der Untersuchung zugrundegelegt wurde, geht von einem erweiterten Lernbegriff aus, der sich nicht mehr nur vorwiegend an kognitiven Zielen orientiert, sondern auf eine komplexe Persönlichkeitsentwicklung zielt. Ein solches weites Lernverständnis führt zwangsläufig zu einem ganzheitlichen Kompetenzbegriff, der sich an den Erfordernissen der gesellschaftlichen und individuellen Entwicklung orientiert und dem untrennbaren Zusammenhang von Sach-, Methoden-, Sozial- und Selbstkompetenz Rechnung trägt. Aus dieser Sicht bezeichnet Lernkompetenz die individuelle Verhaltensdisposition, erfolgreich zu lernen und das Gelernte beim weiteren Lernen anzuwenden.

Bei der nachfolgenden Definition der Dimensionen von Sach-, Methoden-, Sozial- und Selbstkompetenz wird deutlich, inwieweit Schule, indem sie diese Kompetenz systematisch fördert, ebenfalls zu einer Elitebildung beiträgt:

- Sachkompetenz zielt auf den Erwerb sachlicher Kenntnisse und Einsichten in verschiedenen Fachgebieten und auf deren Anwendung in fächerübergreifenden Zusammenhängen und Problemorientierungen. Es geht damit um die Anwendung der Kenntnisse und ihre Verknüpfung in Handlungszusammenhängen. Im Unterschied zu den anderen Kompetenzbereichen ist Sachkompetenz inhaltsgebunden bestimmbar. Sie zu erwerben schließt die individuelle Aneignung von Kenntnissen (Fakten, Regeln, Gesetzen, Begriffen, Definitionen), das Erkennen von Zusammenhängen, das Verstehen von Argumenten, Erklärungen sowie das Urteilen und Beurteilen z. B. von Thesen und Theorien ein. In diesem Bereich hat PISA große Defizite festgestellt.

22 Vgl. dazu Deutsches PISA- Konsortium (Hrsg.): PISA 2000. Basiskompetenzen von Schülerinnen und Schülern im internationalen Vergleich, Opladen 2001.

23 Vgl. dazu insgesamt Czerwanski, Annette; Solzbacher Claudia; Vollstädt, Witlof (Hrsg.): Förderung von Lernkompetenz in der Schule, Gütersloh 2002.

- Die Methodenkompetenz, die nur im Zusammenhang mit Sachkompetenz erworben werden kann, ermöglicht, die eigene Tätigkeit bewusst, zielorientiert, ökonomisch und kreativ zu gestalten und dabei auf ein Repertoire geeigneter Methoden zurückzugreifen. Diese Aneignungs-, Erkenntnis- und Arbeitsmethoden sind zwar stets inhaltsgebunden, dabei aber teilweise fachspezifisch und teilweise überfachlich.
- Die Sozialkompetenz befähigt dazu, in wechselnden sozialen Situationen bei unterschiedlichen Aufgaben und Problemen die eigenen bzw. übergeordneten Ziele erfolgreich im Einklang mit den anderen Beteiligten zu verfolgen. Im Zentrum steht das Verantwortungsbewusstsein für sich selbst und für andere, vor allem Fremdwahrnehmung, solidarisches Handeln, Kooperations- und Konfliktfähigkeit.
- Selbstkompetenz (auch oft personale Kompetenz genannt) erfasst grundlegende Einstellungen, Werthaltungen und Motivationen, die das Handeln des Einzelnen beeinflussen. Man kann dies auch das Selbstkonzept nennen, das sich auf Selbstvertrauen und Selbstwertgefühl gründet, also auf Einstellungen zur eigenen Person, emotionale Unabhängigkeit und Zuversicht in die eigenen Fähigkeiten. Zum Selbstkonzept gehören auch die kritische Selbstwahrnehmung in Auseinandersetzung mit der Umwelt und der eigenen Position in ihr, das Bewusstsein über eigene Werthaltungen sowie die moralische Urteilsfähigkeit.

Es ist für unser Thema wichtig darauf hinzuweisen, dass Leistungseliten voraussetzten, dass das einmal erreichte Lernniveau nicht mehr unterschritten wird und dass die Niveauanforderungen einschließlich der Methodenzugänge fest verankert sind.[24] Eine weitere wichtige Erkenntnis ist ebenso für die Förderung von Leistungseliten in Schule und Unterricht unerlässlich: „Persönliches Können entsteht nur dann, wenn mit den Aufgaben die Anforderungen zunehmen und Schwierigkeiten überwunden werden müssen. Das gestern noch unlösbare Problem muss morgen lösbar erscheinen, was einzig dann möglich ist, wenn die individuelle Kompetenz wächst und nicht okkasionell bleibt. Wer lediglich darum besorgt ist, Serien von Lernanlässen ohne Erhöhung der Schwierigkeitsgrade zu schaffen, bedient ‚Selbstorganisation', aber nicht den Fortschritt des Könnens."[25]

Wenn in der Schule die Entwicklung von Lernkompetenz in diesem Sinne systematisch und zielstrebig gefördert werden soll, muss genauer darüber nachgedacht werden, welche Teilkompetenzen zu den eben beschriebenen Kompetenzbereichen gehören, um ein erfolgreiches Weiterlernen zu ermöglichen. Die Suche nach deutlich voneinander unterscheidbaren Teilkompetenzen wird allerdings dadurch erschwert, dass diese Persönlichkeitseigenschaften komplexer Natur und miteinander verbunden sind. Jede Aufzählung von Kenntnissen, Fähigkeiten, Fertigkeiten und Einstellungen muss demzufolge unvollständig und mehrdeutig bleiben. Dennoch muss diese Operationalisierung unbe-

24 Vgl. dazu Oelkers, Jürgen: Die Funktion der Schulleitung in der Entwicklung von Gymnasien, 2002, in: http://www.paed.unizh.ch/ap/vortraege.html (15. 8. 2003).

25 Oelkers, Jürgen: Schlüsselqualifikationen oder Standards? Zur Entwicklung des Gymnasiums, 2002, in: www.paed.unizh.ch/ap/vortraege.html (15. 8. 2003).

dingt vollzogen werden, um im Schulalltag dann in Konzepte münden zu können. Notwendig ist eine Hierarchisierung und ein schrittweiser Aufbau der Lernkompetenz. Es bedarf der Standards, insbesondere zwischen den Schulstufen entlang der Lernbiographie der Schüler (vertikal), aber auch innerhalb der Schulen zwischen den Fächern (horizontal), die zugleich einen ausreichenden individuellen Spielraum für jeden Lernenden und jedes Fach lassen: Nicht jeder Lernende ist in der Lage, Lernkompetenz „auf höchstem Niveau" zu erwerben. Jeder muss aber zu seiner bestmöglichen Form geführt werden. Grundlage hierfür ist eine aus Selbstständigkeit und Kreativitätsentwicklung zielende Lehr-Lernkultur, die vielfältige Maßnahmen der Differenzierung und individuellen Förderung vorhält.

Aufgrund der großen Bedeutung der Lernkompetenz für die erfolgreiche Bewältigung der individuellen und gesamtgesellschaftlichen Herausforderungen der Wissensgesellschaft gehört sie unbedingt zu den Basiskompetenzen (neben der Sprach- und Lesekompetenz). In der Arbeit an Konzepten zur Lernkompetenzförderung beweist sich eine neue Qualität von Schule, die unbedingt notwendige Grundlage für Elitebildung sein kann und muss. Im Einzelnen geht es darum:

- zunächst eine Gesamtstrategie zu entwickeln, in der die zu erreichenden Standards in ein didaktisch-methodisches Konzept eingefügt werden,
- Formen der Reflexion von Lernprozessen und Lernergebnissen zu etablieren und dabei die unterschiedlichen Kompetenzebenen ausdrücklich einzubeziehen;
- die Zusammenarbeit der Schule mit Eltern, schulischen und außerschulischen Partnern und der Schulbehörde zu stärken;
- Komplementär zur Stärkung der Selbstständigkeit von Schülern die Eigenverantwortlichkeit der Schulen zu stärken und die Qualität der Lernkompetenzförderung in den Schulen durch angemessene Formen interner und externer Evaluation zu sichern und weiterzuentwickeln;
- von Seiten des Bildungssystems Mindeststandards für den Lernkompetenzerwerb zu setzen.

*Die Gründung von Schülerfirmen*

Da an dieser Stelle die vielfältigen Konzepte zur Selbsttätigkeit und Reflexion des eigenen Lernens im Hinblick auf unser Thema nicht insgesamt vorgestellt werden können, soll beispielhaft ein relativ neuer Ansatz herausgehoben werden, der gerade im Zusammenhang mit Verantwortungsübernahme von großem Interesse ist: Die Initiierung und Etablierung von Schülerfirmen. Eine Schülerfirma ist keine reale Firma, sondern ein Schulprojekt mit Unternehmergeist. Hierbei sollen Schlüsselqualifikationen wie Verantwortungsbereitschaft und Eigeninitiative erlernt werden. Die Schule bietet hierfür den rechtlichen Schutzraum und die ideelle Unterstützung

In der Regel werden die Schülergruppen bei der Verwirklichung ihrer Ideen und bei der Erarbeitung von Gründungsmodalitäten oder der Sponsorenfindung durch Lehrer oder „Coaches" aus der Wirtschaft unterstützt. Die Schülerfirmen, die Geschäftsidee und verschiedene Phasen der Durchführung werden regelmäßig vor einem Fachpublikum präsentiert und es wird von Erfahrungen bei der Umsetzung berichtet. Analog der bereits bekannten wissenschaftlichen Voraussetzungen für ein Schulprojekt sollen die Schüler die Idee zu ihrer Schülerfirma selber generieren, festlegen, wer sich mit welchen Tätigkeiten an was beteiligt und wer welche Verantwortungsbereiche übernimmt. Konzepte müssen an den „Markt“ angepasst werden, für den „Nachwuchs“ muss gesorgt werden, wenn der erste „Geschäftsführer“ nach dem Abitur die Schule verlässt, die Buchhaltung muss gemacht werden, kurz, der Alltag will gemeistert sein.[26]

Die Schule unterstützt das Schülerunternehmen, stellt Platz und Raum zur Verfügung und beratende Lehrer, von denen man sich erhofft, dass sie die Möglichkeit, theoretische Unterrichtsinhalte mit einer derartigen praktischen Arbeit zu verbinden, aufgreifen. Neben den sachlichen und praktischen Erfahrungen prägen sich soziale Kompetenzen aus bzw. werden eingeübt. Teamarbeit, Kontakt mit Kunden und Kollegen, Kooperation mit möglicherweise realen Firmen bis hin zu Einstellungsgesprächen mit Schülern und Schülerinnen und möglicherweise sogar deren Kündigung zeigen eigene Fähigkeiten und Grenzen auf und lehren, Verantwortung zu übernehmen. Schülerinnen und Schüler arbeiten mit Eigenmotivation und Engagement, denn der Arbeitsprozess und damit auch der Lernprozess wird durch Schüler selbst organisiert. Sie müssen eigene Entscheidungen treffen und sind für den Erfolg ihrer Schülerfirma selbst verantwortlich.

Projekte wie „TheoPrax“, „Trans-Job“, „Junior“, „Region des Lernens (Niedersachsen)“ oder „business@school“ (von Stiftungen, Unternehmen oder Ländern getragen) können mit sehr vielversprechenden Ergebnissen oder Zwischenergebnissen aufwarten.[27] So haben z. B. Gymnasiasten Azubi-Hilfen gegründet, sind Reisebüros eigens für die jeweilige Schule eingerichtet worden, richtete man Umweltfirmen ein oder wurde Altenhilfe organisiert. Nicht selten erfüllen die Schülerfirmen einen selbst gesetzten sozialen oder ökologischen, d. h. am Gemeinwesen orientierten Auftrag. Die Nachhaltigkeit im Sinne einer Elite-Bildung wird davon abhängen, inwieweit derartige Projekte in den Unterrichtsalltag einbezogen werden und über das dort Gelernte reflektiert wird. Verstärkt werden kann die Wirkung solcher Projekte, indem sie regelmäßig und systematisch durchgeführt werden und die Kultur der Schule insgesamt auf Mitbestimmung und Mitwirkung ausgerichtet ist.

Wir sind in Schulkultur und schulischen Projekten darauf angewiesen, fair und gerecht, d. h. moralisch zu handeln und Werte zu entwickeln – nämlich Fairness und Gerechtigkeit, die wir von jedem Teilnehmer erwarten und auch erwarten dürfen. Verantwortlichkeit erzeugt in allen Teilnehmern die Erwartung, dass sie auf Gegenseitigkeit

26 Vgl. dazu Landesarbeitsgemeinschaft Schule – Wirtschaft (Hrsg.): Schülerfirmen. Wenn Schüler zu Unternehmern werden, Thüringen 2002.

27 Stiftung der deutschen Wirtschaft (SchuleWirtschaft) in Zusammenarbeit mit dem Bundesministerium für Bildung und Forschung, Trans-Job: Übergang Schule-Beruf-Studium, in: www.sdw.org (15. 08. 2003); Verbundprojekt des Landes Baden Würtemberg, TheoPrax: Verbindung von Theorie und Praxis, in: www.theo-prax.de (15. 8. 2003); Niedersächsisches Kultusministerium: „Region des Lernens – Berufsbildende Schule als Leitstelle eines regionalen Qualifizierungsnetzwerks“ in: http://www.ibbw.de/projekte/region_des_lernens/index.html (15. 8. 2003).

setzen dürfen. Das ist eine Voraussetzung von Moral. Da auf eine Verletzung der gegenseitigen Erwartung der Entzug des Vertrauens oder sogar der Zusammenbruch des Spiels (Projekts) folgt, funktioniert es nicht in jedem Fall – aber in der Regel. Deshalb haben kooperative Projekte einen hohen sachlichen und moralischen Lerneffekt.[28]

Eine derart auf Persönlichkeitsentwicklung hin ausgerichtete Lehr- und Schulkultur wird die Sinnhaftigkeit von Schule für den einzelnen Schüler deutlicher werden lassen und damit, wie oben betont, sein Engagement für eine Sache – da er oder sie sich mit dieser identifiziert – wahrscheinlicher werden lassen. Jede Form von Engagement und jedes Feedback wiederum führt zur Stärkung der individuellen Persönlichkeit. Schüler trauen sich mehr zu bzw. kennen ihre Grenzen und erfahren, woran sie noch arbeiten müssen. Verantwortungsübernahme und die Möglichkeit, Vorbild zu sein, entstehen also durch Verantwortungsübernahme und Vorbilder. Problemlösekompetenz entsteht durch Einübung von Problemlösekompetenz im (Fach-) Unterricht, Kreativität wird durch die Möglichkeit, in den unterschiedlichsten Anwendungsgebieten kreativ sein zu können, gefördert.

Dabei geht es, gesellschaftspolitisch gesehen, darum, Begabungsressourcen zu sichten und zu fördern, d. h. die Leistungsmöglichkeiten eines jeden Schülers potentiell zu analysieren und bestmöglich zu entwickeln. So beschrieben heißt Eliteförderung eben nicht die Vernachlässigung und Entmutigung der nicht Auserwählten und deren Unterdrückung, wie zum Teil bis heute behauptet wird. Der Mensch wächst mit seiner Rolle. Deshalb müssen Schulen Rollenübernahmen ermöglichen (z. B. durch die eben genannten Projekte). Das Fächerspektrum der Schule kann und muss (im Sinne der Verbindung von Sach- und Methodenkompetenz) derartige „Lebenstüchtigkeit" unterstützen: den Menschen als geschichtliches (Geschichte), sprachliches (Deutsch, Fremdsprachen), wissbegieriges (Mathematik, Naturwissenschaften), politisches (politische Bildung im weitesten Sinne), ästhetisches (Kunst, Musik, Literatur), motorisches (Sport), sinnsuchendes, sittliches und religiöses (Religion, Philosophie) Wesen.

Dass dieses Wissen deutlich mehr, als es heute geschieht, in fächerübergreifenden Zusammenhängen präsentiert werden muss, liegt angesichts zunehmend vernetzter Probleme auf der Hand. Zu fragen ist, inwieweit dann folgerichtig neue Inhalte hinzukommen müssen (aus Wirtschaft, Recht, Medizin etc.) oder – besonders wichtig – inwieweit bestimmte Inhalte deutlich früher in der Entwicklung vermittelt werden sollten (z. B. Fremdsprachenunterricht bereits in Kindergarten und Grundschule etc).[29]

Die individuelle Förderung kann nur nach fairen Maßstäben erfolgen, wenn sie altersgebunden auf die jeweiligen Fähigkeiten und Begabungen abgestimmt ist. Jede Schulform trägt dabei ihre eigene Verantwortung. Institutionen der höheren Bildung, wie das Gymnasium, sind potentiell eher auf Eliteförderung ausgerichtet. Doch die aktuellen Herausforderungen gymnasialer Bildung zwingen besonders hier dazu, immer

28 Edelstein, Wolfgang: Verantwortlich handeln lernen, in: Stiftung Brandenburger Tor der Bankgesellschaft Berlin (Hrsg.): Jugend übernimmt Verantwortung, Berlin 2000, S. 8-17, hier S. 16.

29 BMW AG in Zusammenarbeit mit dem Staatsinstitut für Schulpädagogik und Bildungsfor-schung München(Hrsg.): HomoSuperSapiens. Hochbegabte Kinder in der Grundschule erkennen und fördern, München 2000.

wieder (bei manchen Schulen leider erstmals) über angemessene Konzepte individueller Leistungsförderung nachzudenken, z. B. auch und gerade für besonders begabte oder hochbegabte Schüler.

## Förderung von Hochbegabten

Das Münchner Hochbegabungsmodell zeigt verschiedene Begabungsfaktoren. Ob aus den Begabungsfaktoren Leistungen entwickelt werden können, hängt von zahlreichen kognitiven und nicht kognitiven Faktoren ab, die in der folgenden schematischen Überblicksdarstellung veranschaulicht sind:[30]

*Münchner (Hoch-)Begabungsmodell nach Heller, Perleth und Hany (1994)*

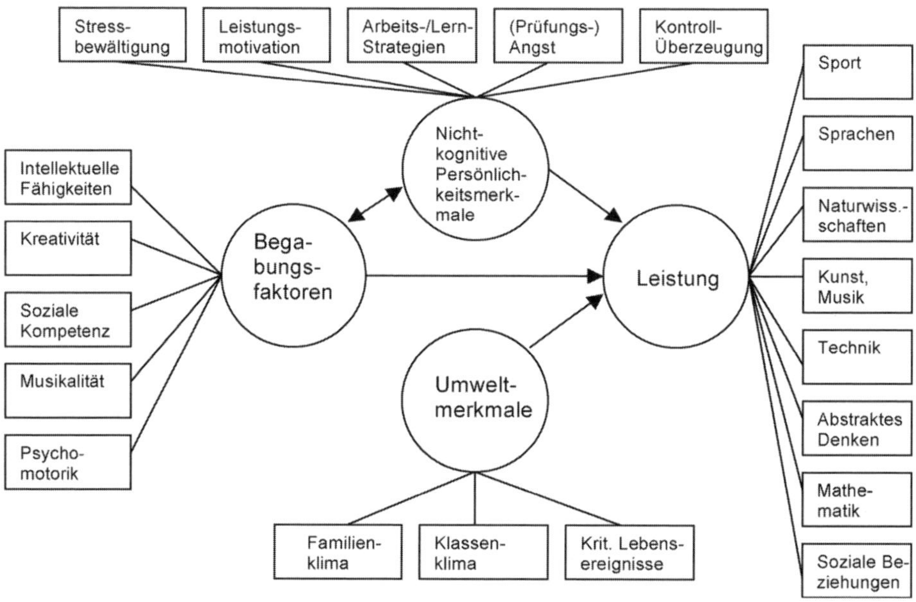


Es gibt unterschiedliche Möglichkeiten der Hochbegabtenförderung. Wir unterteilen diese grob in Maßnahmen des Enrichment und Maßnahmen der Akzeleration. Unter Enrichment versteht man Maßnahmen, die die Schüler mit Zusatzstoff versorgen, den Unterrichtsstoff vertiefen und erweitern, ohne dass sie insgesamt in der Schullaufbahn schneller vorankommen. Unter schulischer Akzeleration versteht man Maßnahmen, die es Schülern ermöglichen, den vorgesehenen Lehrplan oder Teile davon früher zu beginnen, zu beenden oder schneller zu passieren, als es teils üblich oder gar gesetzlich vorgesehen ist. Man findet auch Kombinationen von beidem, z. B. wenn der Unterrichtsstoff

30 Vgl. dazu Holling, Heinz u. a.: Schulische Begabungsförderung in den Ländern der Bundesrepublik Deutschland, in: Solzbacher/Heinbokel (Hrsg.): Hochbegabte (wie Anm. 15), S. 43-64. Zum Schaubild vgl. insbesondere S. 44.

innerhalb eines Schuljahres so gestrafft wird, dass Raum für Zusatz- oder Erweiterungsthemen geschaffen wird.[31] Häufig werden hierzu eigene Lerngruppen eingerichtet (so z. B. im Elsa-Brandström-Gymnasium, Oberhausen).[32] Dazu gehören ebenfalls Intensivkurse, Spezialklassen (wie wir sie in verschiedenen Schulen der CJD-Jugenddörfer finden) und Spezialschulen (z. B. St. Afra, Meißen).[33] Durch derartige fähigkeitshomogene Gruppen kann eine Steigerung der Leistungsmotivation und der Leistungsentwicklung erreicht werden.

Zu den Mischformen zählen aber auch – und dies ist angesichts der zuvor erläuterten Bedeutung veränderter Lehr-Lernkulturen besonders wichtig zu betonen – reformpädagogische Schulmodelle im Sinne einer integrativen Förderung von besonders begabten Kindern. Der Vorteil: Die Kinder verbleiben im Klassenverband und die fähigkeitsheterogenen Gruppen können sich positiv auf das soziale Lernen auswirken. Immer wieder als positiv hervorgehoben werden hier z. B. die Jena-Plan-Schulen und die Montessori-Schulen. Mit Maßnahmen der inneren und äußeren Differenzierung u. v. a. m. werden hier sehr flexibel und individuell angemessen begabte Kinder gefördert.[34]

Das bisher Dargelegte bedarf zusammenfassend wichtiger Voraussetzungen für eine gelungene Eliteförderung, die insgesamt als aktuelle Herausforderungen für Pädagogik und Bildungspolitik angesehen werden können:

a) Verbesserung der Diagnose- und Beratungsfähigkeit von Kindergärtnerinnen und Lehrern. Begabungen müssen bereits frühzeitig diagnostiziert werden, um rechtzeitig gefördert werden zu können.
b) Verbesserung (fach-)didaktischer und methodischer Fähigkeiten von Lehrern: Jedes Potential bedarf der Realisierung – für jeden die passende Herausforderung.[35]
c) Veränderung des Umgangs mit Kreativität: Kreativität muss vom Störfaktor zum Unterrichtsziel werden.[36]
d) Anerkennung besonderer Begabungen, so dass diese zum spannenden Parcour anstatt zum Hindernislauf werden. Maßnahmen des Enrichment und der Akzeleration sind auszubauen und zu forcieren, d. h., Kindergärten, Schulen, Universitäten und Betriebe müssen flexibel und unbürokratisch vernetzbar werden, um „kreative“ (Begabten-) Biographien zu ermöglichen.
e) Ausbildung von Lehrkräften als Erzieher wie als Fachwissenschaftler: Verantwortungsübernahme und Engagement fußen auf Neugierde und Respekt vor Mensch und

31 Heinbokel, Annette: Enrichment und Akzeleration als Möglichkeiten schulischer Förderung hochbegabter Kinder, in: Solzbacher/Heinbokel (Hrsg.), Hochbegabte (wie Anm. 15), S. 65-75.

32 Vgl. dazu Risse, Erika: Das hochbegabte Kind – gefördert oder unterfordert an einem normalen Gymnasium?, in: Solzbacher/Heinbokel (Hrsg.), Hochbegabte (wie Anm. 15), S. 104-125.

33 Esser, Werner: Über die Fürstenschule St. Afra in Meißen – Kreativität etwas Verbotenes?, in: Solzbacher/Heinbokel (Hrsg.), Hochbegabte (wie Anm. 15), S. 133-137.

34 Fischer, Christian: Hochbegabung als schulische Herausforderung: Definition, Identifikation und Förderung von besonderen Begabungen, in: Solzbacher/Heinbokel (Hrsg.), Hochbegabte (wie Anm. 15), S. 26-42; hier S. 35 f.

35 Macha, Hildegard/Solzbacher, Claudia (Hrsg.): Welches Wissen brauchen Lehrer? Lehrerbildung aus dem Blickwinkel der Pädagogik, Bad Heilbrunn 2002.

36 Urban, Klaus K.: Kreativität: Vom Störfaktor zum Unterrichtsziel, in: Wagner, Harald (Hrsg.): Begabung und Leistung in der Schule. Modelle der Begabtenförderung in Theorie und Praxis, Bad Honnef 2002, S. 117-138.

Umwelt. Anstrengungsbereitschaft und Ausdauer müssen stärker als Ziel von Unterricht definiert und gefördert werden. Es gilt „Zu-Mutungen“ zu praktizieren.

f) Verbindung von Leistungsförderung und sozialem Lernen: Schulklima schafft positive oder negative Lernbedingungen. Schule muss als sinn- und erfahrungsintensive Welt gestaltet werden. Mitgestaltung ermöglichen bedeutet soziale Selbstwirksamkeit zu fördern.[37]

g) Zulassen von Konsens, aber auch von Dissens: Es gibt keine Verantwortungsübernahme ohne Autonomie. (Schul-) Leben will gelebt, nicht verwaltet sein.

h) Neugewichtung und Neugestaltung von Lehrplänen: Breite Grundlagen schaffen, globales Denken schulen, interkulturelles Lernen forcieren, aktuelle Probleme fächerübergreifend bearbeiten helfen und auf Zukunft befragen lassen.

i) Ausbildung und Motivation von Lehrkräften zu Selbstständigkeit und Eigenverantwortung.

Diese Maßnahmen kommen, wie oben betont, allen Schülerinnen und Schülern zu gute. Für die frühzeitige Rekrutierung von Eliten sind sie allerdings unabdingbar: „Die Frage, wie man eine Elite bekommt, die den unabwägbaren Erwartungen der Zukunft entspricht, ist in erster Linie eine Frage an das Bildungssystem, in zweiter Linie aber auch eine Frage an die flankierenden Institutionen, die Weltsichten, Deutungsangebote, Einstellungsmuster vermitteln, wie die Familie, Kirchen, Medien. Das Bildungssystem tritt aber deswegen in den Vordergrund, weil es diejenigen Formalqualifikationen vergibt, die für gewöhnlich Aufstiegsvoraussetzungen sind und Führungspositionen eröffnen. Im Bildungssystem sind auch die Chancen für eine Grundlegung der zur Elite qualifizierenden Fähigkeiten besonders groß, weil man in der Ausbildung von den Funktionszwängen der übrigen Systeme noch frei ist. Der einzige Funktionszwang ist die Erlangung der Qualifikation. Deswegen kommt es darauf an, die Qualifikationsanforderungen so einzurichten, dass gerade Interdependenz- und Folgenbewusstsein, Prinzipientreue und Kritikvermögen belohnt werden.“[38]

37 Vgl. dazu Bandura, Albert: Self-efficiency, The exercise of control, New York 1997.

38 Grimm, Dieter: Welche Elite für welche Gesellschaft? (1998), in: www.cusanuswerk.de/schriften/elite.html (15.8.2003).

# Autoren- und Herausgeberverzeichnis

**Dähn, Horst**
Dr. phil.; geb. 1941. Professor für Politikwissenschaft an der Universität Stuttgart und ehrenamtlicher Leiter des Instituts für vergleichende Staat-Kirche-Forschung in Berlin. Publikationen u. a.: Konfrontation oder Kooperation? Das Verhältnis von Staat und Kirche in der SBZ / DDR (1982); Das politische System der DDR (1986); Die Rolle der Kirchen in der DDR. Eine erste Bilanz (Hrsg., 1993); Luther und die DDR. Der Reformator und das DDR-Fernsehen (mit Joachim Heise, 1996); „Und führe uns nicht in Versuchung...". Jugend im Spannungsfeld von Staat und Kirche in der SBZ / DDR 1945-1989 (mit Helga Gotschlich, 1998); Staat und Kirchen in der DDR. Zum Stand der zeithistorischen und sozialwissenschaftlichen Forschung (mit Joachim Heise, 2003).

**Eisele, Manfred**
Geb. 1938, Assistant Secretary General UN (DPKO)(ret.); GenMajor a.D.; u. a. Amtschef Streitkräfteamt, AbtLtr. Militärpolitik BMVg, Kdr.12.PzDiv. Publikationen u. a.: Die Vereinten Nationen und das internationale Krisenmanagement (2000); Beiträge zu: Lexikon der Vereinten Nationen (Hrsg. H. Volger, 2000); Friedensgutachten 2000 (Hrsg. U. Ratsch, R. Mutz, B. Schoch, 2000); Der Kosovo-Konflikt (Hrsg. K. Clewing, J. Reuter, 2000); Europas Armeen im Umbruch (Hrsg. K. Haltiner, P. Klein, 2002); Welt ohne Krieg? (Hrsg. W. Böhm, M. Lindauer, 2002); Praxis-Handbuch UNO (Hrsg. S. v. Schorlemer, 2003).

**Gabriel, Oscar W.**
Dr. rer. pol.; geb. 1947. Professor am Institut für Sozialwissenschaften der Universität Stuttgart, Inhaber des Lehrstuhls für politische Systeme und politische Soziologie. Publikationen u. a.: Wirklich ein Volk? Die politischen Orientierungen von Ost- und Westdeutschen im Vergleich (Hrsg. mit Jürgen Falter und Hans Rattinger, 2000); Sozialkapital und Demokratie – Zivilgesellschaftliche Ressourcen im Vergleich (Hrsg. mit Jan van Deth, Volker Kunz und Sigrid Roßteutscher 2002); Parteien, Parteieliten und Mitglieder in einer Großstadt (Hrsg. mit Melanie Walter-Rogg, 2004); Handbuch politisches System der Bundesrepublik Deutschland (Hrsg. mit Everhard Holtmann, 3. Aufl. 2004).

**Görlitz, Axel**
Dr. jur. Dr. rer. pol. habil.; em. Professor für Politikwissenschaft an der Universität Stuttgart; Publikationen u. a.: Politische Steuerung. Ein Studienbuch, (mit H.-P. Burth, 2. Aufl. 1998); Modelle des Rechtswandels (in: Evolution des Rechts, 1998); Politische Steuerung (in: Handwörterbuch zur Politischen Kultur der Bundesrepublik Deutschland, 2002); zusammen mit S. Adam, Strukturelle Kopplung als Steuerungstheorie (in: Das System der Politik. Niklas Luhmanns politische Theorie, 2003).

**Grieswelle, Detlef**
Dr. phil.; geb. 1942. Grundsatzabteilung des Bundesministeriums für Gesundheit und Soziale Sicherung. Publikationen u. a.: Propaganda der Friedlosigkeit. Eine Studie zu Hitlers Rhetorik (1972); Allgemeine Soziologie (1978); Studenten aus Entwicklungsländern (1978); Jugendliche Arbeitslose und Jungarbeiter (1978); Sozialpolitik der Zukunft (1996); Politische Rhetorik (2002); Gerechtigkeit zwischen den Generationen (2002); ca. 50 Aufsätze zu historischen und politischen Themen.

**Hoffmann-Lange, Ursula**
Dr. phil.; geb. 1943. Professorin für Politikwissenschaft, Universität Bamberg. Publikationen u. a.: Social and Political Structures in West Germany. From Authoritarianism to Postindustrial Democracy (Hrsg., 1991); Eliten, Macht und Konflikt in der Bundesrepublik (1992), Jugend und Demokratie in Deutschland (Hrsg., 1995); Demokratieentwicklung und Elitentransformation in Deutschland (Schweizerische Zeitschrift für Soziologie, 1997); Political Crises, Regime Change and Elite Change in Germany (in: Elites,

Crises, and the Origins of Regimes, 1998); Bildungsexpansion und politische Kultur in der Bundesrepublik, (in: Sozialisation zur Mitbürgerlichkeit, 2000); Elite Research in Germany (International Review of Sociology, 2001); Eliten (in: Demokratien des 21. Jahrhunderts im Vergleich, 2003).

**Kaase, Max**
Dr. rer. pol.; geb. 1935. Studium der Volkswirtschaftslehre, Soziologie und Politischen Wissenschaft an der Universität zu Köln. Von 1964 bis 1973 Wissenschaftlicher Assistent an der Universität Mannheim; dort 1972 venia legendi in Politischer Wissenschaft; mehrere längere Auslandsaufenthalte; von 1974 bis 1980 Geschäftsführender Direktor des Mannheimer Zentrums für Umfragen, Methoden und Analysen (ZUMA); ab 1980 Professor für Politische Wissenschaft und International Vergleichende Sozialforschung an der Universität Mannheim; von Oktober 1993 bis September 2000 Forschungsprofessor am Wissenschaftszentrum Berlin für Sozialforschung. Ab Oktober 2000 Vice President und Dean der School of Humanities and Social Sciences an der privaten International University Bremen (IUB). Zahlreiche Publikationen mit Schwerpunkten in der Politischen Soziologie, der Vergleichenden Politikwissenschaft und der Massenkommunikationsforschung.

**Kaina, Viktoria**
Dr. rer. pol.; geb. 1969. Wissenschaftliche Mitarbeiterin an der Professur Regierungssystem der Bundesrepublik Deutschland an der Universität Potsdam. Publikationen u. a.: Elitenvertrauen und Demokratie. Zur Akzeptanz gesellschaftlicher Führungskräfte im vereinten Deutschland (2002); Direkte Demokratie als Ausweg? Repräsentativverfassung und Reformforderungen im Meinungsbild von Politikeliten und Bevölkerung (Zeitschrift für Politikwissenschaft, 2002); Zwischen Euphorie und Skepsis – Demokratieverständnis und EU-Beitrittsakzeptanz in Polen (in: Europäische Integration in der öffentlichen Meinung, 2003).

**Kißener, Michael**
Dr. phil.; geb. 1960. Univ.-Prof. für Zeitgeschichte an der Johannes-Gutenberg-Universität Mainz. Publikationen u. a.: Ständemacht und Kirchenreform. Bischöfliche Wahlkapitulationen im Nordwesten des Alten Reiches (1993); Die Führer der Provinz. NS-Biographien aus Baden und Württemberg (mit J. Scholtyseck, 2. Aufl. 1999); Zwischen Diktatur und Demokratie. Badische Richter 1919-1952 (2003).

**Kühnle, Hermann**
Dr.-Ing.; geb. 1952. Professor für Fabrikbetrieb und Produktionssysteme an der Otto-von-Guericke Universität Magdeburg. Arbeiten mit führenden Betrieben in In- und Ausland auf den Gebieten Unternehmensorganisation, Betriebliche Informationssysteme und Technisches Innovationsmanagement. Mehrere hundert Publikationen zu neuen Technologien sowie Paradigmen der Produktion u. a.: International Journal of Manufacturing Systems Design (Hrsg., Vol. 2, 1995), Rapid Prototyping (in: Enzyklopädie Naturwissenschaft und Technik 2. Aufl. (1996).

**Leibinger, Berthold**
Prof. Dr.-Ing.; geb. 1930. Seit 1978 ist er Vorsitzender der Geschäftsführung und Gesellschafter der TRUMPF-Gruppe. Er entwickelte das Unternehmen zu einem weltweit führenden und innovativen Hersteller von Werkzeugmaschinen und industrieller Lasertechnik. Leibinger war Mitglied in vielen Aufsichtsräten, u. a. von BMW und der Deutschen Bank. Bis 2003 war er Vorsitzender des Aufsichtsrates der BASF. Von 1989 bis 1992 war er Präsident des Verbandes deutscher Maschinen- und Anlagenbau e.V. Leibinger ist Mitglied des Asien-Pazifik-Ausschusses der Deutschen Wirtschaft.

**Mácków, Jerzy**
Dr. phil.; geb. 1961. Professor für Vergleichende Politikwissenschaft (Mittel- und Osteuropa) an der Universität Regensburg. Publikationen u. a.: Die Krise des Totalitarismus in Polen. Die Totalitarismus-Theorie als Analyse-Konzept des sowjetsozialistischen Staates. Eine Analyse der System- und Strukturkrise der Volksrepublik Polen in den siebziger und achtziger Jahren (1992); Parlamentarische Demokratie und Autoritarismus. Erfolge und Misserfolge der postkommunistischen Verfassungsgebung (1998); Die Konstruktion politischer Stabilität. Polen und Russland in den Umbrüchen der achtziger und neunziger Jahre (1998).

**Matthes, Eva-Maria**
Dr. phil.; geb. 1962. Ordinaria für Pädagogik an der Universität Augsburg. Publikationen u. a.: Von der geisteswissenschaftlichen zur kritisch-konstruktiven Pädagogik und Didaktik. Der Beitrag Wolfgang Klafkis zur Entwicklung der Pädagogik als Wissenschaft (1992); Geisteswissenschaftliche Pädagogik nach der NS-Zeit. Politische und pädagogische Verarbeitungsversuche (1998); Helene Lange und Gertrud Bäumer: Ihr Engagement für die Frauen- und Mädchenbildung (mit Caroline Hopf, 2001); Helene Lange und Gertrud Bäumer: Ihr Beitrag zum Erziehungs- und Bildungsdiskurs vom Wilhelminischen Kaiserreich bis in die NS-Zeit (mit Caroline Hopf, 2003); Johann Friedrich Herbart: Umriss pädagogischer Vorlesungen (mit Carsten Heinze, 2003); Werteorientierter Unterricht – eine Herausforderung für die Schulfächer (2004).

**Mayer, Tilman**
Dr. rer. pol.; geb. 1953. Professor am Seminar für Politische Wissenschaften an der Universität Bonn sowie Stellvertretender Geschäftsführender Direktor. Publikationen u. a.: Dekadenz und Renaissance. Zur Politischen Philosophie Niccolo Machiavellis (1979); Prinzip Nation. Dimension der nationalen Frage, dargestellt am Beispiel Deutschlands (1986); Jakob Kaiser: Gewerkschafter und Patriot. Eine Werkauswahl (Hrsg. u. eingeleitet, 1988); „Macht das Tor auf" Jakob Kaiser-Studien (Hrsg., 1996); Die demographische Krise. Eine integrative Theorie der Bevölkerungsentwicklung (1999).

**Neuss, Beate**
Dr. phil.; geb. 1953. Professorin für Internationale Politik an der Technischen Universität Chemnitz. Stellvertretende Vorsitzende der Konrad-Adenauer-Stiftung. Publikationen u. a.: Deutsche personelle Präsenz in der EU-Kommission (mit Wolfram Hilz 1999); Geburtshelfer Europas? Die Rolle der Vereinigten Staaten im europäischen Einigungsprozess 1945-1958 (2000); Mission Impossible? The Task of Enlarging and Deepening the European Union (2003); Wozu brauchen wir die Amerikaner noch? (2003); Thomas Mann: Demokrat – Europäer – Weltbürger (2003).

**Plöhn, Jürgen**
Dr. phil. habil., Dipl.-Pol., M.A. (Washington Univ.), Mag. rer. publ.; geb. 1957. Akademischer Direktor des Zentrums für Deutschland- und Europastudien an der Sofioter Universität und Privatdozent für Politikwissenschaft an der Universität Halle-Wittenberg. Publikationen u. a.: Untersuchungsausschüsse der Landesparlamente als Instrumente der Politik (1991); Mehrheitswechsel in Sachsen-Anhalt. Modellfall oder Sackgasse? (1996); Vertrauen und Verantwortung in den politischen Systemen westlicher Demokratien. Eine gouvernemental-vergleichende Analyse Deutschlands und der USA unter ergänzender Einbeziehung Großbritanniens und der Schweiz. Habilitationsschrift, Martin-Luther-Universität Halle (2001).

**Pommerin, Reiner**
Dr. phil. habil.: geb. 1943, Oberst d.R., Universitätsprofessor. Lehrte in Köln, Mainz, Erlangen und Jena. Seit 1992 Lehrstuhl für Neuere und Neueste Geschichte an der TU Dresden. 1979/80 J. F. Kennedy-Fellow an der Harvard University, 1994/95 Visiting Professor am St Anthony's College Oxford, 1996/97 Fulbright Distinguished Chair for German Studies Vanderbilt University, Nashville. Publikationen u. a.: Strategiewechsel. Bundesrepublik und Nuklearstrategie in der Ära Adenauer-Kennedy (mit Johannes Steinhoff 1992); The American Impact on Postwar Germany (Ed. 1995); Culture in the Federal Republic of Germany (Ed. 1996); Quellen zu den dt.-amerik. Beziehungen 1776-1990, 3 Bde. (1996-1998); Geschichte der TU Dresden 1828-2003 (2003). Mächtesystem und Militärstrategie. Ausgewählte Aufsätze (2003).

**Pulte, Peter**
Dr. jur.; geb. 1947; studierte nach einer kaufmännischen Berufsausbildung Rechtswissenschaften. Danach arbeitete er über 20 Jahre als Jurist in der Industrie und spezialisierte sich auf die Bereiche Arbeitsrecht und Personalwirtschaft. Seit 1996 ist er Professor für Arbeits- und Sozialrecht an der Fachhochschule Gelsenkirchen, Abt. Recklinghausen. Publikationen u. a.: „Betriebsgröße und Betriebszugehörigkeit". Arbeitsrechtliche Schwellenwerte für das Personalbüro (2002); „Studienbuch Wirtschaftsrecht". Grundzüge des Wirtschaftsprivatrechts (mit A. Albrecht, M. Frings, J.W. Haase und S. Mensler, 2002); „Das deutsche Arbeitsrecht – Kompaktwissen für die Praxis" (2003).

**Rüther, Günther**
Dr. phil.; geb. 1948. Leiter 'Begabtenförderung und Kultur' in der Konrad-Adenauer-Stiftung in Sankt Augustin. Lehrbeauftragter an der Universität Bonn. Publikationen u. a.: Zwischen Anpassung und Kritik. Literatur im real-existierenden Sozialismus der DDR (1989); „Greif zur Feder, Kumpel"; Schriftsteller, Literatur und Politik in der DDR (1991); Politische Kultur und innere Einheit (1995); Hrsg. und Mitautor Geschichte der christlich-demokratischen und christlich-sozialen Bewegung in Deutschland, 2 Bde. (1986); Kulturbetrieb und Literatur in der DDR (1987); Politik und Gesellschaft. Grundlagen, Zusammenhänge, Herausforderungen (1994); Repräsentative oder plebiszitäre Demokratie – eine Alternative? (1996); Literatur in der Diktatur. Schreiben im Nationalsozialismus und DDR-Sozialismus (1997).

**Salewski, Michael**
Dr. phil.; geb. 1938 in Königsberg/Pr.; em. o. Prof. für Mittelalterliche und Neuere Geschichte an der Christian-Albrechts-Universität Kiel, Vorstandsmitglied der Ranke-Gesellschaft und der Gesellschaft für Geistesgeschichte, Fregattenkapitän d. R. a. D.; Publikationen u. a.: Entwaffnung und Militärkontrolle in Deutschland (1966); Die deutsche Seekriegsleitung 1935-1945, 3 Bde. (1970-1975); Von der Wirklichkeit des Krieges. Analysen und Kontroversen zu Buchheims 'Boot' (1976); Die bewaffnete Macht im Dritten Reich 1933-1939 (1978); Tirpitz (1979); Zeitgeist und Zeitmaschine, Science Fiction und Geschichte (1986); Deutschland, eine politische Geschichte, 2 Bde. (1993); Europa. Staaten und Nationen von der Antike bis zur Gegenwart (2000); Der Erste Weltkrieg (2003).

**Schäuble, Wolfgang**
Dr. jur., Rechtsanwalt, Bundesminister a. D.; geb. 1942 Freiburg, verh., vier Kinder, ev.; Studium der Rechts- und Wirtschaftswissenschaften; Mitglied der CDU seit 1965; MdB seit 1972; 1981-1984 Parlamentarischer Geschäftsführer der CDU/CSU-Fraktion; 1984-1989 Bundesminister für bes. Aufgaben und Chef des Bundeskanzleramtes; 1989-1991 Bundesminister des Inneren; 1991-2000 Vorsitzender der CDU/CSU-Fraktion; 1998-2000 Vorsitzender der CDU Deutschlands; seit 2000 Präsidiumsmitglied der CDU Deutschlands; seit 2002 stellvertretender Fraktionsvorsitzender CDU/CSU für Außen-, Sicherheits- und Europapolitik; Publikationen u. a.: Der Vertrag (1991); Und der Zukunft zugewandt (1994); Und sie bewegt sich doch (2000); Mitten im Leben (2000); Scheitert der Westen? (2003).

**Sigrist, Oliver**
M.A.; Wissenschaftlicher Mitarbeiter am Institut für Sozialwissenschaften (Abtl. II: Prof. Görlitz) an der Universität Stuttgart.

**Solzbacher, Claudia**
Dr. phil.; geb. 1956. Professorin für Schulpädagogik an der Universität Osnabrück. Publikationen u. a.: Wege zur Mündigkeit. Herausforderungen pädagogischer Professionalität (Hrsg. mit Christine Freitag, 1999); Anpassen, verändern, abschaffen? Schulische Leistungsbewertung in der Diskussion (Hrsg. mit Christine Freitag, 2001); Welches Wissen brauchen Lehrer? Lehrerbildung aus dem Blickwinkel der Pädagogik (Hrsg. mit Hildegard Macha, 2002); Hochbegabte in der Schule – Identifikation und Förderung (Hrsg. mit Annette Heinbokel, 2002); Förderung von Lernkompetenz in der Schule (mit Annette Czerwanski und Witlof Vollstädt, 2002).

**Sturm, Hilmar**
Dr. oec.; geb. 1965. Wissenschaftlicher Angestellter an der Professur für Dienstleistungsökonomik der Technischen Universität München und Freiberufler. Publikationen u. a.: Anforderungen an betriebswirtschaftliche Qualifikationen des Personals in Non-Profit-Organisationen und Möglichkeiten ihrer Deckung (mit Dieter Witt, 2001), Krankenhausreformen und Personalwirtschaft (2002); Bürgergutachten zum Verbraucherschutz in Bayern (mit Christian Weilmeier u. a., 2002); Die Vielfalt der Dienstleistungsökonomik (hrsg. mit Burkhard von Velsen-Zerweck und Eckart Stüber, 2003); darin: Wirtschafts- und berufspädagogische Aspekte der privaten Non-Profit-Organisationen (2003).

**Wagner, Jochen W.**
M.A. rer. pol.; geb. 1976. Doktorand am Lehrstuhl für Vergleichende Regierungslehre der Albert-Ludwigs-Universität Freiburg i. Br. Seit 2002 Stipendiat der Konrad-Adenauer-Stiftung. Forschungsschwer-

punkt: Wahlkampfkommunikation. Publikationen: Mediatisierung der Parteipolitik von CDU und SPD am Beispiel der saarländischen Landtagswahl vom September 1999 (2001).

**Walkowiak, Wolfgang**
Dr. rer. nat.; geb. 1952. Professor für Zoologie. Zoologisches Institut der Universität zu Köln, Arbeitsgruppe „Neuronale Grundlagen komplexer Verhaltensweisen". Publikationen hauptsächlich zum Thema „Akustische Kommunikation" in diversen Fachzeitschriften. Weitere Publikationen u. a.: Neurobiologie des Lernens. In: Lernen im Zeitalter des Internets (2001); Welches Menschenbild entwerfen die Biowissenschaften? (in: Fenster zur Welt, 2003); Religion und Gehirn (in: Seele, wo bist Du? Hirnforschung und Menschenbild, 2004).

**Walter-Rogg, Melanie**
Dr. rer. pol.; geb. 1969. Wissenschaftliche Assistentin am Institut für Sozialwissenschaften der Universität Stuttgart, Abteilung für Politische Systeme und Politische Soziologie. Publikationen u. a.: Politische Responsivität (1997); Die deutschen Politiker in der Sicht der Bevölkerung – Wert-, Macht- oder Funktionselite? (in: Wirklich ein Volk? Die politischen Orientierungen von Ost- und Westdeutschen im Vergleich, 2000); Politische Macht und Responsivität in der Großstadt (2002); Aspekte politischer Kultur in Deutschland – Legitimitätsvorstellungen und Legitimitätsurteile: Politische Herrschaftsträger (2003); Parteien, Parteieliten und Mitglieder in einer Großstadt (Hrsg. mit Oscar W. Gabriel, 2004).

**Wiesendahl, Elmar**
Dr. rer. pol. habil.; geb. 1945. Professor für Politikwissenschaft an der Universität der Bundeswehr München. Publikationen u. a.: Parteien in Perspektive. Theoretische Ansichten der Organisationswirklichkeit politischer Parteien (1998); Changing Party Organisations in Germany: How to Deal With Uncertainty and Organised Anarchy? (in: Bundestagswahl '98: End of an Era?, 1999); Berufspolitiker zwischen Professionalismus und Karrierismus (in: Politische Klasse und Verfassung, 2001); Die Zukunft der Parteien (in: Parteiendemokratie in Deutschland, 2. akt. Aufl., 2001); Die Strategie(un)fähigkeit politischer Partein (in: Jenseits des Regierungsalltags, 2002); Parteiendemokratie in der Krise, oder: Das Ende der Mitgliederparteien (in: Die Parteiendemokratie auf dem Prüfstand. Trends und Optionen, 2003).

**Witt, Dieter**
Dr. rer. pol.; geb. 1941. Professor für Dienstleistungsökonomik an der Technischen Universität München. Leiter des Seminars für Vereins- und Verbandsforschung. Publikationen u. a.: Stand des Managements in Verbänden: Ergebnisse der Verbändeerhebung 1996/97 – Gesamtauswertung (mit Beate Lakes, Hannes Emberger, Burkhard von Velsen-Zerweck und Gernot Seufert, 1998); Ehrenamt und Modernisierungsdruck in Nonprofit-Organisationen. Eine Dokumentation (hrsg. mit Ernst-Bernd Blümle, Reinbert Schauer und Helmut K. Anheier, 1999); Non-Profit-Management im Aufwind? Festschrift für Karl Oettle (hrsg. mit Claudia Eckstaller und Peter Faller, 2001); Dienstleistungsstrategien von Unternehmensverbänden in Zeiten gewandelter Mitgliederinteressen und -ansprüche. Erhöhung des Membership Value durch verbandliches Beziehungsmanagement (mit Martin E. Schwarz, 2003).

**Wolff, Birgitta**
Prof. Dr. oec. publ.; geb. 1965. Banklehre, Studium der Wirtschaftswissenschaft in Witten/Herdecke, München und Cambridge (MA); Gastprofessur an der School of Foreign Service der Georgetown University in Washington 1999-2000; seit 2000 Lehrstuhl für BWL, insbes. Internationales Management an der Otto-von-Guericke-Universtität Magdeburg; Sabbatical an der Stanford Graduate School of Management 2002. Veröffentlichungen u. a.: Organisation durch Verträge (1995); Anreizkompatible Reorganisation von Unternehmen (1999); Einführung in die Personalökonomik (mit Edward P. Lazear; 2001); Personalökonomik – Fortgeschrittene Anwendungen für das Management (mit Uschi Backes-Gellner und Edward P. Lazear, 2001).

## Personenverzeichnis

Das Verzeichnis basiert auf Personennamen im Haupttext. In Einzelfällen, wo es der Zusammenhang notwendig machte, wurden auch Namensnennungen in den Fußnoten berücksichtigt. Ebenfalls in das Verzeichnis aufgenommen wurden die im Haupttext genannten Wissenschaftler.